Lexikon der Charakterkunde

Menschenkenntnis auf einen Blick

Jean Baptiste Delacour

Lexikon der Charakter kunde

Menschenkenntnis auf einen Blick

tosa

Vorwort

Jeder Mensch trägt seinen Charakter offen zur Schau. Unbewußt natürlich. Denn es fällt ihm nicht auf, daß er sich mit seinen Handbewegungen, seinem Schritt, seiner Art sich zu bewegen und zu benehmen, mit seiner ganzen äußeren Erscheinungsform wie überhaupt in tausend kleinen Dingen verrät. Untrügliche Kennzeichen erlauben es einem scharfen Beobachter, ihn in seiner Persönlichkeit und seiner individuellen Eigenart zu erfassen.

Kennen Sie die Merkmale, die es Ihnen ermöglichen, den Charakter Ihres Mitmenschen auf den ersten Blick zu erkennen? Wissen Sie Rückschlüsse auf den wahren Kern Ihres Gegenübers zu ziehen und können in sein Inneres hineinsehen? Es ist wichtig für jedermann, ein sicheres Urteil über den anderen fällen zu können – für den Chef über den neuen Bewerber, für den Freund über die Freundin, für die Braut über den zukünftigen Ehemann – und für uns alle, über unsere Mitmenschen!

Tiefes Vertrauen in den Nächsten mag lobenswert sein. Aber man bezahlt dafür oft einen hohen Preis. Die Enttäuschungen, die uns der Mitmensch bereitet, in den wir größere Hoffnungen setzten, als er verwirklichen konnte, der unseren Glauben an seine Vertrauenswürdigkeit Lügen straft, sind ernüchternd und bitter. Es ist klüger, diesen Fehlschlägen auszuweichen, indem man Charakterfehler und Schwächen des anderen rechtzeitig erkennt und sich ihm gegenüber entsprechend verhält.

Jeder kann Menschenkenner sein. Man muß nur wissen wie. Aber nicht erst der erwachsene, der ausgereifte Mensch kann beurteilt werden. Die psychische Forschung fand Wege, bereits dem neugeborenen Kind *schon früh* hinter die gen- und schicksalsbedingten Seelenkulissen zu schauen. Es ist geradezu eine Zukunftsschau, die auf diese Weise schon in der Stunde der Geburt eines Kindes möglich wird. Das erweitert die Perspektive der Menschenkenntnis erheblich.

Es kommt noch ein anderer wichtiger Faktor hinzu: Wer es unternimmt, Menschen seiner Umwelt zu beurteilen, muß ehrlich gegenüber sich selbst sein und auch seine eigene Person unter die Lupe nehmen, um Vergleiche zu ziehen. Man kann, man muß, man sollte sich selbst prüfen. Das Spiegelbild allein genügt nicht, weil wir uns im Spiegel unser Leben lang immer nur seitenvertauscht sehen (links statt rechts, rechts statt links). So ist es nicht nur optisch, sondern auch in der seelisch bedingten meist allzu wohlwollenden Bewertung der eigenen Züge und Formen auch psychologisch. Deshalb haben wir moderne Wege zur Selbstanalyse erarbeitet, die das Bild abrunden. *Nur wer sich selbst erkennt, wird auch dem anderen gerecht.* Jean-Baptiste Delacour

Inhaltsverzeichnis

Guter Menschenkenner nur durch Selbsterkenntnis
Moderne Wege der Selbstanalyse 291

Die Zukunft eines Kindes
Prognosen und Analysen 323

Menschenkenntnis auf den ersten Blick

Einführung
in die Menschenkunde

Gewöhne dich nicht an das Bild,
das du dir von den Menschen gemacht hast,
sie werden dich enttäuschen.

Ursula Steinbrinker

Nichts ist interessanter im Leben als die Analyse des Menschen, die Erforschung seiner Persönlichkeit, seines Charakters und seiner Wesensart. Wie aber stellt man es im Leben an, um einen Menschen auf den ersten Blick zu durchschauen, um zu wissen, was mit ihm „los" ist? Gehen wir unverzüglich zur Praxis über!

Jeder ein Detektiv

Der elegante grauhaarige Herr beugt sich über die Reling und schaut zum Kai hinüber. Er plaudert mit einem Mädchen.

Wir stehen im Hintergrund und spielen Detektiv. Wenn der größte Detektiv aller Zeiten, Sherlock Holmes (diese genial erdachte Gestalt des Schriftstellers Conan Doyle), gegenwärtig wäre – was würde er von diesem Herrn an der Reling auf den ersten Blick sagen? Und was von dem Mädchen? „Sehen Sie, dieser Herr ist Angler. Er hat einen Bruder in Amerika und war längere Zeit in den Tropen. Er ist Bastler und interessiert sich besonders für Probleme der Fotografie. Er ist ein unterhaltsamer Partner. Er zieht die Pfeife der Zigarre oder Zigarette vor. Er hat ein großartiges Gedächtnis, eine sehr scharfe Beobachtungsgabe. Er weiß heute noch Gedichte aus seiner Schulzeit zu zitieren. Er genoß eine ausgezeichnete Erziehung, die er durch den ihm angeborenen natürlichen Adel der Gesinnung abrunden konnte!"

Wie ist es einem Sherlock Holmes von heute möglich, all diese Feststellungen auf einen einzigen Blick zu treffen und daraus sofort seine Schlußfolgerungen zu ziehen?

○ Auf dem Ärmelaufschlag des Herrn war eine Anzahl Fäden aufgerauht und ausgezogen. Das findet man häufig bei Anglern, die die Angelhaken der Einfachheit halber auf dem Ärmelaufschlag zum Trocknen einhaken. Beim Abnehmen reißt dann hier und dort ein Faden aus.

○ Die Schuhe weichen in Farbe und Machart von in Europa üblichen Modellen ab, solche Schuhe werden in den Südstaaten der USA getragen. Da aber der betreffende Herr in seiner Sprache keine Amerikanismen aufweist, liegt die Vermutung nahe, daß er einen Bekannten, vielleicht einen Bruder, in Amerika hat, der ihm als Kuriosum Schuhe über den Ozean schickte.

○ Die feinen Fältchen um die Augen sagen an, daß diese Augen sich zu-
sammenkneifend gegen grellen Sonnenschein schützen mußten; während die
Haut des Gesichts im allgemeinen verrät, daß Wind und vor allem sehr
heiße Sonne die Lederhaut stärker auslaugten, als es die Sonne unserer
Breiten oder des Mittelmeerraums vermag.

○ An den Nagelecken seiner Hände sind feine Säurespuren zu erkennen;
vielleicht hantiert der Mann mit Säuren, wie diese etwa beim Entwickeln
von Filmen Verwendung finden.

○ Der Pfeifenraucher verrät sich durch den leicht nachgedunkelten Daumen,
der benutzt wird, um die Asche der Pfeife etwas fester anzudrücken; die
sonst üblichen „Raucherspuren" zwischen Zeigefinger und Mittelfinger, die
den Zigarrenraucher und Zigarettenraucher anzeigen, fehlen.

○ Die starken Höcker über dem Nasenbein, zwischen den Augenbrauen,
kennzeichnen das gute Gedächtnis, während die Wülste über den Augen
die sehr scharfe Beobachtungsgabe verraten.

Und das Mädchen, die junge Frau an der Seite dieses Mannes?

„Es gilt nur festzustellen, bei wem sie als Hausgehilfin tätig ist. Das Kleid
bekam sie geschenkt; es wurde wenig fachmännisch dort zurechtgemacht,
wo es nicht ganz richtig saß. Aber offenbar paßten ihr die Schuhe der
Arbeitgeberin nicht. Sie zog also ihre eigenen Schuhe an, die aber weder in
der Art noch in der Farbe zu dem Kleid passen. Die Hände verraten
häufigen Umgang mit heißem Wasser, zumal die Finger im Bereich der
Nägel aufgedunsen sind . . ."

So kann man Menschen auf den ersten Blick zu analysieren versuchen. Aber
ganz so leichthin wie im Beispiel dieses unseres Detektivspiels gelingt eine
solche Analyse natürlich nicht. Es bedarf doch einigen Rüstzeugs – eben der
Grundkenntnisse dessen, was von der allgemeinen Menschenkunde geboten
wird. Dabei ist freilich mancherlei zu lernen und zu bedenken.

Eine Wissenschaft, die nie abgeschlossen ist

Keine wissenschaftliche Disziplin kann man als abgeschlossen bezeichnen.
Aber von keinem Gebiet der Forschung gilt das Wort von der immer von
neuem möglichen Ausweitung und Vertiefung unserer Erkenntnisse in höhe-
rem Maße als von der Menschenkunde, der Charakterologie.

Wenn wir uns zu Menschenkennern entwickeln wollen, müssen wir nicht
nur ein gewisses Grundwissen mit auf den Weg nehmen, sondern auch
versuchen, unsere Studien auf der Straße, im Kaffeehaus, im Restaurant,
im Theater, auf dem Sportplatz fortzusetzen und auf Grund sorgfältiger
Beobachtung unser eigenes Material zur Charakterologie und Physiognomik
zu sammeln.

Allein schon aus dem Gehaben eines Menschen, aus der Art, wie er sich
bewegt, kann man manche Schlüsse ziehen in bezug auf das, was in einem
Menschen vorgeht:

○ Blickt jemand nach unten, also zu Boden, dann denkt er fast immer an etwas Vergangenes;

○ blickt er aufwärts, dann besteht hochgradige Wahrscheinlichkeit, daß er an etwas Zukünftiges denkt;

○ schaut er geradeaus, dann kreisen seine Gedanken um Probleme der Gegenwart;

○ blickt er sich häufig um, schaut er in die Spiegelscheiben, um die Menschen zu beobachten, die hinter ihm stehen, dann leidet er an Verfolgungswahn, hat ein schlechtes Gewissen oder – sucht Anschluß.

Wir müssen uns allerdings vor zwei Gefahren hüten, denen wir leicht erliegen, wenn wir von unserem Wissen gar zu überzeugt sind:

Wir müssen vermeiden, einzelne Erkenntnisse überzubewerten, aus einer einzelnen Absonderlichkeit allzu harte und insgesamt verurteilende Schlüsse auf den ganzen Menschen zu ziehen; denn es gilt, alle Beobachtungen zusammenzufassen, den Gesamteindruck zu prüfen und dann erst ein Urteil zu fällen.

Der Mensch ist geneigt, Schlagworte zu verwenden und auf sie selbst hereinzufallen, weil er sie hundertfach vernahm und deshalb leichtfertig für Wahrheiten nimmt. Wir alle kennen solche Schlagworte. „Die Längsten sind immer die Dümmsten!" – „Hüte dich vor denen, die der Herr gezeichnet hat!" – „Lange Haare, kurzer Verstand!"

Wir brauchen nur in der Geschichte nachzuforschen, um zu erkennen, daß solche Schlagworte regelmäßig von Menschen geprägt wurden, die damit einen persönlichen Gegner treffen wollten, sofern der Slogan nicht einfach zustande kam, weil sich darauf etwas reimte.

Es stimmt zwar, daß viele große Männer von kleiner Gestalt waren. Das trifft auf Alexander den Großen zu, auf Attila, Napoleon, Friedrich den Großen und, quer durch die gewaltige Armee der Geistesgrößen, auf Kant, Schopenhauer, Alexander von Humboldt, Mozart, Beethoven, Mommsen, Einstein.

Im übrigen befinden wir uns auf dem Gemeinplatz verbotener Verallgemeinerungen. Denn es gab auch Geistesgrößen von beträchtlichem Körperwuchs – Karl den Großen, Leonardo da Vinci, Schiller, Bismarck, Hebbel, um nur einige zu nennen.

Wichtige Leitgedanken

Nachstehend finden Sie eine Anzahl von Leitgedanken. Diese müssen wir uns einprägen, weil sie wichtige Ausgangspunkte für die Beurteilung unserer Mitmenschen sind.

Das Gesicht deutet Seelenzustände an, die von den feinsten Regungen unseres Gemüts bis zu den gröbsten Äußerungen des Jähzorns, der Wut, der Rachsucht und der Eifersucht gehen können.

Die Stirn kennzeichnet Ruhe und Unruhe des Gemüts, den Grad der Aufmerksamkeit und der Neugier, je nachdem ob die Stirn glatt oder gefurcht, gespannt oder gerunzelt, zusammengezogen in Leidenschaft und Anstrengung, finster und verzerrt durch Kummer und Verdruß ist.

Die Nase spiegelt alles wider, was in uns an Stolz und Hochmut, Eitelkeit und Selbstgefälligkeit nach Ausdruck verlangt. Die Nasenöffnungen weiten sich, wenn Begierden, Neugier und angespannte Aufmerksamkeit uns beherrschen.

Der Mund spiegelt unser leidenschaftliches Begehren in aufgeworfenen Lippen wider, während die gestraffte Oberlippe konzentriertes Denken verrät und zusammengepreßte Lippen Wut, Zorn und Neid erkennen lassen.

Das Auge ist der interessanteste und beachtenswerteste Spiegel aller menschlichen Regungen und Stimmungen; es enthüllt dem aufmerksamen Beobachter in einem Blick oft mehr als ein stundenlanges Gespräch.

Erinnern wir uns in diesem Zusammenhang auch an das Temperament als Erscheinungsform des Körpers, das – nach klassischer Lehre des Altertums – im Anschluß an Hippokrates und die von ihm herausgestellte Bedeutung der Körpersäfte vier spezifische Formen der Verhaltensbereitschaft im Bereich des Gefühls-, Trieb-, Willens- und Ausdruckslebens unterschied:

○ **Der Phlegmatiker** ist langsam in allem, was er tut; kaltblütig und schwer ansprechbar zeigt er kaum je eine merkliche Erregung und neigt zu Stoffwechselkrankheiten, Rheuma und Zucker.

○ **Der Choleriker** ist streitsüchtig, jähzornig, unzufrieden mit sich und anderen, nervös, leicht aufbrausend; er neigt zu Herzstörungen sowie Leber- und Gallenerkrankungen.

○ **Der Melancholiker** neigt, tiefgründig und schwermütig, zur Traurigkeit und Unzufriedenheit mit dem Leben, hat Anlagen zu nervösen Seelenleiden, verzagt leicht und ist dann völlig verzweifelt.

○ **Der Sanguiniker** ist jener leichtblütige und leicht ansprechbare Menschentyp, der das Leben bejaht, der oft zur Ausgelassenheit neigt, mutig und entschlossen ist, weil eigentlich der Leichtsinn seine stärkste Eigenschaft ist, so daß von ihm sogar Krankheiten auf die leichte Schulter genommen werden.

Die neuere Lehre von den Temperamenten hat diese überlieferte Vierzahl zum **Teil** zu begründen versucht (Kant, Wundt), teils sie ergänzt oder auf anderer Grundlage erneuert (z. B. E. Kretschmer mit seiner Konstitutionslehre oder K. und W. Enke u. a. m.). Andere Forscher gingen völlig neue Wege.

Kohlenstoff-, Fluor- oder Phosphor-Mensch?

Alles in uns, von der Freude bis zur Wut, vom Schlaf über die Lebensbejahung bis zur Bequemlichkeit – alles ist letztlich ein chemischer Vorgang. Er spielt sich in erster Linie in jenen seltsamen Zellen – den Batterien– ab, die unsere Hirnmasse darstellt; er findet seine Fortsetzung in den Zellen unseres Körpers. Charakter und Wesensart sind permanente chemische Abläufe in unserem biologischen Haushalt.

Neueste Untersuchungen ergaben, daß drei Grundstoffe ausschlaggebend sind, je nachdem was in der Abstimmung der Zellen und der Gehirnbatterien das Übergewicht hat.

Man unterscheidet auf Grund dieser modernen Charakterlehre Kohlenstoff-, Fluor- und Phosphor-Typen.

Der Kohlenstoff ist der wichtigste Grundstoff für die Ermöglichung des Lebens, da schließlich alle aufbauenden Stoffe im Pflanzen- und Tierkörper, d. h. also auch in uns, aus Kohlenstoff-Verbindungen bestehen. Kohlenstoff ist ein Grundstoff, den wir im Diamanten, im Graphit, in der Kohle, aber auch in der Schuhwichse, der Druckerschwärze oder der Holzkohle wiederfinden.

Der *Kohlenstoff-Typ* hält sich sehr gerade, läßt selten den Kopf hängen. Sein Unterarm bildet nicht die Fortsetzung des hängenden Oberarms, sondern mit diesem einen offenen Winkel. Der Kohlenstoff-Typ tritt mit dem Absatz auf. Er sitzt gerade auf einem Stuhl. Er ist meist ein hervorragender Arbeiter, der allerdings langsam und mit Methode schafft und sich um keinen Preis bei seiner Arbeit stören lassen will. Er spricht wenig, liebt keine Schaumschlägerei, ist diszipliniert und bei aller Intelligenz fügsam in ständigem Streben nach einem festen beruflichen Platz.

Den chemischen Grundstoff Phosphor kennen wir alle. Phosphor läßt mitunter Gegenstände im Dunkeln leuchten. Wir kennen Phosphor aus zahlreichen wichtigen chemischen Verbindungen. In diesen tritt er auch im Körper in Erscheinung.

Der *Phosphor-Typ* ist freundlich, nicht allzu hart, geht leicht und beschwingt. Frauen des Phosphor-Typs haben immer gut geformte Beine. Zum Oberarm bildet der Unterarm genau einen rechten Winkel, wenn der Phosphor-Typ seinen Arm hochhält. Ihm graut vor jeder monotonen, also eintönigen Arbeit. Er möchte eigentlich jede Arbeit schon beendet haben, bevor er sie begann. Er hat viel Geschmack für Eleganz, für Modefragen und Rhythmik. Er kann wundervoll ein Auto lenken. Aber er verliert rasch den Mut und bedarf dauernd eines Menschen, der ihn gewissermaßen seelisch „aufmöbelt". Beim Phosphor-Typ findet man häufig Drüsenstörungen. Auch wechselnde Launen lassen sich immer wieder feststellen und bedürfen der Bekämpfung.

Seit einiger Zeit spricht man viel von Fluor im Zusammenhang mit der notwendigen Beimischung von Fluor zum Trinkwasser zur Vermeidung des Zahnverfalls. Fluor ist ein einwertiger Grundstoff, ein nicht frei vorkommendes gelbgrünes Gas, das aber im Wasser in Form der Flußsäure vorkommt.

Menschen, die zum *Fluor-Typ* gehören, sind etwas ungleichmäßig in ihrer
Art zu leben. Man findet unter ihnen häufig Menschen, deren obere Zahnreihe über die untere hinausragt. Die Art zu arbeiten, ist bei Fluor-Typen
ebenso ungeordnet wie die Gangart. Aber vielleicht ist der Fluor-Typ
gerade deshalb zu übermenschlichen Leistungen imstande. Die meisten
Genies dürften dem Fluor-Typ angehört haben. Der Fluor-Mensch ist auch
ein scharfer psychologischer Beobachter. Er sucht den Reichtum und ist
vom Luxus besessen, er ist ehrgeizig und strebt schnellen Erfolg an. Zahlreiche große Rechtsanwälte und Politiker gehörten der Gruppe der Fluor-
Menschen an. Übernervosität, Magenstörungen, Ohrenleiden und rheumatische Störungen gehören zu den Leiden, mit denen sich der Fluor-
Mensch vorwiegend herumschlagen muß.

Wir haben diese Typenlehre hier näher besprochen, weil sie neu ist und
weitgehend unbekannt sein dürfte. Das Prinzip der Kohlenstoff-, Fluor-
und Phosphor-Menschen wurde erstmals im Jahr 1966 von dem aus der
Chemie kommenden Biologen R. L. Hoover (Portsmouth) entwickelt (dessen
These übrigens eine überraschende Bestätigung durch die im Jahr 1971 mit
dem Nobelpreis ausgezeichneten Arbeiten des amerikanischen Physiologen
Prof. Dr. med. Earl Wilbur Sutherland erfuhr). Wo immer aber wir von der
Charakterkunde oder einer modernen Typologie eingeordnet werden, so
bleibt für uns als Individuen selbstverständlich klar: Es kommt darauf an,
daß wir das Leben so angenehm und für uns und unsere Umwelt so erträglich wie möglich von einem guten Anfang zu einem ebenso guten Ende
führen. Denn die Aufladung bekamen wir letzten Endes mit auf den
Lebensweg. Was wir daraus machen – ist unsere Sache.

Das alles müssen wir wissen, um jeden von uns erst einmal zu klassi-
fizieren. Zum Menschenkenner können wir erst durch sorgfältiges Studium
werden. Dem dient dieses Buch.

I. Moderne Physiognomik

Die wichtigsten Kopfformen

Unter Physiognomik versteht man Ausdrucksdeutung: die Kunst, aus der äußeren Erscheinung, besonders dem Gesichtsausdruck, auf innere Eigenschaften zu schließen. Besondere Bedeutung kommen dabei der Kopfform und dem Gesichtsausdruck zu.

Wenn man einen Menschen anschaut und seine Kopfform prüft, dann weiß man schon in etwa, „wes Geistes Kind" er sein könnte.

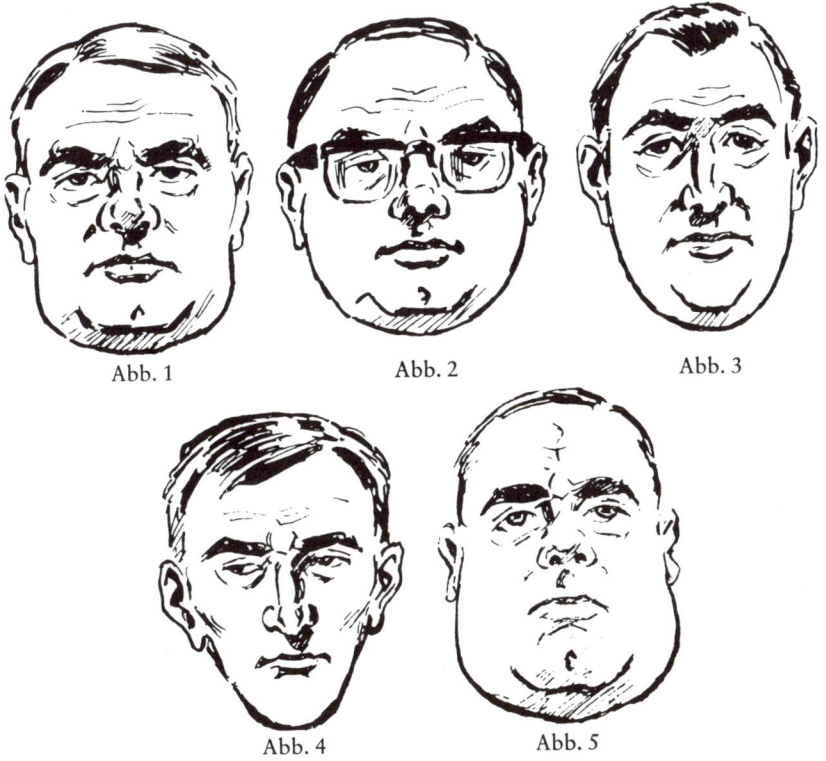

Abb. 1   Abb. 2   Abb. 3

Abb. 4   Abb. 5

Der *Quadratschädel* verrät Energie, sicheres Urteil, Willensfestigkeit, Begabung für exakte Wissenschaften (Abb. 1).

Der *Rundschädel* sagt Initiative, rasches Urteil, Hilfsbereitschaft und Umgänglichkeit an (Abb. 2).

Der *ovale Kopf* ist das Bild eines beweglichen Geistes mit geistiger Elastizität, der sich nicht gern von anderen beherrschen läßt (Abb. 3).

Der *dreieckige Kopf* verrät Klugheit, List, Diplomatie und Schlagfertigkeit (Abb. 4).

Der *konische Trapezschädel,* der unten breiter ist als oben, zeigt sachliches Urteil, starke Begabung zur Lösung praktischer Aufgaben, Umgänglichkeit und eine meist recht unkomplizierte Lebensphilosophie (Abb. 5).

Diesen positiven Eigenschaften sind natürlich die entsprechenden negativen Zugaben zuzugesellen. (Die Abbildungen finden Sie umseitig.)

Das Antlitz und seine Teile

Das menschliche Antlitz kann man in drei Teile zerlegen:

die Stirn, die gerade, hoch, breit, schmal, gewölbt oder fliehend sein kann,
die Nase mit den Augen als Zentralpartie des Antlitzes mit den vielen Dutzend Varianten, die Nasenform und Augenform bieten,
Mund und Kinn als Gegengewicht zur Stirn, zum eigentlichen Haupt, wobei der Mund die dominierende Stellung in der unteren Gesichtshälfte für sich beansprucht.

Wenn die einzelnen Teile, also Stirn, Nase und Kinn, in ihren Ausmaßen gleich sind, wenn ein Gleichgewicht zu beobachten ist, dann gilt auch der Typ des betreffenden Menschen als ausgewogen, ausgeglichen. Er hält sich in seinen Veranlagungen, in seinen Wünschen und in seinen Ansprüchen, die er an das Leben stellt, selbst die Waage. Gedanken und Wünsche verteilen sich im Antlitz wie folgt:

Die *Stirn* verbirgt das Hirn, die Gedanken, die Geistesarbeit.

Nase und *Augen* sind die Bezirke, die die Umweltkontrolle besorgen und mit Gesichts- und Geruchssinn Eindrücke aufnehmen, Gefahren rechtzeitig erkennen lassen, gewissermaßen als Wachtposten des Wesens, dem diese Augen und diese Nase gehören.

Mund und *Kinn* sind die Zonen der Nahrungsaufnahme, der Sprache und, wie daraus abgeleitet werden kann, der egoistischen Ansprüche zur Lebensbehauptung, zur Sicherung aller Annehmlichkeiten, die mit Essen und Trinken und sonstigen Freuden des Daseins – bis zum Sprechen und Singen – verbunden sind.

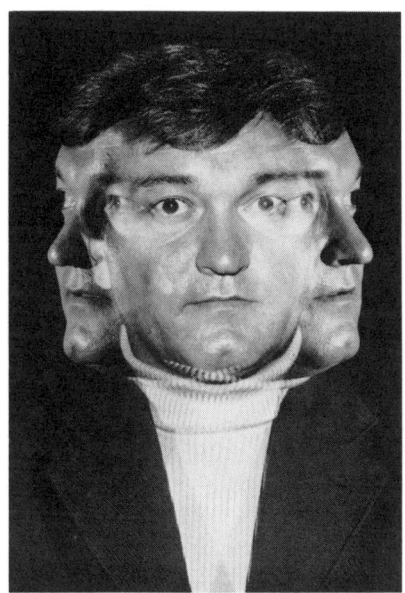

Der Rundschädel: Erfolgsschriftsteller Erich von Däniken.

Der ovale Kopf: Multimillionär Nelson Rockefeller.

Überwiegt das Kinn, ist der Mund, der zu diesem Kinn gehört, zu stark, tritt die Stirn mit der dahinter verborgenen Geistigkeit zurück hinter dem breiten Kiefer der Selbstbehauptung, dann setzt der Träger eines solchen Antlitzes sich rücksichtslos durch.

Wer mit einer langen hängenden Nase, die gewissermaßen aus dem Gesicht herausragt wie ein Rüssel, an die Umwelt herangeht, sie im wahren Sinne des Wortes „beschnüffelt", der wird, über das Beobachten und das normale Wissen um die Geschehnisse hinaus neugierig und ewig suchend, Welt und Menschen zu enthüllen und zu enträtseln bemüht sein.

Wir führen hier diese einfachsten Erkenntnisse der Physiognomik an, um zu zeigen, daß auch in dieser Wissenschaft alles logisch aufgebaut ist.

Die Deutung der Kopfformen

Unser Antlitz ist ein Teil unseres Kopfes. Zwischen dem Kopf an sich und dem Antlitz bestehen bestimmte Proportionen. Denn ein großes Gesicht zu einem winzigen Kopf wäre eine groteske Verzerrung.

Zu langen Gesichtern gehören lange Köpfe. Zu einem breiten Antlitz kann man meist einen runden, kugeligen Kopf erwarten. Aber es ist nicht immer so. Wir nennen nachstehend die wichtigsten Richtlinien für die Beurteilung der *Kopfformen*.

1. *Lang und schmal* = ideenreich, phantasiebegabt, mehr der Theorie als der Praxis zugeneigt, oft verbissen und fanatisch, häufig schwärmerisch, mitunter unpraktisch und nicht dem Boden verbunden.

2. *Breit und kurz* = nüchternes Denken, praktisches Handeln, reales Ausnutzen aller Vorteile, manchmal egoistisch, oft arm an neuen Ideen, zäh, widerstandsfähig, meist erfolgreich.

3. *Kugelrund* = gleichmäßig, durchschnittlich, kaum die Umwelt überragend, einem geordneten Dasein verschrieben, gesunder Egoismus, nach außen hin im Gleichgewicht.

4. *Viereckig* = unruhig, ewig suchend und strebend, Ausschau haltend nach neuen Möglichkeiten und nach Bewegung, oft bereit zur Selbstaufopferung, häufig jähzornig, in allen Fällen energisch und sich durchsetzend.

5. *Vorderkopf stark* = gutes Gedächtnis, praktische geistige Fähigkeiten im Übergewicht, gesunde praktische Intelligenz.

6. *Mittelkopf hoch* = Überlegung tritt zurück zugunsten des Gefühls. Triebleben fast immer stark entwickelt, gefühlsmäßige Reaktionen bestimmen das Handeln.

7. *Hinterkopf stark* (oben) = Egoismus stark entwickelt, oft Anmaßung, fast immer Stolz, Eitelkeit, Streben nach Geltung, verbunden mit Machtwillen.

8. *Hinterkopf stark* (unten) = Triebleben stark, häufig Süchtigkeit, Neigung zu Verheimlichung, Geiz, Rücksichtslosigkeit, manchmal starker Familiensinn.

Diese kompromißlosen Angaben gelten natürlich nur für den in der Praxis eher seltenen Fall, daß der Kopf in der genannten Region übermäßig entwickelt ist. Meist weist die individuelle Kopfform, mehr oder weniger stark ausgeprägt, verschiedene der oben herausgestellten Kriterien auf, so daß die Attribute des Einzelmenschen in ein gesundes oder wenigstens für die Umwelt erträgliches Verhältnis gebracht sind.

Hirnabschnitte als Sendezonen

Alfred Ahrend vertritt die These, „daß hinter den plastischen Formen des Kopfes Lebenskräfte wirken, deren Richtungen und Eigenschaften aus dem Verkehr des Menschen mit seiner Umwelt erklärt werden können (Bild). Daß dabei die in dem Bereich dieser Kräfte liegenden Hirnabschnitte zur Mitwirkung herangezogen werden, ist eine naheliegende Annahme."

Er verlegt die Kräfte im Kopf nach folgendem Schema:

1. Hinwendung zur Person oder Sache mit dem Willen, sie zu beeinflussen oder zu gestalten.
2. Ergreifen der vor uns liegenden realen Welt (Menschen, Sachen) mit dem Willen, sich diese geistig oder körperlich anzueignen.
3. Die aus dem Gefühl für Gemeinschaft hervorgehende Hinwendung zum anderen mit der Absicht, ihn im Innersten zu verstehen, ethisch zu beeinflussen und sittlich zu heben.
4. Unterordnung der eigenen Persönlichkeit unter den Willen der Gattung. Die Erhaltung der eigenen Art aus der Erbmasse. Sinn für Kleines, Zartes, Hilfsbedürftiges. Sinn für Seßhaftigkeit und Gemeinschaft.
5. Erhöhung der eigenen Persönlichkeit über das allgemeine Niveau. Wille zur Macht. Sinn für Größe und Unabhängigkeit. Gewissen. Sinn für Veränderung.
6. Das aus dem Bewußtsein des eigenen Wertes (Stolz), dem Streben nach Unabhängigkeit und dem Willen zur Macht geborene Verhalten gegenüber solchen, die man beherrschen (sich unterwerfen) oder als niedere Wesen von sich abstoßen bzw. in Schranken halten will.
7. Streben nach einem höchsten, absoluten Ideal. Verehrungssinn.
8. Zentrale Verwurzelung in dem zugrunde liegenden Realen.

4 und 5 sind nach Ahrend zwei starke egoistische Kräfte. Ihre Komponenten wirken zum Teil in derselben Richtung, zum Teil entgegengesetzt. 4 ist mehr auf die Erhaltung der eigenen Art gerichtet. In ihr wurzelt der Sinn für Kleines und Abhängiges sowie der Gemeinschaftssinn. 5 ist mehr auf die Erhaltung

des Individuums gerichtet. In ihr entwickelt sich der Sinn für Größe und Unabhängigkeit sowie der Herrschsinn.

„3 und 6 sind insofern keine egoistischen Kräfte, als sie sich nicht auf das eigene Ich, sondern vom Ich sich fortbewegend auf den andern und die Umwelt richten. Da sie aber ihren Ursprung in den entgegengesetzten Kräften 4 und 5 haben, gewissermaßen deren Fortsetzung und Fortentwicklung sind, können ihnen sowohl egoistische als auch altruistische Beweggründe innewohnen. Ähnliches trifft auch auf die übrigen Kräfte zu. Daher liegt zum Beispiel in der Kraft 5 neben dem Willen zur Macht auch das Gewissen, das den Herrscher vor dem Mißbrauch seiner Macht zu bewahren sucht. So wie bei 4 und 5, weisen auch die Komponenten von 3 und 6 zum Teil in gleiche Richtung, zum Teil in die entgegengesetzte. 3 ist mehr an dem Erheben, 6 mehr an dem Niederhalten der Mitwelt interessiert."

Die Deutung der Gesichtsformen

Wenn die Kopfform des Menschen schon mancherlei über seine Persönlichkeit und deren Charakter verraten kann, wird das Bild noch deutlicher, wenn wir das Gesicht, die Züge und die Form des Antlitzes zu Rate ziehen. Wir unterscheiden folgende *Gesichtsformen:*

1. *Schmal und lang* = beweglich, gut talentiert, großzügig, talentvoll, nicht immer praktisch, bisweilen schwärmerisch und dadurch unstet (Abb. 6).

2. *Breit und rund* = sparsam, real denkend, meist egoistisch, Liebhaber materieller Genüsse, besonders guter Getränke und vortrefflicher Nahrung, in jeder Weise nüchtern, meist kleinlich und eifersüchtig (Abb. 7).

3. *Eckig, scharf geschnitten* = kühl, nach außen hin sauber, angriffslustig, voller Initiative und Tatkraft, sachlich, willensstark, zäh (Abb. 8).

4. *Rundlich weiblich* = gesprächig bis geschwätzig, anpassungsfähig, ohne geistige Schwungkraft, zärtlich, liebebedürftig, meist gut gelaunt, doch auch Stimmungsschwankungen unterworfen: himmelhochjauchzend – zu Tode betrübt (Abb. 9).

So sieht, auf den kürzesten Nenner gebracht, die Charakterisierung des Gesichts aus, wobei die Kopfform das Gesagte eventuell unterstreicht oder je nachdem mildert und in seiner Bedeutung neue Aspekte eröffnet. (Die Abbildungen finden Sie auf der folgenden Seite.)

Zum Thema der Asymmetrie des Gesichts sagen Prof. Dr. H. Pfeifer und Dr. A. Stahl (Heidelberg):

„Leicht asymmetrische Gesichtszüge werden meist als ästhetisch empfunden; vollkommen symmetrische und stark asymmetrische dagegen als störend oder entstellend; bei diesen beginnen die therapeutischen Probleme."

Im allgemeinen sind nur Asymmetrien des Untergesichts operativ korrigierbar, die des Obergesichts nicht oder nur in beschränktem Maß. Meist waren sowohl in der väterlichen als auch mütterlichen Ahnenreihe der Patienten Gesichtsasymmetrien und Unregelmäßigkeiten in den Zahnreihen und das Überragen eines Kiefers über den anderen in größerer Anzahl aufgetreten, was als primäre Ursache der Fehlbildung genetische Faktoren annehmen läßt. Nach Ansicht der Autoren können Gewohnheiten, wie zum Beispiel das Kinn beim Lesen, Schreiben, Schlafen einseitig abzustützen, Traumata in früher Jugend oder auch Mittelohrerkrankungen in der Kindheit, die Ausprägung der Asymmetrie fördern. Sie berufen sich z. B. auf Don Carlos (1545 bis 1568), der zeitgenössischen Berichten zufolge eine einseitig manifeste Progenie (starkes Vorspringen des Kinns) aufwies, während die anderen Habsburger durch Progenie ohne Asymmetrie des Gesichts gekennzeichnet waren.

Abb. 6   Abb. 7

Abb. 8   Abb. 9

Das Antlitz des Menschen – eine ABC-Landkarte

Seit vielen Jahren bemühen sich die Physiognomiker, durch immer neue Vergleichsuntersuchungen Beweise und Unterlagen dafür beizubringen, daß tatsächlich des Menschen Antlitz seinen Charakter verrät. Typische Absonderlichkeiten werden herausgestellt und in ausgedehnten Gesichtsvergleichen erkundet. Nun aber sind die Amerikaner durch die Schaffung des sogenannten Physioprint durch Herbert L. Hayward und Alice Mary Hilton dazu übergegangen, die Physiognomik unter ganz neuen, besseren, sorgfältigeren Untersuchungen mit dem nötigen Material auszustatten, dessen eine Wissenschaft bedarf. Und die Physiognomik will eine Wissenschaft sein. Man hat das Gesicht mit einem Gitter von ungefähr 50 vertikalen und horizontalen Linien versehen, also in Felder aufgeteilt. Diese Linienfülle ergibt eine Konturkarte der Physiognomie. Und diese Konturkarte ist der Physioprint.

Eine uralte Weisheit, die nicht einmal aus der Physiognomik stammt, besagt, daß der Mensch, der bis zum 40. Lebensjahr kein eigenes, kein individuelles, kein typisches Gesicht habe, in irgendeiner Form nicht normal oder zumindest nicht so entwickelt ist, wie er sein sollte.

Auch die Möglichkeit einer Erschütterung des seelischen Gleichgewichts wird in Betracht gezogen, wenn das Gesicht ausdruckslos bleibt. Das Gesicht wird vom Gehirn her gesteuert – zumindest in seiner Ausdrucksfähigkeit. Das Gesicht spiegelt aber auch den physiologischen Zustand des Menschen wider. Das Gesicht ist die Visitenkarte.

In der Physiognomik spezialisierte man sich mehr und mehr. Aber es konnte nicht ausbleiben, daß die gemachten Angaben einen mehr generellen Charakter hatten. Eine bestimmte Augenform, die Länge der Nase, das Kinn, ob vorspringend oder fliehend – waren Feststellungen, die eine Spezifizierung über das Gesagte hinaus kaum noch gestatteten.

Das starke, überdimensionale, schwere Kinn sollte Energie und Tatendrang verraten. Das fliegende Kinn sollte das Kennzeichen für einen mehr passiven Menschen sein, der sich aktiv in das Geschehen nicht einschaltet.

Durch die Schaffung des Physioprint aber ist man heute in der Lage, den Menschen bis ins einzelne in kleine und kleinste Felder in seinem Gesicht, in seinen Zügen auflösen. Die physiognomischen Landmarken, wie der Fachmann sagt, gestatten mehr als nur die Unterscheidung der einzelnen Typen nach ihrer Art: Leptosom, pyknisch oder athletisch nach den Regeln von Kretschmer oder – nach irgendeinem anderen System.

Alles war schließlich nur auf ein Durchschnittsgesicht abgestellt.

Heute kann man aufgrund der senkrechten und waagerechten Linien, durch die das Gesicht aufgeteilt wird, das menschliche Antlitz mit mathematischen Formeln beschreiben. Das ist von äußerster Wichtigkeit für folgende wissenschaftlichen Zweige:
– für die Kriminalistik, die die Gesichtsform zur Identifizierung braucht,
– für den Ethnographen, der in der Völkerkunde die Gesichtsunterschiede immer wieder erforschen muß,
– für die Biologie, wo in den einzelnen Entwicklungsstufen der Mensch in seinem Gesicht und in der Entwicklung der Gesichtszüge überraschende Regelmäßigkeiten oder – Anomalien aufweist,
– für die Gesichtskunde, die alte Physiognomik, die damit rechnen kann, aufgrund des Physioprints einen ganz neuen Aufschwung zu erleben,

– für die ärztliche Behandlung zur Behebung von ernsten Störungen im Bereich des Muskelapparates des Gesichts, mit entsprechenden Rückwirkungen auf Gehirn und Körper,
– für den Chirurgen, der in der Lage ist, seine Gesichts-Operationen (Korrekturen, Verschönerungen, Raffungen) heute wie eine „geographische Arbeit" auszuführen.

Wir stehen also an einem Wendepunkt in der Erforschung der menschlichen Gesichtszüge. Größte Überraschungen können in dem Augenblick erwartet werden, in welchem durch eine detaillierte Aufteilung des Gesichts auch der einzelne, bisher nebensächlich behandelte Punkt in der Physiognomie des Menschen plötzlich eine besondere Bedeutung erhält.

Der Mensch, sein Antlitz und sein Physioprint

Die Zeichnung gibt eine physiognomische „Landkarte" nach dem ABC-System wieder. Aufnahme eines Profils mit daraufprojiziertem Gitter. Projektion in Richtung der Pfeile. Der Verlauf der vertikalen Linie kann numerisch (das heißt zahlenmäßig) beschrieben werden und charakterisiert die Physiognomie des Gesichtes. Die horizontalen Linien ergeben mit dem Vertikalen Schnittpunkte zur besseren Orientierung. Der Physioprint arbeitet nach einem relativen Bezugssystem, das sich an drei physiognomischen „Landmarken" orientiert.
– Die erste Orientierungsmarke ist die Profilkurve,
– die zweite läuft durch die äußere Spitze der Augenhöhlen,
– die dritte ist diejenige Kurve, die den äußersten Punkt des Backenknochens gerade berührt.

Man bezeichnet sie als A, B, C (vgl. Abb.). Die Bezeichnungen für die dazwischenliegenden Kurven richten sich nach diesem ABC-System: die auf A folgende heißt A 1, dann A 2, A 3 usw., ebenso für B und C.

Die mathematische Beschreibung des Gesichtes ergibt sich als Folge vieler Konturkurven. Die drei Hauptkurven A, B, C sind am charakteristischsten und enthalten daher die meisten Informationen über ein Gesicht.

So ist die Kurve A 1 der Profilkurve A sehr ähnlich, und wenn man A kennt, dann kennt man auch A 1. Die Kurve A 7 kann aber schon sehr viel mehr aussagen. Es kommt darauf an, aus den vier Dutzend Kurven diejenigen mit der größten Information herauszusuchen. Die weitere Arbeit wird dann außerordentlich vereinfacht.

Was die Gesichter interessanter Frauen verraten

Lassen wir die Reihe der bekannten, berühmten und – manchmal auch schönen Frauen, die unsere Aufmerksamkeit immer wieder beschäftigen, Revue passieren, dann sehen wir, daß die kritische Untersuchung der Gesichtszüge uns mehr über ihre Wesensart verrät, als wir bisher von diesen Frauen wußten, die uns begeistern oder interessieren.

Königin Elisabeth II. von England

Von dem britischen Empire, das sie aus den Händen ihres sterbenden Vaters, König Georg VI., übernahm, ist kaum noch etwas übriggeblieben. Von dem fröhlichen und heiteren, wenn auch immer etwas verlegenen und schüchternen Mädchen, das durch den Rücktritt König Eduards VIII., dem späteren Herzog von Windsor, von seinem Posten als König von England hinter ihrem Vater König Georg VI. zur Kronprinzessin wurde, ist heute nichts mehr übriggeblieben. Man nennt sie eine traurige, blasse, ernste Königin, deren Augenausdruck zwischen tiefer Melancholie und einer seltsamen Härte von einer Stunde zur anderen zu wechseln vermag. Nicht umsonst nennt man Königin Elisabeth II. die Frau mit den drei Seelen. Welcher Art diese drei Seelen sind, ist schnell verraten, wenn man die Rollen bedenkt, die sie zu spielen hat: als Herrscherin, als Gattin, als Mutter! Wie aber ist ihre wirkliche, ihre echte Wesensart? Oder sollte hinter jeder dieser drei Seelen in ihrer Brust auch ein anderer Charakter stehen, der zutagetritt, je nachdem an welche Frau man in ihr appelliert?

Als die am 21. April 1926 in London geborene Prinzessin Elisabeth, die am 20. November 1947 Prinz Philip heiratete, nach dem Tod ihres Vaters am 6. Februar 1952 den englischen Thron bestieg, hatte sie ihren beiden Kindern Charles und Anne schon das Leben geschenkt. Damals sprach man in England schon von gewissen Mißverständnissen, die sich zwischen ihr und Prinz Philip, dem Unternehmungslustigen, ergeben hätten. Aber vor der großen Öffentlichkeit wurde das alles selbstverständlich verheimlicht.

Die gesundheitliche Anfälligkeit, die sich dann in den folgenden Jahren einstellte, wurde von guten Beobachtern nur auf die seelischen Erschütterungen zurückgeführt, denen sie ausgesetzt war,
– weil das Schicksal sie zum Regieren berief;
– weil der Mann an ihrer Seite ihr damals nicht die Stütze bot, die sie in ihm erwartete;
– weil sie nicht genug Zeit fand, sich ihrer Familie, ihren Kindern zu widmen.

Sie mußte der ersten Seele in ihrer Brust gehorchen. Sie mußte die Herrscherin spielen. In ihr schlummerten starke Gedankenkräfte und kühne Willensmächte mit Ehrgeiz und Entschlossenheit und – einer gewissen Opferbereitschaft.

Ihr Kinn verrät, daß sie den lebhaften Drang spürt, die Mitmenschen ihrer Führung zu unterstellen und die Widerspenstigen in den starken Strom ihres Willens hineinzuzwingen.

Wenn dies bei dem schüchternen Mädchen der frühen Jahre noch nicht hervortrat, dann deshalb, weil sie sich selbst noch nicht entdeckt hatte.

Sieht man Königin Elisabeth II. als Herrscherin, bei irgendwelchen amtlichen, feierlichen Funktionen, dann ist ihr Gesicht buchstäblich ganz anders geschnitten als in den Stunden, in denen sie mit ihrem am 19. Februar 1960 geborenen Sohn, dem kleinen Prinzen Andrew, scherzen und kosen kann.

– Ihr Gesicht wirkt lang und asketisch, ihre Nase ist gestrafft und spitz;
– ihre Augen sehen fast ekstatisch in die Ferne;
– ihre Lippen sind schmal und ganz hart.

Aus diesem Antlitz erkennt man die Frau, die sich durch nichts von ihren Plänen abbringen läßt, vor allem dann nicht, wenn die anderen gegen sie rebellieren, ihr den Gehorsam versagen. Unter Umständen wird, wie dieser Mund sagt, aus der Impulsivität, die hinter diesem Mund schlummert, Ungeduld und Rücksichtslosigkeit.

Amerikanische Physiognomiker behaupten, daß der Ausdruck der Augen, der unter gewissen Voraussetzungen nicht nur sehr kalt, sondern manchmal auch abwägend und lauernd sei, ein sicheres Zeichen dafür darstelle, daß Königin Elisabeth II. sparsam bis zum Geiz sei. Das sollte die Welt bisher nicht wissen, aber durch verschiedene Memoiren ist dieser Charakterzug inzwischen weltbekannt geworden.

Wenn Königin Elisabeth an der Seite ihres Gatten, des Prinzen Philip, immer wieder für die Weltöffentlichkeit als die glückliche Gattin in Erscheinung trat, so wußte man doch im Buckingham Palast, daß man dort nur selten lächelte, daß die aufgeschlossene Heiterkeit in den Räumen, die die Königliche Familie bewohnt, nicht allzu oft anzutreffen war.

Die Psychologen hatten im Laufe der letzten Jahre die Bilder zusammengestellt, auf denen Königin Elisabeth bei der Geburtstagsparade zu Pferd an der Spitze des Aufmarschs zu sehen ist – gefolgt um eine Pferdelänge hinter ihr von ihrem Gatten Philip.

Und dabei ergab sich, daß zwischen 1953, dem ersten Aufmarsch, und dem Jahre 1961 das Gesicht der Königin Elisabeth II., wenn sie sich während der Parade nach ihrem Gatten umwendet, immer ernster, immer müder, immer härter geworden ist. Und im Jahre 1976 ist überhaupt kein Lächeln mehr auf ihren Zügen zu lesen, sondern nur der stille ernste Ausdruck des Wissens, daß kein Glück auf dieser Erde ewig ist und daß sie es bei der Last, die sie als Königin auf ihren Schultern tragen muß, nicht verstanden hat, ihrem Prinzen Philip immer die Gattin zu sein, die er in ihr erwartete und suchte.

Weich und zart und liebenswürdig wurden die Züge der Königin Elisabeth II., als sie damals mit ihrem kleinen Prinzen Andrew scherzte und plauderte. Auf einmal war sie entspannt, ihr Mund wurde ganz zart und weich, ihr Kinn, das sie manchmal auf ihren Herrscherbildern hart und energisch vorstreckt und dadurch kräftiger erscheinen läßt, als es in Wirklichkeit ist, flieht im Profil, wie man es nur bei charakterlich ganz weichen oder schwachen Frauen sieht.

Und auch der Augenausdruck wurde fraulich, gutmütig und weich.

Die Welt, in die sie hineingestellt worden ist und der sie sich nicht entziehen kann, hindert sie an übereilten Handlungen, an Blitzentschlüssen, die sie sonst vielleicht verleiten könnten, von einem Tag zum anderen zerstörend alles beiseitezuschieben, was sie daran hindert, ihr eignes Leben zu führen.

Sie krankt an dem Unvermögen, sich in die Eigenart anderer hineinzudenken und sieht sich selbst als Mittelpunkt der Welt und des Geschehens, als ein Mittelpunkt, zu welchem eine Laune des Schicksals und der Geschichte sie tatsächlich machte.

Juliana der Niederlande

Die am 30. April 1909 geborene ehemalige Königin der Niederlande, Juliana Luise Emma Maria Wilhelmina, sagte einmal bei einem Staatsdinner im Waldorf Astoria-Hotel in New York: „Macht die Zeit zu Eurem Verbündeten, es gibt keinen besseren. Vielleicht ist Zeit Geld, sicher aber ist Zeit noch mehr als Geld, nämlich Gelegenheit zum Abwarten!"

Man kannte Juliana als Kronprinzessin nur als sehr rundliches Mädchen mit einem erheblichen Übergewicht, das nicht allzu sehr auf Mäßigkeit hielt und infolgedessen bald so sehr unter ihrem Übergewicht litt, daß mancherlei spöttische Geschichten über sie in Umlauf kamen. So sollte sie einmal in der Nähe von Nordwijk am Strand im Badekostüm im Wasser gestanden haben als ein Holländer vorüberkam, der nicht wußte, wer da – den Rücken gegen den Strand gekehrt – im Wasser vorwärtswatete, die Worte ausstieß:

„Verdummich – das sind aber Säulen!"

Und damit meinte er die sehr massiven Beine Julianas, der Kronprinzessin. Sie zuckte nicht, sondern rief nur über die Schulter zum Strand hinüber:

„Ja, Mijnheer – und auf diesen Säulen soll eines Tags ganz Holland ruhen!"

Diese Beine aber paßten zu dem rundlichen und wohlgenährten Gesicht, das Juliana der Welt bot.

Darüber sind nun viele Jahre hinweggegangen. Kronprinzessin Juliana hatte am 7. Januar 1937 Prinz Bernhard von Lippe-Bisterfeld geheiratet und von ihrer Mutter am 4. September 1948 den Thron der Niederlande übernommen – als Königin.

Der Aufenthalt der Kronprinzessin Juliana in Kanada, wohin sie vor den Kriegseinwirkungen aus Holland mit ihren Kindern und ihrer Mutter floh, der neue Stil, die neue Linie, die sich nach dem Krieg modisch ergab, zwangen sie, sich auch physiognomisch und in ihrer Körperlinie so zu verändern, wie man sie heute kennt:

– Die gerade, etwas gebogene Nase verrät einen vernunftbegabten Erkenntnis- und Willensmenschen. Sie hat mehr als einmal bewiesen, daß sie von dem, was sie für richtig erkannt hat, nicht abgeht.

– Die weit auseinanderstehenden Augen, mit denen sie die Welt mißtrauisch mustert, sind ein Zeichen für eine erstaunliche Bodenbeständigkeit, für eine gewisse Härte, mit der sie ihr häusliches Glück verteidigt.

– Die kurze, aber breite und vorgewölbte Stirn sagt, daß sie ein ausgezeichnetes Gedächtnis hat, eine rationalistische Grundauffassung, aber gleichzeitig einen merkwürdigen mystischen Hang und eine starke Neigung zum Okkultismus. Das hat man in Holland zur Genüge erlebt, als Gret Hofmans, die Gesundbeterin, mit ihrer geheimnisvollen Sekte plötzlich einen allzu starken Einfluß auf Königin Juliana gewann. Aber diese Einflußnahme entsprang ihrem heißen Wunsch, ihrem fast blindgeborenen Kind, Prinzessin Marie Christine, das Augenlicht zu schenken. Hier mischten sich bei ihr, wie physiognomisch aus ihrem Antlitz hervorgeht, rationale Vernunft, die sie veranlaßte, mit dem Kind zu den besten Professoren nach Leyden und Paris zu reisen, mit einem mystischen Zug, der sie zwang, Gret Hofmans an das Bettchen ihres Kindes zu rufen, damit die Gesundbeterin ihre Hände ausstreckte, um – ein Wunder zu tun!

Wegen Gret Hofmans ergab sich eine so schwere Thronkrise, daß damals ernsthaft die Möglichkeit eines Sturzes des Königshauses, zum mindesten aber eines Rücktritts der Königin Juliana erwogen wurde. Sie aber dementierte alle Vorwürfe, die man gegen sie erhob.

– Das vorspringende Nasenbein zwischen den beiden Augen, das eine starke gepflegte Beredsamkeit verrät, trat nun auf einmal wirksam in Erscheinung. Sie verstand es, die Menschen zu überzeugen von dem, was sie sagte und für sich die Zeit zu gewinnen, die sie einmal in New York auf einem Staatsdinner als den besten Verbündeten eines jeden Menschen bezeichnet hatte.

Bei aller Neigung zum Okkultismus und zum Mystischen hatte sie ein so hohes Maß an materiellen und irdischen Interessen gewahrt, daß sie gar nicht daran dachte, vorzeitig ihre Rolle als Königin aufzugeben.

– Außerdem erkannte sie plötzlich mit einer späten erwachenden zweiten Liebe, daß sie sich im Laufe der letzten Jahre von ihrem Gatten Prinz Bernhard, dem sie vier Töchter: Beatrix, Irene, Margaret und Marie Christine geschenkt hatte, immer weiter und allzu weit entfernt hatte. Sie wollte ihn zurückgewinnen. Man sah sie charmanter und besser gekleidet denn je.

Ihre Konstitution, die sich auch in ihrem Gesichtsausdruck, in dem starken Kiefer und in dem massiven Schädel widerspiegelt, versetzte sie in die Lage, die hochgradige Empfänglichkeit für alle Erkrankungen im Hals, Schlund, Kehlkopf, Nacken, Herz und Drüsensystem zu überwinden.

Die Herzaffektionen, unter denen sie eine Zeitlang während der schwersten Angriffe gegen ihre Person litt, haben sich in den letzten Jahren wieder gelegt. Jedenfalls ist heute der Gesichtsausdruck physiognomisch gesehen so, daß man ihr eine ungewöhnliche Widerstandskraft, eine überdurchschnittliche Willensstärke und – einen hohen Glauben an die eigne Person und an die Richtigkeit dessen, was sie tut, bezeugen kann.

Sie geht für ihre Meinung, für ihre Überzeugung durch dick und dünn und verteidigt sie gegen alle Widersacher, deren sie in den letzten Jahren nicht wenige hatte. Das hat sich besonders während der jüngsten Krise gezeigt, als sie ihren Mann, der in die Lockheed-Bestechungsaffäre verwickelt zu sein schien, vor Parlament und Öffentlichkeit verteidigte.

Fabiola von Belgien

Die ganze Seelengröße der spanischen Gräfin Fabiola de Mora y Aragon, der ehemaligen Königin Fabiola von Belgien, zeigte sich vor Jahren, als die Welt durch eine Bekanntmachung des Hofmarschall-Amtes von Schloß Laeken erfuhr: „Das frohe erwartete Ereignis in Schloß Laeken findet nicht statt. Die erwartete Mutterschaft der Königin Fabiola muß dementiert werden!" Wenige Tage später, nachdem sich Fabiola von einer gesundheitlich sehr gefährlichen Fehlgeburt erholt hatte, erschien sie wieder lächelnd in der Öffentlichkeit an der Seite ihres Gatten.

Als der bereits verstorbene ehemalige König von Belgien, Baudouin, der Welt die große Überraschung bereitete, ihr plötzlich eine Braut zu präsentieren, von der man bis dahin noch nie etwas hörte, beugten sich sofort die Physiognomiker über die Bilder, die von Fabiola, der Tochter des Grafen Don Gonzalo de Mora und Marques de Casa Riera verbreitet wurden. Man erfuhr, daß sie am 11. Juni 1928 zur Welt gekommen sei, zwei Jahre älter als Baudouin. Sie hatte drei Brüder und drei Schwestern, die alle mehr oder weniger ihren Weg gemacht hatten, mit Ausnahme des schwarzen Schafs der Familie, Don Jaime, der durch seine Abenteuer dann und wann Aufsehen erregte.

Die ersten Urteile, die man über Fabiola abgab, lauteten – unter Anlehnung an die Fotografien, die zur Verfügung standen:

– Das lange schmale Gesicht enthält Zeichen einer gewissen vererbten Degeneration, wie man sie häufig in alten Familien der Iberischen Halbinsel findet.

– Die längliche Nase, die sich an der Spitze verdickt, spricht gleichfalls von einem sehr alten Haus, gestattet aber die Vermutung, daß zu irgendeinem Zeitpunkt portugiesisches oder südamerikanisches Blut in die Familie hineingeflossen sein muß.

– Das Kinn, die Mundpartie und die Jochbogen deuten an, daß der Knochenbau nicht allzu stark, nicht massiv ist und daß unter Umständen eine gewisse Neigung, Prädisposition für Tuberkulose besteht.

– Darauf deutet auch der lange Hals hin, den man – vor allem in alten Familien – meist bei jenen Familienmitgliedern findet, die früher oder später an Tuberkulose erkranken. Das muß nicht sein, aber die Möglichkeit einer Anfälligkeit der Lungen ist gegeben.

– Der Blick und das Abirren der linken Augachse läßt vermuten, daß das Nervensystem anfällig ist, ohne daß in dieser Hinsicht ernste Ausschläge zu befürchten sein müssen.

– Die größten Gefahren drohen, wie auch die ganze Konstitution und der Habitus, die Gesamtheit des Körperbaus, der Hautfärbung und der Haare verraten, von seiten des Blutes und der Atmungsorgane.

– Menschen dieses Typs müssen immer darauf achten, daß sie nicht durch ungeschickte Bewegungen, durch unvorhersehbare Stürze schwere Verletzungen davontragen, vor allem Armbrüche, oder Verrenkungen in Schulter und Händen;
– außerdem droht Menschen dieser Art, da sie, wie Fabiola mehrfach schon bewiesen hat, eine starke Liebe zu Tieren besitzen, unmittelbare Gefahr durch größere Tiere, vor allem durch Pferde und Hunde.

Diese Diagnose der Physiognomiker erfuhr bald eine eklatante, wenn auch betrübliche Bestätigung durch die Ereignisse, die über Königin Fabiola hereinbrachen:
– Wenige Tage nach der Trauung, als sie ihre Flitterwochen in Andalusien verbringen wollte, zog sich Fabiola bereits eine schwere Erkrankung, eine Angina, zu, die die Konsultation eines Arztes notwendig machte;
– zehn Tage später waren die Unruhen in Belgien, die Streiks, auf einen so gefährlichen Höhepunkt gestiegen, daß die Königin darauf bestand, an der Seite ihres Gatten nach Belgien zurückzukehren, wo sie musterhaft Haltung bewies, um dann aber nach dem Verklingen der Aufregung an einem Nervenzusammenbruch darniederzuliegen. Denn es waren noch andere Ereignisse hinzugekommen: ein schwerer Erdrutsch, der zahlreichen Menschen das Leben kostete, eine entsetzliche Flugzeugkatastrophe bei Brüssel, kritische Entzweiungen innerhalb der Königlichen Familie, also Auseinandersetzungen in Schloß Laeken.
– All diesen Ereignissen war Fabiola, körperlich und was ihre Nerven angeht, nicht gewachsen. Sie wollte immer wieder zeigen, daß sie stark genug war, alles in Kauf zu nehmen, aber es zeigte sich, daß für sie das stille Leben, das sie einst als Krankenschwester und Betreuerin von Kranken und Armen in Madrid führte, für sie das gesundere Dasein war.
– Als sich dann die ersten Vorzeichen einer werdenden Mutterschaft einstellten, traten die Symptome der organischen Umstellung so deutlich zutage, daß sie beim Staatsbesuch in Paris prompt zusammenbrach und mit einer angeblichen Angina das Bett hüten mußte, weil sonst schon bei dieser Gelegenheit eine Fehlgeburt unvermeidlich gewesen wäre.
– Wiederum erwies sich das als richtig, was die Physiognomiker vorausgesagt hatten, daß körperliche und geistige Überanstrengungen und Aufregungen ihrer Gesundheit sehr schwer zusetzen müßten. Dennoch unternahm sie zusammen mit ihrem Gatten die verhängnisvolle Reise nach Rom, zum Vatikan, wo sie von Papst Johannes XXIII. empfangen und gesegnet wurde. Wiederum brach sie zusammen. Und diesmal war die Fehlgeburt unvermeidlich.

Sie hat soviel Willenskraft und auch Gottvertrauen, daß sie niemals verzagen wird! Sie ist eine ausgesprochene Empfindungs- und Erkenntnisnatur, eine Doppelnatur mit lebhafter Wißbegier, wie ihre Augen verraten, mit starker Intelligenz, wie ihre Stirn verrät und mit gutem Einfühlungsvermögen, wie ihre Hände erkennen lassen.

Ein französischer Physiognomiker sagte, als er das erste Bild der ehemaligen Königin Fabiola – damals noch spanische Gräfin – erblickte:

„Ihr geistiger Blick ist vor allem in die Breite gerichtet, ohne daß dabei der Sinn für die Höhen und Tiefen des Lebens zu kurz kommt!"
Man weiß von ihrer hohen künstlerischen Begabung, die sie in die Lage versetzte, Märchen zu schreiben und selbst zu illustrieren, gute Musik zu pflegen und immer wieder ihren hohen Gedankenflug und die Schärfe ihrer Intelligenz in das praktische Leben einfließen zu lassen.

Ingrid Bergman – die große Schauspielerin:

Gary Grant, der große Filmstar, der frühere Stelzenläufer, der Clown, der dann eine großartige Karriere machte, sagte eines Tags vor Bankdirektoren an der Wall Street in New York:
„Es gibt nur sieben Filmstars in der Welt, deren Namen die amerikanischen Bankiers veranlassen könnten, Filmproduzenten Geld zu leihen, die einzig wirklich wertvolle Frau auf der Liste aber ist: Ingrid Bergman!"
Als diese im Jahre 1917 in Stockholm geborene Schauspielerin über das Königliche Dramatische Theater in Stockholm hinauswuchs und eines Tags nach Hollywood kam, nachdem sie vorher schon Dr. Peter Lindström geheiratet hatte, sagte der sonst so eiskalte Filmdirektor Leo MacCary:
„Diese Ingrid Bergman ist als Schauspielerin unwahrscheinlich groß. Wenn sie über die Szene geht und sagt ‚hallo!‘, dann fragen sich die Menschen, wer diesen wundervollen Dialog schrieb. Sie unterstreicht mit ihrer Persönlichkeit und ihrem Antlitz das eine Wort und macht daraus einen ganzen Bühnentext!"
Und als sie dann am Broadway auftrat, meinte Helen Hayes von ihr:
„Ein Glück, daß Sie gekommen sind, Ingrid Bergman, Sie haben das Theater zum Broadway zurückgebracht!"
Auch wenn dann Ingrid Bergman eines Tags von den Amerikanern im wahren Sinne des Wortes verbannt wurde, weil sie sich in den Italiener Roberto Rossellini verliebte, so blieb doch die Faszination, die von ihrer Person ausgeht, erhalten. Und worin besteht diese?
Was bei ihrem Antlitz sofort in Erscheinung tritt, ist die Nase, die auf den ersten Blick etwas zu lang erscheint. Sie hat eine spekulative Nase, die sich außerdem dadurch auszeichnet, daß das Nasenbändchen weit nach unten gezogen ist, also die Nasenscheidewand zwischen den beiden Nasenflügeln. Das aber bedeutet, daß diese Frau in der Lage ist, die Umwelt bei ihrer schwachen Seite zu nehmen, geschickt ihre in diesem Fall nicht erotisch gedachte Verführungsgabe spielen zu lassen.
Ingrid Bergman hat ein nordisches Gesicht entsprechend ihrer Herkunft aus Schweden. Die Augen treten stärker hervor, als es in einem sog. normalen Antlitz der Fall sein dürfte, das läßt auf eine starke Sprachbegabung und eine geschickte Handhabung des Wortes schließen.

Die Augenachsen sind nicht genau parallel geschaltet, sondern das rechte Auge weicht stark von der parallelen Achse ab. Das findet man vor allen Dingen bei Frauen, deren seelisches Gleichgewicht durch kleinste äußere Vorgänge erschüttert bzw. beeinträchtigt werden kann.

Solange sie mit Dr. Peter Lindström verheiratet war, schien ihr Gesicht noch rundlich und voll. Die Leidenszeit an der Seite von Roberto Rossellini, dem sie, nachdem Dr. Lindström von ihr schon eine Tochter hatte, drei Kinder schenkte, zeichneten ihr Antlitz derart, daß man heute in ihr – die große Tragödin sieht. Sie spielt nicht nur die Tragödin, sondern sie hat sie tatsächlich an sich selbst und in sich erlebt und durchkostet.

Davon spricht vor allen Dingen auch ihr Mund. Von diesem Mund, der bei dem schmaler und ernster und herber werdenden Gesicht immer deutlicher hervortrat, sagt man, daß er heute unzweideutig die verhaltene Leidenschaft erkennen lasse, die in diesem nur scheinbar erloschenen Vulkan schlummere.

Wenn man ihr Antlitz und ihren Mund sieht, die sensuellen Lippen, die Linienführung, die von den Nasenflügeln, zu den Mundwinkeln herunterführt, die schmerzlichen Markierungen der Entsagung und der Ernüchterung, dann versteht man die ganze große Leidenschaft, die damals Ingrid Bergman packte, als sie in Hollywood, in New York alles stehen und liegen ließ, um über den Ozean zu Roberto Rossellini zu eilen.

Der schlummernde Vesuv kam zum brodelnden Vesuv. Die Physiognomiker sagten damals schon voraus, daß es eine Katastrophe geben müsse, wenn das offene Temperament zum verschleierten, versteckten, verborgenen leidenschaftlichen Leben einer Ingrid Bergman stoße.

Der größte Kummer ihres Lebens war, daß ihre Tochter Ingrid-Pia, die sich acht Jahre ihr fern hielt, vor aller Welt sie, ihre Mutter, verspottete, weil sie sie in ihren Äußerungen des Temperaments, in ihrer Leidenschaft nicht verstand.

Der andere Kummer ihres Lebens war die Tatsache, daß Roberto Rossellini ihr die drei Kinder, die beiden Zwillingsmädchen und den kleinen Roberto „für alle Zeiten" vorenthalten wollte.

Sie hatte inzwischen selbst wieder einen Lebensanschluß gefunden bei Lars Schmidt, dem schwedischen Schauspieler und Theaterunternehmer. Als man sie fragte, weshalb sie eigentlich mit offenen Augen durch all dieses Auf und Nieder gegangen sei, durch die Episode mit Dr. Peter Lindström, der sie so kurz hielt, daß sie nicht einmal über ihr eignes Geld verfügen durfte, der sie kaum atmen ließ, um dann in ein noch schlimmeres Joch an der Seite Roberto Rossellinis zu flüchten, da meinte sie:

„Ich konnte ganz einfach nicht widerstehen!"

Und das verrät ihr Kinn, es ist zu klein, der ganze Kinnansatz ist weich und zart und der Ausdruck des Gesichtes einer Frau, die sich – belügen und verführen läßt!

Im Grunde genommen liebt sie, wie auch ihre ganze äußerliche Gestalt und
Aufmachung verrät, das Einfache und Schlichte und ein träumerisches Glück
im Winkel. Das Idyllische, das anspruchslos Friedliche ist das Entzücken ihrer
Seele. Das verraten ihre nordischen romantischen Augen. Wenn sie in ihrer
schwedischen Heimat weilt oder auf ihrem Landgut in der Nähe von Paris,
dann kann sie stundenlang mit ihren Augen verzaubert den ewig wechselnden
Bildern im Wandern der Wolken folgen und die Farbwunder der Morgenröte
und des Abendrots genießen. Es wird ihr schwer, sich von diesen Märchen,
wie ihre Seele solche Bilder empfindet, loszureißen. Und diese Seelenstim-
mungen, die aus ihrem Antlitz sprechen, waren es auch, die bis zum heutigen
Tag ihr ganzes Dasein bestimmten.

Zerlegte Gesichter enthüllen den Menschen

In dem Bemühen, hinter die Seelenkulisse unserer Mitmenschen zu schauen
und uns selbst zu erkennen, suchen wir ständig nach neuen Methoden, die
uns in der Fülle unseres personalen Seins enträtseln und uns verraten, was
gut und böse in uns und an uns ist. Die bis zum Augenblick erfolgreichste
Methode ist jene der Enthüllung der beiden Seelen in uns, und zwar auf
dem einfachen Wege der Zerlegung unseres Gesichts in zwei Hälften, um
dann jede Hälfte mit sich selbst „gekontert" zu ergänzen.

Zur Begründung der Methode sei einiges kurz erklärt.

Es heißt in ostasiatischen Schriften, daß der Mensch zwei Seelen habe – eine
Alltagsseele und eine Feiertagsseele. Der Grad menschlichen Glücks sei abhängig davon, ob die Feiertagsseele das Übergewicht besitze. Die Seele aber
findet im einen und im anderen Fall Ausdruck im Antlitz.

Die moderne Physiognomik, die Lehre von der Deutung des menschlichen
Antlitzes, weiß von dem Doppelwesen, das in uns schlummert, und von dem
ständigen Ringen, den das eine Wesen mit dem anderen auskämpft.

Wir sind – mit anderen Worten – alle in uns gespalten. Wir haben

zwei Körperhälften,

zwei Hirnhälften,

zwei Gesichtshälften, die sich stark voneinander unterscheiden, wie ein Blick
in den Spiegel und die Prüfung einer Fotografie verraten.

Aus der Anatomie und der Physiologie wissen wir, daß der ganze Mensch
gewissermaßen über Kreuz vom Gehirn aus gesteuert wird. Die rechte
Hälfte des Hirns steuert unsere linke Körperhälfte. Die linke Hirnhälfte
lenkt, beeinflußt und steuert die rechte Körperhälfte.

Wenn aber die Gesichtshälften verschieden sind und im Zusammenspiel
der beiden Gehirnteile und der Körperhälften ein ständiger Kampf ab-

läuft, dann ist dieser Kampf in seinem Resultat unser „Charakter", unser Verhalten gegenüber uns selbst und gegenüber der Umwelt.

Von diesen Erkenntnissen aus ist es nicht mehr allzuschwer, die Methode zu verstehen, nach welcher wir den einen Menschen in uns dem anderen gegenüberstellen, wenn wir uns ein möglichst objektives Bild unserer Gesamtpersönlichkeit machen wollen.

Wir nehmen eine Fotografie, die unser Gesicht ganz von vorn zeigt, wie der Fotograf sagt, ein En-face-Bild. Wir schneiden nun dieses Bild genau in der Mitte durch und lassen die rechte Gesichtshälfte noch einmal fotografieren – aber so, daß wir sie „gekontert", d. h. umgedreht als linke Seite an die rechte Hälfte ankleben können. Dann haben wir ein ganzes menschliches Antlitz, das nur aus unserem rechten Wesen besteht.

Machen wir mit der linken Hälfte das gleiche Experiment, dann steht sich der Mensch doppelt gegenüber: einmal so, wie er links ist; und einmal so, wie er rechts ist.

Mancher, der dieses Experiment machte, wollte an sich verzagen, so erschreckend sah er in der Aufteilung aus. Aber beruhigen wir uns: Auch jene Männer, die als Politiker oder Erzieher oder Richter uns zu führen vorgeben, sehen nicht schöner oder angenehmer oder beruhigender aus.

Frauen, die mehr Zeit vor dem Spiegel verbringen als Männer, waren schon vor den Physiognomikern darauf aufmerksam geworden, daß jeder Mensch zwei Seiten, zwei Gesichter hat, die sich sehr voneinander unterscheiden. Jeder Fotograf kann bestätigen, daß Frauen immer genau wissen, welche Seite die günstigere ist. Sie sind mit ihren Wünschen deutlich und zielbewußt, wenn sie verlangen:

„Bitte, fotografieren Sie mich von rechts. Das ist meine bessere Seite!"

Folgt man den Untersuchungen des amerikanischen Physiognomikers Professor Dr. Waldemar Wolff, dann kann man aus dem Linksgesicht eines jeden Menschen nicht nur Eigenschaften herauslesen, die der Betreffende vor der Welt zu verdunkeln versucht, sondern vor allem auch die Dispositionen zu Triebanlagen, zu Leidenschaften, die, balanciert durch die rechte Gesichtshälfte, kaum sichtbar werden, die von der rechten Gesichtshälfte überspielt werden, so daß der Mensch ganz einfach „sein Gesicht" hat, obwohl sich die eine Hälfte von der anderen wie Tag und Nacht unterscheidet. In besonders krassen Fällen glaubt Prof. Dr. W. Wolff effektiv von Taggesichtern und Nachtgesichtern sprechen zu können, die wohlverstanden der gleichen Person gehören, je nachdem, ob man die rechte oder linke Gesichtshälfte auf die geschilderte Art nach der entsprechenden Gesichtsproduktion sezierte.

Marlene Dietrich als Mutter- und Vamp-Typ

Marlene Dietrich bietet der Welt ein Gesicht, das jeder kennt. Aber wenn wir es zerschneiden, zerfällt es auf der einen Seite in eine Frau von sichtbarer Mütterlichkeit. Diese Seite der weltberühmten Schauspielerin konnte sich nur nicht ausleben, wie sie ursprünglich wohl gemocht hätte (immerhin ist sie auch Großmutter). Auf der anderen Seite aber sehen wir einen Vamp, wie wir ihn aus dem „*Blauen Engel*" kennen, eine Bardame, die auch heute noch in der Lage wäre, eine ganze Aufsichtsratssitzung älterer Herren bestens zu unterhalten oder auch völlig durcheinanderzubringen.

Sehr schnelle Auffassungsgabe, zurückhaltende Beredsamkeit, sehr viel mehr Gefühl, als sie selbst zugeben will. Trotz der chronischen Schlaflosigkeit, die aus den tiefliegenden Augen spricht, energischer, als man dem „blauen Engel" und dem Cowboy-Girl von Anno dazumal wie auch der Großmutter zutraut.

Der Ernährungstrieb ist an sich gut entwickelt. Marlene Dietrich mußte also ihr Leben lang Diät halten.

Ein geschickter Manager war unerläßlich, weil das Weibliche in ihr trotz aller Raffinessen nicht ausreichte, mit den Direktoren von Hollywood und den Chefs der Showzentren fertigzuwerden.

Abb. 10: Der „blaue Engel"   Abb. 11: Zweimal die   Abb. 12: Zweimal die
                               rechte Gesichtshälfte   linke Gesichtshälfte

Muskel-, Atmungs-, Ernährungs- oder Gehirn-Typ?

Die Form des Kopfes ist unter normalen Verhältnissen und wenn nicht eine „Mißgeburt" vorliegt bestimmend für das Gesicht. Man findet nur selten ein schmales Gesicht unter einem sehr breiten Kopf. Es ergäbe sich auch eine Disproportion zwischen einem breiten Gesicht und einem schmalen Hochkopf. Die Gegensätze sind so kraß, daß sie nur in ungewöhnlichen Fällen und als „Irrtümer der Natur" vorkommen.

Wir haben uns alle nicht selbst gemacht, sondern bekamen den Kopf wie unser Gesicht als ein Vermächtnis des Schicksals mit auf den Weg. Allerdings sagen die Physiologen in bezug auf den Ausdruck des Gesichts, daß der Mensch sein Antlitz bis zum 40. Lebensjahr „gemacht" haben müsse, wenn er nicht als unfertiges Wesen mit einem Kindergesicht auf einem alternden Körper oder mit den Zügen der eigenen „Verworfenheit" oder der „Sünden" seiner Ahnen durchs Leben gehen will.

In jüngster Zeit ist man zu der Überzeugung gekommen, daß die Einteilung der Menschen in vier Kategorien und damit in vier von der klassischen Einteilung abweichende Temperamente das Richtige sei. Die diesbezügliche Aufteilung der Gesichter entspricht einem vernünftigen Gedankengang. Der Physiologe Prof. Dr. G. Sigaud, der Begründer der Ecologie, entwickelte eine Einteilung der Gesichter der Menschen nach neuen Gesichtspunkten: er unterscheidet den Muskeltyp, den Atmungstyp, den Ernährungstyp und den Gehirntyp.

Untersuchungen in den westeuropäischen Ländern zufolge gehören wir alle von unserem 20. Lebensjahr an in eine dieser vier Gruppen eingestuft, und der westeuropäische und der nordamerikanische Mensch würden sich prozentual folgendermaßen aufteilen:

Muskeltypen 47 %

Atmungstypen 30 %

Ernährungstypen 14 %

Gehirntypen 9 %.

Wir dürfen nun nicht dem Irrtum verfallen, die obenerwähnten Typenbezeichnungen wörtlich zu nehmen und etwa zu glauben, der Muskelmensch sei unbedingt jemand, der sein Dasein mit der Kraft seiner Hände bestreite, oder der Ernährungstyp tue buchstäblich nichts anderes, als seinen Magen zu füllen. Es handelt sich um Grundbegriffe, die wie folgt erläutert werden:

Muskeltyp = Quadratschädel

Alles an diesem Muskelmenschen ist in irgendeiner Form viereckig. Auf die Frau übertragen, ist dieser Typ nicht sehr graziös, sondern meist ein klein wenig hart oder männlich, was sich im Gesicht natürlich besonders klar ausprägt. Psychologisch gesehen ist der Muskelmensch meist langsam, aber in seinem Charakter stabil, beharrlich und von ungewöhnlicher Arbeitskraft sowohl in körperlicher als auch geistiger Beziehung. Dabei versteht aber der Muskelmensch mit seinen Kräften vernünftig zu haushalten.

Bei geborenen Sportsmenschen, bei Männern, die zwischen der geistigen und der körperlichen Tätigkeit einen Ausgleich zu schaffen verstehen, finden wir die Typen der Muskelmenschen schlechthin.

Der tschechische Schlagersänger
Karel Gott in jungen Jahren

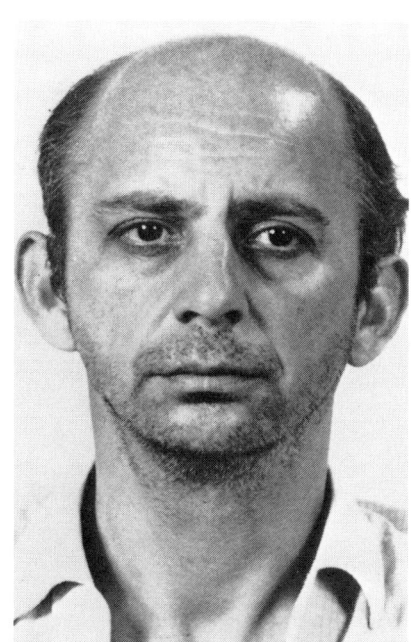

Der Massenmörder
Joachim Kroll

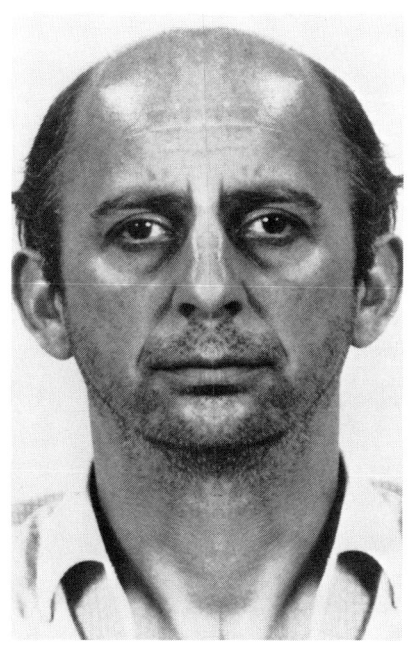

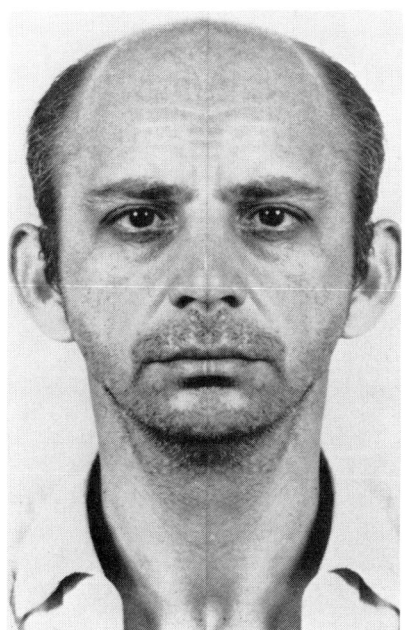

Die deutsche Filmschauspielerin
Uschi Glas in jungen Jahren

Die englisch-amerikanische Filmschauspielerin Elizabeth Taylor
als junge Frau

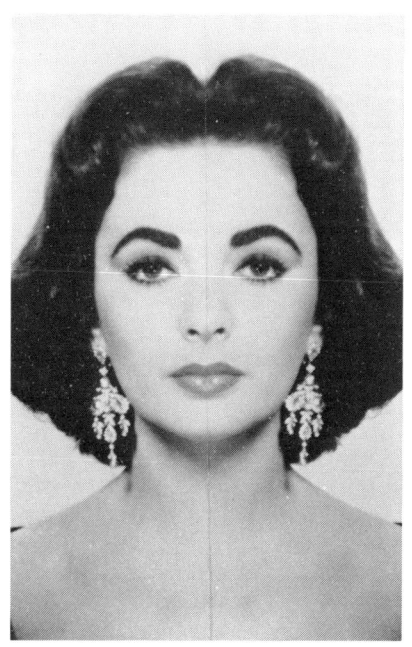

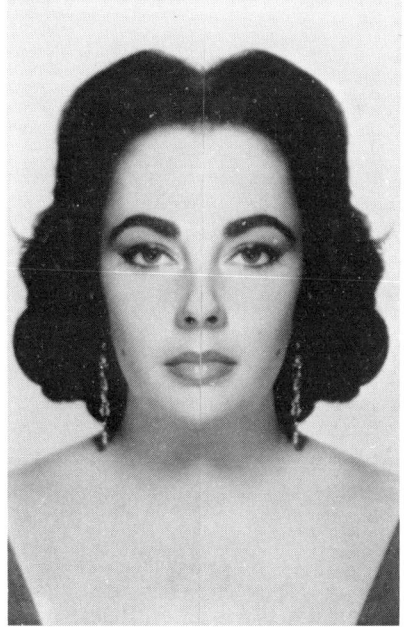

Atmungstyp = Rundkopf

Der Geist ist beweglich, der Typ ist impulsiv und gesprächig. Die geistige Aktivität, oft auch die Talentierung in künstlerischer Beziehung, ist bemerkenswert.

Die Unternehmungsbereitschaft, die Begeisterungsfähigkeit sind beachtenswert. Aber wir müssen dabei gleichzeitig berücksichtigen, daß die Seele bei allem Ehrgeiz poetisch und deshalb ein wenig unstet und sich selbst auch wohl manchmal untreu ist.

Menschen mit solchen Köpfen neigen, um die negativen Seiten zu erwähnen, zu Überspitzung, zu Unzuverlässigkeit, zu rascher Geschmacksänderung und leben somit vom ersten bis zum letzten Tag ihrem stark angewachsenen Egoismus.

Ernährungstyp = Trapezkopf

So wie der Kopf ist auch der Rumpf irgendwie trapezförmig oder konisch aufgebaut. Wir haben es mit Menschen zu tun, die ein sachliches Urteil mit ins Leben bringen, die eine gesunde Lebensphilosophie vertreten.

Sie können ausgezeichnet rechnen, vor allem in die eigene Tasche, und besitzen die Fähigkeit, mit erstaunlicher Anpassungsgabe praktisch mit jedem Menschen ihrer Umgebung zurechtzukommen. Der Optimismus, den wir bei diesen Menschen immer wieder beobachten, ist stark genug, jeweils die besten Seiten des Lebens zu erfassen und für sich selbst auszunutzen.

Allerdings ist mit einer solchen Einstellung immer eine gewisse Selbstüberschätzung verbunden, häufig auch eine starke Eitelkeit. Sie verstehen es, als die großen Menschenfreunde durch die Geschichte zu gehen, während sie in Wirklichkeit unter dieser Menschenfreundlichkeit ihren Egoismus tarnen.

Hirntyp = umgekehrter Dreieckskopf

Wir finden diesen Kopf nur bei Intellektuellen, namentlich bei Personen, die in der wissenschaftlichen Forschung arbeiten, in Universitäten, in Hochschulen, wo im Durchschnitt 73 % aller Lehrpersonen solche Gesichter und solche Schädel haben.

Es ist bezeichnend, daß unter den Schädelfunden prähistorischer Menschen solche Schädel nicht vorkommen und sich wohl auch kaum finden werden – es sei denn, wir stießen auf die Vertreter einer großen versunkenen Kultur, die vielleicht der unseren überlegen war.

Die Eigenschaften der Träger dieser Köpfe: vielseitige geistige Elastizität, rasche Auffassungsgabe, Klugheit, Diplomatie – aber unter Umständen auch in Überspitzung der genannten Eigenschaften eine Tendenz zur Überbewertung der Phantasie, eine Neigung, Wünsche für Wahrheit zu nehmen. Manchmal überschneiden sich zwei dieser Typen. Aber grundsätzlich können wir die Menschen einer dieser Klassen zuordnen.

Wie die Lippen, so der Charakter

Dichter haben seit Jahrtausenden den schönen Mund der Frau besungen.
Sie wußten, daß Lippen und Mund ein Spiegel der Seele sind. Ein anmutiges
Lächeln, ein zartes Wort, das über die schönen Lippen kommt, können
Männer betören. Die Lippensprache ist Liebessprache, solange die Lippen
nicht lügen. Schon Lavater, einer der ersten und größten Physiognomiker,
stellte fest: „Wie die Lippen, so der Charakter!" Auf Grund neuerer Forschungen glaubt man sogar sagen zu können:

Der Mund ermöglicht in strenger Beurteilung klare Rückschlüsse, die sich
auf das gesamte Innenleben beziehen.

Die Oberlippe kennzeichnet das Geistesleben.

Die Unterlippe betrifft das Gefühlsleben.

Dabei ist eine weitere Spezialisierung möglich, indem die Oberlippe mit den
zarteren Gemütsempfindungen, gewissermaßen mit dem Seelischen, in Beziehung gebracht wird, während die Unterlippe dem Körperlichen entspricht, der Materie, dem Weltlichen, der Sinnesfreudigkeit. Doch das sind
allgemeine Feststellungen; der Physiognomiker weiß mehr!

Grundsätzliches über den Mund

Wir wiesen mehrfach auf das Gleichgewicht hin, das immer im Leben
und immer am menschlichen Körper zu finden sein muß, wenn der äußeren
Schönheit innere Ausgeglichenheit entsprechen soll. Wir wissen, daß die
Stirn so hoch sein soll, wie die Nase lang ist, während die Länge der Nase
dem Mund und dem Kinn entsprechen soll.

Wenn wir uns mit dem Mund und den Lippen beschäftigen wollen, dann
sind wir wiederum gezwungen, grundsätzliche Erwägungen anzustellen und
Proportionen zu berücksichtigen, die sich allerdings einfach behalten lassen:
Die angenehmste Breitenform eines Mundes soll diejenige sein, die der ein-
einhalbfachen bis zweifachen Breite des Auges eines Menschen entspricht.
Das Bild des Mundes muß in jedem Fall in das Gesamtgemälde des Gesichts hineinpassen. Man muß sich also davor hüten, aus isolierten Feststellungen in bezug auf den Mund den ganzen Menschen zu beurteilen
oder zu verurteilen.

Wir wissen, daß es Menschen gibt, die mit einem „großen Mund", und
andere, die mit einem zierlichen Mündchen versehen sind; wobei das „große
Mundwerk" nicht in seiner symbolischen Bedeutung verstanden werden
soll. Grundsätzlich läßt sich in bezug auf die Mundform folgendes festhalten:

1. *Großer Mund:* Kräftiges Gefühlsleben, Überschwenglichkeit in den Gefühlsäußerungen, häufig genußsüchtig, vor allem, wenn der Mund gleichzeitig dicke Lippen aufweist. Sind bei einem großen Mund die Lippen dünn, schmal, gewissermaßen lippenlos, dann ist die Überschwenglichkeit und die Kraft des Gefühls mehr auf die eigene Person gerichtet als auf die Umwelt. Die Liebe erstickt an der eigenen Herzlosigkeit. Das Leben mag geordnet sein, aber das Temperament ist eiskalt und berechnend.

2. *Kleiner Mund:* Ruhiges Gefühlsleben, oft Anspruchslosigkeit, Ängstlichkeit, Schüchternheit, vorausgesetzt natürlich, daß der Mund nicht künstlich klein gehalten wird, wie es schönen Mädchen von besorgten Müttern früher systematisch beigebracht wurde. Aber auch ein kleiner Mund kann mit kräftigen Lippen und in einer gewissen Weichheit Sinnlichkeit und Genußsucht widerspiegeln, verbunden mit schwachem Charakter und geringer Widerstandsfähigkeit.

3. *Oberlippe vorstehend:* Meist gute intellektuelle Anlagen, Schlagfertigkeit, Geschicklichkeit im Umgang mit anderen, Anpassungsfähigkeit, gleichzeitig aber auch Neigung, dem Mitmenschen – und sei's der Partner - einen Streich zu spielen, also manchmal ein wenig Verlogenheit und Falschheit.

4. *Unterlippe vorstehend:* Härte, oft Gefühlsroheit, klares, materialistisches Denken, Boshaftigkeit, in jedem Falle rücksichtsloses Durchsetzen der eigenen Wünsche – selbst wenn man „über Leichen" gehen muß.

5. *Mundwinkel nach oben:* Lebensbejahung, Optimismus, gesellschaftliche Gewandtheit, Selbstgefälligkeit bis zur Eitelkeit.

6. *Mundwinkel hängend:* Verneinung des Lebens, mißbilligende Einschätzung der Umwelt, Unzufriedenheit, oft auf Grund schlechter Erfahrungen Menschenhasser.

7. *Zusammengepreßte Lippen:* Starke Verdrängungen im Gefühlsleben, kalte Überlegung, hochgradiger Egoismus, mangelnde Offenheit, oft sogar Unaufrichtigkeit, also Lippen, vor denen gewarnt werden muß; zumal der dauernd fest geschlossene Mund außerdem auf rechthaberisches Wesen, Trotz und Eigensinn schließen läßt.

8. *Spitzer Mund:* Angriffslust, Verwegenheit, schnelle Entschlußkraft, immer bestrebt, den anderen zu überspielen, ehe dieser sich seiner Situation bewußt geworden ist.

9. *Offener Mund:* Wenn nicht durch stark vortretende Zahnreihen bedingt, ein Zeichen für gedankliche Trägheit, Armut an Einfällen, Oberflächlichkeit, vorausgesetzt, daß nicht ein Ohrenleiden oder gesundheitliche Vorgänge, die vom Gehirn ausgehen, die Ursache dieser Mundhaltung sind.

Beispiel für einen großen Mund: die italienische Filmschauspielerin Sophia Loren.

Beispiel für einen kleinen Mund.

Oberlippe vorstehend: Daliah Lavi.

Unterlippe vorstehend: Betty Lou Keim

Mundwinkel nach oben.

Mundwinkel hängend.

Zusammengepreßte Lippen.

Spitzer Mund.

Offener Mund.

Wenn der Mund sich verzieht . . .

An dieser Stelle müssen wir wiederholen, was wir schon andeuteten: Ein gutes Zeichen ist alles das, was ein harmonisches Bild bietet. Gefährlich wird, was über eine Veränderung der Mundstellung zu einer Verzerrung führt, die eine ursprüngliche Schönheit der Züge entstellt. Es ist so, daß wir Lippen und Mund erst dann beurteilen können, wenn beide sich beim Sprechen, beim Lächeln, beim Lachen oder beim Weinen – bewährt haben. Unangenehme Mundveränderungen besagen aber nach der Lehre der Physiognomik:

Mund, der sich bei Bewegung (beim Sprechen oder Lachen) *unangenehm verzerrt:* Selbst wenn alle anderen Zeichen positiv sind und das Gesicht ein freundliches Wesen zu verraten scheint, ist Vorsicht geboten, weil hinter der schönen Larve sich Egoismus verbirgt, der nur den eigenen Interessen Rechnung trägt, auch wenn das nach außen hin wohl getarnt wird.

Scheinbar harmonische, aber unangenehm wirkende Form des Mundes: Mißgunst, Eifersucht, Intrige, Berechnung, gefährliche Kulissenarbeit, Disharmonie im Umgang mit der Welt.

Mund einseitig verzogen: Wenn nicht gesundheitliche Vorgänge, die vom Gehirn kommen, eine Rolle spielen, unbedingt ein Zeichen für Neigung zum Spott, verächtliches Verhalten zur Umwelt, meist krasses Gefühl der Überlegenheit, große Einbildung, häufig sogar Gewissenlosigkeit, die bis zur Gemeingefährlichkeit gehen kann.

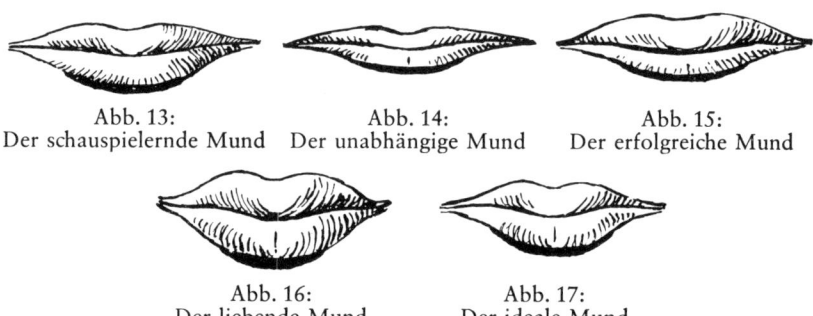

Abb. 13:   Abb. 14:   Abb. 15:
Der schauspielernde Mund   Der unabhängige Mund   Der erfolgreiche Mund

Abb. 16:   Abb. 17:
Der liebende Mund   Der ideale Mund

Wir sehen also, daß der Mund mancherlei verrät. Alles aber wird im Ungünstigen noch unterstrichen, wenn zwischen der Oberlippe und der Unterlippe ein großes Mißverhältnis besteht, die Oberlippe also viel zu stark ist – verglichen zur Unterlippe – oder umgekehrt. Die Bewegung des Mundes beim Sprechen, beim Lachen oder Lächeln, bietet den besten Schlüssel zur richtigen Erkenntnis der Bedeutung von Mund und Lippen. Die Kenntnis des Lächelns und Lachens ist aber auch in anderer Beziehung aufschlußreich, wie wir sehen werden.

Der Lippentest nach Dr. J. H. Ockert

Eines Lippentests bedient sich der Frankfurter Psychologieprofessor Doktor J. H. Ockert, um den Charakter eines Menschen zu bestimmen. Der Gelehrte hat diese Methode als Teil eines komplizierten Psychogramms für die Auswahl von Führungskräften für Wirtschaft und Industrie entwickelt. Prof. Ockert ist der Ansicht, daß die hervorstechendsten Charaktereigenschaften, wie sie aus der Beschaffenheit der Lippen abzulesen sind, nicht unbedingt offen in Erscheinung zu treten brauchen. Der Erfinder des Lippentests ist sogar davon überzeugt, daß die durch die Beschaffenheit der Lippen nahegelegten Charaktereigenschaften zu mindestens 90 Prozent, unter der Oberfläche schlummernd, tatsächlich nachweisbar sind.

Wir zitierten seine Deutung, weil sie sich von anderen Auslegungen unterscheidet:

○ Ein großer Mund mit schmalen Lippen weist bei einer Frau auf einen mutigen, manchmal geradezu rebellischen, aber sehr phantasievollen Charakter hin. Äußerlich zeigt dieser Mensch eine gewisse Gleichgültigkeit, ist aber in jedem Fall ein interessanter Gesprächspartner (Abb. 18).

Beim Mann verrät ein großer Mund mit recht schmalen Lippen Kritik und Enthaltsamkeit mit einer gelegentlichen Neigung zu Zynismus und Herrschsucht (Abb. 19).

○ Eine stark betonte weibliche Unterlippe ist als ein Beweis für Phantasie, Anpassungsfähigkeit, Selbstsicherheit und Fairneß anzusehen. Eine gewisse Launenhaftigkeit ist nicht von der Hand zu weisen (Abb. 20).

○ Aufgeworfene kräftige Lippen besitzt eine optimistische und fleißige Frau. Sie ist zwar eigenwillig, aber dennoch außerordentlich gesellig (Abb. 21).

○ Beim Mann ist ein breiter Mund mit leicht vorstehender Unterlippe als Hinweis auf eine gefühlsbetonte, konservative, jedoch ziemlich humorlose Persönlichkeit zu betrachten (Abb. 22).

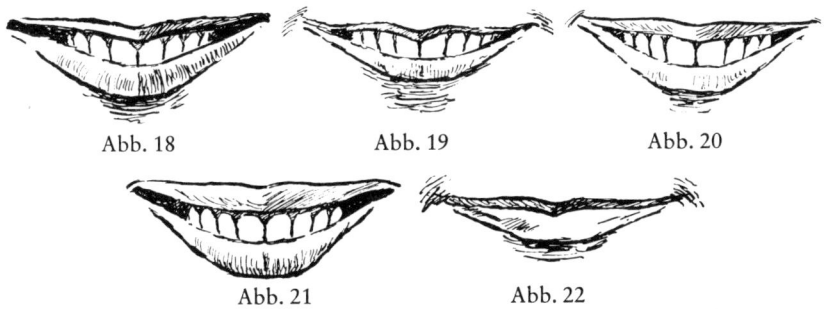

Abb. 18   Abb. 19   Abb. 20

Abb. 21   Abb. 22

Der Mund gibt Signale

Der Psychologe Ernst Korff vertritt die Ansicht, daß von den Lippen, vom Mund, unbewußt oder bewußt, ständig Signale ausgehen, die man auswerten kann.

○ *Der gelöste, entspannte Mund mit vollen Lippen:*

positiv:	negativ:
freundlich	verlegen
liebenswürdig	befangen

○ *der gespannte Mund, mit ausgestülpten Lippen*

positiv:	negativ:
prüfend	hämisch
schmeckend	begierig

○ *der gespannte Mund, mit meist schmalen Lippen*
positiv: negativ:
verhalten   verschlossen
abwartend   entsagend
○ *der verkrampfte Mund, mit eingekniffenen Lippen*
positiv: negativ:
durchsetzungsfähig   rücksichtslos
entschlossen   ungesellig

Was der Arzt an der Mundhaltung und den Lippen ablesen kann

Der Arzt und der physiognomische Spezialist können meist mit einem
einzigen Blick auf die Mundhaltung erkennen, welche gesundheitlichen
Voraussetzungen für eine ungünstige Mundhaltung maßgebend sind. Wir
deuteten dies bereits kurz an, als wir auf den offenstehenden Mund hinwiesen. Dieser offenstehende Mund ist aber für den Arzt gegebenenfalls
das Signal schwerer Erschöpfung, einer ernsten Erschlaffung des Organismus, eines Erschöpfungszustandes, der eventuell in eine Lähmung übergehen kann.

Zucken und Zittern des Mundes sind ein Alarmzeichen für hochgradige
Nervosität, ein Warnzeichen, das zur Vorsicht mahnt, da sich Hysterie
und Neurasthenie daraus entwickeln können.

Einseitige Schiefheit des Mundes ist meistens ein Symptom eines Gehirn-
schlages oder eines Gehirnleidens unter besonderer Beteiligung des Hirnteils,
der der dem hängenden Mundwinkel gegenüberliegenden Seite zugeordnet
ist. Also hängender linker Mundwinkel verrät Veränderungen in der rechten
Gehirnhälfte.

Für die Diagnose des Arztes ist von größtem Interesse auch die Färbung
der Lippen:

○ Weiße, blasse Lippen treten auf bei tiefer Ohnmacht, eventuell aber auch
bei Scheintod;

○ dunkelrote Lippen sind ein Zeichen für Herzstörungen, oft verbunden
mit anatomischen Veränderungen;

○ blaue Lippen stellen sich ein bei Herzschwäche, manchmal aber auch vor
Gehirnschlag;

○ braune Lippen sind ein Zeichen für eine schwere innere Erkrankung, die
eine Gefährdung des Lebens nach sich ziehen kann.

Die Kinnform bestimmt den Typ

Es ist immer notwendig, das Verhältnis zwischen der Mund-Kinn-Partie
und der Nase und der Stirn zu vergleichen. Jener Teil des Gesichts hat das
Übergewicht, der aus der Proportion des Gesichts am stärksten herausfällt:

also geistige Funktionen für die Stirn, spekulative Funktionen in bezug auf die Nase und Tatkraft in bezug auf Mund und Kinn.

Wir müssen ferner das Profil des Menschen prüfen und dürfen uns nicht nur auf den Eindruck beschränken, den ein Gesicht in der Vorderansicht macht: Je weicher das Profil wirkt, um so wichtiger ist das Kinn bei der Gesamtbeurteilung eines solchen Kopfes.

Voll und rund: Tatkraft, mäßige Energie, oft Neigung zum Wohlleben, gelegentlich Bequemlichkeit und Lässigkeit.

Spitz und länger, als die Proportion es verlangt: Geist, aber oft verbunden mit List, Geiz, der sich verschlagen und raffiniert immer wieder durchzusetzen weiß, oft Härte, Falschheit und Treulosigkeit. Bei sonstiger Ebenmäßigkeit des Kinns zum mindesten spöttisches Verhalten gegenüber der Umwelt bis zu mehr oder weniger angriffslustiger Boshaftigkeit (Abb. 23).

Lang, breit und starkknochig: Härte, Heftigkeit, Starrsinn bis zur Grausamkeit, Rücksichtslosigkeit, verbunden mit Falschheit, wenn zu diesem langen und breiten Kinn noch eine entsprechend lange Nase hinzukommt.

Plump, also jenseits aller Proportionen (Habsburger Kinn), wenn nicht eine schwere Drüsenerkrankung auf Grund vererbter Schäden vorliegt: Ständige Schwierigkeiten in der Auseinandersetzung mit der Umwelt, Mangel an Anpassungsfähigkeit (Abb. 24).

Klein und gut geformt: Zurückhaltung im Umgang mit der Umwelt, Schüchternheit, oft Furchtsamkeit.

Übermäßig klein, also einem Schrumpfkinn vergleichbar: Gefahr, in der Auseinandersetzung mit dem Leben und der Menschheit Rückschläge zu erleiden, die zu Komplexen führen, ferner Gefahr, unter die Diktatur eines anderen Willens zu geraten (Abb. 25).

Glatt, d. h. ohne Zeichnung, ohne Einbuchtung, Grübchen oder dergleichen: Kälte, vorsichtig zurückhaltendes spekulatives Wesen, meist trocken, etwas gefühllos und nicht immer restlos sympathisch.

Eckig, ohne plump zu wirken: Klugheit, Scharfsinn, Festigkeit.

Fett, mit Neigung zur Verdoppelung oder zur Verdreifachung (oft auch bei sonst nicht fetten Menschen zu beobachten): Neigung zum Wohlleben, Phlegma, das bis zur Faulheit gehen kann, Neigung, anderen Menschen die Arbeit zu überlassen, sich aber die Früchte jener Arbeit zunutze zu machen.

Vorspringend, aber in der Mitte zurückfliehend, also gefurcht, so daß das Kinn im Profil gesehen scharf hervorspringt: Zeichen für einen klugen, meist auch auf seine Ehre bedachten Menschen. Der Verstand soll um so klarer, aber auch um so stärker sein, je tiefer der Einschnitt ist.

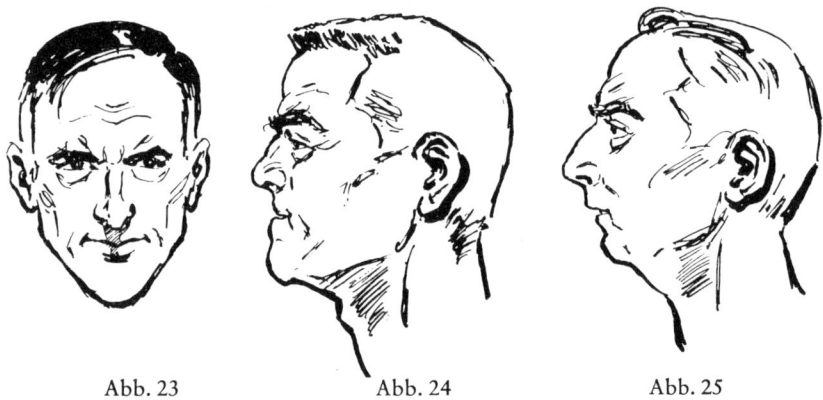

Abb. 23   Abb. 24   Abb. 25

Zusammenhänge zwischen Jochbein und Kinn

Dr. Leo Herland, Zürich, entwickelte die These, daß zwischen dem Jochbein des Menschen und dem Kinn ein enger Zusammenhang bestehen muß.

Jochbein und Kinn stark: Mit offenen Zügen – Wirklichkeitssinn und Selbstgefühl; mit abgedeckten Zügen – Willenskraft, Selbstbehauptung, Tüchtigkeit, Selbständigkeit, Energie, Tatkraft und Stolz; mit negativer Abdeckung – auf die Lippen beißend in verhaltener Wut, knirschend in ohnmächtigem Schmerz.

Jochbeinansatz stark, Kinnansatz schwach: Im positiven Sinn – Tollkühnheit, Abenteuerlichkeit, Unberechenbarkeit; im negativen Sinn – innerer Kampf, Zweifelsucht, Grübeln, Zwiespältigkeit, Stimmungswechsel.

Jochbein und Kinn zart: Mit offenen Zügen – Zartheit im Gefühl, Geistigkeit, aber auch Kindlichkeit, Gewaltlosigkeit und Weiblichkeit; mit abgedeckten Zügen – List und Schlauheit, vor allem bei Männern, oft auch Beeinflußbarkeit, Unentschlossenheit, Planlosigkeit, Ziellosigkeit.

Glossomatie – die Wissenschaft von der Zunge

Die Physiologen behaupten schon lange, die Zunge sei unter Umständen ein interessantes Objekt, um den Charakter eines Menschen zu enträtseln. Diese neue Menschenkunde an Hand der verschiedenen Zungenformen wurde in Italien entwickelt. Man nennt diese Wissenschaft Glossomatie. Es wird behauptet, die Araber hätten schon vor 1500 Jahren diese Methode der Menschenanalyse gekannt.

Sieht nicht eine Zunge aus wie die andere? Schließlich ist die Zunge jenes lange schmale Gebilde, das wir in unserem Mund tragen und das den Zweck erfüllt,

die Speisen, die wir im Mund aufnehmen, zu steuern und zu schleusen,

die Sprache dadurch zu ermöglichen, daß wir zwischen Kehlkopf, Stimmbändern, Zahnreihe und Zunge ein geschicktes (automatisches) Spiel entwickeln, das als die menschliche Sprache, als der menschliche Gesang bekannt ist.

Die Zungenwurzel ist mit dem Kehlkopf durch drei Schleimhautfalten verbunden. Man unterscheidet die Zungenwurzel und den Zungenkörper.

Die Zungenpapillen sind nicht so gleichförmig wie die Papillen der Haut. Es gibt deren große und kleine. Die Schleimhaut der Zunge und die Mundschleimhaut sind nichts anderes als eine Fortsetzung der Schleimhaut im Magen und im Darm.

Diese Feststellung erklärt, daß die Zungenschleimhaut sich verändert, wenn im Magen und im Darm oder in anderen Körperorganen krankhafte Veränderungen auftreten.

Die belegte Zunge ist seit Jahrtausenden das Zeichen dafür, daß die Schleimhaut des Magens oder des Darms nicht in Ordnung ist. Es genügt, daß man sich den Magen verdorben hat oder ein Darmkatarrh uns quält: schon ist die „Tapete", nämlich die große Schleimhautfläche, die den ganzen Verdauungskanal auskleidet, in ihrer Färbung und in ihrem Aufbau verändert.

Aus der Einheit Mund, Magen und Darm und aus der Einheitlichkeit ihrer Auskleidung erwachsen jene Reaktionen, auf die sich der Zungendiagnostiker stützt.

Die Zungenschleimhaut hat drei Arten von Drüsen: die serösen Drüsen, die Schleimdrüsen und die gemischten Drüsen an der Zungenspitze. Die Nerven der Zunge sind durch feinste Verzweigungen mit den Ausläufern des Verdauungsapparates verbunden.

Dadurch werden Reize, die von den Verdauungsorganen ausgehen, auf die Nervenendgeflechte der Zungenschleimhaut übertragen, wo sie dann Veränderungen auslösen.

Von unten nach oben alle Symptome

Die Zungendiagnostik spricht von einer Zungentopographie der Verdauungsorgane:

Tief im Schlund liegen auf der Zunge die Zonen, die sich auf den Darm beziehen. Ein kleines Stück höher findet man die Zone der Leber, sorgfältig geschieden nach dem linken und dem rechten Lappen. In der Zungenmitte liegt der Magen, der sich allerdings im Feld bis in die Nähe der Zungenspitze erstreckt. In der Zungenspitze liegt nach den Erfahrungen der Zungendiagnostiker das Gebiet, das unmittelbar mit der Speiseröhre und dem Kehlkopf in Kontakt steht.

Die ärztliche Erfahrung sagt über Zungenveränderungen:
Das Bild der dickbelegten trockenen und borkigen Zunge entsteht, wenn zu Magen- und Darmveränderungen ein starker Flüssigkeitsmangel im Körper hinzukommt.

Eine sehr glatte Zunge mit einer anomalen Glätte der Schleimhaut mit einzelnen hochroten kleinen Bezirken entwickelt sich bei perniziöser Anämie, also bei der gefährlichen Form der Blutarmut.

In leichterer Form und verbunden mit dem sogenannten Zungenbrennen beobachtet man dieses Zeichen immer bei Blutarmut.

Deutliches Hervortreten der kleinen und stark geröteten Zungenpapillen, ·so daß die Zungenoberfläche das Aussehen einer Himbeere erhält, ist charakteristisch für Scharlach.

Eine sehr bildhafte und eindrucksvolle Veränderung der Zungenoberfläche (Landkartenzunge) mit streifenförmigen weißlichen Verdickungen ist eine Veränderung, die durch Verabfolgung von Vitamin B 12 behoben werden kann.

Merkwürdige Schleimhauterhebungen im hinteren Zungenabschnitt, so daß es aussieht, als ragten kurze Fäden aus dem Zungenrücken hervor, die sich dann schwärzlich verfärben, haben dieser Zungenveränderung den Namen „schwarze Haarzunge" eingetragen. Es handelt sich um eine sogenannte Verhornung, die nicht Ausdruck einer unmittelbaren gesundheitlichen Indisposition zu sein braucht.

Tragisch und wichtig zugleich ist die Tatsache, daß die schwersten Erkrankungen des Magens – Magengeschwüre und Magenkrebs – keinerlei Veränderungen der Zunge zur Folge haben. So beschränken sich die diagnostischen Möglichkeiten, die in der Zungentopographie liegen, auf die unmittelbaren Schlüsse, die auf unser kleines alltägliches Kranksein oder Wohlbefinden gezogen werden können. In dieser Beziehung ist die Zunge als Hilfsmittel der Diagnostik nicht zu übersehen!

Erfahrungen der Glossomatie

Die Zunge ist für den Wissenschaftler, der sich über das Gesagte hinaus mit der sogenannten Glossomatie beschäftigt hat, aufschlußreich. Nachstehend zitieren wir die Feststellungen, die von Physiologen zusammengetragen und in der Biologie und in der Psychologie inzwischen ihre Bestätigung erfuhren:

Wenn eine Zunge lang und rund ist, ist der Träger dieser Zunge meist gefühlvoll, im übrigen aber offenherzig.

Ist die Zunge lang und sehr breit, muß man damit rechnen, daß der Mensch, der eine solche Zunge im Mund hat, vor Egoismus überquillt, im übrigen auch noch leichtfertig ist.

Ist die Zunge sehr kurz und ganz rund, muß angenommen werden, daß der Mensch jenes Feingefühl im Alltag nicht aufbringt, das ihn erst zu einem geschätzten Zeitgenossen macht. Gewöhnliche, d. h. plumpe Menschen, haben solche Zungen.

Ist die Zunge schmal und kurz, dann ist es dem Träger einer solchen Zunge meist nicht möglich, sich selbst in der Gewalt zu haben. Er übertreibt, er übersteigert sich selbst.

Wer das Unglück hat, eine lange Zunge zu besitzen, die gleichzeitig schmal und gewölbt ist, muß wissen, daß man seine Zunge eine sogenannte Schlangenzunge nennt. Dem Träger dieser Zunge sagt man Grausamkeit, Feigheit, Anmaßung und Heuchelei nach.

Wenn man anderen die Zunge zeigt

Die Bedeutung der menschlichen Zunge geht, wie man weiß, über die mit dem Essen und Sprechen verbundenen Aufgaben hinaus, denn das Zeigen der Zunge kann auch eine Form des Flirts sein. Im allgemeinen zeigen Frauen die Zunge öfter als der Mann. Die „Sprache der Zunge" ist nach Ansicht der Verhaltensforschung eine orale Geste. Die Zunge wird kurz vorgestreckt, bleibt ein wenig in einem Mundwinkel und bewegt sich dann zwischen den feuchten Lippen flüchtig hin und her.

Über die erotische Bedeutung hinaus hat das Zeichen der Zunge den Sinn einer typischen Übersprungshandlung, d. h. das Verhalten kann im Grunde völlig ohne jeden Sinn sein. (Andere unbewußte Handlungen dieser Art sind das Kratzen des Kopfes, das Zupfen am Ohr.) Dieses Verhalten zeigt sich besonders in einer angespannten, unsicheren Situation und soll offenbar aufgestaute nervöse Spannungen auf eine harmlose Art und Weise ableiten.

Das Zungenspiel wäre also in dieser Sicht nur ein unbewußter Versuch, innere Spannungen zu beheben.

Anderseits hat das demonstrative Zeigen der Zunge, d. h. das Herausstrecken der Zunge, den Charakter einer bewußten Beleidigung, die freilich gleichzeitig das Prestige dessen, der die Zunge herausstreckt, erheblich beeinträchtigt.

Das Zeigen der Zunge in intimer Zweisamkeit ist jedoch von diesem Makel frei.

Prof. W. John Smith, Biologe an der Universität Pennsylvania, hat mit seinen Assistenten Julia Chase und Anna Katz Lieblich jahrelang die Bewegungen der Zunge erforscht.

Die drei Wissenschaftler sind zu der Überzeugung gelangt, daß die Zunge viel häufiger gezeigt wird, als allgemein angenommen wird. In ihrem Bericht wird die Ansicht vertreten, daß sich hinter der vorgestreckten oder auch nur andeutungsweise gezeigten Zunge weitaus mehr verbirgt, als das Auge erkennen kann. Die Zurschaustellung der Zunge ist den Forschern zufolge ein wichtiger Hinweis auf die Abneigung gegen Geselligkeit.

Kinder wurden beobachtet, wenn sie konzentriert mit dem Finger im Sand malten, sich mit Altersgenossen balgten, Fruchtsaft tranken oder Gebäck knabberten. Erwachsene wurden auf der Straße, in Autobussen, Wartesälen, Läden, bei Sportereignissen oder auf öffentlichen Versammlungen beobachtet.

Wenn ein Kind fürchtet, bei einer Tätigkeit, die seine volle Aufmerksamkeit beansprucht, wie z. B. beim Balancieren auf einer Schaukel, abgelenkt zu werden, zeigt es oft die Zunge.

Ein Knabe fährt auf dem Fahrrad, ohne die Zunge herauszustrecken, solange er sich nicht in der Nähe anderer Kinder aufhält. Sobald er jedoch dicht an einem anderen Kind vorüberfährt, streckte er die Zunge vor.

Ein Kind, das in der Schule laut spricht, während der Lehrer unterrichtet und deshalb gescholten wird, zeigt möglicherweise dann die Zunge. Ein Kind, das hinter zwei anderen herläuft, um sie zu schlagen, zeigt seine Zunge, wenn die drei sich Erwachsenen näherten. Aber die in Aussicht genommenen Opfer zeigen die Zunge nicht.

Das Zurschaustellen der Zunge scheint in seiner stummen Sprache stets die Tatsache zum Ausdruck zu bringen, daß das Kind das Eingreifen anderer befürchtete oder scheute.

So wie das Kind, neigt auch der Erwachsene dazu, die Zunge zu zeigen, wenn eine bestimmte Tätigkeit seine Aufmerksamkeit in Anspruch nimmt. Das kann der Fall sein bei Benutzung eines Schraubenziehers, bei Steuerung des Autos durch Verkehrsgewühl, beim Kopfrechnen und beim Rennsport.

Der Student Gary Owens beobachtete die Zungen seiner Studienfreunde beim Billardspiel. Er entdeckte, daß die drei besten Spieler kaum die Zunge zeigten, während die drei schlechtesten sie desto häufiger hervorstreckten. Bei schwierigen Billard-Anstößen wurde die Zunge zweimal so häufig gezeigt wie bei leichten.

Forscher fanden heraus, daß ein Redner, der eine Pause machte, aber das Wort behalten wollte, seine Zunge zeigte. Er wollte damit den Wunsch zum Ausdruck bringen, nicht unterbrochen zu werden. Erwachsene pflegen die Zunge herauszustrecken, wenn sie in Gedanken versunken sind. Der wirkliche Grund aber ist die Furcht vor der unangenehmen Einmischung anderer.

Für Prof. Smith und seine Mitarbeiter handelt es sich in diesem Falle – obwohl die Zunge äußerlich sichtbar wird – um einen Innenausdruck der Zungensprache.

Wie sollte sich derjenige verhalten, dem die Zunge gezeigt wird? Die Wissenschaftler schlagen vor, daß er sich der Einmischung enthalten, vorsichtig vorgehen sollte oder sich stärker darum bemühen sollte, die Mitarbeit desjenigen zu gewinnen, der die Zunge zeigt. Jedenfalls ist das Zeigen der Zunge keine drohende Geste.

Die Bedeutung der Zähne

Das Antlitz und die Mundform des Menschen werden nachhaltig durch seine Zähne beeinflußt. Prof. Dr. Fritz Lange meint zu diesem Problem: „Wenn man die Bilder des zahnlosen Mundes eines Säuglings, des Mundes des Kindes und des Erwachsenen und schließlich das Gesicht des Greises, bei dem die Zähne ausgefallen und die Kiefer geschwunden sind, nebeneinander legt, dann erkennt man die Bedeutung von Kiefer und Zähnen für das Mundbild mit einem Blick." Für manchen wurden die Zähne zum Schicksal, weil hier die Grenze zwischen Schönheit und Häßlichkeit verläuft. Die Zähne gestatten uns darüber hinaus einen tiefen Einblick in das Wesen des Menschen. Sie sind ein wichtiger Teil des Menschen selbst, solange er keine Prothese trägt.

Die Zähne gehören zu den Verdauungsorganen

Die Physiologen wissen, daß zwischen den Zähnen und dem Gehirn, den Zähnen und den Drüsenfunktionen, dem Gebiß und der Hypophyse ein unmittelbarer Zusammenhang besteht.

So seltsam es klingen mag, die 32 Zähne des Menschen werden entwicklungsgeschichtlich zu den Verdauungsorganen gerechnet, obwohl sie in der Anatomie unter den Knochen aufgeführt werden.

16 Zähne sitzen im Oberkiefer, 16 im Unterkiefer, festgehalten durch die enganschließenden Knochen und die noch dazwischenliegende doppelte Schicht Knochenhaut.

Schon im zweiten Monat der Entwicklung des menschlichen Embryos haben sich die Zähne in Form von mit Flüssigkeit gefüllten Säckchen mehr oder weniger ausgeprägt.

Jeder weiß und hat es erlebt, daß auf die Milchzähne die richtigen Zähne folgen, denen häufiger als wir annehmen, bei alten Leuten eine dritte Zahnung folgen kann.

Es gibt Kinder, die mit zwei Zahnreihen zur Welt kommen, ein Vorgang, den man sonst nur bei den Haien findet, bei denen mehrere nacheinander zur Verwendung kommende Reihen von Zähnen im Zahnfleisch liegen.

Die ärztliche Wissenschaft weiß von Menschen, die mit einer erheblichen Überzahl von Zähnen im späteren Leben rechnen konnten und denen man die Doppelzähne in oft sehr schwierigen Operationen entfernen mußte.

Sehr oft treten auch Verwachsungen von Zahn zu Zahn auf, Mißbildungen, die in der Legende der Völker immer wieder Anlaß zu allen möglichen Deutungen gaben.

Anzeichen für Hirndefekte und psychische Störungen

Anomal geformte Zähne können bei Kindern unter Umständen auf verborgene Hirnschäden hindeuten. Ein hoher Prozentsatz geistig zurückgebliebener Kinder weist solche Mißbildungen der Zähne auf.

Die Forscher nehmen an, daß in solchen Fällen schon vor der Geburt anlage- oder umweltbedingte Einflüsse sowohl die geistige Entwicklung als auch gleichzeitig das Wachstum der Zähne beeinträchtigen.

Der Arzt, Zahnarzt und Kieferorthopäde Prof. Dr. med. dent. Wilhelm Balters versichert, daß es ihm möglich sei, die Lebensprobleme eines Menschen von seinen Zähnen abzulesen. Die Ordnung der Zahnreihen zueinander, ihre Artikulation, die in der Bahn des Lebens ihre Entsprechung findet, lassen die Übereinstimmung der inneren und äußeren Harmonie erkennen. Der Zahnarzt kann die gestörte Beziehung von Anlage und Lebensanforderung aufdecken, die sich an den Kauorganen nachweisen läßt. Je stärker der Milieueinfluß, um so höher die Spannung einzelner Muskelgruppen.

Je aktiver die Erlebnisbereitschaft des Menschen, desto stärker die Ausbildung seiner Kaumuskulatur.

Der Aufschub lebensnotwendiger Entscheidungen führt zum verminderten Kaudruck, zum Wandern der Zähne und zu ihrer Lockerung.

Vorderzähne des Oberkiefers groß.   *Hervortreten der oberen Zähne.*

Zähne analysiert, Zähne gedeutet

Wenn die Zähne die Gesichtsform bestimmen, wenn zwischen den Zähnen und dem Gehirn ein unmittelbarer Zusammenhang besteht, dann ist es nicht abwegig, den Physiognomen zu folgen, die versichern, daß die Zähne in vielen Fällen unerläßlich sind zur Vervollständigung eines Charakterbildes. In Vergleichsuntersuchungen kam man zu folgenden Ergebnissen, die als Lehrsätze der Charakterlehre von den Zähnen bezeichnet werden:

Lange, sehr schmale Zähne: Zeichen für Zaghaftigkeit und Schwäche, vor allem dann, wenn diese Zähne sehr weiß erscheinen oder perlmutterfarben (Abb. 26).

Kurze kräftige Zähne: Charakteristisch für energische Personen, die sich durchzusetzen wissen, manchmal etwas rücksichtslos sind, bei denen aber die gesundheitliche Verfassung dem Durchsetzungswillen entspricht, vor allem dann, wenn die Zähne elfenbeinfarbig sind, also etwas ins Gelbliche hinüberspielen.

Vorderzähne des Oberkiefers groß: Sind diese Vorderzähne größer als die übrigen Zähne des Oberkiefers, dann sind sie ein Zeichen für hochgradige

Sensibilität, starke literarische oder künstlerische Veranlagung, mitunter aber auch für religiöse Schwärmerei.

Hervortreten der oberen Zähne über die unteren: Das ist nur möglich, wenn eine entsprechende Verformung der Kiefer vorliegt, z. B. der Oberkiefer spitzer geformt ist als der runde Unterkiefer. Nur auf Grund einer starken Typen- und Rassenmischung ergeben sich diese Formunterschiede, die ein Zeichen dafür sind, daß die Träger solcher Kiefer sich ihrer Sache nicht sicher fühlen, oft tückisch sind, manchmal hinterlistig und rachsüchtig (Abb. 27).

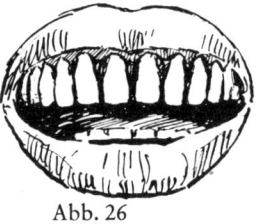   

Abb. 26   Abb. 27

Hervorragen der unteren Zahnreihe über die obere: Fast immer verbunden mit einer stärkeren Entwicklung des Unterkiefers bzw. Nachfolgeerscheinung einer früheren Rachitis oder sonstigen Knochenveränderung. Nach den gemachten Erfahrungen ist die über die obere Zahnreihe hervorragende untere Reihe ein Zeichen für starkes Selbstbewußtsein, Egoismus, rücksichtsloses Vorgehen im Kampf um wirkliche oder vermeintliche Rechte.

Kleine weiße Zähne: Vor allem, wenn diese ganz eng aneinander sitzen und ungefähr wie Reiskörner geformt sind, kann man immer damit rechnen, daß die Träger solcher Zähne eine ungewöhnliche Lebenskraft besitzen, also Strapazen und Krankheiten überstehen, an denen andere zugrunde gehen. Französische Charakterologen sagen Menschen mit einem Reiskörnergebiß Gehässigkeit nach (Abb. 28).

Augenzähne schmal: Vom Zahnfleisch bis zur Spitze schmal verlaufend, während gleichzeitig diese Zähne etwas aus der Reihe treten, nach vorn rücken und länger sind als die benachbarten Zähne – fast immer ein Zeichen für starke Unverträglichkeit, rücksichtslose Wahrnehmung der eigenen Interessen, Heraufbeschwörung von Zwischenfällen, auch wenn dies nicht nötig wäre, Eifersucht und Rachsucht.

Augenzähne breit: Vom Zahnfleisch her breit und dann wie ein Dreieck spitz verlaufend – Zeichen für Vertrauswürdigkeit, Zuverlässigkeit, Treue, Liebenswürdigkeit (Abb. 29).

Backenzähne: Eng aneinandergerückt, zu eng in den Kiefer gezwängt, während die Vorderzähne auseinanderrücken und Lücken zeigen – häufig ein Zeichen für einseitige geistige Begabung, oft aber auch Kennzeichen für geistige Funktionen, die leicht unter dem Durchschnitt liegen.

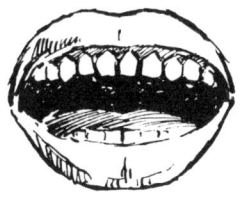 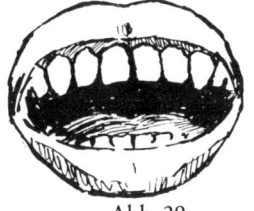

Abb. 28   Abb. 29

Wenn der Arzt auf die Zähne sieht

Aus der ärztlichen Praxis ergibt sich ein Leitsatz: Je schöner die Zähne, um so besser die Gesundheit des Menschen.

Tatsächlich ist es so, daß der Verfall der Zähne oft schon viel früher einsetzt als der Zusammenbruch des übrigen Organismus. Es stimmt eben doch, was der Biologe erkundete, daß nämlich die Zähne ursprünglich nicht zu den Knochen, sondern zu den Verdauungsorganen gehörten.

Aus seinem Erfahrungsschatz aber kann der praktische Arzt folgendes ableiten:

Nicht die schönen weißen Zähne sind gesund, sondern die gelblichen Zähne mit einem leichten Schimmer zum Elfenbein, die zu unterscheiden sind von schmutzig-gelben Zähnen.

Gelbe Zähne beobachtet man sehr oft bei ernsten Störungen im Bereich der Gallenblase und überhaupt bei Verdauungsstörungen, abgesehen natürlich von der gelblichen Teerfärbung, die man bei starken Rauchern sieht.

Perlmutterfarbene Zähne sind leicht brüchig, verraten oft eine Anlage zur Tuberkulose, aber man findet sie auch bei Personen, die infolge starker Blutarmut anfällig sind.

Braune Zähne sind ein beachtenswertes und oft gesundheitliche Gefahr kündendes Zeichen, da man diese bräunlichen Zähne bei Personen beobachtet, die unter Schwächezuständen ernstester Art leiden.

Zähneknirschen wird bei hochgradig nervösen Personen beobachtet. Es muß besonders beachtet werden, wenn eine akute Krankheit vorliegt. Bei Kindern deutet das Zähneknirschen oft auf Würmer hin.

Zahnschmerz bei Berührung beobachtet man, wenn eine Entzündung der Wurzel vorliegt.

Zahnschmerzen, die bei Druck aufhören, sind nervösen Ursprungs.

Zähne, die der Liebe im Wege stehen

Mit großer Entschiedenheit verkündete die 18jährige Sibylle ihren Eltern das Ende ihrer Freundschaft mit einem ernsten Bewerber. „Ich habe jetzt endgültig Schluß gemacht", antwortete sie auf die Einwände ihrer Mutter. Die Eltern, die sich über die Wahl ihrer Tochter gefreut und in Rüdiger einen wohlerzogenen, tüchtigen zukünftigen Schwiegersohn gesehen hatten, konnten diese Entscheidung einfach nicht verstehen. Endlich vertraute Sibylle ihren Eltern den wahren Grund an: „Rüdigers Vorderzähne stehen schief und sind so scharf, daß sie mir beim Küssen weh tun."

Den meisten Menschen fällt es schwer, mit einem scheinbar so unbedeutenden Grund die Auflösung einer Verbindung zu rechtfertigen. Tatsächlich aber ist das menschliche Zusammenleben viel häufiger durch störende Kleinigkeiten belastet als durch schwerwiegende Fehler. Über diese spricht man sich gewöhnlich aus oder findet sich mit ihnen ab. Schiefstehende Zähne will man jedoch vor sich und seiner Umwelt nicht als Grund für einen so schwerwiegenden Entschluß eingestehen. Um so wichtiger also, daß die Eltern gerade in dieser Hinsicht schon das Wachstum ihrer Kinder verfolgen.

Zahnstellungsfehler brauchten beim heutigen Stand der Zahnmedizin kaum noch vorzukommen. In den meisten Fällen können die Mütter einer Fehlentwicklung durch die Wahl des richtigen Saugers bereits im Säuglingsalter erfolgreich vorbeugen. Ist einmal dieser Zeitpunkt verpaßt, so kann ein Kieferorthopäde während der Schulzeit noch Korrekturen vornehmen. Ist man aber erst erwachsen, so werden bestehende Fehler gewöhnlich erst durch die dritte Zahngarnitur ausgeglichen. Bis dahin hat man unter den Mängeln zu leiden, ob man sich nun dessen bewußt wird oder nicht.

Die Eigenwilligkeit an der Nasenspitze abgelesen

Seit jeher sehen die Menschenkenner in den Nasen ein Barometer der Eigenwilligkeit. Wie die Nase eines Menschen, so sein Wille zur Tat, seine Einstellung zur Umwelt. Die Nase ist die Fortsetzung der Stirn und deshalb ein Merkmal des Geisteslebens. Freilich gab es Genies mit kurzen Nasen; aber sie sind in der Minderzahl. Außerdem handelt es sich dabei meist um Menschen, die zwar auf ihrem Spezialgebiet, auf welchem sie genial waren, Ungewöhnliches leisteten, aber in der Auseinandersetzung mit dem Leben versagten.

Die gut durchgebildete Nase eines erwachsenen Menschen soll gerade oder gebogen sein, nicht allzu spitz und nicht allzu fleischig. Alle anderen Formen sind Abarten oder Anomalien.

Je ebenmäßiger eine Nase geformt ist, desto harmonischer ist meist auch die Einstellung des betreffenden Menschen zu seiner Umwelt, zum Leben.

Abb. 30: Lange galten die Nasen der Römer und Griechen als die typischen „edlen Nasen"

Grundformen – unverkennbar!

Zu einem harmonischen Gesicht gehört eine Nase, die genau ein Drittel der Gesichtsabmessungen ausmacht.

Das erste Drittel des Gesichts bildet die Stirnhöhe.

Der zweite Teil wird von der Nase bestritten, d. h. von der Nasenwurzel bis zur Nasenspitze.

Das letzte Drittel ist der untere Teil des Gesichts, also vom Nasenansatz bis zur Kinnspitze.

Je gleichmäßiger die drei Teile sind, um so größer ist die Harmonie zwischen den Kräften des Verstandes und den Regungen des Gemüts.

Lange galten die Nasen der Römer und Griechen als die typischen „edlen Nasen". Heute weiß man, daß es kaum noch „reinrassige" Nasenformen gibt. Fast alle Nasen sind sogenannte Mischformen. Oftmals beobachtet man an einer einzigen Nase drei verschiedene Formansätze. Es ist nicht immer leicht, sich in einem solchen Gemisch von Nasenformen zurechtzufinden. Aber durch Beobachtungen und Vergleiche ist es dennoch möglich, hinter die Kulissen der Wesensart eines Menschen zu schauen – wenn man seine Nase betrachtet.

Die Grundformen sind unverkennbar:

Dünn, lang und spitz: Gefühlsarmut, oftmals Geiz, Kälte, Egoismus.

Abgerundet, fleischig, aber nicht zu dick und aufgedunsen: Tiefe Gefühle, Mildherzigkeit, Mitleid, grundsätzlich menschliche Einstellung zu allen Problemen des Daseins.

Dick und übermäßig fleischig: Stark sinnlich, oftmals willensschwach, in den Auffassungen schwankend, nicht sehr widerstandsfähig, weder in psychischer noch in physischer Hinsicht.

Platt und breit: Mit Vorsicht zu bewerten, rücksichtslos in der Einstellung zum Nächsten durch eine primitive Grundhaltung. (Bei primitiven Rassen oft ein Zeichen für Unterentwicklung.)

Fleischig mit Falten und Rillen, meist verbunden mit einer hängenden, nach unten absinkenden Spitze: Verschlossenheit, oftmals Neid, Boshaftigkeit, manchmal Grausamkeit.

Aufgeworfene Nase mit vorspringenden Lippen und starkem Kinn: Menschen, die dazu neigen, in ihrer Auffassung hartnäckig zu beharren und sich als Diktatoren zu gebärden.

Stups- oder Stumpfnase: Häufig zu beobachten bei Menschen mit Lebensklugheit, aber verbunden mit Eitelkeit und Anmaßung – oft ungewöhnlicher Optimismus, Kindergemüt in einem erwachsenen Körper.

Das sind die Normalformen, die wir in unserer Umgebung immer wieder beobachten können.

Es ist nun unsere Sache, aus dem vorstehend Gesagten abzuleiten, was sich aus der Mischung der einzelnen Formen ergibt (vgl. Abb. 31–37).

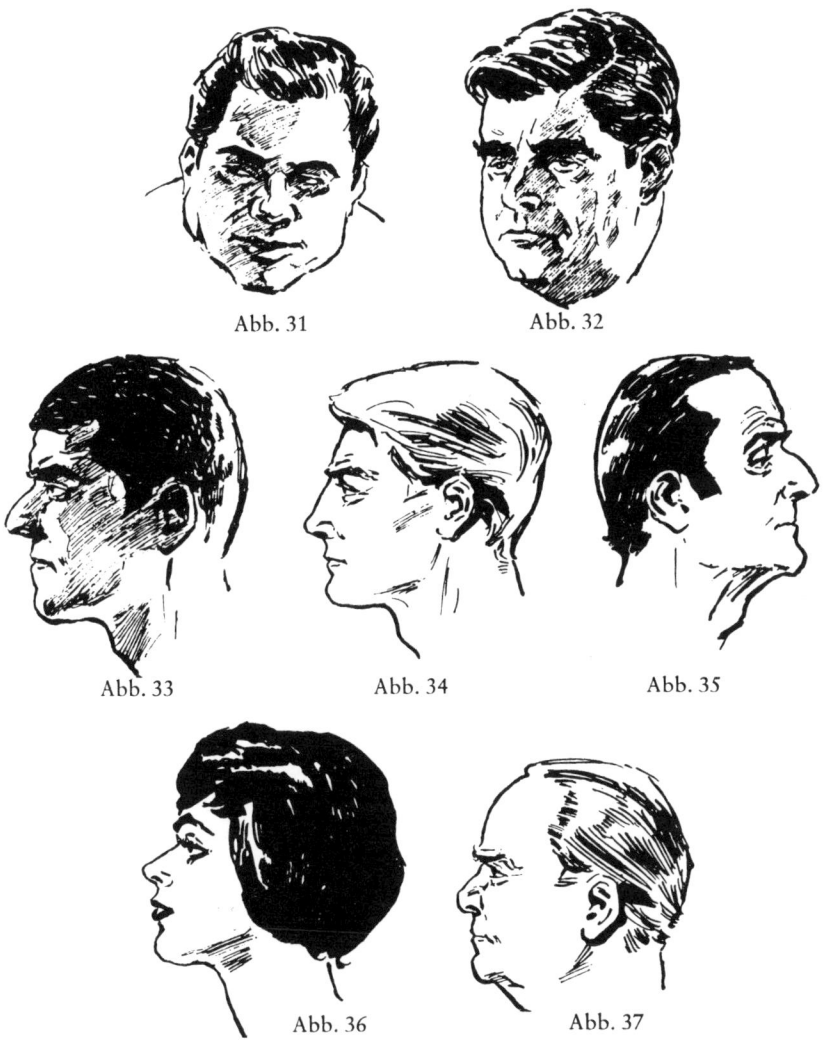

Abb. 31   Abb. 32

Abb. 33   Abb. 34   Abb. 35

Abb. 36   Abb. 37

Auf die Nasenöffnungen achten!

Wichtig ist die Form der Nasenlöcher. Wir sollten, wenn wir eine Nase begutachten, immer prüfen, ob eine Person, deren Nasenform wir kennen, große oder kleine Nasenöffnungen hat.

Kleine Nasenlöcher sind Ausdruck eines verängstigten Charakters. Oft sind auch kleine Nasenlöcher verbunden mit Schwächlichkeit und mangelnder Widerstandskraft (Abb. 38).

Große Nasenlöcher findet man bei Menschen, die zu Extremen neigen, die in vielem maßlos sind (Abb. 39).

Nasenöffnungen, die sich ständig verändern, die sich bewegen, verraten, daß der Mensch in seinen Gefühlen vielen Schwankungen ausgesetzt und nicht immer in der Lage ist, seine Gefühle so in Schach zu halten, wie es notwendig wäre, um allen Komplikationen mit der Umwelt auszuweichen (Abb. 40).

Abb. 38   Abb. 39   Abb. 40

Kuriosa von vorn und von der Seite gesehen

Es ist notwendig, noch einige Absonderlichkeiten zu kennen, die uns immer wieder begegnen und deren Kenntnis überraschende Schlüsse zuläßt.

Bändchen der Nasenscheidewand (gemeint ist das sogenannte hängende Nasenbändchen, wobei die Nasenflügel höher liegen als die Nasenscheidewand, so daß man von der Seite etwas in die Nase hineinschauen kann): Dieses Bändchen bedeutet, daß man imstande ist, die Schwächen des

*Große Nasenöffnung, starkes hängen-
des Nasenbändchen.*

anderen für eigene Zwecke auszunutzen, während dem Träger einer solchen
Nase meist nichts Menschliches unbekannt ist. Geschäftssinn und Scharfsinn
verbinden sich oft mit diesem Wissen um die schwachen Seiten des anderen.

Gespaltene Spitze: Wenn verbunden mit kräftiger Nase, ein Zeichen für
praktischen Verstand und große Geistesschärfe, vor allem dann, wenn die
Stirnpartie der betreffenden Person gut entwickelt ist. Bei fliehender Stirn
bedeutet die gespaltene Nase meist Rücksichtslosigkeit.

Hängende Nasenspitze, also viel länger als normal: Zeichen starker Neugier, das Bestreben, hinter alles zu kommen, Geheimnisse auszukundschaf-
ten, auch wenn diese einen gar nichts angehen.

Schiefe Nasenwurzel: Fast immer ein Zeichen großer Aktivität, also starken
Tätigkeitsdranges, zu beobachten bei Personen, die genug Energie und
Rücksichtslosigkeit aufbringen, sich durchzusetzen, Eindruck zu machen,
aber auch unter Umständen jene zu vernichten, die sich ihnen in den Weg
stellen.

Scharf geschnitten, mit Biegung: Kalte Kalkulation, viel Energie, Diplomatie,
Arbeitskraft, vor allem dann, wenn auch unmittelbar vor der Nasenspitze
noch einmal eine Einbiegung im Profil sichtbar ist.

Gesundheitliche Störungen an der Nase erkannt

Der Arzt kann manches, was dem Menschen fehlt, an der Nasenspitze ablesen. Wir zitieren nachstehend einige der wichtigsten ärztlichen Erkenntnisse, die seit altersher bestätigt sind. Denn schon Hippokrates kannte einige von ihnen:

Die eingefallene, sehr spitze Nase, vor allem dann, wenn sie vorher fleischig war, läßt auf einen sehr raschen Kräfteverfall und einen tödlichen Ausgang einer Krankheit schließen.

Rote Anschwellung der Nasenspitze deutet auf eine Fehlfunktion der Eingeweide bzw. Unterleibsorgane. Man beobachtet diese Schwellung bei Zuckerkranken, aber auch bei Verdauungsbeschwerden und Unterleibsleiden.

Die sogenannte Kupfernase, vor allem, wenn sie mit dunklen Punkten besetzt ist, zeigt Leberleiden an bzw. krankhafte Veränderungen im Bereich von Galle, Leber, Magen und Milz.

Schwellungen im Bereich der Nasenwurzel verraten Polypen, geschwürige Vorgänge im Bereich der Nasengänge, manchmal aber auch Disfunktion der Nieren, die bis zur Wassersucht gehen kann.

Die Knotenbildung in der Nase läßt auf tuberkulöse Vorgänge schließen. Niesen zu bestimmten Zeiten, sich immer wiederholend, verrät nervöse Störungen.

Häufiges Auftreten von Nasenbluten ist oft ein Zeichen für Lungenerkrankungen oder Störungen der Leber. Jedenfalls sollte kurzfristig häufig auftretendes Nasenbluten Anlaß sein, einen Arzt aufzusuchen.

Jucken in der Nase verrät oft Wurmerkrankungen.

Kleine Äderchen auf den Nasenflügeln, vor allem wenn sie blaurot sind, lassen Herzstörungen und Leberleiden vermuten.

Wie der Porträtmaler Quadras die Nasen schöner Frauen bewertet

Der spanische Prominentenmaler Alejo Vidal Quadras hat eine Nasen-Theorie entwickelt, die in der Feststellung gipfelt: wie die Nase so der Mensch. Quadras hat die Mitglieder zahlreicher Fürstenhöfe und Millionärsfamilien in Öl gemalt. Er gelangte beim Studium seiner Modelle zu der Auffassung, es gebe kein zuverlässigeres Merkmal zur Deutung von Wesen und Charakter eines Menschen als dessen Nase.

Die schönste und vollkommenste Nase hat nach seiner Meinung Fürstin Gracia Patricia von Monaco, die deshalb auch sein bevorzugtes Porträtmodell ist. Die Nase der Fürstin strahlt, wie Quadras behauptet, Intelligenz, Güte, Sanftmut und Treue aus.

Die Nase von Sophia Loren ist Ausdruck ausgesprochen fraulicher Würde. Dagegen weise sich die Filmschauspielerin Monica Vitti durch ihre Nase als vorzügliche Lebensgefährtin aus. Die intelligenteste Nase unter allen französischen Stars habe Brigitte Bardot. Auf annähernd gleicher Stufe reiht Quadras auch die Nase von Jeanne Moreau ein.

Eine Art „Nasenverwandtschaft" entdeckte der Maler zwischen zwei berühmten Engländerinnen. Die verstorbene Filmschauspielerin Vivien Leigh *(Vom Winde verweht)* besaß eine ebenso harmonisch gewachsene und verführerische Nase wie die durch *Treibgut der Leidenschaft* berühmt gewordene Filmschauspielerin Joan Collins.

Was die Augen verraten

Was haben die Dichter nicht alles über die Schönheit der Augen gesagt! Wie wurden die Augen besungen – als Unterpfand der Treue, als Feuerkrater des Hasses, als Symbol der Lebenskraft und als Fenster der Seele. Wir wollen klare Angaben aneinanderreihen, die wir, abseits aller Poesie, an unseren Mitmenschen nachprüfen können. Denn „wenn es darauf ankommt, in den Augen einer Frau zu lesen, sind die meisten Männer Analphabeten" (Heidelinde Weis).

Positionen und Formen

Zwei Möglichkeiten sind, wenn wir die Augen eines Menschen betrachten, in ihrer Position im Antlitz gegeben:

eng zusammenstehend = idealistisch bis zum Fanatismus, rasch begeisterungsfähig, mitfühlend, erheblich der Theorie verschrieben, oft der Praxis ganz und gar abhold (Abb. 41);

weit auseinanderliegend = kühle, nüchterne Überlegung, eiskalte Berechnung, praktischer Sinn, nur das, was man greifen kann, zählt (Abb. 42).

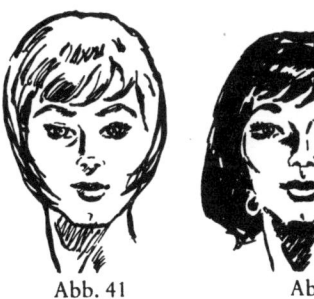

Abb. 41   Abb. 42

Was die Form der Augen angeht, sollte nach den Schönheitsbegriffen die
Breite eines Auges doppelt genommen derjenigen des Mundes entsprechen –
zumindest beim Mann. Im übrigen weiß man von der Form der Augen:

groß und breit = willensstark, zuverlässig, meist sprachbegabt, energisch
in der Durchsetzung gefaßter Entschlüsse;

klein und zusammengekniffen = beeinflußbar, nicht immer zuverlässig,
etwas oberflächlich, schwankend, Suggestionen erliegend;

unterschiedlich in der Größe (evtl. ein Auge höher stehend als das andere) =
fast immer ein Zeichen für vielseitige Begabung, klares Denken, bedeutsame geistige Leistung.

Aber nicht die Position im Gesicht und nicht die Form des Auges ist entscheidend für den Eindruck, den das Auge eines Menschen auf den anderen
macht, sondern der Blick, von dem man zu sagen pflegt, er sei bei dem
einen Menschen gutmütig, freundlich oder stechend und bei dem anderen
müde, unruhig oder krank.

Auf den Blick kommt es an

Eine kurze Übersicht wird uns lehren, wie wir den Blick des Menschen zu
bewerten haben. Hier die wichtigsten Blickarten:

offen = menschliche Einstellung, Zuverlässigkeit, Aufrichtigkeit, manchmal
allerdings Naivität (Abb. 43);

verschleiert = Argwohn, Mißgunst, Eifersucht, Mißtrauen, oft verbunden
mit Unzuverlässigkeit; wenn umherschweifend, oft verbunden mit innerer
Leere, Gleichgültigkeit und Zerstreutheit (Abb. 44);

kalt und durchdringend = Härte, Strenge, Fanatismus, oft Grausamkeit,
mitunter Bösartigkeit; nur erträglich, wenn nicht auf den ersten Blick unangenehm wirkend; denn häufig gleichzeitig Ausdruck von Scharfsinn und
geistiger Elastizität (Abb. 45);

erstaunt, verzückt = große Ängstlichkeit oder raffinierte Heuchelei, verbunden mit Berechnung und Unselbständigkeit, manchmal Veranlagung zu nervöser Überspannung oder Hysterie;

Silberblick = meist erwachsend aus leichtem Schielen (einseitig) und einer
sogenannten Verschleierung im Blick durch ungleiche Sehfähigkeit beider
Augäpfel. Fehlendes seelisches Gleichgewicht macht geneigt zu Intrigen.
Psychologische Labilität läßt rücksichtslos eigene Interessen auch dann
an die erste Stelle treten, wenn man über Leichen gehen müßte (Abb. 46);

wild, zornig = wenn Dauerausdruck, Kennzeichen für Kampfeslust, schnelle
Erregbarkeit, erhöhten Blutandrang zum Kopf mit allen daraus zu erwartenden Konsequenzen.

Natürlich hat jeder von uns schon erstaunt und ein andermal zornig geblickt. Für die Beurteilung eines Menschen kommt es selbstverständlich nicht auf einen Zufallsblick in dieser oder jener Extremsituation an. Wir gehen hier auf die Normalhaltung des Blicks, seine alltägliche Art und allgemeine Tendenz ein.

Abb. 43   Abb. 44   Abb. 45   Abb. 46

Was Blicke auch verraten können

Der aufmerksame Beobachter erkennt am Blick nicht nur augenblickliche Gefühlsregungen, sondern – wie gesagt – Grundsätzliches über das Wesen und den Charakter eines Menschen. Ist dieser krank, so schlägt sich dies im Blick nieder. Deshalb ist das Studium des Auges und seines Ausdrucks oft auch für die Früherdeckung einer Krankheit nützlich. Hier einige Indizien (die natürlich nur Anhaltspunkte sein können):

Auge

matt	= Schwäche, Herzerkrankungen
glänzend	= Impulsivität, Freude, Fieber
glasig	= höchste Schwäche
hohl	= Lebensgefahr, Darmkrankheit
glotzend	= Basedow oder Herzerkrankung
rot	= Gemütsbewegungen, Fieber
gelb	= Gallenstörungen, Gelbsucht
perlmutterfarben	= Tbc oder Anämie
ruckweise bewegt	= sehr schlechte Erbmasse
wäßrig	= krankhafte Gemütsbewegung
verzweifelt	= oft bei Unterleibsleiden
Umgebung runzlig	= Leber und Nieren gefährdet
matt, vernebelt	= Lebensgefahr
bräunlich, umringt	= Kreislaufstörungen und Säfteverlust
bläulich, umringt	= innere Blutverluste
Augenlider braun	= Anämie
Augenlider geschwollen	= Nierenstörungen

Von Mensch zu Mensch – mit den Augen sprechen

Die Augen sind geeignet, wortlos Botschaften zu übermitteln. Die Psychologen bringen der Augensprache wachsendes Interesse entgegen, vor allem im Hinblick auf die Entwicklung der menschlichen Persönlichkeit. Der britische Wissenschaftler Dr. Kenneth Strongman von der Universität Exeter widmet sich seit Jahren der Ergründung der Sprache der Augen. Auch an den Universitäten Melbourne, Ohio und New York wurden Untersuchungen zu diesem Thema durchgeführt. Insgesamt ergab sich folgendes feststehendes „Vokabular" für die Augensprache:

Häufiges Blinzeln: Zeichen von Angst und Nervosität.

Dunkelfärbung: tritt ein bei Angst und Schmerz. Blauäugige können Schmerzen besser als andere ertragen.

Brennen, Jucken: Berufsärger, Geldsorgen oder unglückliche Liebe.

Wegblicken: Im Gespräch sehen die Menschen einander an. Der „Augenkontakt" hält sich aber nur zwischen 10 und 70 Prozent der Gesprächsdauer. Beim Zuhören schaut man dem Partner öfters in die Augen als beim Sprechen. Zu Beginn eines Gesprächs besteht die Neigung zum Wegschauen, um erst Gedanken zu sammeln. Zum Schluß der Ausführungen sieht man dem Gesprächspartner lange in die Augen, um festzustellen, welche Wirkung das Gesagte hatte.

Zärtlicher Ausdruck: „Ich liebe dich."

Leidensausdruck: „Mache Schluß mit der Qual!"

Streitbarer Ausdruck: „Nimm dich in acht!"

Die Psychologen der Exeter-Universität haben u. a. einen Versuch mit zehn Personen durchgeführt, die einander nicht kannten und sich zu diesem Zweck freiwillig zur Verfügung gestellt hatten. Jeweils zwei der Testpersonen wurden reihum gebeten, Kontakt miteinander aufzunehmen. Hierfür wurde ihnen eine Zeit von zwei Minuten gegeben. Während die Versuchspersonen kurz miteinander sprachen, nahm eine versteckte Filmkamera die Bewegungen ihrer Augen auf.

Auf diese Weise war eine genaue Messung der Zeit, während der die beiden Personen einander in die Augen blickten, möglich. Die Zeit des Augenkontakts schwankte zwischen weniger als einer Sekunde und zehn Sekunden.

Nach diesen kurzen Gesprächen hatten alle Testpersonen bereits eine feste Vorstellung, welche der kennengelernten Personen sie als sympathisch empfanden – dies nach zwei Minuten eines zwischen bisher Unbekannten geführten, zwangsläufig eher belanglosen Gesprächs. Zur Entscheidung hatte wesentlich die Augensprache beigetragen.

Die Bedeutung der Farbe der Augen

Welche Bedeutung aber hat die Augenfarbe für den Charakter? Ganz abgesehen davon, daß die Augenfarbe sich von einer Minute zur nächsten verändern kann, je nach der Durchblutung des Kopfes und des Auges, vertritt die Physiognomik heute den Standpunkt, daß die Augenfarbe allein nicht zur Begutachtung des Charakters herangezogen werden kann, sondern höchstens zusammen mit anderen Feststellungen, die das bestätigen müssen, was alte Lehren in bezug auf die *Augenfarben* behaupten. Hier – mit diesem Vorbehalt – einige uralte Anhaltspunkte:

schwarz	= Tatkraft, Angriffslust, manchmal Unbeherrschtheit;
blau	= Mildherzigkeit, Nachgiebigkeit, friedfertig, sanftmütig;
grau	= hart, kalt, berechnend, zu allem entschlossen, alles überblickend;
grün	= leidenschaftlich, veränderlich, mutig, oft energisch und heftig;
braun/ dunkelfarbig	= starkes Gefühlsleben, mehr innerlich, manchmal unbeherrscht, fast immer leidenschaftlich.

Die Farbe der Iris wechselt bei manchen Menschen je nach dem Lebensalter oder der Stimmungslage. Der Farbwechsel kommt zustande durch Unterschiede in der Durchblutung der zarten Gefäße, die der Iris die Schattierung geben. Nun ist der Grad der Durchblutung aller Organe häufig ein Gradmesser für charakterliche und physiologische Impulse. Auf keinen Fall sind obige Anhaltspunkte wörtlich zu nehmen. Man kann unmöglich jemanden als „falsch" bezeichnen, weil er grüne Augen hat, oder als grausam, weil er graue Augen hat. Obwohl im allgemeinen doch etwa die Tendenz besteht, daß Menschen mit grünen Augen heftig und leidenschaftlich sind in der Stellungnahme zu eigenen Problemen, lebhaft und feurig im Umgang mit dem Mitmenschen, veränderlich in der Stimmungslage; immer aber sind sie mutig!

Über die Iris der Augen – Einblick in Charakterschwankungen

Seit vielen Jahren gibt es die Iris-Diagnostik. Sie geht davon aus, daß man aus den Zeichen und den Verfärbungen der Regenbogenhaut gesundheitliche Veränderungen und Krankheiten ablesen könne – im Hinblick auf die Annahme, daß jedes Organ unseres Körpers mit feinsten Ausläufern des Nervensystems, aber auch des ganzen Kreislaufapparates bis in die Iris hineinreicht. Man glaubte darum, die Iris in Organfelder einteilen zu können, wobei jedes Organfeld einem anatomisch genau festgelegten Körperteil zugeordnet ist.

Rechte Iris

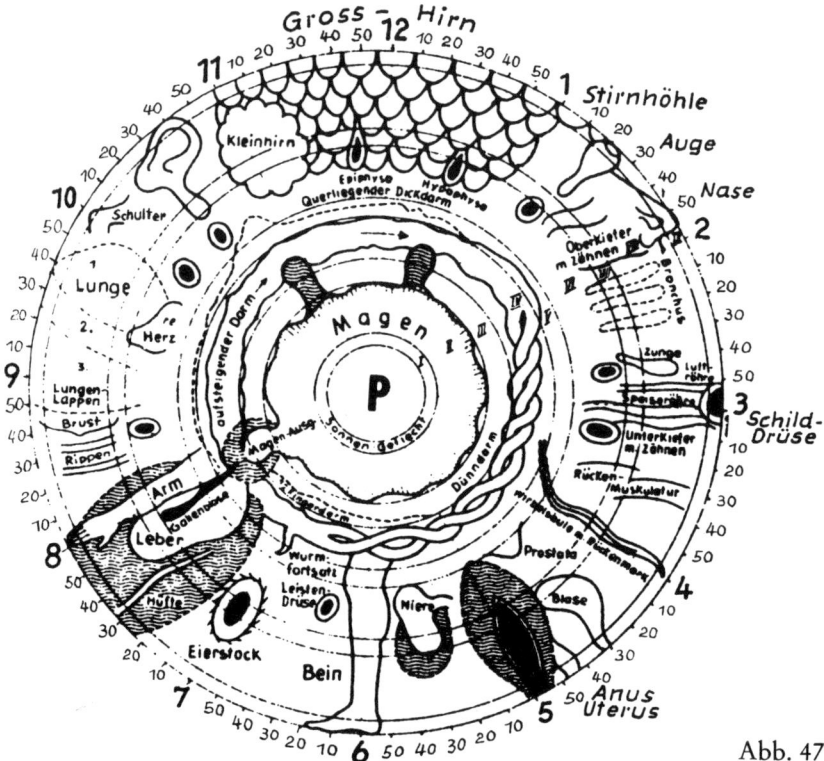

Abb. 47

Dieser Gedankengang erscheint gar nicht so abwegig, wenn man bedenkt, daß der gesamte menschliche Organismus in einem Sammelrhythmus schwingt, dessen Ausschläge und dessen Auswirkungen überall dort sichtbar werden, wo man gewissermaßen Einblick in den Körper erhält. Schauen wir nicht durch den Glaskörper des Auges in ein Stück Nervensystem unseres Körpers hinein? Dabei müssen die Augen ja nicht gerade – wie überspitzt formuliert wurde – nach außen gestülpte Gehirnzellen, also ein Stück, ein Teil des Gehirns sein!

Die Iris-Diagnose ist bekämpft worden. Vielleicht deshalb, weil manche Vertreter dieser Lehre sich anmaßten, nur gestützt auf die Iris, die Regenbogenhaut und ihre Zeichen, alle Leiden des Menschen durchschauen zu können, ganz abgesehen von gefährlichen Quacksalbern. Andererseits zeigte es sich, daß man in der Iris-Diagnose ein zusätzliches Hilfsmittel gefunden hatte, dessen sich heute auch viele Ärzte zu bedienen wissen.

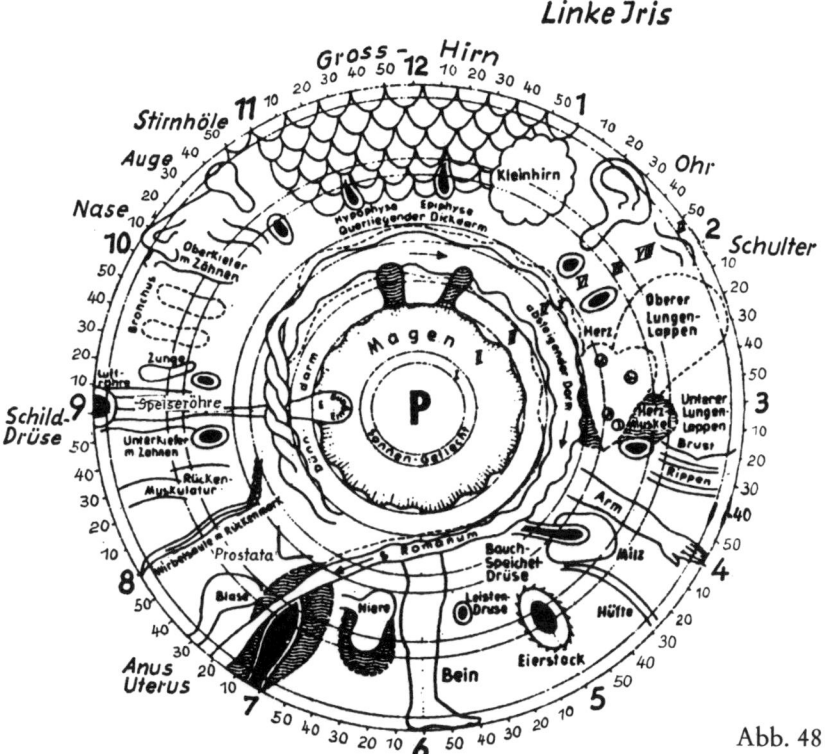

Abb. 48

Dr. med. Johannes G. Hille, Reutlingen, versichert:

„Als ich vor mehr als 20 Jahren einem hervorragenden Facharzt für Innere Medizin, Kinder- und Frauenkrankheiten Vorhaltungen machte, sagte er: ,Du urteilst über etwas, das du nicht verstehst.' Seitdem verwende ich die Iris-Diagnostik mit Kritik und bestem Erfolg . . . Ich habe schon oft mit ihrer Hilfe Diagnosen finden können, auf die man in wochenlangen Klinikaufenthalten nicht gekommen war. Der Grund ist leicht einzusehen: es kommt darauf an, was man unter einer Diagnose versteht. Man muß unterscheiden zwischen Krankheiten als wissenschaftlichen Abstraktionen, die lehrbuchmäßig niemand haben kann, und Kranksein oder Leiden, die in ihrer Einmaligkeit kaum beschrieben werden können. Krankheiten kann man irisdiagnostisch nicht feststellen; aber die Iris kann Einblick geben in das personale Kranksein, und darauf allein kommt es an.“

Um dieses „personale Kranksein" geht es hier. Denn wir wollen hier nicht
eine Methode erläutern, nach welcher körperliche Leiden ermittelt werden
können, sondern wir wollen versuchen, aus den Zeichen der Regenbogenhaut auf den Charakter des Menschen und auf das, was er im Lebenskampf
zu erreichen vermag, Schlüsse zu ziehen.

Setzen wir einmal voraus, daß jedes ernstliche körperliche Kranksein ein
Zeichen in der Regenbogenhaut des Auges hinterläßt, nehmen wir ferner
davon Kenntnis, daß in allzu vielen Fällen körperliches Kranksein die Folge
einer seelischen Gleichgewichtsstörung ist, dann müßte es gelingen, aus den
Zeichen der Regenbogenhaut den Menschen zu enträtseln: in seinen seelischen Qualen und charakterlichen Schwankungen.

Folgt man der Iris-Diagnose, dann liegt in der Iris oben – also zur Stirn
hin – das Organfeld für das Gehirn. Rechts und links davon verteilen sich
dann die Organfelder für das Auge und die Nase, für die Ohren und den
Hals.

Auf gleicher waagrechter Höhe wie die Pupille, der schwarze Punkt in der
Mitte der Iris, liegen die Organfelder für die Bronchien bzw. für das Brustfell.

Absteigend sehen wir dann die Organe, die sich im Unterleib zusammen-
finden, um dann senkrecht unter dem Organfeld für das Gehirn – also
unten auf der Iris – das Feld für die Beine und die Füße zu finden.

Diese Hinweise dürften schon etwa über die Lokalisierung des Körpers und
der einzelnen Organe in der Iris einen gewissen allgemeinen Aufschluß
geben. Da wir anhand der Zeichen den Charakter und die Stimmungen
analysieren wollen, müssen wir wissen, wie sich die einzelnen gesundheitlichen *Störungen* auf den Charakter auswirken:

Milz: Launenhaftigkeit (spleen = englisch Milz)
Leber: Jähzorn, Mißtrauen, Depressionen, Verstimmungen
Herzinfarkt: unter Umständen totale charakterliche Veränderung.

Die Erkundung dieser Vorgänge steckt noch in den Anfängen. Und vieles
wissen wir noch nicht. Wie oft weiß auch kein Mensch, warum jemand „auf
einmal so ganz anders" geworden ist. Vielleicht hilft uns ein Fleck auf seiner
Iris auf die richtige Spur.

Wie die Augenbrauen, so das Wesen, das Temperament, die Stimmung

Die Urform der Augenbrauen ist in der Erbmasse begründet. Aber die
ererbte Grundform ist nicht unwandelbar. In dem Maß, wie sich die Augenbrauen eines Menschen verändern, verschiebt sich auch sein Charakterbild.
Oder vielmehr: ein veränderter Charakter, die schwankende Stimmungslage eines Menschen, kommt früher oder später auch im Wuchs seiner
Augenbrauen zum Ausdruck.

Ein Bildhauer erklärte uns, daß die Natur die Augenbrauen ganz offensichtlich mit viel Liebe gestaltet habe, sie aber nicht nur zur Verschönerung des Antlitzes formte, sondern ihnen gewissermaßen ein selbständiges Leben einhauchte. Denn die Augenbrauen sitzen auf wichtigen Muskeln, die eine willkürliche oder ungewollte Veränderung ihrer Form und ihrer Lage erwirken können.

Wenn der Mensch zur Welt kommt, dann sind in den ersten Lebensmonaten die Augenbrauen nur ganz zart angedeutet. Man entdeckt nur einzelne Härchen, die eine genaue Abgrenzung der Linie der Augenbrauen nicht gestatten.

Die Augenbrauen sind um diese Zeit noch nicht die Grenzlinie zwischen den Augenhöhlen und der Stirn. Erst später, wenn der Mensch zwischen Sinneskräften und Geist, zwischen Wahrnehmen und Denken zu unterscheiden beginnt, wird die Grenze durch die Augenbrauen schärfer gezogen. Meist kann man erst vom siebenten Lebensmonat an die Augenbrauen in ihrem Schwung und in ihrer Begrenzung deutlich erkennen. Je älter das Kind wird, um so deutlicher ist die Form der Augenbrauen.

Korrekturen – weshalb?

Sehr häufig sind die Augenbrauen ungleich stark entwickelt, d. h. die linke Braue ist stärker und dichter oder ganz anders in der Form gezeichnet als die rechte.

Für den Durchschnitt gilt die Feststellung, daß der Mensch Augenbrauen besitzt, die drei bis vier Zentimeter lang und einen Zentimeter hoch sind.

Schon sehr früh scheint den Frauen aufgefallen zu sein, daß nicht jede Form der Augenbrauen der Schönheit eines Gesichts zuträglich ist und die Brauen manchmal viel zuviel über den wahren Charakter verraten. Deshalb begannen die Damen schon lange vor der Glanzzeit des alten Roms, sich die Augenbrauenhaare zu rasieren oder auszuzupfen und „schöner", d. h. anders nachzumalen.

Aber der Beobachter vermag fast immer bei einer Frau, die ihren natürlichen Augenbrauenwuchs beseitigte und statt dessen Farbe auflegte oder sich raffiniert konstruierte künstliche Augenbrauen aufklebte, den tatsächlichen Verlauf zu erkunden bzw. an der Schattierung um das Auge und den knöchernen Augenhöhlen festzustellen.

Die Augenbrauen dienten dem Menschen in seiner Frühgeschichte, das Auge gegen Wasser oder Fremdkörper, die von „oben her" niedergingen, abzuschirmen und so das Auge zu schützen. Deshalb verlaufen die Augenbrauen normal am oberen Rand der Augenhöhle. Diesen Wulst kann die Frau auch mit raffinierter kosmetischer Technik nicht ganz fortschminken und nie zum Verschwinden bringen.

Vom Muskel der Aufmerksamkeit – bis zum Brauenrunzler

Jeder Mensch kann seine Augenbrauen mehr oder weniger lebhaft bewegen. Das ist möglich vermöge verschiedener Muskeln, die bei Schauspielern und Schauspielerinnen, aber auch bei Menschen, die entsprechend ihrem Temperament und ihrer Lebensart zum „Komödienspiel" neigen, gewöhnlich gut entwickelt sind.

1. *Muskel der Aufmerksamkeit* (Abb. 49)

Da ist erst einmal der *Stirnmuskel,* der es uns ermöglicht, die Augenbrauen in ihrer Gesamtheit in die Höhe zu ziehen – als Zeichen des Erstaunens. Man nennt diesen Muskel in der Physiognomik den „Muskel der Aufmerksamkeit".

Mancher, der schwer von Begriff ist, betätigt diesen Muskel häufig. Viele, die den Eindruck erwecken bzw. vortäuschen wollen, sie folgten den Worten eines anderen mit gespannter Aufmerksamkeit und tiefsinniger Klugheit, verstehen mit diesem Muskel geschickt zu operieren.

2. *Muskel der Trauer und des Schmerzes* (Abb. 50)

Die Senkung der Augenbrauen ist möglich durch den *Augenschließmuskel,* der die Lidspalte des Auges so zu verengen imstande ist, daß dadurch ein Hinabziehen der Brauen automatisch erfolgt. Dieser Augenschließmuskel wird beim Kind schon sehr früh betätigt, nämlich beim Schreien und Weinen.

3. *Muskel des tragischen Schmerzes* (Abb. 51)

Der Muskel, der imstande ist, die inneren Enden der Augenbrauen zu heben, wird *„inneres Bündel des Stirnmuskels"* genannt. In der Physiognomik nennt man ihn den „Muskel des tragischen Schmerzes". Im Schauspiel, in der bildlichen Darstellung und in der Skulptur versucht man immer wieder, den Schmerz in der Weise darzustellen, daß man die inneren Brauenenden anhebt und so dem Antlitz den Ausdruck des Unglücklich-Erschütterten gibt.

4. *Brauenrunzler* (Abb. 52)

Der Gegenspieler ist der „Brauenrunzler", d. h. der Muskel, der die Senkung der inneren Brauenenden gestattet. Schon der Säugling setzt wenige Tage nach seiner Geburt diesen Brauenmuskel in Tätigkeit, wenn er zu weinen beginnt und, dem Instinkt folgend, einen starken Druck gegen die bluterfüllte Augenzone ausübt. Schon der Säugling kann also seine Stirn in Denkerfalten legen. Lange Zeit hat man diesen Muskel auch den *„Muskel des Zorns"* genannt.

Der Brauenrunzler ist in jedem Fall ein Muskel der Anstrengung, des Mißvergnügens, der Kritiksucht, der körperlichen oder geistigen Tätigkeit, die über das Normalmaß hinausgeht, des Zorns, der Wut, der tiefen Erschütterung.

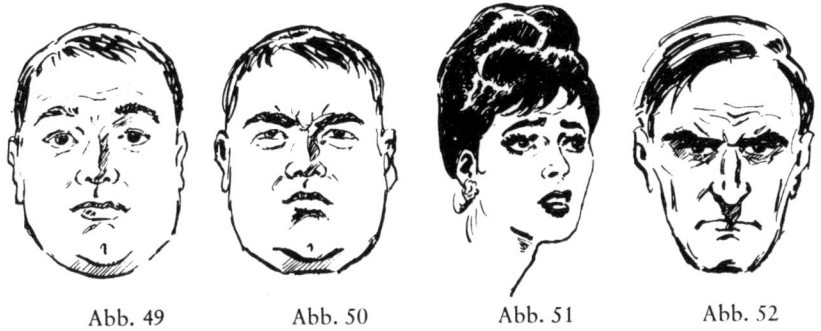

Abb. 49   Abb. 50   Abb. 51   Abb. 52

Was Lage, Form und Verlauf der Brauen verraten

Lage

1. *weit auseinander* (Abb. 53):
   Sind die Augenbrauen normal in ihrer Zeichnung, aber weit auseinanderliegend, so besagt dies, daß der betreffende Mensch offenen und heiteren Sinnes ist, aber sorglos, egozentrisch, egoistisch, stark auf das eigene Wohl bedacht und ohne allzuviel Rücksichtnahme auf den Mitmenschen.

2. *eng zusammen* (Abb. 54):
   Sind die Augenbrauen eng zusammengewachsen, berühren sich also die rechte und die linke Augenbraue in der Mitte, haben wir einen ernsten, zu Mißtrauen neigenden Charakter vor uns, der sicherlich sensibel ist, der leicht verstimmt ist und zu oft heftigen Temperamentsausbrüchen neigt. Vor allem Frauen dieser Art sind äußerst energisch in der Vertretung ihrer Ansichten, ihres Standpunktes. Sie lassen an Offenherzigkeit meist nichts zu wünschen übrig.

Form

1. *lang und geschwungen* (Abb. 55):
   Sind die Augenbrauen sehr lang und schön gezeichnet, von kräftigem Wuchs, nicht zu weit voneinanderstehend, dann ist ihr Träger ein Mensch mit einem fröhlichen Gemüt, mit einer heiteren, ehrlichen Liebenswürdigkeit.

2. *schwach gezeichnet* (Abb. 56):
   Sind die Augenbrauen schwach gezeichnet und beginnen sie hoch über dem Nasenansatz, dann ist der Träger solcher Augenbrauen oftmals

nicht nur körperlich, sondern auch geistig schwach, jedenfalls nicht so ansprechbar und im Leben einsatzfähig wie ein Mensch mit stärkeren Augenbrauen. Charakterschäden und Gleichgültigkeit, Lebensschwäche und Leidenschaftlichkeit im bösen Sinn des Wortes sind diesen Naturen eigen.

3. *stark* (Abb. 57):
Starke Augenbrauen verraten immer Energie und Willenskraft.

4. *buschig* (Abb. 58):
Dicke, buschige Augenbrauen gehören Menschen mit einer sehr kräftigen Konstitution und bemerkenswerter Widerstandskraft.

5. *wild* (Abb. 59):
Wild und verworren wachsende Augenbrauen sind Zeichen feuriger Leidenschaften, die der Mensch nicht immer in seiner Gewalt hat.

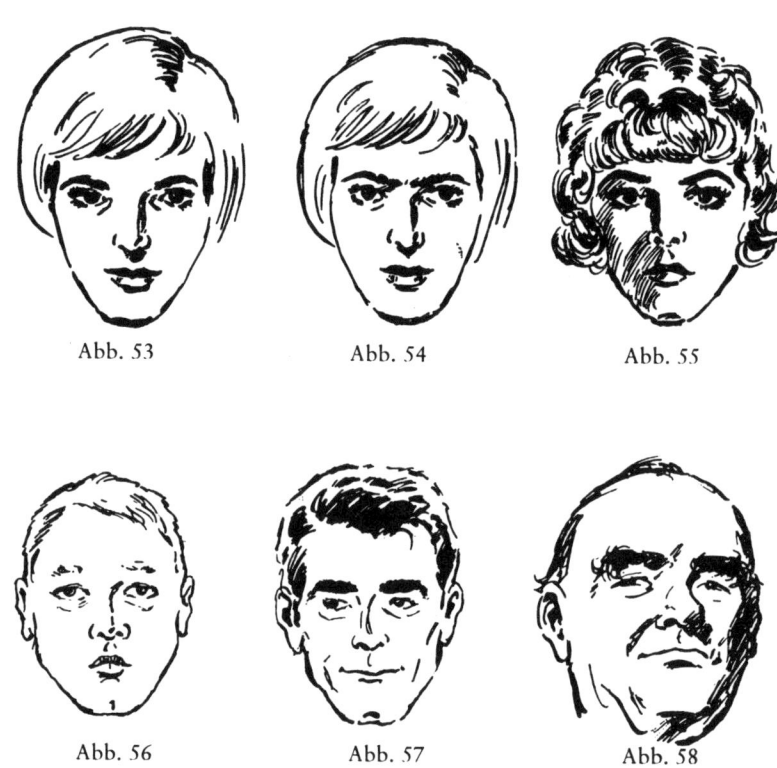

Abb. 53   Abb. 54   Abb. 55

Abb. 56   Abb. 57   Abb. 58

Verlauf

1. *horizontal* (Abb. 60):

   Verlaufen die Augenbrauen gradlinig horizontal, sind sie Zeugnis für ein nachdenkliches, meist männlich-hartes Naturell.

2. *absinkend* (Abb. 61):

   Horizontal in der Mitte, aber an den Enden absinkend, verraten die Augenbrauen Überlegung, Spekulation, Klugheit, immer aber Entschlossenheit.

3. *kurz* (Abb. 62):

   Schön geschwungene, glattverlaufende, verhältnismäßig kurze Augenbrauen zeugen meist von Mut, Tatkraft, Unternehmungsgeist, manchmal auch von Verwegenheit.

Abb. 59   Abb. 60   Abb. 61

Abb. 62   Abb. 63   Abb. 64

Abb. 65   Abb. 66   Abb. 67

4. *tiefliegend* (Abb. 63):

Tief auf die Augen gesenkte Augenbrauen sollen lebhafte Denktätigkeit und Konzentration verraten, sind aber häufig auch der Ausdruck für Pessimismus und übersteigerte Schwermut.

5. *eckig* (Abb. 64):

Sind die Augenbrauen eckig, gewissermaßen in der Mitte gebrochen, können wir fast immer mit einem Menschen mit einem ausgeprägten Tätigkeitsdrang körperlicher oder geistiger Art rechnen.

6. *in der Mitte gehoben* (Abb. 65):

Sind die Innenseiten der Augenbrauen sehr hoch gehoben, haben wir es entweder mit einem Menschen zu tun, der der Welt im Leben ständig Komödie vorspielt, weil er hofft, mit seinem tragischen Gesichtsausdruck Mitleid zu erwecken, oder aber es liegt eine echte Disposition zur Melancholie vor.

7. *wellenförmig* (Abb. 66):

Verlaufen die Augenbrauen fast wellenförmig, also in einem ungleichmäßigen Auf und Ab, können wir auf innere Unruhe, Heftigkeit in den Reaktionen und auf Jähzorn schließen.

8. *hochgewölbt* (Abb. 67):

Sind die Augenbrauen hochgewölbt, also bildet jede Augenbraue für sich gewissermaßen einen Halbbogen, dann liegt eine hochgradige Empfindlichkeit vor, eine übersteigerte Sensibilität.

Die Farbe der Brauen

1. *dunkel:*

   Dunkle Augenbrauen sind, wenn sie glatt und leicht geschwungen verlaufen, ein Zeichen für Geduld und die Fähigkeit zu ruhigem Energie-
   einsatz.

2. *tiefschwarz:*

   Tiefschwarze Augenbrauen, die meist buschig und verworren wirken,
   geben dem Gesicht den Ausdruck energischen, blutvollen Lebens. Sie
   sind oft Zeichen eines leidenschaftlichen Temperaments.

3. *hellfarbig:*

   Hellfarbige Augenbrauen sollen in vielen Fällen als Indizien hervor-
   ragender Intelligenz festgestellt worden sein. Ist aber die Farbe der
   Augenbrauen viel heller als die des Kopfhaares, deutet dies auf schwache
   Gesundheit hin.

4. *rothaarig:*

   Rothaarige Augenbrauen sind hauptsächlich ehrgeizigen Personen zu
   eigen.

Wer seinen Mitmenschen aufmerksam beobachtet, wird feststellen, daß die
Augenbrauen oft anders gefärbt sind als die Kopfhaare und (beim Mann)
die Barthaare.

Wer sich Gedanken darüber macht, daß das Wachstum der Haare auf dem
Kopf, im Gesicht und am Körper durch bestimmte hormonale Ausschüttungen gesteuert wird, wird zugeben müssen, daß die Charakteranalyse des
Menschen anhand der Augenbrauen einen recht tiefen Sinn hat. Dem hat
man allerdings nicht immer die notwendige Beachtung geschenkt.

Wülste und Höcker über den Augen

Betrachten wir eine Stirn von der Seite, dann beobachten wir mitunter
erhebliche Wülste, die unmittelbar über den Augen, über der Nasenwurzel
liegen oder aber die obere Stirn auszeichnen. Es gibt eine regelrechte Geographie der Berge, Hügel und Täler einer Stirn. Zu diesen Wülsten läßt sich
im großen gesehen manches sagen.

Starke Erhöhungen über den Augen (Abb. 68): Scharfe Beobachtungsgabe,
Bildgedächtnis, Fähigkeit, Eindrücke für immer in sich aufzunehmen, Gesichter, Farben und Formen untrüglich zu behalten.

Abb. 68   Abb. 69

Wulst über der Nasenwurzel: Zeichen eines sehr starken normalen Ge-
dächtnisses, das aber unter Umständen in bezug auf Farben und Formen
nicht ausgeprägt zu sein braucht, sofern die Ausbuchtung über der Nasenwurzel nicht mit den entsprechenden Erhöhungen über den Augen verbunden ist.

Höcker auf der oberen Stirn (Abb. 69): Handelt es sich um reine höcker-
artige Erhebungen, die wie Beulen rechts und links auf der Stirn hervortreten, dann sind sie das Zeichen für ungewöhnlich großen Scharfsinn, für
treffsichere Logik, für eine überraschend starke Kombinationsgabe, die aus
dem Träger einer solchen Stirn gleichermaßen einen Mathematiker und
einen Sherlock Holmes machen können.

Hierbei ist nun ein Kuriosum zu erwähnen: Sind diese beiden Höcker untereinander durch eine ebenso hohe Stirnbrücke verbunden, wie man es sehr
häufig bei Frauen findet, dann ist eine solche oben vorgebaute Stirn fast
immer das Zeichen für eine raffinierte Kombinationsgabe, die sich leider in
der Regel in Form unersättlicher Klatschsucht zeigt. Die Fähigkeit, aus
kleinsten Andeutungen Schlüsse zu ziehen – auch wenn diese Schlüsse falsch
und unsinnig sind –, die gezogenen Schlüsse dann aber mit allzuviel Intelligenz und Logik auszubauen, bis das Lügengewebe steht: das ist die Schat-
tenseite der intelligenten und klugen Stirn mit den Höckern.

Was die Ohrformen bedeuten

Um die Jahrhundertwende begann die Physiognomik die Ohren in ihrer
Form, Farbe und Größe zu analysieren. Psychologen und Kriminologen
neigten damals zu oft einseitigen Übertreibungen in der Beurteilung von
Menschen, sobald sie sich nur auf die Ohren bezogen.

Man hielt z. B. angewachsene Ohrläppchen für „untrügliche Zeichen"
schwerster Degeneration, versicherte, daß alle bösen Menschen und fast
alle Dirnen solche Ohren hätten.

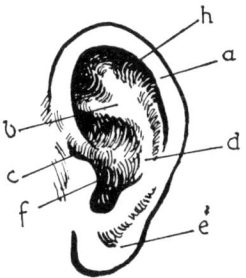

Abb. 70:

Die Zeichnung eines wohlgeformten Ohres: a) ist die Ohrkrempe, b) die innere Gegenkrempe, c) die vordere Ohrklappe, d) die hintere Ohrklappe, e) das Ohrläppchen, f) der Ausschnitt, der durch die Muschel in den inneren Gehörgang führt, und h) die sogenannte Kahngrube.

Diese Fehldeutungen wurden inzwischen längst revidiert und richtiggestellt. Es blieb nur die Erkenntnis, daß Menschen mit Willensschwäche, Mangel an Bodenständigkeit und ohne den im Leben notwendigen natürlichen Instinkt, verbunden mit einer gewissen Oberflächlichkeit, häufiger als andere angewachsene Ohrläppchen haben. Es versteht sich, daß es auch unter ihnen charakterlich einwandfreie Persönlichkeiten gibt.

Wir weisen einleitend auf diese früheren Fehldeutungen hin, weil es immer gefährlich ist, einseitig und auf Grund eines einzelnen Indizes ein „absolutes Urteil" über einen Menschen zu fällen; immer müssen auch andere Faktoren bestätigend hinzukommen.

Die nachstehende Erkenntnis über Ohren und Ohrformen sind hundertfach überprüft und gestatten ein vorsichtiges und in etwa zuverlässiges Urteil über den Mitmenschen, wenn wir ihm auf die Ohren schauen.

Analyse der Ohrformen

Große, wohlgeformte Ohren, die aber nicht henkelförmig abstehen sollen, deuten auf Wahrheitsliebe hin, aber auch auf große Weisheit, die sich im Laufe der Lebensjahre entwickelt. Allerdings sagt man diesen großohrigen Menschen in der Jugend einen Mangel an Initiative nach, der mit den Jahren verschwindet.

Sind die Ohren sehr groß, dann beobachtet man bei den Trägern solcher Ohren oft Kleinlichkeit, Stolz bis zur Überheblichkeit, manchmal auch einen gewissen Mangel an Taktgefühl.

Sind die Ohren groß, platt und schlecht „umsäumt", neigt der Träger dieser Ohren zu Wutanfällen, Unduldsamkeit und weist ein Minus an Liebenswürdigkeit auf, das ihn unbeliebt machen kann.

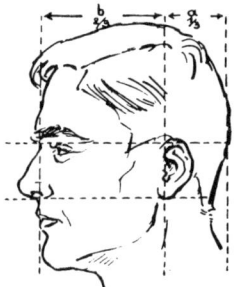 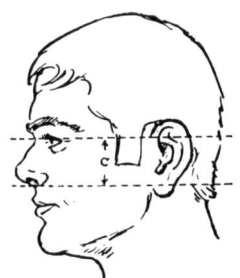

Abb. 71
Normale Ohren: a = ¹/₃
                      b = ²/₃
Das Körperliche dominiert,
wenn a größer als ¹/₂ b ist;
das Gefühlsleben dominiert,
wenn a kleiner als ¹/₂ b ist.

Abb. 72
Sind die Ohren größer als der
Abstand c zwischen Augenwinkel
und Nasenbasis – Stolz bis zur
Überheblichkeit.

Kleine Ohren findet man meist bei zwar vorsichtigen, oft ängstlichen, aber willensstarken Menschen, die gern ihre Umwelt zu überlisten versuchen, manchmal aber auch bei zynischen, boshaften Zeitgenossen, mit denen man mehr Ärger als Freude hat. Immer weisen die Träger solcher Ohren eine oft erstaunliche Intelligenz auf.

Auffallend kleine Ohren (vor allem beim Mann) ein Zeichen von angeborenen Entwicklungshemmungen. Menschen mit solchen Ohren müssen mit Vorsicht behandelt werden, weil sie – durch ihre Hemmungen bedingt – sich mit allen Mitteln rücksichtslos durchzusetzen versuchen.

Schön geformte, ovale, ausgemeißelte Ohren findet man bei klugen, ehrgeizigen Menschen, die immer bemüht sind, neues Wissen in sich aufzunehmen.

Sehr stark entwickelte, große, manchmal fleischige Ohren, verbunden mit starken Ohrläppchen, häufig im größeren Winkel vom Kopf abstehend, verraten meist ein feines musikalisches Gehör, aber auch ein gutes Gedächtnis.

Ist das linke Ohr größer als das rechte, so haben Vernunft und Überlegung die Überhand gegenüber dem Instinkt in seinem guten und bösen Sinn.

Ist dagegen das rechte Ohr größer, dann triumphieren die Instinkte über die psychischen Kräfte.

Blasse Ohren sind ein Zeichen für organische Schwäche und oft auch für Blutarmut. Scharlachrote Ohren verraten hartnäckige, chronische Verdauungsstörungen.

Ohren, die nach oben spitz zulaufen, werden seit altersher Intriganten zugeschrieben.

Gutes musikalisches Gehör

Der Salzburger Arzt Andreas Kofols ermittelte in 30jähriger Forschungsarbeit und durch Tausende von Vergleichsuntersuchungen, daß Menschen
mit einem geraden Gehörgang – wie z. B. bei Mozart auf Bildern festgestellt
– musikalisch sind, zum mindesten aber ein sehr gutes musikalisches Gehör
haben. Er behauptet, die im geraden Gang ungebrochen zum Trommelfell
vordringenden Schallwellen bleiben intakt, werden also nicht durch ge-
wundene Gehörgänge, vor allem in den Ober- und Untertönen, verzerrt.
Die Musikalität wird allerdings durch andere gehirnbedingte Komponenten
bestimmt. Dr. A. Kofols interessierte sich in erster Linie für das gute musi-
kalische Gehör, das man aus der Ohrform ablesen kann.

Interessante Seltsamkeiten

Wir alle haben früher oder später mit Menschen zu tun gehabt, die Seltsamkeiten an ihren Ohren aufwiesen, die uns zum Nachdenken anregten. Einige
dieser Seltsamkeiten, denen wir immer wieder begegnen, wollen wir hier
erörtern:

Fehlende bzw. angewachsene Ohrläppchen (von denen wir eingangs berichteten, als wir vor einer einseitigen Bewertung einzelner Zeichen warnten):
Namhafte Physiognomiker behaupten, daß Kinder, die von zu jungen oder
zu alten Eltern stammen, sehr häufig ohne Ohrläppchen zur Welt kommen,
ferner Kinder, bei denen der eine Elternteil durch einen Abstand von 25 bis
30 Jahren oder mehr vom anderen entfernt ist. Auf die geistigen Funktionen
haben die Ohrläppchen anscheinend keinen allzu großen Einfluß, wenn
auch behauptet wird, daß in den ersten 10 bis 12 Jahren des geistigen
Anlaufs Hemmungen auftreten, die dann allerdings später ohne weiteres
bei entsprechender Behandlung und Schulung aufgeholt werden können.

Ungewöhnlich lange Ohrläppchen: meist verbunden mit hervorragenden
geistigen Qualitäten, die selbstverständlich wie jede geistige Gabe der entsprechenden Entwicklung und Schulung bedürfen. Jedenfalls findet man
unter den Genies mehr Personen mit langen Ohrläppchen als mit angewachsenen Ohren.

Innenrand nach außen gekehrt: eine Ohrenform, die uns an bestimmte
Affenohren erinnert, wobei der Ohrenrand so weit zurücktritt, daß innere
Faltungen des Ohrs ganz nach außen gedrängt sind. Derartige Ohren sollen
mit einer gewissen Triebhaftigkeit ihrer Träger bzw. Trägerinnen verbunden sein, meist aber auch mit dem Egoismus, der nur zu oft im Gefolge
ausgeprägter Triebhaftigkeit auftritt.

Blumenkohlohren: Wir müssen unterscheiden zwischen jenen Ohrenrand-
veränderungen, die durch Erfrieren der Ohren oder Ohrränder entstanden

sind und infolge Verheilung der erfrorenen Stellen in den Knorpelschichten Verkrümmungen herbeiführen, und jenen anderen Blumenkohlohren, mit denen manche Menschen auf die Welt kommen. Angeborene Blumenkohlohren sollen fast immer ein Zeichen ernster seelischer Vorbelastung sein.

Wenn der Arzt auf die Ohren sieht

Der Arzt wird, ebenso wie der Menschenkenner, bei einer notwendigen diagnostischen Betrachtung eines Patienten niemals versäumen, den Ohren seine Aufmerksamkeit zu widmen. Denn die Durchblutung der Ohren ist für den Arzt immer ein Zeichen für den Allgemeinzustand, so daß sich für den Arzt etwa folgende Überlegungen und Erfahrungen ergeben:

Blasse Ohren: immer ein Zeichen gestörten Blutkreislaufs, oft ein Beweis für ernste Kreislaufschwäche, Körperschwäche überhaupt und oftmals ein Vorbote von Bluterkrankungen, die man früher als Blutarmut bezeichnete.

Scharlachrote Ohren: Kennzeichen für Verdauungsstörungen, aber außerhalb des Magenbereichs, also im Dünndarm und im Dickdarm, oft aber auch Zeichen für Leberveränderungen, die sich hier häufig lange im voraus ankündigen. Der Arzt kann dem Patienten meist auf Grund der Kerbung der Ohren die Funktion seiner Eingeweide auf den Kopf zusagen, also z. B. Insuffizienz der Darmfunktion usw.

Plötzliches Anschwellen der Ohren (meist verbunden mit starker Rötung der Haut vor den Ohren): ein Zeichen für sich entwickelnde Störungen im Bereich der Ohrspeicheldrüse, wie sie bei Mumps (Ziegenpeter) auftreten. In Anbetracht der Tatsache, daß Mumps bei erwachsenen Personen oftmals sehr schwerwiegende Nachfolgeerkrankungen nach sich zieht, achtet der Arzt bei Klagen über Ohrenschmerzen beim Patienten sofort auf diese Zeichen.

Entzündungen im äußeren Gehörgang (oft in Form von geschwürigen Prozessen): Anzeichen für tuberkulöse Dispositionen, die vor allem bei Kindern dringend beachtet werden müssen.

Jeder Mensch, der je in seinem Dasein mit Ohrenschmerzen zu tun hatte, weiß, daß das Ohr nicht nur ein sehr wichtiges, sondern auch hochgradig empfindliches Sinnesorgan ist, das tief in den Kopf hineinragt.

Viele unserer Erlebnisse und Lebensäußerungen sind nur auf dem Umweg über das Ohr möglich.

Aberglaube um das menschliche Ohr

Es hängt wahrscheinlich mit dieser Wichtigkeit und Empfindlichkeit des Ohrs zusammen, daß sich auch der Aberglaube des Menschen zu allen Zeiten mit dem Ohr beschäftigte.

Wir kennen seit unserer frühesten Kindheit jene Aussprüche guter alter Tanten: „Mir klingelt's im linken Ohr, ich höre bestimmt heute noch etwas Gutes!" Oder: „Es klingelt im rechten Ohr, da spricht jemand schlecht von mir!"

Jene, die von sich behaupten, daß sie geheimnisvolle Stimmen aus anderen Welten zu hören imstande seien, schwören Stein und Bein, daß sie diese Stimmen in ihrem Ohr, ganz tief im Innern ihres Ohrs, hörten, dort, wo nur ein Geist aus einer anderen Welt zu ihnen sprechen kann.

Der nüchterne Physiologe bleibt allerdings dabei, daß es sich bei solchen Akoasmen (Sinnestäuschungen des Gehörs) ebenso wie bei Halluzinationen (Sinnestäuschungen des Gesichts) um eine Überreizung der Nerven handelt, wie sie nach heftigen Erschütterungen des Ohrs oder nach starken Gemütsbewegungen möglich ist und selbst über längere Zeit anhalten kann.

Das überreizte Gehirn tut dann ein übriges und deutet die Geräusche, die der Gehörnerv wahrzunehmen glaubt, in seiner Weise um, so wie es der Phantasie und der Geisteshaltung entspricht.

Wer will, kann ja auf das Klingeln im Ohr, ob rechts oder links, hören. Gutes oder Vorsicht hat noch nie jemandem geschadet. Aber wenn wir Stimmen zu hören beginnen, dann müssen wir uns schleunigst zum Ohrenarzt begeben, der mit dem Otoskop, dem Ohrenspiegel, Nachschau hält und die Ursachen erforscht, die diesen Stimmen zugrunde liegen.

Zweifellos hat das Ohr eine starke physiognomische Bedeutung. In erster Linie aber wird der Erbbiologe auf die Ohren achten, weil Eigenarten an den Ohren sich Generationen hindurch immer weitervererben – gewissermaßen als Familienkennzeichen.

Charakterologie nach den Haaren

Ein Charakteristikum des Menschen gestattet wichtige Schlüsse auf seine Wesensart und sein Verhalten: die Farbe der Haare. Blondinen waren 50 Jahre hindurch in Europa und Amerika Trumpf. Heute sind sie nachgedunkelt. Rothaarige machten seit 3000 Jahren Weltgeschichte. Heute haben diese oft Glatzen.

Die Charakterologen bringen die Haarfarben mit folgenden Wesenszügen des Menschen in Relation:

Schwarzes Haar soll Menschen zu eigen sein, die leidenschaftlicher sind als blondhaarige. Die Psychologen behaupten jedoch, daß die Leidenschaft bei den Schwarzhaarigen nicht stärker sei, sondern nur offener und deutlicher ausgelebt werde.

Personen mit braunen Haaren sind beweglich, impulsiv, beschwingt in ihrem Wesen, aber auch wechselhaft in ihren Ansichten.

Goldblonde und rotblonde Haare sollen ein Zeichen für Gefühlstiefe, Anhänglichkeit, Treue und Mitleid sein.

Kupferrote, brandrote Haare gelten auch heute noch immer als ein Indiz für feurige Leidenschaft; manche wollen darin auch Listigkeit und Neigung zu Rachsucht erkennen.

Geben wir dem Biologen das Wort:

Menschen mit blonden und vor allem mit rötlichen Haaren sind anfällig für Infektionskrankheiten, neigen zu Allergien und müssen außerdem häufig, als Opfer von starken Depressionen, psychotherapeutisch behandelt werden.

Brünette Haare gelten als Zeichen erheblicher physischer Widerstandskraft, verbunden mit großer Anpassungsfähigkeit an die jeweilige biologische Situation.

Es ist bezeichnend, daß eine Verbesserung der Ernährung die Blondhaarigen nach und nach brünett werden läßt, während die brünetten Haare sich immer dunkler färben.

Blondinen, die nachdunkeln, sind meist aus einer ungünstigen Wirtschaftslage in eine bessere Situation hineingewachsen. Einige Ausnahmen mögen diese Regel bestätigen.

Haare verraten mancherlei über unsere Gesundheit. Folgen wir dem *Handbuch für Differentialdiagnose klinischer Symptome*, einem Handbuch für Ärzte, dann ergibt sich folgende Bewertung der Haarfarbe in bezug auf die Disposition für bestimmte Krankheiten:

a) dunkelhaarig: Disposition für Gallen- und Nierensteine, Leberzirrhose usw.;

b) blonde und rötliche Haare: Neigung zu Allergien;

c) sehr pigmentarme Haare (Albinismus, also fast weiß): ernstes Degenerationszeichen;

d) Farbdisharmonien, also z. B. partielle Rothaarigkeit: Hinweis auf Tbc (Tuberkulose), auch wenn sonst volles schönes Kopfhaar und lange Wimpern vorhanden sind;

e) frühzeitiges Ergrauen: fast immer konstitutionell bedingt oder familiäre Vererbung.

Ferner liegen folgende Erfahrungen vor:

langsames Wachstum der Haare: Schwäche des Nervensystems;

Ausfallen der Haare in länglichen Streifen: gichtige oder rheumatische Veranlagung;

kreisförmiges Ausfallen der Haare: fast immer ein Zeichen hochgradiger Blutarmut;

Spalten des Haars an der Spitze: Folge von langandauernden Ernährungsstörungen;

brüchiges Haar: Vorzeichen ernsterer Darmstörungen, die Überwachung verlangen;

Abnahme des Haarglanzes: Verschlechterung im Befinden eines Menschen, speziell eines Kranken.

Häufig ist totes Haar ein Zeichen für Anämie, für Nierenstörungen oder gar für eine nicht festgestellte Zuckerkrankheit.

Hier und da auftretende weiße Haarbüschel sind entweder familiäre Vererbung, oder sie zeigen sich bei Erkrankung eines bestimmten Hautnervs. Halbseitiges oder totales Ergrauen stellt man bei Lähmung gewisser Hals-Nacken-Nerven fest.

Plötzliches Auftreten von sehr dunklen bis schwarzen Haaren sind Zeichen für Gallenerkrankungen, Leberzirrhose, jedenfalls für Veränderungen, die eine sofortige ärztliche Behandlung erfordern.

Das gleiche gilt bei plötzlich auftretender „männlicher Behaarung" bei Frauen, weil die Störungen meist in der Rinde der Nebenniere liegen oder aber in den weiblichen Geschlechtsorganen.

Einer Untersuchung, die von Dr. Oskar Klinghardt, Mitglied des internationalen Komitees für demographische Studien, durchgeführt wurde, zufolge sind die Blondhaarigen im Aussterben begriffen. Es handelt sich, sagt Klinghardt, um natürliche Auslese. Da die Blonden zu anfällig seien (verglichen mit den Braunhaarigen und Brünetten), bleibe – biologisch gesehen – der Natur gar keine andere Wahl, als die Blondhaarigen nach und nach auszuschalten. Es dominiert das Haar des widerstandsfähigeren Trägers. Und die Blonden? Sie haben ihre Chance, nämlich diese: sie dunkeln nach und werden brünett.

Darf man nun aber wirklich den Menschen nach seinen Haaren beurteilen und ihm nachsagen, daß er einen Charakter habe, der seiner Haarfarbe entspreche, ohne die Gefühlskomponenten im Leben des einzelnen zu prüfen? Natürlich nicht. Die Haarfarbe liefert bestenfalls Anhaltspunkte.

Zum Beispiel die Rothaarigen

Viele der bekanntesten Frauen und Männer der Weltgeschichte waren nicht schwarzhaarig, nicht blond, nicht brünett, sondern hatten rote Haare.
Rothaarig waren Kleopatra, Salome, die Dichterin Sappho, aber auch Maria Stuart und ihre Gegenspielerin Elisabeth von England, die ihre Konkurrentin enthaupten ließ.
Rothaarig waren auch Julius Cäsar, Nero, Napoleon, Christoph Columbus, Garibaldi, Washington und viele andere unter den erfolgreichen Männern,

auch wenn viele von ihnen ihre Haare dunkler einfärben ließen, wie es vor allem heute oft geschieht. Denn mancher scheut es, auf seine Haarfarbe angesprochen zu werden. Jeder möchte der Gefahr aus dem Wege gehen, nur auf Grund seiner Haare beurteilt zu werden.

Im Leben ist es so, daß der Mann der blonden oder rothaarigen Frau zwar den Vorrang zu geben scheint – geheiratet wird aber meist nicht die blonde oder rothaarige, sondern die brünette Frau. Das hat sich allgemein immer wieder bestätigt. Ferner gilt hier die Wahrheit wie überall: Brünette gibt es mehr als Blonde (gemeint sind die echten).

Psychologie der gefärbten Haare

Unter den Blondinen findet man nicht umsonst die meisten Selbstmörderinnen aus Liebe wie Joan Harlow oder Marilyn Monroe sowie die meisten Verzweifelten aus Liebe wie Kim Nowak, um nur die Bekanntesten zu nennen.

Aber unter den brünetten Frauen sind andererseits jene zu finden, die für den Mann auf dem Umweg über den Sex häufig verhängnisvoll werden – verhängnisvoller als die Rothaarigen oder Blondinen. Wir nennen nur Liz Taylor oder Ava Gardner.

Die Psychologen versichern, daß die Frau, die sich entschließt, ihre Haare zu färben, im Begriff sei, eine seelische Umschaltung einzuleiten und sich innerlich und äußerlich einer Situation anzupassen, die der neuen Haarfarbe entspricht. Insofern kann die Haarfarbe dann einer Frau zum Schicksal werden und Zeichen des Schicksals sein, das sie selbst für sich sucht.

Haare je nach Konsistenz: Sender und Empfänger

Wir verdanken den Forschungsarbeiten des französischen Wissenschaftlers Dr. Henry Alain das Wissen um die Tatsache, daß der Mensch mit seinen Haaren gewissermaßen elektrische Sende- bzw. Empfangsanlagen mit sich herumträgt. Jedenfalls konnte er im Rahmen langwieriger Experimente, die in die Parapsychologie einmünden, erkunden:

○ daß Frauen mit langen, feinen Haaren hervorragende Empfangsanlagen darstellen, mit denen ein Radiogerät unter gleichen Voraussetzungen kaum konkurrieren könnte. Es ist also keineswegs übertrieben, gewissen Frauen ein unwahrscheinliches „Ahnungsvermögen", auch der Gedanken anderer, zuzusprechen;

○ daß Männer mit stark behaartem Körper, speziell jene mit langem Prophetenbart, eine ungeheure Sendekraft besitzen, Suggestionen ausstrahlen können. Das mag auf den ersten Blick unwahrscheinlich klingen; aber die Erfahrung und die wissenschaftlichen Kontrolluntersuchungen haben diese Fakten bestätigt.

Ferner wissen die Physiologen manches über das Haar, seine Konsistenz und die Schlüsse, die von dort aus auf den Charakter gezogen werden können:

○ Dichtes und kurzes Haar = große Tatkraft;

○ hartes und struppiges Haar = Eigensinn, Widerstandskraft;

○ weiches Haar = Gutmütigkeit, häufig Furchtsamkeit.

Haare, die im Nacken eines Menschen in einen einzigen Wirbel auslaufen, verraten ein mittleres Temperament, eine spitze Zunge, keine Neigung, das Gehirn allzusehr anzustrengen, aber dennoch erfolgreiche Meisterung des Lebens.

Wachsen die Haare im Nacken ohne Wirbel einfach in breitem Bogen nach aufwärts, gewissermaßen bis in die Stirn hinein, dann ist immer eine starke künstlerische Veranlagung vorhanden; von Geschäften versteht der Betreffende hingegen wenig.

Drei kleine Wirbel im Nacken bedeuten bei Mann und Frau Entschlossenheit, Logik, eine gewisse Portion Lebensweisheit, sofern diese nicht durch andere Zeichen und Eigenschaften überspielt wird.

Wie tragen Sie Ihre Haare?

Die moderne Psychologie ist in der Lage, wichtige Aufschlüsse darüber zu geben, welche Charaktereigenschaften sich hinter den (nicht rein modisch bedingten) Frisuren bei Männern und Frauen verbergen.

Der Wuschelkopf soll ein Zeichen dafür sein, daß die Gedanken seines Trägers oftmals nicht klar geordnet sind (Abb. 73).

Ungewöhnliche Frisuren werden mit Vorliebe von jungen Damen getragen, die um jeden Preis auffallen wollen.

Die Meckyfrisur verrät, daß jüngere oder auch ältere Herren an einem nicht überwundenen Mutterkomplex leiden. Gegenüber der Umwelt zeigen sie eine eigensinnige Haltung. Durch ein ausgeprägtes Junggesellentum ist es diesem Typ nur bei sehr günstigen Voraussetzungen möglich, sich mit einem Ehepartner zurechtzufinden.

Nach rückwärts gekämmte Haare lassen den klugen, überlegenen Menschen erkennen. Die Haartracht gibt die Stirn frei und lockert die Gedanken. Der Typ ist nervös und angespannt und steht in jedem Beruf der Umwelt aufgeschlossen gegenüber (Abb. 74).

Scheinbar unfrisierte Köpfe bei Frauen sind oft das Werk einer kunstvollen Montage des Friseurs. Ungekämmte Köpfe und ungepflegte Schöpfe unterscheiden sich hiervon erheblich. Ein wilder Schopf bei einem älteren, gereiften Mann ist der Beweis für einen junggebliebenen Feuerkopf.

Der Scheitel hat je nach seinem Sitz eine besondere Bedeutung. Er gestattet einerseits die Ordnung der Haare, andererseits aber auch die Einstellung zum Leben im Sinne von Zweckmäßigkeit und Anpassung.

○ Scheitel rechts: Ordnungsliebe, möchte nicht auffallen.
○ Mittelscheitel: Eigenwilligkeit und spekulatives Denken, Verschlossenheit, Wunsch nach Unauffälligkeit.
○ Scheitel links: Korrekt und zuverlässig, aber Neigung zu gedanklicher Eigenwilligkeit (Abb. 75).

Die Cäsarenfrisur, auch Napoleonschnitt genannt, ist ein kurzer aber nicht borstiger Haarschnitt, bei dem das Haar nicht emporsteht (wie z. B. beim sogenannten Hindenburgschnitt), verrät einen ehrgeizigen, geltungsbedürftigen Menschen, der oft stark begabt ist.

Abb. 73   Abb. 74   Abb. 75

Nicht nur eine Modesache – der Bart

Der Bart, der sich seit längerer Zeit wieder in jeder Form ungewöhnlicher Beliebtheit erfreut, ist nicht nur eine Modesache. Allerdings besteht unter den Psychologen noch keine Einigkeit darüber, ob ein Bartträger etwas zu verbergen hat (z. B. Komplexe) oder ob der Bart unbewußt als „Pendant" zum weiblichen Busen gepflegt wird. Gegenwärtig tragen Hippies, Künstler, Revolutionäre, aber auch Beamte, Lehrer und Geschäftsleute einen Bart. Entscheidend für die tiefere Bedeutung des Bartes ist die Form, in der er getragen wird.

Spitzbart: Scharfsinn und Zielstrebigkeit, aber auch Reizbarkeit und oft Unaufrichtigkeit (Abb. 76).

Fliege: Ursprünglich das Kennzeichen des Snobs. Bedeutungswandel als Barttracht seit 1928–1945 (Abb. 77).

Schmalschnurr: Männer von Welt und Spielernaturen „riskieren eine kesse Lippe" (Abb. 78).

Kaiserbart: Galt früher als schneidig, wird heute nur noch selten von liebenswürdigen Männern gezwirbelt (Abb. 79).

Mephistobart: Bringt Genie und Leichtsinn oder Hinterlist und Bosheit zum Ausdruck (Abb. 80).

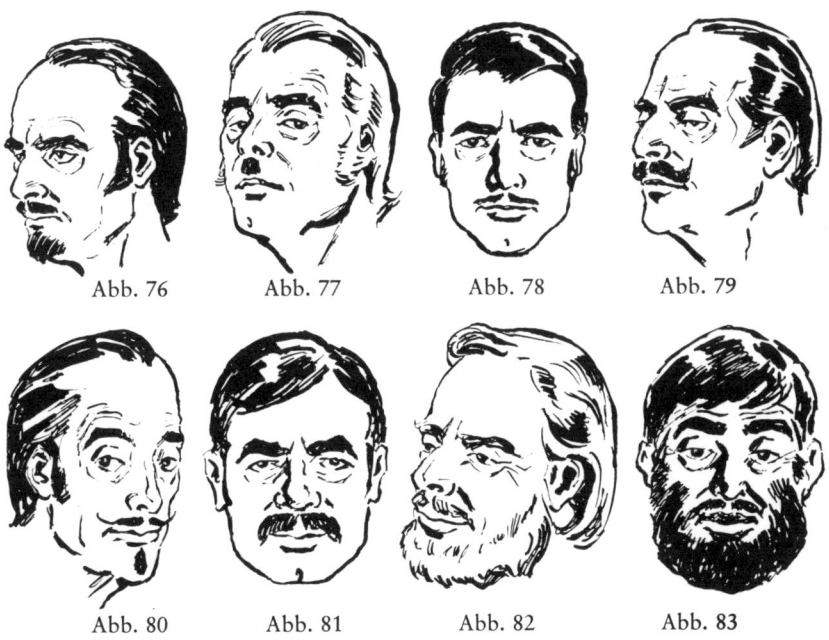

Abb. 76   Abb. 77   Abb. 78   Abb. 79

Abb. 80   Abb. 81   Abb. 82   Abb. 83

Schnauzer: Eine modische Manneszier, die Treue und Charakter zum Ausdruck bringen soll (Abb. 81).

Vollbart: Wird zwar als Symbol kerniger Männlichkeit betrachtet, deckt aber oft schwere Komplexe zu (Abb. 82).

Besonders starker Bart, bis in das mittlere Gesichtsfeld wuchernd, bedeutet zwar Männlichkeit, aber auch ein Überwiegen des sinnlichen Lebens (Abb. 83).

Schwach, dünn oder fehlend: Weist auf einen femininen Einschlag hin. Bei hagerer Konstitution besteht der Verdacht des Egoismus und Zynismus.

Ein schöner Hals – eine Visitenkarte

Soweit wir in der Geschichte der Menschheit zurückzublicken vermögen, war es immer so, daß der Hals schöner Frauen mit kostbarsten Schnüren und Verzierungen geschmückt wurde. Den Männern aber verlieh man goldene Halsketten als besondere Gnadenbezeigungen der Fürsten. Könige, Würdenträger, Priester und immer wieder schöne Frauen schmückten und verzierten mit Symbolen, mit Gold und leuchtenden Steinen ihren Hals. Er ist die Verbindung zwischen dem Körper und dem Kopf. Die Physiognomik hat deshalb dem Hals und dem Nacken als Visitenkarte des Menschen immer große Bedeutung beigemessen. Darum wollen auch wir diesem Teil unseres Organismus ganz besondere Aufmerksamkeit schenken. Denn für die Beurteilung des Mitmenschen ist das Wissen um Hals und Nacken unerläßlich.

Feststellungen der Physiologen

Um den Hals schöner Frauen hat sich mehr Weltgeschichte abgespielt als um die Köpfe kluger Männer. Deshalb haben die Physiologen und die Physiognomiker diesem Teil des menschlichen Körpers, der den Kopf mit dem Rumpf verbindet und der nach Alter, Geschlecht und Individualität des Menschen so verschieden ist, besondere Wichtigkeit beigemessen, wie aus dem Folgenden ersichtlich wird.

Die Vorderseite des Halses ist wichtig für die Beurteilung des leiblichen Lebens.

Die Rückseite des Halses und der Nacken sind bezeichnend und wichtig für die Bewertung des Geistes und der Erotik.

Die Vorderseite des Halses verändert sich unter Umständen innerhalb weniger Tage und Wochen und wird stärker, fetter oder schlaffer je nach der allgemeinen gesundheitlichen Verfassung und dem Wohlleben.

Hals und Brust altern schnell und frühzeitig, Nacken und Rücken altern fast gar nicht.

Direkte Beziehungen zwischen dem Hals und dem Gehirn erweisen die Veränderungen der geistigen und körperlichen Funktionen, die im Zusammenhang mit Schilddrüsenentartungen auftreten.

Die seltsame Geistesart und Einstellung zum Leben und zur Umwelt, die wir bei Buckligen und bei Personen mit mehr oder weniger schweren Rückgratverkrümmungen beobachten, gelten als Beweis für die unmittelbaren Relationen auch zwischen dem Gehirn und dem Rückgrat.

Wie unmittelbar diese Beziehungen unter Umständen sein können, wie nahe Leben und Tod über den Nacken und die Halswirbel miteinander verbunden sind, ergibt sich aus der bekannten Tatsache, daß Bruch oder

Verrenkung der sieben Halswirbel durch Zerquetschung des betreffenden Halsteils den Tod herbeiführen. Dies gilt besonders für den Fall, daß der Zahnfortsatz des zweiten Rückenwirbels in das verlängerte Mark eindringt. In diesem Augenblick tritt der sogenannte Genickbruch ein, der sekundenschnell den Tod bringt.

Richtlinien für die Beurteilung des Halses

Das Alter der Frau läßt sich untrüglich an zwei Stellen des Körpers ablesen: einmal an der faltig werdenden Haut der Unterarme, wo das Bindegewebe die Polsterwirkung einbüßt; sodann an der Vorderseite des Halses, wo zuallererst Falten und Erschlaffungserscheinungen sichtbar werden, die auch durch kosmetische Operationen nur schwer zu beheben sind.

Es gibt kaum einen Körperteil, der so grundsätzliche Unterscheidungsmöglichkeiten von Mensch zu Mensch bietet wie der Hals. Die wichtigsten Erkenntnisse lauten:

Hals

lang (Abb. 84): Zurückhaltung, meist milde und etwas furchtsame Geistesart, oft verbunden mit schwächlicher oder zumindest anfälliger Konstitution;

zart und schlank (beim Mann, Abb. 85): Neigung zu hochgradiger Nervosität, sensible Einstellung zum Leben und den Alltagsereignissen, mäßige Muskelentwicklung, allgemein schwächliche Individualität;

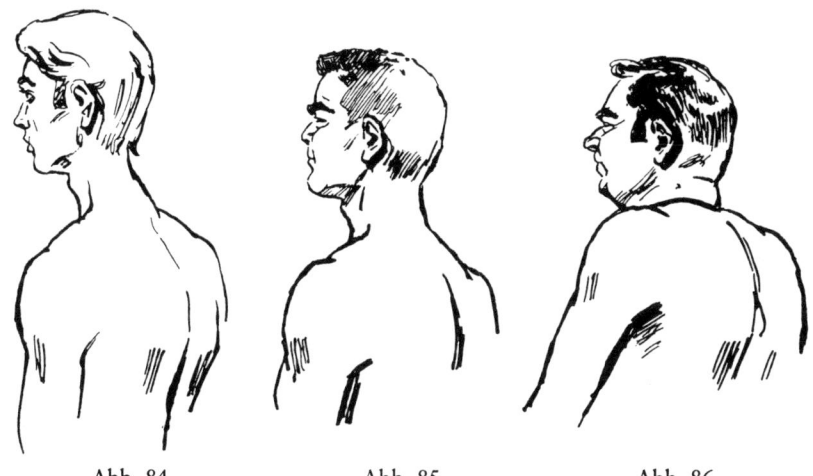

Abb. 84   Abb. 85   Abb. 86

kurz und dick (Abb. 86): Mut und Ausdauer, meist verbunden mit sehr guter muskulöser Entwicklung, charakterlich zu Gewalttat und Roheit neigend, seltsamerweise oft verbunden mit Tücke und Verschlagenheit;

breit: Überwiegen der körperlichen Kräfte zum Nachteil der geistigen Funktionen, oft aber rasche Entschlußkraft und Neigung zu unentwegter Betätigung;

stark, kurz, muskulös (bei der Frau): sehr starke Energie, die über die fraulichen Eigenschaften hinausgeht, oft Brutalität im Umgang mit der allernächsten Umwelt, jedenfalls rücksichtslose Entschlußfassung;

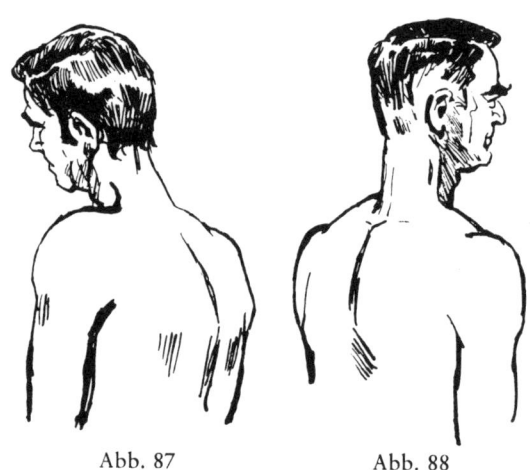

Abb. 87   Abb. 88

sehr lang und blaß: meist verbunden mit stark hervorspringendem Adamsapfel und so fettlos, daß die Dornfortsätze der sieben Halswirbel hervortreten, ein ziemlich sicheres Zeichen für anfällige gesundheitliche Verfassung mit Neigung zu Lungenspitzenkatarrhen, Lungenleiden überhaupt und Disposition zur Tuberkulose;

stark nach vorwärts gebogen mit rundem Nacken: typisch für nachgiebige Personen, die sich aufs Heucheln verstehen, sogenannte „Radfahrer", die nach oben einen Buckel machen und nach unten treten;

mit Neigung nach links oder rechts (Abb. 87): physiologisch gesehen ein Zeichen für das Fehlen ausreichender Lebensenergie, charakterlich oft ein Kennzeichen für lauerndes oder bösartiges Wesen, das diese Menschen entwickeln, weil sie sich bei mangelnder Lebensenergie vielleicht nicht anders zu wehren wissen;

steif (Abb. 88): nur zu beobachten bei hartnäckigen und rechthaberischen Menschen, die außerdem um so anmaßender sind, je stärker dieser steife Hals sich nach rückwärts wendet.

Lehrsätze für die Beurteilung des Nackens

Unter dem Nacken versteht der Physiologe jenen rückwärts gelegenen Teil des Halses, der, breiter und länger als der vordere Hals, am Hinterhaupt beginnt und sich nach unten in den Rücken und in die Schultern verliert. Nicht umsonst sagt man im Volksmund, man müsse in schwieriger Lage im Leben „den Nacken steif halten". Denn wer den Nacken beugt, der ist ein Kopfhänger, gesonnen, sich zu unterwerfen, nachzugeben, nicht seinen Mann zu stehen.

Der Nacken und die Nackenlinie haben dementsprechend eine unter Umständen sehr wichtige und interessante Bedeutung, über die der Physiognomiker manches zu sagen weiß:

Nacken

derb und muskulös: fehlende Zartheit in bezug auf das seelische Empfinden, oft verbunden mit Schwerfälligkeit im Denken oder allzu langem Beharren auf einer vorgefaßten Meinung;

feist und kurz: meist ein sicheres Zeichen für Genußsucht und sehr kräftige Erotik, soweit es sich um den Nacken einer Frau handelt; aber Neigung zur Brutalität bei einem entsprechenden Männernacken, der nicht umsonst als „Stiernacken" bezeichnet wird;

gute Linienführung: ohne zu starke Betonung der Muskeln: Überwiegen eines feinen und in erster Linie auf Ästhetik und zartes Verstehen ausgerichteten Empfindungslebens;

knochig, hautreich, unschön: ohne Seelenschwung, ohne jedes wirklich zarte Empfindungsleben, oft erschreckende Einfachheit im Denken und im Fühlen. Selbstverständlich müssen wir bei der charakterlichen Bewertung eines Nackens und eines Halses immer die allgemeine Konstitution und andere Kennzeichen mit in Betracht ziehen. Auch dürfen wir niemals außer Betracht lassen, daß auch der Arzt noch ein gewichtiges Wort mitzusprechen hat. Denn mitunter läuft eine krankhafte Entwicklung ab. Wir wissen heute, im Zeitalter der Psychosomatik, daß ein körperliches Leiden den Charakter zu prägen vermag, daß aber auch Seelisches oder Gefühlsmäßiges, also wesentliche Faktoren unseres Charakters, den Organismus zu beeinflussen und krank zu machen imstande sind.

Wie der Arzt den Hals und Nacken sieht

Zu jedem Konstitutionstyp gehört eine ganz bestimmte Halsform. Je stärker die Gegensätze zu sein scheinen, d. h. je ungewöhnlicher die Verbindung zwischen Kopf und Rumpf eines Menschen in Form des Halses erscheint, um so sicherer können wir den Schluß ziehen, daß nicht nur das körperliche, sondern auch das seelische Gleichgewicht gestört ist und Krankheitszustände vermutet werden müssen.

Wie aber sieht der Arzt den Hals?

Kurzer Hals: Neigung zu Schlaganfall, Disposition zu Herzstörungen, gegebenenfalls auch vorzeitiger Gehirnverkalkung;

langer Hals: Anlage zu Bronchitis, Erkrankungen im Bereich der Luftröhre, Anfälligkeit für Lungenentzündung und Lungenleiden überhaupt;

blaue Streifen am Hals: oft ein Zeichen für weit fortgeschrittene Herzveränderungen bzw. Lungenleiden;

aufgeschwollener Hals (besonders bei Frauen): gesteigerte Nervosität auf Grund augenblicklicher Indisposition, Schwierigkeiten mit der Schilddrüse oder Schwangerschaft;

Entzündungen am Hals: wenn seitlich gelegen und kugelig, deutlicher Hinweis auf Drüsenkomplikationen, die sofortige Behandlung erfordern.

Grübchen in den Wangen

Zum Thema der Grübchen (Abb. 89) in den Wangen wird von den Physiognomikern festgestellt:

Grübchen haben als Charaktermerkmale nur eine Bedeutung bei sogenannten normalen Gesichtern. Bei Gesichtern von fettsüchtigen Männern und Frauen sind die Grübchen „erworben", d. h. eine Folge der Fettansammlung. Sie haben kaum irgendwelche Bedeutung.

Runde flache Grübchen in den Wangen und im Kinn findet man bei liebenswürdigen, liebenswerten und, soweit es sich um das weibliche Geschlecht handelt, liebebedürftigen Personen.

Das Schelmische, das man ihnen häufig nachsagt, ist meist geschickt gespielt, um die Umwelt zu veranlassen, entgegenkommend zu reagieren.

Eckige (dreieckige) Grübchen bzw. Vertiefungen in den Wangen werden als Zeichen von Neid, Eifersucht, Gehässigkeit, schweren Minderwertigkeitskomplexen, die bis zur Aggressivität gehen können, interpretiert.

Runzeln und Falten auf der Stirn

Die Stirn manches Menschen ist von tiefen Falten durchzogen. Es kann sich um eine Veranlagung handeln, es können schlechte Angewohnheiten, Augenfehler, Arbeit bei ungünstiger Beleuchtung die Schuld daran tragen.

Aber es gibt andere, deren Stirn von feinen Linien wie mit einem Netz überspannt ist. Es sind die Runenzeichen des Schicksals, die sich auf der Pforte des Geistes, auf der Tür der Seele eingezeichnet haben.

Aber können diese Runen gedeutet werden? Nach der Überzeugung chinesischer und indischer Physiognomen kann man den Stirnrunen folgende Bedeutung zuschreiben:

Runen auf der rechten Stirnseite: Entwicklung des Menschen bis zu seinem 25. Lebensjahr.

Runen auf der linken Stirnseite: Weiterentwicklung des Menschen vom 25. Jahr bis zum Ende seiner geistigen Entwicklung mit 50 oder 55 Jahren. Je ungünstiger das Verhältnis der rechten Runen zu den linken ist, um so stärker ist die Seele eines Menschen zerrissen, unfriedlich, unruhig und ewig auf der Suche nach der Lösung der Lebensrätsel, die er nie finden kann.

Absinken der Stirnrunen auf der linken Seite: Vernachlässigung der geistigen Tätigkeit und Weiterentwicklung, Untergrabung der edleren Regungen des Menschen durch schlechten Umgang, Alkohol oder andere Laster.

Die senkrechten Stirnfalten zwischen den Augen können zwar auf hohe Konzentrationsfähigkeit hinweisen, aber hier spielen bei der leichten Möglichkeit der Verformung und Beeindruckung der Stirnhaut schlechte Ge-

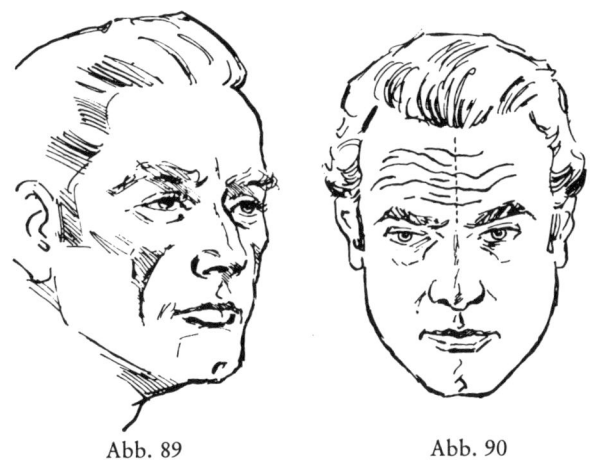

Abb. 89   Abb. 90

wohnheiten des Stirnrunzelns eine noch größere Rolle, als es bei anderen Falten und Zeichnungen des Gesichts wohl auch der Fall sein mag.

Runzeln auf der Stirn, die innerhalb weniger Wochen auftreten, müssen uns in bezug auf den Träger dieser Stirn mißtrauisch stimmen, denn sie verraten Verkrampfungen des Gehirns und des Körpers. Kummer und Sorgen allein brauchen viele Monate und Jahre, um sich in Form von Runzeln und Runen der Menschenstirn einzuprägen.

Es ist keine Schande, eine gezeichnete Stirn zu haben. Denn derjenige, der der Welt die Stirn bietet, weiß, daß die Welt nicht nur Sonnentage und Freude für ihn bereithält, sondern auch schwere Stunden, die uns nachdenklich stimmen, Jahre, die uns zur Last werden. Und all diese vergangenen Dinge sind mit dem Griffel des Schicksals in unsere Stirn eingeschrieben und lesbar für den, der diese Zeichen zu deuten weiß.

Der Spiegeltest

Im Rahmen der von Psychologen entwickelten Tests zur Aufdeckung der Seele und des Charakters dürfte das Experiment vor dem Spiegel besonders interessant sein. Wie sieht die Versuchsperson sich selbst im Spiegel? Wie sehen kontrollierend wir sie? Ein Spiegel, eventuell deren zwei, ein Blatt Papier und ein Bleistift: das ist alles, was wir für dieses Experiment benötigen.

Ein Spiegel ist ein unheimliches Instrument. Schaut man hinein, erblickt man sich seitenverkehrt. Der Spiegel zeigt uns verwandelt. Aber auch der Mensch, der vor dem Spiegel steht, verwandelt sich. Er verzieht das Gesicht, streckt die Nase, schmälert und dehnt den Mund, rollt die Augen.

Irgendwie versucht der Mensch in seinem Spiegelbild sich selbst vorzutäuschen, wie er eigentlich aussehen möchte, indem er, soweit es in seiner Macht steht, Mängel beseitigt oder vertuscht, über die er sich in seinen schwächsten Stunden natürlich im klaren ist. Er weiß auch, daß er ein Gesicht hat, das seinem Charakter entspricht, ja haben muß. Denn wie einmal ein Physiognomiker sagte: „Wer bis zum 40. Lebensjahr nicht ein Gesicht hat, bei dem stimmt charakterlich etwas nicht, oder er leidet an einer geistigen Störung!"

Unser Wesen, unser Charakter prägt unser Gesicht, und unsere Züge schleifen sich ein. Aber der Mensch ist sich selbst gegenüber meist nicht objektiv. In der Tiefe seiner Seele kennt er zwar seine Unschönheiten und auch seine Fehler. Aber tatsächlich weiß er nicht genau, wie er in Wirklichkeit aussieht. Deshalb soll er unter Benutzung eines Spiegels seine Gesichtsform zeichnen. Wir können die Aufgabe erheblich vereinfachen. Wir sagen: „Schauen Sie in den Spiegel und

○ zeichnen Sie ganz roh die Grundform Ihres Gesichts, wie Sie es sehen, viereckig, rund, dreieckig oder länglich oval;

○ setzen Sie die bemerkenswertesten Zeichen hinein, die Ihnen auffallen;

○ die Ohren mit der entsprechenden Größe und Form;

○ die Nase, die entweder spitz oder rund, breit oder lang ist;

○ nennen Sie auch Ihre Augenfarbe!"

Und alles andere überlassen wir der Versuchsperson, die gar nicht zeichnen zu können braucht. Wir benötigen nur ganz rohe Umrisse, klare Linien; sie können so zu Papier gebracht sein, wie man als kleines Kind einst Männlein malte.

Wir vergleichen dann die wirkliche Gesichtsform mit der zu Papier gebrachten. Die wirkliche Form, die wir sehen, verrät den Charakter. Je weiter sich beide Formen voneinander entfernen, um so schwerer kämpft der Mensch mit sich selbst zwischen Schein und Wirklichkeit.

Diese „Primitiv"-Analyse vor dem Spiegel, die man mit Dritten oder mit sich selbst machen kann, wird Gesichter zutage fördern, die auf die schon eingangs dieses Buches besprochenen Grundformen hinauslaufen:

Viereckig

Der Träger eines solchen Gesichts gehört zum sogenannten Muskeltyp. Die wichtigsten Eigenschaften sind Zähigkeit, Disziplin, häufig ungewöhnliche Energie, in jedem Fall starker Wille. Ein solcher Mensch hält sich an Tatsachen, ist aber meist gegenüber der Umwelt verständig und vernünftig. Man muß mit Hartnäckigkeit, Starrköpfigkeit, mit Herrschsucht und manchmal auch mit Geiz rechnen. Widerspruch ist für den Menschen mit viereckigem Gesicht unerträglich.

Rund

Der runde Gesichtstyp wird häufig auch als Ernährungstyp bezeichnet. Normalerweise beobachtet man Wohlwollen und Optimismus, mitunter freilich einen gewissen Mangel an Ordnung, Fehlen eines ausgeprägten Organisationsgeistes. Das Gefühlsleben ist stark entwickelt. Menschen mit runden Köpfen sind außerordentlich wendig, finden sich immer wieder zurecht, fallen auf die Füße, verstehen es auch wohl, andere bei ihrer schwachen Seite zu nehmen, können aber auch leicht gelenkt werden, wenn man sie bei der schwachen Seite nimmt.

Dreieckig

Menschen mit dreieckigen Köpfen sind nervös, leicht reizbar, alles ist vom Gefühlsleben gelenkt, das wiederum Launen unterworfen ist. Das Urteil ist instinktiv überraschend richtig, aber meist vorschnell. Die Neigung zu geistiger Arbeit ist vorherrschend. Allerdings ist die Ausführung gegebener Aufgaben, die Nachahmung von Dingen, die schon einmal geleistet worden sind, also unschöpferische Arbeit, dem Typ näher als eine Eigenleistung.

Schmale, rechteckige Gesichter, die von den viereckigen Köpfen zu unterscheiden sind, gehören gleichfalls zur Gruppe der Gehirnarbeiter. Sie entwickeln starke geistige Fähigkeiten, künstlerischen Geschmack und schöpfen häufig aus einer verschwenderischen Intuition, Phantasie und Begabung. Aber sie sind auch ängstlich, überempfindlich, infolgedessen nicht so widerstandsfähig und charaktervoll, wie sie es gern vortäuschen, bisweilen sogar verschlagen, etwas verlogen, abergläubisch und nicht immer ganz zu ihrem Wort stehend.

Gemischt – interessant, aber nicht typisch
Nun werden wir bei vielen Menschen beobachten, daß zwei oder gar drei Typen in einem Gesicht zusammenfließen. Es gibt Menschen, die die Stirn eines viereckigen Kopfes haben, das Kinn eines runden Schädels, sind aber von den Jochbogen an ungefähr so gestaltet, wie es ein dreieckiges Gesicht sein müßte, wenn die Unterkiefer nicht so rund wären.

Zu darüber hinausführenden Erkenntnissen gelangte die englische Physiologin Grace Rees, die fast zwanzig Jahre hindurch in einem großen Londoner Arbeitsamt tätig war und Tag für Tag buchstäblich Tausende von Menschen erlebte. Aus dieser reichen Fülle von Begegnungen zog sie ihre Erfahrung, die wir hier nicht unerwähnt lassen möchten:

○ grobe Gesichter verraten Willensstärke, geistige Betriebsamkeit, meist auch Großzügigkeit;

○ feingeschnittene Gesichter sind Menschen zu eigen, die infolge ihrer inneren Schwäche nicht so großzügig und nicht so stark sein können;

○ Nasen, die über den Nasenflügeln fleischig sind, verraten Geiz, jedenfalls rücksichtsloses Gewinnstreben;

○ große Nasenflügel deuten immer Unternehmungsgeist an, der bis zur Verwegenheit gehen kann;

○ runde Ohren gehören Menschen, mit denen man sehr vorsichtig sein muß, weil man sich nicht unbedingt auf sie verlassen kann;

○ dreieckige Ohren gelten gleichfalls als Zeichen der Unzuverlässigkeit, allerdings eher im Sinne der Falschheit;

○ große, wohlgeformte Ohren, die aber nicht wie Henkel abstehen, deuten auf Wahrheitsliebe hin, übermäßig große Ohren gehören freilich neugierigen und zu Klatschsucht neigenden Menschen.

Doch kommen wir zurück auf die Merkmale, die wir kennen müssen, wenn wir die Testperson bei der Bewältigung ihres Selbstporträts beobachten. Wir müssen insbesondere prüfen, ob das Versuchsobjekt die eigene Gesichtsform richtig wiedergibt oder verschiebt, verschönert und nach eigener Wunschvorstellung verbessert.

Unsicher mit sich selbst ist das Versuchsobjekt, das gleich zum Radiergummi greift. Die erste Form ist meist die richtige – im positiven oder im negativen Sinne.

Die richtige Deutung liegt meist in der Mitte zwischen dem, was die Testperson – oder man selbst – zeichnete, und dem, was die Natur in Wirklichkeit schuf.

Das letzte Antlitz

„Einen Menschen kennen, das heißt wissen, was er von dem Bild, das er von sich selbst macht, wegwischen möchte!" Dieser Ausspruch des französischen Schriftstellers André Malraux kam uns in den Sinn, als wir das nicht alltägliche Thema der Totenmasken bearbeiteten.

Wer es nicht scheut, Toten, bevor sie zur letzten Ruhe gebettet werden, noch einmal in einem letzten stummen Zwiegespräch gegenüberzutreten, der stellt oftmals fest, daß die Verstorbenen ein ganz anderes Antlitz bekamen, als der Tod sie holte. Sie sind häufig gar nicht mehr zu erkennen. Sie kommen uns fremd vor.

Das Schauspiel, das sie der Welt und auch sich selbst ein Leben lang bieten mußten, um die Illusion aufrechtzuerhalten, die sie um ihre Person erzeugten, ist zu Ende. Übrig bleibt die Hülle bzw. jener andere Mensch, der sich ein ganzes Dasein, ein langes Erdenwallen hindurch hinter den Kulissen verbarg.

Oftmals sahen wir auf den Gesichtern mancher Toten einen großartigen Frieden, eine Ruhe, die sie im Leben nie finden konnten, weil das Dasein für sie zu schwer war und sie ewig ängstlich machte und belastete. Nun auf einmal ist alle Sorge vorüber.

Wir gehen einig mit dem Philosophen Karl Jaspers, der die Physiognomiker warnt, sich an den Zügen zu versuchen, die das Antlitz eines Toten zeigt. Er sagt:

„Überlassen wir uns dem Anschauen der Natürlichkeit des Toten und seines Antlitzes mit allem Staunen und Fragen!"

Tatsächlich ist die Totenmaske das letzte Porträt. Sie bewahrt die Gesichtszüge eines Menschen, so wie sie durch das Eintreten des Todes entspannt gekennzeichnet sind.

Das gilt für den Alltagsmenschen und für die Berühmten, die Großen unserer Tage und der Vergangenheit. Aus jenen Jahren und Jahrhunderten, als es noch keine Fotografie gab, als kein Maler ein Porträt schuf, sind die Totenmasken oft die einzigen Überlieferungen des tatsächlichen Aussehens historischer Persönlichkeiten.

 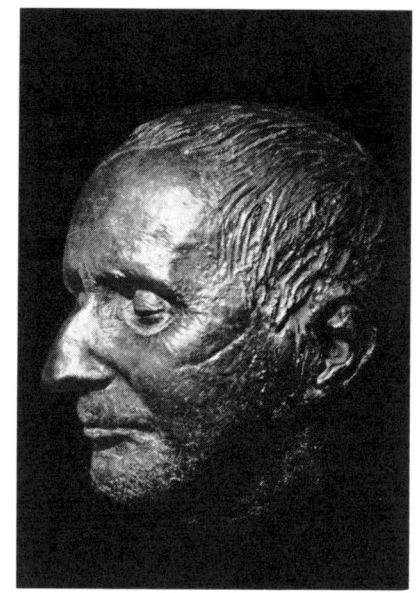

Bertolt Brecht – im Leben   *– im Tode*

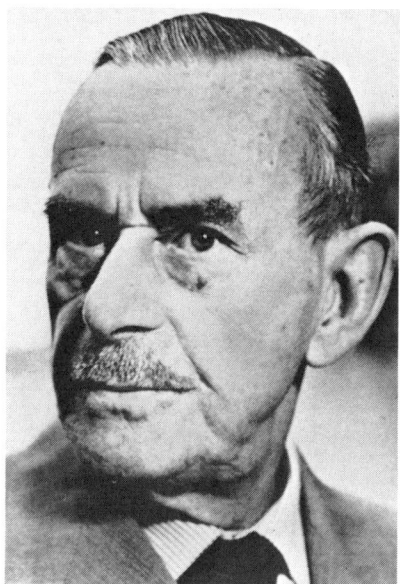 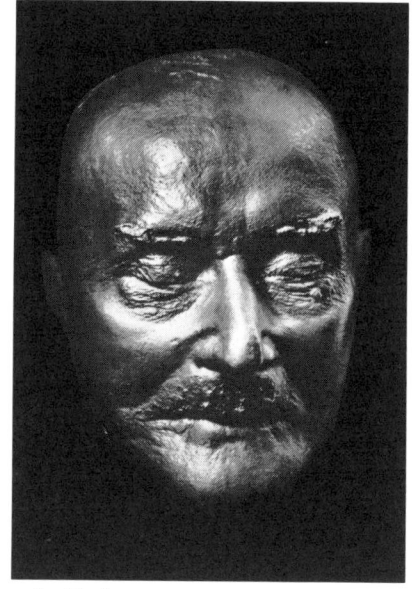

Thomas Mann – im Leben   *– im Tode*

II. Organanalyse von Hand bis Fuß

Wenn die Hände sprechen

Des Menschen Hand drückt seine Lebenskraft aus. Die Konzentration der Blutgefäße bis in die feinsten Ränder der Nagelhaut hinein, das Zusammenfließen der zartesten Nervenenden in den Fingerkuppen, die uns fähig machen, zu tasten, zu fühlen, gewissermaßen mit den Fingern zu sehen, sind praktische Beweise für die Richtigkeit dieser These. Sie kann sogar erweitert werden:

In den Händen schlummert bei jedem gesunden Menschen eine „geheimnisvolle Kraft", die über die Muskelenergie hinausgeht. Ferner hat die Chirologie erkunden können, daß nicht nur den Handlinien, sondern auch den Fingerabdrücken Zeichen eingeprägt sind, die Krankheiten, Leiden und Fehler in der Erbmasse wie auch schweres ertragenes Geschick sichtbar machen.

Um gewisse geistige Fähigkeiten oder Neigungen eines Menschen zu erkennen, braucht man nur die Form seiner Hände zu betrachten. Die Handformen verraten den Typ, den Charakter eines Menschen. Die Chirologen unterscheiden folgende Handformen:

die geistige oder mediale Hand,

die künstlerische Hand,

die viereckige Hand,

die philosophische oder Denkerhand,

die elementare Hand,

die Spatelhand.

Die geistige oder mediale Hand

Die Handform ist fein, mit glatten, konisch geformten Fingern, mit einem langen Nagelglied und meist mit einem kleinen Daumen. Mit kleinem Daumen verrät die Hand vielseitige Interessen auf allen geistigen Gebieten, eine starke Phantasie, ein tiefes Gemütsleben, viel Sinn für das Praktische, häufig aber auch wenig Verständnis für harte, materielle Probleme. Ein großer Daumen an einer medialen Hand zeugt häufig von der Fähigkeit, auf geistigem Gebiet Führer zu sein, bei stark entwickelter Hand Rednergabe und Furchtlosigkeit im Kampf um das, was als gut und recht empfunden wird.

Die künstlerische Hand

Man unterscheidet bei der künstlerischen Hand drei Hand- und Fingerformen:

a) eine kurze und breite Handform, die, wenn der Daumen groß ist, einen entsprechenden Hang zu den Freuden des Lebens, aber auch eine starke Neigung zum Geldverdienen verrät;

b) eine fleischige, feine Handform mit kleinem Daumen. Wer eine solche Hand hat, ist rascher Begeisterung fähig und entwickelt viel Schönheits- und Formensinn;

c) eine große Handfläche mit kleinem Daumen und glatten Fingern verrät rege Phantasie, Vielseitigkeit, die aber nicht immer mit Gründlichkeit gepaart ist, und einen starken Hang zur Erotik.

Bei der künstlerischen Hand scheinen die Fingerkuppen eine besondere Bedeutung zu haben:

Abgerundete Fingerkuppen verraten Vernunft, Fröhlichkeit, Interesse an Literatur, Dichtung und Musik, Empfänglichkeit für alles Schöne.

Zugespitzte Fingerkuppen sind Menschen zu eigen, die starkem Stimmungswechsel ausgesetzt und in ihrer Gemütsart empfindlich und launisch sind.

Die viereckige Hand

Die viereckige Hand zeigt meist auch eckige Form der Fingerspitzen mit Gelenken, die sich leicht abtasten lassen. Der Handrumpf ist kräftig entwickelt. Die ganze Hand gibt das Gefühl der Sicherheit, des Selbstvertrauens.

Träger einer solchen Hand weisen eine starke praktische Veranlagung auf. Sie sind meist Pedanten, aber im guten Sinne des Wortes. Sie sind pflichttreu, gerecht, zurückhaltend und bescheiden.

Sie zeichnen sich durch große Ordnungsliebe und normales, gesundes Empfinden aus. Sie denken nüchtern, klar und vernünftig.

Die philosophische oder Denkerhand

Die Finger dieser Hand sind knotig, und zwar im unteren und oberen Gelenk. Häufig sind die Fingerspitzen etwas abgeplattet. Der Daumen ist fast immer stark entwickelt.

Die Besitzer einer solchen Hand zeichnen sich aus durch starke Logik,
durch Energie, durch das Bestreben, unter allen Umständen die Wahrheit
zu ergründen. Aber sie ziehen es vor, zu schweigen, statt zu reden.
Sie lieben das Alleinsein und sind zufrieden mit dem, was sich bietet. Sie
zeigen Duldsamkeit gegenüber dem Nächsten, sind aber streng gegen sich
selbst. Sie versuchen vorurteilslos an die Beurteilung der Probleme heran-
zugehen.

Die elementare Hand

Sie ist meist unentwickelt, zeigt einen harten Handrumpf, dicke, knorrige
Finger und in 95 von 100 Fällen einen stark rötlichen, mit Haaren be-
deckten Handrücken.
Die Finger sind meist kürzer als der Handteller. Die Hand wirkt derb und
schwerfällig.
Es besteht eine Vorliebe für harte Arbeit. Die körperliche Kraft will zum
Einsatz kommen. In bezug auf geistige Probleme werden keine großen Ansprüche gestellt. Häufig findet man einen primitiven Aberglauben, kaum
verbunden mit moralischem oder geistigem Halt.
Menschen mit elementaren Händen sind phlegmatisch, anspruchslos, starr-
sinnig und schwerfällig.

Die Spatelhand

Die Fingerenden sind spatelförmig. Die Spatelhand zeigt fast immer einen
großen Daumen. Sie ist die Handform des intelligenten Durchschnitts-
menschen, der auf Genauigkeit Wert legt, der mit nüchternem Verstand
mehr zu erreichen weiß als mit seiner Phantasie.
Männer mit Spatelhänden sind die bewährten Organisatoren industrieller
Unternehmungen. Aber sie sind häufig nicht die ersten, sondern die sogenannten zweiten Männer, die mit größter Hingabe und absoluter Treue
zu dem stehen, was sie zugesagt haben.
Ihre Intelligenz zeigt sich vor allem in materiellen Fragen. Hier bringen sie
es zu ungewöhnlichen Spitzenleistungen.

Die ganze Hand verdreht

Es gibt Hände, die in ihrer ganzen Gestalt krumm und verdreht erscheinen.
Sie sind von Natur aus nach innen gezogen, oder die Finger biegen sich
nach außen. Menschen, denen die Natur so verdrehte Hände mitgegeben
hat, müssen nach Meinung der Chirologen auch in ihrem Wesen „nicht
ganz gerade" sein.

Nach innen hohle Hände, die keine Mulden zwischen hohen Ballen zeigen, sollen auf Erfolglosigkeit hindeuten.

Die zumeist recht elegant wirkenden Hände mit nach oben gebogenen Fingern sollen geschäftlich geschickte, scheinbar anschmiegsame, häufig schauspielerisch begabte, exzentrische und verschwenderisch veranlagte Charaktere widerspiegeln.

Der Mensch im Spiegel seiner Handlinien

Vier Linien der Hände als Basis

In der Hand eines Menschen treten normalerweise vier Hauptlinien in Erscheinung:

Lebenslinie,
Kopflinie,
Herzlinie,
Schicksalslinie.

Wir stellen fest, daß gewissenhafte Chirologen immer wieder betonen, eine einzelne Handlinie könne, für sich genommen, nie etwas Definitives aussagen. Eine richtige Deutung sei nur möglich, wenn man das Gesamtbild in Betracht ziehe.

Lebenslinie

Sie beginnt zwischen Daumen und Zeigefinger und führt meist in einem Halbbogen um den Daumenballen herunter bis zur Handwurzel. Man rechnet im Durchschnitt, daß diese Lebenslinie, wenn sie die Handwurzel erreicht, dem Träger eine Lebensdauer von zirka 80 bis 90 Jahren sichert.

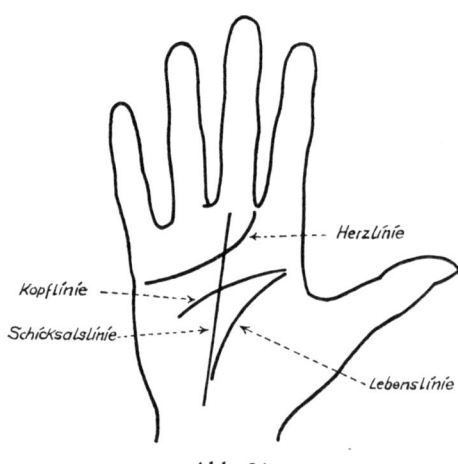

Abb. 91

Wir können die Länge dieser Lebenslinie aufteilen. Genau in der Mitte zwischen Ansatz und Ende liegt das 45. Lebensjahr. Die aus der Lebenslinie aufsteigenden Linien verraten Gewinn finanzieller Art, aber auch Erfolge im Leben und im Streben nach Ruhm und Prestige.

Kopflinie

Sie beginnt gleichfalls zwischen Daumen und Zeigefinger und führt quer durch die Hand hindurch zum äußersten Handrand oder senkt sich in den unteren Rand der Hand hinein, also in den äußeren unteren Handballen. Je reiner und geradliniger die Kopflinie durch die Hand hindurchläuft, um so erfolgreicher können wir bis ins hohe Alter hinein geistig tätig sein. Je früher die Kopflinie abbricht, um so zeitiger stellt sich ein Erschlaffen unseres geistigen Strebens, unserer geistigen Fähigkeiten ein.

Schicksalslinie

Die Schicksalslinie beginnt unten an der Handwurzel, läuft dort oft zusammen mit der bereits erwähnten Lebenslinie und zieht sich dann durch die ganze innere Handfläche hindurch nach oben. Die Schicksalslinie verrät, wie es um unsere Erfolge im Leben bestellt ist, inwieweit wir uns in unseren Planungen und Wünschen durchzusetzen vermögen oder aber an geistigen oder gesundheitlichen Schwierigkeiten scheitern.

Dort, wo die Schicksalslinie die schon erwähnte Kopflinie schneidet, liegt meist im Schicksal des Menschen das 20. Lebensjahr.

Dort, wo die Kopflinie die noch zu erläuternde Herzlinie auf dem Weg nach oben in Richtung des Mittelfingers schneidet, liegt zeitlich gesehen beim Menschen das 40. Lebensjahr. Schwere Zäsuren im Leben lassen sich also leicht berechnen, vor allem dann, wenn es sich um Vorgänge handelt, die dem Leben eines Menschen eine neue Richtung gaben. So gesehen ist die Schicksalslinie eigentlich die wichtigste Linie der Hand.

Die Herzlinie

Die Herzlinie beginnt unter dem kleinen Finger am Handrand und zieht sich von dort zur inneren Hand hinüber; sie läuft meist zwischen dem Zeige- und dem Ringfinger aus. Je klarer die Herzlinie ist, um so besser ist die Blutzirkulation des Menschen und seine Herztätigkeit.

Je mehr die Herzlinie verkettet ist und Inseln aufweist, um so kritischer sind die Herzstörungen, denen der Mensch ausgesetzt ist oder die sein aktives Leben einschränken.

Außer diesen vier Hauptlinien gibt es eine ganze Anzahl kleinerer Handlinien, die zukunftsweisend sein können.

Zwischen dem kleinen Finger und der Herzlinie sehen wir am Handrand oftmals kleine Linien, die den Berg unter dem kleinen Finger durchqueren. Es handelt sich um Liebeserlebnisse, um tiefgreifende Liebesbeziehungen, die z. B. auch die Ehe darstellen können, die der Träger dieser Hand einging. Es ist klar, daß Formalitäten in der Hand nicht hervortreten.

Unter der Herzlinie auf dem Handrand, also zwischen Herz- und Kopflinie, zeigen kleine Linien häufig an, inwieweit wir mit unserer Umwelt friedlich oder unfriedlich zurechtkommen, also kämpfend, prozessierend oder diplomatisch ausgleichend unseren Weg finden.

Die unterhalb der Kopflinie am Handrand liegenden Zeichnungen gelten als die Spuren unserer Phantasie oder aber der Reisen, die wir tatsächlich unternehmen.

Kleine Vierecke können eine vorübergehende Beschränkung unserer Bewegungsfreiheit bedeuten; aber sie heben eine Unterbrechung einer Linie, wenn sie diese einkreisen, in den schlimmen Wirkungen auf.

Eine Linie, die aus dem Daumenballen entspringt, die Lebenslinie durchschneidend, auch durch die Schicksalslinie und die Kopflinie hindurchstößt und eventuell gar bis zur Herzlinie geht, ist immer ein Zeichen dafür, daß ein sehr schwerwiegendes, menschlich packendes und zutiefst verwirrendes, meist mit dem Verlust eines geliebten Menschen verbundenes Ereignis in unser Leben trat und uns in ein schweres seelisches Trauma stürzte.

Die linke Hand gilt normalerweise als die Erbhand, das heißt, als die Hand, in der sich die von den Eltern vererbten Anlagen deutlicher zeigen.

In der *rechten Hand* wird sichtbar, was der Mensch aus sich gemacht hat und was er unter Umständen aus sich machen kann oder machen wird.

Damit sind wir schon an der Schwelle angelangt, wo ein Blick in die Hände gleichzeitig ein Blick in die Zukunft sein kann.

Tritt zum Beispiel ein Zeichen, eine Linie nur in einer Hand deutlich auf, dann handelt es sich um ein Warnzeichen. Sehen wir das Zeichen in beiden Händen, dann ist das, was durch diese Linien angezeigt wird, ein Faktum.

Das sind nach Ansicht der Chirologen die Merkzeichen in unserer Hand, die Auswirkungen von Erschütterungen, die von unserem Herzen, von unserem Gemüt, vom Gehirn ausgingen und über unsere Blutbahnen und Nerven nach einem Ausdruck dort suchten, wo die feinsten Ausläufer der Blut- und Nervenbahnen sich konzentrieren – in den Händen, diesen wichtigen Instrumenten unseres Könnens und Wollens.

Die Hände des Mannes, den man heiraten soll

Eine amerikanische Psychologin wollte ihren Schwestern helfen und stellte folgende Regeln für die Männerwahl auf, unter der Voraussetzung, daß die Hände einen interessanten Aufschluß über den Charakter der Männer geben können:

Wenn er die Handflächen fest zusammendrückt und dabei die Finger ineinander verschränkt: zufrieden und selbstsicher.

Wenn er die Hände zusammendrückt ohne die Finger zu falten: impulsiv, Spieler und Prahler.

Wenn er die Handflächen auseinanderhält, so daß die Finger sich nur in den Spitzen berühren: unbeständig, beeinflußbar und geneigt, der Frau die Führung zu überlassen.

Wenn seine Hände sich leicht eine gegen die andere stützen: großzügig.

Wenn er die Hände halbkugelförmig gegeneinander legt: geizig.

Wenn er mit der einen Hand das Handgelenk seiner anderen Hand umfaßt: beständig, ausgeglichen, zuverlässig. Nach Ansicht dieser Psychologin sollte dies der Mann sein, an den sich eine Frau halten sollte.

Schlüsse aus Handgesten und unbedachten Hand- und Armbewegungen

Kaum etwas ist verräterischer als das Spiel der Hände, der Finger, die Bewegungen der Arme – beim Gehen, beim Nachdenken, wenn jemand sich unbeobachtet glaubt, wenn er in eine Unterhaltung verstrickt wird.

Immer wieder mit dem Zeigefinger auf Menschen oder Dinge weisend

Wer im Laufe einer Unterhaltung oft seinen Zeigefinger ausstreckt, ist oft anmaßend, zum mindesten jemand, der von der Richtigkeit dessen überzeugt ist, was er sagt, bzw. jemand, der den Gesprächspartner davon überzeugen will.

Mit den Händen „sprechen"

Wer im Gespräch auffallend lebhaft mit den Händen gestikuliert, gilt als nervös und übereifrig. Er neigt dazu, sich ungeniert und ohne Wert auf gutes Benehmen zu legen, über alle Spielregeln im Umgang von Mensch zu Mensch hinwegzusetzen. Er wird in kritischen Lebenslagen leicht aufbrausen. Er läuft Gefahr, vorschnelle Entscheidungen zu treffen, um aber oft ebenso schnell wieder seine Ansichten zu wechseln.

Selbstdisziplin in den Bewegungen

Wer mit zurückhaltenden und beinahe abgemessenen Gesten spricht, wird zögern, neue Ideen anzunehmen oder sich zu einer neuen Arbeitsmethode zu entschließen. Er wird viel Zeit brauchen, um einen Entschluß zu fassen. Aber wenn er sich einmal entschlossen hat, wird er beharrlich dabei bleiben.

Mit den Armen schwenken

Wer beim Gehen auf der Straße ungezwungen die Arme schwenkt oder sonst übertrieben anmutende Bewegungen macht, kümmert sich kaum um die Meinung seiner Mitmenschen. Verliebte handeln fast ebenso; sie geben nicht acht auf ihre Gesten.

Hände in den Taschen

Die Hände immer wieder in die Taschen zu stecken, läßt einerseits Vorsicht erkennen, andererseits aber auch eine gewisse Unsicherheit. Man will sich nicht auf die Finger sehen lassen.

Verbergen der Handflächen

Wer im Gespräch beständig seine Handflächen zu verbergen sucht (zum Beispiel indem er sie reibt oder faltet oder verschlingt), zeigt Mangel an innerer Überzeugung und oft mangelnde Aufrichtigkeit. Er spielt nicht mit offenen Karten.

Arme auf den Tisch gestützt

Die Arme auf den Tisch zu legen und gar den Kopf zu stützen, bedeutet, daß der Betreffende zu Vertraulichkeiten neigt. Diese Geste enthüllt auch neben einem überspannten Selbstvertrauen einen aktiven und unternehmungslustigen Charakter. Wer sich so benimmt, macht sich nicht viele Sorgen um die Mittel, mit denen er zu seinem Ziel gelangt.

Ausgestreckte Hand mit der Innenfläche nach oben

Eine zur Begrüßung offen hingestreckte Hand, die Handfläche nach oben gewandt, enthüllt Offenheit, Sympathie und Entschlossenheit – zumindest im Augenblick der Begrüßung.

Ausgestreckte Hand mit Handfläche nach unten

Eine zur Begrüßung zögernd gereichte Hand, mit der Handfläche nach unten, verrät Mangel an Offenheit, aber Entschlossenheit. Wenn also ein Gesprächspartner nach einer Unterredung so die Hand reicht, läßt dies erkennen, daß er nicht will, was der Gesprächspartner möchte, auch wenn er es noch nicht zugibt.

Nervöses Fingerspiel

Wer bei einer Unterhaltung nicht weiß, wo er seine Hände lassen soll, wer Papier faltet, Brot zerkrümelt oder zum Beispiel die beweglichen Gegenstände auf einem Schreibtisch hin und her rückt, ist durch die Unterhaltung nervös geworden. Er fühlt sich unbehaglich. Er ist froh, wenn das Gespräch beendet ist oder wenn mindestens das Thema gewechselt wird.

Wichtig: die Temperatur und die Färbung der Hand

Der Handlinien-Forscher Henri Mangin machte zuerst darauf aufmerksam, daß für die persönliche Wirkungskraft eines Menschen die Temperatur und die Behaarung von Wichtigkeit seien. Er stellte folgende Liste auf:

Normaler Grundfarbton der Hand: zartrosa.

Ist die Färbung der Hände weiß bzw. matt, so deutet das auf Egoismus, Gefühlskälte, Mangel an Wohlwollen für andere.

Elfenbeinfarben bis gelblich: starke nervöse Ausstrahlung.

Wechselnd von blaß zu rot unter Einfluß der Luft: sanguinisches Temperament.

Ockerfarben bis schwarzbraun: Gallenstörungen mit entsprechenden launischen Ausschlägen in der Wesensart.

Grünlich bis gelb: Pessimismus, Hartnäckigkeit, Unruhe, unter Umständen Tyrannei, Geiz, Bosheit.

Dunkle, matte Hand: Rücksichtslosigkeit im Charakter, Ausschlag bis zur Gemeinheit.

Gehen wir davon aus, daß die gesunde Hand mit einer zartrosa Färbung eine mittlere Temperatur aufweist, also gewissermaßen die „Temperatur" des Normalmenschen, dann ergeben sich in bezug auf die Temperatur folgende beachtenswerte Absonderlichkeiten:

Kalte, weiche, dicke Hand: geistige Passivität, Neigung zur allgemeinen Trägheit, äußere Ruhe.

Kalte, zarte, straff gespannte Hand: Zeichen für heftige Stimmungsschwankungen, Leidenschaft, jähes Aufwallen der Gefühle, plötzliche Depressionen.

Übermäßig warme bis hitzige Hand (vorausgesetzt, daß kein krankhafter Zustand vorliegt, der auf Temperatur schließen läßt): überdurchschnittliche Leidenschaft, Drang, sich zu verausgaben.

Trockene, kühle, fast pergamentene Haut: Gefühlskälte, Wesensart, die nur von der Vernunft gesteuert wird, mangelnder Optimismus.

Hände, die ganz plötzlich feucht werden, zum Beispiel bei Gefühlsregungen und Berührung mit Menschen: Zeichen für Minderwertigkeitskomplexe und hochgradige Empfindsamkeit.

Henri Mangin setzt ausdrücklich hinzu, daß nach seinen Beobachtungen alles, was in bezug auf die Farbe der Hand und die Temperatur und Feuchtigkeit der Hand jenseits des Normalen liegt, mit fast hundertprozentiger Gewißheit auf Krankheiten zurückzuführen ist. Mitunter allerdings genügt es, daß psychische Verkrampfungen sich körperlich umsetzen und dadurch mangelhafte Ausscheidung durch die Poren erfolgt bzw. eine nicht normale krankhafte Steuerung des Blutkreislaufs.

Rückschlüsse aus der Behaarung der Hand

Unter der Lupe betrachtet erkennen wir, daß eigentlich jede Hand behaart ist. Die Hand des Mannes zeigt auf der Außenseite mehr oder weniger lange starke dunkle Haare, die sich manchmal auch bis auf die Finger fortsetzen. Bei der Frau ist die Behaarung meist nur durch einen zarten Flaum angedeutet. In der Chirologie zieht man folgende Schlüsse aus der Behaarung der Hand:

Die Behaarung einer männlichen Hand ist Ausdruck der Lebenskraft und Energie des Mannes.

Die behaarte Frauenhand läßt auf einen männlichen Charakter schließen, der sich entweder infolge einer schweren Drüsenstörung (Totaloperation) entwickelt oder aber aus einer Naturveranlagung, die sich dann im Managertum der Frau oder in Herrschsucht auslebt.

Nun haben wir aber alle schon erlebt, daß die Behaarung der Hände auch bei Männern außerordentlich unterschiedlich ist. Die Chirologie, die sich in ihrer Erweiterung auch mit diesen Fragen beschäftigen muß, glaubt folgendes feststellen zu können:

Unregelmäßiger Haarwuchs an den Händen: nervöse Reizbarkeit, die bis zu Jähzorn und wilden Zornesausbrüchen gehen kann.

Sehr dichte Behaarung einer Hand: Zeichen für starke Sinnlichkeit, meist von Eifersucht begleitet.

Feine, sehr zarte Behaarung an Männerhänden: intellektuelle Auswertung der Sinnlichkeit etwa in künstlerischem Sinne, aber mitunter auch bei Gelbfärbung der Hände intellektuelle Tyrannei, weil das betreffende Temperament, von Galle durchsetzt, echter Liebe und Sinnlichkeit nicht fähig ist.

Sehr dicker und kräftiger Haarwuchs an den Händen, aber eigentlich schon am Unterarm beginnend, sich über die mittleren und oberen Fingerglieder fortsetzend: sehr starke Sinnlichkeit, oft übersteigerte sinnlose Eifersucht, die sich aber grob und im Umgang mit anderen Menschen unter Umständen schwerfällig auslebt.

Männerhand ohne Haarwuchs: feminine Veranlagung, diplomatisches Talent, Anpassung, Rücksichtnahme auf die Umgebung.

Lebenskraft dreifach betont

Aus dem Gesagten können wir nun für uns selbst bzw. für die Hände derer, die wir zu betrachten haben, eine Auswahl wichtiger Schlüsse ziehen. Wir wissen jetzt von den Händen, die heilen, wir können von ihnen die Hände unterscheiden, die uns Leiden verraten, an denen der andere krankt. Wir wissen auch um die sündigen, lasterhaften Hände. Die Lebenskraft aber, die auf den anderen überstrahlt, die z. B. eine Mutter befähigt, ihr Kind zum Schlafen zu bringen, indem sie nur die Hand auf die fieberheiße Stirn des Kindes legt – wenn sie selbst organisch stark genug ist –, diese Lebenskraft spiegelt sich dreifach wider. Wir sollten darauf achten, weil nämlich derjenige, der nicht auszustrahlen vermag, unter Umständen mit seiner Annäherung an den anderen, an den Stärkeren, im elektrischen Kraftfeld diesem seine Kraft nimmt. Wir müssen also unsere eigene Kraft, unsere eigene Lebenskraft prüfen, indem wir beachten:

das dreifache Armband an der Basis der Hand, die Razetten;

die Farbe der Hand, die zartrosa sein muß bei einer mittleren Durch-
blutungstemperatur;

eine gut ausgeprägte Lebenslinie, die zwischen dem Zeigefinger und dem
Daumen beginnt und in einem gut geschwungenen Bogen um den Daumenballen herumläuft, bis zum unteren Daumenansatz.

Unsere Hände sind in einem so hohen Maß unsere Visitenkarte, sie verraten so deutlich unsere innerste Wesensart, unsere Schwächen, unsere
Stärken, daß man versteht, wenn viele Menschen sich bemühen, ihre Hände
zu verstecken. Es braucht nicht immer ein Zeichen von Unerzogenheit zu
sein, wenn der andere seine Hände in den Taschen verbirgt. Es ist viel
häufiger die Angst, der andere könnte mit einem Blick auf die Hände die
letzten Geheimnisse erkunden, die Befürchtung, man breite gewissermaßen
mit den Händen sein Wesen wie ein aufgedecktes Kartenspiel vor der Welt
aus.

Napoleon versteckte seine Hand in der Weste. Wir kennen Dutzende von
Politikern, die ihre Hände in den Taschen verstecken oder aber ihre Hände
auf dem Rücken verschränkt halten. Der einzelne wird sich nicht einmal
klar über dieses Versteckspiel, das unbewußt über ihn kommt, wie auch die
Zeichnung der Linien in der Hand, die weißen Striche auf unseren Fingerkuppen, warnende Signale, sich ohne Mitwirkung unseres Bewußtseins und
unseres Willens markieren.

Wenn sich die Finger verdrehen

Wenn man jemandem sagt, daß sich manches aus seinem intimen Eheleben
in der Form seines kleinen Fingers auspräge, wird er mitleidig lächeln. Und
doch zeichnet sich in den Fingerformen viel Organisches ab. Ebenso wie der

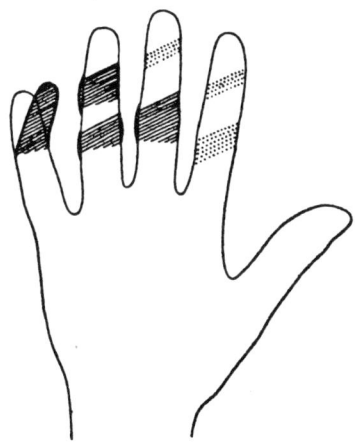

Abb. 92

geübte Arzt aus der Netzhaut mit dem Augenspiegel ablesen kann, ob sein Patient unter Herzschwäche leidet oder unter Störungen der Schilddrüse, so kann der Handkundige anhand der Fingerformen feststellen, ob es einem Menschen hier oder dort an Lebenskraft gebricht.

Die Chinesen waren schon vor Jahrtausenden ihrer Nachwelt weit voraus, als sie in der Akupunktur die Wissenschaft entwickelten, mit Hilfe silberner Nadeln (zur Beruhigung) und goldener Nadeln (zur Anregung) Nervenknotenpunkte anzuregen, um Krankheiten zu heilen.

Chinesische Ärzte haben in Krankenhäusern – und Universitäten – diese Wissenschaft neuerdings wieder mit eindrucksvollen Erfolgen aufleben lassen. Dabei gilt ihre Aufmerksamkeit in besonderem Maße den Fingern und deren Kuppen.

Betrachten wir unsere Finger kritisch, dann stellen wir fest, daß sie nur selten gerade gewachsen sind. Unsere Finger sind zumeist irgendwie abgewinkelt oder gar verdreht gewachsen, wie kranke Bäume. Einmal buchtet die Mitte des Fingers sich nach rechts oder links aus, dann wieder neigt sich eine Fingerspitze zum nächsten Finger hin.

Diese Krummwüchsigkeit hat oft eine interessante Bedeutung, die in der Beurteilung eines Menschen wertvolle Hinweise geben kann.

Am auffälligsten ist die Verkrümmung am kleinen Finger. Die Erfahrung hat gelehrt, daß damit unmittelbar die Funktionen der menschlichen Unterleibsorgane zusammenhängen. So soll der gekrümmte kleine Finger

beim Mann auf eine hochgradige Empfindlichkeit und hier und da auch auf eine Schwäche der Unterleibsorgane hindeuten,

bei der Frau auf eine Knickung der Gebärmutter.

Bei den übrigen Fingern gilt es, sowohl auf Verkrümmungen als auch auf Gelenkverdickungen zu achten:

Beim Ringfinger glaubt man aus Veränderungen im oberen Glied auf Blasenstörungen oder Nierenempfindlichkeit schließen zu können. Gelenkverdickungen des zweiten Glieds sollen dagegen Herzleiden verraten, zum mindesten aber eine Anlage dazu.

Es gibt fühlbare Unterschiede zwischen normalen Gelenkknoten und krankhaften Knochenverdickungen. Diese verraten beim Mittelfinger Störungen im Dünn- bis zum Dickdarm.

Im obersten Glied des Mittelfingers soll sich der Zustand des Blinddarms spiegeln.

Das unterste und mittlere Glied des Zeigefingers soll den Zustand der Lungen widerspiegeln, das oberste Glied den der Leber und der Milz.

Der Daumen soll sowohl die Willenskraft des Menschen gleichnishaft zeigen als auch seine erotische Potenz und Widerstandskraft Krankheiten gegenüber.

Veränderungen und Verkrümmungen des Daumens sollen auf konstitutionelle Mängel hinweisen, die nicht unbedingt äußerlich erkennbar sein müssen.[1]

Schlüsse aus der Farbe der Nägel gezogen

Die Finger- und Fußnägel des Menschen sind außerordentlich aufschlußreich – vor allem in gesundheitlicher Hinsicht. Diagnostisch läßt sich eine Farbenlehre der Nägel zusammenstellen, die das ganze Spektrum von Rot bis Violett umfaßt:

Starkrote Nägel: immer das Zeichen eines sehr hohen Blutdrucks, der nicht nur in plötzlichen Gemütsaufwallungen, sondern auch in jähen Zusammenbrüchen zum Ausdruck kommt.

Blaßrote Nägel gehören Personen, die unter Blutarmut leiden. Je blasser der Nagel, um so größer ist die Blutarmut.

Rote Nägel mit roten Rändern, also rot anlaufende Nägel und Fingerspitzen, findet man oft bei Leuten, die asthmatisch sind.

Orangefarbene Nägel sind entweder Anzeichen einer chemischen Vergiftung oder aber eine Überschneidung von schlechter Blutzirkulation und einer beginnenden Nervenstörung (siehe auch gelbe und blaue Nägel).

Hellgelbe Nägel – natürlich nicht Nikotinverfärbungen an einzelnen Fingern – werden oft beobachtet bei Schwermut. Die Nägel zeigen dann meistens einen Schimmer wie bei gelbem Elfenbein.

Tiefgelbe Nägel sind das Anzeichen für Leber- und Gallenstörungen.

Grüne Nägel mahnen immer zur Vorsicht; wenn im Nagelbett die grüne Farbe durchschimmert, ohne daß eine akute chemische Vergiftung vorliegt, dann ist mit größter Wahrscheinlichkeit anzunehmen, daß der Körper starke Toxine enthält, wenn nicht gar eine Sepsis vorliegt.

Blaue Nägel sind ein Zeichen schlechter Blutzirkulation. Starkblaue Nägel findet man bei Personen mit einem chronischen Herzleiden.

Braun, als Schimmer im Nagelbett, ist bei Menschen gefunden worden, die lange in den Tropen gelebt und unter Tropenkrankheiten gelitten haben und sich nun mit den Folgeerscheinungen herumschlagen.

Violette Nägel haben Menschen, bei denen sich zu starker Blutarmut eine Herzkrankheit gesellt. Der Nagel kann bei diesen Personen – je nach der Temperatur – bald blasser, bald bläulicher sein, bis er ganz violett schimmert.

Schwarze oder schwarzgraue Nägel sind nur bei schweren Medikamenten- oder bei Metallvergiftungen beobachtet worden.

---

[1] Wer sich über den Rahmen einer Menschenkenntnis auf den ersten Blick hinaus für Probleme der Handschrift und deren Deutung interessiert, dem sei A. M. Cobbaerts *Graphologie,* erschienen beim Ramòn F. Keller Verlag in Genf, empfohlen.

Ehrenrettung der Linkshänder

In letzter Zeit ist der Eindruck entstanden, daß die Linkshändigkeit zunimmt, da sich zunehmend mehr Menschen überwiegend der linken Hand bedienen. Es ist jedoch nicht so, daß es heute mehr Linkshänder als früher gäbe. Insgesamt zählt man heute deren etwa 200 Millionen. Der Unterschied gegenüber früher besteht darin, daß heute die Linkshändigkeit nicht mehr unterdrückt oder versteckt wird. Heute darf sich der Linkshänder zeigen und öffentlich zu seiner Linkshändigkeit bekennen.

Namhafte Psychologen sind der Ansicht, daß entsprechend dem Gaußschen Gesetz die Anlage extremer Linkshändigkeit etwa in dem gleichen Maße vorhanden ist wie jene extremer Rechtshändigkeit.

Dieser Lehre zufolge soll der Mensch von Natur aus Doppelhänder sein; die Rechtshändigkeit werde jedoch teils absichtlich, teils unabsichtlich von der rechtshändigen Umgebung gefördert, während gleichzeitig der Linkseinschlag gehemmt werde.

Der echte Linkshänder bleibt allen äußeren Einflüssen zum Trotz bei seiner Linkshändigkeit. Zwingt man ihn, sich rechtshändig zu betätigen, kann seine psychische und intellektuelle Entwicklung gestört werden.

Seiner Intelligenz nach ist der Linkshänder dem Rechtshänder mindestens ebenbürtig, oft sogar überlegen. Dessenungeachtet können bei einem Zwang zur Rechtshändigkeit schwere Störungen und Beeinträchtigungen der intellektuellen Leistung und des affektiven Verhaltens eintreten. Übrigens würden die gleichen Erscheinungen auftreten, wenn man den Versuch unternähme, einen Rechtshänder zum Linkshänder zu machen.

Linkshänder besitzen oft eine starke künstlerische Begabung. Linkshänder waren z. B. Leonardo da Vinci, Adolf von Menzel und der Violinvirtuose Niccolo Paganini.

Der eindeutige Linkshänder muß sich nur als solcher frei entwickeln dürfen. Andernfalls können bei ihm sogar Sprachstörungen auftreten. Die Umstellung der Händigkeit kann in manchen Fällen Stottern heilen.

Mit beiden Händen schreiben lernen

Vor allem bei Kindern darf auf keinen Fall der Eindruck erweckt werden, Linkshändigkeit könne zu Nachteilen führen.

In manchen Fällen reift mit zunehmendem Alter die Rechtshändigkeit nach. Das ergibt sich hauptsächlich aus praktischen Gründen wie z. B. dem Schreiben (das ja bekanntlich von links nach rechts und nicht umgekehrt erfolgt) sowie aufgrund der Tatsache, daß alle Türklinken, Geräte und Werkzeuge für Rechtshänder eingerichtet sind.

Im übrigen gibt es zahlreiche Abstufungen zwischen Rechts- und Linkshändigkeit, die sich durch Tests ganz genau ermitteln lassen. Für das linkshändige Kind ist es im Grund besser, wenn es auch das Schreiben mit der linken Hand erlernt.

Für den Linkshänder wäre die mit der linken Hand geschriebene Spiegelschrift das Natürliche. Auf diese Weise brachte z. B. Leonardo da Vinci seine persönlichen Notizen zu Papier.

Händedruck als Charakterschlüssel

Aus dem Händedruck eines Menschen kann man Schlüsse auf seinen Charakter ziehen. Der Biologe Dr. P. H. Geraldsen stellte fest, daß die Hand des Menschen das kunstfertigste Instrument sei, das auf Erden existiere. Tatsächlich habe der Mensch seine hohe Stellung in der Natur wesentlich durch die Hand errungen. Als Tastorgan stehe die Hand an erster Stelle und werde in der Feinheit des Empfindens nur von der Zungenspitze übertroffen.

Die Hand als der äußerste Teil der oberen Gliedmaßen des Menschen steht mit dem Hirn in direkter Verbindung und ist sein Ausdrucksorgan, nicht nur im Handeln, sondern auch in bezug auf den Ausdruck von Gefühlen. Wir alle kennen jene Zeitgenossen, die uns mit übertriebener Herzlichkeit die Hand reichen, um dann mit einem Überaufwand von Energie und Muskelkraft unsere Hand zusammenzudrücken, als gäbe es keinen stärkeren Ausdruck der eigenen Persönlichkeit als diesen Händedruck. Diese allzu starken Beweise der Herzlichkeit in diesem übertriebenen Händedruck verraten einen angriffslustigen und herrschsüchtigen Gesprächspartner.

Der Mensch mit dem zu starken Händedruck ist genauso gefährlich wie der Zeitgenosse mit einem allzu weichen Händedruck, der uns zu entgleiten scheint.

Der Psychologe kennt folgende Merksätze:

Der weiche Händedruck

Der leichte, empfindungslose Händedruck, mehr eine Hand, die sich wie ein Stück Stoff in unsere Hand hineinlegt, bekundet fast immer eine Reserviertheit – nicht nur uns gegenüber, sondern gegenüber der ganzen Welt, oft die Reserviertheit des Egoisten, der sich dem anderen zu entziehen versucht.

Die hohle Hand

Eine hohle Hand reicht uns der Mensch, der von vornherein Bedenken hat und Vorbehalte macht, der nicht alles sagen will, was er denkt, der uns mißtraut oder beneidet. Gegenüber Menschen mit hohler Hand sollte man im Umgang vorsichtig sein.

Nur drei Finger

Auch Menschen, die uns nur drei Finger reichen, wobei der Ringfinger und
der kleine Finger leicht zur Handfläche gebogen bleiben, müssen mit größter
Zurückhaltung unter die Charakterlupe genommen werden. Aber während
der Mensch mit den gespreizten Fingern meist von Grund auf gefährlich ist,
kann man von jenem mit dem Dreifingerdruck sagen, daß er meist nur ein-
gebildet ist und glaubt, etwas Besonderes zu sein.

Nur die Fingerspitzen

Jeder von uns erlebte schon Menschen, die uns nur die Fingerspitzen
gaben.

Werden die Finger gespreizt, muß zu äußerster Vorsicht geraten werden,
denn wer so die Hand reicht, will den anderen „mit Haut und Haar
kassieren".

Sind die Fingerspitzen hart und knochig, dann ist der Betreffende meist
geizig und ängstlich, es könnte ihm etwas entgehen.

Sind diese Finger weich, dann gehören sie einem Menschen, der vor der
Welt und vor uns Angst hat.

Handrücken nach oben oder unten

Erwähnen wir noch, daß uns gelegentlich die Hand mit dem Handrücken
nach oben oder mit der Handfläche nach oben gereicht werden kann. Die
mit dem Handrücken nach oben gekehrte Hand will uns beherrschen, und
die umgekehrte Hand (Handfläche nach oben) verrät Unselbständigkeit.
Diese Unselbständigkeit ist oft verbunden mit einer zu großen Offenherzigkeit bzw. Mitteilsamkeit.

Bezeichnendes Händeschütteln

Der Händedruck ist oft bezeichnender für die Persönlichkeit als eine münd-
liche Äußerung. Sonst verschlossene Naturen geben hier oft Einblick in ihre
Charaktereigenschaften und ihr Temperament.

Aber Temperament und Persönlichkeit werden oft auch durch Zugehörigkeit zu bestimmten Rassen oder Kulturen geprägt. So gibt sich der Latein-
amerikaner seinem Partner gegenüber häufig reserviert, während der Nordamerikaner seinem Partner häufig betonte Vertraulichkeit und fröhliche
Offenheit entgegenbringt.

**Abb. 93: HAILE SELASSIE UND
LYNDON B. JOHNSON**

Afro-amerikanische Kultur. Die
schmale Hand des Afrikaners wird
völlig von der des ehemaligen amerikanischen Präsidenten umschlossen.

Abb. 94: DIE ENGLISCHE KÖNIGIN UND EX-PRÄSIDENT NIXON

Angelsächsische Kultur: Förmlichkeit und Abstand. Aber ihr Lächeln ist warm. Der Händedruck ist unverbindlich.

Abb. 95: PRINZ PHILIPP UND WILLY BRANDT

Europäischer Stil. Wie Leichtgewichtler im Ring. Ein Händedruck zwischen Gleichstehenden.

Abb. 98: EX-PRÄSIDENT NIXON UND H. WILSON

Hier zeigt sich stillschweigendes Übereinkommen. Der Händedruck selbst könnte kräftiger sein.

Abb. 96: GENERAL DE GAULLE UND DER PAPST

Kein Judogriff, aber ein dem Protokoll entsprechendes Händeschütteln. Ein seltener Augenblick De Gaullescher Aufgeschlossenheit.

Abb. 97: EX-PRÄSIDENT SVOBODA UND EX-MINISTERPRÄSIDENT KOSSYGIN

Haltung wie hinter dem Eisernen Vorhang und ein eiserner Händedruck. Doch zugleich höfliche Verbeugung und freundliches Lächeln.

Abb. 99: H. WILSON UND EX-STAATSPRÄSIDENT POMPIDOU

Anglo-französische Haltung: Wilson lächelnd und aufrecht. Pompidous Händedruck ist kräftiger.

Die obenstehenden Zeichnungen des Händedrucks bekannter Persönlichkeiten wurden aufgrund einer Vielzahl fotografischer Aufnahmen angefertigt.

Ein Blick auf die Rillen der Fingerspitzen

Wir waren vor ein paar Jahren dabei, als man im Morgengrauen eine Tote
auf den Stufen der Kathedrale von Notre-Dame fand. Sie war gut gekleidet, etwa 35 Jahre alt, aber ihre Haare waren ganz grau. Sie trug keine
Papiere bei sich.

Der hinzugezogene Polizeiarzt betrachtete die Tote. Er suchte nach irgendwelchen besonderen Kennzeichen, die auf die Identität dieser Frau schließen
ließen. Er besah mit der Lupe die Fingerspitzen der toten Frau. Er verglich
die Fingerspitzen der rechten Hand mit denen der Linken.

„Die Tote scheint Linkshänderin gewesen zu sein. Die linke Hand ist stärker
ausgeprägt als die rechte. Die Frau arbeitete vermutlich in einem Laborato-
rium, in dem entweder mit Röntgenstrahlen oder mit radioaktiven Stoffen
umgegangen wird. Nach der Verfärbung der Augäpfel zu schließen, sind
wohl stärkere Verbrennungen im Bereich von Leber und Milz im Sinne
radioaktiver Schäden zu vermuten. Damit wird eine Kreislaufstörung wahrscheinlich, der die Frau wohl zum Opfer fiel."

24 Stunden später wurde durch die Obduktion und die Identifizierung der
Toten bestätigt, was der Polizeiarzt vorher gemutmaßt hatte. Er war kein
Hellseher. Er war kein Prophet.

Die weißen Linien

Er verstand sich lediglich auf gewisse Zeichen, Kenntnisse, die er im Laufe
vieler Jahre erworben hatte. Sein großer Kollege Frederick R. Cherill von
Scotland Yard hatte zuerst darauf aufmerksam gemacht:

„Wenn man einen Toten untersucht, dann sollte man immer darauf achten,
daß normalerweise die linke Hand schneller verfällt als die rechte. Ferner
sollte immer geprüft werden, inwieweit die Fingerabdrücke eines Toten
sogenannte weiße Linien aufweisen, also Striche, die quer durch das Leistenmuster der Fingerbeere hindurchgehen. Wenn sich zu Lebzeiten krankhafte
Organveränderungen abgespielt haben, dann treten diese fast immer in
Gestalt von weißen Linien im Leistenmuster zutage. Jedenfalls habe ich
diese weißen Linien bei 12 bis 25 von hundert aller von mir untersuchten
Personen festgestellt. Der große Unterschied in der Prozentzahl ergibt sich
aus den verschiedenen Altersklassen und aus der Widerstandsfähigkeit, je
nachdem die betreffenden Menschen früh oder spät, nach Generationen
gerechnet, vom Land in die Stadt kamen."

Diese Eröffnung, die Frederick R. Cherill vor einigen Jahren gegenüber
einigen europäischen Kriminalisten machte, war buchstäblich eine Sensation.
Er konnte an riesig vergrößerten Fingerabdrücken nachweisen:

Sogenannte weiße Linien in den Fingerabdrücken treten bei einer ungünstigen Erbanlage mitunter schon wenige Monate nach der Geburt auf.

Die weißen Linien könnten zutage treten, wieder verschwinden, erneut wiederkehren, je nach dem Gesundheitszustand.

Bei spinaler Kinderlähmung treten die Querlinien als scharf markierte Striche auf.

Bei Schädigungen durch Röntgenstrahlen oder Uran sind die weißen Striche häufig so stark, daß die Fingerabdrücke fast unkenntlich werden.

Rückschlüsse auf kranke Organe

Die hohe Bedeutung dieser Feststellung liegt vor allem in der Tatsache, daß man bisher der Ansicht war, das Leistenmuster der Fingerbeeren bleibe nach der Geburt unverändert. Man glaubte sogar sagen zu können, daß die Zahl der Linien sich so vererbt, daß sie mit der des Vaters oder der Mutter übereinstimmt oder eine Zwischenstellung zwischen der Leistenzahl der Eltern einnimmt.

Für uns aber ist bei der Untersuchung der Hände die überraschende Feststellung, daß sogar die Fingerabdrücke sich verändern können, unter ganz anderem Gesichtspunkt von Bedeutung.

Seit die Forschung weiß, daß unsere Haut geeignet ist, alle Absonderlichkeiten des Organismus zu offenbaren, können wir an den verschiedenen Stellen der Haut auf Krankheitszustände in ganz entfernt liegenden Organen schließen.

Wir berühren zum Beispiel eine ganz bestimmte Stelle an unseren Händen, unseren Fingern und können gegebenenfalls, wenn wir die geheimnisvollen Verbindungen kennen, von den Berührungspunkten auf gewisse Krankheiten der inneren Organe Rückschlüsse ziehen.

Unter diesen Voraussetzungen wird uns auch klar, wieso in der chinesischen Akupunktur, die mit silbernen oder goldenen Nadeln arbeitet, die an bestimmten Stellen der Hände und der Füße eingesteckten Nadeln eine unmittelbare Wirkung auf gewisse erkrankte Organe haben können.

Fingerabdrücke – Analyse der Bögen, Schleifen und Wirbel

Aufgrund jahrelanger Beobachtungen und Vergleichsuntersuchungen glauben Spezialisten für Fingerabdrücke ermittelt zu haben, daß sich Fingerabdrücke auch charakterologisch auswerten lassen.

Wir bringen nachstehend einige Analysen, die die wichtigsten Bögen, Schleifen, Wirbel und Kombinationen zwischen Schleifen, Bögen und Wirbeln behandeln.

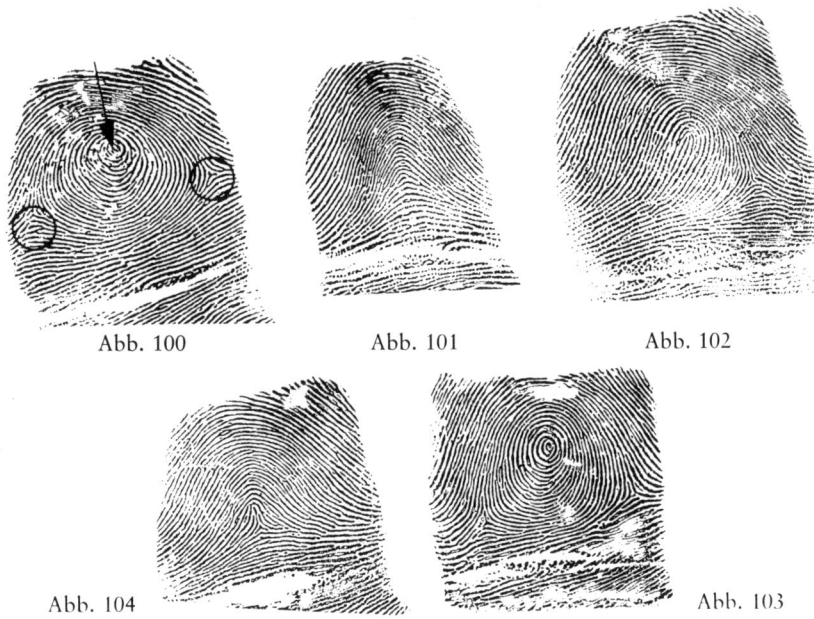

Abb. 100   Abb. 101   Abb. 102

Abb. 104   Abb. 103

1. *Wirbel* (Abb. 100)

   Widerstand gegen das Traditionelle, Lebensführung nach eigenen, meist oppositionellen Gesichtspunkten, starke Widerstandskraft, aber gepaart mit diplomatischer Anpassungsfähigkeit. Verschwiegenheit. Gefahr durch physische und psychische Überlastung. Gepflegtheit, Zivilisation, Kultiviertheit.

2. *Bögen* (Abb. 101)

   Tendenz zur Führung und Beherrschung der Umwelt, erwachsend aus Komplexen, die bei stärkerer Vereinsamung zu Depressionen führen. Häufig Anfälligkeit für Infektion durch naturgegebene Verweichlichung.

3. *Schleifen* (Abb. 102)

   Konzentrationsfähigkeit unter beruflichem oder durch die Lebensumstände bedingtem Zwang. Leichte Beeinflußbarkeit, Freigebigkeit bis zur Verschwendung. Neigung zu Schlaflosigkeit und den daraus erwachsenden Störungen des Allgemeinbefindens, vor allem nervöse Magenbeschwerden.

4. *Kreuzung Bogen mit Schleife* (Abb. 103)

   Nervöse Übererregbarkeit, starkes Empfindungsleben, Empfindlichkeit gegenüber dem, was die Welt kritisch sagen könnte. Tendenz, sich beleidigt oder zu scharf beobachtet in die Einsamkeit zu flüchten. Dadurch Leber-Gallen-Beschwerden, weil aller Ärger und Unmut „geschluckt" wird.

5. *Kreuzung Wirbel mit Bogen* (Abb. 104)
Starke Tendenz zu Harmonie in bezug auf Formen und Farben sowie Musik. Guter, gepflegter Geschmack. Hohe Sensibilität mit gereizter Reaktion auf Schwierigkeiten des Alltagslebens. Starke Belastung durch Komplikationen, die sich aus der Umwelt ergeben können und dementsprechend Rückwirkungen auf das vegetative System.

Hand-, Finger- und Nagel-Anomalien

Um die Übersicht zum Thema der Zeichen an und in der Hand aufgrund von Anomalien der Finger und der Nägel abzuschließen, geben wir nachstehend eine interessante Übersicht, die auf den Erkenntnissen des amerikanischen Arztes Dr. Fred Frosner beruht.

Nervöse Erschöpfung (Abb. 105)
Wenn der Mittelfinger übermäßig lang, der kleine Finger aber zu kurz ist, liegt sehr häufig eine starke Neigung zu nervösen Depressionen und nervöser Erschöpfung vor, vor allem dann, wenn die Hand bei Berührung sehr kalt erscheint und wenn sich auf den Nägeln weiße Flecken zeigen.

Blutarmut (Abb. 106)
Die Nägel erscheinen in ihrem Mond, also am untersten Teil des aus dem Nagelbett herauswachsenden Nagels, blaß. Die Nägel zeigen außerdem die Tendenz, sich zur Tiefe auszubuchten – so als ob die Blutversorgung unter den Nägeln nicht ausreichen würde, um die Nägel zu ernähren und den Organismus in seinem Kalkhaushalt im Gleichgewicht zu halten. Meist erscheint auch die Hand zu blaß, verglichen mit der normalen rosa Farbe, die vor allem das Handinnere aufweisen müßte.

Krampfadern (Abb. 107)
Wenn ein Finger, vor allem der Ringfinger, besonders stark entwickelt ist und über die anderen Finger hinausgeht, besteht fast immer eine Tendenz zu Venenerweiterung, zu Krampfadern.

Herzstörungen (Abb. 108)
Wenn die Finger in ihrem Endglied sogenannte Trommelschlegelform aufweisen und sehr breit erscheinen, ist dies sehr häufig ein Zeichen von Herz-

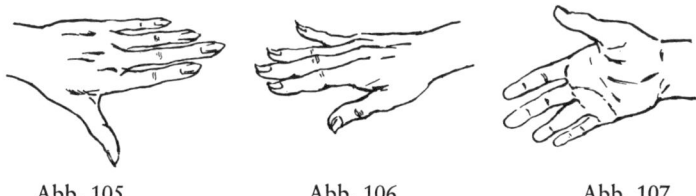

Abb. 105   Abb. 106   Abb. 107

störungen. Dies ist vor allem dann der Fall, wenn die Hände sehr kalt
erscheinen, die Nägel bläulich sind und bei Fingerabdrücken merkwürdige
Dreiecksformen zu beobachten sind.

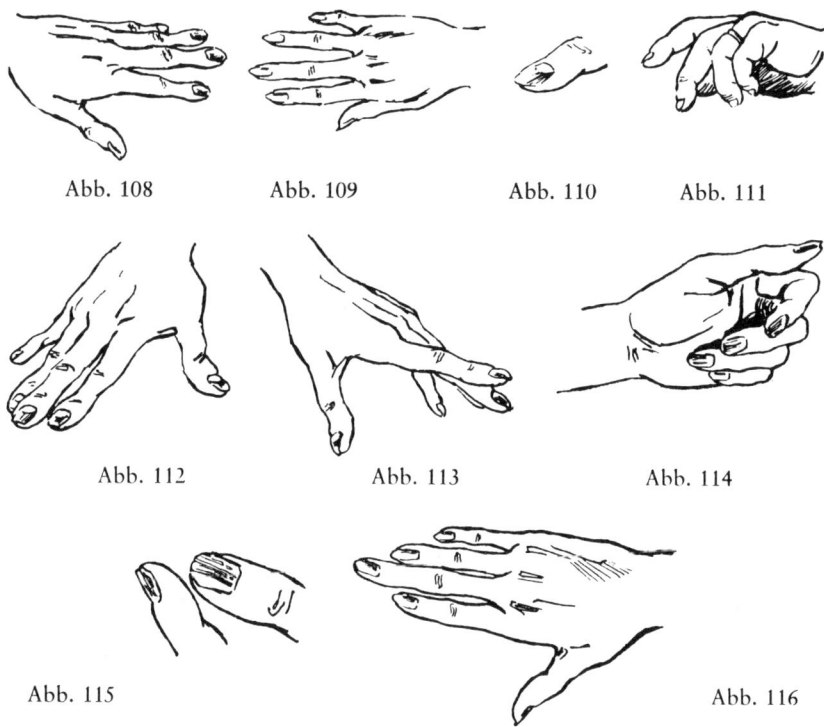

Abb. 108   Abb. 109   Abb. 110   Abb. 111

Abb. 112   Abb. 113   Abb. 114

Abb. 115   Abb. 116

Frauenleiden bzw. Prostataveränderungen (Abb. 109)
Wenn die Finger ungewöhnlich kurz sind, vor allem der kleine Finger, wenn
die Nägel in Fächerform wachsen und der Nagelmond kaum in Erscheinung
tritt, ist fast immer mit einer Störung im Bereich der weiblichen Fortpflan-
zungsorgane und beim Mann im Bereich der Hoden und der Prostata zu
rechnen.

Übermäßige Schilddrüsenfunktion (Abb. 110)
Wenn die Nägel sehr lang, gleichzeitig aber sehr schmal sind und der Mond
ungewöhnlich breit erscheint, dürfte die Schilddrüse zu stark funktionieren.

Unterfunktion der Schilddrüse (Abb. 111)
Laufen die Finger konisch zu und zeigen sich auf den Nägeln bemerkenswert starke Längslinien, machen die Finger ferner den Eindruck, aufge-
quollen zu sein, kann man mit einer Insuffizienz der Schilddrüse rechnen.

Störungen im Bereich der Lungen (Abb. 112)

Wenn die Finger eine Tendenz zur Trommelschlegelform aufweisen, im zweiten Fingerglied aber sehr schmal werden, muß mit Störungen im Bereich der Lungen gerechnet werden.

Schwache Lungenfunktionen (Abb. 113)

Sind die Nägel gewölbt und erscheinen sie blau, dürfte eine Unterfunktion im Bereich der Lungen vorliegen. Man beobachtet die Disposition zu solchen Nägeln oder die nachträgliche Entwicklung derartiger Nagelformen bei Personen mit Emphysemen.

Rheumatismus (Abb. 114)

Sind die Hände sehr trocken und die Nägel gestreift, besteht eine permanente Gefahr zu einem infektiösen Rheumatismus, der den Träger solcher Hände mehr oder weniger kurzfristig befallen kann.

Gefährliche Neigung zum chronischen Rheumatismus (Abb. 115)

Wenn die Nägel in ihrer ganzen Länge mit Längsstrichen markiert sind und außerdem Neigung zeigen, hier und da sich zu spalten, als wollten sie aufbrechen, muß mit einer verstärkten Disposition zum Rheumatismus, und zwar zum chronischen Rheumatismus gerechnet werden.

Eingeweidestörungen (Abb. 116)

Wenn der Mittelfinger zu lang ist, liegen sehr häufig Eingeweidestörungen vor, die zeitweilig in schwere Koliken ausarten können, gleichzeitig aber häufig mit einer Disposition zu Steinbildungen verbunden sind.

Was Gang und Füße verraten

In Ostasien, wo viele Millionen Menschen ohne Schuhwerk gehen, kamen die Charakter- und Schicksalsforscher zuerst auf den Gedanken, aus den Linien, die man in den Fußsohlen findet und die weitgehend mit den Handlinien übereinstimmen, eine Analyse des Charakters abzuleiten.

Wir fügen Deutungen hinzu, die aus Schritt und Gang abgeleitet werden.

Eindeutige Erkenntnisse

Was bedeutet es, wenn jemand ausschreitet, als habe er Blei in den Füßen, während ein anderer verspielt tänzelnd auf leichten Sohlen über die Straßen geht?

Der Mensch mit dem schweren Schritt sucht seine Unabhängigkeit, seine Selbständigkeit. Aber er fürchtet die Einmischung des anderen in sein Leben.

Wer leicht ausschreitet, neigt zu einer optimistischen, oft sogar euphorischen Beurteilung seiner Lage und seiner Beziehungen zur Umwelt.

Setzt jemand beim Gehen die Fußspitzen nach innen, dann sind die angedeuteten Eigenschaften um so stärker vorhanden und entwickeln sich unter
Umständen zu mißtrauischer Besitzgier, verbunden mit Eifersucht.
Sind die Fußspitzen nach außen gesetzt, dann kann der betreffende Mensch
nicht ohne liebenswerten Kontakt mit der Umwelt sein.

Schritt

Die Analyse des Schrittes kann zur charakterlichen Beurteilung eines Menschen nur dann beitragen, wenn man seinen Normalgang beobachtet.
Natürlich darf der Gang nicht nur Ausdruck einer zufälligen Stimmung sein
– wie zum Beispiel langsames und gemessenes Gehen beim Nachdenken,
schnelles Vorwärtsstürmen bei leidenschaftlicher Erregung, zögerndes Ausschreiten bei Trauer und Schmerz.
Berücksichtigen wir diese Vorbehalte, dann ergeben sich aus der Schrittanalyse folgende Schlüsse:

Kurze Schritte: übergroße Vorsicht oder Schwäche.

Kleine trippelnde Schritte: nervöse Ungeduld, Kleinlichkeit.

Kleine langsame Schritte: Nervenschwäche, Übermüdung oder konstitutionell bedingte Trägheit, die nicht mit Faulheit verwechselt werden darf.

Langsame mittelgroße Schritte (mit gehobenem Kinn): Geltungssucht, häufig
Eitelkeit, hochmütiges Wesen gegenüber der Umwelt.

Gang

Der Gang ist der zur Gewohnheit gewordene Schritt. Der Gang ist die
längere Ausführung des Schreitens, die immer wiederkehrende Art und
Weise, wie jemand geht, wobei also Stimmungsauswirkungen oder Augenblicksnotwendigkeiten nicht als Antriebsfaktoren in Frage kommen.

Fester und sicherer Schritt: viel Energie, Mut, Gewissenhaftigkeit, aber auch
Verschlossenheit und Unberechenbarkeit.

Fester und würdiger Schritt: echtes oder gekünsteltes Selbstbewußtsein, fast
immer leicht verletzbar, immer mit einem starken Hauch von Vornehmheit.

Schwerfälliger Gang mit starker Bewegung des Oberkörpers: Energie und
Festigkeit, meist verträglicher Charakter, aber Mangel an Phantasie, nicht
aus der Ruhe zu bringen, phlegmatisch.

Unsicherer und scheuer Schritt: Mißtrauen, Furchtsamkeit, unsicher in den
Entschlüssen, Neigung zu Schwermut oder Romantik, übermäßig sorgenvolle Einstellung gegenüber Alltagsumständen des Lebens.

Der Arzt sieht es sofort

Mancher Patient wird sich schon gewundert haben, daß der Arzt, zu dem
er sich zur Untersuchung begab, ihm anscheinend „aus dem Handgelenk"
heraus sagen konnte, woran er leidet, welche Schmerzen er fühlt, welche
Symptome sich bei ihm am Tage oder in der Nacht einstellen.

Das Geheimnis dieser „Hellsichtigkeit" erklärt sich aus der Tatsache, daß der Arzt tatsächlich weiß, was man aus Schrittlänge, Gangbreite, Sicherheit, Einhaltung der Richtung, Geschwindigkeit und Gleichordnung der Nebenbewegungen, z. B. der Arme, zu schließen vermag.

Ataktischer Gang: breitspurig und schleudernd, immer verbunden mit einer Störung der Koordination, also der Gleichschaltung der übrigen Körperbewegung, was eigentlich immer auf Störungen im Gebiet des Wirbelkanals oder im Gehirn schließen läßt.

Spastischer Schritt: steif, schlürfende Fußsohle mit schleifendem Geräusch. Der ganze Körper wippt beim Schritt mit. Diese Kennzeichen lassen auf die Möglichkeit multipler Sklerose, einen Restzustand nach Hirnhautentzündungen, auf Parkinsonsche Krankheit schließen.

Watschelnder Gang: vor allem zu beobachten bei Erkrankungen oder Verrenkungen im Hüftgelenk, bei Frauen, die mehrere sehr schnell aufeinanderfolgende Schwangerschaften durchmachten, hochgradige Kalkarmut, Folgeerscheinungen der spinalen Kinderlähmung, der Beriberi und des Muskelschwundes.

Fußformen verraten viel

Versuchen wir nun, den Fuß des Menschen zu untersuchen. Wir unterscheiden, wie wir alle wissen, große und kleine Füße, die eine gewisse Bedeutung haben, wenn der Fuß abnorm klein ist, verglichen zur sonstigen Körpergröße. Aber die Deutungen gehen bei fast allen Diagnostikern stark auseinander.

Elementarer Fuß (Trampelfuß, natürlicher Plattfuß – Abb. 117). Das ist ein Zeichen für fehlende feine Gefühlsäußerung, meist mittelmäßige geistige Begabung, häufig verbunden mit langen Armen und sehr groben Händen.

Plattfuß (krankhafte Bildung – Abb. 118), der im Laufe der Entwicklung oder durch den Beruf entstand und sich aus einem „Einbruch" des Mittelfußes entwickelte. Da jeder Beruf, jeder Menschentyp bei entsprechender Belastung davon betroffen sein kann, sind Rückschlüsse nicht möglich.

Motorischer Fuß (Abb. 119), zu beobachten bei kräftigen Menschen mit harmonischem Körperbau. Man beobachtet fast immer einen starken Hang zur Eigenentwicklung, Geradheit, zu natürlichem Wesen. Dieser Fuß kann heutzutage oft bei Männern und Frauen beobachtet werden.

Athletischer Fuß (Abb. 120) kommt eigentlich nur beim Mann vor oder bei sehr maskulinen Frauen. Charakteristika: harter Wille, aufbrausendes Wesen, schnelles Urteil, wenig Phantasie, aber meist rücksichtloser scharfer Verstand, Überbewertung von Äußerlichkeiten.

Motorisch-sensibler Fuß, zu finden bei zart gebauten Männern und Frauen. Häufig zu beobachten bei geistig hochbegabten Personen mit starken wissenschaftlichen oder künstlerischen Begabungen.

Leichter Tanzfuß (Abb. 121) entspricht dem motorisch-sensiblen Fuß, ist aber noch weicher, zarter und empfindlicher. Man sieht diesen Fuß bei Personen mit sehr hingebungsvollem Charakter, bei Frauen mit einem zarten mütterlichen Wesen.

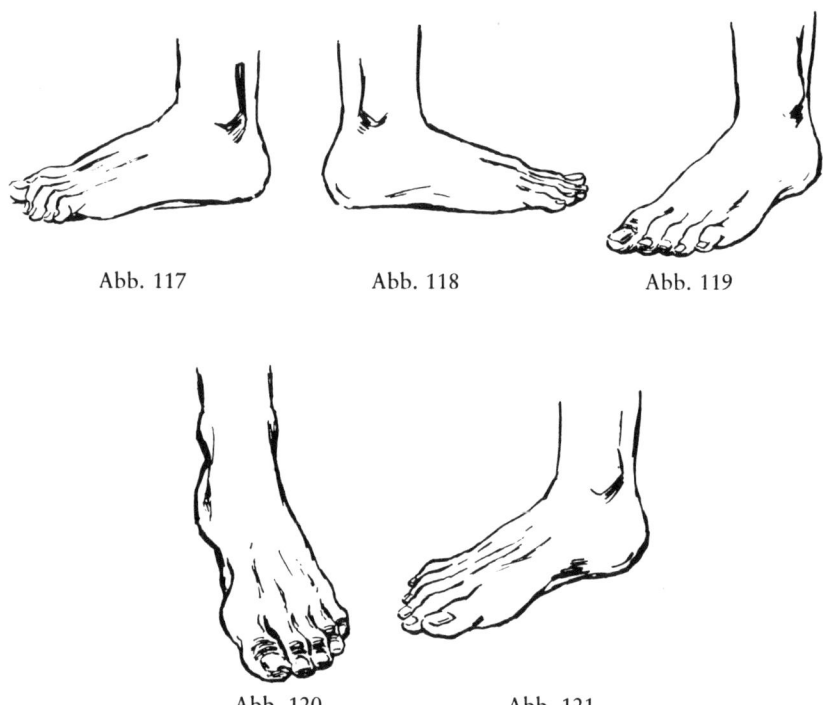

Abb. 117   Abb. 118   Abb. 119

Abb. 120   Abb. 121

Schauen wir unter die Fußsohle, dann erkennen wir in vielen Fällen mit Erstaunen, daß die Fußsohle eine genauso feine Linierung aufweist, wie wir es in der Hand des Menschen beobachten.

Das Bild, das sich uns bietet, ist um so klarer, je jünger der Mensch ist, dessen Fuß wir unter die Lupe nehmen. Bei einem Kleinkind, bei einem Säugling ist tatsächlich die Zeichnung so überraschend vielgestaltig wie in einer Hand.

Folgen wir den Feststellungen der Anthropologen, dann sind wir die Nachfahren von warmblütigen Lebewesen, die einmal auf allen vieren gewandelt sind. Als der Mensch sich dann aufrichtete und aus der horizontalen in die vertikale Haltung ging, mußte er einen größeren Halt suchen, als er ihn ursprünglich auf seinen „Hinterpfoten" hatte und benötigte.

Die Fußlinien

Die Anthropologen wissen, daß der Mensch ursprünglich auf seinen Ballen lief. Daher erklärt es sich wohl auch, daß es Frauen gibt, die auf sehr hohen Absätzen ausgezeichnet gehen können und sich bei diesem Gang sogar wohler fühlen, als wenn sie flache Absätze tragen. Es handelt sich um die Wiederherstellung der Streckung der Bauchmuskulatur entsprechend dem früheren Gang auf dem Fußballen.

In jener Zeit, als die Menschen noch „Ballengänger" waren, berührten sie also wirklich den Boden nur dann mit den Fersen, wenn sie sich in Ruhestellung setzten.

Bei der Betrachtung der Fußlinien (Abb. 122) müssen wir also vor der Ferse schon einen Abschluß ziehen, weil die Ferse bereits zu unserem Fußgelenk gehört.

Ein Vergleich läßt sich sehr einfach herstellen:
Wir haben, wenn wir unsere Hand betrachten, unterhalb der eigentlichen Handfläche ein sogenanntes „Armband", das meist aus zwei oder drei Linien besteht, die von der einen Seite des Handgelenks zur anderen verlaufen.

Ein solches „Band", das in diesem Fall freilich „Fersenband" (E) heißen muß, finden wir auch unter der Fußsohle, und zwar meist als Abschluß des letzten unteren Viertels. Oberhalb dieses „Fersenbandes" baut sich dann die eigentliche Linierung des Fußes auf:

Die *Lebenslinie* (A), die sich unter den Füßen unterhalb der zweiten großen Zehe entwickelt und die Fußlinie nach unten durchschneidet. Aber sie geht meist nicht bis in die zweite Zehe hinein, sondern verläuft mit einem kleinen Schwung in Richtung der großen Zehe.

Die *Schicksalslinie* (B) ist meist sehr kurz und geht an der Gabelung der Lebenslinie in Richtung der vierten Zehe seitlich ab. Aber man sagt in der Deutung der Schicksalslinie unter der Fußsohle, daß unter dem Fuß die Schicksalslinie und die Lebenslinie viel enger zusammenlaufen oder parallel laufen, als es in der Hand der Fall ist.

Die *Kopflinie* (C) entspringt auf dem äußeren Fußrand unter dem Ballen, der zur großen Zehe gehört, und führt zur anderen Fußseite hinüber. Die Kopflinie ist fast immer unterbrochen, bestimmt aber immer dann lücken- oder fehlerhaft, wenn nervöse Störungen vorliegen, die sich auch auf den Gang auswirken.

Die *Herzlinie* (D) beginnt unter der kleinen Zehe, und zwar unterhalb des Ballens, der zu dieser kleinen Zehe hinzugehört, und führt von dort aus zum Ballen der großen Zehe hinüber. Die Herzlinie unter der Fußsohle ist das Zeichen für den Grad der einwandfreien Durchblutung der unteren Extremitäten, ein Vorgang, der vor allem bei Frauen meist viel zu wünschen übrigläßt.

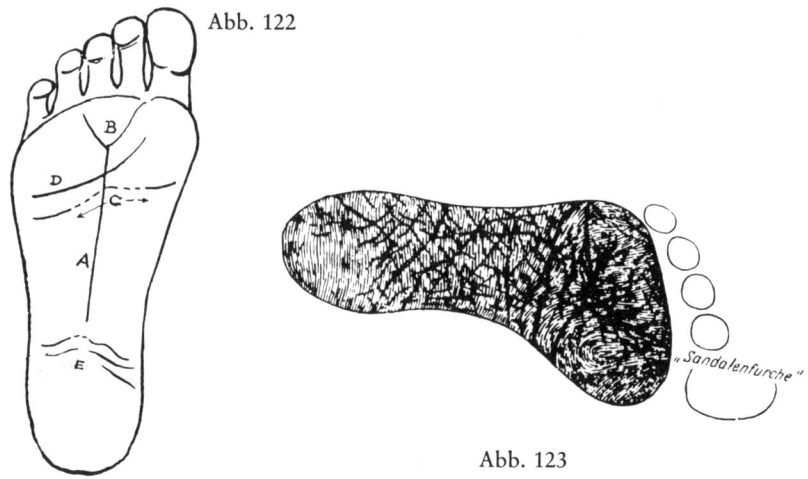

Abb. 122

Abb. 123

Im übrigen können die Fußlinien und die Handlinien in ihrer Deutung etwa gleichgesetzt werden, freilich mit dem Vorbehalt, daß die Linien unter den Füßen fast nie auf psychische Vorgänge hindeuten, sondern eigentlich immer nur auf rein physiologische Tatsachen, auf die Einstellung des Menschen zu der Lebenssituation, in die er hineinversetzt ist, auf die Art und Weise, wie er ausschreitend sein Leben zu bewältigen vermag.

Der unmittelbare Zusammenhang zwischen Gang, Fußform, Charakter, Wesensart und den Schuhen ist unverkennbar.

Prof. Dr. med. W. Hirsch, Berlin, hat Papillaren und Furchen, wie er die Linien an Händen und Füßen nennt, auch an den Füßen genau untersucht. Er fand bei Mißbildungen, Mängeln und Abwegigkeiten der körperlichen und geistigen Entwicklung häufig am Fuß eine tiefe Linie zwischen der großen Zehe und der zweiten Zehe, die bei normalen Menschen kaum zu beobachten ist. Er nannte sie Sandalenfurche (Abb. 123).

Charakter aus dem Skelett abgelesen

Der französische Biologe Robinow hat einen Fotoapparat konstruiert, der imstande sein soll, von jedem Menschen innerhalb weniger Sekunden Aufnahmen herzustellen, die nichts anderes wiedergeben – als das vollständige Skelett der betreffenden Person. Die Aufnahmen dieser menschlichen Skelette sind nicht etwa schattenhaft und verschwommen wie bei einem Röntgenbild, sondern scharf umrissen, so daß jeder Knochen zu erkennen ist.

Robinow versichert, daß die erwähnten Aufnahmen nach seiner Ansicht zur Identifizierung einer Person, zur Ausfertigung eines Steckbriefs besser geeignet sind als Fingerabdrücke und andere Hilfsmittel der Polizei. Ein Irrtum bei der Identifizierung einer Person sei vollkommen ausgeschlossen.

Aber – darüber hinaus glaubt Robinow, daß durch vergleichende Aufnahmen das Zusammenpassen von Menschen – also Steckbriefe für Heiratskandidaten – ermittelt werden kann. Es geht nicht nur um das körperliche Zusammenpassen, obwohl auch dieses bei der Auswahl eines Partners oder einer Partnerin in Zukunft von größter Bedeutung sein kann, sondern die Paßformen sind auch für die psychischen Veranlagungen der Partner notwendig. Damit kommt Robinow zu der interessantesten Seite seiner Erfindung.

Folgt man den Überlegungen Robinows, dann ist die moderne Seelenforschung mit Einschluß der Psychoanalyse so lange eine Teilwissenschaft, als die Psychologen bei der Beurteilung eines Menschen nicht auch das Knochengerüst zu Rate ziehen. Denn in diesem Knochengerüst kann man oft mit einem Blick älteste vererbte Deformationen ablesen.

Jeder Mensch bringt im Augenblick seiner Geburt nicht nur charakterliche, sondern auch konstruktive Verformungen mit, zwischen denen dann eine Parallele zu ermitteln ist. Man weiß, daß zwischen den Ausmaßen eines Schädels und der Breite eines Brustkorbs Proportionen regieren können, die sich auch in charakterlicher Beziehung – engstirnig bis engbrüstig in psychischem Sinn – abzeichnen.

Erkennt man auf den ersten Blick die Deformationen eines Skeletts, dann ist der Blick in die Psyche viel weniger schwer.

Ein paar Beispiele:
– Menschen mit Rückgratverkrümmungen, mit kurzen Beinen oder übermäßig langen Armen haben immer einen anomalen Charakter, der aus dem Skelett abgelesen werden kann, selbst wenn ein genialer Schneider die Mängel des Skeletts tarnte.

– Man kann aber auch aus dem Skelett einer jungen hübschen Frau ablesen, daß diese Frau ein fröhliches Temperament hat, aber sehr leicht in Wut gerät, die zum Beispiel bedingt ist durch eine bestimmte Verformung des Brustkorbs.

Man hat Gegenversuche gemacht: Skelettspezialisten war es möglich, nur nach dem Knochenbau von einem Menschen zu sagen, daß er zu Lebzeiten starke dichterische Qualitäten hatte.

Einem Kind kann man zum Beispiel voraussagen, daß sportliche Talente überwiegen werden.

Noch ist die neue Lehre von der Psychoanalyse des Skeletts bzw. von der kombinierten Psychoanalyse in den Kinderschuhen; aber schon zeichnet sich eine neue Wissenschaft ab. Das Ziel ist die Enthüllung des Charakters, die klarere Erkenntnis unserer selbst.

Gestörte Proportionen an Armen und Beinen

Alles was am Menschen disproportioniert ist, stört uns und ist unschön. Was unschön oder gar häßlich erscheint, ist oftmals in seinen Untergründen krank oder ungesund. Das lernt man schon in der Physiognomik, im Studium des Charakters nach den Gesichtszügen. Dieses Wissen gilt für alle Verhältnismaße zwischen den Gliedmaßen und dem Rumpf. Sind diese Maße in Unordnung, dann deuten sie unter Umständen auf fehlende Harmonie der geistigen und charakterlichen Qualitäten hin. Zu diesen Erkenntnissen kommen die Psychologen in Zusammenarbeit mit Ärzten und – Künstlern. Aus sorgfältigen Vergleichen ließen sich schon früh Schlüsse ziehen, die in jüngster Zeit durch die psychologische Forschung ergänzt und bestätigt wurden.

Je vollkommener die Proportionen, die Verhältnisse zwischen Armen und Beinen, zwischen den Gliedmaßen und dem Rumpf sind, um so höher liegen die Leistungen des betreffenden Organismus.

Sportärzte haben dies in umfangreichen Untersuchungen festgestellt. Sie analysierten mit Hilfe von Filmstreifen, daß ein hervorragender Schnelläufer nicht nur über ausgezeichnete Proportionen in den Abmessungen der Gliedmaßen im Verhältnis zum Körper verfüge, sondern auch, daß aus diesen Proportionen eine Intelligenz zu erwachsen pflegt, die dem Sportler eine taktische Überlegenheit verleiht.

Zu lange oder zu kurze Arme

Es ist seit langem bekannt, daß die Disharmonie zwischen Rumpf und Armen oft mit einer Beeinträchtigung entweder der geistigen Qualitäten oder aber des Charakters einhergeht.

Die psychologische Erklärung läuft, selbst wenn wir eine direkte Beeinflussung des Gehirns durch die disproportionierten Gliedmaßen außer acht lassen, darauf hinaus, daß der Mensch, der weiß, daß er mit falsch proportionierten Armen zur Welt kam, unter Komplexen leidet. Diese Komplexe muß er ausgleichen. Dies geschieht, indem er rücksichtslos, eventuell mit Verschlagenheit, immer aber mit Feindseligkeit gegenüber der normal geformten Menschheit seinen Kampf führt, seine Siege erringt und seine Triumphe feiert.

Grundsätzlich lassen sich in bezug auf die Arme folgende Erfahrungsrichtlinien aufstellen:

Arme

lang, muskulös: Kraft, nüchterne Überlegung, meist erhebliche Geschicklichkeit in sportlichen oder technischen Dingen;

lang, hager: gesunde Lebensauffassung, männliches Verhalten, kühle Überlegung, kaum Neigung zur Romantik;

kurz und weichlich: verfeinertes, eventuell feminines Wesen beim Mann;
kindliche Einstellung zu den Lebensproblemen bei der Frau – Eigenarten,
die Intelligenz, Unternehmungsgeist oder beim Mann z. B. Mut keineswegs
auszuschließen brauchen;

kurz, knochig: ausgeprägter Unternehmungsgeist, Kühnheit bis zur Verwegenheit, schneller Entschluß und kaltblütige Beherrschung technischer
Apparaturen, selbst in kritischen Situationen;

krumm, wie verbogen: oft bei anmaßend auftretenden Personen, die sich
durch ihren Neid und durch ihren Hochmut unbeliebt machen;

stark behaart: beim Mann keineswegs ein Zeichen für ausgeprägte Männlichkeit, sondern oft Kennzeichen für Unbeständigkeit des Charakters und
Flatterhaftigkeit in der Liebe; bei Frauen Neigung zur Klatschsucht.

Seltsam verbogene Arme mit starker Behaarung, auch wenn diese Haare
rasiert oder gebleicht werden, beobachtet man z. B. bei jenen „Klatsch-
basen" der Gesellschaft, die auf der Welt soviel Unheil anrichten.

Auf die Schenkelmaße kommt es an

Beobachten wir die mangelhaften Proportionen eines Menschen, sehen wir
jemanden, der nach unserem Gefühl und unserer Schätzung einen viel zu
langen Oberkörper und zu kurze Beine hat, dann sind es fast immer die
Oberschenkel, die Oberschenkelknochen, die zu kurz geraten sind.
Nur in seltenen Fällen, wenn eine Störung im Bereich der Hypophyse vorliegt, wenn also wahrscheinlich schon die Gene geschädigt waren oder wenn
im Laufe der frühesten Entwicklung die Ausschüttungen der Hypophyse
nicht normal verliefen, entwickeln sich die Unterschenkel kürzer als die
Oberschenkel.
Grundsätzlich läßt sich in bezug auf die Beine folgendes feststellen:

Schenkel

Oberschenkel lang (Abb. 124): starke Individualität, ausgeprägte Eigen-
persönlichkeit.

Oberschenkel schlank, knochig (Abb. 125): männliche Art, energisches Auftreten, Selbstbehauptung bis zur Rücksichtslosigkeit.

Oberschenkel weich, fleischig, dick (Abb. 126): Weichlichkeit, feminines
Wesen, meist verbunden mit einem starken, manchmal hemmungslosen
Gefühlsleben.

Unterschenkel lang und dünn: Fehlen des rein persönlichen Charakters, der
Selbständigkeit, des Willens, sich durchzusetzen.

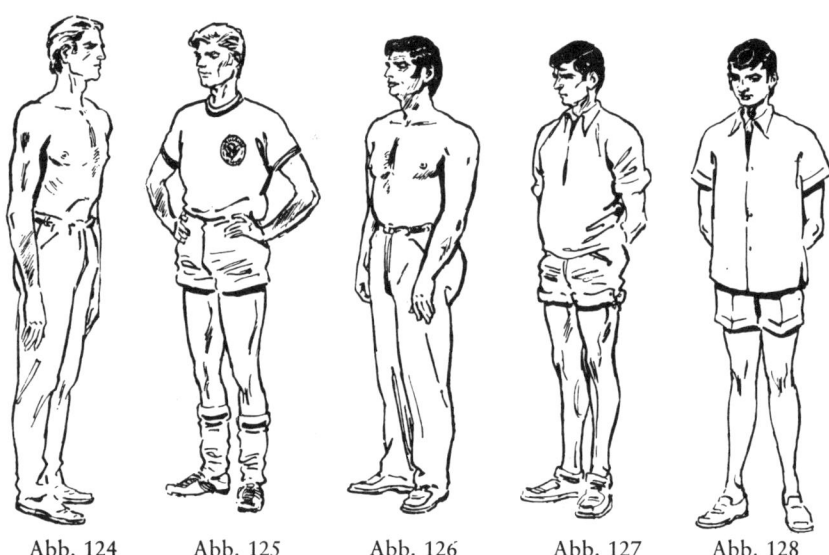

Abb. 124   Abb. 125   Abb. 126   Abb. 127   Abb. 128

Unterschenkel länger als der Oberschenkel (Abb. 127): Individualität ist nicht ausgeprägt, der Mensch neigt dazu, in das Herdenniveau abzusinken, wenn die Umstände für seine Entwicklung nicht besonders günstig sind.

X-Beine (Abb. 128): typisch weibliche Eigenart, bei der Frau bis zu einem gewissen leichten Grad naturbedingt, sofern dieser Zustand nicht durch rachitische oder tuberkulöse Knochenveränderungen bedingt ist.

Beim Mann sind X-Beine fast immer ein Zeichen für Nachgiebigkeit, Weichheit in der Einstellung zur Umwelt, oft feminines Verhalten.

Wir können aber die Schenkel, die Unterschenkel und die Füße immer nur in ihrer Gesamtheit und im Verhältnis zu den Maßen des Rumpfes, des Körpers an sich und darüber hinaus im Verhältnis zu den Armen bewerten.

Es fällt auf, daß Menschen mit langen „hochgezüchteten" Beinen oft zwar nach außen einen sehr guten Eindruck machen, in der praktischen Bewältigung des Lebens aber hinter den Menschen mit mittellangen und kurzen Beinen zurückstehen.

Ein Blick auf die Beine der Frauen

Wir wissen, daß die Beine bei Mann und Frau sehr unterschiedlich geformt sein können. Männerbeine sieht man, wenn nicht am Strand oder beim Sport, freilich seltener. Die Beine der Frauen sind unseren Blicken tagtäglich ausgesetzt. Die vergleichende Menschenkunde weiß zu den Beinformen als Grundlage einer Charakteranalyse zu sagen:

Kurze Beine (Abb. 129): Eine Frau mit zu kurzen Beinen sollte man immer mit allergrößter Vorsicht behandeln. Denn es besteht die Neigung, Eigensinn mit Willensstärke, Starrköpfigkeit mit Energie zu verwechseln. Die Beharrlichkeit, die oft sogar angesichts nachweisbarer Irrtümer an den Tag gelegt wird, kann ernste Folgen haben.

Beine mit runden Waden (Abb. 130): Frauen mit Beinen, deren Waden gut gepolstert sind, dürften gleichzeitig anschmiegsam und angriffslustig sein. Der Charakter ist nicht einheitlich, sondern schwankend. Ebenso ist es mit der Gesundheit. Aber die gesundheitlichen Störungen sind nur selten ernster Natur. Der Appetit ist meist ausgezeichnet.

Schlanke Beine (Abb. 131): Man muß zwischen schlanken und mageren Beinen unterscheiden. Schlanke Beine verraten einen lebhaften Charakter, einen häufig scharfsinnigen Geist, starke Widerstandskraft gegenüber Krankheiten, aber auch eine Neigung zur Nervosität, die nicht immer in Schach gehalten werden kann. Alles was erregt und aufregt, sollte man Frauen mit solchen Beinen fernhalten.

Zu dünne Beine (Abb. 132): Wenn die Beine stockig, also zu dünn erscheinen, ist häufig auch der Charakter nicht so, wie er sein sollte, um mit der Umwelt in gutem Einvernehmen zu leben. Die Gesundheit ist nicht schlecht, aber die Menschen, Mann und Frau, mit dünnen Beinen kränkeln immer ein wenig. Sie sollten ihrer Ernährung mehr Aufmerksamkeit widmen.

Sehr lange Beine (Abb. 133): Lange Beine gehören Frauen mit Ehrgeiz. Um ehrgeizig zu sein, muß man eine eiserne Gesundheit haben. Denn sonst gehen die Anforderungen über die Widerstandskraft hinaus. Eine Nahrung, die reich ist an Mineralsalzen, wird dringend empfohlen.

Abb. 129   Abb. 130   Abb. 131   Abb. 132   Abb. 133   Abb. 134

Dicke, zu starke Beine (Abb. 134): Sind die Beine zu stark, dann ist eine
Frau zumeist herrschsüchtig, vielleicht auch etwas rauh im Umgang mit den
Personen ihrer nächsten Umgebung. Die Gesundheit ist ausgezeichnet; aber
es besteht die Neigung, jene Kalorientabelle Tag für Tag zu überschreiten,
die der Arzt den Frauen mit dicken Beinen immer wieder zu beachten
empfiehlt.

Was der Blick auf die Knie verrät

Bei den Knien ist es wie mit anderen Körperteilen, die in der Charakteranalyse als Indiz für diese oder jene Neigung oder Schwäche zitiert werden:
Man darf sich nicht auf ein einziges Anzeichen stützen, sondern man muß
immer versuchen, andere Merkmale zum Vergleich heranzuziehen, um entweder ein vorschnelles Urteil abzuschwächen oder aber den bereits gewonnenen Eindruck zu untermauern.

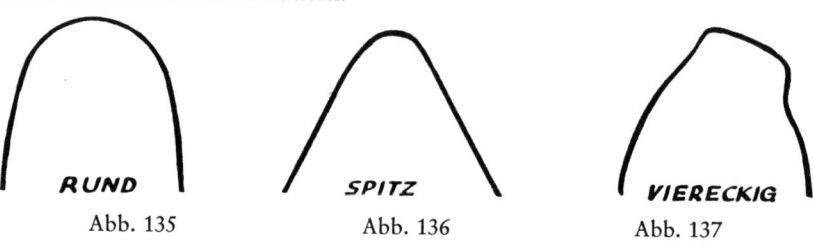

RUND   SPITZ   VIERECKIG
Abb. 135   Abb. 136   Abb. 137

Runde Knie (Abb. 135): Sie gehören Menschen, die weich oder auch weichlich sind, in jeder Weise fraulich bzw. feminin, empfindlich bis zur hochgradigen Sensibilität, die bisweilen sogar über das Maß des Erträglichen
hinausgeht. Wir vermerken ausdrücklich, daß auch viele Männer runde Knie
haben, denen man sonst eine feminine Note nicht nachsagen kann.
Spitze Knie (Abb. 136): Wenn ein Knie von oben betrachtet spitz erscheint,
gehört es fast immer einer Person, die schnell gereizt ist, hysterisch aus-
schlägt, nervös reagiert bis zur überspannten Angriffslust. Es empfiehlt sich,
Frauen mit spitzen Knien – aber auch Männern, bei denen man solche Knie
feststellt – mit Zurückhaltung zu begegnen, sie also möglichst in Ruhe zu
lassen und ihnen, wenn sie Streit suchen (und das tun sie sehr häufig), aus
dem Weg zu gehen.
Breite, viereckige Knie (Abb. 137): Derartige Knie sind männlich, hart,
gehören widerstandsfähigen Personen, die, ob Mann oder Frau, gewohnt
oder gezwungen sind, sich im Alltagsleben zu behaupten und selbständig
durchzusetzen. Viele berühmte Sportlerinnen haben derartige Knie. Oft sind
solche Knie bei Frauen die einzigen Kennzeichen ihrer Männlichkeit, die
ihnen im Sport zum Sieg und im Beruf zum Erfolg verhilft!

Was der Arzt sieht

Der Arzt weiß aus den fehlerhaften Proportionen auf eine überwundene Rachitis, auf Knochenerkrankungen in verflossenen Generationen, auf Erbschäden zu schließen. Im übrigen aber muß er sich meist damit begnügen, zu prüfen, wie die Haltung des Menschen aufgrund der Proportionen seiner Gliedmaßen ist. Dem Arzt kommt es auf den Gang an, also auf die Art und Weise, wie die Füße und Beine zum Schreiten, zur Herstellung des Gleichgewichts eingesetzt werden, während den Armen die Aufgabe zufällt, bis zu einem gewissen Grad eine gedachte Balancierstange auf dem Weg durchs Leben zu halten. Der Arzt weiß jedenfalls um folgende Erfahrungen:

Unruhiges Stehen (also eine ständige Bewegung der Arme und Beine): hochgradige Nervosität, häufig Reizungsvorgänge im Bereich des Hirns oder des Rückenmarks, die auf Lähmungsvorgänge, Bandscheibenschäden oder Erkrankungen im Bereich des Rückenmarks schließen lassen, wenn eine auffällige Unfähigkeit zu stehen beobachtet wird.

Taumelnder Gang (der an das Schreiten eines Betrunkenen erinnert): oft zu beobachten bei Gehirnleiden, Schwindel infolge schwerer Blutarmut, Rückenmarkerkrankungen.

Gebückter Gang: Krampfvorgänge im Bereich des Magens oder der unteren Eingeweide, rheumatische oder gichtige Veränderungen, die zu einer gebückten Haltung beim Schreiten zwingen.

Unmöglichkeit des Treppensteigens: Herzleiden, Kräfteschwund, Energieverlust durch Überanstrengung oder durch krankhafte Vorgänge, deren Ursachen im Nervensystem oder im Kreislauf liegen können.

Unfähigkeit, die Treppen hinunterzugehen: Lähmungsvorgänge, die meist vom Gehirn ausgehen, sehr schwere Bandscheibenschäden, Kniegelenkerkrankungen.

Unmöglichkeit, rückwärts zu gehen: Erkrankungsvorgänge im Labyrinth des Ohrs, im Kleinhirn oder aber im verlängerten Mark. Maßgebend aber bleibt bei der Bewertung der Gliedmaßen, was wir schon eingangs sagten, die Harmonie, die Proportion, denn die beste Proportion sichert die beste Leistung des Organismus und über den Organismus hinaus des Geistes, der den Körper lenkt und doch von ihm abhängig bleibt.

„Schlechte Füße" verraten erlittene Schicksalsschläge

Wir entdeckten in Paris in der Rue Dulong im Stadtviertel Batignolles den Schuhmacher Jean-Baptiste de Andreis. Er dürfte einer der besten Fachleute auf dem Gebiet der Podalogie – eine Bezeichnung, die er für seine „Fußkunde" prägte – sein. Er untermauerte seine Thesen mit wissenschaftlichen

Argumenten, besprach sich mit bekannten Osteopathen (Spezialisten für Knochenerkrankungen) und schrieb schließlich eine Lehre der Podalogie.

Jean-Baptiste de Andreis, der in seiner Werkstatt in der Rue Dulong zwischen Schuhen und Büchern lebt, kam aufgrund einiger zufälliger Beobachtungen zu dem Schluß, daß die Haltung eines Menschen mit seinem psychischen Zustand wechselt. Verändert sich aber die Haltung des Menschen, dann wirkt sich dies auf den Gang aus. Vom Gang, vom Schreiten, von der Art und Weise, wie der Mensch die Füße setzt, aber hängt es ab, wie die Schuhsohlen, die Absätze abgelaufen werden.

Aber Jean-Baptiste de Andreis entdeckte auch, daß je nach der psychischen Verfassung der Geruch der Schuhe sich verändert.

Nachstehend geben wir einige Thesen wieder:

Menschen, die unter Plattfüßen leiden, haben meist in ihrem Leben schwer gelitten. Die Unduldsamkeit der Mitwelt geht ihnen näher als anderen. Dabei sind diese Menschen nur selten egozentrisch. Sie nehmen sich anderer Unglücklicher gern an. Sie sind auch hilfsbereit und freundlich.

Ein schwerer Herzenskummer, ein bitterer Rückschlag in finanzieller Beziehung können einen Zusammenbruch des Mittelfußes zur Folge haben.

Menschen, die das Leben enttäuschte, haben meist „schlechte Füße". Tatsächlich stellt man Fußleiden und merkwürdige Fußveränderungen sehr häufig bei Künstlern fest, bei Schriftstellern, die von sich behaupten, die Welt verstünde sie nicht. Was die Hände nicht vermochten, das versuchen die kranken Füße. Daraus entwickelt sich eine seltsame Art zu gehen, auszuschreiten und eine absonderliche Form der Abnutzung der Sohlen und der Absätze.

Leberleidende erkenne man, sagt de Andreis, an einem Acetongeruch der Schuhe, Alkoholiker an ihrem „Wildgeruch", schwere Neurotiker an ihrem sauren Schuhgeruch.

Ein Barometer des Charakters und der Gesundheit

Von de Andreis sagte einmal eine ältere Dame: „Dieser Mann ist der Beichtvater der empfindlichen Füße."

Er selbst behauptet, die Füße des Menschen seien ein Barometer der Gesundheit und des Charakters, das, zusammen mit den Schuhen, die diese Füße tragen, sich nicht irrt.

Ähnliches sagte Salvatore Ferragamo aus Florenz (dem der Palast Feroni Spini gehört), vermutlich der bekannteste Schuhmacher der Welt. Und sie beide befinden sich in der Gesellschaft gleichgesinnter Meister der Kunst, aus den Schuhen und Schuhsohlen bzw. deren Abnutzung auf den Charakter oder die Krankheitsdispositionen schließen zu können.

Salvatore Ferragamo behauptete: Menschen, die die Sohlen auf der ganzen Breite ablaufen, sind meist Leisetreter, Menschen, die Sie bei der schwachen Seite nehmen wollen. Jene dagegen, die die Schuhe an der Innenseite der Sohlen ablaufen, sind geizig, anspruchsvoll in bezug auf das, was die anderen ihnen geben sollen. Menschen, die die Sohlen an der Außenseite ablaufen, sind verschwenderisch und halten weder mit dem eigenen noch mit dem fremden Geld Haus. Menschen schließlich, die die Absätze hinten ablaufen, sind eigensinnig, rechthaberisch, gewalttätig und wenig diplomatisch.

Danach müssen wir, die wir diesen Thesen nur bedingt folgen können, freilich fragen: Wie sehen dann die Sohlen der Menschen aus, vor denen wir uns nicht hüten müssen?

Über die Füße jedes Körperorgan beeinflußbar

Neuerdings hat eine Amerikanerin im Rahmen einer gezielten Fußbehandlung eine Zonen-Therapie aufgebaut, die besagt, daß von den Füßen aus jedes Körperorgan beeinflußt werden kann. Damit wäre der Fuß als Signalorgan für Charakter und körperliche Leiden bestätigt.

Frau Eunice D. Ingham stützt sich bei ihrer Arbeit auf die Erkenntnisse von Dr. Wm. H. Fitzgerald, der als Begründer der Zonen-Therapie gilt. Er arbeitete lange Jahre am Boston City Hospital, ist aber auch in Wien bestens bekannt, wo er bei Prof. Politzer und Prof. O. Chiari praktizierte. Dr. Fitzgerald entdeckte, daß Druck und Massage an gewissen Zonen des menschlichen Organismus normale physiologische Wirkungen an allen Teilen der behandelten Zonen auslöst. Dabei spielt es keine Rolle, wie weit die betreffenden Zonen von der Stelle entfernt sind, wo die Behandlung vorgenommen wird.

Die Zonen-Therapie ist nach Dr. Fitzgerald und, wie aus den Karten von Dr. J. S. Riley hervorgeht, in der Weise aufgebaut, daß die zehn Finger und zehn Zehen des menschlichen Organismus gewissermaßen als Endpunkte betrachtet werden, von denen die zehn Linien ausgehen, die den Körper in zehn Zonen aufteilen.

Frau Eunice D. Ingham stellte nun fest, daß jeder Kontaktpunkt, der in den Füßen ermittelt wird, unverzüglich Reflexe auslöst, die oftmals überraschende Wirkungen beim Vorliegen von organischen Störungen zur Folge haben. Dieser erstaunlichen Tatsache trägt sie durch eine Fußgesundheitsmassage Rechnung, die sie entwickelt hat und die überaus erfolgreich sein soll.

Der Charakter nach der Stimme bewertet

Stimme und Charakter des Menschen sind untrennbar miteinander verbunden, wobei Stimmlage und Tonfall ausschlaggebend sind. Eine umfangreiche Stimmenskala ermöglicht die genaue Unterscheidung der einzelnen Charaktermerkmale und erlaubt dadurch die einmalig rasche Beurteilung des Mitmenschen.

Der breite Spielraum der stimmlichen Möglichkeiten läßt sich in eine Anzahl von Grundstimmen aufteilen, deren typische Charaktereigenschaften sich bei Zwischenlagen gleichfalls mischen. Die weitgestreute Palette zeigt die folgenden Hauptklangbilder:

Markant: Die markant klingende Stimme zeigt die Einheit von Stimme und Charakter an. Ein selbstbewußter, positiv eingestellter Mensch mit ausgeprägter Willenskraft zeigt in dieser Stimmlage sein markantes Persönlichkeitsprofil.

Klangvoll: Vertrauenswürdigkeit, Selbstsicherheit und Herzenswärme spiegeln sich in der klangvollen tiefen Stimme. Die Hindernisse des Lebens werden tapfer und entschlossen überwunden.

Hart: Ein Mensch mit harter Stimme hat von der Bitterkeit des Lebens gekostet und ist vom Schicksal hart geprüft worden. Die Erfahrungen finden ihren Niederschlag in unentwegter ernsthafter Arbeit.

Hart, tief bei der Frau: Bei der Frau zeigt eine harte und tiefklingende Stimme Disharmonie und männliches Empfinden an.

Polternd, rauh, schreiend: Diese Stimmlagen zeigen Schroffheit des Wesens, unfeines Verhalten und Neigung zu Zorn an.

Explosiv: Ein explosiver Tonfall läßt darauf schließen, daß der Besitzer dieser Stimme sich auszeichnen und gern einen beachtenswerten Auftrag ausführen möchte, läßt auch auf einen für Herzkrankheiten anfälligen Menschen schließen (Untersuchungen der Herzspezialisten Friedman und Roseman vom Mount Zion Hospital, San Franzisko).

Schneidend: Wer eine schneidende Stimme besitzt, ist von Hochmut, Hohn, Härte und Gemütskälte geprägt.

Zischend: Eine zischende Stimme weist auf einen Menschen mit einem gehässigen Charakter hin.

Quäkend: Ein Mensch mit quäkender Stimme beweist Unreife oder dürftige Individualität.

Lebhaft und bewegt: Hier drücken sich Lebenskraft und Vitalität genauso aus wie Kontaktfreudigkeit und Hilfsbereitschaft.

Melodisch: Die melodische Stimme zeigt Sinn für Musik und Kunst an. Bei diesem Menschen paaren sich Naturtalent, Erlebnisfähigkeit und feines Empfinden.

Verträumt: Eine verträumt klingende Stimme ist der Ausdruck romantischen Empfindens und eines Lebensgefühls, das eine Zukunft voller Freude und Glück erwartet. Eine derartige Stimme besitzen meist junge Mädchen und Frauen mit wenig Lebenserfahrung.

Gedehnt, schläfrig: Hier spiegeln sich Phlegma, Denkträgheit und Unlustgefühle.

Lispelnd (nicht Anstoßen der Zunge, sondern leise und vorsichtiges Wispern): Falschheit, Heuchelei, Hinterlist. Wenn die Zunge anstößt und die Konsonanten S, Sch und Z mit einem zischenden Beilaut gesprochen werden, weist das auf mangelnde Konzentrationsfähigkeit hin. Diese Menschen sind meist als Mitarbeiter sehr gewandt, jedoch in einem repräsentativen Beruf fehl am Platz.

Heiser: Eine heisere und schwache Stimme zeigt beim Mann Mangel an Energie und Lebenskraft an.

Matt, klanglos: Angst vor den Problemen des Lebens. Mut und Begeisterungsfähigkeit fehlen.

Stottern: Überstürztes, hastiges Sprechen und Stottern sind oftmals die Folge einer Neurose, meist auf Kindheitserlebnisse zurückgehend. Wer Wörter und Silben verschluckt oder wiederholt, besitzt meist Ideenreichtum und geistige Gewandtheit, aber es fehlt ihm an der nötigen Konzentration.

Stimmlosigkeit: Ehrliche, strebsame, aber vom Leben enttäuschte Menschen werden mitunter von einer Schwächung der Stimmbänder betroffen, deren Ursache eine seelische Krise und Gleichgewichtsstörung ist. Der „Stimmlose" ist vertrauenswürdig.

Man sollte seine Stimme genau kennen, um auf diese Weise seinen eigenen Charakter selbst zu ergründen. Danach ist es sogar möglich, den eigenen Charakter durch Veränderung der Stimme zu beeinflussen.

Welcher Hormon-Typ sind Sie?

Die Synthese der Wachstumshormone durch Prof. Dr. Chon Hao Li von der Hormon-Forschungs-Abteilung, der Laboratorien der University of California, hat die Aufmerksamkeit der ganzen Welt auf die Bedeutung der Hormone für die Entwicklung des Typs und der Intelligenz des Menschen gelenkt.

Der ganze Komplex des Einflusses der Hormone auf die Gestaltung der menschlichen Persönlichkeit ist zwar noch nicht vollständig erforscht. Es läßt sich aber bereits sagen, daß das Aussehen, der Charakter und die Veranlagungen von den Drüsenfunktionen, den Hormonen, weitgehend bestimmt werden. Namhafte Wissenschaftler teilen die Menschheit in vier Gruppen auf, wobei jede Gruppe demjenigen Hormon zugeordnet wird, das den stärksten Einfluß ausübt.

Das vorherrschende Hormon soll nach Ansicht moderner Forscher auch das Verhalten und den Intelligenzgrad des einzelnen Menschen festlegen.

Diese neue Lehre kennt unterschiedliche Hormon-Typen, die durch die jeweilige Drüsenfunktion beeinflußt werden, nämlich durch die Geschlechtsdrüsen, die Hypophyse, die Schilddrüse oder die Nebennieren. Die Einzelheiten der Darstellung gelten für beide Geschlechter. Für die vier verschiedenen Typen wurde der Name entsprechend der vorherrschenden Drüsentätigkeit gewählt.

Wie kein anderer Wirkstoff erlauben gerade die Geschlechtshormone einen tiefen Einblick in die Verbindung von Leib und Seele. Die Ausschüttung des Sexualhormons wird wahrscheinlich über ein im Gehirn vorhandenes Sexualzentrum über den ankurbelnden Hirnanhang durch Sinneswahrnehmung oder durch Phantasievorstellung ausgelöst.

Während das Geschlechtshormon in vermehrtem Umfang durch den Säftestrom kreist, wird der ganze Mensch durch stürmische Erregung zu einem andern Lebewesen verzaubert. Millionstel Grammbruchteile dieses Stoffs machen den ganzen Menschen zu ihrem Spielball und halten alles Denken, Wollen und Fühlen in ihrem Bann.

Die Geschlechtshormone beantworten aber auch die Frage, warum im Wesen jedes Mannes und jeder Frau auch bei der größten gegenseitigen Liebe und Zuneigung stets ein rätselhaftes leichtes Gefühl der Abneigung und des Widerstrebens gegen den Partner vorhanden ist. Die Ursache für diese Art von Unüberbrückbarkeit liegt in der Tatsache, daß jeder Mensch in seinen Adern eine winzige oder auch stärkere Spur des andergeschlechtlichen Hormons besitzt.

Diese Kräfteverteilung in jedem Menschen jedes Geschlechts wird zu einem ins Auge springenden Beweis für den Einfluß der hormonellen Wirkstoffe auf die Wesensart. Der Mann wird durch das männliche Sexualhormon zum Mann, die Frau durch das weibliche zur Frau. Frauen, die männlich-schöpferische Impulse besitzen, weisen in ihrem Wesen meist auffällig männliche Züge auf. Man könnte daraus schließen, daß zum Schöpferischen das männliche Geschlechtshormon gehört, während das weibliche Sexualhormon in erster Linie zum Nachvollziehen, also z.B. zu einer Tätigkeit als ausübende Musikerin, aber nicht als Komponistin, befähigt.

Aber das männliche Geschlechtshormon allein birgt noch kein Genie. In dem Ring des biologischen Geschehens, das zur Geniebildung führt, sind außer dem Geschlechtshormon noch die Besonderheit der Gehirnstruktur sowie allgemein wahrscheinlich die ererbten Anlagen von Bedeutung.

Beim Sexualhormon ist der Einfluß dieses Wirkstoffs auf Geist, Gemüt und allgemeine Wesensart aber am deutlichsten ausgeprägt. Jedoch sind auch bei den übrigen Hormonen gewisse Verknüpfungen klar erkennbar.

Der Sex-Typ

Die Geschlechtsdrüsen: Die Ausbildung der weiblichen Geschlechtsmerkmale wird durch die Follikelhormone Oestron, Oestriol und Oestradiol verursacht. Der Wirkstoff Progesteron bereitet die Gebärmutter für die Eiaufnahme nach der Befruchtung vor.

Unter den männlichen Geschlechtshormonen bewirkt das Testosteron, das im Hoden gebildet wird, die Ausbildung der männlichen Geschlechtsmerkmale. Das Sexualhormon Androsteron läßt sich aus dem Harn isolieren.

Charakter: Der Charakter des Sex-Typs ist ausgeglichen, froh und glücklich. Zur Aufgeschlossenheit gesellen sich Intelligenz und universelle Geistigkeit, die es ermöglichen, im allgemeinen jede gestellte Aufgabe zu lösen. Der stark ausgeprägte Glaube an ein höheres Prinzip wird unterstrichen durch das Gefühl für das Menschliche und Schöne.

Ungenügende Absonderung des weiblichen Geschlechtshormons führt zu großen, etwas üppig gewachsenen Frauen, die ein rundes Gesicht, glänzendes Haar, jedoch dünne Augenbrauen und Wimpern besitzen.

Bei Unterfunktion der männlichen Geschlechtsdrüsen entsteht gleichfalls hoher Wuchs, verbunden mit einer hohen Stimme und Neigung zur Fettsucht.

Überproduktion der weiblichen Geschlechtshormone ruft einen kleinen Körperwuchs mit kurzen Gliedmaßen, bei einem ausdrucksvollen, sinnlichen Gesicht mit strahlenden Augen, festen kleinen Brüsten, breitem Becken und einem überschäumenden Temperament hervor.

Veranlagung: Der Sex-Typ ist athletisch gewachsen, körperlich geschickt und geistig anpassungsfähig. Er ist für jede Tätigkeit auf wissenschaftlichem, literarischem, religiösem und vor allem medizinischem Gebiet hervorragend geeignet.

Äußere Merkmale: Das Gesicht ist rechteckig oder rundlich, die Stirn breit und gerade, das Kinn rund und oft mit einem Grübchen versehen. Die rechteckigen Zähne zeigen eine Neigung zum frühzeitigen Zahnzerfall. Die Gesichtszüge sind harmonisch, die Augen ruhig und die Lippen gut gezeichnet.

Bei kleinem Wuchs (Männer von 1,65 bis 1,70 m) sind sie doch gut proportioniert und besitzen einen breiten Brustkorb mit guter Atemtechnik und sind deshalb ausgezeichnete Sänger. Außerdem sind schöne Hände, zarte Haut und guter reichlicher Haarwuchs typisch.

Diese Menschen essen gern, sind aber nicht allzu wählerisch. Im sexuellen Bereich, wie in allen anderen, ist der Appetit stark entwickelt. Die Frauen sind fruchtbar und gute Mütter.

Wie Ihre Hypophyse – so Ihre Willenskraft

Während das Geschlechtshormon einen bestimmenden Einfluß auf Begabung und Genialität ausübt, regelt die Hypophyse durch das Ausmaß der hormonellen Ausschüttung das Temperament und gewinnt dadurch Einfluß auf das persönliche Schicksal.

Hinzu kommt die Steuerung des Größenwachstums durch diese Hormon-Gruppe. Auch alle krankhaften Wuchserscheinungen – zum Beispiel im Krebsgeschehen – werden sich eines Tages durch diese Hormon-Synthese beeinflussen lassen. Ganz neue Wege wurden beschritten.

Wenn bei einem Menschen die Hypophyse, die Hirnanhang-Drüse in ihrer Tätigkeit herabgesetzt ist, fällt der Mensch durch ein müdes Verhalten auf. Der Lebensstil zeigt eine merkwürdige Gleichgültigkeit, Nachgiebigkeit, Lenkbarkeit, Geduld, Zufriedenheit und Vertrauensseligkeit, ja, oftmals auch Schwerfälligkeit, Selbstunsicherheit und Unfähigkeit, einen Entschluß zu fassen. Infolge einer ständigen Müdigkeit schlafen diese Menschen gern und lange.

Die Unterfunktion des Gehirnanhangs kommt jedoch auch in den Gesichtszügen zum Ausdruck. Das gilt besonders für das weibliche Geschlecht, die dann ein eigenartiges, regelmäßig wirkendes kindlichpuppenhaftes Gesicht, das sogar hübsch wirken kann, besitzen. Die Nase ist klein, oft ein Stupsnäschen, das Kinn nur geringfügig abgehoben. Diese Menschen fühlen sich dem Lebenskampf kaum gewachsen und unsicher.

Wenn ein hypophysarer Charakter erfolgreich behandelt wird, verändert sich der Mensch vollkommen, er wird lebhaft, energisch, tatendurstig und sogar angriffslustig. Eine passive und negative Einstellung zum Leben verwandelt sich mit der normalen Hormonausschüttung oft in eine aktive und radikale Kampfstellung.

Der in seinem Wesen durch rücksichtslosen Tatwillen und Unternehmungsgeist ausgezeichnete Mensch besitzt eine kräftig entwickelte Nase und ein vorspringendes Kinn und meist auch große Ohren. Diese Merkmale können als typischer Spitzenwuchs betrachtet werden, der durch die Überfunktion der Gehirnanhang-Drüse hervorgerufen wird. Ein so ausgezeichneter Menschenkenner wie Napoleon beförderte prinzipiell nur Menschen mit großen Nasen, weil er der Ansicht war, daß die Größe der Nase den Mut eines Menschen erkennen lasse.

Für Napoleon selber wurde die Hypophyse wahrscheinlich zum Lebensschicksal. Denn sein Aufstieg und Niedergang folgte offenbar dem Aufstieg und Niedergang seiner Hypophyse.

Auch von König Heinrich VIII. von England ist behauptet worden, daß sich in seinem Leben unter dem Einfluß der Hormonabgabe der Gehirnanhang-Drüse ein eigenartiger Umschwung von einem brutalen Draufgängertum zu einer seltsamen Passivität Fügsamkeit und Lenkbarkeit nachweisen läßt.

Zwischen dem Leiblichen und dem Seelischen des Menschen knüpfen sich geheimnisvolle Fäden, in deren Gewirr die Hormonlehre eine zuverlässige Leitschnur entdeckt hat. In der vielgliedrigen Kette der biologischen Zusammenhänge verheißt die Erkenntnis von der Bedeutung der Hormone insofern Großes für die Zukunft, als sie eine neuartige Gesundheitspflege ermöglicht.

Das Ziel dieser Bemühungen kann es nur sein, die goldene Harmonie im Haushalt der Wirkstoffe durch Ankurbelung oder Unterdrückung wiederherzustellen. Die gezielte Regelung des Hormonhaushalts ist als Vorbedingung für das körperliche und seelische Wohlbefinden und damit für die volle Entfaltung der Persönlichkeit anzusehen.

Chronische und ansteckende Krankheiten können genauso zur Schädigung dieser Drüsenfunktionen führen wie ständige Vergiftungen durch Alkohol, Nikotin und Rauschdrogen. Die Schädigung der Hormondrüsen kann übrigens auch vererbt werden.

Für den Menschentyp, der von der Hypophyse bestimmt wird, ist nachstehende Zusammenfassung gültig.

Der Hypophyse-Typ

Die Hypophyse ist eine Drüse von der Größe einer Haselnuß, die in zwei Lappen gegliedert ist und am Boden des Zwischenhirns hängt. Die von der innersekretorischen Drüse abgesonderten Wirkstoffe regeln ihrerseits die Sekretion anderer Drüsen.

Charakter: Die Hauptmerkmale des Hirnanhang-Typs sind Widerstandskraft, Ausdauer, Wille, Selbstzucht. Der ausgezeichnet entwickelte Verstand erlaubt es, jeden Schritt im voraus zu berechnen. Während das Geld sich einer großen Wertschätzung erfreut, werden die Mitmenschen und ihre Belange oft für gering erachtet.

Ungenügende Absonderung der Hypophysen-Hormone führt zu einer kleinen, grazilen Gestalt mit schlecht entwickeltem Oberkörper.

Allzugroße Absonderung von Hirnanhang-Hormonen bewirkt Riesenwuchs, ein großes Gesicht, in dem die Backenknochen hervorstechen, eine große Nase, vorspringendes Kinn und breite Finger.

Veranlagung: Die wissenschaftliche Begabung überwiegt die künstlerische und literarische. Meist werden Berufe wie Arzt, Ingenieur und Laborant gewählt. Wenn die sportliche Anlage genutzt wird, entstehen Spitzensportler aller Art.

Äußere Merkmale: Das dreieckige Gesicht besitzt eine breite Stirn, ein schmales Kinn und dreieckige Zähne. Die Augenbrauen sind stark ausgeprägt. Die hochgewachsene Gestalt zeigt lange Hände und Füße. Die Haut erscheint fettig. In der Ernährung besteht Vorliebe für Zucker- und Getreidespeisen. Eine Neigung zur Verstopfung kann auftreten. Das sexuelle Verhalten schwankt oft kurzfristig zwischen Leidenschaft und Gleichgültigkeit.

Wie Ihre Schilddrüse – so Ihr Impuls

Die Schilddrüse kann man als die „Drüse der Gemütsbewegungen" bezeichnen, denn die von ihr abgesonderten Hormone sind von ungewöhnlich tiefgreifendem Einfluß auf Gemüt und Seele des Menschen. Der Schilddrüsen-Mensch wird von einem unruhigen und beweglichen Geist beherrscht.

Wer eine leichte Überwertigkeit der Schilddrüse besitzt, ist von hagerem Körperbau, setzt kein Fett an, hat scharfgeschnittene Gesichtszüge, dichtes, oft lockiges Haar, dichte Augenbrauen, große und glänzende Augen sowie einen regelmäßigen Mund und ein gut entwickeltes Gebiß.

Zur geschlechtlichen Erregbarkeit gesellt sich eine allgemeine leichte Entflammbarkeit.

Wichtig ist eine rasche Auffassungsgabe. Durch eine unerschöpfliche Energie wird der Schilddrüsen-Mensch zu rastloser Tätigkeit angetrieben, die kaum Zeit für den Schlaf läßt. Selbst zu später Stunde wird im Bett noch das Programm für den nächsten Tag entworfen.

Wenn die übermäßige Absonderung des Schilddrüsen-Wirkstoffs krankhafte Formen annimmt, so wird der Mensch übererregbar, redselig, unstet, sprunghaft in Gedanken und Taten und sogar egozentrisch und unverträglich. Derartige Vorgänge erreichen ihren Höhepunkt in der Basedowschen Krankheit.

Die Unterfunktion der Schilddrüse führt hingegen zu genau dem entgegengesetzten Geisteszustand. Die Unterfunktion ruft gehemmtes und abgestumpftes Verhalten hervor. Der Mensch wird gleichgültig und teilnahmslos und zeigt weder Urteilskraft noch Ehrgeiz.

Bei künstlicher Herabsetzung des Drüsenwirkstoffs verschwindet die Übererregbarkeit sehr rasch. Umgekehrt steigert der Ersatz des fehlenden Schilddrüsenhormons Lebhaftigkeit und Intelligenz.

Nicht nur bei krankhaften Erscheinungen, sondern auch im Rahmen dessen, was als normal bezeichnet wird, üben die Hormone wichtigen Einfluß auf Geist, Gemüt und Seelenleben des Menschen aus. Das normale Verhalten ist gleichsam ein verkleinertes Abbild des krankhaft-vergrößerten Zustandes. Es ist also möglich, durch Hormonbehandlung die Wesensart des Menschen zu beeinflussen. Harte Charaktere lassen sich durch Hormon-Zufuhr biegsamer, niedergedrückte beweglich und optimistisch machen. Manisch-depressive Störungen können durch Wirkstoff-Behandlung beseitigt werden.

Eine Zusammenfassung ergibt das nachstehende Bild des Schilddrüsen-Menschen.

Der Schilddrüsen-Typ

Die Tätigkeit der Schilddrüse, eines hufeisenförmigen Organs, das mit den Seitenlappen am Schildknorpel des Kehlkopfs liegt und mit dem Mittelstück die obersten Ringe der Luftröhre überbrückt, wird von der Hirnanhang-

Drüse geregelt. Das wichtigste Schilddrüsen-Hormon Thyroxin beeinflußt in erster Linie den Stoffwechsel, das sympathische Nervensystem und regelt die Wirksamkeit des Adrenalins.

Charakter: Der Schilddrüsen-Typ ist impulsiv und sensibel, besitzt aber nur geringe Ausdauer. Er ist stolz, aber beeinflußbar und besticht durch Induition und Phantasiereichtum. Übergroße Begeisterungsfähigkeit kann sich bis zum Fanatismus steigern. Das Gedächtnis für Sprachen ist ausgezeichnet entwickelt.

Ungenügende Absonderung der Schilddrüsen-Hormone äußert sich in einer Verlangsamung aller körperlichen Vorgänge. Haut, Haar und Nägel werden trocken, Brauen und Wimpern fallen aus. Das Verhalten gegenüber der Umwelt ist frostig und schweigsam.

Veranlagung: Erfolgschancen bestehen in allen Berufen, die Worte und Gebärden verlangen, sei es in der Literatur, bei Theater oder Film. Der Schilddrüsen-Mensch ist oft ein begabter Musiker. Im Sport wird Schnelligkeit bevorzugt.

Äußere Merkmale: Ein ovales Gesicht mit einer hohen, schmalen Stirn, spitzem Kinn und ovalen Zähnen, besitzt schöne und ausdrucksvolle Augen und eine zarte und weiche Haut. Infolge der hohen Gestalt, der langen Hände und dem schlanken Hals erscheint der ganze Mensch wie in die Länge gezogen. Hitze wird schlecht ertragen. Gesundheitlich besteht Neigung zu Herzneurose und Tuberkulose. Das Sexleben ist von oft heißer Leidenschaft bestimmt.

Wie Ihre Nebennieren – so Ihre Aktivität

Die Nebennieren zählen zu den wichtigsten Hormondrüsen des menschlichen Körpers. Wenn bei Ihnen die Nebennieren ein leichtes Übergewicht aufweisen, Sie also ein Nebennieren-Typ sind, so hängt Ihre Aktivität von der vielseitigen und verzweigten Wirkung des Nebennieren-Wirkstoffs im Körperhaushalt ab.

Die Nebennieren sind eines der rätselvollsten Gebilde des menschlichen Körpers, denn sie haben mit der Tätigkeit und Aufgabe der Nieren nichts zu tun. Der Name leitet sich von der Tatsache ab, daß die Nebennieren wie Kapuzen als je etwa 4 bis 6 cm langes, 2 bis 3 cm breites, aber noch nicht einen Zentimeter dickes Organ jeder Niere aufsitzen.

Die Nebennieren zählen zu den wichtigsten Drüsen des menschlichen Organismus. Die von ihnen ausgeschiedenen Hormone haben den vielseitigsten und weitverzweigtesten Wirkungsbereich im Haushalt des Körpers.

Wenn die Nebennieren durch einen operativen Eingriff entfernt werden, zeigt sich ein typischer Krankheitszustand heraus, der unter eigenartigen Erscheinungen zum Tode führen muß. Wenn man bei einem solchen Ausfall ein Stück Gewebe der Nebenniere an einer beliebigen Stelle des Körpers, zum Beispiel unter der Rückenhaut, einpflanzt, so bilden sich die aufgetretenen Schädigungen innerhalb kurzer Zeit wieder zurück. Die Nebennieren sind also in der Lage, von jeder Stelle des Körpers aus ihre Hormone unmittelbar in den Säftestrom des Körpers zu entsenden.

Der Mangel an Hormonen der Nebenniere hat einen unverkennbaren Einfluß auf die Psyche. Er führt zu Melancholie, Mutlosigkeit, Depressionen und Apathie.

Bei den Nebennieren wird zwischen Mark und Rinde unterschieden, deren Hormone von verschiedener Wirkung sind. Das Gesamthormon ist zum Beispiel bei der Addisonschen Krankheit völlig wirkungslos. Erst nachdem es gelang, das Nebennieren-Rindenhormon Cortison zu entdecken, wurde die Heilung der Krankheit möglich. Die Erkrankung trägt den Namen nach dem englischen Arzt Dr. Addison, der die Krankheit als erster erkannte und beschrieb. Bei der Krankheit treten infolge der Zerstörung der Nebennierenrinde leichte Ermüdbarkeit, Mattigkeit, Trägheit geistiger und körperlicher Art auf. Zu einem vermehrten Schlafbedürfnis kommen Verdauungsstörungen, Appetitlosigkeit, Übelkeit, Erbrechen, Verstopfung, die zur Abmagerung und einem hochgradigen Körperverfall führen. Die Kranken schlummern vielfach sogar beim Essen ein. Außerdem tritt eine bräunliche Verfärbung der Haut ein, weshalb das Leiden auch „Broncekrankheit" genannt wurde. An ihr litt J. F. Kennedy, der dauernd behandelt werden mußte.

Zur Heilung erwiesen sich sowohl Extrakte der ganzen Nebenniere wie des Nebennierenmarks als ungeeignet. Erst nachdem es gelungen war, das Nebennierenrinden-Hormon zu isolieren und daraus ein Medikament herzustellen, wurde die Krankheit steuerbar. Das Rinden-Hormon besitzt also offenbar die Fähigkeit, die bei der Muskelarbeit gebildeten Ermüdungsstoffe unwirksam zu machen.

Für den Nebennieren-Typ gilt das nachfolgende Gesamtbild.

Die Nebenniere besteht aus zwei verschiedenen Geweben:
a) dem Nebennieren-Mark, das vor allem Adrenalin erzeugt, des Aktivitäts-Wirkstoffs, der in Fällen von Gefahr und Schmerz alarmiert und Reserven und neue Energie erweckt;

b) aus der Nebennieren-Rinde, wo die Nebennieren-Hormone entstehen. Hier wird das Hormon Cortison abgesondert, das den Organismus bei der kleinsten Gefahr in Verteidigungshaltung bringt. Ferner werden hier als Geschlechtshormone Androgene erzeugt. Weitere, hier entstehende Wirkstoffe regeln die Verarbeitung von Salz und Zucker im menschlichen Körper.

Charakter: Körper und Geist sind kräftig und fließen unermüdlich über von Tätigkeitsdrang. Das Temperament ist cholerisch und neigt zu autoritärem Verhalten. Der Boden der Wirklichkeit wird gegen Phantasievorstellungen verteidigt. Der Nebennieren-Mensch ist Realist. Er ist positiv eingestellt, besitzt ein gutes Gedächtnis und ein objektives Urteil. Er fühlt sich stark zum gesellschaftlichen Leben hingezogen.

Ungenügende Absonderung der Nebennieren-Hormone ruft Magerkeit, Abgespanntheit und blasse Haut hervor. Auch Ringe unter den Augen können als Merkmal gelten.

Überproduktion der Nebennieren-Hormone weckt starke Willensenergie und Tatkraft. Davon betroffene Frauen neigen zur Vermännlichung, die sich zum Beispiel in einer tiefen Stimme ausdrückt. Es besteht Anfälligkeit für stärkeren Haarwuchs, Akne und fleckige Haut.

Veranlagung: Infolge guter Körperkräfte ist dieser Typ für schwere körperliche Tätigkeit in Beruf und Sport besonders gut geeignet. Erfolge können auch in führender Position beim Militär, im Baugewerbe oder bei Großunternehmen erreicht werden.

Äußere Merkmale: Das Gesicht ist viereckig und bei breiter Nase leicht abgeflacht, die Lippen sind breit und die Zähne viereckig. Die mittelgroße Gestalt erweckt den Eindruck der Kraft. Nacken und Muskulatur sind gut ausgebildet. Die Gliedmaßen sind kurz und gedrungen, der männliche Haar- und Bartwuchs ist kräftig. Anfälligkeit besteht für Asthma, Arteriosklerose und erhöhten Blutdruck. Das Nervensystem ist ausgeglichen, der Sexualtrieb meist einigermaßen ruhig.

III. Bewegung und Verhalten

Was die „Manieren" verraten

Der eine versteckt seine Hände in den Taschen; der andere beißt sich die Nägel ab; der dritte spielt unablässig mit nervösen Fingern an Gegenständen in seiner Reichweite.

Wir alle kennen unter unseren Mitmenschen solche, die uns mit ihren Absonderlichkeiten auf die Nerven gehen oder unsere Neugier erregen. Denn wir wissen schließlich, daß alles, was der Mensch tut, eine Ursache oder einen Hintergrund haben muß. Deshalb fragen wir, welche Bedeutung diese oder jene Angewohnheit, welchen tieferen Sinn der eine oder andere Tick hat, mit dem sich einer unserer Mitmenschen herumplagt.

Zum Beispiel: Hände aus der Tasche!

Er betrit ein wenig zögernd das Büro des Generaldirektors. Endlich hat er jenes für ihn so wichtige Schreiben erhalten, das für ihn vielleicht geeignet wäre, die Zukunft aufzuschließen.

Sie sprechen wegen gewisser Möglichkeiten einer Zusammenarbeit, über einen Arbeitsvertrag. Der Gesprächspartner sitzt in zwei Meter Entfernung dem Generaldirektor gegenüber in einem Sessel. Dieser Generaldirektor, selbst ein Mann, der sich von unten nach oben hinaufarbeitete, beobachtet alles, jede Geste, jede Bewegung seines Gegenübers. Er sieht mit Verwunderung, daß dieser Mann, den er für einen wichtigen Posten verpflichten will, während des Gesprächs auf einmal beide Hände in seinen Hosentaschen verbirgt. Er sieht einen Augenblick später, wie er zwar die Hände aus den Taschen nimmt, als hätte er den prüfenden Blick verstanden, dafür aber nunmehr die Knie übereinanderschlägt, also die Beine kreuzt.

Sie sitzen ein wenig später an einem Tisch, damit der „Kandidat" durch kluge Auswahl aus einer Reihe von Plänen beweise, wie er sich in den Fragen auskennt, die, auf den hohen Posten gestellt, jeden Tag an ihn herangetragen werden können. Während sie sprechen, hat er Papier zu kleinen Kugeln zusammengerollt, die er nervös zwischen den Fingern dreht. Der Generaldirektor verabschiedet ihn mit ein paar allgemeinen Sätzen:

„Ich kann mich leider heute noch nicht entscheiden, Sie bekommen von mir
Bescheid, wenn Ihre Bewerbung uns interessiert. Ich danke Ihnen, daß Sie
sich bemüht haben!"

Und in einer Aktennotiz zur Bewerbung dieses Mannes vermerkt der Generaldirektor: „Er versteckt seine Hände in den Taschen, ist also mir gegenüber nicht ganz offen, sondern hat entweder etwas zu verbergen oder aber
er ist so unsicher von innen heraus. Die übereinandergeschlagenen Knie sind
ein Beweis für starke innere Nervosität und gewisse Minderwertigkeitskomplexe. Wenn dieser Mann eine solche künstliche Aufpulverung des
Selbstbewußtseins braucht, dann wird er sich gegenüber seinen Untergebenen nicht durchsetzen können. Die Kugeln, die er aus Papier drehte,
verraten Verdrängungen, Unterdrückung verbotener Wünsche, die er dadurch gewissermaßen abreagiert, daß er ununterbrochen Gegenstände mit
den Fingern betastet, weil sonst seine Nervosität, seine innere Unruhe in
den Gesten nicht zu überdecken wäre."

Ausdruck innerer Regungen

Aber ist es nicht übereilt, aus dem Wissen um gewisse psychologische
Hintergründe zu dieser oder jener Bewegung gleich Schlüsse zu ziehen, die
wie in diesem Fall für eine so wichtige Entscheidung bestimmend sind?

Folgen wir der psychologischen Forschungsarbeit von Hans Lungwitz, dann
erfahren wir:

„Ein Menschenkenner kann aus jeder noch so geringen Einzelheit die Eigenart des ganzen Menschen erfassen. Es genügt ihm ein kurzer Blick, um den
Charakter des Menschen in seiner Gesamtheit zu durchschauen. Wie ist das
möglich? Wie ist es zu verstehen, daß sich in jeder kleinsten Bewegung der
ganze Mensch offenbart?

Dies liegt daran, daß der Organismus nicht eine mechanische Zusammensetzung von Teilen, sondern ein aus einer Zelle (der Keimzelle) gewachsenes
biologisches Ganzes ist, dessen Teile also entwicklungsmäßig miteinander
aufs engste verwandt sind. Die Psychologie hat festgestellt, daß der grundsätzliche Aufbau des Organismus aus den sogenannten Reflexsystemen
besteht. Das sind Nerven, die von den Oberflächen zum Rückenmark und
Gehirn führen (zuleitende, sensible Nerven) und solchen, die von da zu
den Muskeln und Drüsen leiten (ableitende, motorische Nerven). In diesen
Reflexsystemen fließt der Nervenstrom. Die Tätigkeit der Muskeln und
Drüsen aber ist der Ausdruck des Nervenstroms. Indem nun die einen
Organismus bildenden Reflexsysteme entwicklungsmäßig miteinander ver-
wandt sind, ist auch jeder Ausdruck, also jede Haltung und Bewegung,
Kennzeichen der Gesamtpersönlichkeit."

Unser äußerliches Leben spiegelt sich wider in unserer Haltung, in unseren
Gewohnheiten und in unseren Gesten. Unsere Gewohnheiten sind die deut-

lichsten Zeichen unserer Bindungen an psychische Vorgänge, die sich aus
den Tiefen unseres Wesens wieder nach draußen arbeiten und in unserem
Verhalten gegenüber der Umwelt ihren Ausdruck finden.

Plötzlich sehen wir einen Menschen vor uns, der alle möglichen Gegenstände, einen Bleistift, einen Strohhalm, ein Blatt Papier, manchmal auch
nur seinen Finger, an seinen Mund führt.

Die Psychologie weiß aus alter Erfahrung, daß Personen, die mit irgendwelchen Gegenständen oder dem Finger an ihrem Mund herumspielen,
meist deshalb außerordentlich nervös sind, weil sie von unbefriedigten
Sehnsüchten und inneren Triebregungen beherrscht sind. Diese Sehnsüchte
treten manchmal verstärkt auf, manchmal scheinen sie zu schlummern.
Wenn es den Menschen packt, so daß er seine Finger nicht aus dem Gesicht
lassen kann, dann ist er eifersüchtig, habgierig und tyrannisch.

Und wissen Sie, was es z. B. bedeutet, wenn zu Ihnen zu Besuch eine Dame
kommt, die sich hartnäckig weigert, den Mantel abzulegen?

„Nein, ich behalte meinen Mantel an, ich bleibe sowieso nur einen
Moment!"

Das ist die übliche Formel. In Wirklichkeit schlummert in dieser Frau der
Wunsch, sich zur Schau zu stellen. Jedenfalls sagt der Psychologe, daß diese
Geste, den Mantel nicht ablegen zu wollen, das Zeichen eines künstlich
gezüchteten Abstands von der Welt ist und auf der anderen Seite ein
Zeichen dafür, daß in der Seele dieser Frau irgendwo ganz innen eine
Sperre sitzt, die sie daran hindert, sich gegenüber dem Menschen so zu be-
nehmen, wie es ihrer körperlichen und seelischen Eigenart entspricht.

„Harmlose" Bewegungen und ihre tiefere Bedeutung

Immer wieder sind kleine, oft unscheinbare Handbewegungen unverkenn-
barer Ausdruck gewisser .Charakterzüge eines Menschen. Nachstehend
einige typische Ticks, wie man Gewohnheiten nennt, wenn sie zu Automa-
tismen geworden sind.

Mit dem Zeigefinger die Nase kurz berühren: Diese Geste ist häufig zu
beobachten, wenn eine wichtige Entscheidung gefällt oder ein Ratschlag von
Bedeutung gegeben werden muß. (Das Berühren der Nase mit dem Zeigefinger erfolgt wohlverstanden ungewollt.) Diese Handlung weist auf einen
überlegten und vorsichtigen Charakter hin. Man sollte einen Menschen, der
zu dieser Geste neigt, nicht herausfordern. Sie ist das Zeichen ständiger
Ängstlichkeit und Unentschlossenheit. Einem solchen Menschen sollte man
mehr Entschlußkraft, Unternehmungsgeist und Mut wünschen. Wenn er
auch vorsichtig und nachdenklich ist und bleiben mag, sollte er doch seinem
„Flair" und seiner Intuition mehr Vertrauen entgegenbringen.

Das Reiben des Nackens am Haaransatz: Wenn man jemanden beobachtet,
der sich während des Gesprächs wiederholt den Nacken reibt oder den

Haaransatz am Hinterkopf streicht und dabei ein nachdenkliches Gesicht macht, können Sie sicher sein, es mit einem schüchternen Menschen zu tun zu haben. Diese Geste bringt meist die Furcht vor dem eigenen Vorprellen zum Ausdruck, deutet aber auch das Zurückschrecken vor Schwierigkeiten und die Angst vor einem Mißerfolg an. Wer so handelt, sollte vorsichtig dahingebracht werden, sich Schwierigkeiten zu stellen. Ihm muß gesagt werden, daß die Lösung seiner Probleme in Griffnähe vor ihm liegt.

Mit gekrümmtem Zeigefinger den Kragen lockern: Wer mit einem gekrümmten Zeigefinger immer wieder hinter den Hemdkragen greift und diesen in einer nervösen Lockerungsbewegung vom Hals wegzieht, befindet sich nicht in einem Zustand moralischen Gleichgewichts. Stolz, fehlender Wirklichkeitssinn und Eitelkeit sind die Hauptzüge seines Charakters. Wer diese Geste in kurzer Zeit wiederholt ausführt, glaubt von sich selber, ein verkanntes Genie zu sein, das von anderen unterschätzt wird. Ein solcher Mensch sollte sich mit aller Kraft größerer Zurückhaltung befleißigen. Ferner sind Realismus und Selbstbeherrschung wichtig.

Das Reiben der Hände: Wer sich ständig die Hände reibt, führt damit eine typische Bewegung aus, die innere Unruhe verrät. Diesem Menschen fehlen Gewißheit und Sicherheit. Er hat Angst vor möglichem Ärger. Er fürchtet abgewiesen oder falsch beurteilt zu werden. Es gilt, die Selbstsicherheit zu fördern und Vertrauen zu gewinnen. Denn trotz vieler Hemmungen hat der Händereibende ungewöhnliche Fähigkeiten.

Nachziehen des Krawattenknotens: Man trifft häufig Männer, die ständig ihren Krawattenknoten nachziehen oder zurechtrücken. Meist geschieht dies ohne Notwendigkeit. Solche Männer sind ständig mit der Frage beschäftigt, welchen Eindruck ihre Kleidung oder ihre Person auf die Umwelt macht. Sie fragen sich, ob sie Gefallen und Beifall finden. Ein Mensch, der diese Geste des Krawattenrückens wiederholt ausführt, bedarf vor allem ständiger Selbstbestätigung. Ein Mann dieses Typs sollte für seine körperliche Fitness sorgen und in sportlicher Betätigung um sein seelisches und verhaltensmäßiges Gleichgewicht bemüht sein.

Geheimnisvolle Gebärdensprache

Es gibt viele unbewußt ausgeführte Gesten, die man als eine „Sprache des Körpers" bezeichnen könnte und die erkennen lassen, was jemand zu sagen nicht bereit ist.

Die Wissenschaft von der Sprache des Körpers heißt Kinesie, und die hierbei zum Ausdruck gebrachten wortlosen Mitteilungen stehen in einem engen Zusammenhang mit der Proxemie. Diese letztere Wissenschaft bezeichnet die Beobachtungen darüber, wie sich ein Mensch verhält, wenn jemand in die unmittelbare Umgebung seines Körpers eindringt.

Jeder Mensch hat seine persönliche „Hoheitszone". Man dringt in diese ein bei jeder Annäherung, und zwar

○ durch unmittelbare Berührung; einen solchen Intim-Kontakt erlaubt der Mensch normalerweise nur als Duldung, d. h. hier Billigung einer Liebesbezeigung;

○ in einem Abstand von 20 bis 40 Zentimetern, der z. B. im Gedränge einer Menschenmenge erreicht erscheint;

○ in einer Distanz zwischen einem und zwei Metern, in der gemeinhin Geschäfte abgewickelt werden;

○ in einem Abstand von zwei bis vier Metern, der normalerweise zwischen Personen unterschiedlicher Stellung auf sozialer Ebene (z. B. Chef und Untergebener) eingehalten wird.

Mit der Gesten- und Gebärdensprache wird mitunter mehr mitgeteilt als mit Worten. Die noch weithin unerforschten Möglichkeiten der unbewußten körperlichen Mitteilung lassen sich schon aus der Tatsache erkennen, daß es allein zahllose verschiedene Stellungen des Augenlides gibt und daß der Mensch auf Dutzende verschiedener Arten mit den Augen zwinkern kann. Besonders der junge Mensch ist befähigt, die Botschaften der Körpersprache instinktiv zu erfassen und zu deuten. Die Sprache des Körpers wird nur selten bewußt angewandt. Die lautlose Sprache ist außerordentlich vielfältig und ausdrucksreich. Sie wird von Werbenden und Verliebten bestens beherrscht und verstanden.

Ein Beispiel: Die Frau sitzt mit leicht gespreizten Beinen auf dem Stuhl. Sie berührt in liebkosender Bewegung mit einer Hand die eigenen Brüste. Oder sie streichelt, auch während sie spricht, die eigenen Hüften. Sie bewegt den unteren Rücken, während sie durch das Zimmer geht. Das sind Gebärden einer fraulichen Körpersprache, die ziemlich klar die Liebesbereitschaft einer Frau anzeigen.

Wenn andererseits eine Frau die Arme über der Brust kreuzt, kann sie damit die Entschlossenheit zum Ausdruck bringen, sich jedem Flirt zu verschließen. Diese Geste der verschränkten Arme kann aber auch eine andere Bedeutung haben. Sie kann sagen, daß die Frau sich enttäuscht fühlt, weil sie nicht das bekam, was sie haben wollte.

Erfahrungstatsachen aus der Kinesik

Als Begründer der Spezialwissenschaft der Kinesik, d. h. der Gebärdensprache, hat Prof. R. L. Birdwhistell systematisch Gebärden und Körperbewegungen der Menschen analysiert. Er ist zu der Ansicht gelangt, daß Gebärden, die verstanden werden, genauso aufschlußreich sein können wie Worte. Zu den Forschungen von Birdwhistell gesellen sich weitere Bewegungsanalysen in aller Welt:

- Wer mit der Hand über den Mund fährt, möchte Fragen nicht beantworten.
- Zieht jemand die Nase hoch, hat er einen Entschluß gefaßt.
- Die im Gespräch turmförmig gegeneinandergestellten Finger bringen ein Überlegenheitsgefühl zum Ausdruck.
- Zustimmung wird ausgedrückt, wenn jemand sich wohlgefällig über das Haar streicht.
- Ein undurchdringliches Sphinxgesicht ist ein Hinweis auf volle Ablehnung.
- Eine mit gekreuzten Beinen dasitzende Dame, die einen Fuß verdreht, interessiert sich für einen anwesenden Herrn.
- Ein Zuhörer, der mit übergeschlagenen Beinen dasitzt und das Kinn in der Hand stützt, ist kritisch und skeptisch.
- Wenn es jemandem schwerfällt, still zu sein, verschränkt er die Hände vor dem Mund.
- Ein Redner, der das vor ihm stehende Pult mit beiden Händen packt, ist aggressiv, aber unsicher und weitschweifig.
- Wer sich breitbeinig hinstellt und die Daumen in die Achsellöcher der Weste steckt, ist seiner völlig sicher.
- Wer mit einer Hand die andere Hand oder die Manschette faßt, ist mit sich selber vollauf zufrieden.
- Ein Redner, der die Finger ineinander verschränkt, möchte zwischen seinen Gedanken und den Zuhörern eine Einheit herstellen.
- Demagogen strecken die Hände in Schulterhöhe aus wie in einer hypnotisierenden Gebärde.
- Der Hoffende blickt empor, der Müde und Verzweifelte läßt den Kopf hängen.
- Vom Körper wegführende Bewegungen verraten Aufrichtigkeit und Warmherzigkeit.
- Nach innen führende Gesten sind ein Hinweis auf Hemmungen und eine einwärts gekehrte Persönlichkeit.
- Ein brutaler, schmerzender Händedruck ist der Ausdruck von Rücksichtslosigkeit und Angeberei.
- Ein kräftiger, nicht übertriebener Handschlag zeigt Aufrichtigkeit und Sicherheit.
- Eine schwache und kraftlose Hand beim Händedruck ist ein Zeichen leichter Beeinflußbarkeit.
- Ein hastiger Gruß, der die Hand des anderen nur flüchtig berührt, beweist Gleichgültigkeit und Verschlossenheit.
- Wer Zucker oder Milch in Tee oder Kaffee gegen den Uhrzeiger, also linksherum umrührt, erreicht im Leben fast alles.
- Wer beim Platznehmen sogleich die Arme vor der Brust verschränkt, errichtet eine Barriere und zieht sich in sich selber zurück.
- Die hinter dem Rücken verschränkten Arme zeigen an, daß der Mensch den Rückzug vor dem Leben antrat.
- Wer etwas verbergen will, (z. B. bei der Zollkontrolle), neigt dazu, nonchalant zu pfeifen, in der Hitze einen Mantel zu tragen, eine Sonnenbrille aufzusetzen oder die Kiefermuskulatur anzuspannen.

Was die Zigarette verrät

Die Hand ist das wichtigste „Instrument" des Menschen. Was die Hand tut, wird vom Gehirn bewußt oder unbewußt gesteuert. Was zur Gewohnheit geworden ist, zum Automatismus, erfährt von der Hirnzentrale aus eine Lenkung, die nichts mehr mit dem Bewußtsein zu tun hat. Gerade dann aber, wenn unbewußte Bewegungen erfolgen, haben wir die Möglichkeit, wichtige Schlüsse zu ziehen. Aus einem Alltagsvorgang, aus dem Versuch der Entspannung eines Menschen, wenn er z. B. eine Zigarette raucht, vermögen wir ein gutes Dutzend Schlüsse zu ziehen, die uns viel über jenen verraten, der eine Zigarette zur Hand nimmt, sie anzündet und langsam in blauen Dunst aufgehen läßt.

Warum raucht der Mensch?

Wenn wir die Frage prüfen wollen, wie der Mensch sich, wenn er raucht, durch das Halten der Zigarette, durch die Art und Weise, wie er raucht, verrät, müssen wir zuerst das psychologische Problem klären: Warum raucht der Mensch überhaupt?

Als Christoph Columbus die Eingeborenen Amerikas rauchen sah, richtete der Entdecker Amerikas damals an sie die Frage: „Ich verstehe wirklich nicht, welches Vergnügen ihr dabei findet."

Die Psychologen stellen heute noch die gleiche Frage. Sie glauben sogar, mit Hilfe verschiedener Theorien eine Antwort auf die Frage gefunden zu haben. Freilich liegen die Antworten weit auseinander:

Der Mensch raucht unter einem sozialen Druck. Das Kind wächst in einer Welt auf, in der der Tabak als ein Vorrecht des Erwachsenen gilt. Zu rauchen ist gewissermaßen ein Beweis dafür, daß man groß ist, aus den Kinderjahren herauswuchs.

Das Rauchen ist für viele das Überleben eines uralten Ritus. Zigaretten miteinander auszutauschen bzw. sich anzubieten, war einst ein alltäglicher Weg, um mit anderen in engeren Kontakt zu kommen, so wie man früher Brot und Salz mit dem anderen Menschen teilte, wenn man mit ihm Frieden schloß.

Rauchen ist für viele ein Mittel, überschüssige Lebensenergien zu verschwenden. Man nimmt eine Zigarette, man stopft eine Pfeife, um sich zu beschäftigen, genauso wie es Frauen gibt, die stricken oder Kreuzworträtsel lösen.

Rauchen ist die Fortsetzung einer kindlichen Gewohnheit. Man raucht, weil man seit jenen Jahren, als man noch die Mutterbrust oder die Flasche bekam, den geheimen Wunsch hat, irgend etwas in den Mund zu nehmen. Später entsteht durch die Einwirkungen des Nikotins und anderer Verbrennungsprodukte des Tabaks eine hartnäckige Süchtigkeit.

Doch beobachten wir nun einen Raucher.

„Haben Sie Feuer?"

Der Kaffee ist serviert. Er wartet heiß und schwarz in der Schale. „Nehmen Sie Milch? Nehmen Sie Zucker?"

„Nein, danke sehr!"

„Aber ganz gewiß nehmen Sie eine Zigarette?"

„Gern, vielen Dank! Könnten Sie mir bitte Feuer geben?"

In der nächsten Sekunde muß der Mensch, der uns gegenübersitzt, sich im ersten Gang dieser Prüfung verraten: Entweder greift er in die Tasche und hat sofort die Streichhölzer oder das Feuerzeug in der Hand, schaut nicht einmal hin, fährt in der Unterhaltung fort und reicht das Feuer; oder aber er beginnt zu suchen, tastet an seinen Taschen, sucht rechts, sucht links.

Unsere ersten Schlüsse:

a) Der Mensch, der, ohne eine Sekunde nachzudenken, sofort in die richtige Rocktasche greift, um die Streichhölzer oder ein unter allen Umständen funktionierendes Feuerzeug hervorzuholen, ist jemand, der zum mindesten den Eindruck erwecken will, daß er zuverlässig, ordnungsliebend, zielbewußt und korrekt ist;

b) wer rechts oder links in der Rocktasche oder Hosentasche nach Streichhölzern sucht und sie dann doch nicht findet, verrät eine in ihm schlummernde Neigung zu Oberflächlichkeit, Vergeßlichkeit, vielleicht auch zur Unpünktlichkeit.

Doch das ist nur das erste Resultat dieses Experiments zur Enträtselung des Menschen auf dem Wege über die Zigarette und das Zubehör zum Rauchen.

Setzen wir voraus, daß unser Partner zu den Korrekten, den Zuverlässigen gehört und eine Streichholzschachtel bei sich hatte. Er nahm also ein Zündholz und strich es an der Reibfläche an.

Achten Sie auf die Reibfläche der Zündholzschachtel!

Hier ergeben sich nun wiederum zwei Möglichkeiten:

Er legt das Zündholz so an die Reibfläche, daß es sich beim Anstreichen von seinem Körper wegbewegt (Abb. 138);

oder aber er reibt das Zündholz so, daß er den Zündholzkopf auf der Reibfläche in seiner Richtung bewegt, also zu sich hin (Abb. 139).

In der modernen Psychologie unterscheiden wir im großen gesehen zwei Menschentypen, die sich auf eine sehr einfache Art und Weise mit Hilfe einer Zündholzschachtel erkennen lassen.

a) Da gibt es die „extrovertierten" Menschen, die lebensbejahend, offen, zugänglich sind und von denen man sagt, daß sie alles hören, alles sehen, auf dem Boden der Tatsachen stehen und sich im Leben behaupten. Sie genießen die guten Seiten des Lebens und versuchen, aus den schlechten Seiten noch soviel wie möglich für sich herauszuholen. Der Mensch, der an der Streichholzreibfläche das Streichholz von sich fort nach außen hin bewegte, ist ein „Extrovertierter", ein nach außen Gewandter.

b) Die zweite Gattung der Menschen ist die der „Introvertierten", der nach innen Gewandten, die sich leicht in sich selbst verschließen, egozentrisch, um nicht zu sagen egoistisch sind und sich nach außen hin abkapseln, vielleicht ihre Zufriedenheit, mitunter auch ihren Weltschmerz in sich selbst suchen. Es sind Menschen, die sich gereizt wie eine erschreckte Schnecke in ihr Haus zurückziehen, wenn man mit ihnen Kontakt sucht. Sie neigen dazu, Schwierigkeiten, ernsten Aufgaben des Lebens und nach Möglichkeit jeder echten Verantwortung aus dem Wege zu gehen.

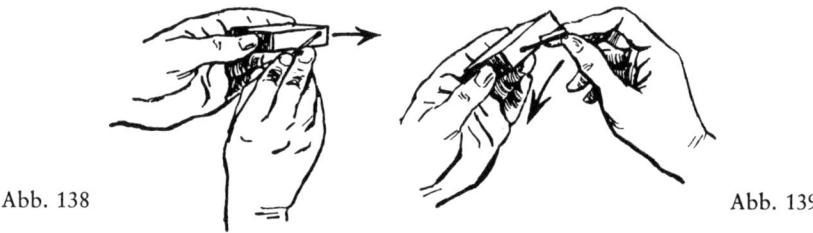

Abb. 138   Abb. 139

Wir sehen also, daß mit ein wenig Beobachtungsgabe allein schon die Handhabung eines Zündholzes uns Gelegenheit bietet, ein klein wenig „hinter die Kulissen" des anderen zu schauen.

Wir sind, wohlgemerkt, noch gar nicht bei der Haltung der Zigaretten zwischen den Fingern oder in der Hand.

Wir stellen unserem Gesprächspartner zunächst eine zweite Frage, die natürlich entsprechend seinem Beruf, seiner Vergangenheit abgewandelt werden kann.

Wir können den anderen z. B. bitten, uns zu berichten, wie es auf einer Veranstaltung war, an der er teilnahm, wie er über dieses oder jenes Ereignis, an dem er unmittelbar beteiligt war oder noch ist, denkt.

Beim Erzählen . . .

Wir haben wiederum mehrere Möglichkeiten: Der Gefragte legt sich zurück, zieht langsam und bedächtig den Rauch der Zigarette ein, bewegt den Rauch ein wenig in seinem Mund und bläst ihn dann langsam, dem Rauch nachschauend, aus. Oder aber er nimmt rasch einen kurzen Zug, stößt ihn wie mit einem Ruck aus und wiederholt den Vorgang – rauchend, den Rauch ausstoßend, und wieder rauchend – ohne Pause, gewissermaßen in einer Hast.

Es liegt auf der Hand, daß wir es mit zwei grundverschiedenen Menschen zu tun haben.

a) Der langsame Raucher, der so bedächtig mit der Zigarette umgeht, ist ohne Zweifel ein Genießer, der vor seinem Urteil, um das wir ihn baten, die Dinge gegeneinander abwägt, bedächtig überlegt, ob er nicht diesem oder jenem dabei Unrecht tut oder sich nicht zu stark bloßstellt.

b) Der andere, der Hastige, der Nervöse, hat blitzschnell sein Urteil bereit, läßt in seine Beurteilung gar keinen anderen Gedanken, nichts Versöhnliches hineingelangen. Er ist zu hastig in seiner ganzen Wesensart und kommt zu einem übereilten Resultat, ehe man sich dessen versieht.

Es wäre noch einiges zu sagen

○ über den Geizigen und Süchtigen, der die Zigarette bis zum allerletzten Rest aufraucht und sich dabei fast die Lippen verbrennt,

○ über den Rücksichtslosen und Leichtsinnigen, der den Zigarettenrest wegwirft, ohne sich darum zu kümmern, welchen Schaden er unter Umständen anrichtet,

○ über den Unerzogenen, der Zigarettenasche auf den Fußboden, auf den Teppich fallen läßt,

○ über den betont Zeremoniellen, der mit größter Sorgfalt und viel zu häufig die Asche von seiner Zigarette über dem Aschenbecher abklopft.

Über die Wesensart erfahren wir mehr, wenn wir nun betrachten, wie der Raucher die Zigarette hält. In der Art des Haltens einer Zigarette gibt es eine ganze Anzahl Gewohnheiten, die aus der Tiefe der Wesensart des Menschen erwachsen.

Wir unterscheiden ganz allgemein Empfindsame, also Menschen, die unter ihrer Sensibilität leiden, und Robuste, denen die Schwierigkeiten des Alltags nicht allzuviel anzuhaben vermögen, die sich dem Lebenskampf hart stellen.

Wir erkennen diese beiden Grundtypen an der Art, wie sie die Zigarette halten:

a) Je weiter vorn die Zigarette mit den Fingerspitzen gehalten wird, um so größer ist die Feinfühligkeit, die Sensibilität;

b) je weiter die Zigarette zwischen den Fingern zum Handteller rückt, um so härter ist der betreffende Raucher, um so robuster in der Art, wie er das Leben bewältigt.

Es gibt Männer (bei Frauen wurde dies fast nie gesehen), die tatsächlich die Zigarette „aus der Handfläche heraus" rauchen, d. h. sie halten die Zigarette im äußersten Winkel unten zwischen Zeigefinger und Mittelfinger oder Mittelfinger und Ringfinger. Die Erfahrung hat gelehrt, daß es zweckmäßig ist, solchen Menschen mit Vorsicht zu begegnen, da das Empfindungsleben sich auf das Allernotwendigste beschränkt, um recht und schlecht mit seiner Umwelt fertigzuwerden.

Geheimnisse der Psychonicologie

Man schätzt heute, daß die Frau in den dem Tabakgenuß ergebenen Ländern etwa 50% der gleichen Tabakmenge konsumiert, die von Männern verraucht wird. Kein Wunder, daß sich die Psychologen mit dem Problem der rauchenden Frau beschäftigen.

Man hat im Rahmen der psychologischen Wissenschaft vom Verhalten des Menschen, in der sog. Psychonicologie, eine besondere Lehre entwickelt, die zeigt, daß man sogar aus der Art und Weise, wie eine Frau sich eines Zigarettenstummels entledigt, den Charakter haarscharf erkennen kann. Die Resultate dieser Studien dürften jeden interessieren, der eine rauchende Frau beobachtet, genauso wie jede Frau darauf bedacht sein wird, in Zukunft den Zigarettenstummel so zu verlöschen, wie es nach dieser Lehre am günstigsten erscheint.

Aber solange nicht alle Frauen die Resultate dieser wissenschaftlichen Untersuchung kennen, gelten die folgenden Leitsätze:
– Wenn eine Frau einen Zigarettenstummel zerdrückt, also gewissermaßen ausdrückt, dadurch erstickt, daß der Zigarettenstummel fest auf den Grund des Aschenbechers gestoßen wird, dann beweist dies, daß in dieser Frau eine gewisse, eventuell unterdrückte und schlummernde Feindseligkeit liegt.
– Läßt eine Frau einen Zigarettenrest auf dem Rand eines Aschenbechers oder vielleicht gar auf einer Fensterbank oder auf dem Rand eines Tisches langsam sich selbst verzehren, dann dürfte damit bewiesen sein, daß die betreffende Frau nur sehr wenig Rücksicht auf ihre Freunde zu nehmen pflegt.
– Die Frau, die die Zigarette auf den Boden wirft, kündigt damit ein kämpferisches Temperament an. Man ist bereit, den Handschuh aufzunehmen, den der andere hinwirft. Man ist gewillt, den Kampf zu wagen – um des Kampfes willen. Oft sogar in direkter Provokation!
– Frauen, die ihre Zigaretten zerkauen und gewissermaßen vom Mundstück her aufessen beim Rauchen, deuten damit an, daß sie Freude am Quälen haben. Neben einer starken Nervosität, neben einer Unterdrückung zahlreicher Wünsche, zeigt ein solches Verhalten eine rücksichtslose Einstellung gegenüber allem, was unter die Zähne kommt.
– Die Frauen endlich, die ihre Zigarettenreste in der Untertasse oder gar in der Tasse, aus der sie eben noch Kaffee tranken, entweder verglimmen lassen oder in der Untertasse oder Tasse zerdrücken, haben nicht nur eine gewisse

Selbstverachtung, sondern neigen auch zu einer oft sehr gefährlichen Verachtung und Unterschätzung der Umwelt.

Man hat versuchshalber diese Leitsätze in verschiedenen Universitäten bekanntgegeben, um dann nachzuprüfen, inwieweit sich das Verhalten der Studentinnen daraufhin ändern werde.

Das Resultat ist in jeder Hinsicht negativ. Die Frauen haben weitergeraucht. Sogar die Art und Weise, wie sie die Zigaretten ausdrückten, hat nur in den Fällen eine Änderung erfahren, wo die Frauen darauf bedacht waren, einen Mann über ihren wahren Charakter zu täuschen.

Wichtige Erkenntnisse

Es ist immer interessant und oft wichtig, diskret den anderen zu beobachten und aus der Art, wie er die Zigarette hält, Schlüsse auf seinen Charakter und seine Stimmung ziehen zu können.

Vor Jahren stellte der Physiognomiker Reinhold Gerling Regeln auf, die noch heute Gültigkeit haben, auch wenn sie ursprünglich von der Zigarre ausgingen:

Wer die Zigarre (oder Zigarette) zwischen Zeigefinger und Mittelfinger in der oberen Hälfte hält, kann als offene, angenehme Natur betrachtet werden.

Wer die Zigarre (oder Zigarette) mit zwei Fingern hält und gelegentlich mit dem Daumen abstützt, verrät eine gewisse weltgewandte Liebenswürdigkeit, solange die Zigarette oder Zigarre in der oberen Hälfte von Zeigefinger und Mittelfinger bleibt.

Wer die Brennseite der Zigarre oder Zigarette in Richtung seiner Hand hält, versucht meist etwas zu verheimlichen, ist nicht immer ganz offen gegenüber seiner Umwelt, selbst wenn ihm zugestanden werden muß, daß er geistig lebhaft und stark konzentriert tätig sein kann.

Auf den Daumen aufgelegt, mit dem Zeigefinger gehalten und dem Mittelfinger abgestützt raucht seine Zigarre oder Zigarette nur ein eigensinniger Mensch, der seine Herzensgüte, die möglicherweise trotz allem vorhanden sein kann, verbirgt, weil er glaubt, er vergebe sich etwas.

Wer die Zigarette oder Zigarre waagrecht zwischen den zur Faust geballten Fingern hält, und zwar meist in der unteren Hälfte von Zeigefinger und Mittelfinger, ist eine schwer zu begeisternde, vorsichtig abwägende, fast immer etwas rücksichtslose Natur.

Wird die Zigarette oder die Zigarre kampftüchtig in die Welt hinausgehalten, müssen wir damit rechnen, einen entschlossenen, zielbewußten und gegebenenfalls vor nichts zurückschreckenden Zeitgenossen vor uns zu haben.

Anwendung in der Praxis

Wir können diese Richtlinien aufgrund langjähriger Beobachtungen ergänzen und durch Zeichnungen erläutern.

Wir deuten:

(Zu Abb. 140): Wer die Zigarette so hält, ist voller Leben und physischer Widerstandskraft. Er strebt dem Erfolg nach und will über sich selbst hinauswachsen. Das Anpassungsvermögen läßt manchmal zu wünschen übrig. Der übermäßige Tätigkeitsdrang kann sich ungünstig auf die Herznerven auswirken.

(Zu Abb. 141): Das Halten der Zigarrette in dieser Art und Weise verrät eine Persönlichkeit, die sich leicht beeindrucken läßt, einen nicht immer festen Standpunkt vertritt, also die Meinung wechselt, außerdem die Veränderung liebt. Die Anpassungsfähigkeit an neue Situationen ist erstaunlich. Meist ist ein ausgezeichnetes Gedächtnis festzustellen. Physiologisch zeigen sich häufig in den mittleren Jahren Disfunktionen in lebenswichtigen Organen.

(Zu Abb. 142): Furchtlos, mutig, angriffslustig bis zur Verwegenheit: das ganze Leben ist aus eigener Initiative und im Ringen um Erfolg ein ständiger Kampf. Rückschläge werden heroisch hingenommen. Das Gefühlsleben ist einspurig orientiert, d. h. wer die Zigarette so hält, neigt zu Eifersucht und Haß gegen den Erfolgreicheren. Unfälle, körperliche Fehlleistungen sind vor allem in jüngeren Jahren zu befürchten.

(Zu Abb. 143): Diese Art, die Zigarette zu halten, verrät einen vorwiegend geistig orientierten, nervösen Menschentyp, der freilich unter pessimistischen und optimistischen Stimmungsschwankungen leidet. Eine meist überlegene Intelligenz gestattet einer solchen Persönlichkeit jedoch, sich jeder Lage anzupassen und das Beste aus einer gegebenen Situation zu machen. Freilich besteht die Gefahr, sich zu übernehmen, sich selbst zuviel zuzutrauen.

(Zu Abb. 144): Gewissenhaft, pflichtbewußt, nachdenklich, besonnen – das sind die wichtigsten Charakterzüge einer Person, die die Zigarette so hält, wie dieses Bild zeigt. Man kann einer solchen Persönlichkeit meist blind vertrauen. Auch im Gefühlsleben ist eine beachtliche Stabilität festzustellen. Die körperliche Widerstandskraft ist ausgezeichnet. Nur in bezug auf Rheuma (oder Gicht) sind Dispositionen festzustellen.

(Zu Abb. 145): Empfindlich wie eine Mimose, gefühlvoll, wie man es nur in der „guten alten Zeit" erlebte – erliegt der Mensch, der die Zigarette so hält, wie das Bild verrät, leicht dem Charme des anderen Geschlechts. Er läßt sich verführen, beeinflussen, verleiten. Die physischen Voraussetzungen für große Anstrengungen sind allerdings nicht gegeben. Sehr schnell tritt Ermüdung ein. Dementsprechend sind auch die Stimmungsschwankungen oft beachtlich.

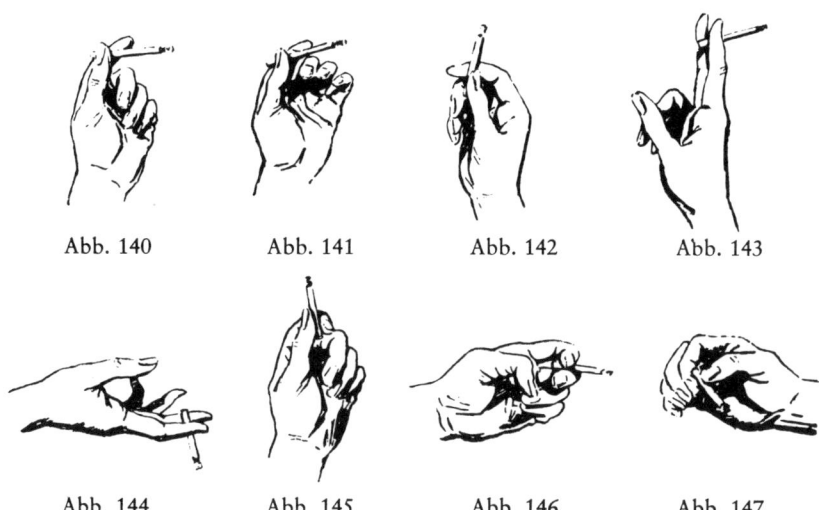

Abb. 140   Abb. 141   Abb. 142   Abb. 143

Abb. 144   Abb. 145   Abb. 146   Abb. 147

(Zu Abb. 146): Eine gewisse Rücksichtslosigkeit, die freilich häufig aus vorschneller Entschlossenheit erwächst, läßt einen Menschen, der die Zigarette so hält, als kampflustigen Draufgänger erscheinen, der kaum zögert, das Unmögliche zu versuchen. Zäh, methodisch, meist – trotz scheinbar vorschneller Entschlüsse – klug überlegend, gibt jemand, der in dieser Art und Weise die Zigarette hält, niemals auf, mag das Unterfangen auch noch soviel Mühe kosten und noch so lange dauern. Eine solche Persönlichkeit ist schwer zu erobern, aber einmal gewonnen für immer treu. Interessant ist, daß in vielen Fällen die Nieren das schwächste Organ eines solchen Typs sind.

(Zu Abb. 147): Wer die Glut der Zigarette zur Innenhand hält, gilt oft als stark konzentrierte Persönlichkeit. Ganz bestimmt aber handelt es sich um einen sehr fleißigen, intensiven, vorsichtigen Menschen, der sein Leben geordnet und ohne allzuviel Aufsehen, aber möglichst angenehm verbringen will. Häufig sind (oder waren) Personen, die mit der Glut zur Innenhand rauchen, in technischen oder feuergefährlichen Betrieben tätig. Die Vitalität ist außerordentlich, die Widerstandskraft vorzüglich. In relativ kurzen Abständen empfiehlt es sich allerdings, fehlende Vitamine und Spurenelemente, was sich auch in den Nägeln und in der Hautfärbung der Hände widerspiegeln dürfte, zu ergänzen.

Freilich wäre es falsch, nun von einem Raucher, der seine Zigarette anders hält, annehmen zu wollen, er gehöre in keine der acht Kategorien. Erziehung, Nachahmungstrieb, das gesellschaftliche Leben spielen bei solchen „Äußerlichkeiten" oft eine erhebliche Rolle und gestatten Varianten. Dennoch haben sich die vorstehenden Erkenntnisse zum Thema der Persönlichkeitsanalyse immer wieder bestätigt.

Jeder bläst den Rauch anders von sich

Jeder von uns hat Tag für Tag Gelegenheit, andere und auch sich selbst zu beobachten in bezug auf die Art und Weise, wie man den Rauch der Zigarette oder Zigarre in die Welt hinausbläst. Das gilt für den Mann ebenso wie für die Frau. Die Psychologen bleiben übrigens dabei, daß Frauen beim Rauchen leichter zu irgendwelchen Gewohnheiten neigen und diese schwerer wieder ablegen können als der Mann.

Wer den Rauch hoch in die Luft bläst, ist ein Optimist, der die Dinge von der leichten Seite nimmt und, ganz gleich ob es sich nun um Alltagsfreuden oder um intellektuelle Probleme handelt, das Beste aus allem herauszuholen imstande ist (Abb. 148).

Wer den Rauch nach unten ausbläst, ist in erster Linie ein Instinktmensch. Er wittert überall Gefahren, gegen die man gerüstet sein muß. Meist ist er kämpferisch, aber gleichzeitig auch vorsichtig aus der Erkenntnis, aus dem Wissen heraus, daß im Grunde genommen die Umwelt ihm feindlich ist (Abb. 149).

Abb. 148   Abb. 149   Abb. 150

Abb. 151   Abb. 152   Abb. 153

Wer den Rauch der Zigarette genau geradeaus bläst, ist sich seiner eigenen Persönlichkeit bewußt. Außerdem aber glaubt der Betreffende an die Zukunft, und zwar an seine Zukunft, die er in der Gegenwart schon vorbereitet (Abb. 150).

Wer den Rauch nach rechts ausbläst, ist eine Persönlichkeit, die unter allen Umständen danach strebt, Pläne, die sorgfältig vorbereitet wurden, auch zu realisieren (Abb. 151).

Wer durch die Nase den Rauch ausstößt, bezeugt damit sein Vertrauen zu sich selbst. Er ist von der eigenen Unfehlbarkeit überzeugt. Er fühlt in sich ein manchmal etwas übersteigertes Geltungsbedürfnis. Er ist bestrebt, der Welt zu imponieren (Abb. 152).

Wer den Rauch einfach auspafft, also an der Zigarette zieht und dann sofort den Rauch ausbläst, ohne sich näher mit ihm innerhalb des Bereichs des Mundes, des Rachens, der Nasengänge und der Bronchien zu „befassen", der raucht nicht mit Begeisterung, der ist nur ein äußerlicher Raucher (Abb. 153).

Männer und Frauen und das Auto

Namhafte Psychologen behaupten, das Geltungsbedürfnis am Autosteuer sei eine Folge des so häufig verletzten Selbstgefühls des Menschen unserer Zeit. Wer sich im Alltag nicht immer so durchsetzen kann, wie er will, wer mit den Menschen seiner Umgebung nicht fertig wird oder meint, er werde irgendwie verkannt, nimmt Rache für diese Kränkung, für die vermeintliche Verkennung seiner Person. Tatsache ist, daß sich die meisten Menschen am Wagensteuer völlig verändern. Der Motor hat eine unheimliche Macht über die Seele des Menschen. Nicht umsonst ist jede zweite Straftat vor den Gerichten ein Verkehrsdelikt. Der Mensch am Steuer, plötzlich in der Lage, über einen starken Motor mit vielen PS und infolgedessen über hohe Geschwindigkeiten zu gebieten, verliert sehr leicht sein normales, vernünftiges inneres Gleichgewicht. Doch obwohl er in dieser Situation anders ist als sonst, kann man ihn in seiner ursprünglichen Wesensart, auf der seine Reaktionen am Steuer sich aufbauen, durchschauen und erkennen.

Der englische Verhaltensforscher Dr. Leslie Morrish bestätigt die Auffassung, daß das Fahrverhalten eines Menschen seinen Charakter bloßlegt. Drastischer noch wird diese Tatsache durch den Ludwigsburger Psychologen Dr. Albert Sting zum Ausdruck gebracht. Dr. Sting faßt seine Erkenntnisse über Autofahrer in die Worte:

„Hinter dem Steuer läßt jedermann die Maske fallen, und sein Innenleben liegt ausgebreitet da."

Ein Autofahrer kann sich nach Ansicht der Experten länger als zehn Minuten, also über eine Fahrstrecke von einigen Kilometern hinweg, nicht verstellen. Denn das Auto hat die „Eigenschaft, den Menschen in seinen primitivsten Zustand zurückzuführen", wie es Prof. Dr. Roger Piret von der Universität Lüttich ausdrückte. Im einzelnen lassen sich auf der Autobahn und am Straßenrand die folgenden Fakten erkennen:

○ Am Wagensteuer kommen alle verdrängten Minderwertigkeitskomplexe und möglichen verbrecherischen Eigenschaften an die Oberfläche. Diese Tatsache erklärt die zahlreichen, durch brutales Verhalten verursachten Unfälle.

○ Rechthaberische Fahrer, die gegenüber anderen Verkehrsteilnehmern unbedingt ihren Willen durchsetzen wollen, versuchen auch sonst im Leben und in der Ehe stets recht zu behalten.

○ Fahrer mit Liebeskummer fahren weithin unbewußt und reagieren unzureichend. Sie sind deshalb schwierigen Verkehrssituationen nicht gewachsen.

Was man durch sein Fahrverhalten verrät

Aus dem Fahrverhalten läßt sich im einzelnen sehr viel ersehen, was den Fahrer kennzeichnet.

Lenken: Die auffälligste Aussage über den Charakter erfolgt durch die Handhabung des Lenkrads. Wer das Auto mit zwei Fingern steuert, faßt auch im Leben alles lässig oder leichtfertig an. Ein ausgeglichener und vertrauenswürdiger Charakter verrät sich dadurch, daß er das Steuer mit beiden Händen in der Uhrzeigerstellung auf dem Zifferblatt „Zehn vor zwei" hält. (Über spezielle Gesten am Lenkrad siehe weiter unten.)

Überholen: Im rücksichtslosen Überholen und Kolonnenspringen zeigt sich der Egoist; das ist auch dann der Fall, wenn diese Fahrweise als „Sport" ausgeübt wird.

Unterhalten: Ein Fahrer, der unausgesetzt redet, hat weder an den übrigen Verkehrsteilnehmern noch an seinem Beifahrer ein wirkliches Interesse. Er liebt nur sich selber, sucht Resonanz und braucht dafür ein großes Publikum. Eine andere Gruppe von Dauerrednern will auf diese Weise Mißerfolge im Leben oder mangelnde Fahrkenntnisse vertuschen.

Linksfahren: Das ständige Linksfahren zeigt Sturheit und einen Mangel an Willenskraft. Die Ursache für das Fahren auf der linken Fahrspur liegt in der Scheu vor der Entscheidung, zur Überholung anzusetzen. Deshalb bleibt dieser Fahrer gleich auf der linken Spur.

Anfahren: Das angriffslustige Anfahren ist als Hinweis zu betrachten, daß der Fahrer etwas zu verbergen hat. Die starke Beschleunigung wirkt als Ersatzbefriedigung. Wer mit quietschenden Reifen anfährt, ist in der Liebe meist weitaus weniger angriffslustig.

Schalten: Wer sich um das Einlegen eines anderen Ganges zu drücken versucht, neigt dazu, auch sonst im Leben dem Unbequemen aus dem Wege zu gehen. Initiativgeist ist nur schwach entwickelt, und deshalb wird leicht der richtige Zeitpunkt verpaßt. Gegen Vorwürfe schützt sich dieser Fahrer durch ein dickes Fell.

Verkehrszeichen: Ein Fahrer, der mit Absicht ein Stoppschild überfährt oder in falscher Fahrtrichtung eine Einbahnstraße entlangrast, ist mit Vorsicht zu genießen. Er ist unberechenbar, angriffslustig und streitsüchtig. Was er besitzt, genügt ihm nicht; er will alles haben, was er sieht. Er ist auch in der Liebe grenzenlos und versucht von allem Besitz zu ergreifen.

Abstandhalten: Wer keinen Abstand von seinem Vordermann hält, ist auch sonst nicht bereit, sich auf die Umwelt einzustellen. Der immer möglichst dicht auffahrende Autofahrer ist gemütsarm und fühlt sich am wohlsten, wenn er allein ist.

Bremsen: Wer stets im allerletzten Augenblick auf die Bremse tritt, liebt die Gefahr mehr als alles andere. Diesem Draufgänger ist jede Fürsorge für andere Menschen fremd. Der übervorsichtige, frühe Bremser ist pingelig und nörgelig und geht Auseinandersetzungen gern aus dem Wege.

Gesten und ihre Deutung

Mancher Mensch fühlt sich wohler, wenn er am Autosteuer sitzt. Wer einen großen Teil seines Daseins in einem Wagen zubringt, ist nicht mehr in der Lage, seine Persönlichkeit vom Auto ganz und gar zu lösen. Das Auto ist ein Stück seiner Person und seines Lebens geworden.

Die Geschwindigkeit, über die er herrscht, läßt ihn seine Verdrängungen und Komplexe vergessen. Allerdings wird er die Komplexe damit nicht los. Er lebt sie nur aus. Wir wollen nachstehend gewisse Gesten in ihrem tieferen Sinn analysieren, die der Mensch mit seinen Neurosen, mit seinen Komplexen und seinem Verfolgungswahn am Autosteuer zeigt. Es geht um die Gesten und Bewegungen, die wir alle schon bei Autofahrern beobachtet haben. Wir erinnern uns an diesen oder jenen, oder wir erkennen uns plötzlich selbst im Spiegel dessen, was man am Autosteuer nicht tun sollte.

1. Die Hände auf dem oberen Halbkreis des Steuerrads verraten Phantasie, intellektuellen Geschmack, Heiterkeit, Lebenskraft, aber auch die Neigung, sich mit anderen auseinanderzusetzen (Abb. 154).

2. Die Hände auf dem unteren Halbkreis bedeuten: weicher Charakter, nicht gerade kampfbereit, ein Mensch, der sich leicht von anderen überrunden – oder auf der Straße überholen läßt (Abb. 155).

Abb. 154   Abb. 155

3. Die Hände von unten her an der unteren Hälfte des Steuerrades festgekrampft: Der Fahrer nimmt sich sehr ernst. Er ist entschlossen, alle zu überholen, niemanden vorbeizulassen; er ist ein brutaler Fahrer, der mit Vorsicht zu behandeln ist (Abb. 156).

4. Die Hände eng beieinander an der unteren Hälfte des Steuerrads: ein wenig Angeber, Feinschmecker, oft Musikliebhaber, ein Mensch mit Geschmack für Poesie. Ihm ist es gleichgültig, ob ein anderer ihn überholt. Er ist auf der Straße und im Leben ungefährlich (Abb. 157).

Abb. 156   Abb. 157

5. Die Hände am oberen Teil des Steuerrads verkrampft, den Oberkörper weit nach vorn gebeugt, die Nase fast an der Scheibe: keineswegs ein Kurzsichtiger, wie man glauben könnte, sondern meist ein Anfänger, oder jemand, der ununterbrochen sein ganzes Leben lang einen Unfall befürchtet und auch dementsprechend fährt (Abb. 158).

6. Die Arme fast gerade von sich gestreckt, den Rücken gegen die Polster gedrückt: die einzig mögliche Haltung für wohlbeleibte und sogenannte ruhige Fahrer, die sich keine Sorgen und keine großen Gedanken machen und die dennoch oder deshalb Gefahr laufen, mehr Unfälle und Pannen zu verursachen als alle anderen (Abb. 159).

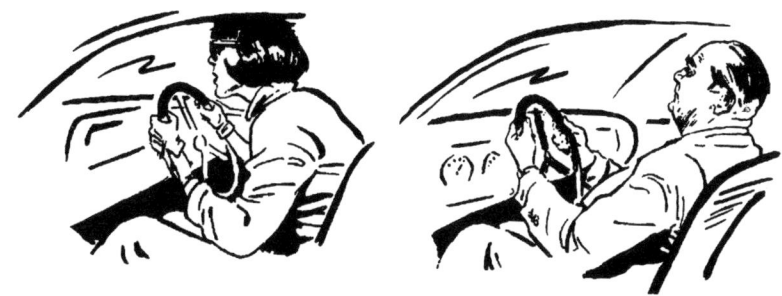

Abb. 158   Abb. 159

7. Die linke Hand irgendwo auf dem heruntergedrehten Fenster, das Auto nur mit der rechten Hand steuernd: ein erklärter Angeber (Abb. 160)! Auf ihn trifft Anna Magnanis Ausspruch mehr als auf jeden anderen zu: „Ein Mann am Steuer eines Autos ist ein Pfau, der sein Rad in der Hand hält." Aber schlimmer noch: dieser Typ des Angebers kann zur öffentlichen Gefahr werden.

Abb. 160

Gefährlich für sich selbst und seine Umwelt

Nun gibt es noch eine ganze Anzahl weiterer Fingerzeige, die als Anhaltspunkte zur Kennzeichnung des Charakters eines Autofahrers dienen.

So soll der Fahrer, der immer Handschuhe trägt, Minderwertigkeitskomplexe haben, die er aber geschickt zu tarnen versteht.

Der Mensch, der am Steuer mit den Händen redet und dauernd auf den Beifahrer einzuwirken versucht, ist von unberechenbarer Nervosität. Er wirft in der Praxis das Problem auf, ob man zwei so schwierige Dinge (gut zu fahren und vernünftig zu reden) zur gleichen Zeit tun kann.

Auch sind hier die Lärmbolde, die Schimpfer zu erwähnen, Menschen, die bei jeder Gelegenheit vom Steuer aus gegen die anderen toben, die sich an-

scheinend „wie die ersten Menschen" benehmen. Meist ist diese Neigung
ein Zeichen einer schweren Verdrängung, mit der der Unglückliche nicht
fertig wird.

Mancher Mensch ist tatsächlich – und das wissen die Psychologen und
Psychiater immer wieder zu bestätigen – am Steuer ein ganz anderer: er
spricht anders, er hält sich anders, er scheint wie verwandelt zu sein.
Das läßt sich nur zum Teil mit dem unterschiedlichen Verhalten der verschiedenen Konstitutionstypen erklären. Aufschlußreicher wäre die Kenntnis
der seelischen Schäden, die den Menschen veranlassen, sich so ungewöhnlich zu benehmen, wie man ihn am Steuer erlebt. So manches Unfall-
geschehen beweist deutlich: Der „andere" Mensch am Steuer ist häufig
gefährlich – nicht nur für sich selbst, sondern mehr noch für seine Umwelt.
Der schon zitierte Dr. Leslie Morrish glaubt sogar festgestellt zu haben,
daß sehr aggressive Fahrer in Sexfragen äußerst unsicher und oft impotent
sind. Sie versuchen das, was sie sonst nicht leisten können, durch Aggression
am Steuer auszugleichen. Sie versuchen sich so ein Potenzgefühl oder gar
eine Art Ersatzbefriedigung zu verschaffen. Zu dieser Erkenntnis kommt
auch der deutsche Verkehrsexperte Prof. Dr. Lewerenz.

Wer die Knüppelschaltung der Lenkradschaltung vorzieht, soll besonders
sinnlich sein, was nicht gleichbedeutend ist mit Potenz.

Übrigens urteilen auch viele Frauen über einen Mann erst dann endgültig,
wenn sie mit ihm ein oder zwei Stunden im Auto gefahren sind. Denn sie
wissen, daß der Mensch sich meist im Alltagsleben – wenn es darauf
ankommt und er sich enthemmt fühlt – so benimmt wie am Steuer.

Dasselbe sagen besonnene und nicht allzu heiß verliebte Männer von der
Frau am Steuer, die dort oft ihren Egoismus deutlicher zeige als vor der
Welt und „vor der Zeit".

Abb. 161   Abb. 162   Abb. 163

Wie steigt eine Frau aus dem Auto?

Steigt eine Frau aus dem Auto, so ergeben sich für den scharfen Beobachter manche Anhaltspunkte, um den Charakter einer Frau zu bestimmen. Auch wie eine Frau das Auto verläßt, besagt einiges. Ist sie verschämt, ungeschickt oder herausfordernd, kühl oder leidenschaftlich, zimperlich oder anmaßend? Hier einige Tips:

Die Naive (Abb. 161): Sexy? Durchaus möglich, aber vielleicht ist es mehr Gedankenlosigkeit als Absicht. Sie ist sich unter Umständen ihres Sexes nicht bewußt, macht sich keine Gedanken über den Minirock und ist ahnungslos, daß Sittenrichter etwas zu tadeln finden könnten. Sie „weiß nicht, was sie tut", sie gehört zu den Naiven.

Abb. 164   Abb. 165

Die Zerstreute (Abb. 162): Solche verwirrten Typen, die alles durcheinanderbringen, haben wir alle schon getroffen. Hier ein Musterbeispiel. Sie versucht, alles auf einmal zu tun und verheddert sich hoffnungslos. Sie sind meistens unordentlich und mehr als nur ein wenig hilflos. Aber dafür völlig harmlos.

Die Rebellin von Geblüt (Abb. 163): Nur eine Frau mit einem unabhängigen Gemüt würde so in den Wagen steigen. Es gibt kaum etwas, wovor sie zurückschreckt, wenn sie es für richtig hält. Sie ist aggressiv und verachtet das Herkömmliche. Sie ist eine Persönlichkeit.

Lustiges Mädchen für reizvolle Stunden (Abb. 164): Eine Frau, die so aussteigt, kennt kaum eine Schranke, die sie nicht lächelnd zu nehmen wüßte. Diese Frau liebt es, ihre Reize spielen zu lassen. Sie ist ein Mädchen für nette Stunden. Aber gerade deswegen: mit Vorsicht zu genießen.

Aufgeschlossen, aber prüde (Abb. 165): Diese Sittsame will „modern" sein, aber sie durchlebt tausend Ängste im Bemühen, sittsam auszusteigen. Vergeblich ist sie bemüht, den Rocksaum unten zu halten. Sie würde sich viel wohler fühlen, würde sie ihrem Wesen nachgeben und sich mit einem weniger enthüllenden Mini zufriedenzugeben. Aber sie kann den Gedanken nicht ertragen, für altmodisch zu gelten.

Erfahrungen eines Fahrlehrers

„Wenn ich meine Erinnerungen schreiben müßte, würde ich vor allem betonen, daß die Art, wie eine Frau sich mit dem Problem des Erlernens des Autofahrens auseinandersetzt, klare Rückschlüsse auf ihren Charakter erlaubt. Als Fahrlehrer ist es mir möglich, meist sofort das Verhalten der Fahrschülerin im Alltagsleben zu erkennen, wenn sie sich ans Steuer setzt. Ich weiß dann einwandfrei, ob sie warmherzig, liebevoll, sexy, angriffslustig, frustriert, unglücklich oder spannungsgeladen ist." So schrieb uns ein Fahrlehrer aus Duisburg, der lange Jahre tätig war und über große Menschenkenntnis verfügte.

Jeder Fahrlehrer ist infolge seiner langen und vielfältigen Erfahrung gewissermaßen ein „Psychiater der Praxis", der sich im Innenleben seiner Fahrschülerinnen genau auskennt. Wenn eine Frau endlich das Kap der Fahrprüfungen bestanden hat und ihren Führerschein ausgehändigt bekommt, möchte sie vor Glück die ganze Welt umarmen – ein Wunsch, der sich dann am Fahrlehrer austobt! Manche Frauen werden in diesem Augenblick von sexueller Besessenheit befallen. Andererseits haben sexuelles Desinteresse oder erotische Leidenschaftlichkeit nachweislich Auswirkungen auf die Art und Weise, wie sich die Frau am Lenkrad verhält.

Ein merkwürdiger Zusammenhang besteht zwischen Küchengeschirr und Fahrpraxis: gute Köchinnen sind im allgemeinen auch gute Autofahrerinnen. Eine Frau mit sehr viel Sexappeal, die alle Männerherzen gefährdet, kann auch im Straßenverkehr zu einer tödlichen Gefahr werden.

Eine Frau, die das Autofahren erlernt, kann vor ihrem Fahrlehrer kein Geheimnis bewahren. Es gibt aber Unterschiede im Lieblingsthema, je nachdem ob eine Frau am Steuer gut oder schlecht ist.

Wenn sie gut fährt, weil sie Vergnügen am Fahren empfindet, meint sie, daß sie deshalb eine vorzügliche Fahrerin ist.

Ist sie jedoch weniger gut am Lenkrad, berichtet sie dem Fahrlehrer – gewissermaßen zur Ablenkung von ihrem schlechten Fahren –, was sie „seelisch" bewegt.

Im Berufsjargon der Fahrlehrer bezeichnen wir den zauberhaften Augenblick, wo die Frau erfährt, daß sie die Führerscheinprüfung bestanden hat, wegen des dabei an den Tag gelegten Verhaltens als „Fahrprüfungs-Kapriole".

Die Frau ist in diesem Augenblick bereit, den Preis für den Sieg über die Schwierigkeiten des Straßenverkehrs durch die Gewährung erotischer Gunst zu bezahlen. Da dem Fahrlehrer dabei das Hauptverdienst zufällt und er der

zunächst erreichbare Mann ist, wird er meist das Opfer der sexuellen Lust seiner Fahrschülerinnen.

Denn die glückliche künftige „Herrin der Landstraße" wirft plötzlich dem Prüfer und dann ihrem Fahrlehrer beide Arme um den Hals und küßt beide leidenschaftlich. Selbst schüchterne Ehefrauen bilden in dieser Beziehung keine Ausnahme. Nur der Himmel weiß, was die Ehemänner sagen würden, wenn sie erführen, zu welchen Zugeständnissen erotischer Art eine Frau nach bestandener Führerscheinprüfung bereit ist. Da wir Fahrlehrer dieses Verhalten gewohnt sind, tun wir es meist mit einem Lächeln ab. Wenn die Frauen merken, daß sie keine Gegenliebe finden und kein sexuelles Abenteuer zu erwarten ist, werden sie rasch wieder vernünftig.

Jede Frau verliebt sich leicht in ihren Fahrlehrer. In dem Verhältnis zwischen beiden ist ein wenig von der Beziehung zwischen Arzt und Patientin. Es besteht auch dort die Gefahr, daß eine Frau sich in ihren Arzt verliebt; aber der behandelnde Arzt versteht es, dieser Gefahr rechtzeitig aus dem Wege zu gehen.

Kochkünstler sind gute Autofahrer

Bei Männern ist das jedoch völlig anders. Beim Mann erzeugt die bestandene Führerscheinprüfung keinerlei sexuelle Wünsche. Vielmehr werden die Männer, nachdem sie in Besitz des Führerscheins sind, von wilder Unternehmungslust gepackt. Ein Mann ist für Frauen und für den Straßenverkehr nie gefährlicher, als während der ersten Stunden nach der Prüfung.

Der Mann, der den Führerschein in der Tasche hat, wird plötzlich von einem Machtrausch gepackt und vergißt dabei leicht alle Spielregeln. Es ist deshalb jedem Fahrlehrer zu empfehlen, seinem ehemaligen Schüler davon abzuraten, im eigenen Wagen nach Hause zu fahren – sei es ein Leihwagen oder das vorsorglich in der Nähe geparkte eigene Fahrzeug.

Eine gute Autofahrerin trägt stets ein gutes Make-up. Wenn eine Frau sich selber pflegt, achtet sie auch sorgfältig auf ihr Fahrverhalten. Nicht nur weibliche, sondern auch männliche Köche sind fast immer vorzügliche Autofahrer. Der Zusammenhang wird durch die Koordination bei Vorbereitung des Magenfahrplans und bei Beachtung der zahlreichen Verkehrsregeln und ihres Zusammenspiels beim Fahren hergestellt.

Wenn ein männlicher Fahrschüler zwei- bis dreimal bei der Prüfung durchgefallen ist, gibt er fast immer auf. Eine Frau versucht aber häufig noch nach einem sechsmaligen Versagen, die begehrte Erlaubnis zum Autofahren zu erhalten. Sie ist bereit, Fehler und Unzulänglichkeiten auszugleichen, während männliche Fahrschüler die gemachten Fehler für „kaum erwähnenswert" halten.

Was das Auto über den Inhaber verrät

Das Auto, das ein Mensch fährt, verrät viel über seinen Charakter und seine Wesensart. Mancher versucht, hinter einem Prestige verleihenden Luxuswagen Minderwertigkeitsgefühle zu verbergen, während ein anderer jünger erscheinen möchte, als er ist, indem er ein Auto fährt, das zur Zeit die Jugend gerade vorzieht. Aber nicht nur der Wagentyp, sondern vor allem auch die Autofarbe ist vielsagend.

Der Farbenpsychologe Prof. Dr. Max Lüscher[1] mißt den einzelnen Farben folgende Bedeutung zu:

Weiß: Wagen in der „Farbe der Reinheit und Klarheit" kaufen Ästheten, die überhaupt im Leben eine klare Linie und geordnete Verhältnisse erstreben oder zum mindesten vortäuschen möchten.

Gelb: Diese Farbe spiegelt den Wunsch, um jeden Preis auffallen zu wollen und läßt gleichzeitig erkennen, daß die Spannung, unter der das eigene Leben steht, nur schwer bewältigt werden kann. Gelb bringt aber auch den Wunsch nach Befreiung vom Druck und die Erwartung eines neuen Lebensglücks zum Ausdruck. Die Farbe weist auf das Vorwärtsdrängen, das Neue und Moderne hin.

Beige: Diese zarte und weiße Farbe gefällt dem Träumer. Da Beige aber auch eine fahle Farbe ist, bleibt – was auch mancher bedenkt – der Staub meist unsichtbar.

Orange: Wer diese Farbe, scharf wie Pfeffer, wählt, steckt voller Dynamik, neigt aber auch zu hektischer Erregung.

Braun: Die braune Farbe entspricht der problemlosen, konfliktfreien Gemütlichkeit und verrät das Bedürfnis nach Erholung im Wege der Behaglichkeit und psychischer Befriedigung.

Rot: Die Farbe der Liebe und des Blutes bringt vitale Lebenskraft zum Ausdruck. Sie wirkt erregend und imponierend. Der Fahrer eines roten Wagens ruft in die Welt: „Vorsicht, jetzt komme ich!" Oder, wie Professor Lüscher sagt: „Rot ist der Drang, Wirkung zu erzielen, Erfolg zu erobern und hungrig zu begehren, was Intensität und Lebensfülle bieten. Rot ist der Impuls zu notorischem Tun, zu Sport, Kampf und unternehmerischer Produktion."

Grün: Diese Farbe bringt zwar den Wunsch zum Ausdruck, imponieren zu wollen, ist aber ohne jede Energie. Das Streben nach Anerkennung will sich passiv behaupten. Die ruhigste aller Farben verrät eine gewisse Temperamentlosigkeit.

Violett: Ein Wagen in dieser ausgefallenen Farbe spiegelt den Wunsch, eine magische Wirkung auszuüben, sich aber auch selber verzaubern zu lassen. Die anderen Menschen sollen sich dem suggestiven Charme nicht entziehen können.

Hellblau: Die Farbe der sorglosen Heiterkeit und Unbekümmertheit. Die Fahrt mit einem hellblauen Auto weckt Ferienstimmung.

Dunkelblau: Wer die blaue Farbe schätzt, besitzt Gemüt und liebt die Ruhe. Er ist treu, vertrauenswürdig und schenkt Geborgenheit. Der Besitzer eines blauen Wagens hat Erfüllung gefunden.

Silber: Hier kommt eine kühle Distanz zum Ausdruck, die sich beim Auto auf die Formel bringen läßt: Komm mir nicht allzu nahe! Diese Farbe wird von einem Fahrer bevorzugt, der etwas Besonderes sein will.

Grau: Wer einen Wagen dieser Farbe fährt, will sich nicht zu erkennen geben. Um jeder Aufregung aus dem Wege zu gehen, versucht er sich vor entsprechenden Einflüssen abzuschirmen.

Schwarz: Die Farbe bringt den Wunsch zum Ausdruck, durch Verzicht seinem Schicksal entgehen zu wollen. Der Fahrer der seriösesten Farbe sieht es gern, wenn man ihm achtungsvoll begegnet.

Wie Sie sitzen – so sind Sie!

Aus der Art und Weise, wie ein Mensch sitzt bzw. auf einem Stuhl oder in einem Sessel Platz nimmt, kann man Schlüsse auf seinen Charakter ziehen. Jeder hat schon einem Fremden oder Bekannten einen Stuhl angeboten und sich dann gewundert, daß der Betreffende merkwürdig zögernd auf dem Stuhl Platz nahm – entweder nur auf einer Ecke oder weit nach vorn auf einer Kante, nervös, unruhig hin und her rückend oder sich weit hintenüberlehnend – oder steif sitzend wie eine Puppe.

Nur auf dem Stuhlrand
(Zu Abb. 166.) Jeder Mensch sitzt anders. Wer, was man sehr häufig beobachtet, nur auf dem vordersten Rand eines Stuhles oder Sessels Platz nimmt, ist sich der Sache, um derentwillen er gekommen ist, und auch seiner Person und seines Temperaments nicht ganz sicher. In jedem Falle ist er in seinen Schlüssen ungeduldig und voreilig, Stimmungsschwankungen stark unterworfen und nicht so zuverlässig, wie er scheinen möchte. Oft verschweigt er auch etwas, was er längst hätte sagen sollen.
(Zu Abb. 167.) Sitzt ein Mensch auf dem Stuhlrand und neigt sich weit nach vorn, aber ohne sich auf die Knie zu stützen, dann haben wir es mit einem etwas unterwürfigen, nach außen hin aufmerksamen, aber mit einiger Vorsicht zu genießenden Menschen zu tun.

Mit ganzer Sitzfläche
(Zu Abb. 168.) Wer sich auffällig wuchtig, breit und fest mitten auf den Stuhl setzt und deutlich sichtbar anlehnt, also betont wirken will, der ist letzten Endes doch innerlich irgendwo unsicher und nicht so tatkräftig, wie er erscheinen möchte; er sucht einen Halt, den er aber bis zum Augenblick noch nicht gefunden hat.
(Zu Abb. 169.) Gerader Sitz, aufrecht, ohne sich anzulehnen, bedeutet starke Energie, jedenfalls aber eine große Selbstherrlichkeit, Beherrschung, Selbstbewußtsein und Tatkraft. Ob diese Eigenschaften sich immer in unserem eigenen Interesse günstig auswirken, bleibe dahingestellt. Mitunter ist für uns ein ausgeglichener, ruhiger, nicht allzu energischer Mensch vorteilhafter und nützlicher als jemand, der nur sich selbst sieht und kennt.

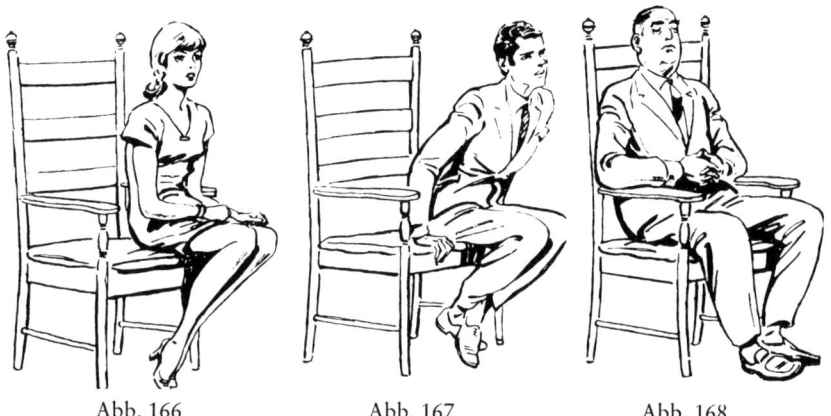

Abb. 166   Abb. 167   Abb. 168

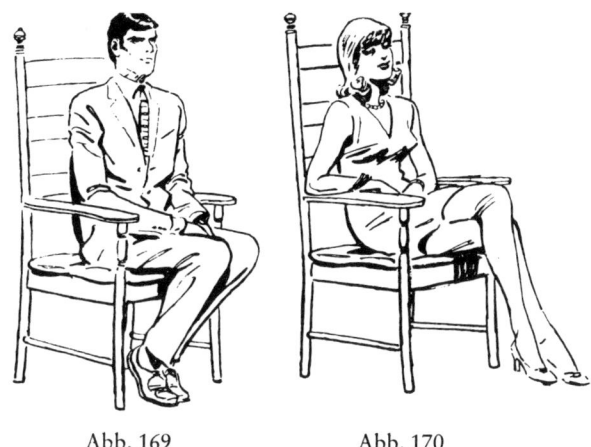

Abb. 169   Abb. 170

Übereinandergeschlagene Knie (Abb. 170)

Die beim Sitzen übereinandergeschlagenen Knie können, wenn dies ohne Verkrampfung ruhig und gleichmäßig geschieht, rein konventionelle Ursachen haben. Mancher hält es für bequemer oder eleganter, so zu sitzen. Das verkrampfte, ständige Übereinanderlegen der Beine soll dagegen auf eine überbetonte Sinnlichkeit hinweisen. Jedoch glauben wir darauf aufmerksam machen zu müssen, daß diese Deutung von den jeweiligen Umständen abhängt. Hören wir, was der Psychologe und der Arzt über das Kreuzen der Beine zu sagen wissen:

Das Kreuzen der Beine, das Übereinanderschlagen der Knie ist keineswegs das Zeichen einer körperlichen Entspannung, wie bisher immer angenommen wurde, sondern der Beweis für starke innere Nervosität und meist für Minderwertigkeitskomplexe. Man kreuzt die Beine, weil sich auf diese Weise der Oberkörper, der unter der Last des Tages oder der Jahre in der Wirbelsäule etwas weich geworden ist, automatisch streckt. Man schafft sich auf diese Weise die Illusion, überlegen, stark und sicher zu sein, was einer künstlichen Aufpulverung des Selbstbewußtseins gleichkommt. Es ist nachgewiesen, daß Menschen mit starkem Willen die Beine nur dann kreuzen, wenn sie entweder in ihrer Entscheidung zögern, oder aber die erste Etappe des gesteckten Zieles erreicht haben.

Die Frau und ihre Beinhaltung

Amerikanische Psychiater behaupten, daß man die Frau immer nach der Haltung ihrer Beine beurteilen kann:

Sie sitzt mit überschlagenen Beinen, wobei sie leicht mit dem rechten wippt: intelligent und ehrgeizig.

Sie schlingt das eine Bein leicht um das andere: übertriebene Einbildungskraft.

Sie streckt Beine und Füße aus: Mangel an Geist, Humor und Begriffsvermögen. Ausgesprochene Nörglerin.

Sie hält die Beine parallel aneinander, die Füße geschlossen: sorgfältig, treu, pünktlich, aber ungebildet.

Sie hält die Knie zusammen, ebenso die Füße, deren Spitzen sich berühren: nervös und ängstlich.

Sie streckt die Beine aus und legt die Füße nachlässig übereinander: oberflächlich, bequem, aber lustig und immer guter Laune.

Durch Selbstbeherrschung zum Ziel

Der Psychologe Dr. Bondor gibt zur Umerziehung einen guten Rat. Wer im Leben erfolgreich sein wolle, der möge versuchen, zwei Stunden auf einem Stuhl zu sitzen, ohne die Beine zu bewegen. Wer seine Beine während zwei Stunden nicht übereinanderschlägt, der verfüge über eine übernormale Selbstbeherrschung. Diese Selbstbeherrschung aber sei die erste Vorbedingung des Erfolgs.

Ein klares Bild von der Haltung eines sitzenden Menschen gewinnen wir allerdings erst dann, wenn wir ihn vom Profil aus betrachten. Seine gerade Haltung, die Richtung seiner Wirbelsäule, die Art, wie er sich auf dem Stuhl hält, sind wichtige Kennzeichen.

Rückschlüsse aus der Schlaflage auf den Charakter

Aus einer Befragung von rund 10.000 Personen in drei Erdteilen ergab sich, daß 61 Prozent aller Menschen auf der rechten Seite bzw. auf dem Bauch schlafen. 24 Prozent liegen auf der linken Seite und nur 15 Prozent auf dem Rücken. Da nach der Ansicht der modernen Psychologie jedes Verhalten des Menschen einen physiologischen oder psychologischen Hintergrund hat, muß auch in der Schlaflage, im Verhalten des Menschen im Schlaf, sein Charakter zur Geltung kommen. Man kann also (beinahe) sagen: Wie Sie schlafen, so sind Sie.

Seit Jahr und Tag versuchen Physiologen und Ärzte vergebens, eine klare Definition des Schlafs zu finden. Eine solche Definition ist unerläßlich, wenn wir vom Schlaf, vom Verhalten im Schlaf Rückschlüsse auf die Wesensart des Menschen ziehen wollen. Wir wissen, daß der Schlaf nicht etwa nur eine Ausschaltung, gewissermaßen eine Narkotisierung der Großhirnrinde ist, sondern es handelt sich beim Schlaf um einen sogenannten regenerativen, d. h. erholenden aktiven Prozeß im vegetativen Gesamtgeschehen des Menschen.

So erklärt es sich auch, daß wir nach einer Narkose oder nach der Benutzung von Schlafmitteln nicht jene Erquickung empfinden, die wir nach einem gesunden natürlichen Schlaf verspüren. Wir wissen, daß der Schlaf in den Körperfunktionen verschiedene Veränderungen herbeiführt:

1. Verlangsamung des Herzrhythmus,
2. Absinken des Blutdrucks,
3. verminderte Erregbarkeit des Atemzentrums mit verminderter Atmung,
4. Verengung der Pupillen,
5. Umschaltung der Drüsenabsonderungen im Bereich des Kopfs und des gesamten Organismus.

Es gibt eine ganze Menge von Schlaf-Theorien, deren Erörterung hier zu weit führen würde.

Was wir vom Schlaf sicher wissen, ist jedenfalls die Tatsache, daß er in regelmäßigen Intervallen eintritt und während mehrerer Stunden zu einem Bewußtseinsverlust führt.

Dieser Bewußtseinsverlust ist begleitet von bestimmten geistigen und körperlichen Vorgängen – wie z. B. dem Traum, einer veränderten Tätigkeit der Leber, der Nieren etc.

Nimmt man aber, wenn wir den Schlaf nun einmal als eine unvermeidliche Gegebenheit quittieren, den Menschen auf der Schlafmatte unter die Lupe und schließen wir ihn an den Elektroenzephalographen an, dann läßt sich eine ganze Anzahl Vorgänge ermitteln, die uns einen Schritt weiterbringen auf der Suche nach der Charakteranalyse, die wir aus dem Schlaf ziehen können.

Ein paar Tatsachen

○ Bei einer durchschnittlichen Schlafdauer von 6 bis 10 Stunden verbringen wir rund ein Drittel unseres ganzen Daseins im Bett, jedenfalls im Schlafzustand.

○ Die normale Schlafdauer beträgt bei einem Kind von sechs Monaten 22 Stunden und sinkt mit zunehmendem Alter (60 bis 80 Jahre) schließlich auf 5 bis 6 Stunden.

○ Innerhalb von 6 bis 10 Stunden verändern wir, wie Filmaufnahmen eindeutig verraten, 45- bis 60mal unsere Schlafhaltung, ein Vorgang, der sich aus veränderten Muskelspannungen ergibt.

Abb. 171   Abb. 172   Abb. 173

Wie die moderne Physiologie sagt, wird das Wesen des Menschen von seiner Erbmasse bestimmt, in den Charakterausschlägen von dem Verhalten der Innenorgane, der Drüsen, von dem Gleichgewicht, das zwischen den einzelnen Organen herrscht oder das gestört ist. Die übersteigerte Ausschüttung von Galle ins Blut kann dem Menschen einen „galligen" Charakter verleihen. Eine ungünstige Leberfunktion, eine nicht normale Tätigkeit der Nieren – solche Vorgänge reichen aus, den Charakter des Menschen zu verändern. Andererseits wird dieser, wie die moderne Psychologie dargetan hat, auch von seelisch-geistigen, zum Teil völlig unbewußten Faktoren und emotionalen Spannungen mitbestimmt.

Da nun im Schlaf (unter Abschaltung des Bewußtseins) der Mensch unbewußt auf seinen Körper und seinen Geist reagiert, ist die Schlaflage, die er einnimmt, symptomatisch für günstige und ungünstige Vorgänge im Körper, für Störungen, denen der Schlafende unbewußt auszuweichen versucht.

Was die Schlaflage verrät

Theoretisch läßt sich feststellen, daß eine leicht zur Seite geneigte, völlig ausgestreckte Schlafposition den Kreislauf nicht behindert und die Wirbelsäule ebenso wie die Muskeln und Innenorgane ohne Spannung läßt. Wird eine andere Schlafhaltung eingenommen, dann kann man aus der jeweiligen Haltung Schlüsse ziehen, die folgende Deutungen zulassen:

Embryonallage (Abb. 171), also das Anziehen der Beine an den Körper, in Nachahmung der Position eines Embryos vor der Geburt: verrät scheues Wesen, Angst vor einer Auseinandersetzung mit den Lebensverhältnissen und den Alltagsschwierigkeiten, die sich nicht vermeiden lassen. Der gesundheitliche Nutzen oder Nachteil der Embryonallage ist stark umstritten.

Totale Rückenlage (Abb. 172): gestattet eine gute Blutzirkulation, verrät aber – wenn sie eindeutig bevorzugt wird – einen spitzfindigen, nervösen, oftmals überreizten Charakter, vor allem wenn die Oberschenkel leicht angezogen sind.

Bauchlage (Abb. 173) unter Anziehung eines Beins und seitlicher Streckung der Arme gilt als eine der häufigsten Schlafpositionen, die neben der Rechtslage von wenigstens 62 Prozent aller Menschen im Lauf der Nacht während gewisser Zeiten eingenommen wird.

Es heißt, daß der Mensch, der vorzugsweise auf dem Bauch schläft, oft in stärkstem Maße egozentrisch ist, nur sich selbst auf der Welt kennt und schätzt und sich gegenüber der Umwelt dementsprechend verhält.

Die Schlaflage von Mann und Frau

Die amerikanische Psychologin Margaret Fuller zieht zum Thema der bevorzugten Lage im Bett von Mann und Frau unterschiedliche Schlüsse. Sie stellt weitere interessante Kriterien heraus.

1. *Embryonallage* (siehe oben): Spiegelt Schüchternheit, Verschlossenheit, Erschöpfung und den Wunsch nach Sicherheit. Diese Lage deutet gewöhnlich auf berufliche Schwierigkeiten.
2. *Lage mit ausgestreckten Gliedmaßen* (Arme und Beine sind weit vom Körper gestreckt, während das Bettuch und möglicherweise auch der Partner vor dem Bett liegen, d. h. „ausgebootet" wurden): Dies ist die Lage des sich selber vertrauenden Siegers und Erfolgsmenschen, den nichts aufhalten kann, das Abenteuer des Lebens zu genießen.
3. *Aggressionslage* (beide Fäuste des Schläfers sind zusammengeballt): Ein Mann, der so schläft, beschimpft möglicherweise seine neben ihm liegende Frau unbewußt im Schlaf. Wenn eine äußerlich ruhige Frau so schläft, zeigt das den Wunsch an, andere beherrschen zu wollen.
4. *Schüchternheitslage* (die Arme oder Beine werden kreuzweise übereinander gelegt): Bei einem Mann zeigt diese Schlaflage Angst vor Mißerfolg an, bei einer Frau weist sie auf eine untergründige Angst vor einem Angriff oder Überfall hin.
5. *Arme-über-dem-Kopf-Lage:* Diesen Schläfer beunruhigt nichts. Beruflich hält er die Leistungsspitze. Das Leben ist so leicht, daß es ihm fast unwahrscheinlich erscheint. Kinder schlafen oftmals in dieser Lage.

6. *Baby-Doll-Lage* (Kauerlage mit dem Kissen oder einem Stofftier in den Armen): Diese Lage drückt die Furcht aus, den Ehemann, den Freund oder den Arbeitsplatz zu verlieren. Sie zeigt einen starken Mangel an Selbstvertrauen an.
7. *Rückenlage:* Diese Lage mit ausgebreiteten Beinen weist auf Herrschsucht und Egoismus hin.
8. *Rücken-Querlage:* Wer auf dem Rücken, aber quer über das Bett ausgestreckt schläft, blickt mit utopischer Grundanlage vertrauensvoll in eine oft illusionäre Zukunft.
9. *Leicht seitliche Bauchlage:* Wer so schläft, ist leicht sentimental und bevorzugt die einfachen Freuden des Lebens.
10. *Halbseitenlage:* Der Schläfer besitzt Verantwortungsgefühl und realistische Einstellung, neigt aber dazu, die Dinge übertrieben ernst zu nehmen.
11. *Hände-am-Kinn-Lage:* Diese Lage ist als Hinweis auf die Angriffsfreude des Schläfers anzusehen.

Schlafdauer verrät die Wesensart

Die Ansicht, daß der Mensch unbedingt acht Stunden Schlaf benötigt, um gesund zu bleiben, ist überholt. Prof. Dr. Michel Jouvet, der viele Jahre die menschlichen Schlafgewohnheiten untersuchte, kam zu der Erkenntnis, daß jeder Mensch ein individuelles Schlafbedürfnis hat, das Rückschlüsse auf den Charakter erlaubt. Anderseits haben neue Forschungen über die Bedeutung der Schlafdauer weitere Einblicke in typische Wesenszüge des Menschen gebracht. Prof. Dr. Jouvet unterscheidet vier verschiedene Gruppen.

Extreme Kurzschläfer: Die kürzeste, bei Testpersonen festgestellte Schlafdauer beträgt viereinhalb Stunden pro Nacht. Diese extremen Kurzschläfer sind außerordentlich aktiv und packen das Leben mit beiden Händen an. Negative Charaktereigenschaften dieser Personengruppe sind im Vergleich zu normalen Schläfern Aggressivität und Ungeduld. Nur rund drei Prozent aller Menschen kommen mit diesem extremen Kurzschlaf aus.

Kurzschläfer: Auch wer fünf bis sieben Stunden schläft, ist noch den Kurzschläfern zuzurechnen. Diese Personengruppe ist lebhaft, besitzt eine rasche Auffassungsgabe und steht dem Leben positiv gegenüber. Diese Schläfer stehen mit ungewöhnlich großer Selbstsicherheit überall ihren Mann.

Normalschläfer: Zu dieser Gruppe zählt die Hälfte aller Menschen. Ihre Schlafdauer bzw. ihr Aufenthalt im Bett beträgt sieben bis acht Stunden. Der Normalschläfer ist weder besonders dynamisch noch ausgesprochen faul, sondern erweist sich im allgemeinen als ein gleichmäßig und zuverlässig arbeitender Berufstätiger.

Langschläfer: Ein Drittel der Menschheit zählt zu dieser Personengruppe, die neun und mehr Stunden schlafend verbringt. Der Langschläfer ist in sich gekehrt und sensibel und oftmals eine empfindliche Künstlernatur. Allerdings neigt er zu Depressionen und psychosomatischen Krankheiten. Allgemein ist zu sagen, daß z. B. in Westeuropa die Frauen länger als die Männer schlafen. Etwa zehn Millionen Westeuropäer gönnen sich kaum sieben Stunden Nachtruhe. Doch sind die Hauptgründe dafür nicht psychologischer Art, sondern sind in Lärm und im Fernsehen zu suchen.

Schnarchen verrät Geheimnisse

Auch das Schnarchen eines Menschen kann für ihn Gefahren heraufbeschwören, da der Menschenkenner die Schnarchtöne zu deuten weiß. Aus dem Schnarchen eines verheirateten Mannes kann seine Ehefrau vielfältige Schlüsse ziehen. Hierbei können Dinge zutage kommen, von denen die Frau sich vorher nichts träumen ließ.

Das Schnarchen kann so aufschlußreich sein wie das Sprechen im Schlaf. Wer zum Beispiel beim Schnarchen Töne wie ein brüllender Löwe von sich gibt, leidet unter einem unterdrückten Aggressionstrieb. Sein Schnarchen ist furchterregender als sein tatsächliches Zupacken.

Wer tagsüber als schüchterner Mensch auftritt und sich womöglich als Lehrer vergeblich bemüht, seine 14jährigen Schüler in Zaum zu halten, gelangt nachts zu einer Art Ausgleich und brüllt beim Schnarchen wie der König des Dschungels, d.h. übertragen wie der König seiner Schulklasse.

Auch wer Schnarchlaute wie das Grunzen eines Schweines von sich gibt, fühlt sich tagsüber unsicher.

Ein Schnarcher kann aber auch melodiöse Töne, ja ganze Melodien von sich geben, die überraschende Tonfolgen mit eleganten Pausen zeigen und sowohl in ihrer Harmonie wie im zeitlichen Abstand die größten Variationen bieten können.

Mit Hilfe derartiger musikalischer Töne wird das Image eines harten und nüchternen Geschäftsmannes, das tagsüber überwiegt, zur Nachtzeit gemildert. Ausschließlich in der geheimen Anonymität des nächtlichen Schnarchens kann sich der Wunsch nach künstlerischem Selbstausdruck auf diese Weise erfüllen.

Wer in seinem Familienleben das größte Glück gefunden hat, verspürt gleichfalls den Wunsch, sein Glück durch entsprechende schnurrende Schnarchlaute zum Ausdruck zu bringen.

Unser Lieblingstier ist kein Zufall

Die nachstehende Studie führt zu interessanten Ergebnissen, die sich wie folgt vorwegnehmen lassen: „Sage mir, was für ein Tier du hast, und ich sage dir, wie du bist!"

Die Wissenschaft von den Beziehungen zwischen dem Charakter von Herr und Hund verdanken wir dem französischen Veterinär Michel Klein.

Klein wurde als Betreuer der Hunde von Filmstars bekannt, darunter der vierbeinigen Freunde von Liz Taylor, Maria Callas, Sophia Loren, Prinzessin Gracia von Monaco, Audrey Hepburn und Brigitte Bardot. Dr. Klein hält in der ganzen Welt Vorträge über den Hund. Während der zwanzig Jahre seiner Praxis wurde der Tierarzt zu einem erstrangigen Spezialisten, der schließlich aus eigener Beobachtung zu der Erkenntnis gelangte, daß der Charakter von Männern und Frauen über den Hund, den sie halten, sichtbar wird.

Nach Klein unterliegt es keinem Zweifel, daß z. B. der Umstand, daß jemand einen Dackel und keinen Dobermann wählt, Ausdruck seines inneren Wesens ist. Hierbei spielen gefühlsmäßige und seelische Momente eine ebenso große Rolle wie ästhetische. Durch die Anschaffung eines bestimmten Hundes offenbart der Mensch seinen Charakter.

Dr. Klein hat die nachfolgend verdeutlichten Beziehungen herausgestellt, je nachdem, welchen Hund Sie haben oder bevorzugen.

Welcher ist Ihr Hund?

Bastard (Promenadenmischung): Sie sind großmütig. – Wenn Sie ganz bewußt einen Hund ohne Rassen gewählt haben, kann man Vertrauen zu Ihnen haben. Sie sind ganz gewiß ehrenhaft, mitempfindend und haben ein gutes Herz. Sie lieben das ruhige und einfache Familienleben. Ein blindes Selbstvertrauen ist Ihnen unbekannt; im Gegenteil, Sie benötigen Ermutigung und einen Anstoß, um etwas zu unternehmen.

Wird Ihnen eine Verantwortung, ein Posten, eine Anstellung übertragen, so erfüllen Sie Ihre Pflicht mit größter Sorgfalt. Man kann sich auf Sie verlassen. Obwohl Sie Ihr Vertrauen nicht leichtfertig verschenken, sind Sie eines großmütigen Verhaltens fähig. In der Liebe sind Ihre Gefühle im allgemeinen dauerhaft. Sie verspüren keine Abneigung gegen einen willensstarken und selbstbewußten Partner. Sie verstehen es, die Forderungen anderer zu erfüllen, ohne Ihren eigenen Charakter dabei zu verlieren.

Ihre kleinen Fehler: Sie sind leicht erregbar; es fehlt Ihnen an Ausdauer.

Cocker und Dackel: Sie sind gefühlvoll. – Wenn Sie Besitzer eines Hundes dieser Rassen sind, dann sind Sie zweifellos sehr gefühlvoll. Sie haben a priori stets Vertrauen zu den Menschen, die Ihnen begegnen. Mitunter kann Ihr Benehmen einen Zug von Naivität enthalten. Sie stehen freiwillig „zur Verfügung" und sind bereit, Ihre Freundschaft ohne Überlegung zu verschenken, ohne mögliche Enttäuschungen in Betracht zu ziehen. Für die Einsamkeit haben Sie nichts übrig. Sie brauchen Gesellschaft, um nicht der Langeweile zu verfallen und sich nicht schwarze Gedanken zu machen.

In der Liebe müssen Sie Ihr Gleichgewicht finden. Ihre Hingabe wird um so größer, wenn Ihr Partner Ihnen die Zärtlichkeit und Liebe entgegenbringt, die Sie benötigen, um glücklich zu sein.

Ihre kleinen Fehler: Sie lieben es, zu gefallen und zu verführen. Sie sind keineswegs schüchtern.

Pudel: Sie sind leidenschaftlich. – Dieser Hund verrät, daß Sie sensibel, verführbar, humorvoll und weich sind. Einerseits führen Sie ein regelmäßiges Leben und beherrschen Ihr Temperament, andererseits lassen Sie sich bis zum Exzeß gehen und werden maßlos. Sie schwanken himmelhoch jauchzend und zu Tode betrübt. Ungerechtigkeiten können Sie leicht in Erregung versetzen. Sie zögern nicht, für große Ideen und hohe Ideale in den Kampf zu ziehen.

Obwohl Sie sich in Ihrer Arbeit unschlüssig zeigen, sind Sie bemüht, alles, was Sie tun, sorgfältig auszuführen, eine Eigenschaft, die Ihnen Wertschätzung einbringt. Sie sind leicht verletzt, wenn Sie angegriffen werden. Sie fürchten stets, von anderen übervorteilt zu werden.

In der Liebe sind Sie in der Lage, viel zu geben, aber Ihr Partner muß Ihnen folgen, ohne sich durch Ihre Empfindlichkeit irritieren zu lassen. Sie brauchen Zärtlichkeit und Sympathie, um wirklich glücklich zu sein.

Ihr kleiner Fehler: Sie leiden zu sehr unter einer Tendenz zur Selbstbemitleidung.

Langhaardackel: Sie sind sehr treu. – Sie sind sensibel. Sie lieben es, mit Ihrer Umgebung in Eintracht zu leben und friedlich die Freuden des Daseins zu genießen. Sie wollen Ihre Sorgen in den Hintergrund verbannen.

In der Liebe besitzen Sie große Vorzüge. Sie verstehen es, sich aufmerksam, zärtlich und verständnisvoll zu zeigen. Sie haben volles Vertrauen zu Ihrem Partner, weil Sie selbst auch ziemlich treu sind. Wenn nötig, sind Sie bereit, für den von Ihnen auserwählten Partner Opfer zu bringen. In Ihrer Ehe sind Sie sich Ihrer Verantwortung bewußt.

Ihr kleiner Fehler: Durch Gleichgültigkeit lassen Sie sich im Laufe Ihres Lebens nicht wenige Möglichkeiten entgehen.

Deutscher Schäferhund: Sie haben Charakter. – Wenn Sie einen Schäferhund gewählt haben, so ist das ein Anzeichen dafür, daß Sie „Charakter haben". Sie wollen im Leben respektiert werden und wünschen eine gewisse Ordnung. Sie bemühen sich, rechtschaffen zu sein und die Wertschätzung anderer zu verdienen. Sie hassen Zeitverschwendung. Sie wollen nicht, daß jemand auf Ihre Kosten lebt.

In der Liebe sind Sie treu und besitzen einen ausgeprägten Familiensinn. Der Besitz eines Schäferhundes weist oftmals darauf hin, daß sich unter einem rauhen und selbstsicheren Äußeren ein Minderwertigkeitskomplex verbirgt. In der Tiefe Ihres Wesens sind Sie unruhig.

Dalmatiner: Sie sind ehrgeizig. – Dieser Hund sagt vieles über Sie aus! In Ihrem ganzen Leben werden Sie niemals völlig mit Ihrem Schicksal zufrieden sein. Sie wollen stets weiter und höher hinaus. Ihr Ehrgeiz ist niemals zufriedengestellt. Um Ihre Ziele zu erreichen, zeigen Sie sich in den Mitteln nicht wählerisch. Ausschließlich der Erfolg zählt. Sie brauchen Zuhörer und Schmeichler. Da Sie Charme und eine gewisse Macht über andere besitzen, fällt es Ihnen nicht schwer, Aufmerksamkeit zu erregen. Sobald Sie allein sind, sind Sie nicht mehr Sie selbst und verfallen leicht der Niedergeschlagenheit.

Es fällt nicht leicht, Sie zu verführen. Sie lassen sich nur schwer von der Liebe fesseln. Wenn Sie aber einmal verheiratet sind, handeln Sie gemäß Ihrer Verantwortung und erweisen sich als guter Partner.

Ihr versteckter Fehler: Sie sind in der Freundschaft nicht sehr treu.

Spaniel: Sie sind mutig (und eigensinnig!). – Dieser Hund zeigt bei Ihnen solide Qualitäten an. Sie sind realistisch, mutig, zurückhaltend. Ihr gelegentlich auftretender Eigensinn beruht darauf, daß Sie nicht gern zugeben, unrecht zu haben. Sie sind selbstsicher und in der Lage, Entscheidungen zu treffen und Initiativen zu ergreifen. Ohne übertriebene Skepsis sind Sie mißtrauisch. Sie vergeben Ihr Vertrauen und Ihre Freundschaft nur nach reiflicher Überlegung. Andererseits ändern Sie in dieser Frage Ihre Ansicht nicht leicht, wenn Sie jemanden für vertrauenswürdig halten. Sie verachten Leichtfertigkeit und Oberflächlichkeit.

In der Liebe sind Sie treu. Wenn Sie nicht zutiefst enttäuscht werden, ändert sich darin nichts.

Ihr kleiner Fehler: Sie sind nicht sehr duldsam, was die Haltung anderer angeht.

Dobermann: Sie sind autoritär. – Es ist nicht einfach, mit Ihnen zusammenzuleben. Sie sind herrschsüchtig und zeigen Kampfgeist. Sie lassen sich nicht gern auf die Füße treten. Sind Sie der Unterlegene, dann sicherlich nur für kurze Zeit. Ihren Mitmenschen erscheinen Sie merkwürdig und undurchschaubar, ein Eindruck, den Sie absichtlich verstärken. Denn Sie lieben Verwirrung und Intrige.

In der Liebe sind Sie besitzergreifend, eifersüchtig, exklusiv und leidenschaftlich. Man langweilt sich nicht mit Ihnen.

Ihr kleiner Fehler: Sie sind nicht sehr diplomatisch. Sie zeigen sich angriffslustig, oft aus reiner Freude am gefährlichen Spiel.

Fox-Terrier, Schnauzer: Sie sind Künstler. – Dieser Hund weist mit unbedingter Sicherheit auf eine loyale, freimütige und aufrichtige Persönlichkeit. Sie lieben Ihre Bequemlichkeit und haben oft künstlerisches Temperament. In der Liebe sind Sie ehrlich, ergeben und feurig. Sie tun das Unmögliche, um denjenigen, die Sie lieben, ein Leben ohne Not zu schaffen.

Ihre kleinen Fehler: Sie sind manchmal zornig. Es mißfällt Ihnen nicht, Ihre Umgebung aus Spaß „zur Weißglut" zu reizen.

Setter: Sie sind gefallsüchtig. – Sie geben sich im Leben nicht mit dem zufrieden, was Sie besitzen. Eine mittelmäßige Anstellung oder ein Beruf ohne Zukunft paßt Ihnen nicht. Sie sind ehrgeizig, realistisch und begabt. Sie bemühen sich, ans Ziel zu kommen. Es mißfällt Ihnen nicht, im Mittelpunkt der Unterhaltung zu stehen und die Aufmerksamkeit auf sich zu ziehen.

In der Liebe sind Sie treu. Sie möchten das Vertrauen Ihres Partners wert sein. Liebe ohne Bewunderung ist für Sie undenkbar.

Ihre kleinen Fehler: Sie neigen dazu, sich wichtig zu nehmen.

Dänische Dogge: Sie lieben es, den Ton anzugeben. – Als Besitzer dieses Hundes sind Sie mit sich sehr zufrieden. Sie möchten Interesse und Eifersucht erregen. Ihr Leben wird vom Ehrgeiz bestimmt. Sie suchen einen Platz an der Sonne und sind, um ans Ziel zu gelangen, in der Wahl Ihrer Mittel nicht kleinlich. Sie zögern nicht, Ihre Gegner auszubooten.

In der Liebe können Sie ein idealer Partner sein, wenn Ihr Wille respektiert wird.

Ihre kleinen Fehler: Sie sind oft launisch. Im Zorn können Sie gewalttätig werden.

Jagdhund: Sie lieben den Luxus. – Sie lieben es, beachtet zu werden. Im Leben bewegen Sie sich großartig, selbst wenn dieses Verhalten nur eine Maske ist. Sie fühlen sich zum Luxus hingezogen, zu allem Schönen. Im Geschäftsleben zeigen Sie sich unnachgiebig. Sie lieben Kritik und verachten die Mittelmäßigkeit. Sie sind ein Idealist.

In der Liebe können Sie glücklich werden, wenn es Ihr Partner versteht, Sie von einem Ihnen im Grunde nicht liegenden gekünstelten Lebensstil zu befreien.

Ihre Fehler: Sie sind nicht immer ganz aufrichtig. Sie lieben es, mit verdeckten Karten zu spielen und die Mitwelt zu täuschen.

Pinscher: Sie lieben das gute Leben. – Sie lieben es, das Dasein von der angenehmsten Seite zu nehmen, ohne sich um Kleinigkeiten zu kümmern. Sie haben Humor und sind ohne Mißtrauen. Sie sind ein Materialist im guten Sinne des Wortes.

Als Ehepartner sind Sie vollkommen, denn Sie besitzen ein ausgeglichenes Wesen, und Sie verstehen es, in der Ehe Humor und Harmonie zu beweisen. Um glücklich zu werden, brauchen Sie allerdings einen Partner, der von gefährlichen Leidenschaften frei ist.

Ihr kleiner Fehler: Sie können nicht widerstehen, wenn Ihnen eine Verlockung begegnet.

Welches ist Ihr bevorzugtes Tier?

Wer ein Haustier sein eigen nennt, kann gleich weiterlesen, wenn er davon überzeugt ist, daß die bereits getroffene Wahl seines tierischen Gefährten richtig war. Im anderen Fall ist es angebracht, erst einmal auf einem Blatt zu notieren, welches Wesen aus dem Tiergarten der Natur Ihre Sympathien findet, welches Tier Sie am liebsten bei sich zu Hause beherbergen möchten. Vielleicht mögen Sie gar kein Tier. Auch das ist bezeichnend. Unter Umständen gilt Ihre Neigung einem ganz ausgefallenen vierbeinigen Lebewesen – oder einem solchen ganz ohne Beine, z. B. einer Schlange oder dergleichen.

Haustier oder Spieltier?

„Ich kann Katzen nicht leiden. Das war auch schon immer so! Aber Hunde – so viele Sie wollen!"

Diese Äußerungen haben manche von uns irgendwann einmal gemacht. Sie wechseln in der Formulierung. Ein anderer mag keine Hunde leiden und schätzt Katzen über alles. Es gibt Sonderlinge, die auf Papageien oder Raben oder Schlangen versessen sind, ganz abgesehen von weißen Mäusen oder Riesenschildkröten.

Ausschlaggebend ist, ob wir das Tier, an das wir uns innerlich anschließen, als unseren Freund, als unseren Gefährten in der Einsamkeit des Daseins betrachten, oder ob dieses Lebewesen für uns nur ein gelegentlicher Zeitvertreib, ein Spielzeug ist, ein Spieltier.

Ergänzung oder Ventil – lautet die andere Formulierung. Ist nun die Vorliebe des Menschen für eine bestimmte Tierart ein Zufall, ist sie abhängig von der ersten Begegnung mit dieser oder jener Sorte von Tieren?

Wir wissen aus der Tier- und Menschenpsychologie, daß es eine direkte Beziehung zwischen den Menschentypen und den Tierarten gibt. Nicht umsonst spricht man z. B. von Katzenmenschen, Hundeliebhabern, Kanarienfreunden, Schlangenverehrern.

Ihr Wesen – dem Tier entsprechend

Es hat sich gezeigt, daß die Wesensart der Liebhaber gewisser Tiere der Wesensart dieses Tieres angepaßt ist. Wir registrieren hier bestimmte regelmäßig festgestellte Absonderlichkeiten.

Katzenmenschen: Fast immer bleiches Zahnfleisch und ziemlich lange Zähne; spitze Handschrift, aber doch einigermaßen harmonisch; Neigung zu Anregungsmitteln wie Kaffee und Tee; bei Erregung rotes Anlaufen im Gesicht, während Ohrläppchen und Nasenflügel weiß bleiben; beim Gehen auf der Straße Abneigung gegen den Rand des Bürgersteigs, statt dessen „Anlehnung" an die Häuserfront; langsames Trinken, beim Trinken Blick ins Leere gerichtet.

Hundeliebhaber: Ruhiger, tiefer Schlaf, scheinbar traumlos; erhebliche Vitalität, leichte Genesung bei ernster Erkrankung; Versuch, jede Geste und Bewegung zu kontrollieren, um nicht undiszipliniert zu erscheinen; Neigung zu Schwermut und Melancholie, immer aber zur Selbstbemitleidung; Neigung zu einem guten Trunk, dessen normales Maß nur überschritten wird, wenn eine Erschütterung des inneren Gleichgewichts (Ärger oder Freude) stattfand.

Kanarienfreunde: Verdeckte Neigung zur Romantik; Nervosität im Umgang mit Fremden, speziell mit Kindern; Empfindlichkeit der Eingeweide, daher sehr sorgfältige Auswahl der zu genießenden Nahrungsmittel; Mißtrauen gegenüber älteren Personen und ganz jungen Menschen, besonders in allen geschäftlichen Fragen; Abneigung gegen längere Sonneneinstrahlung.

Schlangenverehrer: Neigung, sich von der Welt abzusondern und geistig eine besondere Rolle zu spielen; Neigung zur Sonne und Abneigung gegen den Mond; Gefühl der Überlegenheit gegenüber den meisten Mitmenschen, sowohl in beruflicher als auch in charakterlicher Hinsicht; blitzschnelles Erfassen der Schwächen der Menschen der näheren Umgebung; Vorliebe für das Spiel mit der Gefahr.

Diese letzteren Hinweise gelten übrigens auch für Personen, die sich gern mit Schildkröten abgeben bzw. Meerschweinchen züchten.

Die meisten Menschen haben übrigens ein „Wunschtier" – ein Tier, das sie sein möchten. Eine kürzliche Umfrage ergab, daß 10 Prozent aller Männer wünschten, ein Adler oder ein anderer Raubvogel zu sein. Im Fell eines Löwen, Leoparden, Tigers oder Panthers würden sich 9,7 Prozent wohl fühlen. Zum Leben eines Hundes fühlten sich 6,1 Prozent, eines Elefanten 5,2 Prozent hingezogen. Als Affe möchten 4,8 Prozent der Männer leben, während je 3,9 Prozent Bär und Delphin erwählten. Die Katze erhielt 2,9 Prozent, das Pferd 2,6 Prozent der männlichen Wunschstimmen.

Ganz anders sah das Ergebnis der Befragung bei den Frauen aus, denn 12 Prozent der befragten weiblichen Personen hatten den Wunsch, eine Katze zu sein. Der Löwe und anderes Großwild erhielten 8,1 Prozent der Stimmen, der Hund 6,5 Prozent, der Elefant 4,5, das Pferd 4,3, der Adler 3,4, der Vogel 2,8, das Reh 2,6, der Affe 2,6 und das Eichhörnchen 2,1 Prozent.

Aus diesem Umfrageergebnis lesen Psychologen ab, daß Männer im allgemeinen optimistisch, rücksichtslos, leistungsorientiert, angepaßt und sicherheitsbedürftig sind, während bei den Frauen Weiblichkeit, Mütterlichkeit, Zufriedenheit und Sicherheitsstreben im Vordergrund stehen.

Freilich kann man aus dem Meinungstest noch mehr ablesen. Der Wunsch, eine Katze zu sein, könnte auch den Abscheu gegenüber Mäusen zum Ausdruck bringen. Die Männer flögen gern als Adler über den Wäldern, würden aber sehr ungern mit einem buschigen Schwanz herumlaufen, wie das bei ihnen ungenannt gebliebene Eichhörnchen. Die Frauen möchten es vermeiden, als Affen komisch zu wirken. Beides ist verständlich.

In jedem Menschen eine Beziehung zu einem Tier

Eine kürzliche Umfrage ergab, daß sich 10% aller Männer wünschten, ein Adler oder ein anderer Raubvogel zu sein. In dem Fell eines Löwen, Leoparden, Tigers, Panthers oder Geparden würden sich 9,7% wohl fühlen, zum Leben eines Hundes fühlten sich 6,1%, zur dicken Haut des Elefanten 5,2% hingezogen. Als Affe möchten 4,8% der Männer leben, während je 3,9% die Wahl auf Bär und Delphin richteten. Die Katze erhielt 2,9%, das Pferd 2,6% der männlichen Wunschstimmen.

Ganz anders zeigte sich das Ergebnis der Befragung bei den Frauen, denn 12% der befragten weiblichen Personen hatten den Wunsch, eine Katze zu sein. Der Löwe und anderes Großwild erhielten 8,1% der Stimmen, der Hund 6,5%, der Elefant 4,5%, das Pferd 4,3, der Adler 3,4, der Vogel 2,8, das Reh 2,6, der Affe 2,6 und das Eichhörnchen 2,1%.

Aus diesem Umfrageergebnis lesen Psychologen ab, daß Männer optimistisch, rücksichtslos, leistungsorientiert, angepaßt und sicherheitsbedürftig sind, während bei den Frauen Fraulichkeit, Mütterlichkeit, Zufriedenheit und Sicherheitsstreben im Vordergrund stehen.

Freilich kann man aus dem Meinungstest noch mehr ablesen. Denn der Wunsch, eine Katze zu sein, könnte auch den Haß auf die Mäuse zum Ausdruck bringen.

Die Männer würden gern als Adler über den Wäldern fliegen, aber sehr ungern mit einem buschigen Schwanz herumlaufen, wie das ungenannt gebliebene Eichhörnchen. Die Frauen möchten es vermeiden, als Affen komisch zu wirken.

In ihrer äußeren Erscheinung haben viele Menschen eine ausgesprochene Ähnlichkeit mit irgendeinem ganz bestimmten Tier. Der bärtige Gelehrte kann, wenn er eine entsprechende Haar- und Barttracht besitzt, einem Löwen, andernfalls kahl und bartlos mit langer gebogener Nase dem klugen Elefanten entsprechen. Auch der Frosch ist ein „männliches Gesicht".

Weibliche Personen können eine frappierende Ähnlichkeit mit einem Windspiel, einem Papagei oder einer Eule aufweisen.

Als Kinder in der Schule von ihrer jungen sympathischen Lehrerin aufgefordert wurden, ihre ehrliche Meinung über sie niederzuschreiben, wurde sie u. a. als Huhn und Gans bezeichnet. Vielleicht empfanden die Schüler sich als die Hühner- oder Gänseküken. Andere sahen in der Lehrerin einen Osterhasen.

Vielfach fühlen sich Menschen übrigens von denjenigen Tieren angezogen, die ihnen auch in ihrem Ausdruck irgendwie ähnlich sind.

IV. Reaktionen und Charakteristika

Die Kopfhaltung und deren Deutung

Man sagt von einem Menschen, er zeige Haltung oder er lasse den Kopf hängen. Mahnend klingt noch heute in unseren Ohren der väterliche Ruf: „Kopf hoch!" Die Haltung des Menschen, die Art und Weise, wie er den Kopf trägt, ist aufschlußreich für den Charakter eines Menschen.

Kopf gerade, Kinn ein wenig hoch (Abb. 174)

Wir sind alle schon Menschen begegnet, die heute den Kopf hoch tragen und ihn morgen hängen lassen. Die einfachste Regel der Menschenkenntnis lautet: Man geht so durch das Leben, wie man seinen Kopf trägt. Hält man den Kopf aufrecht, das Kinn ein wenig hoch, dann haben wir eine unabhängige Natur vor uns, einen Menschen, der selbstbewußt, ein wenig zu stolz, vielleicht arrogant ist. Er wird sich dem Willen eines anderen ohne dringendste Notwendigkeit niemals beugen. Er ist nicht zu beeinflussen. Er glaubt an sich selbst und geht gerade seinen Weg.

Kinn stark vorgereckt (Abb. 175)

Wer mit der erhobenen Stirn die Neigung verbindet, das Kinn vorzurecken, muß mit Vorsicht behandelt werden, weil diese Haltung Angriffslust, oft auch Anmaßung, jedenfalls das deutliche Bestreben verrät, sich dem anderen überlegen zu zeigen.

Abb. 174   Abb. 175   Abb. 176

Stirn dem Boden zugewandt (Abb. 176)

Wer den Kopf gesenkt trägt, versteckt gleichzeitig seine Stirn und seine Augen vor der Umwelt und versucht unbewußt, auch seinen Charakter zu verschleiern. Dieser Typ muß nicht schlecht, unfreundlich oder gefährlich sein. Es genügt, daß ein Mensch das Vertrauen zu sich selbst verloren hat, davor zurückschreckt, Verantwortung auf sich zu nehmen, oder Zweifel hegt, sich durchsetzen zu können: schon senkt er die Stirn zu Boden.

Abb. 177　　　　　　　　　　Abb. 178

Kopf schräg gelegt (Abb. 177)

Menschen, die den Kopf zur Seite neigen – sei es nach rechts, sei es nach links –, sind sehr häufig leicht beeinflußbare Naturen. Sie erliegen äußeren Suggestionen und sind nicht nur in ihrer Seele, sondern meist auch körperlich empfindlich und anfällig.

Im Bann ewiger Unruhe (Abb. 178)

Wir kennen jene Menschen, die ihrem Kopf keinen Augenblick Ruhe gönnen, die nach rechts, nach links schauen, auf jeden Blick, der sich von rückwärts, von oben oder unten auf sie richtet, sofort reagieren. Es handelt sich um neugierige Menschen und solche, bei denen sich mit einer gewissen Intelligenz starkes Lebensinteresse verbindet, die weder bei Tag noch bei Nacht ruhig bleiben. Sie sind immer in Erwartung der großen Überraschung, die sie vom Leben, von der Liebe, im Beruf und vom Schicksal erwarten.

Fehlhaltungen und deren Deutung

Der Mensch verwendet unbewußt einen Teil seiner verfügbaren Muskelkraft auf Gebärden und Gesten. Verschleppte, zunächst unbewußt ausgeübte Bewegungen können jedoch mitunter den Ablauf der normalen Haltungs- und Bewegungskoordination erheblich stören und auf diese Weise akute Krankheitsbilder hervorrufen (akute Lumbago und rheumatischer Schiefhals).

Manche Störung, die dem Anschein nach auf Rheuma zurückgeht, ist in Wahrheit dadurch entstanden, daß Komplexe zu einer Verkrampfung führten. Die schnellste Heilung wird dadurch erreicht, daß die Geste wieder in ihrer Eigenheit bewußt gemacht wird. Sie kann dann abgebaut und auf ihre ursprüngliche Bedeutung als situationsbezogener Ausdruck reduziert werden.

Die häufigsten Fehlhaltungen, die aus verhaltenen Gesten und Gebärden hervorgegangen sind, hat Dr. Albert Cramer wie folgt beschrieben.

Abb. 179   Abb. 180   Abb. 181

Die Aufbäumhaltung (Abb. 179)

Die Geste des Aufbäumens bringt völlige Abwehr und Mißbilligung zum Ausdruck. Diese Haltung, die Rückenmuskeln und Wirbelsäule in Mitleidenschaft zieht, zeigt sich oft verschleppt bei Lumbagikern, die diese Geste sogar im Schlaf beibehalten können. Der aktute Hexenschuß wird oft durch Schreck oder eine kulminierende Belastung ausgelöst.

Die Suchhaltung (Abb. 180)

Es handelt sich dabei, genau gesagt, um die Hilfe-Such-Haltung. Dabei ist die Lendenwirbelsäule gestreckt und das Becken vorn aufgerichtet. Die lumbalen Rückenstrecker sind leicht enttonisiert. Bei hängenden Schultern wird der Kopf zu weit vor dem Körperlot getragen.

Die Versagerhaltung (Abb. 181)

Diese Haltung zeigt sich dadurch, daß z. B. bei der Antwort auf eine Frage die Schultern in charakteristischer Weise angehoben und das Kinn vor-

gestreckt wird. Wenn von Berufs wegen oder aus anderen Gründen diese
Haltung immer erneut wiederholt wird, können die Schultern hoch stehen
bleiben. Zu dem Nacken-Schulter-Schmerz kommen mit der Zeit strahlende
Schmerzen in den Armen.

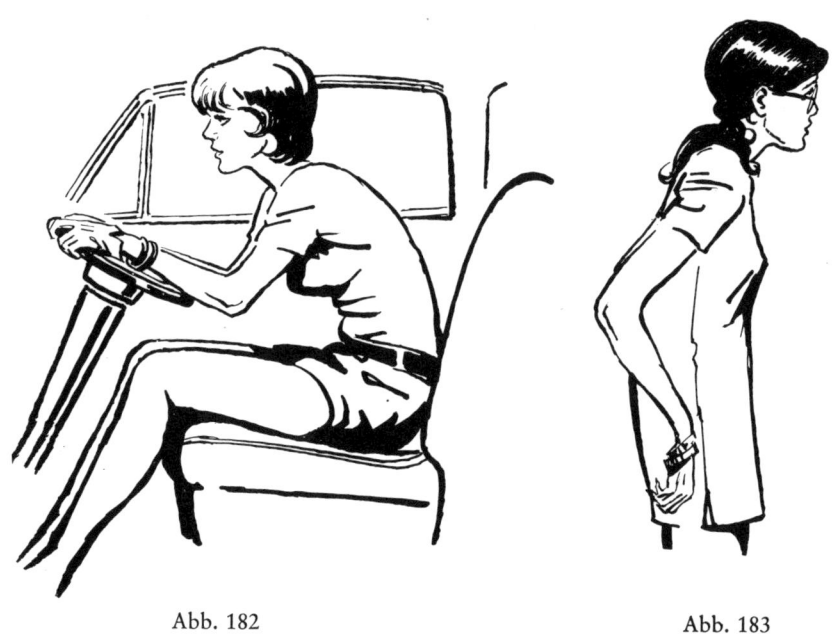

Abb. 182   Abb. 183

Die Hingabehaltung (Abb. 182)

Situationen, die wie das Autofahren die volle Aufmerksamkeit und Zu-
wendung erfordern, führen leicht zu Rücken- und Nackenschmerzen.

Die Scheugebärde (Abb. 183)

Sobald der Mensch sich scheut, etwas anzufassen, zeigt er einen leicht an-
gezogenen Kopf, angewinkelte Ellenbogen, zurückgebogene Handgelenke
und leicht gebogene Fingergelenke. Dies ist u. a. die Haltung einer Steno-
typistin, die zwar das Schreiben scheut, aber es dennoch ausführt. Hierdurch
entsteht eine doppelte Muskelbelastung durch Gebärde und Arbeit.

Wer unter Steifheit und Verkrampfungen leidet, versucht oft, die ver-
lorengegangene Beweglichkeit dadurch zurückzugewinnen, daß er gegen die
Verkrampfung angeht. Die Folge davon ist aber ein noch schlimmeres
Fehlverhalten. Hier Abhilfe zu schaffen, ist Aufgabe des Arztes und Psycho-
therapeuten. Für uns sind diese Fehlhaltungen zur Charakterdeutung wichtig.

Kritzeln auf dem Zeitungsrand

Auf großen Konferenzen werden jeweils nach Abschluß der Sitzungen nicht nur die Papierkörbe geleert, sondern auch die Zeitungen und Löschblätter entfernt, die auf den Tischen zurückblieben. Bisweilen war es nämlich Männern von diesem oder jenem Geheimdienst gelungen, derartige Löschblätter und Notizpapier zu entführen und unter die Lupe der Psychologen der Gegenseite zu nehmen.

Auch die Großen haben die Angewohnheit, „Bildchen" zu malen, Verzierungen in den Ecken ihrer Zeitungsränder, auf Löschblättern und Notizblöcken anzubringen.

Immer nervös

Die Seelensprache im Bekritzeln von Zeitungsrändern und in der Löschblattmalerei läßt wichtige Auslegungen zu, weil das Unterbewußtsein über den Bleistift und auf dem Umweg über die Figur, die da „gedankenlos" entsteht, einen Blitzableiter sucht. Der eine zeichnet Veilchen und der andere Würfel, der dritte bringt ganze Linienbänder zu Papier, der vierte zeichnet mit viel Sorgfalt Häuschen.

Aus den Feststellungen von Graphologen und Psychologen ergeben sich interessante Deutungen der Kritzeleien bekannter Persönlichkeiten:

Der sowjetische Außenminister Gromyko hat nach einer Rede in den Vereinten Nationen in New York das vor ihm liegende Blatt mit seltsamen Zickzacklinien bedeckt. Der Psychologe schließt daraus, daß Gromyko sich zwar nach außenhin großartig beherrschte, aber innerlich nervös und angespannt war.

Der französische Exaußenminister Couve de Murville ist bekannt dafür, daß er kleine Figuren zeichnet und solche Figuren auch bei großen Banketten aus weichem Brot knetet. Er gilt, nach Aussagen der Psychologen, als harter Realist, der in Wirklichkeit nur zeichnet, weil er sich durch die Linienführung oder das Kneten des Brotes zwischen seinen Fingern ablenken will, um nicht den Suggestionen eines anderen Redners oder eines Verhandlungspartners zu erliegen.

U Thant, langjähriger Generalsekretär der Vereinten Nationen, malte immer wieder Blümchen auf das Papier. Seine Aufgabe war es, den streitenden Parteien manches durch die Blume zu sagen und gleichzeitig das Problem des Friedens, der die Blumen sprießen läßt, von der positiven Seite zu sehen.

Konrad Adenauer, der verstorbene deutsche Alt-Bundeskanzler, zeichnete hartnäckig Rosen und Ranken mit Dornen. Seit seiner Jugend war er Blumenspezialist und Rosenliebhaber. Andererseits sagte er nicht alles, was es zu sagen gab, durch die Blume. Es waren oft kräftige Dornen dran.

General Charles de Gaulle, Exstaatspräsident von Frankreich, kritzelte immer nur Schilderhäuschen und spitze Bajonette. Sie waren bezeichnend für seine unentwegte Angriffslust.

Von Josef Stalin weiß man, daß er Wölfe zeichnete, die an Felsmalerei erinnerten, Wölfe mit Gebissen in Zickzacklinien.

Auch von Napoleon, von Bismarck und Richelieu weiß man, daß sie sich nicht bezähmen konnten, Papier zu bekritzeln. Häufiger als man gemeinhin annimmt, ist unbewußt das Bemühen maßgebend, sich dem suggestiven Einfluß des Partners über diesen Blitzableitern der Kritzeleien zu entziehen.

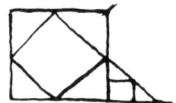

Geometrische Figur: Schwierigkeiten, sich einem Diktat zu unterwerfen, sich einer Disziplin anzupassen. Etwas egoistisch, mit mehr Phantasie begabt, als man zugeben will.

Ein Schiff mit einem Treppenaufsatz: Unzufriedenheit mit dem Lebenskreis, in dem man sich momentan befindet. Das Bedürfnis nach Aufstieg, aber auch nach Veränderung des Milieus.

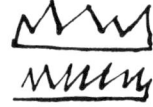

Zähne einer Säge: Angriffslust, ausgeprägter Egoismus. Minderwertigkeitskomplexe, die durch Bluff nach außen verdeckt werden.

Kringel und Kreise, die von innen nach außen laufen: Verhaltene Leidenschaft, aber auch unterdrückte ehrgeizige Pläne, die nur schwer zu verwirklichen sind. Solche Menschen haben fast immer Schwierigkeiten mit der Umwelt.

Zeichnung einer Blume: Die wahren Gedanken werden verhüllt. Man konzentriert sich auf sich selbst und versteckt auch seine Gedanken. Oft bestehen Schwierigkeiten, mit der Außenwelt in lebensnahe Fühlung zu kommen.

Der Baum – ein Zeichentest

Für unseren analytischen Zeichentest brauchen wir nichts anderes als ein Blatt Papier und einen Bleistift. Jeder kann diesem Test unterworfen werden. Das Alter spielt keine Rolle. Ein Kind von sechs Jahren wird ebenso schnell und gründlich durch diesen Test in seinen Anlagen analysiert wie ein Mann im Alter von 85 Jahren.

Nur zwei Ausnahmen müssen gemacht werden. Es ist sinnlos, diese Aufgabe Personen zu stellen, die von Beruf Landschaftsmaler oder Gärtner sind. Diese beiden Berufe belasten den Menschen so weit, daß er nicht mehr sachlich ist, wenn er das Wort „Baum" hört.

Natürlich könnte man genauso gut ein Haus zeichnen lassen, ein Männlein, ein Tier, ein Schiff oder dergleichen. Aber es hat sich aufgrund von etwa 12.000 Zeichenexperimenten in Schulen, öffentlichen Instituten, Kasernen und Gefängnissen, Irrenanstalten und Krankenhäusern ergeben, daß der gezeichnete Baum die größte Annäherung an die Graphologie in sich schließt; aber mit einer viel stärkeren Ausdrucksfähigkeit, als es meist in der Schrift möglich ist. Denn die Schrift zwingt den Menschen, sich an den Buchstaben zu klammern, sich an die Linie zu halten, orthographisch zu denken und möglichst dem, was geschrieben wird, auch noch einen Sinn zu geben. Das alles fällt fort, wenn man einen Baum zeichnet.

Dieses Wissen um den gezeichneten Baum geht zurück auf die Feststellungen des Diagnose-Instituts, das in Menlo Park (New Jersey) mit staatlicher Unterstützung eingerichtet wurde, und auf die langjährigen Forschungsarbeiten des Schweizer Psychologen Dr. Charles Koch, der ein Institut für Psychotechnik in Luzern leitet.

Dr. Charles Koch kam zuerst auf den Gedanken, eine Analysierung der menschlichen Psyche aufgrund eines gezeichneten Baums zu entwickeln, als er eines Tages beobachtete, wie eine Frau einen Baum zeichnete und darunter einen Korb auf das Papier brachte, in welchem fünf Äpfel sichtbar waren. Die Frau hatte fünf Kinder. Eine Spielerei? Ein Zufall?

Das dachte Dr. Charles Koch zuerst auch; aber dann vertiefte er sich in das Thema. Nach einigen Jahren war er so weit, daß ein einziger Blick auf die Zeichnung oft genügte, um eine ernste psychische Erkrankung zu erkunden. Als er zum Beispiel einen Architekten von 45 Jahren, einen Mann, der in seinem Berufsleben größte Erfolge zu verzeichnen hatte, aufforderte, einen Baum zu Papier zu bringen, sah er zu seinem Erstaunen, daß dieser Architekt ein Baumgebilde zeichnete, das einen riesenlangen, viel zu dünnen Stamm aufwies mit einer ganz kleinen Baumkrone. So etwas hatte er bisher nur bei geistig zurückgebliebenen Kindern beobachtet oder bei Personen, die irgendwie ihr Leben als verfehlt betrachteten und „den Geschmack am Dasein verloren hatten".

Dr. Koch schloß andere Teste an. Der außerordentlich intelligente Architekt war stutzig geworden und bewältigte mit scharfer Konzentration die Teste, so wie er sollte. Aber vier Monate später wurde der Architekt mit allen Anzeichen schwerster Depression und nach zwei Selbstmordversuchen in eine Heilanstalt eingewiesen. Der Baum hatte es im voraus verraten.

Wir wollen uns auf Normalmenschen beschränken, die Bäume zeichnen, die von der Psychologie aufgrund der vielen tausend Experimente in Katalogform zusammengetragen werden konnten. Es gibt buchstäblich heute keine Baumform mehr, die nicht schon an Hand der Zeichnung ihre Analyse erfahren hätte bzw. zu welcher der Schlüssel nicht schon vorläge. Wir greifen aus der Serie der Baumanalysen die wichtigsten heraus. Wenn wir

Abb. 184: Kurzer breiter Stamm und eine Baumkrone, die nach oben strebt, verraten Selbstvertrauen, Gestaltungswillen, Bedürfnis, sich durchzusetzen und seine Pläne zu realisieren, geistiges Geltungsbedürfnis, Stolz, Begeisterungsfähigkeit, unerschöpfliche Neugier in bezug auf alles Interessante in Leben und Wissenschaft.

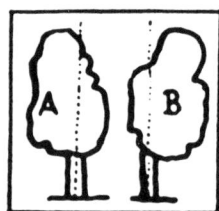

Abb. 185: Die unsymmetrischen Baumkronen, die nach links oder rechts überhängen, sind von ganz besonderer Wichtigkeit: Überhängen nach links bedeutet vorsichtige Zurückhaltung, Nachdenklichkeit, verbunden mit entsprechendem Mißtrauen. Überhängen nach rechts große Selbstsicherheit, innere Unruhe, Nervosität, manchmal auch eine gewisse Anmaßung bei gleichzeitig starkem Betätigungsdrang.

Abb. 186: Hängende Baumkrone, also symbolisches Blätterwerk, das rechts und links vom Stamm nach unten ragt, bedeutet Unfähigkeit, eine schnelle klare Entscheidung zu fassen. Es ist kaum zu erwarten, daß der Zeichner zum Angriff übergeht. Die Laune ist stärksten Schwankungen unterworfen. Der Zeichner dieses Baumes wird gelenkt und gesteuert.

Abb. 187: Die oben abgeschnittene Baumkrone, der platte Baum also, verrät, daß der Zeichner irgendwie seine Unabhängigkeit eingebüßt hat, er hat es aufgegeben, Widerstand zu leisten, er fügt sich, weil er sich ständig unter Druck fühlt. Eine entschlossene, klare Haltung oder Entscheidung ist von ihm nicht zu erwarten.

also die Menschen unserer Umwelt prüfend analysieren, dann brauchen wir nur die Zeichnungen mit den Bildern zu vergleichen, die wir mit den entsprechenden Analysen hier wiedergeben.

Abb. 188: Dieser Baum gleicht einem Kanonenlauf. Das Laubgebilde sieht aus wie die Rauchentwicklung und die Astansätze täuschen typisch den Explosionsvorgang am Ausgang des Kanonenlaufs vor. Choleriker, Menschen, die von einer Sekunde zur anderen in Wut geraten können und buchstäblich „explodieren", zeichnen solche Bäume und sind entsprechend vorsichtig zu behandeln.

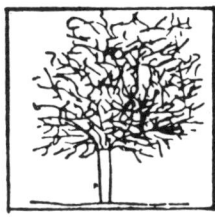

Abb. 189: Die Auflösung der Baumkrone in viele kleine Striche, also ein Blätterwerk, durch das niemand hindurchschauen soll, verraten den Lügner, den Betrüger, den Hochstapler, jedenfalls jemanden, der sein wahres Wesen oder seine wahren Absichten zu tarnen bemüht ist. Man muß ihnen immer mit Vorsicht entgegentreten, auch wenn sie noch so „sympathisch" sind.

Abb. 190: Die wirren, aber zusammenhängenden Linien, die hier die Baumkrone und das Blätterwerk darstellen sollen, sind die Zeichen für starke Lebenskraft, lebhafte Reaktionen auf die Umwelt, einen sicheren Instinkt, dem aber in der Anwendung auf das praktische Leben die Methode fehlt. Überraschende Entscheidungen stellen oft die Umwelt vor Rätsel.

Abb. 191: Äste, die wie die Strahlen einer Sonne nach allen Seiten streben, ohne mit Blättern verziert zu sein, lassen ahnen, daß der Zeichner sich immer irgendwie angegriffen fühlt. Manchmal wittert er auch den Angreifer einfach im Schicksal, das er überlisten möchte. Er ist geschickt im Umgang mit Menschen, aber ungeduldig. Er liebt es, das Schicksal im Glücksspiel zu versuchen.

Abb. 192: Die Baumkrone gleicht der Wolle eines Schäfchens. Der Zeichner hat ein fröhliches Naturell. Er ist immer tätig. Er läßt sich begeistern. Er redet ein wenig viel. Gewisse künstlerische Talente sind nicht abzusprechen. Er kann sich in jeder Gesellschaft zurechtfinden. Es ist schwer, ihn in Verlegenheit zu bringen; denn er weiß immer die Situation richtig zu meistern.

Abb. 193: Das wolkige Blättergebilde des Baums verrät Lebhaftigkeit, gut entwickelte Phantasie, Anpassungsgabe, häufig etwas Eitelkeit, auch wohl übertriebene Ansprüche, die man an das Leben stellt. Aber im allgemeinen gute Verträglichkeit mit der Umwelt.

(Die Zeichnungen stammen aus den Bildmappen des Schweizer Psychologen Dr. Charles Koch, Luzern).

Tintenkleckse – Dokumente der Persönlichkeit

Vor etwa einem halben Jahrhundert begann man, die Bedeutung der Tintenklecks-Interpretation neu zu erkennen. Bereits vor Jahrtausenden wurden die Tintenkleckse als Mittel magischer Vorschau im Lande der Pharaonen benutzt. Die Tinte ist sehr viel älter als jede Schrift, und sie wurde im Anfang zur Erstellung von Klecksen benutzt, aus denen man die Zukunft zu ergründen suchte.

Durch den Schweizer Wissenschaftler Hermann Rorschach bemächtigte sich die Psychiatrie erfolgreich des Tintenklecks-Tests, um die Persönlichkeitsstruktur aufgrund der Deutung von Tintenkleckszeichnungen genau zu erfassen. Die Rorschach-Diagnostik ist heute wissenschaftlich anerkannt und gehört zu den am meisten angewandten Mitteln der Psychiatrie, da sie stets zu einwandfreien Ergebnissen hinsichtlich der Diagnose und der Therapie führt. Der Rorschach-Test kann aber auch angewandt werden, um die Intelligenz und Phantasie eines Menschen zu prüfen.

Zwischen der magischen Deutung und der wissenschaftlichen Analyse gibt es Überschneidungs- und Berührungspunkte. Denn die Zukunft eines Menschen wird schließlich durch seine geistige Struktur mitbestimmt. Die Methode, mit Hilfe von Tintenklecksen und den sich daraus ergebenden Symbolen die Zukunft zu deuten, entstand gegen Ende des Ersten Weltkrieges. Es handelt sich hierbei um eine vollkommen neue Form, die erstmals 1937 in einem Buch von Luce Vidi dargestellt wurde. Die sich ergebenden Zeichnungen, deren Vielzahl unerschöpflich ist, bilden ein Dokument, in dem sich der Gedanke des Augenblicks herauskristallisiert. Der Tintenklecks ist ein Dokument vollkommen persönlicher Art und gibt bei kleinstem Aufwand ein Höchstmaß an Ergebnissen.

Im Leben eines jeden Menschen gibt es einen geheimen persönlichen Rhythmus des Schicksals. Denn kein Mensch gleicht dem andern. Jeder Mensch hat sein ureignes Schicksal durchzustehen, dessen Höhen und Tiefen nicht zuletzt in seiner eigenen Brust liegen.

Gibt es von hier aus die Möglichkeit der Vorausschau künftiger Ereignisse? Es gibt viele Wege und Möglichkeiten, die sich anbieten, die Zukunft zu erforschen.

Sind die Tintenkleckse das persönlichste Mittel dieser Art, sind sie wahrhaft der Schlüssel zur menschlichen Seele? Wenn überhaupt eine Vorausschau des Schicksals möglich ist, dann könnte man durchaus zu diesem Schluß kommen.

Wer aber wagt eine zutreffende Zukunftsprognostik in Frage zu stellen? So banal es ist, aber auch der Arzt, der einem Kranken ein bestimmtes Verhalten oder eine gewisse Diät vorschreibt und ihm verbindlich erklärt, daß sich bei Nichteinhalten der Anweisungen der Krankheitszustand verschlimmern wird, sagt die Zukunft voraus.

Die Propheten der großen Weltreligionen und nicht zuletzt diejenigen des Christentums haben eine globale Vorschau geliefert, die sich über Jahrtausende, ja, bis an das Ende der Zeiten erstreckt.

In diesen Fällen haben wir es mit einer intuitiven Schau zu tun. Auch Forscher und Erfinder werden weithin von der Intuition gelenkt. Die Tintenkleckse, die zu Zeichnungen und Symbolen werden, können, wenn sie unter Berücksichtigung gewisser Regeln angefertigt werden, die menschliche Seele widerspiegeln und damit auch das von Anlage und Charakter beeinflußte nahe und ferne Lebensschicksal.

Die auf eine ganz bestimmte Art und Weise angefertigten Tintenkleckse benutzen den Symbolismus als Deutungsmittel. Aus dem Nachdenken über den entstandenen Zeichnungen ergibt sich das Entdecken von konkreten Dingen, deren Symbole einer festen Ausdeutung unterliegt.

Dichter, Musiker, Maler, Künstler aller Art benutzen oft Symbole zur Vollendung ihrer Werke. Der Symbolismus zeigt die geheime Verwandtschaft zwischen den Daseinsformen und ihrer Seele auf.

Die Gesichtszüge des Menschen spiegeln die Empfindungen unseres Herzens wider, denn die Seele formt den Körper, wie der Geist die Materie bewegt. Das Unfaßbare wird dadurch faßbar. Der Symbolismus ist also ein universelles Ausdrucksmittel. Empfindungen sind die wichtigste Seite unseres Lebens, weil in ihnen unser Empfindungsreichtum zum Ausdruck kommt.

Im Falle der „Klecksographie" werden Empfindungen und Gefühle durch symbolische Zeichen übersetzt. Die erhaltenen Zeichnungen weisen mitunter eine Vielfalt auf, die außerordentlich groß ist. Wenn eine Skizze mehr aussagen kann als ein langer Bericht, so erinnert der Tintenklecks oft mehr an die Genauigkeit einer Zeichnung als an eine rohe Skizze. Die Lehre von den Tintenklecksen steht in Verbindung mit der Semantik oder Semasiologie, der Lehre von den Zeichen und Symbolen, durch die Denkinhalte ausgedrückt werden.

Für die Lehre von den Tintenklecksen ergibt sich die Folgerung, daß sich vom Geistigen und Gedanklichen her die Zukunft in Symbolen niederschlägt, die für uns ausdeutbar ist.

Eine Vorschau in die Zukunft soll also in jedem Fall ein Beitrag zur Schicksalsmeisterung sein. In den nächsten Folgen werden wir die Deutung der Tintenkleckse in allen Einzelheiten erläutern.

Die Wissenschaft bejaht die „Klecksographie"

In der französischen Zeitschrift „Psychica" schrieb 1928 der Geisteswissenschaftler Andry Bourgecis, daß bei der Tintenklecksprognostik von Luce Vidi aus der Aura, d. h. dem mystischen Strahlenkranz des Fragenden, Teile der persönlichen Psyche in die Kleckse projiziert werden.

Der grundlegende Unterschied dieser Gedankengänge gegenüber dem Rorschach-Test ist, daß die der Versuchsperson vorgelegten zerdrückten Tintenkleckse nicht von dieser selbst zu stammen brauchen, daß sie ihren persönlichen Zustand dadurch offenbart, sondern daß sie diesen Zustand auf dem Weg über ihre Deutung der Zeichnungen in diese Kleckse projiziert.

In beiden Fällen (also selbst erzeugt oder nicht selbst erzeugt) bilden die Tintenkleckse den Gegenstand psychischer Projektion. Die Klammer zwischen beiden Interpretationen besteht zweifellos darin, daß die Aussage über den persönlichen Zustand eines Menschen (in der Gegenwart) in dem Moment einen Vorgriff auf die Zukunft bedeutet, wo der bestehende geistig-seelische Zustand, aus welchen Gründen auch immer, abgeändert wird oder werden soll.

Der Test des Schweizers Rorschach (1884–1922) ist heute der in der Psychodiagnostik am meisten angewandte Test. Dabei werden der Versuchsperson zehn teils schwarze, teils farbige Tafeln vorgelegt, die durch Zerdrücken von Tintenklecksen entstandene Figuren enthalten. Zur Herstellung einer noch engeren Bindung kann die Versuchsperson auch veranlaßt werden, diese Kleckserei selbst herzustellen bzw. zu verursachen. Aus ihrer Deutung der Zeichnungen, d. h. welche Gegenstände oder Vorgänge im weitesten Sinne die Versuchsperson in den oft bizarren Figuren zu erkennen vermag, lassen sich die entscheidenden Schlüsse auf die Persönlichkeitsstruktur, insbesondere auch auf die Zuordnung zu einem ganz bestimmten Persönlichkeitstypus sowie auf das Vorhandensein gewisser Angsterlebnisse, Schuldgefühle und Komplexe ziehen.

Die Auswertung erfolgt in der Weise, daß die Antworten einmal für jede Tafel und zum anderen insgesamt gezählt und anschließend unter verschiedenen Gesichtspunkten differenziert werden. Hierbei ergeben sich zum Beispiel folgende Möglichkeiten der Betrachtungsweise durch die Versuchsperson:

– Auffassung der Figur als eine Einheit
– Herauslösung größerer oder kleinerer Einzelheiten
– Deutung der weiß gebliebenen Lücken zwischen den Klecksfiguren
– Hervorhebung der Rolle der Farben
(Die Kleckse sind in roter und schwarzer Farbe auf weißem Papier ausgeführt)

– Werden die Gegenstände in Ruhe oder Bewegung gesehen?
– Wie oft werden anatomische oder Tierformen gesehen?
– Bleiben die Antworten bei Wiederholungen gleich?

Die moderne Psychologie hat die Deutung als grundlegend wichtig erkannt. Deutungen sind immer dann nötig, wenn nur eine indirekte Aussage vorliegt. Das ist auch im Alltag üblich. Der Volksmund kennt dafür die Bezeichnungen „Wink mit dem Zaunpfahl" oder etwas „durch die Blume" sagen. Die Schwierigkeit der Deutung in der Psychodiagnostik liegt darin, daß es sich um unbewußtes Material handelt. Der Rorschach-Test dient aber nicht in erster Linie der Deutung von Lebensinhalten, sondern vor allem der Erfassung der Persönlichkeitsstruktur der Versuchsperson. Bei der Deutung kommen zwei verschiedene Methoden zur Anwendung:
- Die Interpretation des Inhalts,
- Auswertung der Reaktionen auf die Zeichnungen.

Die Bedeutung der sich aus dem Rorschach-Test ergebenden Studien liegt darin, daß sie eine rasche Einsicht sowohl in die Art wie in den Grad der seelischen Störungen gestattet.

Der Rorschach-Test findet aber auch zur Prüfung von Intelligenz und Phantasie Anwendung, also unabhängig von psychischen Krankheiten oder Störungen.

Seit Rorschachs Tod wurde das nach ihm benannte psychodiagnostische System u. a. von Bruno Klopfer, S. Beck, E. Bohm, K. Bühler und W. D. Lefever weiterentwickelt.

Nachdem wir den Rorschach-Test, der von erstrangiger Bedeutung für die Wissenschaft ist, erläutert haben, können wir uns nunmehr der Tintenklecks-Prognostik zuwenden. Denn bei letzterer liegt der Schwerpunkt in der Art und Weise, wie der Klecks hergestellt wird. Es kommt also nicht nur auf die symbolische Auslegung an.

So macht man Tintenkleckse

Um bei der Herstellung von Tintenkleckse das bestmögliche Resultat zu erzielen, sind gewisse Vorbereitungen unerläßlich. Nicht zuletzt ist die geistige Konzentration wichtig, denn sie soll ja in die Symbole projiziert werden, die dann zur Deutung gelangen. Auch der Papierbogen, der benutzt werden soll, muß präpariert werden. Für die Ausführung der Kleckse ist rote Tinte zu bevorzugen. Für verschiedene Zwecke kann eine unterschiedliche Anzahl von Spritzern gemacht werden, wobei der magischen 13 der Vorrang gebührt. Es können aber auch kurze Worte auf die Papierfalte geschrieben und dann zerdrückt werden. Schon der erste Eindruck läßt eine Deutung der Ergebnisse in großen Zügen zu.

Bevor wir mit dem Federhalter die gewünschte Anzahl von Kleckse auf das Papier spritzen, müssen wir uns zunächst um eine geistige Konzentration bemühen. Denn Teile unserer Aura und Psyche sollen ja durch die nachfolgende Handlung sichtbar gemacht werden. Es ist also nötig, zuerst Ordnung in die Gedanken zu bringen und sich auf das zu konzentrieren, was wir jeweils wissen wollen, also die Zukunft (Tag, Monat, Jahr oder allgemein oder unser persönliches Schicksal im Zusammenhang mit Personen, Dingen, Ereignissen).

Sind unsere Gedanken geordnet, nehmen wir am besten ein Stück Schreibmaschinenpapier im gewöhnlichen, üblichen Format. Der Bogen wird vertikal (in gewissen Fällen auch horizontal) gefaltet. Dann werden Namen und Geburtsdatum sowie die Frage, die beantwortet werden soll, auf die obere Kante des Papiers geschrieben.

Die Frage soll so kurz wie möglich, am besten in einem Wort formuliert werden.

Bei Niederschrift der Frage an die Zukunft sollen die Gedanken sich ausschließlich auf diese Frage konzentrieren. Möglichst im Stehen werden dann im allgemeinen 13 Tintenkleckse auf das Papier gespritzt. Hierbei ist es keineswegs nötig, die Feder jedesmal wieder in das Tintenfaß zu tauchen, da zuviel Tinte leicht auf dem Papier verschmiert, wodurch die Symbole undeutlich werden können.

Nach Abgabe der 13 Kleckse wird unter weiterer strenger geistiger Konzentration auf die gestellte Frage der Bogen an der vorbereiteten Stelle, nämlich in der Mitte des Papiers, vorzugsweise mit der rechten Hand gefaltet und mit den Fingerspitzen zusammengedrückt.

Nach diesem System werden Fragen global beantwortet. Wer Einzelheiten zu erfahren wünscht, muß den Komplex aufgliedern und durch Benutzung mehrerer Papierbögen Detailfragen stellen. Auch in diesem Falle muß die geistige Haltung sorgfältig beachtet werden. Doppelfragen sind in jedem Falle zu vermeiden. Man soll also nicht fragen: „Werde ich im Mai oder im September heiraten?", sondern besser werden für jeden Monat separate Fragen gestellt.

Bei bestimmte Personen betreffenden Fragen ist es unerläßlich, auch den Vornamen und möglichst das Geburtsdatum mit auf den Kopf des Blattes zu schreiben.

Bei der Technik des „zerdrückten Wortes" wird der Bogen horizontal gefaltet und auf die Falte das Wort oder der Satz geschrieben. Im übrigen ist entsprechend der vertikalen Prozedur zu verfahren.

Drei Spritzer geben nicht die Fülle von symbolischen Figuren, da nur wenig Tinte auf das Papier gelangt. Obwohl auch die Drei eine hohe Geheimniszahl ist, ergibt die Dreizehn über ihren magischen Gehalt hinaus die günstigste Zahl von Klecksen. Die Dreizehn, die nicht teilbar ist, bildet ein Universum in sich. Sie symbolisiert die verschiedenen Einflüsse, seien sie materieller, intellektueller, spiritueller oder kosmischer Art, denen der Einzelmensch ausgesetzt ist.

Die Tatsache, daß es keineswegs gleichgültig ist, wann man geboren ist, macht die Angabe des Geburtsdatums bei Ausführung von Tintenklecksen notwendig.

Eine andere Methode ist jene, die vierzehn Kleckse bevorzugt. Der Grund liegt im gegenwärtigen Übergang vom Fische- zum Wassermann-Zeitalter. Die Vierzehn ist die Zahl der anbrechenden Ära des Wassermanns.

Für die Deutung der 13 und der 14 Tintenkleckse gibt es zwei verschiedene Methoden:

Das Ergebnis der 14 Kleckse wird in mehrere Sphären eingeteilt, auf die wir in der nächsten Folge im einzelnen eingehen werden. Bei den 13 Spritzern gibt es einmal die Globalwertung eines Symbols und zum anderen die Aufgliederung nach Fragen der Gesundheit, des Gefühlslebens und des materiellen Besitzes.

Um einen Gesamteindruck von der erstellten Zeichnung zu erlangen, sollte man sie in der Hand auf Armweite betrachten, also mit dem ausgestreckten Arm. Man kann die Zeichnung aber auch aufstellen oder aufhängen und aus einigen Metern Entfernung ansehen.

Die distanzierte Betrachtung verstärkt den Gesamteindruck der erhaltenen Zeichnung. Der hierbei erlangte erste Eindruck ist für die intuitive Erfassung der Symbolik von größter Wichtigkeit. Von der so gewonnenen Grundidee lassen sich dann durch nähere Betrachtung die Details ableiten.

Bedeutung der Tintenklecks-Zeichen

Nach der Erstellung der Tintenkleckse ist die Deutung der erhaltenen Zeichnungen der nächste Schritt. Von dem durch Betrachtung in größerem Abstand gewonnenen intensiven Gesamteindruck gelangt man zur Bewertung der Einzelheiten. Entsprechend der Methode der 12, 13 oder 14 Kleckse wird für die Auswertung der Details die jeweilige Zeichnung von unten nach oben dreigegliedert oder aber um einen Mittelpunkt in drei weitere Rundsphären aufgeteilt. Bei der „Methode 13" werden 9 verschiedene geometrische Grundfiguren unterschieden, von denen jede eine ganz bestimmte Bedeutung besitzt.

Ein mit 13 Spritzern vollendetes Tintenklecks-Dokument wird der Länge nach zu drei gleichen Teilen gefaltet. Die Oberseite ist dadurch kenntlich gemacht, daß hier Name und Geburtsdatum stehen. Das Blatt wird wieder auseinandergefaltet und zeigt drei Abschnitte, die von unten nach oben ergeben:

Feld 1 : Gesundheit, körperliche Widerstandskraft, Krankheiten, Operationen, Unfälle;

Feld 2 : Liebe, Freundschaft, Gefühlsleben;

Feld 3 : Intellekt, spirituelle und künstlerische Aktivität, Geld, Einkommen, Geschäfte, Transaktionen.

Von jedem Feld ist für sich der Gesamteindruck als erstes zu studieren. Das wird erleichtert, indem man rund um die Gesamtfigur die jeweils äußerst am Rande gelegenen Punkte durch eine Linie miteinander verbindet, die sich also um sämtliche Kleckse zieht. Nun läßt sich aufgrund der geometrischen Figur, die jedes Feld zeigt oder ihr am meisten ähnelt, die beherrschende Tendenz erkennen. Hierbei sind nur 5 Figuren möglich: Kreis, Halbkreis, Oval, Dreieck, Viereck (in allen 4 Formen).

Je nachdem, welche geometrische Figur in jedem der drei Felder dominiert, ergibt sich folgende Tendenz für die kommenden 29 Tage:

Kreis: günstige Periode

Halbkreis nach oben: veränderliche, aber glückliche Periode

Halbkreis nach unten: Periode der Konzentration und des verspäteten Erfolges in Unternehmungen

Oval: Periode ohne tiefgehende Veränderung

Dreieck: Spitze nach unten: Periode der Zerstörung und des Mißerfolges
          Spitze nach oben: Periode des Aufbaues und erfolgreichen Wandels

Viereck: jede Form: chaotische Periode, Schwierigkeiten sind zu überwinden, unvorhergesehener Widerstand, Verzögerungen.

Nun kann das Studium der einzelnen Figuren im jeweiligen Feld beginnen.

Die Zentralfigur: Sie zeigt die Lage zur Zeit des Experiments. Nach dem Umriß dieser Figur, also ihrer geometrischen Gestalt, ist die Analyse vorzunehmen.

Die übrigen Figuren:

– Je größer die flächenmäßige Ausdehnung, desto wichtiger das Ereignis.

– Wenn die Figur mit der Zentralfigur oder der Mittelachse (Faltlinie) verbunden ist, entwickelt sich die Lage logisch aus der Gegebenheit zur Zeit des Experiments.

– Ist die Figur von der Zentralfigur und von der Mittelachse getrennt, tritt das Ereignis plötzlich und unerwartet ein.

– Je weiter die Figur von der Mittelachse entfernt ist, desto mehr kann sich das Ereignis verzögern. Auf einem Blatt von 21×27 cm Größe bedeutet 1 cm = 3 Tage Verzögerung.

– Eine Figur gehorcht je nach ihrem Umriß den Grundprinzipien ihrer geometrischen Form.

– Pünktchen in der Umgebung des Umrisses steigern die Intensität des zu erwartenden Ereignisses.

– Je dunkler ein Feld ist, desto mehr beherrscht die Tendenz den 29-Tage-Abschnitt.

– Bleibt ein Feld leer, also frei von Kleksen, so ist anzunehmen, daß sich auf den für dieses Feld zuständigen Sektoren während der nächsten 29 Tage keine Änderung ergibt.

Bei 14 Kleksern begeben wir uns vom heutigen Fische-Zeitalter in Richtung auf die künftige Wassermann-Ära, deren Zahl die 14 ist. Das fertige Kleksdokument wird durch Ellipsen aufgeteilt (siehe Zeichnung). In der Mitte liegt das Selbst des Menschen, dann folgen Vergangenheit und Zukunft, während sich in der äußeren Ellipse die Gegenwart des Ewigen kennzeichnet.

Das Oval ,,Selbst'' stellt die Lebensmitte des Menschen dar, in der sich alle Möglichkeiten entwickeln können.

Die magische, das unteilbare Ganze repräsentierende Zahl 13 der Tintenkleckse wird am besten mit roter Tinte ausgeführt. Rot ist die Symbolfarbe
des Mars und damit der Handlung, während schwarz für Saturn symbolisch
ist, der Zweifel und Zögern ausdrückt. Das auch für die Interpretation wichtige Weiß wird durch den Papiergrund gebildet; auch hier können sich lesbare
Zeichen ergeben.

Will man Daten angekündigter Ereignisse präzisieren, ist das Studium des
Symbolismus nötig.

Symbole enthüllen die Zukunft

Die Symbolik der Tintenkleckse verliert sich im Unendlichen und kennt keine
Grenze. Aber die Deutung der auftretenden Zeichen und Symbole ist mehr
eine Sache der Methode, eine Art Nachschlagen im „Wörterbuch für Symbole", das es für diesen Zweck noch nicht gibt, wiewohl erleuchtete Geister
von der Erfüllung einer derartigen Aufgabe träumten. Bei der Deutung der
Symbole ist vor allem wichtig, das Prinzip aufzuzeigen und dann den „geistigen Mechanismus" arbeiten zu lassen. Dadurch wird dann die Aufhellung der
Zukunft möglich.

Die Symbolsprache, wie sie Luce Vidi aufgrund langer experimenteller Erfahrung zusammenstellte, ist es wert, durch das eigene Experiment geprüft und
bestätigt zu werden.

Aber die lange Reihe von Symbolen, die Luce Vidi aufführt und erläutert,
wurde von ihr selbst nur als Beginn betrachtet, als erster Schritt auf dem Weg
zu neuen Horizonten. Bei der Deutung der Zeichnungen und ihrer Anerkennung als dieses oder jenes Symbol sollte der Lernende weniger seinen Überlegungen als der mystischen inneren Kraft und ihrer Stimme folgen, der man
vor allem lauschen muß und deren Rat befolgt werden sollte.

Die Bedeutung der Symbole erhellt sich aus zweierlei:
– durch Ihre Bindung an die Planeten,
– durch die Erkenntnis als Tiere, Pflanzen, Bäume, Früchte etc.

Bei den Symbolen, die an die Planeten und Gestirne gebunden sind, ist die
folgende Einteilung zu berücksichtigen:
Glückbringend, vorteilhaft und günstig sind die Zeichen, die verbunden sind
mit:
– Jupiter, Sonne, Venus.
Wenig glücklich, unvorteilhaft und ungünstig sind
– Pluto, Neptun, Uranus, Saturn, Mars.
Passiv sind:
– Merkur und Mond. Sie entlehnen ihre Vorzüge und Nachteile von anderen
Zeichen.

Solcherart sind die Grundprinzipien. Aber jeder planetarische Einfluß kann
sich materiell, intellektuell und geistig auswirken. Auch hat jeder Mensch auf

irgendeinem Gebiet seine Fehler und Mängel. Das sollte nicht vergessen werden.

Es gibt Fälle, in denen durch die Deutung von Tintenklecksen praktische Lebenshilfe geleistet wurde. So begab sich eine 50jährige Frau mit ihrem Klecks-Dokument zu einer Expertin, um es deuten zu lassen. Es handelte sich bei der Frau um eine Witwe, die gerade ihren Arbeitsplatz verlor, als sie eine neue Wohnung erworben hatte.

Die Frau, die die Tintenkleckse deutete, entdeckte unter den Zeichnungen ein kleines, sehr hübsch mit Vorhängen geschmücktes Fenster. Das Symbol war so deutlich, daß seine Bedeutung nicht zu verkennen war. Es ergab sich, daß die Witwe an einem Fenster ihrer neuen Wohnung noch keine Gardinen angebracht hatte, da sie nach Verlust ihrer Anstellung selbst diese kleine Ausgabe scheute. Da das Tintenklecks-Fenster der Zukunft zugewandt war, wo ein anderes Zeichen eine neue Arbeit ankündigte, empfahl die Frau der Ratsuchenden, zuerst die Gardinen zu kaufen – dann werde sie eine neue Arbeit finden.

Die Witwe ging zum Pariser Markt Saint-Pierre, um den Einkauf zu tätigen. Als sie das Geschäft verließ, den Stoff unter dem Arm, stieß sie auf ein Ehepaar, das beruflich mit ihrem verstorbenen Mann verbunden gewesen war. Die Witwe wurde zum Essen eingeladen und traf in der Wohnung der Gastgeber einen Herrn, der diskret auf die prekäre Lage der Witwe aufmerksam gemacht worden war und ihr eine Anstellung anbot, die ihren Fähigkeiten entsprach.

Im Jahre 1936 war ganz Frankreich in Sorge um den Dichter und Flieger Antoine de Saint-Exupéry, der einen Tag lang verschollen war. Madame de Saint-Exupéry begab sich zu der Seherin Luce Vidi, die sie bereits kannte, und bat um Auskunft über Verbleib und Schicksal ihres Mannes. Luce Vidi, die damals bereits an dem Problem der Tintenkleckse arbeitete, das System aber noch nicht voll entwickelt hatte, gab aufgrund eines Kleidungsstückes Saint-Exupérys, das seine Frau mitbringen mußte, die Auskunft, daß das Flugzeug mit S.-E. zerschellt, der Flieger aber gerettet sei. Vor Ablauf von 24 Stunden würden Nachrichten über ihn eintreffen. Er sei nicht verwundet, aber sehr erschöpft. Eine Karawane habe ihn gefunden.

Noch vor Mitternacht desselben Tages bestätigten sich diese Angaben. Die Zeitung „L'Intransigeant" berichtete am 11. Januar 1936 über das Erlebnis von Madame Daint-Exupéry mit der Seherin Luce Vidi.

Saint-Exupéry ist seit 1944 erneut verschollen.

Madame Luce Vidi ließ vielfach ihre Klienten die Tintenkleckse in ihrer Gegenwart anfertigen, indem sie ihre seherischen Fähigkeiten in das Dokument projizierte.

Die einzelnen Zeichen

Bei der Deutung der Tintenkleckse ist grundsätzlich zwischen Zeichen zu unterscheiden, die durch die rote oder schwarze Tinte oder durch die weißen Zwischenräume des Papiers entstanden sind, da die Interpretation beider Gruppen unterschiedlich ist. Da bei der Anfertigung der Tintenkleckse rote Tinte zu bevorzugen ist, geben wir bei nachstehender Deutung einzelner Zeichen jeweils den Unterschied zwischen „rot" und „weiß" an. Die Interpretation erfolgt in der Reihenfolge, wie sie durch die Bindung an die Planeten aufgezeigt wurde. Allerdings können wir aus jeder Gruppe aus Raumgründen nur einige Beispiele bringen.

In Verbindung mit der Deutung der Tintenkleckse sind jedem Planeten bestimmte Symbole eigen. Diese teilen sich in günstige, ungünstige und passive Zeichen. Letztere ziehen ihre Vor- und Nachteile aus den anderen Zeichen.

Positive Zeichen sind Symbole der Planeten Jupiter und Venus und der Sonne.

Die Jupiter zugehörigen Symbole stehen in Verbindung mit der Religion oder irdischer Macht, mit Finanzen, Banken, Politikern, Regierungen und gewissen Freuden des Lebens.

Der Planet Venus herrscht über Liebe, Vergnügen, Ehe, Kinder, das Schöne, die Künste, die Feinschmecker, die Eintracht und die Eleganz. Ihre Zeichen sind:

Die Sonne ist das Sinnbild der Göttlichkeit, des Adels, der königlichen Macht, der Elite, aber auch der Menschenliebe, des Rufs und der Würde.

Negative Zeichen sind Symbole der Planeten Pluto, Neptun, Uranus, Saturn und Mars.

Die plutonischen Zeichen sind besonders verbunden mit den mysteriösen und unterirdischen Mächten und ihrer Fauna.

Die Zeichen Neptuns hängen mit dem Wasser und allem geheimnisvollen zusammen, das sich unter Wasser befindet.

Die Zeichen des Planeten Uranus stehen in Verbindung mit den modernen Erfindungen, der Wissenschaft und dem Okkultismus.

Die Zeichen Saturns weisen auf die Erde, den Tod, die Zeiten, Bergwerke, Unannehmlichkeiten und Sorgen hin.

Der Planet Mars übt seinen Einfluß auf alle kämpfenden und tapferen Wesen aus sowie auf die von ihnen benutzten Gegenstände: Waffen und Kleidung. Weiter beeinflußt Mars auch kämpfende und gefährliche Tiere und üble Burschen.

Der Mond hat Verbindung mit passiven Persönlichkeiten, die auf dem Wasser leben oder sich mit der Wasserwirtschaft befassen, mit den Träumern und Schüchternen.

Merkur beherrscht alles, was schnell, geradlinig, beweglich, intelligent, leicht ist. Er hat Verbindung mit dem Spiel, den Wissenschaften, der Jugend, den Vögeln, den Reptilien, Schlangen und Dieben.

Der Gruppe der positiven Planeten Jupiter, Venus und Sonne sind die folgenden Zeichen zugehörig. Ihre Deutung in Rot oder Weiß besagt:

Anker:
Rot: Symbol der Hoffnung, zeigt immer Erfolg an, der sich allerdings auch erst langfristig einstellen kann. Anker in Verbindung mit der Silhouette eines Herzens zeigt Liebe von Dauer an. Anker umgeben von Wolken oder von undeutlichen Personen weist auf Erfolg ohne Dauer hin.

Weiß: Religiöse Bedeutung. Moralische Unterstützung hilft in Zukunft Schwierigkeiten zu überwinden.

Biene:
Rot: Symbol der Teamarbeit und der sich verteidigenden Kraft sowie der Ersparnis durch Arbeit, Ordnung und Zivilisation, das Leben in der Gemeinschaft, produktive Arbeit, die guten Erfolg bringt.

Weiß: Der Eingeweihte hat die göttliche geistige Wahrung empfangen, Reinheit der Seele, Abwehr der Finsternis.

Amphore (antike Vase):
Rot: Symbol der Durchsetzung, Erfolg und öffentliche Anerkennung nach Periode der Verkennung und des Unbekanntseins. Zuneigung, Freundschaft und Liebe kehren zurück.

Weiß: Ein sehr oft vorkommendes Zeichen. Bedeutet vergangene Liebe und Bedauern.

Oft ist in der Amphore ein weiteres Zeichen, das dann in diesem Zusammenhang gedeutet werden muß.

Blumen:
Rot und Weiß: Ausgezeichnetes Symbol der Freundschaft, nützlicher Verbindungen, der Vergnügungen, des Übereinkommens und der Zuneigung. Wenn ungünstige Zeichen von Blumen umgeben sind, verlieren sie viel von ihrem Einfluß. Ein *Blumenstrauß* ist von sehr günstiger Vorbedeutung, und zwar in jeder Beziehung.

Vertrocknete, abgerissene oder verunstaltete Blumen zeigen immer eine schwere Krankheit an. Blumen oder Sträuße in Weiß sagen eine Zeit großer Möglichkeiten voraus. Was immer begonnen wird, hat Erfolg, auch durch ungewöhnlichen Charme.

Der Gruppe der negativen Planeten Pluto, Neptun, Uranus, Saturn, Mars gehören die nachstehend erläuterten Zeichen an:

Ratte:
Eine „lebende Ratte" zeigt sich oftmals und ist als Warnung zu betrachten, um schweren Schaden zu vermeiden (Diebstahl, Enttäuschung, verhüllte feindselige Taten). Ratten zeigen immer Diebstahl an. Eine *tote Ratte*, die also auf dem Rücken liegt und die Beine in die Luft streckt, bedeutet das Ende der Diebstähle durch Entdeckung der Urheber, die zugleich auch unversöhnliche Feinde des Bestohlenen sind. Benachbarte andere Zeichen können erläuternde Einzelheiten angeben.

Segel:
Vom Wind aufgeblähte Segel raten zu größerem Optimismus, besonders im Hinblick auf zu erwartende Protektion. *Herabhängende Segel* kündigen einen Stillstand im Beruf und im Erfolg allgemein an.

Blitz:
Unüberlegte Handlungsweise und gefährliche Dynamik. Ist der Blitz auf die Mitte der Gesamtzeichnung gerichtet, ist die Person selbst, entfernt sich der Blitz von der Mitte, sind ihre Gegner bedroht. In der Nähe eines Venus-Symbols oder eines Herzens ist ein gefühlsmäßiger „Blitzstrahl" angezeigt.
Die Mond und Merkur angehörenden Zeichen holen sich die Kraft von anderen Symbolen.

Hase:
Zeigt eine unablässig alarmierte, furchtsame und unruhige Person an, die im Moment der Gefahr ihre Freunde im Stich läßt. Diese Person ist gleichzeitig ohne Voraussicht.
Der Hase hat aber aufgrund seiner Eigenschaften auch die Bedeutung der Rückkehr in das Land der Vorfahren.

Zeitung:
Unerwartete Nachrichten treffen ein. Ist die Zeitung von günstigen Zeichen umgeben, wird der Ruhm der Person unmittelbar veröffentlicht werden. Umgeben von oppositionellen Zeichen oder von Mars-Symbolen, ist in dem Zeichen „Zeitung" ein Hinweis darauf zu sehen, daß die Person auf dem Weg über die Presse angegriffen werden wird.
Aus den Deutungsbeispielen ist ersichtlich, daß die Symbole ihren Wert und ihre Bedeutung aus sich selber nehmen. Die verstehenden Beispiele erlauben es, weitere Zeichen des täglichen Lebens aufgrund ihrer einfachen Bedeutung selbst auszulegen.

Zwischen Magie und Analyse

Die Wissenschaft und die Magie bedienen sich der „Klecksographie", um Einblicke in das Seelenleben und damit auch in das Schicksal des Menschen zu erlangen. Wenn die Psychologie und Psychiatrie mit Hilfe des Rorschach-

Tests Intelligenz und Phantasie oder geistig-seelische Leiden ermitteln, indem der Prüfling Tintenkleckse interpretieren muß, ist es etwas grundsätzlich anderes, als das persönliche Schicksal aus einem „Klecksogramm" zu lesen? Ergibt sich nicht die Zukunft, d. h. das künftige Leben eines Menschen aus seiner Veranlagung oder Begabung bzw. legen nicht auch seine Krankheiten seinen Schicksalsweg fest?

Die Tintenklecks-Interpretation bewegt sich heute noch zwischen den beiden Systemen, dem magischen und dem wissenschaftlich-analytischen. Eine künftige Synthese beider aus demselben Stamm erwachsender Zweige erscheint demnach nicht ausgeschlossen.

Der Rorschach-Test, der heute in der Psychiatrie am meisten angewandt wird, dient nicht in erster Linie der Interpretation von Lebensinhalten, sondern der Erfassung der Persönlichkeitsstruktur. Hierfür ein Beispiel aus der Praxis.

Die *Tintenklecks-Zeichnung* auf Seite 224 wurde von einem 25jährigen jungen Mann wie folgt interpretiert:

„Ich sehe zwei Leute in einer Auseinandersetzung, während sie ein Händeklappspiel miteinander austragen. Drehe ich das Blatt um, sehe ich einen Hund, der einen Socken im Maul hat, den er im Spiel schüttelt.

Weitere Interpretationen derselben Person zu dieser Zeichnung:

Zwei Leute kämpfen um etwas, das sie zwischen den Händen halten. Sie kämpfen um ein Symbol der Macht. Wir sehen sie von hinten. Umgedreht zeigt die Zeichnung ein startendes Raketenraumschiff. Es ist weiß und hinten kommt das Feuer heraus."

Die wissenschaftliche Auswertung der vier vorstehenden Antworten ergibt folgendes Bild der Persönlichkeitsstruktur des Prüflings:

„Schwere Auseinandersetzungen mit einer anderen Person, bei denen es sich einmal um Spiel, zum anderen aber auch um Machtfragen handelt. Der Prüfling kann sich aber auch im Kampf mit sich selbst befinden. Das Element des Spiels kommt beim Händeklappen und im Benehmen des Hundes zum Ausdruck. Der Raketenstart zeigt die Idee einer machtvollen Aktion an, die explosiv zur Befreiung führt. Sehr wahrscheinlich hat die Versuchsperson innere Kämpfe auszutragen, bei denen Fragen des Spiels im Gegensatz zur seriösen Kraftentfaltung eine Rolle spielen".

Das ist das Ergebnis der wissenschaftlichen Inhalts-Interpretation. Die quantitative Darstellung des sog. Rorschach-Profils, d. h. die Häufung einzelner Interpretationselemente, zeigt die Versuchspersonen als einen Menschen, der einen schweren Konflikt zwischen großer Frustration (Enttäuschung) und dem starken Bedürfnis austrägt, sich den Ansprüchen zu fügen, die an ihn gestellt werden.

Übersensivität und innere Unsicherheit tragen zur Erhöhung der Angst und inneren Spannung bei. Der Prüfling besitzt viel Phantasie und scheint begabt zu sein, bringt aber seine Fähigkeiten nicht zur Verwirklichung, sondern denkt in Schablonen und handelt in eingefahrenen Gleisen. Infolge innerer

Auflehnung gegen diese Situation ist der Prüfling voller Aggression und Explosivität, ohne allerdings dadurch irgend etwas zu erreichen. Er ist sexuell unreif und womöglich durch homosexuelle Tendenzen beunruhigt. Die der diagnostischen Studie folgende Therapie bewies die Richtigkeit der Rorschach-Interpretation. Der Test erwies sich insofern als nützlich, als er eine schnelle Einsicht in Art und Ausmaß der Störungen gab und damit den Arzt auf die anzuwendende Verhandlung vorbereitete.

Wenn wir die Zeichnung, die für den obigen Rorschach-Test benutzt wurde, vom Magischen her interpretieren, gelangen wir zu folgendem Ergebnis: Zwei Personen kämpfen miteinander.

Bedeutung: Gefahren für die Gesundheit oder die soziale Stellung.

Der bei umgedrehter Zeichnung erkannte Hund, der etwas im Maul trägt und schüttelt, dabei aber bellt, zeigt Angriffe von anderer Seite, deren Ursache Eifersucht ist. Die Rakete, ein weiterentwickeltes Flugzeug, das der Prüfling im „Weißen", also auf dem von den Tintenklecksen umgebenen Papier entdeckte, zeigt Studien an, die der Entwicklung und moralischen Vervollkommnung der betreffenden Person dienen. Das Symbol rät zur Aktion, also zu Handlungen, warnt aber zugleich vor einem übersteigerten Tatendrang.

Der Vergleich beider Interpretationen zeigt, daß sie einander nahekommen und sich in manchen Punkten berühren.

Auch beim Rorschach-Test, der seinen Namen nach dem verstorbenen Schweizer Psychiater Hermann Rorschach trägt und der heute allgemein wissenschaftlich anerkannt ist, kann der Prüfling die Tintenkleckse selber anfertigen, allerdings muß das nicht der Fall sein. Hier liegt der eigentliche Unterschied zwischen dem wissenschaftlichen und dem magischen System. Es wäre Aufgabe der Wissenschaft, herauszufinden, ob sich Interpretationsunterschiede ergeben, wenn die Zeichnung von einer fremden Person oder vom Prüfling selbst erstellt wurde.

Bei der magischen wie bei der wissenschaftlichen Methode wird Zukunftsforschung auch in der Weise getrieben, daß gewonnene Einsichten die Zukunft, die anbezeigt ist, in einem positiven Sinne verändern sollen und können, sei es durch ärztliche Behandlung, sei es durch Veränderungen im persönlichen Leben.

Viele Deutungen möglich

Es gibt andere Analysen zum Thema der eingekreisten Tintenkleckse. Danach bedeutet das obere Drittel die Gegenwart, das zweite Drittel die Vergangenheit des „Ichs" und das untere Drittel die – Zukunft.

Oder in anderer Formulierung: oberes Drittel = Geld; das mittlere Drittel = Gefühlsleben; unteres Drittel = Gesundheit.

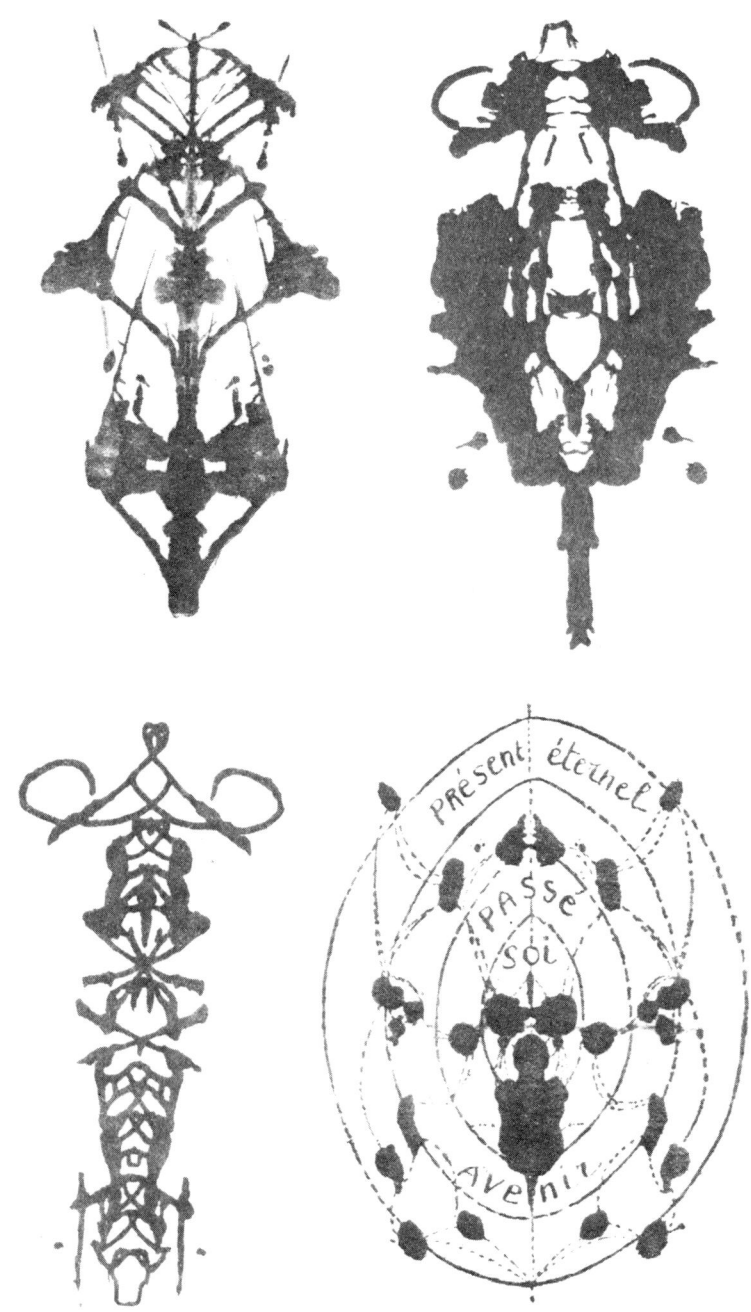

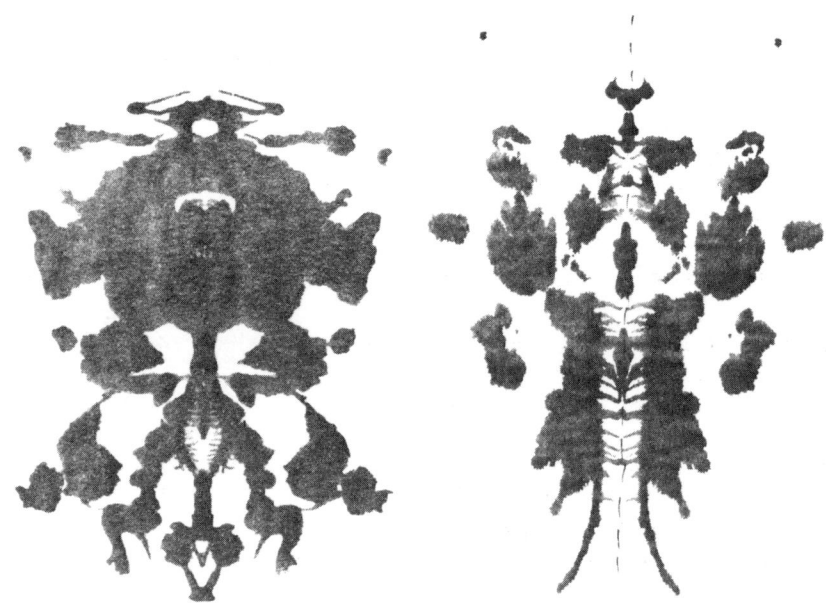

Lachen auf mancherlei Art und Weise

Die beste philosophische Definition für das Lachen lautet: „Lachen ist das Zeichen des Erstaunens über etwas Unerwartetes."

Die Pointe bei einem Witz, ein Vorgang im Alltag, ein Wortspiel, mit dem man gar nicht rechnete, können ebenso Lachen auslösen wie eine Tasse, die vom Tisch fällt und in viele Scherben zerbricht, wie jemand der ausrutscht und in ein Schlammbad fällt. Man ist erstaunt und überrascht durch etwas, das man nicht erwartete.

Deshalb sagt der Psychologe, Lachen sei eine Primitivreaktion, ein meist physiologisch bedingter Vorgang, der übrigens guten Anhalt für die Beurteilung eines Menschen biete.

Will man den Mitmenschen aufgrund seiner Art zu lachen beurteilen, ist dies nur möglich im Zusammenhang mit einer Wertung seines Gesichts- und Augenausdrucks. Folgende Erkenntnisse gelten als einigermaßen zuverlässig:

Lachen – laut und bei nichtigen Anlässen:
Unsicherheit, Leichtgläubigkeit, Wankelmütigkeit, Mitteilsamkeit, Dienstfertigkeit und primitive Freundlichkeit.

Lachen – kurz, verhalten, selten, nicht allzu laut:
Beständigkeit, Beharrlichkeit, Intelligenz, Zurückhaltung, Treue, Verschwiegenheit, Arbeitseifer.

Lachen – oft mit weit aufgerissenem Mund, vor allem, wenn mit lebhaften Kopfbewegungen verbunden:
Wechselhaft in der Haltung, oft Mißgunst und Neid bei robusten, jovialen Manieren.

Lachen – mit spöttischem Zug um den Mund:
Anmaßung, Hartherzigkeit, Verbissenheit, Neigung zu Jähzorn und Rachsucht, Lügenhaftigkeit.

Lachen – selten und vorsichtig, aber natürlich, mit einem Mund, der sich nur schwer zum Lachen verzieht:
Besonnenheit, Scharfsinn, Geduld, Beharrlichkeit.

Lachen – meckernd, unangenehm:
Diese Art zu lachen mahnt selbst bei sonst gut aussehenden Menschen zur Vorsicht: Unzuverlässigkeit, Neigung zu Nachrede, Verrat und Haß.

Lächeln – einseitig mit etwas schiefem Mund:
Schüchternheit, Mangel an Offenheit, Unsicherheit, dadurch bedingt wenig Klarheit und Aufrichtigkeit.

Lächeln – mit zusammengepreßten Lippen, wobei die Zähne verborgen werden:
Dieses Lächeln mahnt zur Vorsicht. Mangel an Offenheit.

Nach Vokalen analysiert

Die Psychologen glauben auch nach der Tonmalerei urteilen zu können, die sich beim Lachen ergibt – je nachdem ob jemand beim Lachen brüllt, feixt, kichert oder kreischt.

Lautkontrollen ergaben, daß die Vokale a-e-i-o-u das Lachen in Ton und Klang bestimmen.

Haha – gibt die Möglichkeit, offen und herzhaft im tiefen Baß und glockenhell zu lachen. Das ist nur Menschen möglich, die sich vorbehaltlos freuen können und sich und den anderen nichts vormachen.

Hehe – ist die Grundlage des meckernden, spöttischen, überheblichen oder von Minderwertigkeitskomplexen bestimmten Lachens, das meist etwas nasal klingt und zur Vorsicht mahnt.

Hihi – ist das echt oder geheuchelt naiv-kindliche kichernde Lachen ganz junger Menschen oder solcher, die jung scheinen möchten. Mitunter klingt bei Hihi auch Schadenfreude durch. Die Hihi-Lacher sind allerdings meist weniger gefährlich als die Hehe-Lacher.

Hoho – zeigt eine erstaunte, verwunderte Reaktion, oft auch die Abwehrreaktion eines Menschen, der durch irgend etwas peinlich berührt wurde.

Es ist gewissermaßen der Ausdruck für: „Das sollte man doch nicht für möglich halten!" Dieses Lachen ist fast nie bösartig gemeint.

Huhu – lacht man, wenn ein echter oder vorgetäuschter Schauer (oder Schauder) heiter aufgefangen wird. Wer mutig durch eine tatsächliche oder symbolische heiß-kalte Wechseldusche schreitet – lacht so und ziert sich ein wenig.

Die Stimme verrät den Charakter und die Ängste des Menschen

Ärzte sind heute in der Lage, die Zukunft eines Menschen aus dem Klang seiner Stimme zu erkennen. Das behaupten Psychologen der berühmten Menninger Foundation in Topeka (Kanada).

Dr. Clyde Rousey hat ermittelt, daß ein acht Minuten dauernder Sprachtest folgendes deutlich zeigen kann:
– ob Sie Selbstmord begehen wollen,
– ob Sie mehr als andere zu einem Herzanfall neigen,
– wie ehrgeizig bzw. strebsam Sie sind,
– ob Sie eine Veranlagung zum Alkoholismus haben,
– wie Ihre Einstellung zur Familie und zu Freunden ist,
– ob Sie an inneren Ängsten leiden.

Der Sprachtest ist aufschlußreicher als die bisherigen komplizierten psychologischen Versuche, die angewandt werden, um Probleme und Charakterzüge einer Person deutlich zu machen.

Der Test besteht in der Wiederholung von 50 Wörtern, die verschiedene Laute enthalten. Die Laute werden klanglich analysiert und in die Töne zerlegt, aus denen sie sich zusammensetzen. Regionale Sonderheiten werden herausgefiltert. Der 8-Minuten-Test besteht zum Teil auch aus Gesang, dem Lauschen auf Wörter und Laute, der Beschreibung des Gehörten und aus Schlucken.

Ausrutscher der Zunge und falsches Aussprechen von Lauten wie „p" und „s" sind für die Analyse der Psychologen besonders aufschlußreich. Ein pfeifendes „s" hat nichts mit einem Zwischenraum der Zähne zu tun. Vielmehr bringt es Angstgefühle zum Ausdruck.

Ärzte haben die Stimme von John F. Kennedy während des Werbefeldzuges zu den Präsidentschaftswahlen von 1960 analysiert. Seine Stimme zeigte deutlich ein pfeifendes „s", das erst verschwand, als der Wahlkampf vorüber war.

Die Menninger-Psychologen schließen aus ihren Tests und Forschungsarbeiten, daß der Stimmklang eines Menschen sogar die Ängste widerspiegelt, die er in seiner Kindheit erlebte.

Worte, die den Sprecher verraten

„Unsere Sprache kommt aus unserer tiefsten Seele. Kein Vergrößerungsglas läßt einen Mann so genau erkennen wie – seine Sprache." Dies sagte schon vor dreihundert Jahren Ben Jonson.

Im praktischen Leben sieht die Kontrolle der sprachlichen Äußerungen eines Menschen, das Horchen und Lesen zwischen den Worten, so aus, daß wir aus einer ganz bestimmten Anzahl von Wiederholungen von Sätzen und Worten unsere Schlüsse in bezug auf das ziehen können, was der andere zwar im Sinn trägt, aber nicht über die Lippen bringt. Die indirekte Sprache verrät ihn!

Die Psychoanalyse, die sich mit diesen Fragen beschäftigt hat, ist zu dem Ergebnis gekommen, daß ein Mensch, der z. B. bei lobender Schilderung von Ereignissen oder Personen gern die Bezeichnung „stark", „überwältigend" oder „machtvoll" gebraucht, eine innerliche Abneigung hat gegen die Begriffe „schwach", „unbedeutend" und „klein". Man kann von einem solchen Menschen sagen, daß er alles nach Umfang und Stärke beurteilt. Wenn einem solchen Mann eine Frau begegnet, die in ihrer Sprache vor allem die Worte „schön", „reizvoll", „lieblich" verwendet, dann kann man voraussagen, daß diese beiden Menschen sich auf die Dauer nicht verstehen werden, vielmehr über kurz oder lang die Beziehungen auseinanderbrechen, jedenfalls nicht zu einer glücklichen Ehe führen.

In Untersuchungen verschiedener Heilanstalten, in deren Verlauf die Gespräche von geistig gestörten Personen und von Schizophrenen aufgezeichnet wurden, ergab sich die überraschende Feststellung, daß geistesgestörte Menschen die Worte „ich", „mir", „mich", „mein" etwa zwölfmal häufiger verwenden als normale Menschen. Universitätsprofessor Dr. O. Hobart Mowre fand für diese Tatsache eine einfache Erklärung: „Wenn das Auto eines Menschen nicht in Ordnung ist, dann spricht er dauernd davon. Wenn der Motor in einem Menschen eine Störung hat, dann fühlt sich offenbar der geistig gestörte Träger dieses Motors gezwungen, immer wieder seine eigene Person in den Vordergrund zu rücken, um sich aller Zweifel zu entheben, die ihm im normalen Dasein über seine eigene Person kommen könnten."

Typisch für die Möglichkeit, zwischen den Worten Dinge zu sagen, die man gar nicht auszudrücken braucht und die doch verstanden werden können, sind Unterhaltungen, die manchmal von Frau zu Frau geführt werden, wobei man der anderen keine direkte Angriffsfläche bietet und ihr doch alles serviert, was man ihr zu verpassen gedenkt.

In einer Damengesellschaft greift eine Frau eine andere an: „Ihr Kleid ist recht nett, meine Tante hatte etwas Ähnliches im vergangenen Jahr; sie trug es damals auch schon einige Zeit und hatte es sehr gern!"

Dann weiß natürlich die Angegriffene, was die Uhr geschlagen hat. Immerhin hat man ihr direkt nichts Böses gesagt, jedenfalls nicht offen.

Oder eine Frau mit einer bemerkenswert guten Figur und einem sehr stark ausgeschnittenen Kleid erringt im Nu die Bewunderung aller anwesenden Männer. Aber eine Frau will sie in die Enge treiben und spricht von neuen Büchern und bekannten Gemälden. Doch die Schöne, die gleichzeitig nicht dumm ist, läßt sie abfallen mit den Worten: „Sie sind großartig! Wieviel Sie lesen! Was bin ich verglichen damit für ein armes Geschöpf! Ich weiß überhaupt nichts. Ja, wenn ich so viele Abende einsam zu Hause verbringen könnte, dann würde ich auch mehr lesen . . . !"

Gespräche unter dem Haartrockner

Noch eine wichtige Feststellung, die sogar über den Rahmen des Hörens zwischen den Worten und den Buchstaben hinausgeht: Wenn eine Frau beim Friseur unter dem Haartrockner sitzt und ihre eigenen Worte nicht hören kann, erzählt sie Dinge, die sie sonst niemals äußern würde. Die Psychologin Barbara Cartland machte zuerst darauf aufmerksam, daß die Gattinnen von Diplomaten niemals allein zu einem Friseur gehen dürften, weil sie als Beobachterin auf dem Lauscherposten in Friseursalons aus dem Mund der Diplomatengattinnen Dinge vernahm, die ihre Haare zu Berge stehen ließen: Staatsgeheimnisse, Indiskretionen aus dem Familienleben von Fürstlichkeiten und Botschaftern. Sie brauchte nicht einmal zwischen den Worten Dinge herauszuhören, alles wurde direkt gesagt. Weil die Selbstkontrolle des Echos der eigenen Stimme fehlte, die letzte Bremse der Beredsamkeit!

Charakteranalyse aus der Art zu lügen

Es gibt kein Lebensalter und keine Lebenslage, in welchen nicht gelogen würde. Der eine kann es gut und der andere um so schlechter. Es wird nicht nur in der Politik Stein und Bein gelogen, sondern überall in der Welt. Wir dürfen nicht glauben, daß der andere nur lügt, um uns irgendwelchen Schaden zuzufügen. Es wird auch aus Güte und aus Freundlichkeit gelogen. Die Art, wie man lügt, gestattet eine Charakteranalyse. Hierzu einige Fälle aus dem Leben.

„Ganz bestimmt, Mutti, ich habe den Hund, der so groß wie ein Pferd ist, drüben an der Ecke gesehen. Ganz sicher, Mutti, und dieser Hund hatte rote Augen!"
Die Mutti schlägt die Augen zum Himmel empor, schüttelt den Kopf und stöhnt: „Von wem hast du das nur, mein Junge, du lügst!"

„Ich gehe heute abend spazieren mit einer Freundin, es ist so schönes Wetter, Papa!"
„Meine Tochter, du lügst!"

„Es handelt sich um eine sehr schwierige geschäftliche Verhandlung, die sich lange hinziehen kann, du brauchst nicht auf mich zu warten. Geh ruhig schlafen!"
Sie legt den Telefonhörer auf und sagt zu sich selbst: „Er lügt!"

Vor Lügnern und Betrügern wird gewarnt!

Wenn Menschen lügen, dann benehmen sie sich ganz und gar unterschiedlich. Menschen, die dünn und hager sind, denen man die Nervosität gewissermaßen ansieht, die unter den Stürmen des Alltags geradezu erzittern – sind in der Regel ganz große Lügner. Zu 70 Prozent schwindeln sie aus Eitelkeit, aus Furcht oder aus einer nicht zu bändigenden Phantasie. Die schönsten Liebeslügen werden von solchen Menschen geflüstert. Manchmal halten diese Lügen sogar über die Flitterwochen hinaus.

Meist ahnt man freilich schon die Lüge bei diesen dünnen und nervösen Menschen. Anders ist es bei den Feisten und Rundlichen, die ein wenig erhöhten Blutdruck haben. Mindestens 50 Prozent dieser Rundlichen lügen einfach aus der Notwendigkeit heraus, sich das Leben angenehmer zu gestalten. Hier die erste Warnung: Vorsicht vor den rundlichen Lügnern; denn wir können das Opfer eines dicken, feist und harmlos aussehenden Betrügers werden.

Der kleine nervöse Junge, der das Riesen-Hund-Pferd an der Ecke sah, hatte nur das Bedürfnis, sich als kleiner magerer Kerl wichtig zu machen. Der dicke Junge nebenan schwindelt das Blaue vom Himmel herunter, um den anderen einzuschüchtern, und bei dem Mädchen ist es das gleiche.

Die ruhigen, etwas oberflächlichen und dem Leben gegenüber scheinbar gleichgültigen Menschen haben gar nicht das Zeug zum Lügen. Aber wenn ein Phlegmatiker zu lügen beginnt, dann biegen sich die Balken. Er schlägt dann alle anderen Lügner um viele Längen.

Vorsicht also vor den Menschen, die unbedingt den Eindruck größter Vertrauenswürdigkeit machen und mit einer ruhigen und eindringlichen Stimme die unglaublichsten Dinge vom Himmel herunterlügen. Man kann sogar behaupten, daß jene Lügner die gefährlichsten sind, die genau den Ton der Wahrheit in ihren Worten nachzuahmen wissen – und ein Lügengebäude konstruieren, dessen Haltbarkeit sich dann im Sturm der Zeit niemals erweisen kann.

Zu diesen Lügnern gehören auch jene, vor denen der Psychologe an Hand zahlreicher Erfahrungen immer wieder warnt, ebenso jeder Richter, jeder Kriminalist, jeder Geistliche.

Merksätze zur Enthüllung von Lügnern

Ein französischer Forscher stellte folgende Richtlinien auf, in dem Bestreben, Menschen unserer Umgebung an ihren Lügen zu erkennen:

Jeder Mensch, der von seiner Ernsthaftigkeit und seiner seriösen Lebensart spricht, ist mindestens ein sehr starker Kandidat für erstklassige Lügen.

Jeder Mensch, der zur Bekräftigung dessen, was er sagt, seine Hand auf sein Herz legt, dürfte bei der ersten sich bietenden Gelegenheit seine Hand abirren lassen – in die Taschen des Nächsten.
Du sollst nicht schwören! – heißt es schon in der Bibel. Menschen, die ihre Treue, ihre Zuverlässigkeit beschwören, haben zumindest die Absicht, uns zu täuschen, wenn sie es nicht schon getan haben.
Jeder, der zur Untermauerung seiner Worte, zur Erhärtung dessen, was er sagt, oder dessen, was er dir beibringen will, Meisterleistungen der Mimik vollbringt, Gesichter schneidet und in Blicken und Bewegungen übersteigerte Begeisterung beweist, zählt wenigstens zur Gruppe der Verdächtigen.

Wenn man glauben möchte – Vorsicht!

Die Wahrheit zu sagen ist deshalb so schwierig, weil sie in der Regel unangenehm, hart, kostspielig, schmerzhaft oder kompromittierend ist. Deshalb entwickelt sich die Lüge oft aus den Lebensumständen heraus.
Man muß immerhin unterscheiden zwischen der Lüge, die uns schadet, und der Lüge, mit der man uns schmeichelt oder etwas Gutes tun will.
In einem alten Werk über das Vertrauen zum Menschen fanden wir folgende kluge Sätze:
„Wenn es dir sehr angenehm ist, das zu glauben, was man dir sagt, dann mußt du achtgeben, nicht belogen zu werden.
Glaube allen ehrenhaften Menschen; aber lebe mit ihnen, als ob sie Spitzbuben wären.
Reiße deine eigene Maske von deinem Antlitz, um zu vermeiden, daß andere dich als Lügner hinstellen.
Jedoch – wenn du zu jemandem Vertrauen gefaßt hast, mißtraue deinem eigenen Mißtrauen!"
Die Quintessenz all dieser Erkenntnisse ist und bleibt die Tatsache, daß alle Menschen lügen und jene, die von sich behaupten, sie hätten nie gelogen, diejenigen sind, von denen uns die größten Gefahren drohen.
Alle Menschen leiden an der Krankheit der Lüge. Das darf man nicht vergessen. Nur müssen wir, wie wir schon zweimal sagten, in der Bewertung einen Unterschied machen zwischen dem, der uns mit der Lüge schont, und dem, der uns damit planmäßig und im eigenen Interesse und zu unserem Schaden überfährt.

Krawatten und Hemden als Charakterschlüssel

Der saloppe Mann ist nicht mehr das Urbild des Genialen, der keine Zeit für gute Kleidung und angeblich Wichtigeres zu tun hat, als sich um Krawatten, Bügelfalten und Rockaufschläge zu kümmern. Dieses Modebewußtsein des Mannes ist ein Zeichen der Zeit, aber auch der Wandlung der Charaktere, die man aus den Attributen der männlichen Mode, aus Krawatten, Hüten und Kragenform – um nur einige zu nennen –, abzulesen vermag. Kleidungsstücke sind Seelenschlüssel ersten Ranges. Bei der Krawatte ist die Farbe, das Muster, die Art und Weise, wie man sie trägt, aufschlußreich.

Die selbstgebundene Krawatte, wie wir sie heute tragen, ist kaum 50 Jahre alt. Vorher wurden die Krawatten fertig hergestellt und hinter dem gestärkten Kragen mit einer Schnalle geschlossen. Es war ein weiter Weg vom Schlips, wie man das vorgebundene Ungetüm nannte, bis zum Selbstbinder. Heute ist der Selbstbinder eine Selbstverständlichkeit, ganz gleich, ob man diesen Selbstbinder nun herabhängend trägt oder aber zu einem Schmetterling gebunden. Lesen wir in einem Journal für Herrenmode nach, dann erfahren wir: „Die weiße oder hellgraue Krawatte aus schwerer Seide einfarbig oder mit diskreten Mustern wird nur noch auf Empfängen und feierlichen Anlässen getragen. Sonst sind selbst zu korrekten Anzügen sehr dunkle Krawatten und sogar schwarze oder marineblaue mit unauffälligen Mustern oder nur mit einem ornamentalen Motiv große Mode. Das gilt nicht für den leichten Tagesanzug, zu welchem Krawatten auch aus Twill oder aus Foulard-Seide getragen werden. Die Schmetterlingsschleife, die fast ganz verschwunden war, gewinnt wieder Anhänger.``

Aber wir wollen hinter die psychologischen Geheimnisse kommen, die den Menschen veranlassen, dies oder jenes zu tragen, die lange Krawatte oder den Schmetterling oder vielleicht gar ein Plastron oder eine Lincoln-Krawatte. Alles hat seinen besonderen Sinn.

Die lange Krawatte: Man wagt nicht vom Hergebrachten und Normalen abzuweichen und geht mit dem Alltäglichen konform.

Der Schmetterlingsknoten: Man legt sehr viel Wert auf das Äußere und hat einen bewußt betonten Sinn für Schönheit. Man löst sich von den übrigen Männern bewußt ab und möchte etwas Besonderes sein.

Schmetterlingsknoten, dessen Flügel unter dem Kragen verborgen sind: exzentrische Neigungen, in sich verschlossen, verschwiegen, ohne allzuviel Neigung, anderen etwas vom eigenen Seelenleben anzuvertrauen.

Plastrons oder Lincoln-Krawatten, die meist den Träger älter machen als er ist: eine ungewöhnliche geistige Einstellung zur Umwelt. Unbedingtes Streben, jedes Hindernis und jeden Widerspruch zu überspielen. Feinheit in der Planung, aber auch dynamische Selbstbehauptung bei einer bewußten, aber oftmals gar nicht in diesem hohen Maß vorhandenen konservativen Lebenseinstellung.

Gestreift, uni, gestrickt

Aber gehen wir ein wenig mehr ins einzelne und prüfen wir die Farben und die Muster der Krawatten. Wenn wir behaupten, daß die Muster und die Farben viel von der Wesensart eines Menschen verraten, wird man mit Recht entgegenhalten, daß die meisten Männer ihre Krawatten geschenkt bekommen, also die Krawatten gar nicht aussuchen. Aber das ist letzten Endes ein Fehlschluß. Denn unter den geschenkten Krawatten wird der Mensch unbewußt, ohne es zu wollen, nach den Mustern greifen, die ihm unter den Geschenken gefühlsmäßig am sympathischsten sind.

Eine grundsätzliche Feststellung vorweggenommen:

Die Farben Rot und Gelb sind die sogenannten aktiven Farben, Farben, die Dynamik und Vitalität verraten.

Die Farben Blau und Grün sind sogenannte passive Farben, die erkennen lassen, daß der Antrieb zum Erleben schwach ist und die Richtung des Erlebens nach innen geht.

Versuchen wir nun, hinter die Krawattengeheimnisse zu kommen, die in den Punkten, in den Schottenmustern oder Streifen verborgen liegen.

Die nachstehenden Feststellungen wurden auf einem Kongreß von Psychiatern in Zürich bekanntgegeben, wobei die Fachleute für Seelenkunde ausdrücklich versicherten, daß erst aufgrund langwieriger Kontrolluntersuchungen und Tests diese Resultate verraten werden:

Krawatten mit breiten Streifen: Ein ernsthafter, reservierter Mann, der nachdenkt, bevor er handelt, der positiv zum Leben steht und dem die Initiative im Alltag nicht fehlt.

Eine *Schottenkrawatte,* also mit einem Karomuster: Meist in der Denkart einfach und gradlinig, anfangs ein wenig ängstlich, dann aber schnell anschlußfreudig und heiter, und sich in jedem Lebenskreis zurechtfindend, in den er mit seiner Dynamik hineinpaßt. Sportlich mit Vorliebe für große Geschwindigkeiten.

Punkte und Kreise: Ein wenig absonderlich im Leben, aber meist mit viel schöpferischer Phantasie, häufig wissenschaftlichen Arbeiten zugeneigt, mit einem sehr großen Selbstvertrauen und Glauben an das Gute in einigen Menschen. Häufig aber kleinlich.

Krawatte mit leuchtenden Farben: Selbstzufriedenheit, manchmal etwas oberflächlich, im männlichen Stolz rasch verletzt, mit reicher Initiative und praktischem Sinn, fast immer optimistisch.

Dunkelfarbige Krawatte: Eiserne Disziplin, Neigung, eine sichere Situation mit großer Energie für sich zu erobern und durch methodische und gleichmäßige Arbeit das gesteckte Ziel zu erreichen.

Gestrickte Krawatte: Praktischer Sinn, Neigung zur Bequemlichkeit, dennoch eine lebhafte Einstellung zur Umwelt, manchmal mit einer sehr starken Tendenz zum bürgerlichen Leben und zur stillen Alltäglichkeit. Er will ernst genommen werden, ist manchmal aber ein wenig unduldsam!

Rückkehr zum „Vatermörder"?

Es ist noch gar nicht so lange her, da trugen die Herren – ganz gleich ob sie Genies waren oder Alltagsbürger – gestärkte Kragen. Die gestärkten Kragen als hohe steife Halsbekleidungen, auch „Vatermörder" genannt, wurden mit großen Halsbinden oder später mit den schon erwähnten vorfabrizierten Schlipsen getragen. Mit geringen Milderungen blieben diese Vatermörder bis zum ersten Weltkrieg modern. Unterstrichen werden sollte das Würdige, das Steife und Feste, das Unerschütterliche unter Verneinung jeglicher Jugend. Wenn man den „Vatermörder" anzog, dann war man ein zeitlos gewordener Mann.

Ab und zu ist man in den letzten zwanzig Jahren zum Hemd mit hochsitzendem Kragen übergegangen, der an die „Vatermörder" erinnert. Aber im großen und ganzen ist es so, daß die Kragenformen heute nur wenig variieren und die weißen Hemden dominieren. Bestenfalls duldet man noch Pastellfarben zum „korrekten" Anzug. Die sensationellen Versuche, eine ganz neue Hemdenform durchzusetzen, sind vorläufig in Experimenten steckengeblieben. Man hat auf verschiedenen Ausstellungen Spitzenhemden für den Herrn präsentiert, d. h. echte Spitzen auf die Hemdenbrust, die dadurch besser hervortreten, daß man die Spitzen auf schwarzem Popelin auflegt, das in die Hemdenbrust eingenäht ist.

Doch niemand wagt, diesen Versuchen eine lange Zukunft zu prophezeien. Nur wer ungewöhnlich sein oder zum mindesten erscheinen will, trägt solche nicht alltäglichen Hemden im Zeitalter der verklingenden Hippie-Blumenblusen und farbigen Rollkragen-Pullis.

Farbenwahl enträtselt den Menschen

Ein neuer Zweig der Charakterkunde ist die Enträtselung der Menschenseele im Hinblick auf die Farbenwahl eines Menschen. Jeder hat eine Farbe, die er gefühlsmäßig bevorzugt, während er andere ablehnt. In dieser Bevorzugung oder Ablehnung schwingen interessante Gesetze mit.

Zögernd stehen wir vor den vielen leuchtenden Farben in bunten Stoffen oder Tapeten, die vor uns ausgebreitet werden. Plötzlich strahlen die Augen. Wir greifen hastig nach einem Stoffstreifen oder einem Tapetenmuster. „Das ist genau, was ich suche, das nehme ich – diese Farbe mag ich so gern; sie tut mir direkt wohl!"

Die Entscheidung ist gefallen. Der Zögernde wählte ein zartes Grün. Es bestand in diesem Fall wirklich kein anderer Grund, diesen Stoff zu wählen, als nur diese innere Sympathie für diese Farbe. Nur Sympathie? Es ist ein geheimes Gesetz, das den Käufer zwang, so zu handeln, wie es geschah, sich für diese Farbe zu entscheiden und die anderen beiseite zu schieben.

Nicht umsonst spricht man heute von den Farberlebnissen der Seele des Menschen. Prof. Dr. H. Wohlbold, München, faßte es in die treffenden Worte: „Es ist die Seele der Natur, die durch die Farben zur Seele des Menschen spricht. In den Farben walten die gleichen Grundgesetze wie in der Seele. Darum gibt es warme und kalte Farben. Gelb und Rot nennt der Künstler warm; Blau gilt als kalte Farbe."

Um aber diese Überlegungen und Schlüsse des Farben-Professors zu verstehen, müssen wir uns an das erinnern, was uns einmal im Physikunterricht über Licht und Farben gesagt wurde.

Farben sind Empfindungen, die von Lichtstrahlen je nach ihrer Wellenlänge im menschlichen Auge, d. h. auf der Netzhaut des Auges, erregt werden. Farben sind also Lichtwellenlängen, ausgehend von dem weißen Licht der Sonne, das durch ein Prisma in die Grundfarben zerlegt werden kann: Rot, Orange, Gelb, Grün, Blau, Indigo und Violett.

Wenn jener Käufer ein zartes Grün wählte, dann war diese Wahl ein Beweis dafür, daß die Seele im Augenblick ausgeglichen und ruhig war, zum mindesten diesen Ausgleich und diese Ruhe anstrebte.

In Erziehungsheimen, in Krankenhäusern, in der Nervenklinik ist es schon seit langem üblich, wenn die finanziellen Mittel für moderne Einrichtungen zur Verfügung stehen, den Kranken, den Nervösen, den ewig Gereizten mit Farben zu behandeln. Durch Milchglasfenster oder Decken werden die Räume mit den Farben im Licht durchflutet, die für die Gemütsart des Patienten passend erscheinen. Die Lichtwirkungen auf die Psyche und den Organismus stehen nach jahrelangen Beobachtungen fest:

Grün wirkt ausgleichend und beruhigend und fördert den Heilungsvorgang unter normalen Verhältnissen;

Rot kann schwermütige Personen und solche, deren Gesundheitszustand durch Depressionen sich nicht bessern will, aufheitern und zufriedener werden lassen;

In einem von *blauem Licht* durchfluteten Raum können sogar Tobsüchtige oft innerhalb einiger Minuten, spätestens nach Ablauf einer Stunde, beruhigt werden.

Farben und Temperamente

Als vor einigen Jahren Prof. W. L. Goldschmidt, Leiter des Instituts für Experimentalpsychologie an der Universität Münster, aus Cambridge sein „Farbenklavier" mitbrachte und vorführte, waren seine Überlegungen und Erfahrungen anfangs für seine Mitarbeiter Neuland. Aber dann zeigte sich, daß es genug Menschen gab, die rein gefühlsmäßig den tieferen Sinn dieses Farbenklaviers erfaßten, das ihnen die Möglichkeit bot, jede gewünschte Farbe schnell auf der Leinwand erscheinen zu lassen und durch vorgeschobene Raster Farbkombinationen zu erzeugen. Es bedurfte nur einiger

Wochen intensiver Beschäftigung mit diesem Farbenklavier, um den Nachweis zu liefern, daß in jedem Menschen eine gewisse Ansprechbarkeit für manche Farben besteht, die das ganze Innenleben und manchmal auch das äußere Leben bestimmen.

Gibt es nicht ganze Völker, die gewisse Farben bevorzugen und deren Vorliebe für bestimmte grelle, nämlich rote, grüne und blaue Farbtöne den westlichen Menschen immer wieder erstaunt?

Auf dem Farbenklavier greifen die einzelnen Typen zu folgenden Farben:

Die Melancholischen wählen Violett und ein bestimmtes Grünblau.

Die Phlegmatiker entscheiden sich entweder für Weiß, für eine Elfenbeinfarbe oder aber für Purpur.

Der Choleriker, der Mensch, der schnell außer sich gerät, wählt Grün und Grünblau, während er Rot, Purpur und Weiß ablehnt.

Der Sanguiniker ist davon überzeugt, daß Orangerot für ihn die wichtigste Farbe ist.

Aber man findet bei der Farbwahl auch wichtige Unterschiede des Geschlechts. Jedenfalls stehen nach den Erfahrungen der Psychologie folgende Tatsachen in der psychologischen Farbenlehre fest:

Typisch weibliche Farben sind anscheinend Blau, Gelb, Lila, Blaugrün und Rosa.

Sogenannte männliche Farben dürften sein: Rot, Orange, Grau, Hellgrün, Dunkelgrün, Violett und Schwarz.

Außerdem fand man noch eine Farbe, die anscheinend zwischen den Geschlechtern liegt: Orangerot.

Knaben bis zum 10. bzw. 12. Lebensjahr bevorzugten fast ausnahmslos Dunkelblau.

Es wird manchen überraschen zu erfahren, daß die Vorliebe, die Sympathie für gewisse Farben mit den Jahren wechselt, sich verschiebt. Der junge Mensch, der bis zum 12. Lebensjahr Dunkelblau bevorzugt, wird nach dem 13. Lebensjahr ganz anderen Farben seine Zuneigung schenken und eine neue Wandlung durchmachen, wenn er erst einmal über das 20. Lebensjahr hinausgelangt ist.

Analysen aus den Farben der Nationen und Rassen

Jede Nation hat ihre Nationalfarbe oder Farben, in denen sich der Charakter der Nation widerspiegeln soll, wenn nicht, was öfters zutrifft, politische Erwägungen (UdSSR) oder die geschichtliche Entwicklung (USA) die Fahne gestalten und die Farbenwahl beeinflußt haben. Fest steht, daß die Farben bei den einzelnen Nationen und Rassen unterschiedlich empfunden werden. Das ist wichtig zu wissen, wenn man in der Farbanalyse eine Person einer anderen Nation zu bewerten hat.

Ein britisches Exportinstitut, das seinen Mitgliedern Hinweise auf richtige Verpackung von Konsumgütern geben wollte, hat eine Meinungsumfrage in sieben Ländern über den Farbsinn durchgeführt. Diese Befragung hat in jedem dieser sieben Länder je sechshundert Hausfrauen erfaßt.

Blau gilt in England als eine jugendliche und zugleich männliche Farbe. Die Amerikaner halten Blau für interessant und modern. Alle anderen finden Blau „alt".

Rot wird überall als stark und anregend empfunden, außer in den USA: Dort gilt Rot als humorvoll und launig. Die Franzosen und Italiener verbinden Rot außerdem mit dem Eindruck von Luxus. Schweden und Schweizer empfinden Rot als eine reinliche Farbe.

Grün scheint eine neutrale Farbe zu sein, die keine besonderen Gefühlsreaktionen und Charakterdeutungen ergibt. Die Franzosen, Holländer und Schweden verbinden Grün mit Kosmetik, die Amerikaner überraschenderweise mit Zuckerwaren, die Schweizer mit Waschmitteln. Hier scheint der Konsum und nicht der Charakter das Ausschlaggebende zu sein, das geht jedenfalls aus der Beurteilung hervor.

Gelb wird allgemein für jung, aber auch für schwach und außerdem für lustig gehalten. In Frankreich und Italien gilt Gelb als eine schmutzige Farbe, und für die Holländer ist Gelb „billig".

Farbwirkungen auf den Organismus

Internationale Verbände und wissenschaftliche Institute in fast allen Ländern haben Forschungen in bezug auf die Wirkung der Farbe auf den Menschen durchgeführt und glauben folgende Effekte festgestellt zu haben:

Farben wie Grün und Orange sowie gewisse Schattierungen von Blau beruhigen die Nerven, während Gelb und Rot erregend wirken – Erkenntnisse, die auch für die Charakterkunde wichtig sind. Durch sorgfältige Vergleiche und Experimente sowie Studien mit hochempfindlichen Geräten hat man den Wirkungsmechanismus der Farben ermittelt.

– Gute oder ungünstige Wirkungen durch eine oder mehrere Farben auf den menschlichen Körper entstehen daraus, daß eine Resonanz im menschlichen Organismus eintritt, je nachdem ob die Grundschwingungen in unserem Zellengefüge (das sich bei jeder Rasse wie innerhalb der Rasse bei jedem Menschen anders zusammensetzt) gut oder ungünstig sind.

– Durch Untersuchungen an Metallen und Mineralien ermittelten Fachwissenschaftler und Forscher, daß die Schwingungen, die in der Spektralanalyse des Lichtes sichtbar werden, die Charakteristika der betreffenden Untersuchungsobjekte darstellen. In der gleichen Art, wie diese Vibrationen bei Mineralien und Metallen auftreten, zeigen sie sich auch bei Farben, auf die der Organismus, je nachdem wie er geartet ist, anspricht.

National- und Rassencharakter

Manche Farben wirken bei der einen Person (und Personengruppe) gut, bei der anderen hingegen ungünstig. Auch Rassenunterschiede werden in bezug auf die Farbwirkungen deutlich, die durch eine unterschiedliche Blutzusammensetzung, eine andere Hautfarbe, eine andere Ernährung, eine andere Lebensweise, anderes Klima usw. beeinflußt werden.

Auch die Vorliebe gewisser Völker für grelle oder ruhigere Farben wird auf diese Weise verständlich. Neben dem individuellen Charakter des einzelnen gibt es einen – natürlich sehr differenzierten – National- und Rassencharakter, der für jedes Volk und jede Rasse gleichsam den „Nenner" bildet, wobei die Einzelcharaktere die „Zähler" sind.

Man unterscheidet heute Völker, Rassen und Einzelmenschen, die als rote, grüne, blaue usw. Farben und Charaktertypen anzusehen sind. Gleichzeitig unterscheidet man bei diesen Typen jeweils eine Gruppe, die auf diese Farben positiv, und eine andere, die negativ reagiert.

Beispiel: Roter Farbtyp
= in der positiven Wirkung: energisch, unternehmend, stets aktiv, ehrgeizig, herrschsüchtig, zornig;
= in der negativen Wirkung: gefährliche Leidenschaften, Verbrechen im Zorn, Neigung zu Rauschgiften, übersteigerte Erotik.

Der Sinn der Farbbücher in der großen Politik und in der Geschichte

Eine interessante Bestätigung unserer Ausführungen sind die Farb- und Buntbücher in Politik und Diplomatie.

Solche Farbbücher oder Buntbücher sind amtliche Veröffentlichungen zur auswärtigen Politik und zur Diplomatie, die in unregelmäßigen Abständen erscheinen. Der Name rührt von den Farben der Umschläge her, die die einzelnen Staaten verwenden.
- *Weißbücher* (Deutschland, Portugal)
- *Rotbücher* (Österreich, Spanien, z. T. Vereinigte Staaten)
- *Gelbbücher* (Frankreich, China)
- *Grünbücher* (Italien, Mexiko)
- *Graubücher* (Dänemark, Japan)
- *Orangebücher* (Rußland bis 1917)
- *Blauweißbücher* (Finnland)
- *Blaubücher* (Großbritannien) usw.

Die ersten Farbbücher wurden 1624 von England veröffentlicht. Dort werden auch alle Parlamentsdrucksachen als Blue Blocks bezeichnet; tragen sie, ohne daß ein sachlicher Unterschied besteht, einen weißen Umschlag, so werden sie White Papers genannt.

Farbensymbolik – dient dem Ausdruckswillen

Prof. Dr. Richard Müller-Freienfels schreibt zum Farbenproblem: „Die Farbensymbolik dient dem Ausdruckswillen. Erhöhtes Selbstgefühl drückt sich in satten, leuchtenden Farben aus oder unbunt in tiefem Schwarz oder blendendem Weiß. Der Purpur der Alten (der ein tiefes Violett war), das Schwarz der spanischen Tracht in der Barockzeit und auch unserer Smokings oder Fräcke sind Würdefarben.

Neben der Uniform der Würde, der männlichen Selbsterhöhtheit, gibt es auch eine Uniform der ‚leichten‘, schwebenden weiblichen Selbsterhöhtheit: der Anmut. Diese wird zum Ausdruck gebracht durch leichte Stoffe und leichte, duftige Farben: Weiß, Rosa, Hellgelb, Lichtblau, ein zartes Grün.“ Der Gegensatz dazu, die Ich-Herabsetzung, verwendet unauffällige Töne wie das stumpfe Grau, Braun oder auch Schwarz, das hier nicht als Würdefarbe Glanz erhält.

Typgebundene Farben

Wir alle kennen Menschen, die sagen, daß sie „rot sehen“, wenn ihnen irgend etwas nicht so gelingt, wie sie möchten, oder wenn sie sich über irgend etwas aufregen. Aus ihrem Hirn strahlt also ein negatives Moment in ihre Augen. Sie sehen im wahrsten Sinne des Wortes rot und handeln auch meist entsprechend impulsiv, feurig und meist falsch.

Wir können übrigens an Hand der nachstehenden Farbenskala einen interessanten Test mit unserer Umgebung anstellen, indem wir andere auffordern, ohne nachzudenken die erstbeste Farbe zu nennen, die ihnen in den Sinn kommt. Meist werden es reine Farben sein, nur selten Mischfarben, die nicht in der Tabelle enthalten sind. Aber wir können an Hand der Farbantworten, die uns der Befragte gibt, Rückschlüsse nicht nur auf seine Stimmung, sondern auch auf den Menschen und seine charakterlichen Eigenschaften ziehen.

Reaktionsskala von Rot bis Violett

Bei den Reaktionen des Menschen auf die Farbe ist zu unterscheiden zwischen einer positiven oder negativen Ansprechbarkeit.

Rot

Positiv: Wille, Glaube, Mut, Energie, Unternehmungslust, starker Ehrgeiz, Neigung zum Herrschen.

Negativ: Chaotisches Gefühlsleben, Unbeherrschtheit, Affekthandlungen, Disharmonie, Leidenschaften, Unmäßigkeit, Jähzorn.

Orange

Positiv: Vergeistigender Intellekt, positiver Rhythmus, Elastizität, Anpassungsfähigkeit, Ausstrahlung großer Energie auf andere.
Negativ: Pessimismus, Unbeständigkeit, Übertreibungen, häufig Prahlsucht, Verschwendung, Anmaßung.

Gelb

Positiv: Starkes Gefühlsleben, viel Seele, Liebe, Inspiration, Adel des Herzens, Großmütigkeit, oft mit starker Intuition begabt.
Negativ: Fehlende Konzentration, Neid, Eifersucht, ständig wechselnde Meinungen, unbestimmtes Gefühlsleben, Spott, Schärfe.

Grün

Positiv: Gestaltendes Leben, Streben nach Harmonie, Optimismus, praktische Veranlagung, vernünftiges Handeln, Ausgleich und Kompromiß.
Negativ: Trägheit, Genußsucht, Fehlen jeglicher Verantwortung, Unreife, Gewissenlosigkeit in Geldfragen, Spekulation.

Blau

Positiv: Verstand, Hoffnung, inneres Gleichgewicht, Ordnung, Rechtsgefühl, Treue, meist auch Intelligenz, charakterlich einwandfreie Haltung, speziell in bezug auf Pflichttreue, aber vereint mit Diplomatie.
Negativ: Trügerische Hoffnungen, Süchtigkeit, ohne sich darüber klarzuwerden, verschwommene Romantik, Launenhaftigkeit, Kälte, fehlende Disziplin.

Indigoblau

Positiv: Lebhafte geistige Tätigkeit, Unternehmungsdrang, Gerechtigkeit, Pflichtbewußtsein, Klugheit, wenn auch manchmal gepaart mit Lebensangst oder Melancholie.
Negativ: Anmaßung, Überspanntheit, oft Hysterie, gefährlicher Pessimismus, Hypochondrie.

Violett

Positiv: Starke Erfindergabe, Originalität, instinktsicheres Handeln, klare Intuition, schöpferisch, oft selbstlos, häufig tief religiös.
Negativ: Verdrängte Süchtigkeit, gefährliche Ambitionen, unsicheres Gefühlsleben.

Mit diesem Rüstzeug können wir uns selbst und unsere Mitmenschen in bezug auf die Farben, die uns sympathisch sind und dem anderen „liegen", prüfen.

Bestimmte Vorlieben für weibliche Formen

Manche Frau wird sich gewundert haben, weshalb dieser oder jener Mann
sich „ausgerechnet" für eine Konkurrentin interessierte, die gar keine Formen oder deren zuviel hatte. „Die sieht doch unmöglich aus!" sagt man von
der anderen, vergißt aber, daß der Mann seine eigenen geschmacklichen
Neigungen in bezug auf Formen hat, die anscheinend in vielen Fällen schon
im Gen, in der Erbmasse verankert sind oder in der Frühzeit der Entwicklung erworben wurden. Jedenfalls kamen bei der Untersuchung der männlichen Vorliebe für weibliche Formen Psychologen der Universität Illinois
aufgrund langwieriger Forschungen zu überraschenden Schlüssen. Sie sind
überzeugt, daß sich in der Auswahl dessen, was ein Mann bei einer Frau
am meisten liebt (Busen, Po, Beine), Geheimnisse seiner eigenen Persönlichkeit spiegeln. Die Psychologen Dr. Jerry Wiggins, Dr. Nancy Wiggins und
Miß Judith Cohen Conger von der Universität Illinois sind aufgrund ihrer
Forschungen zu den folgenden Ergebnissen gelangt.

Männer, die Mädchen mit großen Brüsten vorziehen, gehen leicht aus sich
heraus. Sie sind witzig und leicht der Mittelpunkt jeder Gesellschaft. Sie
sind gern in weiblicher Umgebung. Sie treiben Sport, sind selbstsicher,
rauchen und trinken, lassen es aber oft an Willen und Ausdauer fehlen.
Nur selten bevorzugen Männer, die gehobenen Gesellschaftsschichten ent-
stammen, Frauen mit großen Brüsten.

Männer, die die Frau mit kleinen Brüsten bevorzugen, sind meist keine
Trinker. Sie neigen zu festen Überzeugungen, aber auch leicht zu Depres-
sionen. Es mangelt ihnen oft an Ehrgeiz. Sie kommen häufig aus reichen
Familien.

Ein Mann, der kurze Frauenbeine vorzieht, zeigt starken gesellschaftlichen
Ehrgeiz und ist häufig Mitglied in Klubs und Vereinen. Er ist hilfsbereit
und braucht das Bewußtsein, von anderen geschätzt und begehrt zu sein.
Er hat oft Schwierigkeiten im Beruf. Er raucht, lehnt aber den Alkohol ab.
Seine Lieblingslektüre bildet der Sportteil der Zeitung.

Männer, die Vorliebe für lange Frauenbeine zeigen, sind zwar besonders
angriffslustig, leiden aber auch leicht unter Schuldgefühlen. Sie sind meist
Geschäftsleute mit einer zarten Seele, die unter den Elternteilen die Mutter
bevorzugen.

Männer, die das Mädchen mit rundem, großem Po vorziehen, sind Ord-
nungsmenschen und sehr korrekt, oft gute Organisatoren, neigen sie bisweilen zu Pedanterie. Meist sind sie im Geschäft oder im Büro tätig. Gesellschaftlich sind sie jedoch von anderen abhängig. Sie haben den Hang, sich
die Schuld zu geben, wenn etwas schiefgeht. Auch sind sie stark gefühlsbetont.

Männer, die die Frau mit einem kleinen Po vorziehen, neigen dagegen nicht zu Schuldgefühlen. Sie sind beharrlich in ihrer Arbeit. Sie haben nicht den Wunsch, Mittelpunkt sein zu wollen. Am aktiven Sport sind sie meist nicht interessiert. Eine eigentümliche Tatsache wurde bei diesen Typen festgestellt: Die meisten Testpersonen wurden als Säuglinge an der Brust genährt.

Wer sich weder von großen noch von kleinen Brüsten oder Hintern, weder von langen noch von kurzen Beinen angezogen fühlt, sondern – ohne wie immer geartete Vorliebe – das Mittelmaß bevorzugt, soll einen recht widerspruchsvollen Charakter haben. In diesem Fall sei sein Ich unausgeglichen.

Frauliche Gesten, die ja oder nein in der Liebe bedeuten

Es gibt viele unbewußt ausgeführte Gesten, die man als eine „Sprache des Körpers" bezeichnen könnte, und die erkennen lassen, ob eine Frau bereit zur Liebe ist oder nicht. Jeder Mann kann sich als guter Psychologe das Wissen um die Geheimnisse der weiblichen Psyche aneignen.

Die neue Wissenschaft von der Sprache des Körpers heißt Kinesie und die hierbei zum Ausdruck gebrachten wortlosen Mitteilungen stehen in einem engen Zusammenhang mit der Proxemie. Diese letztere Wissenschaft bezeichnet die Beobachtungen darüber, wie sich ein Mensch verhält, wenn jemand in die unmittelbare Umgebung seines Körpers eindringt.

Jeder Mensch hat im Rahmen von vier Abständen eine intime Hoheitszone. Diese vier Zonen bestehen
– in der Intim-Distanz der unmittelbaren Berührung,
– in einem Abstand von 20 bis 40 cm, der z. B. Gedränge kennzeichnet,
– einer Distanz zwischen 1 und 2 Metern, in der Geschäfte abgewickelt werden,
– in der Sozialzone (z. B. des Chefs), die zwischen einen Besucher einen Abstand von 2 bis 4 Meter legt.

Das Eindringen in die Intim-Entfernung, also den unmittelbaren Körperkontakt, erlaubt der Mensch nur während des Liebesspiels.

Mit der Gesten- und Gebärdensprache wird mitunter mehr mitgeteilt als mit Worten. Die noch weithin unerforschten Möglichkeiten der unbewußten körperlichen Mitteilung lassen sich schon aus der Tatsache erkennen, daß es allein 23 verschiedene Stellungen des Augenlides gibt und daß der Mensch auf 35 verschiedene Arten mit den Augen zwinkern kann.

Instinktiv richtig gedeutet

Besonders der junge Mensch ist befähigt, die Botschaften der Körpersprache instinktiv zu erfassen und zu deuten. Die Sprache des Körpers wird nur selten bewußt angewandt. Die lautlose Sprache ist außerordentlich vielfältig und ausdrucksreich.

Die fraulichen Gesten, die ja oder nein in der Liebe bedeuten, sehen im einzelnen so aus:

Liebesbereitschaft

Die Frau sitzt mit leicht gespreizten Beinen auf dem Stuhl. Sie berührt in liebkosender Bewegung mit einer Hand die eigenen Brüste.
Sie streichelt, auch während sie spricht, die eigenen Hüften. Sie bewegt den unteren Rücken, während sie durch das Zimmer geht.
Sie fragt den Mann, neben den sie sich gesetzt hat: „Haben Sie Feuer für mich?"

Liebesverweigerung

Wenn eine Frau die Arme über der Brust kreuzt, kann sie damit die Entschlossenheit zum Ausdruck bringen, sich jedem Flirt zu verschließen.
Diese Geste der verschränkten Arme kann aber auch eine andere Bedeutung haben. Sie kann sagen, daß die Frau sich enttäuscht fühlt, weil sie nicht das bekam, was sie haben wollte.

Unerfüllte Sehnsüchte

Amerikanische Psychologen sind zu der Überzeugung gekommen, daß sich in der Auswahl dessen, was ein Mann bei einer Frau am meisten liebt (Busen, Po, Beine), das Geheimnis seiner eigenen Persönlichkeit spiegelt. Die Psychologen Dr. Jerry Wiggins, Dr. Nancy Wiggins und Miß Judith Cohen Conger von der Universität Illinois sind aufgrund langjähriger Forschungen zu folgendem Ergebnis gelangt, das verschiedene in diesem Rahmen bereits gemachte Beobachtungen logisch ergänzt.

Analysen im Detail

Busen – Ein Mann, der eine Frau mit einem starken Busen bevorzugt, steht selbst gern im Mittelpunkt. Er hat Witz, liebt weibliche Gesellschaft und besitzt deshalb viele Freundinnen. Er ist sportlich, bevorzugt Unabhängigkeit und ist der Zigarette und dem Alkohol sehr zugetan. Der Wille ist nur schwach entwickelt. Es fehlt oft an der nötigen Ausdauer.
Wer Frauen mit kleinem Busen bevorzugt, ist oft Anti-Alkoholiker, ist meist

fromm und leidet unter Depressionen. Im Beruf wird kaum Ehrgeiz entwikkelt. Dieser Mann ist oft der Bruder älterer Schwestern.

Beine – Ein Mann, der kurze Frauenbeine vorzieht, zeigt starken gesellschaftlichen Ehrgeiz und ist häufig Mitglied in Klubs und Vereinen. Er ist hilfsbereit
und braucht das Bewußtsein, von anderen geschätzt und begehrt zu sein. Er
hat oft Schwierigkeiten im Beruf. Er raucht, lehnt aber den Alkohol ab. Seine
Lieblingslektüre bildet der Sportteil der Zeitung.

Männer, die Vorliebe für lange Frauenbeine zeigen, sind zwar besonders angriffslustig, leiden aber auch leicht unter Schuldgefühlen. Sie sind meist
Geschäftsleute mit einer zarten Seele, die unter den Elternteilen die Mutter
bevorzugen.

Po – Ein Mann, der Mädchen mit einem rundlichen Po liebt, ist ein guter
Organisator und neigt zur Pedanterie. Er sucht die Abhängigkeit von anderen
Menschen zu vermeiden. Zwar braust er leicht auf, steht aber auch für andere
Menschen ein, wenn etwas schiefgeht.

Eine Schwäche für Mädchen mit einem flachen Po haben meist Männer, die
niemals für andere, aber auch nicht für sich selber geradestehen, wenn es einmal nötig sein sollte. Die Arbeit wird zwar ausdauernd, aber ohne den Drang,
dabei im Mittelpunkt zu stehen, verrichtet. Sie machen sich aus Sport nicht
viel. Männer mit Vorliebe für flache weibliche Hinterteile wurden als Babys
zu lange gestillt.

Große Mädchen, die vom Mann gesucht werden, zeigen die Sehnsucht des
Mannes an, im Leben vorwärtszukommen.

Kleine Mädchen werden von dem Mann geliebt, der gründlich, pflichtbewußt
und von dem Gefühl der Unterordnung beseelt ist.

Keine besondere Vorliebe für Busen, Beine, Po, große oder kleine Mädchen
zeigt bei einem Manne an, daß sein Ich unausgeglichen ist.

Die Silhouette des Mannes verrät den Charakter der Frau

Jahrelang glaubte mancher hochaufgeschossene, dicke oder birnenförmig gebaute Mann, daß allein schon seine körperliche Erscheinung Frauen interes-
siere. Sein Selbstgefühl wurde aber durch einen wissenschaftlichen Bericht
zerstört, der untersucht, was Frauen lieben und was nicht. Der Psychologe
Paul Lavrakis hat 70 Frauen genau interviewt. Ihre Antworten besagen, daß
der männliche Körper für sie von Bedeutung ist. Die Kurven, die Interesse
fanden, waren die Arme, die Brust, die Hüften und die Beine. In einer
Testreihe wurden den Frauen eine Anzahl von männlichen Silhouetten gezeigt. Sie sollten dann über die bevorzugte männliche Gestalt aussagen.

Frauen – im Frage- und Antwortspiel

Die birnenförmig gebauten Männer (1) kamen dabei am schlechtesten weg. Die meisten Frauen waren sich darin einig, daß sie sich keinen birnenförmigen Mann wünschen. Statt dessen bevorzugten sie den v-förmigen Mann (2), dessen Schultern und Arme zu schmalen Hüften führen.

Lavrakis wollte aber auch feststellen, ob eine bestimmte männliche Figur auf eine bestimmte weibliche Persönlichkeit Wirkung habe. Er veranlaßte die Frauen, die er interviewte, Testfragen zu beantworten. Dabei traten merkwürdige Zusammenhänge zutage.

Frauen, die stark Zigaretten rauchen, haben es besonders auf Männer mit dünnen Beinen (3) abgesehen.

Haschischraucherinnen spüren Abneigung gegen Männer mit kräftigem Brustkorb. Sie schienen überhaupt keine größeren Männer zu mögen.

Alkohol hat eine ähnliche Wirkung auf die weiblichen Wünsche, die sich von dem v-förmigen Mann abkehren und weniger konventionell gebaute Typen (4–7) bevorzugen.

Dicke Frauen lieben größere Männer, während dünne Frauen sich für die mittelmäßige männliche Figur mit dünnen Beinen entscheiden.

Die meisten Frauen geben zu, daß die körperliche Erscheinung nicht für die von einem Manne ausgehende Anziehungskraft entscheidend ist.

Der Eigentest für den Mann

Welche Art von Frauen wird Sie begehren?
Wählen Sie die Silhouette aus, die Ihnen am ähnlichsten ist, und finden Sie heraus, welche Art von Frau Sie bewundert.

Silh. 1.
Die bewundernde Frau ist ein nervöser Frauentyp, die sich stark mit der eigenen Erscheinungsform befaßt und stark raucht.

Silh. 2.
Die Frau, die diesen Typ wählt, liebt den männlichen Körper nicht. Sie trifft also eine Wahl nach dem Gesichtspunkt des gesellschaftlich Akzeptablen. Diese Frau ist mager, raucht Zigaretten, aber trinkt nicht. Sie spielt Karten und treibt Sport.

Silh. 3.
Eine feminine Frau liebt diese Art von Männern. Sie ist jung, nach außen gekehrt und hat keine Zeit für Zigaretten, Alkohol und Drogen.

Silh. 4.
Diese Silhouette erweckt das Verlangen einer konventionellen Frau, die aus einem Hause mit Tradition stammt. Sie liebt Karten und Filme, aber treibt keinen Sport.

Silh. 5.
Dies ist der Typ der erfahrenen älteren Frau. Sie lebt wahrscheinlich mit einem ähnlichen Mann zusammen.

Silh. 6.
Eine sich leicht auflehnende Frau liebt diese Art von Männern. Sie trinkt viel. Sie rebelliert gegen Fesseln, die man ihr im streng symbolischen Sinn des Wortes anlegen will.

Silh. 7.
Dieser Mann erregt das Gefallen der reifen und oft übergewichtigen Frau. Sie ist duldsam, obwohl sie persönlich konservativ eingestellt ist. Sie liest viel und versucht ohne zuviel Reibung mit der Umwelt fertig zu werden.

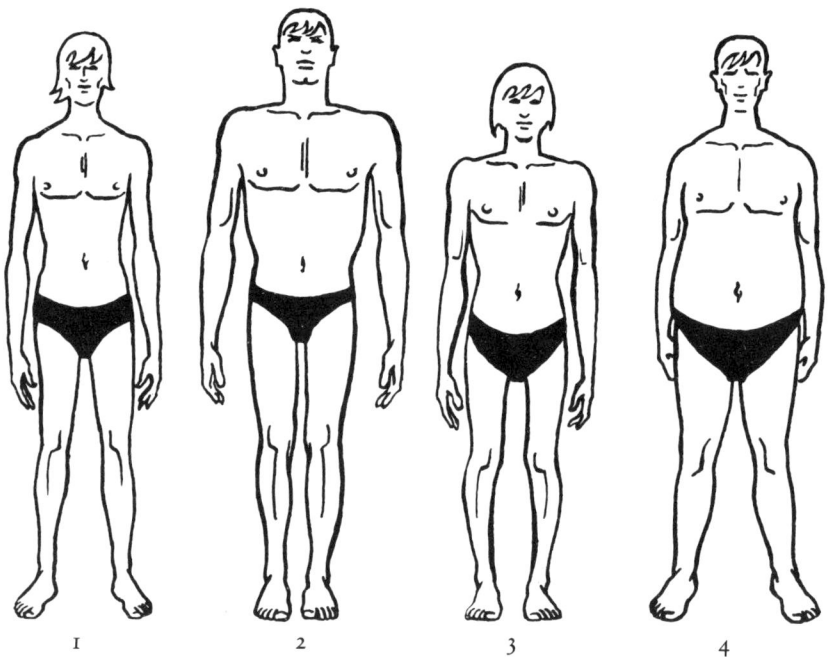

1   2   3   4

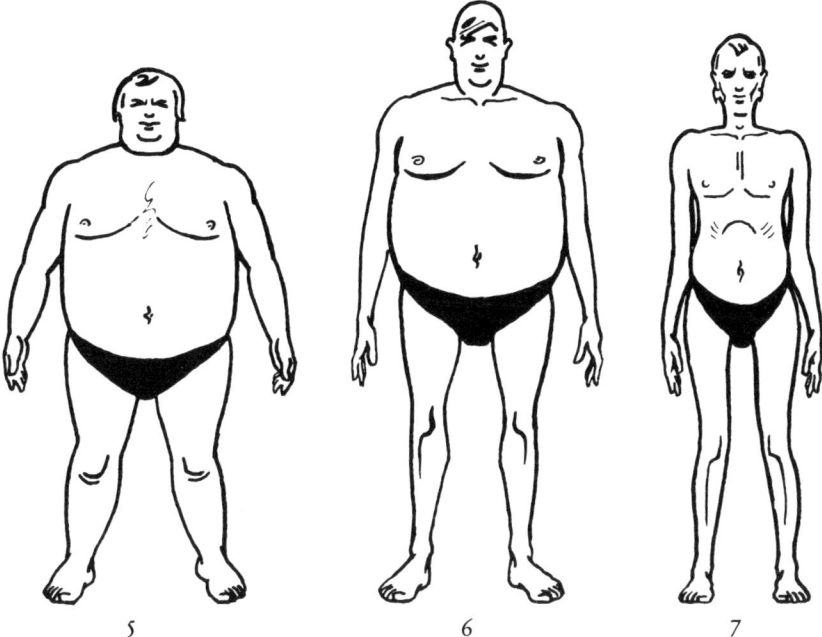

5   6   7

Gemüsepsychologie

Der japanische Lebensmittelforscher Dr. Kiichi Kurijama aus Tokio hat einen neuen Wissenschaftszweig entwickelt: die Gemüsepsychologie. Aus der Analyse der verschiedenen Stoffe, die in speziellen Obst- und Gemüsesorten enthalten sind und die von bestimmten Personen bevorzugt werden, leitet er deren Charakter und ihr Talent zur Ein- oder Zweisamkeit ab. Wenn sich diese These auch noch so phantastisch anhören mag, Dr. Kurijama geht bei seinen Untersuchungen und Bestimmungen mit streng wissenschaftlichen Methoden zu Werke, indem er die in Obst und Gemüse enthaltenen Nährstoffe analysiert und deren Wirkungen auf den menschlichen Organismus erforscht. Das ist nicht ganz so ungewöhnlich, denn bestimmte Gemüsesorten gelten zum Beispiel schon seit uralten Zeiten als Aphrodisiaka, als liebesanregende Mittel, während andere das Verhalten gegenüber der Umwelt im Alltag bestimmen.

Wir wissen, daß manche Obstarten, wie z.B. die Apfelsine und die Zitrone oder beim Gemüse die Petersilie, viel Vitamin C enthalten, das der Körper unbedingt braucht, um gesund zu bleiben. Andere Sorten wiederum, wie Salat, enthalten viel Vitamin E, das, nach seiner Wirkung als Fruchtbarkeitsvitamin, „Tokopherol" genannt wird. In Tierversuchen hat man z.B. festgestellt, daß durch den Entzug von Nahrung, die Vitamin E enthält, die Männchen steril werden und die tragenden Weibchen ihre Jungen verlieren.

Die Analyse eines Apfels sieht folgendermaßen aus: 0,3 g Eiweiß, 11 g Kohlehydrate, 48 kcal, 7 mg Calcium, 10 mg Phosphor, 0,3 mg Eisen, 0,03 mg Vitamin A, ebensoviel B_1 und B_2, 0,1 mg Niacin-Vitamin und rund 11 mg Vitamin C.

Folgende Charaktereigenschaften und Potenzen in der Liebesfähigkeit wird jenen Personen zugeschrieben, die die in nachstehender Tabelle angeführten Obst- und Gemüsesorten bevorzugen.

	Er	Sie
Äpfel	legt in der Liebe Vorsicht an den Tag.	ist eine gute Ehefrau.
Apfelsinen	gewissenhaft in beruflichen Dingen und in der Liebe; wenn er einmal angebissen hat, dann läßt er so schnell nicht mehr los.	gute hausfrauliche Qualitäten, aber manchmal ein wenig unzufrieden mit sich selbst.
Bananen	tolerant, gefühlvoll, energisch und voll Leidenschaft.	geht in der Liebe zu ihrem Partner restlos auf; bleibt jedoch meist kinderlos.
Birnen	bedächtig, manchmal ein wenig phlegmatisch; schwer von etwas zu begeistern.	sucht seelischen Halt bei ihrem Partner und ordnet sich gern unter.
Bohnen	ist meist ein Einzelgänger, der sich gern abkapselt und nur schwer Kontakt zu anderen Menschen findet.	freundlich und zurückhaltend, mit viel Sinn für Häuslichkeit und Familie.
Erbsen	sozusagen ein Charakterkopf, der weiß, was er will – im Geschäft wie in der Liebe.	meist musisch interessiert; ist mit Leib und Seele bei einer Sache, die ihr gefällt.
Erdbeeren	ist immer in Bewegung, neigt aber auch zu Nervosität. Mit halber Kraft geht alles besser.	liebt den Flirt und das Spiel mit dem Feuer, ist aber im Grunde ihrem Partner treu.

Er	Sie

Erdnüsse
groß im Geldverdienen, aber blind in der Liebe. — hat selten Glück in der Ehe.

Gurken
ausgesprochener Kontaktmensch, der sich schnell Freunde schafft und allgemein beliebt ist; kann schlecht „nein" sagen. — ausgesprochen aktiv und manchmal zu kritisch; sehr erfolgreich im Geschäftsleben, weniger in der Liebe.

Karotten
passionierter und verträglicher Liebhaber, der jedoch oft betrogen wird. — energisch, von ausgeglichenem Temperament; liebt jedoch bohrende Fragen.

Kartoffeln
wenn er sie gern ißt: leidenschaftlich, aber taktvoll in der Liebe. Wenn er sie nicht gern ißt: nervös, geringe Lebenserwartung. — wenn sie diese gern ißt: freundlich und optimistisch, alle Anlagen zur idealen Gattin. Wenn sie diese nicht gern ißt: ungesellig und kühl, fühlt sich unglücklich.

Kirschen
versteckt seine Feinfühligkeit hinter einer rauhen Schale aus Furcht vor Gefühlsduselei; kann gelegentlich auch sehr intolerant sein. — sollte ihre Liebe auf einen Mann konzentrieren und sich vor unüberlegten Schritten in der Liebe hüten, sonst könnte sie einen wertvollen Menschen verlieren.

Kohl
ist ein ausgesprochen solider Typ, der seine einmal übernommenen geschäftlichen und privaten Verpflichtungen oder Versprechungen einhält, auch wenn es für ihn selbst nicht immer angenehm sein sollte. — ist nicht schnell von etwas zu begeistern und manchmal abweisend und wenig freundlich, besonders zu ihren Artgenossinnen, schafft sich deshalb viele Feinde.

Linsen
verschließt sich zu sehr in sich selbst, so daß er Angst vor dem Kontakt mit dem weiblichen Geschlecht hat; meist cholerisch. — ängstlich, macht sich zu viel Sorgen um ihn, dabei hat sie es gar nicht nötig.

| | **Er** | **Sie** |

Er

Sie

Pfirsiche
sollte versuchen, sein starkes Gefühlsleben besser zu kontrollieren, denn blinder Eifer schadet nur – im Beruf wie in der Liebe.

versucht oft, ihren Willen durchzusetzen; paßt sich nur sehr widerwillig an, erwartet dies aber von ihrem Partner.

Pflaumen
ein Mann mit praktischen Fähigkeiten, der in der Liebe sehr verspielt ist – manche Frauen mögen das.

ihr Spürsinn für Erfolg verläßt sie selten, sei es im beruflichen oder privaten Bereich.

Rhabarber
ist nicht gerade ein feuriger Liebhaber, beschäftigt sich lieber mit seinem Beruf und seinen Hobbys als mit seiner Partnerin.

ist nicht nur eine gute Hausfrau, sondern auch eine treue und einfallsreiche Geliebte und Ehefrau.

Salat
arbeitswütig; in der Liebe meist beständig und vielseitig.

besonnen, behält meist einen kühlen Kopf; ist manchmal ein wenig zu kritisch.

Schwarzwurzeln
vielleicht manchmal zu melancholisch, aber von unerbittlicher Ausdauer; bei ihm kann leicht Treue zur Eifersucht und Besitzliebe zu Geiz werden.

fleißig und unermüdlich, gelegentlich aber auch launisch, argwöhnisch und mürrisch.

Sellerie
in der Liebe ein ausgesprochener Casanova, wenig treu und meist ruhelos.

vielfach von Zweifeln geplagt, unbegründete Ängste, manchmal „himmelhoch jauchzend, zu Tode betrübt".

Spargel
ein geradezu idealer Partner in der Liebe; sehr gefühlsbetont, sucht er nicht nur das eigene Glück, sondern ist bemüht, seine Partnerin glücklich zu machen.

ihre Energie scheint unerschöpflich zu sein, denn sie gibt nie auf, sondern sucht geradezu nach Schwierigkeiten, um diese zu überwinden.

Spinat
wird meist über 60 oder 70 Jahre alt, verliert auch in Liebesdingen selten den Kopf.

gehorsame Gattin, muß jedoch häufig mit Schwierigkeiten in Liebesdingen rechnen.

<table>
<tr><td align="center">Er</td><td align="center">Sie</td></tr>
</table>

Tomaten

gutmütig, hilfsbereit, ehrgeizig und willensstark; mutet sich manchmal mehr zu, als er verkraften kann.

vielfach jähzornig und rechthaberisch, ungeduldig und von einer merkwürdigen inneren Unruhe getrieben.

Wirsing

siehe Kohl.

siehe Kohl.

Zwiebeln

gesellig und anpassungsfähig, manchmal aber auch zu flüchtig und oberflächlich, sprunghaft und unaufrichtig.

heiter und verbindlich; vielfach künstlerisch befähigt; sensibel ist sie deshalb aber noch lange nicht, eher labil.

Dr. Kurijama beschränkt seine Studien nicht nur allein auf die Grünzeug-Charakterkunde. Er gibt auch Tips, wie man das Temperament durch eine besondere Gemüsediät aufmöbeln kann. Männern, denen es an Vitalität fehlt, verschreibt er beispielsweise eine Kartoffelkur, um sie in feurige Liebhaber zu verwandeln.

Wenn der Mensch Angst vor der Kälte hat

Vergleichende biologische Forschungen ergaben, daß die Temperaturempfindlichkeit der Säugetiere (und auch des Menschen) starke individuelle Unterschiede aufweist. Jeder Organismus spricht auf die Kälte anders an, so daß wir von Menschentypen mit Rigophilie, d.h. Kältefreundlichkeit, und anderen mit Rigophobie, Kältefeindlichkeit, sprechen können. Kreislaufvorgänge, aber auch krankhafte Zustände sind aus der Empfindlichkeit gegenüber der Kälte oder der Neigung zur Kälte abzulesen. Wir berichten von wichtigen Erkenntnissen zur Frage der Temperaturempfindlichkeit des menschlichen Organismus, Fragen, die große Bedeutung angesichts der Tatsache erhalten, daß der künstliche Winterschlaf und die Unterkühlung seit langem zu wichtigen Werkzeugen in der Hand des Arztes und des Chirurgen geworden sind.

Unterschiedliche Reaktionen

Für die Operation war alles bereit. Die Eisbeutel türmten sich um den Patienten. Die Chirurgen waren sich darüber klar gewesen, daß die Herzoperation, die an diesem Patienten durchgeführt werden mußte, zu schwer war, um unter normaler Narkose ausgeführt zu werden.

Es gab nur einen Weg, einen Ausweg: die Senkung der Temperatur des Körpers auf 28 Grad. Zwei Stunden konnte man ohne weiteres den Patienten in diesem Eisbett lassen. Das Herz schlug nur noch 30mal in der Minute, als die

Operation begann. Die Operationsbereitschaft hätte früher eintreten müssen. Die Spezialisten wunderten sich, wie langsam die Temperatur absank.

Wieder einmal erlebte man die seltsame Tatsache, daß buchstäblich jeder Organismus auf Kälteeinwirkungen anders reagiert und daß es eiserne Gesetze in dieser Hinsicht nicht gibt.

Prof. Dr. M. Eisentraut, Stuttgart, hatte in seinen eingehenden Untersuchungen zur Frage der konstanten Körpertemperaturen bei Warmblütlern, wozu auch der Mensch gehört, festgestellt, daß es konstante Körpertemperaturen überhaupt nicht gibt. Sie schwanken entsprechend der Tageszeit, sie sind abhängig davon, ob der Körper sich in Tätigkeit oder in Ruhe befindet, ob Nahrungsaufnahme erfolgt oder der Körper schläft.

Prof. Dr. H. S. Williams, Connecticut, kam als erster auf den Gedanken, die Menschen in zwei Gruppen einzuteilen:
– die Rigophilen, die die Kälte bejahen und sich unter dem Einfluß der Kälte bzw. bei niedrigen Temperaturen wohl befinden;
– die Rigophoben, die auf jedes Absinken der äußeren Temperatur schlecht reagieren und gewissermaßen Angst vor der Kälte haben.

Wenn er, Dr. H. S. Williams, aus jahrzehntelangen Überwachungen den Schluß zog, daß rund 50% der Menschheit kühle Temperaturen der Wärme vorzieht, dann lag für ihn als Arzt die Überlegung nahe, daß diese Bevorzugung der Kälte gegenüber einer normalen warmen Temperatur unter Umständen ein wichtiges Symptom für Krankheitsvorgänge bedeuten könnte.

„Im Gesundheitspaß eines jeden Menschen müßte eingetragen werden, ob er auf warme oder kalte Kompressen anspricht, ob für ihn Hitzebehandlung oder Unterkühlung angebracht ist; denn die gleichen Erkrankungen und Störungen im Organismus können, je nachdem, ob der Patient rigophil oder rigophob ist, auf die eine oder andere Weise behandelt und günstig beeinflußt werden."

Wichtig ist in diesem Zusammenhang, sich mit jenen Erkenntnissen vertraut zu machen, die der deutsche Pharmakologe von Werz als die „Sauerstoffschere" bezeichnet. Unter dem Einfluß der Abkühlung sucht der Organismus den Wärmeverlust durch erhöhte Produktion an Wärme auszugleichen. Dazu braucht er in steigendem Maße Sauerstoff.

Unter dem Einfluß der sinkenden Temperatur verliert aber das Blut des Menschen in wachsendem Maß die Fähigkeit, Sauerstoff an das Gewebe weiterzuleiten. Der Mensch stirbt also unter dem Einfluß der Kälte an einem regelrechten Sauerstoffmangel. Die Bevorzugung niedriger Temperaturen gegenüber der Wärme stehen aber im Zusammenhang mit dem Sauerstoffumsatz im menschlichen Organismus höchst wichtiger Erkenntnisse, mit denen sich die moderne Medizin erst in diesen Tagen vertraut zu machen beginnt.

Magengeschwüre, die sich manchmal einstellen, wenn Nahrungsmittel zu heiß in den Magen gelangen, findet man häufiger bei rigophilen Personen, weil ihr

Gewebe empfindlicher für die Hitze ist als die Schleimhäute, die Gewebe der Rigophoben, die sich gegen die Kälte sträuben, denen aber hohe Temperaturen nichts ausmachen. Warme oder kalte Nahrungsmittel, warme oder leichte Bedeckung während des Schlafs, gefütterte oder stark durchlässige Kleidung, all diese Probleme erscheinen plötzlich unter einem ganz anderen, neuen Gesichtswinkel, wenn man den Menschen in seiner rigophilen oder rigophoben Disposition betrachtet.

Jeder ist in der Lage, seine eigene Einstellung zur Kälte durch Beantwortung der nachstehenden Fragen klarzustellen:

– *Rigophob:*
Ertragen Sie schlecht die Kälte?
Haben Sie vor dem Winter Angst?
Löst in Ihnen der Gedanke an Schnee bereits Frösteln aus?

– *Rigophil:*
Fühlen Sie sich wohler bei frischen Temperaturen?
Ziehen Sie lauwarme oder kühle Nahrung heißer Nahrung vor?
Gehören Skifahren und Schlittschuhlaufen zu Ihren bevorzugten Sportarten?

Es besteht ein hoher Grad an Wahrscheinlichkeit, daß eines Tages tatsächlich Dr. H. S. Williams seinen klugen Gedanken verwirklicht sieht, im Gesundheitspaß eines jeden Menschen verzeichnet zu finden, ob er Angst vor der Kälte hat oder – die Kälte liebt.

V. Graphologie, Charakter und Krankheit

Der Mensch in seiner Handschrift

Der Mensch schreibt heute nur noch, wenn er muß, mit der Hand. Die Schreibmaschine wird schon in der Schule zum Hilfsmittel. Das Diktiergerät vereinfacht den Schriftverkehr. Mancher schreibt ein ganzes Jahr hindurch nicht einmal zehn oder zwanzig Zeilen mit der Hand. Er beschränkt sich auf seine Unterschrift unter Anträgen, Schecks und Quittungen.

Häufiger werden Zahlen mit der Hand geschrieben. Sie behaupten sich auch im Zeitalter der Technisierung.

Ob Buchstabe oder Zahl – das Geschriebene hat seine Bedeutung. Und die Art und Weise, wie Buchstabe und Zahl geformt und in der Schrift gelagert sind, gestatten interessante Rückschlüsse auf Charakter und Wesensart des Schreibenden.

In der modernen Graphologie schenkt man der Neigung der Schrift – nach rechts oder links – und dem Streben nach oben oder unten größte Beachtung. Die Graphologin Geneviève Bouillon entwickelt daraus folgende These:

„Die Handschrift, das Schreiben, ist eine Handlung. Wie jeder menschliche Akt, setzt er sich aus bewußten und unbewußten Bewegungen und Faktoren zusammen. Der Symbolismus des Weltraums ist eng verbunden mit dem unbeschriebenen Blatt Papier, auf das der Schreiber seine Feder setzt und das für ihn in gewisser Weise den Weltraum darstellt. Die Art und Weise, wie er sich zu diesem Blatt stellt, zeigt, wie er die äußere Welt erfaßt.

Die Handschrift wird so zu einem Film, in dem jeder Schreiber sein eigenes Charakterbild niederlegt.

Studiert man die verschiedenen Formen künstlerischer Tätigkeit im Ablauf der Kulturen, so ergibt sich, daß schon früh das Individuum sich im Mittelpunkt des Weltalls sah und den Himmel als geistige Autorität anerkannte.

Auf diese Weise stellt der Mensch sich selbst in den Mittelpunkt, d. h. zwischen oben und unten. Hier befindet er sich in der Zone des „Ich". Hier kann er seine Kenntnisse frei entfalten. Hier findet er gleichzeitig seine Grenzen, die ihm durch Furcht und Verbote gesetzt sind.

Von jeher hat die Linke das passive und weibliche Prinzip, die Rechte das aktive, maskuline Prinzip verkörpert. Man hat sogar die These vertreten, daß die magischen Kräfte der linken Hand eigen sind, während die irdischen Kräfte Teil der rechten Hand sind.

Interessant ist auch die Feststellung, daß die Schreibweise von links nach rechts, die uns geläufig ist, mit der Entwicklung der Menschheit verbunden zu sein scheint. Allerdings gibt es auch heute noch hohe Kulturen, die sich der Schrift von rechts nach links bedienen. Zu ihnen gehören besonders die hebräische und die arabische.

Als erste haben die Griechen die Schrift von links nach rechts eingeführt, und zwar in horizontaler Anlage, gleich dem Boden, der uns trägt.

Alle Bewegung nach links hin symbolisiert eine Rückkehr nach innen, zum Vergangenen, zur Meditation. Der Symbolismus der Linken schließt alles ein, was seit Urzeiten mit dem weiblichen Prinzip verbunden war: Passivität, Empfängnis, Erdverbundenheit, Ausdauer, Beharrlichkeit, Erhaltung der Art, Liebe und Gefühl.

Alle Bewegung nach rechts beweist Aktivität, Kämpfertum, Eroberungswillen und Unternehmungslust. Die Rechte beweist einen Sinn für die Zukunft, für die Welt und für seinesgleichen."

Graphologie als „Seelenschlüssel" schon im Vorschulalter

Wenn Kleinkinder beobachten, daß ihre Geschwister, die schon die Schule besuchen, schreiben, dann sind sie geneigt, auch ihre eigenen Schreibversuche zu unternehmen. Man soll sie nicht daran hindern. Denn schon aus dem allerersten Geschreibe und Gekritzel, das noch gar nicht in Buchstaben den letzten Ausdruck findet, ist mancherlei deutlich zu erkennen: Wir sehen bei einem Kind, das ohne jegliche Schreibkenntnis Schrift nachahmt, eine klare Linienführung; wir erkennen Höhen und Unterlängen; aus dem ungeordneten und verworrenen Gekritzel sogenannter schwieriger Kinder ist unter Umständen auf ernste geistige Störungen zu schließen.

Das Kind verrät jedenfalls in der Handschrift Willens- und Gefühlsveranlagungen genau wie eine erwachsene Person. Das wird ganz besonders deutlich, wenn wir Gelegenheit haben, ein Kind in verschiedenen Stadien, d. h. im Laufe seiner Entwicklung, zu verfolgen. In dem Maße, in welchem ein junges Menschenkind sich durch die verschiedenen Stufen hindurchwindet, verändert sich die Schriftführung, die Richtung der Schrift, unter Umständen auch die Stärke, die Energie oder die Schwäche.

Bis zu einem gewissen Grad sind es die gleichen Gesichtspunkte, die bei der Schrift Erwachsener zu berücksichtigen sind. Nur verdient folgender Gesichtspunkt eine stärkere Beachtung:

Das Kind wird mit sechs Jahren in das Joch der Schule gespannt. Aber nach einer ersten Unterwerfung stemmt sich die Kindesseele gegen die Vergewaltigung und wird eigenwillig. Dabei sind in der Kinderschrift folgende wichtige Erkenntnisse zu beachten, die in der Schrift von Erwachsenen nicht so deutlich sichtbar werden oder nicht mehr in Erscheinung treten:

Der Wille zeigt sich bei einem Kind in der gleichen Art und Weise wie die Starrköpfigkeit. Eine breite, sich in Spitzen entladende Schrift stellt den härtesten Ausdruck des Starrsinns und des eventuell sich daraus entwickelnden eigenen Willens dar. Eine schwache, zittrige abfallende Schrift ohne Spitzen und ohne Betonung läßt auf einen völligen Mangel an Willen schließen.

Phantasie ist in der Kinderschrift besonders in den sogenannten Oberlängen zu erkennen, vor allem dann, wenn Buchstaben plötzlich ganz hoch gezogen werden, wobei das ganze Schriftbild auch im allgemeinen recht bewegt ist.

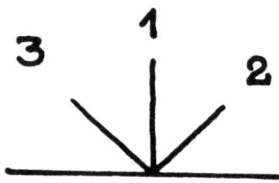

Abb. 194: Deutungshilfe für Kinderschriften: Neigungswinkel Richtung 1 zeigt normale stimmungsmäßig unbeeinflußte Schriftlage; Richtung 2 verrät mit Rechtsneigung Romantik; Richtung 3 ist das Zeichen für Eigensinn, Opposition und Ablehnung der Umwelt.

Abb. 195: „Schriftprobe" eines Kleinkindes mit normaler Begabung.

Abb. 196: Schreibversuche eines fünfjährigen nervösen und egozentrischen Kindes.

Abb. 197: Vergebliche Schreibversuche eines geistig nicht ganz normalen Kindes im Alter von fünf Jahren, das keine Linie einhalten konnte und es nur zu diesem Gekritzel brachte.

Intelligenz im allgemeinen Sinn wird häufig in der Schnelligkeit der Schriftführung bei einem Kind gesucht. Aber die Langsamkeit der geistigen Funktionen ist nicht ein Zeichen geistiger Unterlegenheit. Die Intelligenz zeigt
sich in der Schärfe der Beobachtung, in der Darstellung und Aufmachung
der Schrift im ganzen und in der Fähigkeit der Anpassung durch kindliche
Diplomatie, die nicht zu unterschätzen ist.

Handschrift als Charakterschlüssel

Erinnern wir uns an unsere Schulhefte, in denen vier Linien unser Schriftbild einengten. In der Mitte waren zwei enge Linien, zwischen die wir die
sogenannten kleinen Buchstaben zwängten. Was darüber lag, war hoch, was
darunter lag, war tief.

Genau wie damals in der Schulzeit wird unser Schriftbild beherrscht von
den kleinen Buchstaben in der Mitte, den anderen, die nach oben hinaus-
schießen, und jenen, die nach unten hängen.

Nehmen wir einmal den Raum der kleinen Buchstaben als das Herz unserer
Schrift, dann sitzt darüber der Kopf, und unten hängen die Beine.

Mehr als hundertjährige Praxis hat erwiesen, daß der geistige Auftrieb sich
tatsächlich in den nach oben ausschlagenden Buchstaben zeigt. Geistige
Schwungkraft, Kopf, Gehirn und Verstand liegen also in der Schrift oben.
In der Mitte, d. h. im Bereich der kleinen Buchstaben, sehen wir das Herz,
einen Teil des Gefühlslebens. Alles was unterhalb der dritten Linie ist,
gehört der Triebhaftigkeit an – und, wenn diese Triebhaftigkeit bezwungen
und gesteuert ist, der Lebenspraxis, der Beherrschung des Daseins. Siehe
Abb. 198.

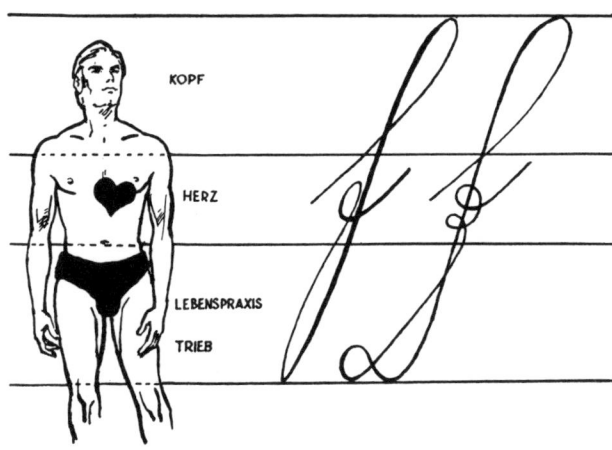

Abb. 198

Die Schrift, die eine gerade Linie einhält, entspricht einem Schreiber, der nicht von seinem geraden Weg abweicht – jedenfalls nicht sichtbar, nicht vor der großen Welt. Wer in seiner Schrift schwankt, schwankt auch in seiner Stimmung. Steigt die Schrift den Berg hinauf, dann ist sein stimmungsmäßiger Aufstieg optimistisch. Sinkt die Schrift nach unten, dann ist der Ausklang stimmungsmäßig gedrückt, pessimistisch, negativ.

Der Buchstabe a

 Normalschrift.

 Eingerollt mit Schnecke – Zeichen von Vorsicht, starkem Mißtrauen, niemals sich selbst und seine Karten ganz aufdeckend.

 Verbissen und eigensinnig, mitunter grausam, oft sogar zu einer asozialen Haltung neigend.

Der Buchstabe e

 Normale Schrift.

 Nervöse Verzerrung, Ruhelosigkeit, oft Mangel an Disziplin.

 Engherzigkeit, Sparsamkeit, Kleinlichkeit.

 Überbetonung des eigenen Werts. Man trägt sein Herz auf Händen.

Der Buchstabe f

 Normalbuchstabe.

Übertriebene Unterlänge zeigt kalten Realismus, gleichzeitig Organisationssinn, Einfluß des Unbewußten. Manchmal instinktsicheres Handeln, aber auch Übergewicht des Instinktes in erotischen Dingen.

Verstärkte Oberlänge – Übergewicht der intellektuellen Interessen, aber auch Überbewertung der eigenen Person. Oft ausschweifende Phantasie, die mit entsprechender Unterlänge zu Hemmungslosigkeit führen kann.

 Mit Knick in der Herzzone – Beeinträchtigung der Persönlichkeitsentwicklung, Widersprüche zwischen gutem Wollen und bösem Trieb.

Nach vorn gerichtete Unterlänge – Versuch, sich durchzusetzen, sich selbst zu behaupten. Zähe Hartnäckigkeit, allen Schwierigkeiten zum Trotz.

 Rückwärts gebeugte Unterlänge – Zeichen für Unselbständigkeit und Angstzustände. Fehlender Mut infolge erlittener Enttäuschungen.

Der Buchstabe g

 Normalbuchstabe.

 Herrschsucht, Neigung, nur den eigenen Willen gelten lassen.

 Oft sehr energisch, verworrenes Triebleben gut getarnt.

 Angst vor der Umwelt, starkes Anlehnungsbedürfnis, fehlende Selbständigkeit, im Umgang mit der Umwelt nicht immer ganz normal.

 Verständnis für Übersinnliches, Poesie, zarte Beziehungen. Bei starker Gestaltung verbunden mit Jähzorn.

 Alles ist irgendwie doppelsinnig in diesem Leben. Das gilt für geschäftliche Fragen, eventuell aber auch für moralische Gesichtspunkte.

Der Buchstabe h

 Normalbuchstabe.

 Starke Phantasie, Offenherzigkeit, innere Aufgeschlossenheit, Gesprächigkeit, zugänglich für neue geistige Eindrücke.

 Übertreibung und Angeberei, Wichtigmacherei, eventuell Aufdringlichkeit und Dreistigkeit.

 Überspannte Phantasie, unsachlich, wenn mit Verzerrungen und mit Schnörkeln verbunden. Selbstgefälligkeit und Eitelkeit.

Wo sitzt der I-Punkt?

Bei dem Buchstaben i ist zu beachten, ob sich eine Schleife bildet, also aus dem Ansatz zum kleinen I praktisch ein kleines L wird; nicht minder wichtig ist die Art und Weise, wo der I-Punkt aufgesetzt wird; hoch oder tief, dick oder dünn, dem Buchstaben voreilend oder nachlaufend – alles ist von Wichtigkeit.

Normalbuchstabe.

Scharfe Beobachtungsgabe, große Genauigkeit, manchmal sogar Kleinlichkeit und Schwierigkeiten im Umgang wegen pedantischen Wesens.

Mit hochgezogenem I-Punkt starker Idealismus, der allerdings nicht immer echt zu sein braucht, sondern vorgetäuscht sein kann.

Große Vorsicht, infolge schlechter Erfahrungen in der Vergangenheit klug geworden und dieser Vergangenheit noch immer eng verbunden.

Zu schwungvoll, den Dingen in der Phantasie vorauseilend, oft Wichtiges vergessend.

Die Welt im T-Strich

Normalbuchstabe.

Lebhafte Anteilnahme an der Welt, mitunter etwas vielseitig im Interesse.

Je dicker und weitläufiger der Querstrich des kleinen T ist, um so stärker das Bedürfnis, andere zu schützen und nicht nur zu schützen, sondern auch zu beherrschen.

Je spitzer und je stärker aufsteigend der T-Strich in Erscheinung tritt, um so gefährlicher ist die Neigung, den anderen zu beurteilen. In jedem Fall zeigt der T-Strich eigenen Willen, eigenen Entschluß und die Neigung zum Widerstand gegen das Alltägliche, das Hergebrachte.

Die Zahl als charakterologisches Indiz

Jeder hat seine eigene Art, Zahlen zu schreiben. Der eine setzt die Zahlen gerade nebeneinander wie Soldaten. Der andere legt sie nach links, der dritte nach rechts.

Zahl nach links geneigt: Verdrängung, Unfähigkeit, sich anzupassen.

Zahl nach rechts geneigt: Unterwürfigkeit, Bedürfnis nach Anlehnung. Weichheit, Romantik, Suche nach Deckung.

Zahl senkrecht: Festigkeit, Selbstkontrolle, Energie, oft Härte.

Eingerollte 2 und 3: Schlechte Blutzirkulation, körperliche und seelische Verkrampfung.

Fadenförmig ausgezogene 4 und 7: Zeichen körperlicher Schwäche und geringer Widerstandskraft des Nervensystems.

Die Zahl 5 im Zickzack: Nervosität, gallige Einstellung der Umwelt gegenüber.

Untere Schleife der Zahl 8 dicker als die obere Schleife: Überwiegen des Ernährungsdranges und erotischer Bestrebungen.

Die Zahl 9 mit einem massiven Ausläufer, also einem keulenförmigen Schwanz: Starke Energie, Selbstbehauptung, manchmal Brutalität; mitunter Kraft, die im Unterbewußten ruht.

Sehr kleine Ziffern: Mangel an praktischer Einstellung zum Leben. Oft Unfähigkeit, sich in geschäftlichen Dingen selbständig zu orientieren. Angst vor eigenen Entschlüssen.

Sehr große Ziffern: Unfähigkeit, den eigenen Haushaltsplan in Ordnung zu halten oder überhaupt mit Geld so zurechtzukommen wie andere Menschen. Verschwendungssucht und gefährliche Unordnung gehen mit übertrieben großen Zahlenbildern parallel.

Annähernd senkrechte Ausrichtung der Zahlenkolonnen von oben nach unten: Methodik, Selbstbeherrschung. Bestreben, der Welt immer eine einwandfreie Fassade zu bieten und durch oft übertriebene Ordnung echtes oder scheinbares Gleichgewicht in die Dinge zu bringen.

Gebogene Kolonnen: Neigung zur Träumerei, manchmal Gedankenblitze, oft ein wenig geistesabwesend.

Nach rechts ausgebuchtet: Spekulation in die Zukunft hinein. Streben nach Erfolg und einer gewissen Bequemlichkeit im Leben.

Nach links ausgebuchtet: Neigung zur Opposition, Kampfansage an jeden Gegner, leichte Erregbarkeit.

Alle Kolonnen nach links gezogen: Mißtrauen, häufig Geiz, in jedem Fall Egoismus.

Alle Kolonnen nach rechts gezogen: Energische Planung, häufig plötzliche Entschlüsse. Das Streben, sich unter allen Umständen durchzusetzen.

Krankheit verändert die Schrift

Die Handschrift verändert sich gewollt oder ungewollt. Dabei gibt es natürlich verschiedene Faktoren, die eine Veränderung der Schrift herbeiführen. Schon allein die Stimmungslage ist oft verantwortlich für tiefgreifende Schriftveränderungen. Enttäuschungen oder Freude verschieben das Schriftbild vor allem in den Oberlängen. Sodann kann Krankheit von einem Tag auf den anderen die Schrift grundlegend verändern, speziell in den Unterlängen.

Es gibt aber auch Zeichen, die symptomatisch andeuten, daß gesundheitlich etwas nicht in Ordnung ist. Hier sind einige der deutlichsten Anzeichen: Magenleiden spiegeln sich oft in einem allgemeinen Schrifttonus wider, der absteigend ist, also durch absteigende Schreibrichtung.

Empfindliche Leber wird häufig durch aufsteigende Schriftrichtung verraten.

Schwanken in der Schriftrichtung, also hin und her zwischen aufsteigend und absteigend, weist auf Störungen im Verdauungsapparat hin.

Kreislaufstörungen sind oft dort festzustellen, wo die Schrift eventuell noch an falscher Stelle breit und etwas verschmiert wird, wo man also das Gefühl hat, daß die Feder „spuckt".

Störungen in der Lendenzone und im Bereich der Nieren und der Blase zeigen sich sehr häufig in Unterlängen bei den Buchstaben f und p, wenn die Unterlängen plötzlich nach rückwärts, das heißt, nach links ausschlagen. Nervöse Störungen und „fixe Ideen" zeigen sich in Form von verschlungenen Buchstaben, die wie Krabben geformt und verkrampft sind bzw. wie Kometenschweife Schriftzeichen ausklingen lassen bzw. die Punkte oder Striche über den Buchstaben i und u markieren.

Je enger eine Schrift liegt, um so sparsamer ist der Verbrauch an Lebensenergie, um so länger sind Energievorräte vorhanden, während die weite Schrift auch Verschwendung der Lebensenergie verrät.

Sind die sogenannten kleinen Buchstaben oder Kurzbuchstaben besonders hoch, dann ist gleichfalls mit einer Verschwendung oder Überspannung in bezug auf die Lebensenergie zu rechnen.

Fest, genau und in mittlerer Höhe angebrachte Zeichen über den Buchstaben i und u versprechen starke Lebenskraft und Ausdauer in der Überwindung alltäglicher Leiden und Schwierigkeiten.

Länger oder kürzer leben

Wenn wir aufgrund dieser Feststellungen eine Rechnung aufstellen, bei der wir die Untersuchungen von Bruno Kurth, Prof. Georges Spurny und Prof. E. Kretschmer sowie Prof. Junge berücksichtigen, dann ergibt sich nachstehendes Bild:

Das durchschnittliche Lebensalter
verschiebt sich

bei starkem Druck in der Schrift	+ 15 Jahre
bei schwachem Druck in der Schrift	— 10 Jahre
bei enger Schrift	+ 10 Jahre
bei weiter Schrift	— 10 Jahre
bei geringen Längenunterschieden	+ 30 Jahre
bei großen Längenunterschieden	— 20 Jahre
bei regelmäßiger Schrift	+ 35 Jahre
bei unregelmäßiger Schrift	— 20 Jahre
bei sehr hohen Kurzbuchstaben	— 10 Jahre

Diese Zahlen sind dem natürlichen und zu erwartenden Lebensalter hinzuzuzählen bzw. davon abzuziehen. Das natürliche Lebensalter ergibt sich aus dem Alter der Eltern und Großeltern auf beiden Seiten und aus der allgemeinen Konstitution oder in unserem Fall aus dem Schriftbild im allgemeinen.

Raumausnutzung auf dem Schreibplatz

Eines der wichtigsten Indizien ist die Verwertung des für eine Schrift zur Verfügung stehenden Raums. Jeder von uns weiß, daß es Menschen gibt, die von der äußersten linken Ecke bis zur rechten hinüberschreiben und vielleicht sogar noch quer in die Seite hinein weitere Zeilen und Wörter setzen, ohne Rücksicht darauf, ob der Empfänger Mühe hat, dieses Geschreibsel zu entziffern. Andere halten einen sauberen linken Rand, einen schönen rechten Rand. Wiederum andere schreiben nur in der Mitte. Alles hat seine Bedeutung!

Bogen eng und dicht voll beschrieben: Rücksichtslosigkeit, Egoismus, wenig Hemmungen, oft Mangel an Ästhetik und einfachster menschlicher Güte. Nur die eigene Person zählt. Nur auf sich nimmt man Rücksicht. Jeder Vorteil wird ausgenutzt.

Linker Rand breit: Oft ausgeprägtes Schönheitsempfinden, Neigung zur Verschwendung, meist innerliche Harmonie, Abstand gegenüber häßlichen Dingen, feines Gefühl für Benehmen und Raumeinteilung. Die eigene Ansicht zählt!

Rechter Rand ist breit: Zuviel Rücksichtnahme auf den anderen, angstvoll im Umgang mit der Welt, unfähig, schnelle Entschlüsse zu fassen, Notwendigkeit, von dritten Personen angetrieben und gesteuert zu werden. Nicht immer in der Lage, mit den Erfordernissen des Lebens fertigzuwerden. Unzufriedenheit mit sich selbst. Oft Geldmangel!

Breiter Raum überall: Immer Rücksicht auf die äußere Form. Planmäßigkeit in der Beziehung zur Umwelt. Beachtung gesellschaftlicher Erfordernisse steht im Vordergrund. Innere und äußere Exaktheit wird angestrebt. Manchmal Neigung zu Verschwendung, um Eindruck zu erzielen.

Der Druck in der Handschrift

Es leuchtet jedermann ein, daß der Druck in der Handschrift von Bedeutung und daher sorgfältig zu beachten ist.

1. *Normaler Druck* stellt sich dort ein, wo eine Druckäußerung im Charakter des Buchstabens liegt. Dieser Druck ist ein Zeichen der Willenskraft, Arbeitskraft, aber oft auch von Romantik, die sich mit Eifer und Fleiß verbindet.

2. *Falscher Druck* zeigt sich dort, wo Druck normalerweise gar nicht liegen dürfte. Der Schreiber betont Nebensächlichkeiten als Wichtiges, beachtet Kleinigkeiten und übersieht das, worauf es ankommt.

3. *Überdruck* ist nicht mehr Zeichen überstarker Kraft, sondern sogar einer übermäßigen Hemmung, die bis zu einer psychologischen Lähmung gehen kann.

4. *Jede Unregelmäßigkeit* im Druck ist eine unregelmäßige Stauung, ein unregelmäßiger Abfluß von Wollen und Handeln. Diese Eigenarten können ungesund in einem krassen Machtstreben, in anmaßender Haltung gegenüber der Umwelt, aber auch in einem falschen Willenseinsatz im Triebleben Gestalt annehmen.[1]

Maschinenschrift graphologisch analysiert

Die Maschine ist scheinbar nur ein „totes Ding" aus Metall. Aber ist sie es wirklich? Hat nicht jede Maschine (vom Auto über den Rasierapparat und die Waschmaschine bis zur Schreibmaschine) ihre Eigenarten, auf die man sich einstellen kann, sogar einstellen muß, um mit ihr zurechtzukommen? Entwickelt aber der Mensch einmal seine Art, mit der Maschine umzugehen, dann wird sie für ihn Ausdrucksinstrument. Die Schreibmaschine wird auf den Schreiber reagieren, je nachdem wie er im Moment – seelisch und körperlich – anschlägt!

Normalerweise interessieren den Empfänger die Eigenarten der Maschinenschrift kaum. Er will nur wissen, was ein Brief besagt, er beurteilt, ob er klar ist im Inhalt und gut leserlich in den Zeilen. Immer häufiger werden heute auch persönliche Briefe mit der Maschine geschrieben. Immerhin darf man sagen:

○ Maschinengeschriebene Liebesbriefe sind der Ausdruck unserer Zeit und großer Eile.

○ Persönliche Briefe, die mit der Maschine geschrieben wurden, entbehren häufiger der Phantasie und des Gefühls; bisweilen tarnt man hinter der Maschinenschrift irgend etwas, was man nicht aufdecken möchte.

○ Maschinengeschriebene Briefe sind oft, wenn es um persönlichste Dinge geht, Ausdruck dessen, was man klar und mit einer gewissen Härte sagen will.

Ist dies zu kraß geurteilt? Finden wir nicht, wenn es ganz nah an unser Herz herangeht, den Weg zurück zum Federhalter oder zum Schreibstift? Dem Empfänger des getippten Briefes schauen – wenn es darauf ankommt – der Psychologe, der Arzt und der Kriminalist über die Schulter.

Den Kriminalisten interessiert der Schreibmaschinenbrief nur, wenn er „anonym" in die Welt ging und nun sein Urheber eruiert werden soll. Seine Arbeit ist schnell getan. Seine Fragen sind einfach: Wie alt ist die Maschine, mit der geschrieben wurde? War der Schreiber routiniert oder tippte er mühsam? Schrieb er nach dem Zehnfingersystem oder tippte er mit einem Finger? War er Rechtshänder oder Linkshänder? In welcher Stimmung befand er sich, als er den Brief schrieb?

Aber damit sind wir schon beim Psychologen angelangt, der der Maschinenschrift vieles ablesen kann, wenn gewisse Vorbedingungen erfüllt sind.

Voraussetzungen für eine Maschinenschrift-Analyse

Wenn wir Maschinenschrift untersuchen wollen, dann müssen wir nach Möglichkeit zwanzig bis dreißig Zeilen oder, besser noch, ein ganzes vollgeschriebenes Blatt einer Maschinenschrift zur Verfügung haben. Ferner sollte das Band nicht zu neu sein. Es darf sich auch nicht um eine elektrische Maschine handeln, bei der ein elektrisch-mechanischer Vorgang den Anschlag besorgt und die Hand über die Taste nur den Effekt auslöst. Die schreibende Person sollte nicht mehr als zwei oder drei Stunden Arbeitstätigkeit hinter sich haben. Die Eigenarten der Maschine müssen der schreibenden Person bekannt sein, sie muß also auf der Maschine eingeschrieben sein.

Sind diese Voraussetzungen erfüllt, dann können wir uns auf ein neues Nebengeleise der Graphologie begeben, das ein witziger Graphologe „Tippologie" genannt hat.

Jeder, der auf der Maschine zu schreiben gewohnt ist, weiß, daß er an manchen Tagen erheblich mehr Tippfehler macht als an anderen Tagen. Ferner gibt es Tage, an denen die Buchstaben häufiger zusammenschlagen und sich verfangen.

Feststellbare Rhythmen

Nehmen wir ein maschinengeschriebenes Blatt zur Hand, das betippt wurde, ohne daß die schreibende Person wußte, daß man das Geschriebene nachher kritisch mustert, dann sehen wir eine Folge von schwach und stark angeschlagenen Buchstaben. Zählen wir die zwischen den stark angeschlagenen Buchstaben liegenden Abstände, dann ergibt sich ein gewisser Rhythmus. Dieser Rhythmus scheint nach neuesten Feststellungen mit dem Puls- und dem Herzschlag der schreibenden Person zusammenzuhängen.

Das gilt auch für das „Verschreiben", für die Tippfehler also, die bei einer nervösen Person regelmäßiger wiederkehren als bei einem gleichgültigen, phlegmatischen Maschinenschreiber. Grundsätzlich kann festgestellt werden, daß ein Vertippen um so häufiger vorkommt,

○ je sensibler ein Mensch ist,

○ je heftiger sein Gefühlsleben angesprochen wurde,

○ je stärker der Erschöpfungszustand ist, in dem er sich momentan befindet oder in den verflossenen 24 Stunden befand.

Das Phänomen des Anschlags

Nun gibt es routinierte Maschinenschreiber, die sich meisterhaft in der Hand haben, die keine Tippfehler machen und die Buchstaben sauber aneinandersetzen, die sich aber dennoch in der Maschinenschrift verraten, und zwar durch den Anschlag.

Man unterscheidet einen starken und einen schwachen Anschlag auf der Schreibmaschine. Schon in einer einzigen Zeile sind manche Buchstaben stark und andere ganz schwach „betont". Wenn zum Beispiel zwei aufeinanderfolgende gleiche Buchstaben – wie ss oder tt getippt werden, dann kann das erste T oder das zweite S das stärkere sein.

Analytiker der Schreibmaschinenschrift behaupten, es seien – im Gegensatz zu den vier klassischen Temperamenten – sechs Temperamente unterscheidbar:

○ Der *Pessimist* schlägt beim Schreiben einer Zeile anfangs kräftig zu und wird dann im Anschlag immer schwächer, um aber wieder stark zu werden, wenn er den Schlußpunkt setzt bzw. Interpunktionszeichen anbringt, die seinem Gedankenfluß eine Bremse anzulegen scheinen.

○ Der *Gleichgültige*, der Phlegmatiker, schlägt immer nur dann stark an, wenn er große Buchstaben zu schreiben hat. Die Interpunktionszeichen sind gewissermaßen „in die Enge" getrieben. Sie haben keine Luft.

○ Der *Explosive,* der Choleriker, der leicht Erregbare, fängt mit mattem Anschlag an, hämmert gewaltig drauflos in der Mitte der Zeile, vertippt sich dort und verklingt dann so matt, wie er begonnen hat.

○ Der *Sensible,* der Melancholiker, ist sehr unterschiedlich in seinen Anschlägen. Bei ihm fühlen wir den Rhythmus seines Pulsschlags, seines Herzschlags buchstäblich in jeder Zeile.

○ Der *Lebhafte,* der Sanguiniker, der Leichtblütige, macht die meisten Fehler, schlägt die Wörter zusammen, irrt sich, setzt kleine Buchstaben an Stelle der großen, vergißt die Interpunktion und ist an der Schreibmaschine so wie im Leben.

○ Der *Tyrann,* der Diktatorische, hämmert alles gleich hart in die Maschine, schreibt, wenn es nur nach ihm geht, die Zeilen voll und durchlöchert das Papier mit den Punkten, den Ausrufungszeichen und allem, was sich kräftig durchschlagen läßt!

Die normale Erregbarkeit eines Menschen setzt übrigens nur selten mit dem ersten Buchstaben ein, sondern in der Regel zeigt sie sich nach dem 6. bzw. 9. Anschlag.

VI. Zeichen im Blut und in den Sternen

Die Blutgruppe verrät den Charakter

Lange Zeit hielt man die Einteilung in Blutgruppen für eine rein medizinische Angelegenheit, die nur bei Blutübertragungen von Wichtigkeit war. Die Forschung ist aber inzwischen zu überraschenden weiteren Erkenntnissen gelangt:

○ Personen gleicher Blutgruppe haben ähnliches Temperament.
○ Die Blutgruppe legt grundsätzliche Charaktermerkmale fest.
○ Ganze Völker lassen sich in ihrer Eigenart aus der vorherrschenden Blutgruppe erkennen.

Die wichtigste und bis heute noch gültige Blutgruppeneinteilung, auf der alle anderen Systeme mehr oder weniger aufbauen, ist das von K. Landsteiner im Jahre 1901 aufgestellte A-B-Null-System. Erst in neuester Zeit hat jedoch die Psychologie die Charakteranalysen hierzu geliefert.

Man unterscheidet die Gruppen A, B, AB und 0 (Null). Die Gruppe AB ist durch Erbmischung aus A und B entstanden.

Jeder kann seinen Arzt fragen, welche Blutgruppe er hat, soweit ihm dies nicht von früheren ärztlichen Untersuchungen bekannt ist. Man wechselt die Blutgruppe im Laufe seines Lebens nicht, auch nicht bei Erkrankungen des Blutkreislaufs.

Völkerschicksale

In der Evolution der Menschheit haben sich – so behaupten einige Wissenschaftler – aus der ursprünglich einzigen Blutgruppe Null durch Erbsprung (Mutation) die Blutgruppen A und B abgespalten. Die Gruppe A entstand nach dieser Theorie in Skandinavien, der mutmaßlichen Urheimat der germanischen Völker. Die Gruppe B begann ihr Eigenwesen in der uralten Kulturlandschaft Indiens.

Vergleiche zwischen Völkern, die vorherrschend die eine oder andere Blutgruppe haben, ergaben nun charakterliche Übereinstimmungen, die als sensationell zu bezeichnen sind. Die Völkerkunde ist um ein ganzes Kapitel bereichert worden, und selbst die Politik wird in den kommenden Jahrzehnten nicht an diesen neuen Erkenntnissen vorbeikommen.

Als relativ unverträglich untereinander kann man von der Blutgruppe her Russen und Polen bezeichnen, oder Polen und Tschechen.

Große Übereinstimmung herrscht dagegen zwischen den Völkern der Tschechoslowakei und Rumäniens, zwischen Deutschen und Spaniern sowie Portugiesen, aber auch Franzosen und Polen, Deutschen und Japanern, um nur ein paar Beispiele zu nennen.

Verbindendes Element ist die Gruppe Null, die überall ausgleichend wirkt. Ohne sie wäre ein ständiges Chaos, ein ununterbrochener Kampf zwischen A und B, AB und A usw. die Folge. Und tatsächlich dürften sogar ernste politische Auseinandersetzungen in diesen Temperamentunterschieden ihre Ursprünge haben.

Charakter-Analyse

Was aber kann der einzelne aus den Erkenntnissen der psychologischen Blutgruppenforschung lernen? Darüber geben wir nachstehend Auskunft. Für jede der vier Blutgruppen folgen Charakterdarstellungen sowie Einzelheiten über die Verträglichkeit der Charaktere untereinander.

Gruppe A – gewissenhaft, pflichtbewußt

Die Menschen der Blutgruppe A bedürfen manchmal eines kleinen Anstoßes, um ihre Aufgaben zu erkennen. Wenn ihr Interesse aber erwacht ist, lassen sie sich kaum von jemandem übertreffen in der Erfüllung übernommener Pflichten.

Gewissenhaft gehen sie ihrem Beruf nach und stellen alles andere zurück. Leichtsinn und Nachlässigkeit bei der Berufsarbeit wird man bei ihnen kaum antreffen.

Dasselbe gilt natürlich – da dies eine grundsätzliche Verhaltensweise ist – auch für übernommene private Verpflichtungen oder Versprechen. Man wird selten enttäuscht sein, wenn ein Mensch der Blutgruppe A ein Versprechen abgegeben hat. Eher wird er im voraus offen seine Meinung kundtun und sagen, daß er dies oder jenes nicht tun könne. Hat er aber ja gesagt, bleibt es dabei.

Leidenschaftlich bei der Sache
Eine wesentliche Einschränkung zu dem bisher Gesagten muß man jedoch machen. Die A-Menschen nehmen zwar sehr ernst, was sie einmal zu tun

übernommen haben, aber sie sind noch lange nicht für alles zu haben. Eine Sache oder ein Mensch muß sie wirklich interessieren, Oberflächlichkeit kennen sie nicht. Entweder sind sie leidenschaftlich bei der Sache oder überhaupt nicht.

Daher kommt es, daß man A-Menschen gelegentlich als abweisende und wenig freundliche Menschen erlebt. Es liegt jedoch nur daran, daß sie nichts Nebensächliches tun und sich nur einem Menschen oder einer Arbeit zuwenden können, wenn sie sich mit ihrer ganzen Person und aller Leidenschaft auf eine Arbeit stürzen oder sich mit der ganzen Seele einem Menschen öffnen dürfen.

So kann diese Einschränkung, die man bei den A-Menschen machen muß, zum Vorteil oder zum Nachteil sein. Ist er gezwungen, in einem ungeliebten Beruf zu arbeiten, wird er häufig Schwierigkeiten haben – ganz einfach, weil er sich nicht aus bloßem Pflichtgefühl einer Sache widmen kann, sondern immer mit Leib und Seele dabei sein möchte. Ein klug in die Wege geleiteter Berufs- und Arbeitsplatzwechsel kann unter Umständen Wunder wirken.

Für die persönliche Beziehung zum A-Menschen gilt sinngemäß dasselbe: Seine Freundschaft oder Liebe zu erwerben, kann schwer sein, bevor er überzeugt ist, den Richtigen oder die Richtige gefunden zu haben. Eher macht der A-Mensch am Beginn einer persönlichen Beziehung „reinen Tisch" und sagt, was er denkt. Hat er sich aber für einen Menschen entschieden, bleibt er dabei.

Gruppe B – empfindlich und sehr sensibel

Die Feinfühligkeit weiß er oft genug unter einer rauhen Schale zu verbergen. Er läßt sich nicht schnell aus der Reserve hervorlocken. Die Erregbarkeit ist bisweilen gering. Dieser scheinbare Widerspruch von innerer Feinfühligkeit und geringer Erregbarkeit von außen her ist ein Hauptmerkmal des B-Menschen.

Aus dieser Grundhaltung ergibt sich Bescheidenheit im äußeren Verhalten, ferner eine Furcht vor falscher Sentimentalität und Gefühlsduselei – Verhaltensweisen, die er auch bei anderen verurteilt.

An sich selbst stellt der B-Mensch hohe Anforderungen, und er verzeiht sich keine Schwäche. Für den Umgang mit ihm ist es aber nun charakteristisch, daß er ebenso bei den Menschen, die ihn umgeben, keine Schwächen sehen mag und daher gelegentlich sehr intolerant sein kann.

Dieser Drang, an sich selbst und an die Mitmenschen gern Höchstforderungen zu stellen, kann zu Konflikten führen, wenn kein bewußter geistiger Ausgleich herbeigeführt wird, d. h. der B-Mensch muß sich darüber klarwerden, daß ein gewisses Maß an Toleranz den Mitmenschen gegenüber einfach unerläßlich ist, wenn das menschliche Zusammenleben überhaupt funktionieren soll.

Drang zum Absoluten

So kann man die Grundeigenschaft des B-Menschen nennen. Diese Eigenschaft führt in Liebesangelegenheiten rasch zur Eifersucht. B-Männer und noch mehr B-Frauen können maßlos eifersüchtig sein, wenn sie nicht den idealen Partner finden, der genau ihren Wunschvorstellungen entspricht. Sie sind dabei auf alles eifersüchtig, was die Verwirklichung ihres Idealwunsches stört, seien es Personen, Dinge oder ganz einfach die äußeren Lebensumstände, an denen sie herumkritisieren.

Wer mit einem B-Menschen in Liebe verbunden ist, wird deshalb immer diesen Drang zur Eifersucht einkalkulieren müssen. Weiß er das jedoch einmal, wird er dieser Eifersucht, soweit kein wirklicher Grund vorliegt, nicht allzuviel Bedeutung beimessen. Der B-Mensch ist ja nicht aus Bösartigkeit eifersüchtig, sondern weil er von einem Ideal träumt, das er gar zu gern verwirklicht sehen möchte.

Gruppe AB – von Gefühlen beherrscht

Männer und Frauen der Blutgruppe AB haben einen Charakter, der nicht unkompliziert ist. Ihre hervorstechendste Eigenart ist die, daß keine einzelne Eigenschaft überdeutlich hervortritt. Die Folge hiervon ist jedoch nicht ein besonders ausgeglichener Charakter, sondern die verschiedenen Elemente liegen im Streit miteinander, d. h. das Gefühlsleben eines AB-Menschen kommt nie zur Ruhe.

Sie sind abhängig von ihren Gefühlen, die AB-Menschen, sie vertrauen aber auch auf den feinen Instinkt, der sie das Richtige tun läßt, und handeln weniger aus dem Verstand und bewußten Willen.

Diese Eigenart läßt sie oft schwankend erscheinen, wenngleich dies auch nur bedeuten kann, daß sie sich sofort von einem Menschen oder einer Tätigkeit wieder abwenden, wenn ihr Gefühl ihnen sagt, daß sie mit diesem Menschen oder dieser Tätigkeit nicht zurechtkommen werden. Oft können sie keinen vernünftigen Grund für ihre Verhaltensweise angeben, sondern sie behaupten: „Mein Gefühl sagt mir, dies ist richtig und jenes ist falsch." In der Beziehung zu sich selbst ist der AB-Mensch häufig von Zweifeln geplagt, ja, er wird bisweilen das Opfer unbegründeter Ängste, und sein Selbstgefühl kann unter den Nullpunkt sinken. Er traut sich dann rein nichts mehr zu, versinkt in Depressionen.

„Himmelhoch jauchzend, zu Tode betrübt." Mit diesem Zitat ist sein Charakter wohl recht gut umschrieben. Denn seine Depressionen dauern

zum Glück nie allzu lange. Findet er schöne Erlebnisse, steigt auch sein
Selbstgefühl rasch wieder. Doch wird er es nie dazu bringen, egoistisch im
strengen Sinne des Wortes zu sein.

Idealer Partner

In den zwischenmenschlichen Beziehungen, besonders in Liebe, Freundschaft
und Ehe, sind die AB-Menschen nahezu ideale Partner. Ihre gefühlsbetonte
Veranlagung sucht nicht nur das eigene Glück, sondern fühlt sich erst voll
befriedigt, wenn es der Partner ebenfalls ist. Sie verzeihen gern die kleinen
Schwächen des Partners, und selbst bei schweren Fehltritten des nahestehenden Menschen sind sie noch bereit, um des gemeinsamen Glückes willen
zu verzeihen.

Gern suchen sie seelischen Halt beim Partner und wollen diesem nicht
ihren Willen aufzwingen. Im Gegenteil, sie ordnen sich leicht unter, wenn
sie erkannt haben, daß dies z. B. in der Ehe von Vorteil ist. Besonders bei
einem andersgearteten Partner fügen sie sich diesem, um das gemeinsame
Glück zu erleichtern; sie sind nicht unglücklich dabei, denn ihre wahre
Wesensart verliert sich nicht in einem solchen Verhalten.

Gruppe 0 – immer in Bewegung

Die Menschen der Blutgruppe Null haben eines mit denen der AB-Gruppe
gemeinsam: sie sind überaus reichlich mit Gefühlen gesegnet. Ob das ein
Vorteil oder ein Nachteil ist, hängt von den übrigen Charakteranlagen ab.
Ein starkes Gefühlsleben ohne Verstandeskontrolle kann gefährlich sein.
Weiß der Null-Mensch sich aber zu beherrschen, dem Gefühl nur dort
freien Lauf zu lassen, wo es angebracht ist, wird er sehr glücklich sein.

Die Kontaktfreudigkeit hat er ebenfalls mit dem AB-Typ gemeinsam. Doch
weiß er hier stärker seinen Willen zur Geltung zu bringen. Er paßt sich
nicht immer an, sondern erwartet dies oft genug auch vom Partner.

Diese Art, schnell Kontakte zu finden, bringt im Zusammenhang mit dem
stark vorhandenen Willen viele Geschäftsleute hervor. Auffallend viele
Männer und Frauen, die es im geschäftlichen Bereich weit gebracht haben,
sind Null-Typen. Man sieht, Null bedeutet hier keineswegs „nichts" oder
„wenig", sondern ganz im Gegenteil: sehr viel.

Manche Stars von Film und Fernsehen sind Null-Menschen, da sie nicht
nur künstlerisches Talent – was seltener entdeckt auch bei anderen Blut-
typen oft schlummern mag –, sondern auch das Durchsetzungsvermögen
haben, ohne das Erfolg sich nicht erringen läßt. Der Spürsinn für Erfolg
verläßt die Null-Menschen nie, sei es im künstlerischen oder im geschäftlichen Bereich.

Die oft unheimlich anmutende Aktivität der Null-Menschen hat in diesem
Streben nach Erfolg ihre Wurzel. Sie sind immer in Bewegung, lassen keine

Ruhe, bis die nächste Stufe des Erfolges erreicht ist, sei es im persönlichen Bereich, im Finanziellen oder auch – bei Prominenten – wenn es darum geht, sich ins Rampenlicht der Öffentlichkeit zu stellen.

Energisch und aktiv

Auf dem Weg zum Erfolg sind die Null-Menschen beeinflußbar. Doch ihr Ziel verlieren sie nie aus dem Auge und machen diesem alles andere dienstbar. So ist es entscheidend, welches Ziel sich der Null-Mensch gesetzt hat. Im Guten wird er erfolgreich sein; er kann aber auch, wenn er sich dem Schlechten zuwendet, viel Unheil anrichten, da er hier genauso konsequent und meistens erfolgreich ist.

Seine Energie scheint in beängstigendem Maß unerschöpflich zu sein. Er gibt nie auf. Wenn er seinen „guten Tag" erwischt hat, scheint er vor Aktivität zu platzen und schafft in kürzester Zeit dasselbe, wofür andere lange Zeit brauchen. Doch kann der Null-Mensch auch in lange Pausen des Nachdenkens versinken, und er scheint dann seine Grundeigenschaften zu verleugnen. Aber hier täuscht der äußere Eindruck. Der Null-Mensch lädt nur neue Energie auf! Wenn er wieder „losgelassen" wird, muß seine Umwelt mit einer „Explosion" seiner Energie rechnen.

Ihr Pulsschlag verrät alles

Immer häufiger spricht man in jüngster Zeit in Europa von der chinesischen Medizin, von den Erfahrungen aus 6000 Jahren von Akupunktur und Moxa, der Nervenpunkt-Behandlung und den rätselhaften Pulvern, die man in chinesischen Apotheken kaufen kann, deren Namen phantastisch klingen und die doch mindestens so wirksam sind wie die nicht weniger geheimnisvollen Produkte europäischer Apothekenkünste. Aber der Ausgangspunkt aller Untersuchungen durch einen chinesischen Arzt ist immer die Prüfung des Pulsschlages.

Auch im Pulsschlag versucht der chinesische Arzt die großen Prinzipien Yin und Yang zu ertasten.
– Yin ist die Ruhe, das Gewicht, die Feuchtigkeit und die Materie;
– Yang dagegen ist die Bewegung, die Aktivität, das Trockene und das Leichte. Yin und Yang stehen einander gegenüber wie zwei Energiequellen, die voneinander getrennt sind und sich doch anziehen.

Man unterscheidet auch die Yang-Krankheiten und die Yin-Krankheiten – je nachdem, ob nun die Elemente des Yin oder des Yang im Übergewicht sind.

Wenn ein chinesischer Arzt sich einem Kranken nähert, dann nimmt er dessen Hand und legt seine Finger ganz vorsichtig auf den Unterarm und fährt dann auf der Innenseite des Arms in Richtung zur Hand, dorthin, wo der Daumen der Hand aufsitzt.

Es ergeben sich drei Stellen, die abgetastet werden. Jede Region hat eine besondere Bedeutung. Man muß unterscheiden, ob man am rechten oder am linken Handgelenk den Puls fühlt.

Genaugenommen muß also ein chinesischer Arzt beim Abtasten des Pulses rechts und links nachfühlen, ferner an jeder Hand an drei verschiedenen Stellen und jede Stelle an der Oberfläche, aber auch in der Tiefe. Das bedeutet also auf jeder Seite sechs Beobachtungen und insgesamt zwölf Pulstastungen, die alles in allem einen Einblick verschaffen, wie ihn ein europäischer oder amerikanischer Arzt kaum in der gleichen Zeit zu gewinnen vermag. Wobei natürlich vorausgesetzt wird, daß die auf sechstausendjähriger Erfahrung beruhenden Kenntnisse der chinesischen Ärzte zuverlässig sind.

Wer Fingerspitzengefühl hat, kann anhand der Zeichnung und der nachstehenden Angaben selbst versuchen, sich und anderen den Puls so zu fühlen, wie die Chinesen es vermögen:

Anleitung zum Selbstversuch

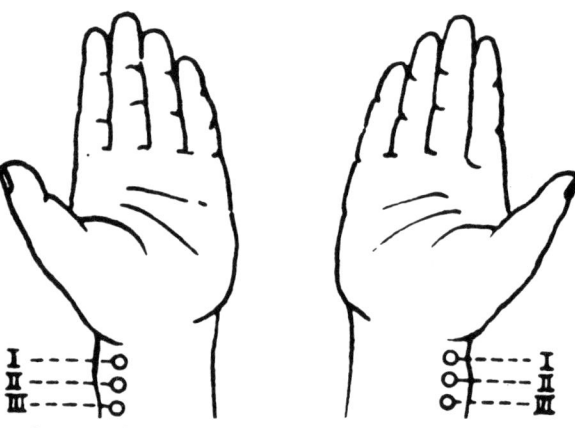

Linke Hand:
Bei Punkt 1 – oberflächlich: Dünndarm
              in der Tiefe: Herz
Bei Punkt 2 – oberflächlich: Gallenblase
              in der Tiefe: Leber
Bei Punkt 3 – oberflächlich: Blase
              in der Tiefe: Nieren
Rechte Hand:
Bei Punkt 1 – oberflächlich: Dickdarm
              in der Tiefe: Lungen
Bei Punkt 2 – oberflächlich: Magen
              in der Tiefe: Milz
Bei Punkt 3 – oberflächlich: Atmung und Verdauung
              in der Tiefe: Ausscheidungsorgane

Die chinesische Praxis behauptet nun, daß ein sog. harter Puls eine Blutstau-
ung anzeige, während ein weicher Puls einen Mangel an Kraft bedeutet.

Ein voller Puls kennzeichnet Blutfülle und Überaktivität,
ein schwacher und matter Puls kennzeichnet Verfall.
Schneller Puls steht in Beziehung zu Fieber, Hitze und Entzündung.
Langsamer Puls ist bezeichnend für Kälte und das Fehlen von Lebenskraft.
Regelmäßigkeit des Pulsschlags verrät nervöses Gleichgewicht.
Unregelmäßigkeit zeigt an, daß sich gefährliche Dinge vorbereiten.
Ein einfacher Griff – zwölfmal wiederholt – genügt also bei einem alten erfah-
renen chinesischen Arzt, um eine meist sehr sichere Diagnose zu stellen. Die
Behandlung selbst erfolgt dann auf dem Wege durch Akupunktur.

Dr. med. Johannes Bischko hat in einem leichtverständlichen Werk „Einführung in die Akupunktur" außer der Akupunkturlehre auch die Pulsdiagnostik
herausgestellt.

Die beigefügte Zeichnung ist diesem Werk entnommen. Wir zitieren einige
grundlegende Feststellungen zu diesem interessanten Thema und der Technik
der Pulstastung:

„Man tastet den Puls der Arteria radialis beiderseits an typischer Stelle, beiderseits jeweils mit drei Fingern. Der Mittelfinger kommt dabei auf die Apo-
physis raddi zu liegen, der Ringfinger liegt dann proximal der Apophyse neben dem Mittelfinger, der Zeigefinger hingegen distal davon. Wir haben nun
drei benachbarte Areale, auf denen die palpierenden Finger zu liegen kommen. Wir nennen diese Areale Positionen. Unter dem Zeigefinger liegt die
Position I, unter dem Mittelfinger Position II und unter dem Ringfinger Position III. An diesen drei Positionen unterscheiden wir nun den Anschlag der
Pulswelle an die Fingerbeere hinsichtlich seiner Aufprallfläche und seiner
Intensität. Wir unterscheiden aber nicht nur diese drei Positionen allein, jeder
dieser Stellen kommt noch eine Unterscheidung zwischen der rechten und linken Extremität zu sowie eine Konstatierung der tiefen und oberflächlichen
Pulsqualität.

Wir fassen die Pulsdiagonstik dahingehend zusammen, daß man mit ihr eine
rasche allgemeine Information über einen Kranken erhält. Auf Grund dieser
kann man eine rein energetisch ausgleichende Behandlung sofort einsetzen
und wird in Kürze den Wegfall vieler Beschwerden erleben."

Wesensart nach den Planeten

Die Kosmobiologen auf der einen Seite und die Ärzte, Physiker und
Astronomen auf der anderen Seite – oder zumindest manche von ihnen –
streben seit einigen Jahren eine Angleichung der Standpunkte, eine Annäherung ihres Denkens an. Kann es eines Tages dahin kommen, daß, nach
einer Revision gewisser Fehlerquellen, die zur Zeit als Astrologie oder
Kosmobiologie bezeichneten Lehren „salonfähig" werden? Heute gelten sie

als Grenzwissenschaften, von denen wir allerdings ahnen, daß sie altes Er-
kenntnisgut in sich bergen, das unter der kritischen Lupe der Wissenschaft
nicht anerkannt und bejaht wird, weil der Erkenntnis letzte Logik fehlt.
Die Frage lautet schließlich, ob gewisse Planeten das menschliche Individuum soweit beeinflussen können, daß sich daraus je nach dem Geburtsdatum eine bestimmte charakterliche Einfärbung und Verhaltensform ergibt.
Menschen und Früchte reifen auf dieser Welt mit den Jahreszeiten und den
Jahresabläufen.

Biologen und Physiologen wissen, daß kosmische Strahlungen die Ursachen
von Mutationen in der organischen Natur sind.

Werden aber in der organischen Natur Mutationen durch Höhenstrahlun-
gen verursacht, weshalb soll dann nicht bei Strahlungseinfall unter einem
bestimmten Winkel, der z. B. durch die Jahreszeit bedingt sein kann, die
„Markierung" eines werdenden Lebens erfolgen, die sich diesem Wesen
für das ganze spätere Dasein einprägt?

Jeder Tag bringt durch den Ablauf der Jahreszeiten, durch die Umdrehung
der Erde und die Position der Sonne zur Erde andere Einstrahlungsverhält-
nisse und damit auch andere Beeinflussungen im Sinne der Mutationen.

Ist es denn so erstaunlich, wenn ein Menschenkind, das im Mai zur Welt
kommt, von anderer Art ist als ein Kind, das im Dezember geboren wurde?
Wir wissen heute, daß unser Denken, unser Fühlen und die Gesamtheit
unserer Fähigkeiten im Grunde genommen nichts anderes sind als ein
bestimmter elektrischer Spannungszustand in den Zellen unseres Körpers,
die Stück für Stück kleine Elemente darstellen.

Wir erleben, daß wir alle mehr oder weniger wetterabhängig sind. Auch
das ist nichts anderes als die Erkenntnis von Beziehungen zwischen kosmischen, sich auf unser Wetter auswirkenden Vorgängen und uns krank
machenden Abläufen, die sich aus der Großwetterlage ergeben.

Im Zeichen der Planeten?

Die Urvölker haben die periodische Gesetzmäßigkeit kosmischer Abläufe
frühzeitig erkannt. Diese Erkenntnisse der himmlischen Ordnung (und ihrer
Einflüsse) haben Babylonier, Ägypter, Römer und Griechen übernommen.
Nach Bildern, die man in den Sternzeichen zu sehen glaubte, gab man den
zusammengehörenden Sterngruppen Namen und ordnete sie nach Daten,
so daß das ganze Jahr in eine Ordnung gebracht wurde, die die Astrologen
folgendermaßen aufbauen:

Widder	21. 3. – 20. 4.
Stier	21. 4. – 20. 5.
Zwillinge	21. 5. – 21. 6.

Krebs	22. 6.	– 22. 7.
Löwe	23. 7.	– 23. 8.
Jungfrau	24. 8.	– 23. 9.
Waage	24. 9.	– 23. 10.
Skorpion	24. 10.	– 22. 11.
Schütze	23. 11.	– 21. 12.
Steinbock	22. 12.	– 20. 1.
Wassermann	21. 1.	– 19. 2.
Fische	20. 2.	– 20. 3.

Das Jahr beginnt im Sinne der Tierkreiszeichen nicht mit dem Januar, sondern mit dem Erwachen des Frühlings, mit dem Aufsteigen der Sonne. Wie werden nun in den Tierkreiszeichen die einzelnen Menschentypen charakterlich dargestellt? Inwieweit ist es möglich, aus dem Geburtsdatum in etwa den Charakter „ersehen" zu können?

Widder (21. 3. – 20. 4.)

Cholerisch. Aber dennoch gutmütig, hilfsbereit, fast immer daseinsfreudig, ehrgeizig und sehr willensstark, meist optimistisch, auch wenn oft Aufgaben übernommen werden, die das Maß der eigenen Kräfte überschreiten. Im negativen Sinn zeigen sich Ungeduld, Unruhe und Veränderlichkeit, Jähzorn und Rechthaberei, unablässiges Bestreben nach schnellen Resultaten.

Stier (21. 4. – 20. 5.)

Melancholisch. Heiterkeit, Gerechtigkeitssinn, Zuverlässigkeit und Ausdauer treten als wichtigste Eigenschaften deutlich hervor. Die Ausdauer kann aber zur Starrköpfigkeit, die Treue zur Eifersucht, die Zuverlässigkeit zum Dogmatismus und die Besitzliebe zum Geiz werden. Häufig liegt starkes Mißtrauen vor, das nicht immer durch Diplomatie gut getarnt wird. Kleinlichkeit kann oft den Umgang mit diesem Typ schwierig werden lassen.

Zwillinge (21. 5. – 21. 6.)

Sanguinisch. Schnelle Auffassungsgabe, geselliges Wesen, große Anpassungsfähigkeit, Unternehmungslust, Klugheit und Mutterwitz lassen den Umgang mit diesen Menschen angenehm erscheinen. Aber es kommt darauf an, Flüchtigkeit und Oberflächlichkeit zu vermeiden, den Lerneifer nicht in Neugier umschlagen zu lassen, nicht durch jede Kritik den Mut zu verlieren, nicht sprunghaft oder unaufrichtig zu sein. Leichtsinn und Begeisterungsfähigkeit wohnen in diesen Menschen nahe beieinander.

Krebs (22. 6. – 22. 7.)

Phlegmatisch. Wichtig ist, daß der Krebs-Geborene häufig in irgendeiner Art und Weise gelobt werden möchte. Er prüft sich selbst gern im Spiegel dessen, was er geleistet hat, glaubt nur zu leicht den Schmeicheleien, die man ihm sagt, und ist leicht gekränkt und nachtragend. Aber an sich ist dieser Typ mit einem starken Sinn für vorgeschriebene Bahnen ausgezeichnet, zeigt viel menschliche Wärme, ausgeprägten Schönheitssinn und starken Drang, sich immer weiter zu entwickeln und lernend vorwärtszuschreiten.

Löwe (23. 7. – 23. 8.)

Cholerisch. Die Tugenden sind schnell genannt: Großmut und Loyalität, das Bestreben, Schutz zu gewähren und noble Gesinnung immer wieder an den Tag zu legen, Abneigung gegen alles Gemeine und Ehrlose, Herzlichkeit und Streben nach Freiheit als höchstes Ideal. Aber die Autorität kann den Menschen grausam hart und rücksichtslos machen. Aus dem Gutmütigen wird jemand, der in seinen Ehrbegriffen unerträglich empfindlich ist und aufbrausend und jähzornig den Boden verliert.

Jungfrau (24. 8. – 23. 9.)

Melancholisch. Zwischen Reinheit, Taktgefühl, feinem Empfinden, Bescheidenheit, Logik, Gewissenhaftigkeit und Selbstverleugnung auf der einen Seite und Kritiklust und Kleinlichkeit auf der anderen Seite schwanken die Menschen dieser Gruppe hin und her. Jeder Rückschlag führt zur Niedergeschlagenheit. Aus der Gewissenhaftigkeit und der Selbstverleugnung wird Pedanterie und überspannte Empfindsamkeit.

Waage (24. 9. – 23. 10.)

Sanguinisch. Wir sehen Selbstlosigkeit und Lebenskunst, Heiterkeit und Sinn für Harmonie gepaart mit einer verbindlichen Natur mit meist starken künstlerischen Befähigungen. Andererseits aber sind Leichtsinn und Unzuverlässigkeit, Großsprecherei und Gedächtnisschwäche aus psychologischen Gründen, Bequemlichkeit bis zur Faulheit und Weichheit bis zur seelischen Labilität zu beobachten, wenn die negativen Seiten, die in jedem von uns schlummern, das Übergewicht erlangen.

Skorpion (24. 10. – 22. 11.)

Phlegmatisch. Das Verantwortungsgefühl steht an erster Stelle. Klugheit und Konsequenz, Ernst und Strebsamkeit, Lerneifer und meist große Selbstbeherrschung sind die positiven Seiten dieses Typs. Aber auf der anderen Seite erleben wir Rücksichtslosigkeit und Engherzigkeit, Selbstzerfleischung und Widerspruchsgeist, Rachestreben und Fanatismus verbunden mit Verschlossenheit. Unter diesen Voraussetzungen wird es schwer, mit dem Skorpion-Mensch auf die Dauer zu einem Einvernehmen zu gelangen.

Schütze (23. 11. – 21. 12.)

Cholerisch. Ein starkes Rechtsempfinden, Nachsicht und Geduld, Milde und Güte, Wohltätigkeitssinn und das Streben nach Sicherheit sind die guten Seiten. Brechen aber die negativen durch, dann sind Prahlerei und

Blendertum, Übertreibungen und Ruhelosigkeit, Torheit und Aberglauben die hervorstechendsten Eigenschaften.

Steinbock (22. 12. – 20. 1.)

Melancholisch. Immer finden wir bei diesen Typen ausgeprägten Fleiß, Unermüdlichkeit, die Fähigkeit tiefer Einsicht, Weitblick und Gründlichkeit, einen sehr starken, ausgeprägten Formensinn bei betonter Verläßlichkeit. Aber wehe, wenn diese so wertvollen Eigenschaften in das Gegenteil ausschlagen! Denn dann sehen wir einen Menschen vor uns, der hart und melancholisch, mürrisch und launenhaft, argwöhnisch und verschlossen durchs Dasein geht. Er versucht, eine Scheinwürde zu wahren, verschließt sich jedem Kontakt mit der Welt und ist unerbittlich in seinem Argwohn und in seiner Verneinung der Welt und der Menschen.

Wassermann (21. 1. – 19. 2.)

Sanguinisch. An erster Stelle steht der gesunde Menschenverstand. Der Wille zur Aufopferung, zur rasch entschlossenen Tat, zum höchsten Heldentum bei nobelster Gesinnung – wahr oder falsch – ist immer gegeben. Taktgefühl und kühle Zurückhaltung, Überschwang und Gewissenhaftigkeit wohnen hier nahe beieinander. Aber sie überschneiden sich oft mit Unberechenbarkeit und Ungeduld, Rücksichtslosigkeit und Selbsttäuschung.

Fische (20. 2. – 20. 3.)

Phlegmatisch. Gutmütigkeit und Hilfsbereitschaft gehören zu den hervorragendsten und selbstverständlichsten Eigenschaften der Fisch-Geborenen. Sie können sehr zärtlich und feinfühlend sein, sie sind immer liebenswürdig, herzlich und eindrucksfähig. Aber bei dieser Einstellung zur Umwelt müssen Unzufriedenheit, Zwiespältigkeit und Unruhe, Launenhaftigkeit und manchmal auch Überspanntheit sowie echte Hochgestochenheit der Ansprüche die Umwelt bisweilen erschrecken.

Der menschliche Charakter nach dem „neuen Horoskop"

Seit längerem behaupten manche Astrologen, daß die bisher verwendeten Daten für die Tierkreiszeichen „nicht mehr stimmen"; sie seien „ungenau", da sich – um es vereinfacht auszudrücken – die Sterne seit der ursprünglichen Fixierung und Bestimmung der Daten bewegt haben. Das mitunter als „geheimes Horoskop" bezeichnete neue Horoskop entsprechend den Planetenverschiebungen ergibt datenmäßig ein neues Bild, aus dem sich für die einzelnen Tierkreiszeichen andere, neue Charakterzüge ergaben.

Wesensart anders als bisher behauptet

Widder (14. 4. – 14. 5.)

Der Widder-Geborene lebt in der Gegenwart. Er handelt unter der Eingebung des Augenblicks, neigt zur Liebe auf den ersten Blick. Er ist aber nicht unempfänglich für Schmeichelei.

Stier (15. 5. – 13. 6.)

Der Stier-Geborene ist konservativ und materialistisch eingestellt. Er liebt ein gutes Leben, versteht es zu Geld zu kommen und ist als Liebhaber von beneidenswerter Qualität.

Zwillinge (14. 6. – 15. 7.)

Der Zwilling-Geborene versucht stets, zwei Dinge gleichzeitig zu bewältigen. Er ist nervös, beweglich und klug und übt als Gefährte oder Liebhaber einen erfrischenden Einfluß aus.

Krebs (16. 7. – 15. 8.)

Der Krebs-Geborene fühlt sich leicht verletzt, er liebt sein Heim, fühlt sich als Beschützer der Familie, ist sehr besonnen, empfindsam und scheu. Seine Leidenschaften sind gutes Essen und Sex.

Löwe (16. 8. – 16. 9.)

Der Löwe-Geborene besitzt eine starke persönliche Anziehungskraft. Er ist vertrauenswürdig, attraktiv, warmherzig, ehrlich und sympathisch. Er sehnt sich nach Liebe und schätzt Erotik.

Jungfrau (17. 9. – 16. 10.)

Der Jungfrau-Geborene neigt zur sexuellen Enthaltsamkeit. Er ist vorsichtig und praktisch veranlagt, strebt jedoch nach Vollkommenheit. Er ist durchschnittlich intelligent, bescheiden und höflich.

Waage (17. 10. – 15. 11.)

Der Waage-Geborene sieht gut aus und ist leicht erregbar. Er ist kompromißbereit, empfindsam, charmant, leicht zu beeinflussen und verspürt den Drang, jedermann zu gefallen.

Skorpion (16. 11. – 16. 12.)

Der Skorpion-Geborene ist ein großer Liebhaber, da er dem erotisch stärksten Zeichen im ganzen Tierkreis angehört. Er wird von starken Gefühlen bewegt und neigt in vielen Dingen zum Extrem.

Schütze (17. 12. – 14. 1.)

Der Schütze-Geborene ist ein ruheloser Reisender, ein ewiger Spieler. Er liebt den Reichtum und ist von Ungeduld erfüllt. Alles Alltägliche langweilt ihn. In der Liebe zeigt er ein gesundes Verhalten.

Steinbock (15. 1. – 13. 2.)
Der Steinbock-Geborene zeigt sich zumeist vorsichtig, abwägend und mitunter sparsam bis zum Geiz. Er ist hochintelligent und gehört zu einem der stark von der Liebe bewegten Zeichen im Tierkreis.

Wassermann (14. 2. – 15. 3.)
Der Wassermann-Geborene ist ein Individualist. Er liebt es aber dennoch, sich mit anderen zusammenzuschließen. Er besitzt feine Geistigkeit, ist überempfindlich. Der Erotik bringt er kein allzu großes Interesse entgegen.

Fische (16. 3. – 13. 4.)
Der Fische-Geborene ist tolerant, sympathisch, liebenswürdig und romantisch. Er besitzt starke Intuition und wirkt fast immer anziehend. Er vermag Erfahrungen in der Behandlung anderer zu sammeln, um die ihn die Welt beneidet.

Idealkonstellationen nach den neuen Tierkreisdaten

Wer Kontakte beruflich oder in der Liebe anstrebt, sollte nach dem „neuen Horoskop" die folgenden Angaben berücksichtigen. Für jedes Tierkreiszeichen sind die nachstehenden Tierkreise für Bindungen besonders gut geeignet.

Widder (14. 4. – 14. 5.)	mit Zwillinge	(14. 6. – 15. 7.)
	mit Löwe	(16. 8. – 16. 9.)
	mit Schütze	(17. 12. – 14. 1.)
	mit Wassermann	(14. 2. – 15. 3.)
Stier (15. 5. – 13. 6.)	mit Krebs	(16. 7. – 15. 8.)
	mit Jungfrau	(17. 9. – 16. 10.)
	mit Skorpion	(16. 11. – 16. 12.)
	mit Steinbock	(15. 1. – 13. 2.)
Zwillinge (14. 6. – 15. 7.)	mit Löwe	(16. 8. – 16. 9.)
	mit Waage	(17. 10. – 15. 11.)
	mit Wassermann	(14. 2. – 15. 3.)
	mit Schütze	(17. 12. – 14. 1.)
Krebs (16. 7. – 15. 8.)	mit Krebs	(16. 7. – 15. 8.)
	mit Jungfrau	(17. 9. – 16. 10.)
	mit Steinbock	(15. 1. – 13. 2.)
	mit Fische	(16. 3. – 13. 4.)
Löwe (16. 8. – 16. 9.)	mit Waage	(17. 10. – 15. 11.)
	mit Schütze	(17. 12. – 14. 1.)
	mit Wassermann	(14. 2. – 15. 3.)
	mit Zwillinge	(14. 6. – 15. 7.)

Jungfrau (17. 9. – 16. 10.)	mit Jungfrau	(17. 9. – 16. 10.)
	mit Skorpion	(16. 11. – 16. 12.)
	mit Krebs	(16. 7. – 15. 8.)
	mit Stier	(15. 5. – 13. 6.)
	mit Fische	(16. 3. – 13. 4.)
Waage (17. 10. – 15. 11.)	mit Zwillinge	(14. 6. – 15. 7.)
	mit Löwe	(16. 8. – 16. 9.)
	mit Schütze	(17. 12. – 14. 1.)
	mit Wassermann	(14. 2. – 15. 3.)
Skorpion (16. 11. – 16. 12.)	mit Steinbock	(15. 1. – 13. 2.)
	mit Fische	(16. 3. – 13. 4.)
	mit Jungfrau	(17. 9. – 16. 10.)
	mit Stier	(15. 5. – 13. 6.)
Schütze (17. 12. – 14. 1.)	mit Wassermann	(14. 2. – 15. 3.)
	mit Widder	(14. 4. – 14. 5.)
	mit Zwillinge	(14. 6. – 15. 7.)
	mit Löwe	(16. 8. – 16. 9.)
	mit Waage	(17. 10. – 15. 11.)
Steinbock (15. 1. – 13. 2.)	mit Stier	(15. 5. – 13. 6.)
	mit Krebs	(16. 7. – 15. 8.)
	mit Skorpion	(16. 11. – 16. 12.)
	mit Steinbock	(15. 1. – 13. 2.)
Wassermann (14. 2. – 15. 3.)	mit Wassermann	(14. 2. – 15. 3.)
	mit Widder	(14. 4. – 14. 5.)
	mit Löwe	(16. 8. – 16. 9.)
	mit Waage	(17. 10. – 15. 11.)
	mit Schütze	(17. 12. – 14. 1.)
Fische (16. 3. – 13. 4.)	mit Krebs	(16. 7. – 15. 8.)
	mit Jungfrau	(17. 9. – 16. 10.)
	mit Skorpion	(16. 11. – 16. 12.)
	mit Steinbock	(15. 1. – 13. 2.)

Was sagen Sie angesichts Ihres neuen Tierkreiszeichens?

Wer nun den Daten der Tierkreise nach dem „neuen Horoskop" aufmerksam gefolgt ist, der muß plötzlich entdeckt haben, daß sich manches völlig verändert hat. Besonders überraschend muß diese Entdeckung für jene ausfallen, deren Tierkreiszeichen sich nun auf einmal geändert hat.

Plötzlich sind nun manche nicht mehr Zwillinge, sondern Stiere. Ehemaliger

Schütze ist jetzt auf einmal Skorpion, ein vermeintlicher Wassermann jetzt Steinbock!
Der Selbstgefällige, der in „seinem" Tierkreiszeichen immer etwas Besonderes sah (etwas Hervorragendes oder besonders Gutes) und nun auf einmal in ein bisher stets geringschätzig behandeltes Tierkreiszeichen „abrutschen" sollte, wird zur Ansicht neigen: Ich glaube nicht an dieses „neue Horoskop". (Aber er glaubt an das „alte"!) Wer damit einen von ihm als günstig erachteten Wechsel mitmacht, wird schon eher geneigt sein, an das „neue Horoskop" zu glauben. Und es wird auch genug Menschen geben, die sagen werden: Gehüpft wie gesprungen! Die letzteren sind Pessimisten oder – zu bescheiden. Ganz abgesehen von jenen, die von Tierkreiszeichen überhaupt nichts halten.

Vergessen wir nicht: Die Erkenntnisse der Astrologie nach ihrem heutigen Stand sind, wie gesagt, wissenschaftlich nicht anerkannt und im einzelnen reichlich umstritten. Es handelt sich dabei bestenfalls um eine vorwissenschaftliche Strömung (die allerdings schon uralt ist) – wie etwa seinerzeit die Alchemie im Verhältnis zur modernen Chemie oder die spiritistisch angehauchte frühe Seelenforschung im Verhältnis zur modernen Psychologie und Parapsychologie.

Es ist jedoch durchaus möglich, daß die Erkenntnisse der Astrologie eines Tages im Lichte einer neuen Wissenschaft ausgebaut, erhärtet und ein völlig neues Gewicht haben werden. Dessenungeachtet sind natürlich die Beschreibungen zu den einzelnen Tierkreiszeichen – nach den alten und neuen Daten – jedenfalls nur als Schemata für grundsätzliche Anlagen anzusehen und für den einzelnen nicht wörtlich zu nehmen.

Die eingangs geschilderten Reaktionen unserer Mitmenschen angesichts des „neuen Horoskops" (die selbstverständlich nicht aus der Luft gegriffen, sondern getestet und als empirische Erfahrungen zu werten sind) erhellten allerdings eine wichtige Tatsache: daß nämlich die Menschen Menschen sind und als solche sehr subjektiv urteilen. Im besonderen wird daraus auch klar, wieviel Subjektivität beim Glauben an Tierkreiszeichen und Horoskope im Spiel ist: Selbstgefälligkeit und optimistische Selbstüberschätzung ebenso wie Skepsis und pessimistische Unterschätzung! Vor beiden Extremen müssen wir uns hüten, wenn wir zu einer richtigen Beurteilung der Persönlichkeit unserer Mitmenschen – und unserer eigenen Wesensart – gelangen wollen.

Die Bedeutung von Muttermalen und Leberflecken

In der ärztlichen Definition ist ein Muttermal (Naevus) eine angeborene, fleckförmige Hautveränderung. Sie kann infolge verstärkter Pigmenteinlagerung dunkel sein, sie kann aber auch eine feuerrote Farbe haben. Meist

ist das Muttermal flach, zuweilen ragt es auch über die Haut hervor. Moderne Dermatologen, die sonst mutig alle nur erdenklichen Hautfehler behandeln, lehnen es mitunter ab, sogenannte Muttermale zu operieren. Erfahrungsgemäß haben sich oft Komplikationen eingestellt, und zwar an ganz anderen Körperzonen.

Interessant ist in diesem Zusammenhang, daß die chinesische Akupunktur, das heißt die Behandlung von Krankheiten durch das Einstecken silberner und goldener Nadeln, den Muttermalen besondere Aufmerksamkeit zuwendet. Auch sonst wird in älteren, zumal sich auf die Astrologie berufenden Quellen die Auffassung vertreten, daß ein Muttermal je nach der Lage schicksalweisend sein kann oder aber eine besondere Anfälligkeit eines bestimmten Körperteils oder eines inneren Organs kennzeichnet.

Muttermale haben seit jeher die Aufmerksamkeit des Menschen erregt. Man nennt sie auch Leberflecken, obwohl sie mit der Leber gar nichts zu tun haben. Man hielt Muttermale schon vor Jahrtausenden für Schicksalszeichen, zumal schon damals ihre Entstehung in eine Zeit verlegt wurde, zu der der spätere Träger des Mals noch nicht geboren war.

Auch heute noch schreibt man häufig im Volksmund die Entstehung eines Muttermals einem plötzlichen Schock, einem Schreck zu, den die werdende Mutter erlitten haben soll. Und manche Menschen sehen in den Muttermalen nicht nur Erbzeichen, sondern halten sie für zukunftsweisend. Man mißt den Muttermalen – je nach der Stelle, an der sie auftreten – klar umschriebene Bedeutung bei. Inwieweit diese Erkenntnisse sich im Alltagsleben bestätigen – das zu ermitteln bleibt jedem überlassen, der selbst ein Muttermal hat oder ein solches bei seinem Nächsten entdeckt.

Wie auf einer Landkarte registriert

Wir folgen bei den nachstehenden Ausführungen den Aufzeichnungen des Astrologen Richard Sanders, der im 17. Jahrhundert lebte. Er stützte sich anscheinend auf alte arabische Aufzeichnungen und auf Dokumente, die ihm aus Ostasien zugegangen waren. Wir geben seine Notizen so wieder, wie er sie selbst zusammenstellte.

Ein Muttermal bedeutet:

○ *auf dem Scheitel und im Genick:* gute geistige Gaben, aber wenig finanziellen Erfolg;

○ *auf der Stirn:* Fleiß und Erfolg beim Mann, Fruchtbarkeit bei der Frau;

○ *auf der linken Wange:* Leiden, Sorgen, Einschränkung der persönlichen Freiheit;

○ *auf der Oberlippe:* großen Erfolg, Geldgewinn, aber auch die Möglichkeit, auf Abwege zu geraten;

○ *auf der Lippe:* große Beredsamkeit;

○ *am Kinn:* Reichtum in späteren Jahren;

○ *am Hals:* Kraft und Gesundheit, meist auch Geldgewinn;

○ *auf beiden Seiten des Halses, einander gegenüberliegend:* Lebensgefahr, der man entgehen kann;

○ *nur an der linken Seite des Halses:* Quetschungen, Prellungen und Unfall beim Mann, Gefahren durch Wasser für die Frau;

○ *am rechten Arm:* beim Mann Neigung zum Glücksspiel, bei der Frau Reichtum durch Erbschaft;

○ *am linken Handgelenk:* Herzenskummer, aber verbunden mit äußerem Reichtum;

○ *am Nacken:* große Widerstandskraft und Erfolg in gewagten Unternehmungen;

○ *am Rücken:* Reichtum durch Protektion;

○ *am oberen Teil der linken Rückenhälfte:* beim Mann lange Reisen, aber auch Gefahr, in Gefangenschaft zu geraten; bei der Frau Reise in ein weit entferntes Land;

○ *am rechten Schulterblatt:* Gesundheit, Entschlossenheit, Unternehmungslust beim Mann; bei der Frau große Erfolge in der Liebe und in geschäftlichen Unternehmungen;

○ *auf der linken Brustseite:* Fehlschläge für den Mann, vor allem durch vorgesetzte Personen; bei der Frau Geldverlust durch Nachlässigkeit;

○ *an den Fußgelenken oder den Füßen:* Mut beim Mann, Zurückhaltung bei der Frau;

○ *im Bereich der Knie:* großes Ansehen in der Welt, innerer Reichtum, einwandfreie Lebensführung beim Mann; bei der Frau großer Kindersegen.

Von kosmobiologischen Forschern bestätigt

Die modernere Strömung der Kosmobiologie ist den alten astrologischen Behauptungen kritisch nachgegangen. Manche Kosmobiologen glauben heute sagen zu können, daß eine Bewertung der Muttermale je nach ihrer Lage möglich sei. Sie schreiben, um bei den Muttermalen des Gesichts zu bleiben, diesen je nach der Lage folgende Bedeutung zu:

○ *an den Schläfen:* Glück und Reichtum durch eine gute Ehe. Sie ist anfangs glücklich und verklingt später enttäuschend;

○ *unterhalb des Auges:* Verleumdungen, Schwierigkeiten durch neidische Personen, Gefahr durch Verletzungen;

○ *auf der rechten Wange:* Erfolg bei allen geschäftlichen Unternehmungen, überhaupt bei allen Dingen, die mit Vorbedacht und kluger Planung unternommen werden;

○ *auf der linken Wange:* längere Erkrankung, Gefahren durch Wasser und , Feuer, große Betrübnis durch Todesfälle;

○ *an der rechten unteren Wange im Bereich des Kinns:* langes Leben, Wertschätzung durch die Umwelt, große Erfolge bei kleinem Risiko;

○ *an der Oberlippe bzw. Unterlippe nahe den Mundwinkeln:* große Intelligenz, sehr gute Beziehungen zu hochgestellten Personen, Erbschaft, glückliche Ehe;

○ *am Kinn, rechts oder links:* Erfolge auf Reisen, ständig wachsender Lebensstandard, ausgezeichnete Kontakte mit Persönlichkeiten der großen Welt, vor allem in der Politik;

○ *an der linken Wange im Bereich des linken Mundwinkels:* Schwierigkeiten durch Liebesaffären, in späteren Jahren Gefahr, in Skandale verwickelt zu werden;

○ *an der Kinnspitze:* erst Gewinn, dann Verlust an Gut und Geld, Schwierigkeiten mit einflußreichen Personen, Ärger in der Liebe.

Was man in Tibet von den Muttermalen weiß

Aus dem uralten Wissensgut tibetischer Mönche und Astrologen geben wir nachstehend eine Übersicht wieder, die die Muttermale gleichfalls nach ihrer Lage bewertet. In vielen Fällen überschneiden sich die in den tibetischen Aufzeichnungen gemachten Angaben mit den Ermittlungen von Astrologen und Kosmobiologen unserer Zeit.

Es sei erwähnt, daß die Muttermale auch bei der Erkennung der Wiedergeburt des Dalai Lama eine Rolle spielten, wenn in früheren Zeiten (also vor der Vertreibung des letzten Dalai Lama durch die Chinesen im Jahre 1959) die Mönche nach dem Ableben eines Dalai Lama auszogen, um den Nachfolger zu suchen und – zu finden. Dieser mußte nicht weniger als vier Muttermale an ganz bestimmten Stellen des Körpers aufweisen.

Die tibetische Liste der Deutung der Muttermale besagt:

○ *an der linken Halsseite bei Männern:* Sturz aus großer Höhe, körperlich und symbolisch verstanden, aber auch Gefahr durch Wasser; bei einer Frau Lebensgefahr durch Geburten, aber sonst ein sorgloses Leben;

- *bei Männern unterhalb des Kehlkopfes:* Todesgefahr durch Erwürgen oder Erhängen;

- *im Genick:* Lebensgefahr in mittleren Jahren;

- *zwischen Nacken und linker Schulter:* Verfolgungen, längerer Aufenthalt im Gefängnis, große finanzielle Sorgen;

- *auf der rechten Schulter bei Frauen:* Habgier, aber auch Wahrscheinlichkeit, eines Tages von einem reichen und geistig hochstehenden Mann geliebt zu werden;

- *an der linken Brustseite bei Männern und Frauen:* viele Herzensabenteuer, aber Gefahr durch Jähzorn und Liebesaffären;

- *unter der rechten Brust:* größere unerwartete Erbschaft, vor allem Grundstücke und Häuser;

- *am Oberschenkel an der Vorderseite rechts oder links:* wachsender Wohlstand;

- *am rechten oder linken Knie:* weite Reisen, unter Umständen eheliche Verbindung mit einer Person eines anderen Landes;

- *an den Waden bei Männern:* Erfolg im Beruf, hochgestellte Position; bei Frauen sehr gute Ehe und bestes Einvernehmen.

Nach chinesischer Deutung

Leberflecken und Muttermale können überall am Körper, vornehmlich jedoch im Gesicht, auftreten. Nach alten chinesischen Lehren haben diese Male je nach ihrer Position eine besondere zukunftsträchtige oder schicksalhafte Bedeutung. Wir reproduzieren nachstehend aufgrund einer alten chinesischen Vorlage eine Übersicht zum Thema der Bedeutung der Muttermale und Leberflecken je nach ihrer Lage. Ob dabei ursprüngliche Erkenntnisse der Akupunktur Chinas mitsprachen, ist kaum noch zu erkennen. In der Akupunktur versucht man durch das Anstechen von Ganglionen-Nervenknotenpunkten mit goldenen oder silbernen Nadeln Krankheiten, die in ganz anderen Körperzonen ihren Sitz haben, zu beeinflussen. Wenn wir hier diese „alten Weisheiten" fernöstlicher Herkunft interessehalber anführen, so müssen wir natürlich auch sagen, daß wir ihnen, selbstverständlich, nur bedingt folgen können. Sie sollen nicht Anlaß zu ungerechtfertigten Vorurteilen oder – schlimmer noch – zu unzeitgemäßem Aberglauben sein. Auch dies ist Aufgabe eines jeden Menschenkenners: zu erforschen, zu erfahren und zu prüfen, was er glaubt.

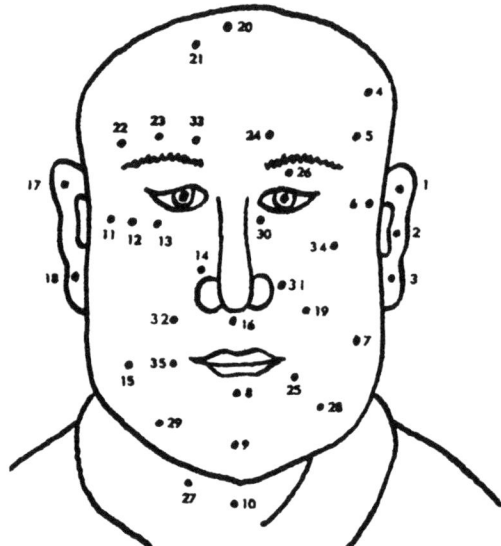

Abb. 199

1. Glück in Geschäften
2. Vorübergehendes Unglück
3. Gutes Zeichen für Erfolg im Leben
4. Wenn der Leberfleck rot ist: Vorsicht mit Feuer
5. Viel Geld
6. Schwäche für das andere Geschlecht
7. Böses Zeichen für Verheiratete
8. Vorsicht bei Geschäften
9. Entferne dich nicht zu weit von deinem Geburtsort
10. Du hast Glück, wenn du in der Ferne tätig bist
11. Du wirst berühmt und angesehen sein
12. Böses Zeichen für den Sohn oder die älteste Tochter
13. Böses Zeichen für die jüngste Tochter
14. Ernsthafter Zwischenfall
15. Böses Zeichen für Mutter oder Vater
16. Böses Zeichen für die von dir geliebte Person
17. Beförderung und Aufstieg in Sicht
18. Wahrscheinlich droht ein Strafprozeß
19. Für einige Zeit arbeitslos
20. Glück kommt langsam, aber sicher
21. Ehren und Reichtümer
22. Möglicherweise an einer Tragödie beteiligt
23. Kurzes Leben
24. Vorsicht, wenn deine Zunge belegt ist

25. Schwache Gesundheit
26. Anstrengende Tätigkeit mit wenig Befriedigung
27. Vorsicht, nicht den Kopf verlieren
28. Geld in Sicht
29. Harte Arbeit, aber sicherer Erfolg
30. Gefängnis, Verlust der physischen oder geistigen Freiheit
31. Sei vorsichtig mit Geld
32. Interessantes Leben
33. Vorsicht mit der Familie, Unglück in Sicht
34. Langes Leben
35. Glück in jeder Hinsicht, materiell und geistig.

Auch im Zeichen des Blutes – unser Kind

Zum Schluß kehren wir den Leitsatz dieses Kapitels um: im Zeichen der Sterne und unseres Blutes lebt auch – unser Kind. Dazu einige handfeste Tatsachen: Die erreichte Entwicklungsstufe eines heranwachsenden Kindes kann durch wissenschaftlich einwandfreie Beobachtungen klargestellt werden. Die Lebensjahre bilden den Rahmen, in dem sich das durch die Entwicklung Erreichte eingliedern läßt:

Ein Kind im Alter von 3 Jahren

muß in der Lage sein, seine Nase, seinen Mund, sein Auge und seine Haare zu bezeichnen, wenn Sie die entsprechenden Worte nennen,

einen Satz von wenigstens drei Worten zu wiederholen,

seinen Familiennamen zu nennen,

15 alltägliche Gegenstände zu benennen, die man ihm zeigt, bzw. diese Gegenstände auf Fotos oder gezeichneten Bildern wiederzuerkennen,

zu sagen, ob es ein Junge oder ein Mädchen ist!

Ein Kind im Alter von 4 Jahren

muß bis 5 zählen können,

aus dem Gedächtnis ein kurzes Liedchen singen,

von zwei Linien, die parallel auf einem Papier gezeichnet werden, die längere bezeichnen können,

einen Satz von wenigstens sechs Worten zu wiederholen imstande sein.

Ein Kind im Alter von 5 Jahren

müßte sein Alter sagen können,

zwischen zwei Paketen klar zu unterscheiden wissen, welches das schwerere ist,

die vier Grundfarben zu unterscheiden in der Lage sein,

mit groben Strichen ein Viereck zeichnen können.

Ein Kind im Augenblick des Eintritts in die Schule
müßte imstande sein, bis 10 zu zählen,

mit Bauklötzen ein einfaches Konstruktionsmodell nachzuahmen,

ein kurzes Gedicht oder Lied von sechs bis acht Versen gedächtnismäßig zu verankern,

zwischen rechts und links zu unterscheiden,

die einzelnen Geldstücke zu kennen,

zu beschreiben, was bestimmte Personen auf einem Bild oder einem Foto zu tun im Begriff sind.

Wenn diese Leistungen nicht vollbracht werden, braucht man nicht gleich in Panik zu verfallen. Manches Kind ist ein Spätentwickler und wird mit 12 bis 13 Jahren eventuell denen überlegen sein, die mit drei Jahren Wunderkinder sind. Aber ernste Versager müssen aufmerksam beobachtet werden.

Guter Menschenkenner
nur durch Selbsterkenntnis

Moderne Wege der Selbstanalyse

Genaue Beobachtungsgabe, Objektivität und Ehrlichkeit sind Voraussetzung dafür, ein wirklich guter Menschenkenner zu werden. Nur wer sich selbst kritisch beurteilt, ist auch in der Lage, andere Menschen zu beurteilen. Ein guter Menschenkenner wird sich niemals selbst überschätzen und sehr genau seine eigenen Grenzen und Schwächen erkennen. Nur aus dieser Erkenntnis heraus wird er lernen, wie er es in Zukunft besser machen kann, um erfolgreicher als bisher zu sein.

Wie man sich am besten selbst erkennt und welche Schlüsse man daraus ziehen soll, sagt Wilhelm Kümpel:
„Man muß:
1. sich ein klares Bild von den eigenen Qualitäten verschaffen,
2. seine Meinung über sich korrigieren und
3. diese Korrekturen in sein Wissen und Fühlen einordnen.
Alle drei Punkte bieten Schwierigkeiten. Daß Selbsterkenntnis schwierig ist, erkennt man schon daran, daß man äußerst selten jemanden trifft, der volle Selbsterkenntnis besitzt. Der Meinungskorrektur über die eigene Person stehen starke innere Kräfte entgegen. Schließlich genügt es nicht zu ‚wissen‘, welche Fehler man hat, sondern das Wissen muß in Fleisch und Blut übergehen. Dazu bedarf es ständigen gedanklichen und gefühlsmäßigen ‚Durcharbeitens‘.“

Um Ihnen den Weg zur Selbsterkenntnis zu erleichtern, haben wir für Sie 23 Testgruppen unter verschiedener Thematik mit insgesamt 262 Fragen für jeden aufgestellt, die Sie mit aller gebotenen Selbstkritik versuchen sollten, ehrlich zu beantworten. Es handelt sich um Fragen und Antworten, die von erfahrenen Psychologen aufgestellt worden sind.

Packen Sie das Leben richtig an?

                                                                ja   *nein*

1. Sind Sie überzeugt, daß auch der geniale Mensch nur Erfolg hat, wenn er zu seinen 5% Glück und Talent 95% Arbeit hinzusteuert?
2. Fühlen Sie sich besonders wohl im Kreis von Menschen, die den gleichen Beruf haben wie Sie, um dabei etwas zu lernen?

ja   nein

3. Ist Ihnen ein großer geschäftlicher Abschluß, ein Erfolg in Ihrem Beruf wichtiger als ein Sieg in einer – Liebesaffäre?

4. Sind Sie bereit, jede neue Arbeit und Mühe zu übernehmen, selbst wenn Sie sich darüber klar sind, daß Ihre Arbeit, Ihr Einsatz sich um 40 oder 50% erhöht?

5. Sind Sie stolz darauf, wenn recht viele Personen sich mit allen möglichen Anliegen an Sie wenden?

6. Erkennen Sie, wenn Sie gelegentlich Bilanz ziehen, daß Sie im Grunde genommen eigentlich immer Ihren Willen durchgesetzt und Ihre Ziele erreicht haben?

7. Bleibt Ihre Stimme unverändert, ganz gleich ob Sie telefonieren und mit einer hochgestellten oder einer Ihnen untergebenen Person sprechen?

8. Sind Sie gegenüber älteren Personen genauso höflich wie gegenüber jüngeren und sind Sie sogar freundlich und geduldig und entgegenkommend mit sehr dummen Personen?

9. Sind Sie, wenn Sie eine Aufgabe übernehmen, ganz gleich, ob klein oder groß, davon überzeugt, daß Sie erfolgreich sein werden?

10. Nehmen Sie auch dann einen Rat dankbar an, wenn dieser Ihrer Meinung, Ihrer Erwartung entgegengesetzt ist?

11. Lesen Sie regelmäßig Zeitungen und Fachzeitschriften, um über alle Ereignisse des Lebens und des Fortschritts auf dem laufenden zu bleiben?

12. Haben Sie in den wichtigsten Fragen der Weltanschauung eine feste Meinung, die Sie auch eventuell den anderen gegenüber vertreten, ohne sie den anderen aufdrängen zu wollen?

13. Stehen Sie mitten in der Nacht auf, um nachzusehen, ob die Tür auch abgeschlossen ist, wenn Sie plötzlich ein Geräusch hören?

14. Beneiden Sie jene Freiwilligen, die sich für gefährliche Berufe, für Sonderkommandos oder lebensgefährliche Expeditionen (z. B. einen Mondflug) melden konnten?

15. Würden Sie ohne weiteres in ein Haus einziehen, in welchem kürzlich verschiedene Personen unter geheimnisvollen Umständen starben?

16. Wenn Sie sich innerhalb von 5 Minuten für eine Sportart entscheiden müßten, würden Sie dann – ganz gleich ob Mann oder Frau – Boxen wählen?

17. Sind Sie der Ansicht, daß die meisten Menschen sich nur deshalb dem Gesetz beugen, weil sie Angst haben, er-

ja   *nein*

wischt zu werden und nicht aus der moralischen Erkenntnis heraus, nichts Böses tun zu dürfen?

18. Würden Sie, wenn Sie keine andere Fortbewegungsmög-
lichkeiten haben, ohne weiteres auf einen Gemüsewagen
steigen, um vom Fleck zu kommen, ungeachtet dessen,
was die Nachbarn sagen?

Die Bilanz:

Sagen Sie in mehr als 12 Fragen „ja", dann packen Sie das Leben richtig an,
dann haben Sie irgendwo Format und Persönlichkeit, dann steckt in Ihnen sogar das Zeug zu einem Helden, dann besitzen Sie Zivilcourage. Das sind
Eigenschaften, die heute nicht mehr alle Menschen aufzuweisen haben.

Sagen Sie in weniger als sechs Fällen „ja", dann gehen Sie an die Probleme,
die sich Ihnen im Alltag entgegenstellen, zu ängstlich heran. Sie scheuen das
Risiko, möchten nichts aufs Spiel setzen, aber möchten alles gewinnen! An
sich stecken in Ihnen alle Voraussetzungen zu einem ganzen Kerl – ganz gleich
ob Mann oder Frau. Aber Ihrer Natur fehlt noch die Selbstsicherheit. Sie bleiben den Vorsätzen nicht treu, die Sie an jedem Neujahr von neuem fassen,
um sie dann einen Monat später schon vergessen zu haben!

Antworten Sie in nur zwei oder drei Fällen mit „ja", dann ist irgend etwas
an Ihrer Einstellung zum Leben falsch gestartet oder schief gelagert. Sie haben
nicht den richtigen Anschluß gefunden und müßten Ihr ganzes Leben einer
Generalrevision unterziehen. Es käme darauf an festzustellen, ob Sie vom
Pech verfolgt sind, wie der Mensch leicht geneigt ist zu sagen, ob Sie den falschen Beruf erwählt haben, ob Ihre Umgebung Sie ungünstig beeinflußt. In
den beiden letzteren Fällen können Sie aus sich heraus Abhilfe schaffen und
Sie sollten es so schnell tun, wie es in Ihrem Vermögen steht.

Sind Sie ein Gedächtnis-Genie?

ja   *nein*

1. Wissen Sie die Geburtsdaten von wenigstens fünf Mitgliedern Ihrer Familie oder näheren Verwandten?

2. Kennen Sie mehr als 20 Telefonnummern auswendig?

3. Können Sie aus dem Handgelenk die Titel von fünf Filmen sagen, die Sie im letzten Jahr im Fernsehen oder in
einem Kino sahen, etwa gar unter Nennung der Haupt-
darsteller?

4. Können Sie auf Anhieb auf einem Blatt Papier einen La-
geplan der Stadt entwerfen, in der Sie leben, unter genauer Angabe der Stelle, wo sich Ihre Wohnung befindet?

5. Können Sie aus einem Buch 8–10 Zeilen auswendig auf-
sagen, nachdem Sie die Stelle zweimal gelesen haben?

ja   nein

6. Haben Sie eine starke Begabung für fremde Sprachen?
7. Wenn Sie Aufträge zu erledigen haben, können Sie dies, ohne eine Liste zu machen?
8. Wissen Sie noch, wo Sie im Jahre 1982 in den Ferien waren?
9. Erinnern Sie sich an die Gesichter der Menschen, denen Sie auch nur ein einziges Mal begegnet sind?
10. Wissen Sie die Adressen von wenigstens 20 Ihrer Freunde mit Straßen und Hausnummern auswendig?
11. Erinnern Sie sich an jedes Rendezvous, lassen Sie also nie jemanden aufsitzen?
12. Geht Ihre Rückerinnerung über das 5. Lebensjahr hinaus in die früheste Kindheit?
13. Behalten Sie alle (guten) Witze, die man in Ihrer Gegenwart erzählt hat?
14. Können Sie aus dem Gedächtnis sagen, wieviel Fensterscheiben Ihre Wohnung hat und das Haus, in welchem Sie wohnen?
15. Wenn die Polizei oder eine Gerichtsbehörde Sie fragen würde, wo Sie am 20. März 1985 um 15 Uhr nachmittags weilten – könnten Sie diese Angabe nach einiger Überlegung mit annähernder Sicherheit machen?

Die Bilanz

Können Sie in mehr als 12 Fällen auf die vorstehenden Fragen mit „ja" antworten, dann haben Sie ein phänomenales Gedächtnis. Es wäre schade, wenn Sie es nicht ausnutzen würden. Mit einem solchen Gehirn und mit einem solchen Gedächtnis müssen Sie erfolgreich sein im Leben.

Antworten Sie in weniger als 8 Fällen mit „ja", dann haben Sie ein sehr gutes Durchschnittsgedächtnis, um das man Sie in vielen Fällen beneidet. Offenbar ist aber Ihr Gedächtnis – spezialisiert. Sie haben Ihrem Gehirn eine ganz bestimmte berufliche Richtung aufgezwungen.

Können Sie nur in 3 Fällen mit „ja" antworten, dann haben Sie die jedem Menschen mitgegebenen Voraussetzungen für die Aufspeicherung von Wissensstoff vernachlässigt, weil Sie es für überflüssig hielten, sich geistig anzustrengen. Aber es ist nicht zu spät, es gibt viele Möglichkeiten, das Gehirn zu trainieren.

Wer auf alle Fragen mit „nein" antwortet, der hat entweder eine überragende Spezialbegabung, die ihm weder Raum noch Zeit läßt, sich um etwas anderes zu kümmern als um sein Fachgebiet – oder aber es handelt sich um einen Fall totaler geistiger Vernachlässigung, für die man sich aber immer nur selbst verantwortlich machen sollte!

Sind Sie ein Erfolgsmensch?

ja   nein

1. Sind Sie davon überzeugt, daß Sie jedem Auftrag, jeder Mission, jeder Arbeitsleistung, die man Ihnen zumutet, gewachsen sind?
2. Beenden Sie jede angefangene Arbeit, bevor Sie etwas anderes übernehmen?
3. Entschließen Sie sich in schwierigen Situationen schnell und endgültig?
4. Nennt man Sie einen Menschen, der alles kann, alles weiß und alles vermag?
5. Setzen Sie sich über finanzielle Verluste auch dann mit einem lachenden und einem weinenden Auge hinweg, wenn es weh tut?
6. Kommen andere in schwierigsten Lebenslagen zu Ihnen in der Erwartung, daß Sie einen Ausweg wissen?
7. Haben Sie als Kind davon geträumt, eines Tages etwas Großes zu vollbringen?
8. Würden Sie, wenn Sie über Nacht ein Vermögen gewännen, auf einen neuen Beruf umschulen?
9. Haben Sie Ihre jetzige Tätigkeit Ihrer eigenen Initiative und Planung zu verdanken?
10. Wenn Sie zwanzig Jahre in die Zukunft denken, träumen Sie davon, Generaldirektor des Unternehmens zu sein, in welchem Sie jetzt als Angestellter arbeiten?
11. Würden Sie alles, Wohnung, Bequemlichkeiten, Gewohnheiten opfern, wenn ein Ortswechsel Ihren Aufstieg sicherte?
12. Bedauern Sie, in Ihrer Jugend nicht mehr Zeit auf Ihre Erziehung und Ausbildung verwandt zu haben?
13. Nennen Sie sich selbst einen Menschen, der positiv und optimistisch mit beiden Füßen im Leben steht?

Die Bilanz

Antworten Sie in mehr als 8 Fällen mit „ja", dann sind Sie ein Erfolgsmensch, der nur auf dem Weg, den er beschritten hat, fortfahren muß oder wenn er weiß, auf der falschen Bahn zu sein, so mutig ist, umzuschalten.

Antworten Sie in weniger als fünf Fällen mit „ja", dann steckt zwar in Ihnen viel Initiative, aber wahrscheinlich ist Ihr Tatendrang dadurch gelähmt, daß Sie sich nicht ausarbeiten können, vielleicht weil Sie nicht im richtigen Beruf stehen, weil man Ihnen in Ihrer Jugend nicht die nötigen Ausbildungsmöglichkeiten bot. Es ist und bleibt Ihre Sache, nach den Sprossen der Leiter zu greifen, die nach oben führt.

Wer gar kein „ja" zu den obigen Fragen aufzubringen weiß, der ist durch die
Verhältnisse, in denen er lebt, durch das Dasein, in welchem er aufwuchs, bis
zu dieser Stunde so deprimiert, so verschüchtert, daß die Talente, die in jedem
Menschen schlummern, bei ihm nicht zur Entwicklung kamen. Er tritt auf der
Stelle. Aber es muß nicht sein!

Sind Sie ein anständiger Mensch?

ja   *nein*

1. Sind Sie eifersüchtig, wenn andere größere Erfolge haben
   als Sie selbst?
2. Verlangen Sie, daß die Menschen Ihrer Umgebung sich zu
   Ihren Gedankengängen bekennen und Ihren Entschlüssen fügen?
3. Halten Sie den Bekanntenkreis Ihrer eigenen Freunde
   und Verwandten für eine Sammlung von Dummköp-
   fen?
4. Tun Sie, wenn Sie sich ärgern, genau das, wovon Sie wissen, daß es die anderen reizt und in Weißglut bringt?
5. Ist es für Sie unerträglich, wenn man in der Öffentlichkeit
   oder bei einer Veranstaltung von Ihnen keine Notiz
   nimmt?
6. Erinnern Sie sich, als Kind Ihre Geschwister und Gespie-
   len geschlagen zu haben, wenn diese Ihr Spielzeug benutzten?
7. Machen Sie nachweisbar Ihre Umgebung immer dafür
   verantwortlich, wenn Sie irgendeinen Gegenstand verloren oder verlegt haben?
8. Versuchen Sie immer den Beweis zu erbringen, daß nicht
   Sie Unrecht haben, sondern der andere?
9. Halten Sie es einem anderen über Tage oder Wochen vor,
   wenn er Sie bei einem Treffen warten ließ?
10. Werfen Sie anderen Menschen mangelnde Entschlußkraft
    vor und nörgeln Sie an diesen bei jeder sich bietenden
    Gelegenheit herum?

Die Bilanz:
Hinter diesen oft harmlos erscheinenden Fragen verbergen sich Fußfallen der
Psychologie. Sie kreisen alle um das Problem der menschlichen Anständigkeit
und des guten Charakters. Wer in mehr als 6 Fällen mit „ja" antworten muß,
der müßte sich selbst einer Charakter-Revision, einem großen Aufräumen in
seinem Herzen und in seinem Hirn unterwerfen.

Sind Sie gut erzogen?

ja   nein

1. Essen Sie mit viel Geräusch und sprechen Sie mit vollem Mund?
2. Rufen Sie bei fast fremden Leuten (oder auch bei Freunden) sehr früh morgens oder spät abends ohne Not an oder suchen Sie diese gar überraschend auf?
3. Belegen Sie im Omnibus oder in einem Eisenbahnabteil mit Ihrem Gepäck Plätze, die Ihnen gar nicht zukommen?
4. Haben Sie schon einmal in einem Hotelzimmer oder bei Bekannten, bei denen Sie übernachteten, Ihre Schuhe mit den Fenstervorhängen oder gar mit dem Handtuch geputzt?
5. Lesen Sie in Gegenwart anderer bei Tisch die Zeitung oder beschäftigen Sie sich, ohne sich mit den Anwesenden darüber verständigt zu haben, auf Ihre Weise und ohne jede Rücksichtnahme auf die anderen?
6. Kommen Sie grundsätzlich zu Ihren Verabredungen zu spät?
7. Bleiben Sie, wenn Sie bei anderen eingeladen sind, über jede normale Sperrzeit hinaus sitzen, auch wenn Sie merken, daß die anderen längst schlafengehen wollen?
8. Rauchen Sie auch dann, wenn Sie wissen, daß Ihre Mitmenschen das Rauchen nicht vertragen können oder gar hassen, nur weil Sie annehmen, daß der andere Ihnen das Rauchen nicht verbieten kann?

Die Bilanz
Wer mehr als sechsmal „ja" sagen muß, der ist ausgesprochen schlecht erzogen und sollte sich dringendst im Umgang mit seiner Umwelt zusammennehmen. Die Stimme in seinem Herzen kann nicht ganz verschüttet sein, die ihm sagt, wie man sich richtig benimmt.

Sind Sie ein Optimist?

Wenn Sie nicht ganz sicher sind, ob Sie ein Optimist sind, so beantworten Sie sich einmal folgende Fragen:

1   2

1. Nehmen Sie zum Spaziergang einen Schirm mit, wenn der Himmel bedeckt ist (1), oder glauben Sie, es wird schon nicht regnen, bevor Sie zurück sind (2).
2. Freuen Sie sich, wenn es schneit, über die guten Wintersportmöglichkeiten (1), oder ärgern Sie sich über die Verkehrsbehinderung (2).

1   *2*

3. Pflegen Sie zu sagen, wenn etwas nicht gelingt: „Auf Regen folgt wieder Sonnenschein" (1), oder „das habe ich mir doch gleich gedacht, daß das nicht klappt (2).

4. Machen Sie auf jeder Reise, auf jedem Ausflug oder in jedem Restaurant nette Bekanntschaften (1), oder lernen Sie nur selten Leute kennen (2).

5. Glauben Sie, daß man Sie schätzt (1), oder fühlen Sie sich öfter als fünftes Rad am Wagen (2).

6. Singen oder pfeifen Sie, wenn Sie in der Badewanne sitzen (1), oder ist Baden für Sie nur ein notwendiges Übel (2).

7. Freuen Sie sich über einen gutgelaunten Menschen (1), oder glauben Sie, es handelt sich dabei sicher um einen verantwortungslosen Nichtstuer (2).

8. Können Sie einen Freund bei einem geschäftlichen Fehlanschlag auch dann trösten, wenn Sie selbst dabei einen Verlust erlitten haben (1), oder klagen Sie ihm nur Ihr Leid (2).

9. Sind Sie auch der Meinung, daß die meisten Krankheiten nur auf schlechte Laune zurückzuführen sind (1), oder glauben Sie, Krankheit ist Schicksal (2).

10. Wenn Sie bei einer Bewerbung um eine neue Stellung sehen, daß bereits 10 andere Bewerber warten, glauben Sie, daß Sie die Stellung trotzdem bekommen werden (1), oder gehen Sie gleich wieder (2).

11. Lieben Sie helle, freundliche Farben (1), oder tragen Sie lieber dunkle, seriöse Farben (2).

12. Sind Sie fest davon überzeugt, daß die meisten Dinge im Leben letzten Endes eine gute Lösung finden (1), oder trifft das für Sie nicht zu (2).

Die Bilanz
Wenn Sie in mehr als 10 Fällen die 1 angestrichen haben, dann verstehen Sie auch in schwierigen Fällen das Beste aus Ihrem Leben zu machen. Sie sind ein Lebenskünstler und ich würde gern Ihre Bekanntschaft machen.

Wenn Sie in mehr als 6 Fällen die 1 angestrichen haben, dann sind Sie zwar bemüht, der Welt fröhlich entgegenzutreten, aber es klappt noch nicht immer. Lernen Sie Ja sagen, und auch Sie werden ein richtiger Optimist.

Wenn Sie in allen Fällen die 2 angestrichen haben, dann sind Sie ein Griesgram, dem das Leben bieten kann, was es will. Zufrieden werden Sie sowieso nie sein. Wenn Sie glauben, ein hoffnungsloser Fall zu sein, dann seien Sie einmal optimistisch und besuchen Sie einen eintägigen Kursus für PSYCHOKYBERNETIK und lernen Sie dabei doch noch, ein Optimist und ein glücklicher Mensch zu werden.

Sind Sie eigentlich normal?

ja   nein

1. Handeln Sie manchmal während eines ganzen Tages so, als wüßten Sie nicht, welcher Tag ist und wo Sie sich befinden?

2. Machen Sie oftmals während einer ganzen Woche oder während der Dauer eines Monats Menschen Ihrer unmittelbaren Umgebung durch Ihr Verhalten unglücklich?

3. Regen Sie sich ohne jeden verständlichen Grund auf, sind Sie nervös und so reizbar, daß daraus Ihre Umgebung für Sie ungünstige Schlüsse zieht?

4. Sind die Gedanken, die Sie entwickeln, derart, daß Ihre Zuhörer den Eindruck haben, daß alles, was Sie sagen, vollkommen sinnlos ist, jedenfalls Sie nicht imstande sind, Ihre Gedanken zum Ausdruck zu bringen?

5. Sind Sie ganz unvermittelt auf einmal während der Dauer eines Monats gar nicht mehr Sie selbst, und zwar in einem solchen Grad, daß die Umgebung sich über die Veränderung in Ihrem Wesen und in Ihrem Charakter aufhält?

6. Verlieren Sie manchmal für 3–4 Wochen plötzlich jeglichen Appetit, kommt Ihnen jedes Hungergefühl abhanden und verlieren Sie dementsprechend stark an Gewicht, ohne daß irgendeine Erkrankung vorliegt?

7. Können Sie nicht in den Schlaf kommen, und zwar während mehrerer Tage und Nächte, so daß Ihre Tätigkeit darunter leidet und Ihre übertriebene Reizbarkeit Ihrer Umwelt auf die Nerven geht?

8. Haben Sie ganz plötzlich den Wunsch, sich mit Ihrem Kummer oder Ihrer Nervosität im Alkohol zu ertränken, obwohl Sie wissen, daß Ihre Arbeit, Ihre Ausbildung, Ihre Entwicklung und Ihre ganze soziale Lage schwer darunter leiden wird?

_____

Die Bilanz

Wir haben die Fragen zusammengestellt aufgrund der jüngsten Erkenntnisse, wann man eigentlich einen anderen oder sich selbst für nicht mehr ganz normal bezeichnen kann. Der Grad der Beurteilung ist ziemlich elastisch. Selbst von den obigen Fragen müßte man in klarer Erkenntnis wenigstens sechs mit „ja" beantworten, ehe man unter normalen Verhältnissen einen Psychiater aufsuchen sollte, weil sonst die Umgebung einen als nicht normal bezeichnen könnte.

Sagt man nur in drei Fällen in ehrlicher Beantwortung „ja", dann hat man nur einen kleinen „Webfehler". Und wer hätte den in unserer Zeit nicht?

Haben Sie Komplexe?

ja   nein

 1. Sind Sie beleidigt, wenn man Sie übersieht?
 2. Haben Sie Mühe, sich mit fremden Personen zu unterhalten?
 3. Sind Sie davon überzeugt, daß Sie im Kreis Ihrer Kollegen (Kolleginnen) unterschätzt werden?
 4. Haben Sie Angst davor, lebhafte Krawatten (Kleider) zu tragen?
 5. Müssen Sie wenigstens ein oder zwei Kognaks trinken, um in größerer Gesellschaft überhaupt auftreten zu können?
 6. Haben Sie Mühe, Ihre eigenen Ideen richtig darzustellen, wenn Sie darauf angesprochen werden?
 7. Fürchten Sie, wenn Sie einen Witz erzählen, daß Sie die Pointe, den entscheidenden Punkt verpassen?
 8. Haben Sie, wenn Sie eine Treppe hinuntergehen, immer das Gefühl, daß Sie auf der letzten Stufe stolpern?
 9. Geben Sie in wichtigen Fragen Ihre Bemühungen auf, wenn Sie zweimal gescheitert sind?
10. Schlafen Sie regelmäßig zusammengerollt in der sogen. Embryonalstellung?
11. Empfinden Sie es als einen Angriff feindseliger Art, wenn man eine Frage an Sie richtet, die Sie nicht beantworten können?
12. Verlieren Sie die Fassung, wenn Sie zweimal hintereinander bei der Wahl einer Nummer am Telefon eine falsche Verbindung bekamen?
13. Versuchen Sie, wenn Sie einen Fleck auf einem Tischtuch gemacht haben, diesen zu verdecken, indem Sie einen Aschenbecher oder eine Blume darauf stellen?
14. Ziehen Sie sich jede Bemerkung, die in Ihrer Nähe gemacht wird, unverzüglich an, auch wenn sie unter Umständen gar nicht so gemeint war?
15. Schließen Sie aus jedem Scherz, der in Ihrer Nähe gemacht wird und in dessen Mittelpunkt Sie stehen, daß man Ihnen Böses will?
16. Fühlen Sie sich todunglücklich, wenn Ihr Vorgesetzter Ihnen klar zu machen versucht, daß eine Arbeit in einer anderen Form vorteilhafter zu Ende gebracht werden kann?
17. Meinen Sie immer, wenn man nicht weiterspricht, sobald Sie in einen größeren Personenkreis treten, daß man über Sie geredet hat?

18. Glauben Sie, wenn man in Ihrer Gegenwart sagt, ein anderer sei sehr tüchtig oder sähe gut aus, daß diese Äußerung nur erfolgt, um Ihnen wehe zu tun oder Sie zu kritisieren?

19. Fühlen Sie sich aufs Schwerste verletzt, wenn man Ihnen (ganz vorsichtig) sagt, daß ein Kleidungsstück, das Sie tragen, nicht zu Ihrem Typ paßt?

20. Fielen Sie schon einmal, als Sie sich sehr aufregten und ärgerten, in Ohnmacht?

21. Wird Ihnen regelmäßig schlecht, wenn Sie beim Arzt eine Injektion bekommen?

22. Beißen Sie sich innen auf die Wange, wenn Sie Ihre Umwelt beobachten?

23. Spielen Sie mit Ihren Ohrläppchen oder mit Ihrer Nasenspitze, wenn Sie abgelenkt sind oder sich konzentrieren wollen?

24. Bewegen Sie wippend die Fußspitze, wenn Sie das eine Bein über das andere schlagen?

25. Nehmen Sie, wenn Sie mit jemandem sprechen, schnell die Brille ab oder kneifen Sie die Augen zusammen, so daß der andere Sie praktisch nicht ins Auge fassen kann?

26. Zerren Sie an Ihrem Kragen, an Ihrer Krawatte, an Ihrem Kleid, an dem Besatz, in dem ständigen Bemühen zu kontrollieren, ob alles in Ordnung ist?

27. Sagen Sie oft, wenn Sie eine längere Rede oder einen Satz beginnen „nicht wahr"? oder „meinen Sie nicht auch?"?

28. Essen Sie sehr hastig, d.h. schlingen Sie Getränke und Speisen herunter?

29. Sind Sie nach zwei oder drei Stunden intensiver Arbeit völlig erschöpft?

30. Erwachen Sie des Nachts sehr häufig und können dann nicht mehr einschlafen?

31. Stolpern Sie leicht, vor allem dann, wenn Sie wissen, daß Sie beim Gehen beobachtet werden?

32. Hatten Sie mehrere größere oder kleinere Unfälle, an denen Sie selbst die Schuld trugen?

33. Haben Sie grundsätzlich das Gefühl, daß die meisten Menschen Sie mißverstehen?

34. Mußten Sie schon vor Ihrem 20. Lebensjahr beim Lesen eine Brille benutzen?

Die Bilanz

Wenn Sie in mehr als 25 Fällen auf die vorstehenden Fragen mit „ja" antworten müssen, dann leiden Sie in stärkstem Maße unter Komplexen. Sie haben manchmal das Gefühl, daß Sie das Leben nicht ertragen können. Sie sollten sich mit einem Psychiater über Ihren Allgemeinzustand unterhalten. Vielleicht sind es Kleinigkeiten, Beruhigungsmittel, deren Sie bedürfen, um dann endlich über den eigenen Schatten springen zu können.

Sagen Sie in weniger als 15 Fällen „ja", dann haben Sie sich in dieser unruhigen und kritischen Welt, die Ihnen vielleicht allzu viel zumutet, noch nicht ganz gefangen, Sie haben noch nicht die Selbstsicherheit in Ihrem Beruf, deren Sie bedürfen. Aber das läßt sich mit etwas Selbstdisziplin leicht ausbügeln.

Sagen Sie in weniger als fünf Fällen „ja" zu den obigen Fragen, dann sind Sie nicht nur ein Mensch fast ohne Komplexe. Sie nähern sich sogar jenem Stadium, wo der Mensch von allen Komplexen befreit, verwegen und leichtsinnig und vielleicht sogar gegenüber der Umwelt rücksichtslos wird. Denn manchmal sind die Komplexe nichts anderes als eine übertriebene Vorsicht, vielleicht dem anderen weh zu tun. Und da haben die Komplexe sogar von Mensch zu Mensch ihre Berechtigung.

Sind Sie ein Gesellschaftsmensch?

                                                                                        ja   *nein*

 1. Halten Sie sich für eine interessante Persönlichkeit?
 2. Sind die Freunde, die Sie haben, genau die Freunde, die Sie auch haben möchten?
 3. Haben Sie schon einmal den Wunsch gehabt, jemand anders sein zu wollen?
 4. Haben Sie die Angewohnheit, andere Personen zu unterbrechen, wenn diese zu Ihnen sprechen?
 5. Würden Sie sich selbst als zurückhaltend bezeichnen, statt von sich zu sagen, Sie wären eine gute Mischung?
 6. Würden Sie im Sommer in einer ganz einsamen Gegend, selbst wenn Sie wüßten, daß niemand in der Nähe ist oder kommen kann, in einem See ohne Badeanzug baden?
 7. Haben Sie ein gutes Namengedächtnis?
 8. Ziehen Sie es vor, selbst zu sprechen statt anderen zuzuhören?
 9. Folgen Sie lieber der neuesten Mode, statt in Ihrer Art sich zu kleiden, einen ganz bestimmten Stil zu behaupten, nämlich Ihre eigne Mode?
10. Würden Sie in einem Restaurant lieber einen Ecktisch aussuchen als einen solchen im Mittelpunkt des Restaurants?

Die Bilanz
Haben Sie in mehr als 6 Fällen mit einem glatten „Ja" antworten müssen, dann sind Sie eigentlich ein Mensch, der sich recht gern in den Mittelpunkt des

Lebens rückt, auch wenn er gelegentlich von sich behauptet, er sei welt- oder menschenscheu.

Wer in weniger als fünf Fällen mit „ja" antwortet, dem würde es nicht schaden, mit etwas mehr Selbstbehauptung und Vertrauen im Leben zu stehen. Denn es kommt darauf an, daß wir uns behaupten; denn sonst laufen wir Gefahr, von jenen anderen, die es besser verstehen als wir, an die Wand gespielt und, wie man so schön sagt, „überfahren" zu werden.

Wie ist Ihr Reaktionsvermögen

ja nein

1. Sind Sie in den letzten 4 bis 8 Wochen der Gefahr entgangen, in einen Unfall
   a) durch eigene Schuld (wie andere behaupten)
   b) durch die Schuld anderer (wie Sie glauben) verwickelt zu werden?
2. Finden Sie, daß die Umwelt sich Ihnen gegenüber
   a) als Fußgänger
   b) als Autofahrer
   meist nicht richtig verhält?
3. Halten Sie Ihr Reaktionsvermögen für hervorragend
   a) in Vermeidung von Gefahren
   b) im Ausweichen aus Situationen, aus denen sich Gefahren ergeben könnten?
4. Glauben Sie, daß das Auge in Gefahrensituationen wichtiger ist und schneller reagiert als das Gehör und die Muskulatur?
5. Haben Sie Minderwertigkeitskomplexe, wenn Sie in einem kleineren Wagen von einem größeren überrundet – oder wenn Sie als Fußgänger von dem Fahrer eines „großen Schlittens" mitleidig behandelt werden?
6. Halten Sie junge Menschen für weniger reaktionssicher als Personen in mittleren Jahren?
7. Geben Sie Medikamenten und Alkohol die Hauptschuld an der Beeinträchtigung des Reaktionsvermögens?
8. Glauben Sie, daß die Behörden viel zu wenig wissen in bezug auf die Beeinflußbarkeit der Psyche und des Reaktionsvermögens durch äußere (und innere) Umstände?
9. Halten Sie den gegengeschlechtlichen Partner (also die Frau, wenn Sie ein Mann sind; den Mann, wenn Sie eine Frau sind) für den schlechteren und langsameren „Reaktor" im Vergleich zu Ihnen?
10. Neigen Sie dazu, die Schuld für unangenehme Ereignisse, Abläufe oder falsche Entschlüsse im Leben immer bei anderen zu suchen?

Die Bilanz
Wenn Sie in mehr als 7 Fällen mit „ja" antworten, sind Sie sich im Unterbewußtsein im klaren darüber, daß Ihr Reaktionsvermögen nicht so gut ist, wie
Sie vorgeben oder wünschen. Sie schützen Selbstsicherheit vor, wissen aber,
daß Sie dadurch die eigne innere Unsicherheit nicht überspielen können.

Sie sollten auf „absolute Sicherheit" trainieren. Das ist in jedem Alter möglich,
nicht durch Selbstüberschätzung, sondern durch das gedankliche und praktische Durchspielen der Gefahrensituationen, in denen Sie Ihre Unsicherheit
fühlen und die Sie bisher nur mit Herzklopfen und einem plötzlichen Anstieg
Ihres Blutdrucks überwinden.

Wenn Sie in weniger als fünf Fällen mit „ja" antworten, schätzen Sie sich
nüchtern und ohne falsche Überheblichkeit einigermaßen richtig ein und bedürfen kaum noch des Rates, aus der Praxis heraus sicherer zu werden.

Antworten Sie auf alle Fragen mit „nein", brauchen wir weitere Fragen zum
Thema des Reaktionsvermögens gar nicht zu stellen; oder aber Sie machen sich
selbst etwas vor. Im letzten Fall wären Sie unter allen Befragten am stärksten
in der Auseinandersetzung mit dem Alltag gefährdet, weil Sie die Situation
nicht richtig einzuschätzen vermögen.

Sind Sie egoistisch?

Niemand will wissen, daß er ein Egoist ist. Dabei gibt es sogar so etwas wie
einen gesunden „Eigensinn". Wollen wir dem Bösen oder dem erträglichen
Egoismus auf die Spur kommen – in uns? Jedesmal, wenn Sie zu einer der
nachstehenden Fragen mit voller Überzeugung „ja" antworten müssen, markieren Sie zwei Kreuzchen im freien Feld. Wäre Ihre Antwort „vielleicht"
oder „ja und nein", dann genügt ein Kreuz. Sie zeichnen gar nichts ein, wenn
Sie die Frage verneinen, die Ihnen gestellt wird.

Fragen an die Frau: *Kreuzchen*
1. Freut es Sie, daß Ihr Verlobter oder Gatte endlich den
   gleichen Geschmack hat wie Sie?
2. Sind Sie der Ansicht, daß er Ihnen unbedingt beim Spülen
   helfen muß – wenigstens beim Abtrocknen?
3. Behaupten Sie, der Tabak sei sehr schädlich für die Gesundheit Ihres Mannes, weil Sie selbst nicht rauchen?
4. Schmollen Sie, wenn er gern seine Zeitung liest oder Radio hört, während Sie ihm das Neueste aus dem Haus erzählen möchten?
5. Wenn ein Fußballspiel Sie nicht interessiert – hindern Sie
   Ihren Bräutigam oder Freund oder Gatten daran, dorthin
   zu gehen?
6. Finden Sie alle seine Freunde dumm oder unsympa-
   thisch?

7. Wenn Sie ein neues Kleid haben wollen, bereden Sie Ihren Mann, daß sein alter Anzug eigentlich noch recht gut aussieht?

8. Haben Sie ihm schon gesagt: „Wenn du nur mehr Ehrgeiz hättest, dann würdest du auch mehr verdienen?"

9. Wenn er sich auf sein Motorrad gefreut hat, setzen Sie ihm dann so lange zu, bis er das Motorrad abbestellt und Ihnen einen neuen elektrischen Herd kauft, der für Sie so „praktisch" ist?

10. Rauchen Sie, wenn Sie in Wut sind, obwohl Sie wissen, daß er es nicht mag? Ziehen Sie ein rotes Kleid an, obwohl er es nicht leiden kann?

Fragen an den Mann: *Kreuzchen*

1. Dulden Sie keinerlei Widerspruch gegen eine Anordnung, die Sie im Hause gegeben haben?

2. Schätzen Sie die hausfrauliche Tätigkeit und die Hausarbeit überhaupt sehr niedrig ein?

3. Sind Sie – soweit Ihre Braut oder Gattin in Frage kommt, gegen Parfum, Puder, Lippenstift und Nagellack – auch wenn diese Utensilien nur ausnahmsweise zur Anwendung gelangen?

4. Müssen Sie im Schrebergarten oder beim Basteln immer jemanden neben sich haben, der Sie bewundert und dem Sie Vorträge über Ihre Technik halten können?

5. Muß Ihre Frau oder Braut mit Ihnen zum Fußballspiel, ins Kino oder ins Theater, wenn die betreffende Darbietung für das Opfer ganz und gar uninteressant ist?

6. Sind die Freundinnen, Bekannten oder Verwandten Ihrer Frau ausnahmslos geistlos, dumm oder mindestens beschränkt?

7. Lehnen Sie ein neues Kleid für Ihre Frau auch dann ab, wenn Sie das nötige Geld dafür zur Verfügung hätten, unter der Vorgabe, das alte sei auch noch gut?

8. Halten Sie Ihre Frau und überhaupt jedes weibliche Wesen für einen Faulenzer, wenn die Frau nicht mitverdient oder wenigstens nebenbei Einnahmen hat?

9. Lassen Sie sich die Küchenausgaben vorrechnen und streichen Sie gewisse Posten zugunsten der eigenen Spardose oder Ihrer Skatkasse zusammen?

10. Bestehen Sie darauf, daß Ihre Frau das Kleid anzieht, welches Sie wünschen, auch wenn dies nur unter Tränen geschieht?

Die Bilanz

Rechnen Sie die Kreuzchen zusammen. Haben Sie 15–20 beisammen, dann sind Sie ein furchtbarer Egoist. Sie müssen sich auf Ihre Umgebung einstellen und hier und da nachgeben.

Zählen Sie nur 10–15 Kreuzchen, dann sind Sie nicht ein idealer Partner, aber Sie wissen schon, wo Ihre Fehler zu suchen sind. Diese Erkenntnis wird es Ihnen einfach machen, alles menschlicher und verständnisvoller einzurichten.

Der Mensch, der nur 5–10 Kreuzchen für sich bucht, ist ein sogenannter Normalmensch, der den gesunden Egoismus zur Selbstbehauptung in sich fühlt und auch verteidigt.

0–5 Kreuzchen dagegen werden nur jene Menschen aufbringen, die sich für den anderen buchstäblich aufopfern – oder aber die sogar sich selbst belügen, wenn es darum geht, einen Fragebogen auszufüllen. Die ersteren, die Opferfreudigen, müssen natürlich aufpassen, daß sie sich auf ihre rühmenswerte Haltung nicht zuviel einbilden, denn – das ist auch eine gewisse Art von Egoismus. Aber der steht auf einem anderen Blatt!

Sind Sie gutmütig oder schwach?

ja   nein

1. Nehmen Sie eine Zigarette auch dann an, wenn Sie in Wirklichkeit gar nicht gern rauchen – nur weil Sie dem anderen keinen Korb geben mögen?
2. Lassen Sie es zu, daß Personen bei Ihnen in der Wohnung durch Unachtsamkeit, brennende Zigaretten oder dergleichen Möbel, Tischdecken, Vorhänge und Bücher ruinieren, ohne etwas zu sagen?
3. Dulden Sie es, daß man Sie, auch wenn Sie ernsthaft beschäftigt sind und eine sehr wichtige Aufgabe zu lösen haben, ständig unterbricht und sogar mit den lächerlichsten und nebensächlichsten Fragen?
4. Wagen Sie es nicht, eine Einladung abzulehnen und lassen Sie sich, wenn Sie zum Beispiel zum Essen eingeladen werden, immer noch ein Stück Fleisch oder beim Kaffee immer noch ein Stück Kuchen aufdrängen, auch wenn Sie wissen, daß Sie davon krank werden?
5. Kommen Sie, wenn Sie etwas eingekauft haben, zurück mit allen möglichen Dingen, die Sie gar nicht kaufen wollten, nur weil eine geschickte Verkäuferin oder ein beredter Verkäufer Sie entsprechend chloroformierte?
6. Verleihen Sie an Personen, die Sie recht schön darum bitten, auch dann Geldbeträge, wenn Sie selbst dadurch in Verlegenheit kommen?

ja   nein

7. Wagen Sie es nicht, geliehene Beträge wieder zurückzu-
fordern, selbst wenn Ihnen persönlich das Wasser bis an
die Kehle steht?

8. Wenn Sie Zweifel an der Zuverlässigkeit Ihrer Nächsten
haben, ertragen Sie lieber diese Zweifel, als daß Sie in einer klaren Aussprache Gewißheit verlangen?

9. Lassen Sie im Liebesspiel den anderen im Zweifel darüber, daß Ihre Sympathie zu ihm längst erloschen ist, statt
ihm in entsprechender Form ein glattes Nein zu sagen?

10. Lassen Sie sich mit allen möglichen Aufgaben betrauen,
die Sie im Grunde gar nicht zu leisten hätten und die auch
eine große zusätzliche Belastung für Sie darstellen?

Die Bilanz

Wenn Sie in mehr als sieben Fällen zu den obigen Fragen mit „ja" antworten
müssen, dann sind Sie bei nächster Gelegenheit wieder ein Opfer Ihrer Gutmütigkeit oder Schwäche, die die anderen als Dummheit bezeichnen.

Antworten Sie in weniger als fünf Fällen mit „ja", dann dürfte man Sie nicht
so leicht überfahren können; aber wer es ganz geschickt anfängt, der wird auch
noch mit Ihnen fertig.

Es kommt also darauf an, daß wir in klarer Selbsterkenntnis erst einmal mit
uns selbst zurechtkommen und dann den Nächsten unter die Lupe nehmen,
der auf unsere Gutmütigkeit spekuliert.

Haben Sie Verständnis für die Belange und Sorgen Ihrer Umwelt?

Es gibt wohl kaum einen Menschen, der in den Verdrießlichkeiten des Alltags
nicht das Verständnis der Mitmenschen braucht. Aber wer auf Verstehen
hofft, sollte dieses und die dazugehörige menschliche Wärme auch selbst zu
geben wissen. Der nachstehende Test erlaubt es zu ermitteln, welches Maß an
Verständnis man der Umwelt entgegenbringt.

ja   nein

1. Erscheinen Ihnen im allgemeinen die Probleme anderer
ohne große Bedeutung?

2. Beeilen Sie sich, das Gesprächsthema zu wechseln, sobald
jemand von betrüblichen Vorfällen spricht?

3. Hören Sie nicht nur zu, sondern studieren Sie gleichzeitig
das Gesicht des Gesprächspartners?

4. Identifizieren Sie sich mit den Helden eines Films oder
eines Buches?

                                                                   ja   nein

5. Bemühen Sie sich jedenfalls, einen Punkt der Übereinstimmung zu entdecken, auch wenn Sie mit den Ausführungen nicht einverstanden sind?

6. Richten Sie sich beim Kauf eines Geschenkes nach dem
   Geschmack des Empfängers?

7. Erwarten Sie für eine Gefälligkeit keinen Dank?

8. Sind Sie bereit, schlechte Laune und Zorn eines Menschen
   zu ertragen, der Probleme hat?

9. Folgen Sie der Goldenen Regel: „Was du nicht willst, das
   man dir tut, das füg auch keinem andern zu?"

10. Interessiert Sie alles, was den Menschen, sein gesell-
    schaftliches Leben, seine Psychologie betrifft?

11. Fällt es Ihnen leicht, Ratschläge zu erteilen?   _____

                                                          _____

Die Bilanz

  1. Nein = 10 Punkte   Ja =   0 Punkte
  2. Nein = 10 Punkte   Ja =   0 Punkte
  3. Nein = 0 Punkte   Ja = 10 Punkte
  4. Nein = 0 Punkte   Ja = 10 Punkte
  5. Nein = 0 Punkte   Ja = 10 Punkte
  6. Nein = 0 Punkte   Ja = 10 Punkte
  7. Nein = 0 Punkte   Ja = 10 Punkte
  8. Nein = 0 Punkte   Ja = 10 Punkte
  9. Nein = 0 Punkte   Ja = 10 Punkte
 10. Nein = 0 Punkte   Ja = 10 Punkte
 11. Nein = 10 Punkte   Ja =   0 Punkte

Zwischen 80 und 110 Punkte:
Sie haben großzügiges Verständnis und handeln wirklich im Sinne des anderen
und nicht zu Ihrem eigenen Nutzen. Überdies besitzen Sie die seltene Gabe,
sich in die Lage anderer Menschen versetzen zu können. Jeder, der mit Ihnen
zu tun hat, muß für Sie höchste Wertschätzung empfinden.
Zwischen 30 und 70 Punkte:
Sie schlagen in Ihrem Verhalten einen Mittelweg ein. Sie nehmen sich zwar
die Zeit, dem Mitmenschen zuzuhören, enthalten sich aber der Ratschläge. Je
besser Sie das Problem kennen, desto größeres Verständnis bringen Sie auf.
Sie sollten die natürliche Hilfsbereitschaft stärker hervortreten lassen und
mehr Objektivität entwickeln.
Zwischen 0 und 20 Punkten:
Sie könnten in dem Ruf stehen, ein Herz aus Stein zu besitzen, obwohl Sie
selber anderer Meinung sind. In Wahrheit fehlt es Ihnen nur an der richtigen
Fähigkeit des Ausdrucks. Die haben wahrscheinlich selbst viel gelitten und
sind deshalb auch gegen sich selber hart. Statt dessen sollten Sie versuchen,
die in Ihrem Wesen verborgene Zärtlichkeit äußerlich zum Ausdruck zu bringen.

Wie reif sind Sie?

nein

1. Haben Sie in Ihrem Leben mehr als 3 Berufe ausgeübt, weil Sie sich immer im vorhergehenden Beruf nicht zurechtfanden oder ihn als unbefriedigend beurteilten?

2. Stützen Sie sich bei Ihren Entscheidungen auf den Rat Ihres Lebenspartners oder auf die Ratschläge guter Freunde, die Sie für gesetzte und ruhige und ernste Menschen halten?

3. Haben Sie schlechte Laune, wenn Sie ein graues Haar auf Ihrem Kopf entdecken oder plötzlich feststellen, daß Sie sogen. Altersfett angesetzt haben?

4. Sind Sie irgendwie verlegen, wenn Sie auf einmal vor einer Ihnen bisher unbekannten Person des anderen Geschlechts stehen und mit dieser Person sprechen sollen?

5. Spenden Sie gern Beifall und haben Sie rasch Tränen in den Augen, wenn im Kino ein rührseliges Stück gegeben wird?

6. Streiten Sie sich gern mit Ihren engsten Familienangehörigen herum, obwohl Sie genau wissen, daß diese Auseinandersetzungen gleich wieder beigelegt sein werden und im Grunde genommen ohne Bedeutung sind?

7. Ärgern Sie sich manchmal angesichts der Tatsache, daß scheinbar niemand Ihren Anregungen folgt und Ihren Ratschlägen entspricht?

8. Spielen Sie gern mit Gegenständen, die man, auf den kürzesten Nenner gebracht, Spielsachen Ihrer oder fremder Kinder nennt?

9. Fühlen Sie sich häufig versucht, Kleider anzuziehen, die eigentlich nur von jüngeren Personen getragen werden dürften?

10. Spielen Sie anderen Personen gern einen Streich und können Sie sich schon im voraus vergnügen, wenn Sie nur daran denken, welche Erfolge Sie mit Ihrem Streich erzielen?

Die Bilanz

Mußten Sie in mehr als 6 Fällen mit einem glatten „Ja" antworten, dann haben Sie ohne jeden Zweifel die allerletzte Selbständigkeit, die aus der Überlegenheit des Alters erwächst, noch nicht erlangt.

Bei weniger als 5 Ja-Antworten ist es allerdings so, daß Sie zu den allzu ernsten Zeitgenossen gehören, die uns meist erheblich auf die Nerven gehen – reif fürs Leben, aber nicht mehr amüsant!

Gehen Sie anderen Menschen auf die Nerven?

ja   nein

1. Nehmen Sie jede Gelegenheit wahr, um den Menschen, denen Sie begegnen, zu sagen, diese sähen sehr schlecht aus?
2. Lieben Sie es, Monologe über Ihren eigenen Gesundheitszustand bzw. über Ihre Krankheiten zu halten?
3. Sprechen Sie gern über das Essen und Trinken und wollen Sie unbedingt den Gesprächspartner zu Ihrer Lebensführung bekehren?
4. Prunken Sie bei jeder Gelegenheit mit Ihren guten Verbindungen und interessanten Freunden?
5. Haben Sie Standard-Musterleistungen, die Sie einmal vollbrachten und nun der Welt immer wieder servieren?
6. Bringen Sie Ihren Bekannten unverhohlen bei, daß deren Kinder schlecht erzogen sind?
7. Gehören Sie zu jenen Gästen, die einer Einladung zwar entsprechen, aber – während andere fröhlich einen guten Tropfen trinken, mit überlegener Miene ein Glas frischen Wassers verlangen?
8. Nehmen Sie Einladungen erst an und sagen Sie diese später ab, ohne genauere Gründe zu nennen?

Die Bilanz

Wer in mehr als 6 Fällen mit „ja" antworten muß, der geht ohne Zweifel seiner Umwelt erheblich auf die Nerven.

Wer in mehr als 4 Fällen mit „ja" antwortet, macht sich gelegentlich unmöglich und wird früher oder später wegen seines Egoismus' oder wegen seiner Rücksichtslosigkeiten in Verruf kommen. Wer sich selbst erkennt, hat sich schon fast gebessert. Er muß nur den Willen dazu haben.

Verbreiten Sie Sonnenschein um sich?

ja   nein

1. Sind Sie morgens beim Aufstehen sofort guter Laune?
2. Ist es für Sie eine Selbstverständlichkeit, auf Reisen, in Ferien, in einem Lokal sofort Bekanntschaften zu machen oder Freundschaften zu schließen?
3. Zeigen Sie auch dann ein lächelndes Gesicht, wenn eine Verabredung, ein ganzes Programm ins Wasser fallen?
4. Sind Sie davon überzeugt, daß Ihre Kollegen und Kolleginnen gern mit Ihnen zusammenarbeiten?

5. Sind Sie, wenn Sie krank sind, ein sogenannter angenehmer Patient, der keine große Pflege beansprucht und sein eigenes Leiden für halb so schlimm hält?
6. Macht Ihnen, mit einem Wort, das Leben Freude?
7. Haben Sie sich in der Wut, im ehrlichen und gerechtfertigten Zorn in der Kontrolle?
8. Haben Sie grundsätzlich Vertrauen zu Ihren Mitmenschen?
9. Sind Sie bereit, für andere Verantwortung zu übernehmen?
10. Fühlen Sie sich frei von übertriebenen Schuldgefühlen und Selbstanklagen?

Die Bilanz
Wenn Sie auf mehr als 6 der obigen Fragen mit einem „Ja" antworten können, dann sind Sie ein Mensch, der grundsätzlich das Zeug in sich trägt, Sonnenschein um sich zu verbreiten.

Wer in weniger als vier Fällen nur „ja" sagen kann, der gehört zu jenen unerträglichen Zeitgenossen, die mit schlechtgelauntem Gesicht und mit herabsinkenden Mundwinkeln herumlaufen und den Tag schon beklagen, wenn er eben erst begonnen hat. Ist es nicht eine Menschenpflicht, immer und überall Sonnenschein um sich zu verbreiten? Es ist leichter, als man glaubt, wenn man nur den guten Willen dazu hat!

Sind Sie ein gelangweiltes Gewohnheitstier?

1. Haben Sie im Laufe der letzten 3 Jahre mehr als zweimal ein neues Hobby begonnen?
2. Ist es für Sie gleichgültig, ob Sie früh oder spät schlafen gehen, d.h., sind Sie in Ihrer Laune immer gleich?
3. Können Sie sich organisch und in Ihrer Stimmung jeder Situation anpassen, also auch z.B. der Notwendigkeit, zu immer anderen Zeiten zu essen, zu trinken oder zu schlafen?
4. Wechseln Sie die Lokale, in die Sie gehen, in der Hoffnung, einmal etwas ganz Neues zu entdecken und Menschen zu begegnen, die für Sie eine echte Abwechslung darstellen?
5. Halten Sie immer nach neuen Einfällen Ausschau – in der Mode z.B. als Frau in der allgemeinen Linie der Kleidung, als Mann im sogenannten modernen Schnitt, und sei es nur in den Krawatten?

ja   nein

6. Können Sie ganz plötzlich Ihre Wohnung, so wie sie eingerichtet ist, nicht mehr sehen und fangen Sie an, bei sich zu Hause alles umzubauen?

7. Sind Sie in der Lage, gewisse Arbeiten auch dann fachgerecht auszuführen, selbst wenn Sie nicht die üblichen Werkzeuge zur Hand haben, d.h., können Sie von einem Augenblick zum anderen improvisieren?

8. Suchen Sie immer wieder Gegenden auf, in denen Sie noch nicht waren, streben Sie die Bekanntschaften mit Menschen an, von denen Sie sich einen Gewinn versprechen, d.h. von denen Sie etwas Neues lernen und erfahren _____ können? _____

Die Bilanz

Antworten Sie in mehr als 5 Fällen mit „ja", dann sind Sie das Gegenteil eines gelangweilten Gewohnheitstiers, d.h., Sie suchen dem Leben jeden Tag einen neuen Reiz zu geben, Sie laufen sich niemals müde in ausgetretenen Bahnen, sondern ziehen es vor, selbst wenn es gewisse Unbequemlichkeiten in sich schließt, sich mit dem Neuen auf dieser Welt auseinanderzusetzen.

Antworten Sie in weniger als 4 Fragen mit „ja", dann sind Sie immerhin am Geschehen dieser Welt ausreichend interessiert, um nicht in einen langweiligen Trott zu verfallen, von dem die Psychiater und die Psychologen sagen, daß dieser Trott der Anfang vom Ende sei – für jeden denkenden Menschen, der dann nämlich seine Denkfähigkeit verliert.

Antworten Sie auf alle Fragen mit „nein", dann sind Sie auf Ihren Weg „eingefahren", Sie müssen selbst wissen, ob Sie so weitermachen wollen, ob Sie sich so glücklich fühlen – in einer Welt, in einer Umgebung, in der alles abläuft wie am Schnürchen und so, daß Sie sich keine eigenen Gedanken mehr zu machen brauchen. Der Mensch aber, der nicht mehr denkt, der nicht mehr beobachtet, der nicht mehr vergleicht, der den anderen nicht mehr kritisch mustert und sich selbst in Bezug stellt zu ihm, ist auf dem absteigenden Ast. Der Gewohnheitsmensch läuft Gefahr, früher zu sterben – und sei es nur in seinem Geist, in seinem Gemüt.

Sind Sie ein guter Nachbar?

ja   nein

1. Horchen Sie an der Wand, um zu erfahren, was bei Ihren Nachbarn gesprochen wird?   X

2. Bestehen Sie auf Ihren Rechten gegenüber den Mitbewohnern des Hauses auch dann, wenn ein kleines Entgegenkommen am Platze wäre?

ja   nein

3. Halten Sie die Speicher- und Waschküchenschlüssel buchstäblich bis zur letzten Minute fest, auch wenn Sie diese schon viel früher abgeben könnten?

4. Fragen Sie, wenn Sie auf eine offensichtliche Notlage aufmerksam werden, die bei einem Nachbarn herrscht, ob Sie helfen könnten?

5. Haben Sie schon einmal die Zeitung eines Nachbarn im Schmutz liegen lassen oder vielleicht „aus Versehen" sogar noch darauf getreten?

6. Hören Sie (mit Freude) alles, was in bezug auf Ihre Nachbarn Schlechtes geredet wird, und sagen Sie es weiter?

7. Haben Sie Ihren Kindern oder Anverwandten schon verboten, mit den Nachbarskindern zu spielen oder zu sprechen?

8. Halten Sie sich selbst für etwas bedeutend Besseres, verglichen mit den „Leuten von nebenan"?

Die Bilanz
Wenn Sie in mehr als fünf Fällen mit „ja" antworten müssen, dann sind Sie ein gefährlicher Nachbar, eine gefährliche Nachbarin. Denn in Ihrer Seele häuft sich Giftstoff. In Ihrer Phantasie liegen schon die Waffen bereit, mit denen Sie, wenn es darauf ankäme, Ihre Nachbarn zur Strecke bringen möchten. Und diese Gelegenheit wird sich bald bieten, dann nämlich, wenn Sie schlechte Laune haben oder etwas nicht nach Ihrer Nase geht.

Nur derjenige, der lediglich in zwei oder drei Fällen mit „ja" antworten mußte, obwohl es ihm innerlich widerstrebte, gehört zu jener Gattung von Menschen, von denen die Leute von nebenan sagen: „Er ist wenigstens ein netter Nachbar!"

Wie tolerant sind Sie im Straßenverkehr?

ja   nein

1. Räumen Sie Kindern und älteren Menschen in jedem Fall eine breite Karenz gegenüber den Erfordernissen des Verkehrs ein – den älteren, weil sie nicht mehr, den jüngeren, weil sie noch nicht die notwendige Besonnenheit oder Reife haben – im Verkehr, auf der Straße und auch hinter dem Steuer?

2. Rechnen Sie bei diesen Kindern und älteren Personen mit praktisch jeder Möglichkeit einer Fehlleistung, die in der Natur der Jugend oder des Alters des anderen und damit in der Natur der Sache liegt?

3. Lassen Sie – auch wenn Sie es nicht müßten – nervösen
   und unruhigen Fahrern die Vorfahrt – ohne damit der
   von Prof. Dr. L. Undeutsch (Universität Köln) festgestellten Tendenz nachzugehen, wonach der Fahrer eines
   größeren Wagens sich dem Fahrer eines kleineren Wagens immer überlegen fühlt?

4. Begnügen Sie sich mit einer – fälschlich oft einer gewissen
   Trägheit zugeschriebenen – „indirekten Situationsbeur-
   teilung" unter Verzicht auf eine kritische Wertung der
   Gesamtsituation im Verkehr, wenn Sie glauben, dem
   Nächsten dadurch vielleicht besser gerecht zu werden?

5. Versuchen Sie logisch oder intuitiv zu begreifen, wieso
   der andere Verkehrsteilnehmer (ob im Wagen oder zu
   Fuß) eine Situation falsch einschätzt und so eine psychische Unfallursache heraufbeschwört?

6. Ziehen Sie bei Dunkelheit, Regen, Nebel und Sonnen-
   blendung für den anderen in Betracht, daß er zu einer falschen Abschätzung von Entfernungen und Geschwindigkeiten kommen kann?

7. Berücksichtigen Sie die Möglichkeit, wenn Sie einen anderen Verkehrsteilnehmer unsicher fahren sehen, daß er
   nicht unter Alkoholeinfluß stehen muß, sondern u. U.
   Übermüdung schuld ist an seiner Fehlleistung (die freilich behoben werden muß)?

8. Räumen Sie dem anderen Verkehrsteilnehmer – auch dem
   Fußgänger – ein, daß Ärger im Geschäft, finanziell oder
   familiär bedingte Sorgen vom normalen Verkehrsgesche-
   hen genauso ablenken können wie äußere Vorgänge?

9. Wissen Sie – auch für den anderen, mit dem Sie ja rechnen
   müssen –, daß eingefahrene Gewohnheiten, vor allem
   wenn sie große oder kleine Fehler in sich schließen, von
   dem „Gewohnheitstier" nicht mehr als falsch empfunden
   werden und deshalb zu einem unfallträchtigen Verhalten
   des anderen führen können?

10. Denken Sie – bei Föhnlage – immer daran, daß der Föhn
    einer der heimtückischsten Feinde des Autofahrers und
    des Fußgängers ist, da er Fahrer und Fußgänger aufgeregt
    und unaufmerksam macht?

11. Sind Sie tolerant genug, den „blöden Trottel" und den
    „Saukerl", den Ihnen rabiate und angriffslustige Krakee-
    ler an den Kopf werfen, als Äußerungen eines explosiven
    Aggressionstriebs (wie bei einem Geisteskranken) unbe-
    achtet zu lassen?

Die Bilanz

Wenn Sie mehr als acht Fragen mit „ja" beantworten können, dann sind Sie ein idealer toleranter Verkehrsteilnehmer, dem die Psychologen, die Philosophen, die Verkehrspolizisten und – die anderen Autofahrer die goldene Spange der Toleranz zusprechen sollten.

Und wenn Sie weniger als acht Ja-Antworten haben sollten, dann bemühen Sie sich in Zukunft, den anderen auf der Straße und hinter dem Steuer gerecht zu werden, ohne in die Duldung menschengefährdender Einfalt zu verfallen. Weisen Sie den anderen auf seine Fehler vorsichtig hin – auch auf die Gefahr hin, daß der andere Sie einen „saublöden Kerl", einen „Trottel" oder noch schlimmeres tituliert. Das kann und darf Ihnen nichts ausmachen. Denn Sie sind ja zum mindesten auf dem Weg zur – Toleranz.

Haben Sie das „Zweite Gesicht"?

	ja	nein

1. Fühlen Sie es immer ganz genau, wenn eine Person Sie von rückwärts anschaut?
2. Haben Sie ein ganz deutliches Vorahnungsgefühl für Unfälle?
3. Haben Sie den Tod oder die schwere Erkrankung einer anderen Person schon einmal vorausgefühlt?
4. Wissen Sie, wenn der Briefträger in die Nähe Ihres Hauses kommt, ob dieser einen Brief für Sie hat?
5. Haben Sie in Ihrer Handlungsweise ganz plötzliche, aber klare Eingebungen, die sich immer als außerordentlich positiv erweisen?
6. Haben Sie auf Grund Ihres sicheren Gefühls bei der Auswahl eines Loses schon in der Lotterie gewonnen?
7. Erlebten Sie schon einmal, daß Sie in einer Ortschaft oder einer Gegend sich ganz leicht zurechtfinden konnten, ohne jemals dort gewesen zu sein?
8. Können Sie sich auf eine bestimmte Stunde oder Minute konzentrieren, zu welcher Sie mitten in der Nacht oder am Morgen erwachen wollen?
9. Können Sie die Punktzahl verdeckter Spielkarten mit mehr als 50% richtig angeben?
10. Wußten Sie von Menschen, die neu in Ihr Leben traten, immer schon im allerersten Augenblick, daß diese für Sie von allerhöchster Bedeutung sein könnten, obwohl Sie diese Menschen zum erstenmal sahen?

Die Bilanz
Wer in mehr als 7 Fällen mit einem glatten „Ja" antworten kann, der verfügt zum mindesten über eine ungewöhnlich hohe Sensibilität, die unter Umständen in das Gebiet des Seelen-Radars, des zweiten Gesichts, hineinragt. Wer sich über diese Probleme in bezug auf seine eigene Person nicht klarwerden kann, der möge seine Erfahrungen unter „Hirn-Radar" von einem Berufspsychologen untersuchen lassen.

Weshalb sind Sie allein?

1. Fällt es Ihnen schwer, anderen etwas Nettes zu sagen, ein   *ja   nein*
   Kompliment zu machen?
2. Kostet es Sie Mühe, dem Nächsten Ihren Dank abzustatten, sich für Freundlichkeiten des anderen erkenntlich zu zeigen, aus der Angst heraus, Sie könnten sich etwas vergeben?
3. Erscheint es Ihnen lächerlich und langweilig, an einer Unterhaltung von mehreren Personen teilzunehmen, weil Sie im voraus zu wissen glauben, daß doch kein Thema zur Sprache kommt, das Sie wirklich interessiert?
4. Halten Sie den Tanz für eine unsympathische Angelegenheit, der man nach Möglichkeit aus dem Wege gehen sollte?
5. Freuen Sie sich, wenn eine Einladung, die Sie schon angenommen haben, aus irgendwelchen Gründen abgesagt wird?
6. Genügt schon ein kleiner Wetterumschlag, ein Regenguß, um Sie zu veranlassen, ein Treffen abzublasen, von dem Sie sich sowieso nichts versprachen?
7. Verlieren Sie die Geduld, wenn andere bei Ihnen ihr Herz ausschütten?
8. Fallen Sie anderen Personen, auch solchen, die älter sind als Sie, ins Wort, wenn diese Ihnen langatmig etwas erzählen?
9. Ist es Ihnen unangenehm, wenn man Ihnen Komplimente macht, weil Sie sofort den Schluß ziehen, daß der andere mit diesem Kompliment ein Ziel verfolgt und etwas von Ihnen will?
10. Neigen Sie dazu, Ihren Gesundheitszustand für sehr schwierig zu erachten und ein wenig wehleidig an sich selbst herumzudoktern?

Die Bilanz
Wenn Sie in mehr als sechs Fällen mit „ja" antworten müssen, dann sind Sie ein fast unheilbarer Junggeselle, eine hartgesottene Einzelgängerin, deren Charaktereigenschaften so verlagert sind, daß ein gutes Einvernehmen mit dem Nächsten für diesen anderen ein großes Opfer an Nachgiebigkeit und Konzessionsbereitschaft bedeuten würde. Wenn Sie über 35 sind, ist es wahrscheinlich schon recht schwierig, Sie noch umzumodeln.
Sie sind also ledig aus Charakter und eigener Schuld.

Bei dreimal „ja" sind Hopfen und Malz noch nicht verloren; aber Sie sind ein schwieriger Fall – für den Kontakt von Mensch zu Mensch und bei der Partnerwahl.

Sind Sie erfolgreich in der Liebe?

                                                                                ja   nein
Fragen an die Frau:
1. Haben Sie einen gut geformten Körper, besonders schöne Beine oder Haare, die auf die Umwelt stark wirken?
2. Sind Sie beruflich hervorgetreten und haben Sie in Ihrer Tätigkeit mehr geleistet als die meisten Frauen Ihrer Art und Ihres Alters?
3. Haben Sie Temperament bzw. sagten Ihnen andere, daß man Sie für blutvoll und temperamentvoll hält?
4. Haben Sie größeren eigenen Besitz, eine eigene Wohnung, eine reiche Aussteuer, eine echte Anwartschaft auf ein späteres Vermögen?
5. Besitzen Sie einen ausgeprägten guten Geschmack, der sich vor allem in Ihrer Kleidung zeigt?
6. Sind Sie in bezug auf das andere Geschlecht vernünftig, aufgeschlossen und so verständnisvoll, daß man Ihr Lebensverständnis bereits bemerkte?
7. Sind Ihre geistigen Qualitäten, die Sie durch Studium (Selbststudium) oder durch Ihre Schulvorbildung erlangt haben, derart, daß Sie dadurch über Ihre Umgebung hinausgehoben werden?
8. Haben Sie in der Öffentlichkeit ein bemerkenswert sicheres bzw. seriöses Auftreten?

Die Bilanz
Innerhalb dieser Punkte liegen die Wirkungskräfte Ihrer Person auf die Umwelt verankert. Das was die anderen erotische Ausstrahlung nennen, ist unter Umständen nichts anderes als das Zusammenwirken von drei oder vier dieser Probleme.

Konnten Sie in sechs Fällen auf die vorstehenden Fragen mit einem glatten „Ja" antworten, dann werden Sie in naher Zukunft erfolgreich in der Liebe sein und Ihren Weg so wählen können, wie es Ihnen paßt.

Fragen an den Mann:

	ja	nein
1. Sind Sie ein guter Plauderer, der Tagesereignisse, Theater, Kino und Literatur gleichermaßen zu berücksichtigen weiß?	✗	
2. Haben Sie irgend etwas an sich, Ihre Augen, Ihre Hände, Ihr Mund, Ihre Haare, was nach Ihren Beobachtungen auf Frauen besonders stark wirkt?	✗	
3. Haben Sie beruflich in den letzten fünf Jahren große Erfolge aufzuweisen gehabt?	✗	
4. Verfügen Sie über eine mehr als durchschnittliche Intelligenz bzw. Lebenserfahrung?	✗	
5. Sind Sie ein guter Tänzer bzw. verstehen Sie es, sich in größerem Lebenskreis beliebt zu machen?	✗	
6. Haben Sie feststellen können, daß Sie eine sehr starke Wirkung auf das andere Geschlecht haben, auch wenn diese Wirkung nach Ihrer Ansicht durch keinerlei Äußerlichkeiten gerechtfertigt ist?	✗	
7. Haben Sie in bezug auf Umgang mit dem anderen Geschlecht einen sogenannten „schlechten Ruf", indem Ihnen von Neidern Ihre zahlreichen Bekanntschaften mißgünstig angerechnet werden?		✗
8. Sind Sie in einer (pensionsberechtigten) sicheren Position, die Sie zu einer begehrten Partie machen muß?	✗	

Die Bilanz
Auch wenn Sie manchmal glauben, Sie seien von Natur aus ein unwiderstehlicher Don Juan, der jedes Frauenherz zu brechen vermag, so sind es unter Umständen doch nur Äußerlichkeiten, Kleinigkeiten, die Ihnen, entsprechend dem vorstehenden Fragebogen, den Weg zu den Frauenherzen ebnen.

Wer mehr als fünfmal „ja" sagen kann in Beantwortung der obigen Fragen, der würde Frauenherzen auch ohne den Zauber seiner Person auf Grund der Gegebenheiten zu erobern in der Lage sein.

Sind Sie fähig, eine glückliche Ehe zu führen?

Fragen an die Frau   *ja*   *nein*

1. Sind Sie morgens unmittelbar nach dem Aufstehen, beim Frühstück, bevor Ihr Mann zur Arbeit geht, schon so nett angezogen, daß er mit Wohlgefallen an Sie zurückdenkt, wenn die Tür hinter ihm ins Schloß fällt?
2. Widmen Sie jeden Tag, bevor Ihr Mann nach Hause kommt, wenigstens zehn Minuten Ihrer eigenen Person, um sich schönzumachen?
3. Nachdem Sie Ihren Mann nun genau kennen, achten Sie darauf, die Reizpunkte in seinem Charakter und in seinem Leben nach Möglichkeit zu überspielen?
4. Lassen Sie ihm, obwohl Sie wissen, daß in Ihrer Hand alles viel besser aufgehoben ist, die Illusion, der Herr im Haus zu sein?
5. Sind Sie so klug, Ihren Gatten, wenn er abends die Zeitung liest, Radio hört, am Fernsehen sitzt, mit keiner häuslichen Angelegenheit zu behelligen?
6. Haben Sie Nerven genug, ihm niemals eine Szene zu machen, in dem Bewußtsein, daß ein Mann nichts mehr haßt als große und kleine Ehestreitigkeiten und Eifersuchtsaffären?
7. Sind Sie in der Lage, gegenüber Ihrem Gatten bei relativ schwierigen menschlichen und häuslichen Angelegenheiten als helfender Engel, der immer einen Ausweg weiß, einzugreifen?
8. Vermeiden Sie es, ihn mit Ihren kleinen Krankheiten, Ihren Wehwehchen zu belästigen?
9. Verstehen Sie es, wenn Ihr Mann von seinem Beruf, von Politik und Wissenschaft spricht, ein so großes Interesse vorzutäuschen, daß er sich für den klügsten Mann in weitem Umkreis hält?
10. Sind Sie klug genug, ihn niemals einem Verhör zu unterziehen, wenn Sie irgendeinen Verdacht haben?

Die Bilanz

Wenn Sie in mehr als acht Fällen mit „ja" antworten können, dann sind Sie eine vollkommene, eine ideale Gattin, eine Frau, auf die Ihr Mann stolz sein kann. Sie sind ihm Frau und Geliebte und Kameradin zugleich. Sie sind seine ideale Gefährtin.

Antworten Sie in weniger als sechs Fällen mit „ja", dann lieben Sie Ihren Gatten (wahrscheinlich) noch so wie einst. Aber Sie haben schon zuviel an ihm auszusetzen. Sie sollten bemüht bleiben, ihm gerecht zu werden, so wie er vielleicht versucht, auf manche Ihrer Schwächen Rücksicht zu nehmen. Bringen Sie es nur noch in zwei oder drei Fällen zu einem zögernden „Ja", dann ist es dunkel geworden über Ihrer großen Liebe von einst. Dann müssen Sie versuchen, Ihren Standpunkt zu prüfen und Ihre heutige Situation unter die Lupe zu nehmen. Denn selbst wenn Sie nicht mehr seine vollkommene Gattin und Geliebte und Kameradin sind, dann sollten Sie sich wenigstens bemühen, seine Lebensgefährtin zu sein – von Mensch zu Mensch, damit vielleicht später, wenn das Leben und das Schicksal eine größere Abklärung gebracht haben, eine neue, ganz andere Liebe erstehen kann, die Sie über das hinwegtröstet, was Sie heute beklagen.

Fragen an den Mann: *nein*

1. Sind Sie Ihrer Gattin gegenüber noch immer so zärtlich und höflich wie in den drei ersten Monaten Ihrer Ehe?   ✗
2. Haben Sie innerlich und äußerlich die gleiche gepflegte Haltung bewahrt, die Sie damals auszeichnete?
3. Verstehen Sie es noch heute, Ihrer Gattin vorzutäuschen, daß Sie sich für ein Küchenrezept oder für ein Strickmuster interessieren, für das sich Ihre Gattin begeistert?   ✗
4. Bringen Sie Ihrer Gattin gelegentlich kleine oder große Geschenke mit, auch dann, wenn Sie kein schlechtes Gewissen haben?
5. Ist es wirklich immer die reine Wahrheit, wenn Sie Ihrer Gattin sagen, daß Sie dringend geschäftlich ausgehen müssen?
6. Geben Sie ihr vor den Kindern, den Hausangestellten oder Verwandten grundsätzlich immer recht, um gewissermaßen das Gesicht Ihrer Gattin zu retten?   ✗
7. Sind Sie bereit, Ihr Buch beiseite zu legen, das Fernsehen abzuschalten, wenn Ihre Gattin plötzlich auf den Gedanken kommt, mit Ihnen ausgehen zu wollen?   ✗
8. Sind Sie grundsätzlich mit der Art und Weise einverstanden, in der Ihre Frau die Kinder erzieht und den Haushalt führt, und sagen Sie ihr das auch gelegentlich?
9. Verzichten Sie darauf, sich einen Film oder ein Theaterstück anzusehen, wenn Sie wissen, daß das Thema Ihrer Frau nicht zusagt?   ✗
10. Und die wichtigste Frage: Würden Sie die Frau wieder heiraten, mit der Sie jetzt durch die Ehe verbunden sind? _____

Die Bilanz

Wenn Sie in mehr als acht Fällen mit „ja" antworten, dann sind Sie als der perfekte Ehemann auf die Welt gekommen, und vor allen Dingen: Sie sind es geblieben. Wenn es einen Orden für gute Eheführung gäbe, Sie hätten ihn verdient.

Können Sie nur in weniger als sechs Fällen mit „ja" antworten, dann gehören Sie zu jener Gattung von Männern, die man gerade noch als erträgliche Ehegatten bezeichnet. Aber von einem idealen Ehemann kann schon nicht mehr die Rede sein. Immerhin – bei dem Seltenheitswert, den die Idealmänner heute haben, würden die meisten Gattinnen schon zufrieden sein mit einem Ehemann, den man zum mindesten noch ertragen kann.

Sind es weniger als drei Ja-Antworten, dann sind Sie zu einem halben Ekel herabgesunken, das man zu Hause nur mit Schrecken kommen hört. Das ist kein Idealzustand. Manchmal genügen winzige Überlegungen, eine kleine Freundlichkeit, ein Nachgeben, um wenigstens das Gesicht zu wahren und von Zeit zu Zeit die Illusion heraufzubeschwören, als Mensch, als Ehegatte, Freund und Vater der Kinder – der beste Mann der Welt zu sein . . .

Die Zukunft eines Kindes

Prognosen und Analysen

Schwangere Frauen müssen für ihren Körper Sorge tragen.
Ihr Gemüt aber sollen sie von Sorgen freihalten,
denn das werdende Kind nimmt vieles von seiner Mutter an,
wie die Pflanze von dem Erdreich, in dem sie wurzelt.

Aristoteles

Eine wichtige Information

Die Kinder von heute sollen die Welt der Zukunft gestalten. Es ist die Aufgabe der Eltern und Erzieher, sie auf diese Aufgabe vorzubereiten. Mit der Anwendung neuer Lehrmethoden allein ist es nicht getan. Das Kind wird entsprechend seinen Anlagen durch seine Umwelt, seine Umgebung geformt und für die Zukunft gerüstet.

Das vermögen die Eltern aber nur, wenn sie ihre Kinder so früh wie möglich genau kennen und ihre Veranlagungen erkennen.

Nun sehen Eltern ihre Kinder meist nicht so, wie diese wirklich sind. Sie beurteilen sie meist zu positiv, oft aber auch zu ungünstig.

„Die gleiche Seele belebt zwei Körper: den der Mutter und den des Kindes. Die Wünsche und Gedanken der Mutter übertragen sich häufig auf die Gliedmaßen des Kindes, das sie unter ihrem Herzen trägt, in dem Augenblick, in dem sie fühlt und denkt. Unwiderstehliche Bedürfnisse, gebieterischer Appetit, ein Schreck oder ein großer seelischer Schmerz scheinen weniger Wirkung auf die Mutter zu haben, die Schreck und Schmerz empfindet, als auf das werdende, wachsende Kind. Diese Vorgänge können einem Kind das Leben rauben, ehe es das Licht der Welt erblickt."

Diese Worte schrieb nicht ein zeitgenössischer Philosoph oder Biologe auf Grund der modernsten Erkenntnisse der Dianetik, sondern das Universalgenie Leonardo da Vinci, geboren 1452 in Florenz, gestorben 1519 in Amboise in Frankreich.

In den 500 Jahren, die seither vergangen sind, haben Ärzte, Biologen und Philosophen versucht, Licht in die Beziehungen zwischen dem Fetus und seiner physiologischen und psychologischen Umgebung zu bringen.

Seit dem Psychosomatischen Kongreß in Paris im Jahr 1962 gilt die These von Dr. Antoine I. Ferreira, wonach zwischen dem mütterlichen und dem fetalen Nervensystem ein Zusammenhang besteht, der nach der Geburt des Kindes in der äußeren Erscheinung etwas verblaßt (so auch in den Handlinien), aber doch irgendwie weiterhin bestehenbleibt. Es sei denn, daß Haßliebe (gegenüber einem unerwünschten und abgelehnten Kind) die normalen Regungen und Beziehungen unterdrückt, ablehnt, verneint.

Die Süchte einer Mutter nimmt das Kind mit ins Leben. Es kommt z. B. morphium- oder heroinsüchtig zur Welt.

Stoffwechselstörungen, von der Mutter weitergereicht, können sich bei dem neugeborenen Kind tödlich auswirken. Herzstörungen zeigen sich vor und nach der Geburt.

Es ist daher wichtig, Beobachtungen am Fetus nach der Geburt sofort in der Hand des Neugeborenen zu kontrollieren, um zusätzliche Gewißheit zu erlangen, inwieweit der mit dem Stethoskop ermittelte Fehler nur nervöser Art war oder sich organisch niederschlug.

Auf diese Weise wollen auch sowjetische Forscher, in Anknüpfung an australische und amerikanische Untersuchungen, an Feten, Neugeborenen und heranwachsenden Kindern weiterforschen.

Es gilt, auf jedem nur möglichen Weg so früh wie möglich Fehler und Schäden zu erkennen. Denn ein sehr früh diagnostizierter Mangel kann unter Umständen durch Eingriffe oder systematische Behandlung behoben oder in den Auswirkungen eingeschränkt werden.

Damit wird dem Kind und seiner Umgebung, das heißt den Eltern geholfen.

Nun ist es schwer, bei der Beurteilung der eigenen Kinder objektiv zu sein. Über manche Fehler sieht man aus einer unbewußten Großzügigkeit hinweg, oder man übertreibt diesen oder jenen Mangel, weil man (für das Kind) gefährliche Konsequenzen fürchtet.

● Wie ist ein Kind wirklich?
● Zu welchem Typ gehört ein Kind?
● Welches sind seine wichtigsten Charakterzüge?
● Über welche Talente (geistige Dispositionen und Fähigkeiten) verfügt ein Kind?
● Wie wird der Lebensrhythmus des Kindes voraussichtlich sein, von der Geburt bis zum Erwachsensein?
● Welches sind die besten Zeiten für Entscheidungen in Fragen des Berufs, der Liebe, der Zukunftsplanung für ein Kind?
● Wie ist die gesundheitliche Grundanlage?

Das alles sollten die Eltern von jedem ihrer Kinder wissen. Wir haben, unter Anlehnung an modernste ärztliche und chirologische Erkenntnisse, aber auch in Zusammenarbeit mit Kosmobiologen und Berufspsychologen, jedes der genannten Probleme untersucht und analysieren lassen.

Wir gehen von der modernen, mit ärztlicher Hilfe entwickelten Chirologie aus, um dann ausführlich auch andere Methoden aufzuzeigen, die den Eltern Wege erschließen, um Begabungen und Anlagen in ihren Kindern frühzeitig zu erkennen und zu fördern.

Dabei stützen wir uns auch auf die Astrologie. Das hat aber nur indirekt etwas mit jener Astrologie zu tun, wie sie von vielen als „kleine Wahrsagerei" verstanden wird.

Roderich Warkentin, langjähriger Dozent am Oskar-von-Miller-Polytechnikum in München, sagt zu dieser Frage:

„Die Verfemung der Astrologie als Aberglauben bewirkt anscheinend die Blindheit der Biologie gegenüber kosmisch-physikalischen Einflüssen auf wachsendes Leben. Protonenschauer und andere energiereiche Strahlungen aus dem Weltraum wirken auf das Ungeborene, besonders auf dessen frühe Keime, viel zerstörerischer als etwa auf Astronauten.

Vielleicht kommt durch gewisse Planetenstellungen ein Abschirmeffekt gegenüber solchen Kräften zustande.

Die Tierkreiszeichen sind nichts weiter als Datierungen der Einflüsse jener Jahreszeit, in der das Ungeborene reift."

I. Die Entstehung der Hand

Die biologische Entwicklung des Menschen und seiner Hände

Die Chirologie ist ohne Zweifel dort am interessantesten, wo sie sich mit den Händen von Kindern befaßt. Das ist nicht allein deshalb der Fall, weil sich die Hand des Erwachsenen zwangsläufig aus der Kinderhand entwickelt, sondern vor allem, weil im Lebensabschnitt der Kindheit die Hand weitaus stärker im Mittelpunkt von Veränderungen und Wandlungen steht als später. Diese Veränderungen vollziehen sich oft so rasch, daß sie nur mit großer Sorgfalt wahrzunehmen sind.

Dem Studium der Kinderhand muß zum besseren Verständnis eine kurze Einführung in die Entwicklung des Kindes (von der Befruchtung des Eies an über Embryo- und Fetusstadium) vorausgehen.

Wir beginnen mit der Zeit vor der Geburt. Es fehlen uns für sie allerdings genaue Kenntnisse über die ersten zehn Tage nach der Befruchtung. Wir wissen jedoch, daß es sich in diesem frühen Stadium um außerordentlich wichtige Vorgänge handelt, die die Entwicklung des Menschen vorbestimmen.

Das Entstehen des Menschen beginnt mit der Verschmelzung von männlichen und weiblichen Keimzellen. Das Ei als weibliches Element muß von der männlichen Samenzelle befruchtet werden, damit es sich zu entwickeln beginnt. Nach der Befruchtung enthält das Ei zwei Kerne, nämlich den des Eies und den der Samenzelle.

Die beiden Keimzellen verschmelzen zu einem einzigen Kern durch Konjugation ihres Chromatins (einer leicht anfärbbaren Substanz der Zellkerne). Diese Verschmelzung, der dann die Zellteilung folgt, bildet den Anfang der menschlichen Entwicklung.

Ein neues Lebewesen entsteht also zum Zeitpunkt der Verschmelzung der männlichen mit der weiblichen Keimzelle (Zeugung) und nicht erst, wenn es das Licht der Welt erblickt (Geburt).

Der ausgestoßene (männliche) Samen besteht aus vielen Millionen Samenzellen, die sich alle in Richtung auf die Gebärmutter fortbewegen, in der das (weibliche) Ei liegt. Nur einer einzigen Spermie gelingt es aber, die Eihülle zu durchbohren und damit die Befruchtung zu vollziehen.

Das befruchtete Ei teilt sich zuerst in zwei, dann in vier, darauf in acht und mehr Zellkerne, bis sich der Embryo entwickelt, den man nach dem 4. Monat als Fetus bezeichnet. Da der Embryo aber noch keine chirologischen Indizien aufweist, braucht er uns hier nicht weiter zu interessieren. Der Fetus (am Ende des vierten Monats) wird für uns interessanter. Zu diesem Zeitpunkt besitzt er bereits in etwa die Gestalt, die er bei der Geburt zeigt. Alle Organe sind schon voll ausgebildet, es verändert sich lediglich noch seine Größe. (Die endgültige Entwicklung vollzieht sich dann innerhalb von vier Monaten oder, besser, fünf sogenannten Lunarmonaten, wenn man die Gesamtzeit bis zur Geburt auf zehn Lunarmonate [1 Lm. = 28 Tage] ansetzt.)

Wie sieht ein Fetus (von vier bis fünf Monaten) aus? Normalerweise liegt er mit eingezogenen Beinen und überkreuzten Armen in der Gebärmutter, wobei der Kopf in Richtung auf die Körpermitte geneigt ist. Die Finger sind zur Faust geschlossen, so daß man glauben könnte, sie seien zusammengeklebt.

Diese Haltung paßt sich zweifellos den äußerst begrenzten Verhältnissen des Gebärmutterraums an. Dabei sind Arm- und Beinstellung sowie Handhaltung von eigener Bedeutung.

In diesem wie auch im unmittelbar anschließenden Lebensabschnitt entwikkelt das Kind einen außergewöhnlichen Egoismus. Alle Empfindungen sind nur auf die eigene Person bezogen.

In diesem Zusammenhang ist zu beachten, daß noch nie ein Kind gleich nach seiner Geburt Beine und Arme ausstreckte, wie das dem Erwachsenen möglich ist. Selbst eine gewisse Zeit danach hält das Neugeborene die Gliedmaßen noch an den Leib gedrückt. Erst mit zunehmendem Alter nehmen Arme und Beine die später als normal bezeichnete Haltung bzw. Lage ein.

Die zu Fäusten zusammengedrückten Finger weisen nicht nur auf egozentrische Reaktionen, sondern auch auf das Urphänomen der „Angst" hin. Der Erwachsene, der seine Finger zusammenpreßt, wird aus Furcht – vor Verlust – niemals Unternehmungsgeist zeigen. Er ist ungesprächig oder formuliert die Worte nur sehr vorsichtig, da er ständig befürchtet, etwas zu sagen, das ihm materiell, moralisch oder gesellschaftlich schaden könnte. Ein derartiger Mensch wird auch überaus vorsichtig im Geldausgeben sein und nur nach reiflicher Überlegung handeln.

Ein Mensch aber, der die Finger spreizt, wird sich im Schwung seines Unternehmungsgeistes nicht durch die Furcht vor Verlust beirren lassen. Er wird meistens gesprächig sein. Er wird sein Geld ausgeben, ohne viel darüber nachzudenken. Solche Menschen stehen dann im Ruf, ihnen rinne das Geld durch die Finger.

Der Mensch beginnt sein Leben mit dem ersten Atemzug, der meistens durch einen Schrei ausgelöst wird. Chirologisch sind einige interessante Phänomene im Augenblick der Geburt zu beobachten:

Das Kind kommt mit deutlich sichtbaren, markanten Handlinien auf die Welt. Es ist in diesem Zusammenhang wichtig zu wissen, daß nach Eintritt des Todes die Handlinien zurücktreten, wobei die oberflächlichsten Linien zuerst verblassen.

Die Tatsache, daß sich die Handlinien bereits vor der Geburt des Kindes einwandfrei nachweisen lassen und nach dem Tode schwinden, ist ein Beweis für ihre erblich bedingte und vom menschlichen Leben abhängige Existenz.

Die Hand – das „äußere Gehirn" des Menschen

Im Rahmen einer kurzen medizinisch-anthropologischen Betrachtung der Hand und ihrer Bewegung und auf Grund existential-philosophischer Überlegungen stellt Oberarzt Dr. med. E. Kaemmerer fest:

„Mit der Entwicklung der Hand, die tastend die Gestalt, beinahe wie das Auge, erfaßt und erkennt, ging offensichtlich eine Differenzierung des Großhirns (insbesondere des Sprachzentrums) einher, so daß im übertragenen Sinne davon gesprochen werden kann, daß sowohl die Hand die Psyche als auch die Psyche die Hand bildet.

Daß der Hand nicht nur als Werkzeug und Waffe von jeher eine bedeutende Rolle beigemessen wurde, beweisen u. a. die Tatsache der Ausbildung der Chiromantie und Chirologie, der dem Handwerk anhaftende Sakralcharakter und nicht zuletzt die bildende Kunst, die sowohl der ästhetischen Formgebung mit der Note des Geistvoll-Schöpferischen als auch der rustikalen Rechtschaffenheit der durch Arbeit geprägten Hände mannigfalt in allen Epochen zur Darstellung verhalf.

Es wird in diesem Zusammenhang an den in ähnlicher Weise schon von Aristoteles geäußerten Ausspruch Kants, daß man die Hand als das ‚äußere Gehirn' des Menschen bezeichnen könne, erinnert. Jede humanisierende Bewegung ist in diesem Sinne eine von der Werkstruktur zwischenmenschlicher Beziehungen beeinflußte, allerdings nicht ausschließlich naiv gelebte schöpferische Tat der in Freiheit handelnden, in ihrer Existenz nie eindeutig bestimmbaren individuellen Persönlichkeit."

Die Psyche spiegelt sich in der Handform

Man unterscheidet (nach Carus) vier Handformen, die die Basis für die Erkenntnis der Psyche in der Handform bilden. Aus ihnen können und müssen die zahlreichen Mischformen abgeleitet werden.

Die Grundformen der Hand zeigen sich bereits beim neugeborenen Kind, wo sie freilich schon nach wenigen Wochen akzentuiert bzw. differenziert werden.

Die Grundformen erklären sich bereits aus den Bezeichnungen:
a) elementare Hand
b) motorische Hand
c) sensible Hand
d) seelisch-psychische Hand

Freilich ist die Hand des neugeborenen Kindes – auf den ersten Blick – noch anders geformt, als das die Zeichnungen erkennen lassen (Abbildung 1–4). Aber wir mußten die ausgereiften Handformen umreißen, um hinreichende Aufschlüsse aus der Kinderhand zu erhalten.

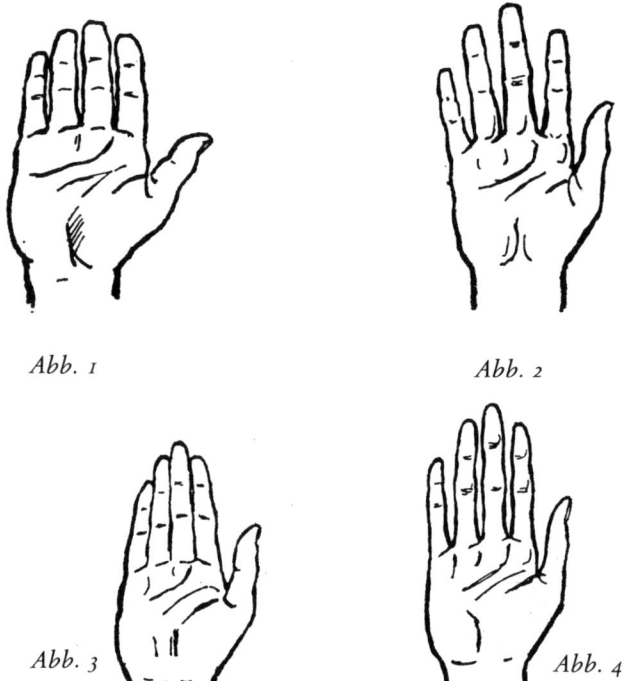

Abb. 1   *Abb. 2*

Abb. 3   *Abb. 4*

Die Babyhand im Lauf der Entwicklung

Steht das Schicksal des einzelnen unausweichlich fest? Mit anderen Worten: Ist alles Geschick vorbestimmt?

Die Antwort auf diese Frage lautet ganz entschieden: Nein!

Das in den Händen beschriebene Schicksal ist nicht unabänderlich, sondern dem Wandel unterworfen.

Sowohl Hände als auch Handlinien können sich verändern. Sie unterliegen während der gesamten Lebensdauer fortgesetzt inneren und äußeren Einflüssen.

Um die Tatsache, daß die Hand und die Handlinien sich verändern, stärker hervorzuheben, geben wir nachstehend eine Übersicht über Veränderungen, die in den übrigen Sinnesorganen des Menschen sich vollziehen.

Gehör: Das neugeborene Kind kann nicht feststellen, aus welcher Richtung ein Ton kommt. Erst nach drei Monaten ist es dazu in der Lage. Im übrigen vernimmt es leise Geräusche eher als laute.

Sehkraft: Erst in der zweiten oder dritten Woche nach der Geburt kann das Kind Licht von Dunkelheit unterscheiden. Aber selbst dann erkennt es lediglich diejenigen Gegenstände, die sich unmittelbar vor ihm befinden. Auch kann es den Gegenständen erst nach einer gewissen Zeit mit den Augen folgen.

Geruchssinn: Der Geruchssinn ist bei Neugeborenen überaus kräftig entwickelt. Das Baby erkennt seine Ernährerin an dem ihr eigenen Geruch. Die Warze der mütterlichen Brust wird gleichfalls mit Hilfe des Geruchssinns gefunden und ergriffen. Der übermäßig entwickelte Geruchssinn verliert sich dann mit zunehmendem Alter.

Hautempfindlichkeit: Die Epidermis (Hautoberfläche) des neugeborenen Kindes ist besonders für Hitze und Kälte empfänglich, während die Schmerzempfindlichkeit sich erst später einstellt.

Geschmack: Neben dem Geruchssinn ist der Geschmackssinn das am frühesten ausgebildete Sinnesorgan des Kindes. Es kann zunächst aber nur den Geschmack der Milch erfassen, d. h. den der in der Milch enthaltenen Laktose (Milchzucker). Alles, was sauer und salzig ist, wird dagegen zurückgewiesen.

Herzschlag: Die Häufigkeit des Pulsschlags liegt während des ganzen ersten Lebensjahres zwischen 110 und 130 Schlägen in der Minute. Im zweiten Lebensjahr fällt der Puls auf 100 bis 110, im dritten Jahr auf etwa 80 und bleibt so bis zur Erreichung des vollen Reifestadiums.

Arme und Beine: Der Fetus hat die Arme und Beine in Richtung auf die Körpermitte angewinkelt. Bei der Geburt behalten die Gliedmaßen diese Haltung fast unverändert bei. Erst mit zunehmendem Alter wird sie völlig aufgegeben.

Um auf die entwicklungsbedingten Veränderungen beim Kind hinzuweisen, reicht die vorstehende Aufstellung aus. Es ist hier nicht notwendig, sie um die Aufzählung weiterer Phänomene, wie die Funktions- und Konstitutionsänderungen im System der Nerven, der Verdauung, der Blutgefäße, der Nieren und Blase, der Geschlechtsteile usw., zu bereichern.

Hände, Finger, Handlinien: Wenden wir unsere Aufmerksamkeit nun den Veränderungen zu, die sich in der Kinderhand vollziehen.

Die Hände: Warum befinden sich die weichen und widerstandslosen Babyhände in diesem Zustand?

1. Chirologisch gesehen spiegelt dieser Zustand genau die physische und psychische Situation des Kindes.
2. Muskeln, Knochen und Nerven haben noch nicht die volle Reife und Widerstandsfähigkeit erlangt.

Wenn wir diese Hände mit den Augen des Chirologen betrachten, erkennen wir, daß sie fast immer dick, fett und fleischig sind, während Handrücken und Handfläche eher angeschwollen erscheinen.

Eine genaue Voraussage über die Dauer dieses Zustands läßt sich nicht machen. Sie kann bis zum Ende der Kindheit (mit etwa 13 Jahren), ja sogar bis zum Ende der Reifezeit gehen. Allerdings verlieren sich nach und nach die ge-

nannten Erscheinungsformen. An ihre Stelle treten allmählich die Wesens-
merkmale der Erwachsenenhand. Der Ablauf dieser Entwicklung kann zeitlich recht unterschiedlich sein und vollzieht sich bei jedem Kind anders.
Die Ausbildung der Hand hängt von den verschiedenen Erbanlagen ab. Diese
treten nicht streng gesetzmäßig in Erscheinung. Ein Kind kann z. B. die
Handform der Mutter, des Großvaters, des Vaters usw. haben. Ähnlich verhält es sich mit den Handlinien.

Die Forschung des Chirologen wird durch den Umstand erschwert, daß beide
Hände ungleichmäßig ausfallen.

Hände und Handlinien können sich mitunter rasch und gründlich verändern.

Die Finger: Gestalt, Zustand und allgemeiner Eindruck der Finger verdienen
kein geringeres Interesse als die Handflächen. Wir haben es in ihrem Fall
ebenfalls mit sehr wichtigen chirologischen Gegebenheiten zu tun.

Die Meinung der Wissenschaft zur Entstehung der „Handfurchen"

Immer wieder wird von Skeptikern behauptet, daß sich – abgesehen von gewissen Grundlinien – die Zeichnung in der Hand durch „den Gebrauch" bilde
und entsprechend erklärt werden müsse.

Aber die Linienanlagen in der Hand und an den Fußsohlen des neugeborenen
Kindes sind viel zu markant und über die Hauptlinien hinaus zu vielfältig ver-
ästelt, als daß man die genannte These von der Entstehung der Linien durch
den Gebrauch der Hand voll akzeptieren könnte.

Wichtige Beweise für die Bildung der Haupthandlinien – bzw. der Handfurchen – lange vor der Geburt eines Menschen liefert Prof. Doktor Max Bürger:
„Fast alle Knochen der späteren Gliedmaßen sind schon in knorpeliger Vorbildung angelegt und lassen in einer plumpen Form ihre spätere Gestaltung
erahnen. Die knorpelige Vorbildung des Skeletts entsteht im Laufe der Entwicklung in der 6. und 7. Woche aus der mesenchymalen (im embryonalen
Bindegewebe fixierten) Anlage.
Mit der Bildung eines Knochenkernes im Schlüsselbein wird der Anstoß zur
Verknöcherung der gesamten vorderen Extremität gegeben. Es treten nacheinander Knochenkerne auf. Die Skelettstücke verknöchern im allgemeinen
ebenso wie die Handwurzelknochen erst nach der Geburt. Die Mittelhand-
und Fingerknochen gehen aus je einem Diaphysen- und Epiphysenkern hervor.
Ihre Verknöcherung beginnt in der 9. Woche. Die Entwicklung der einzelnen
Mittelhandknochen ist nicht im embryonalen Stadium abgeschlossen. An den
Fingerknochen zeigen zuerst die Endphalangen Knochenkerne, ihnen folgt in
der 9. Woche die erste und zuletzt in der 11. bis 12. Woche die zweite Reihe
der Phalangen. Im ganzen ist zu beobachten, daß die Hand verhältnismäßig
langsamer wächst als der ganze Arm (Abb. 5).

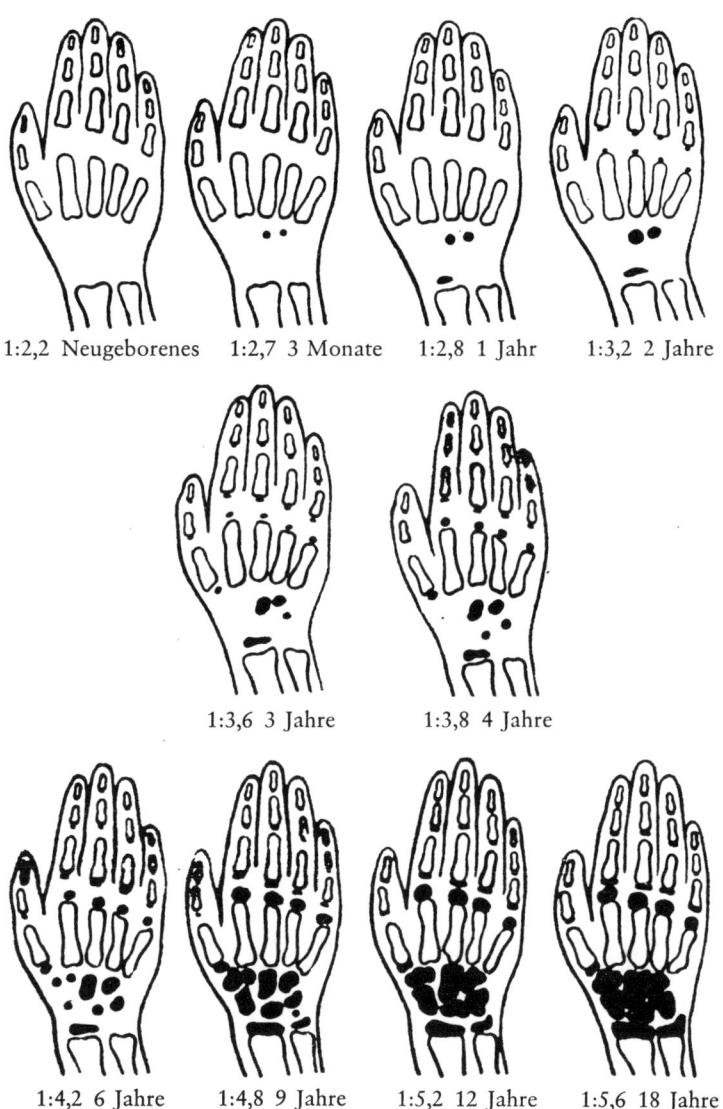

1:2,2 Neugeborenes   1:2,7 3 Monate   1:2,8 1 Jahr   1:3,2 2 Jahre

1:3,6 3 Jahre   1:3,8 4 Jahre

1:4,2 6 Jahre   1:4,8 9 Jahre   1:5,2 12 Jahre   1:5,6 18 Jahre

Abb. 5: Schema der Entwicklung des Handwurzelskeletts (nach F. Schmid).
Die Zahlen unter den Bildern geben den Maßstab an.

Mit der Ausbildung und dem Wachstum des Skeletts, durch das die Formen der menschlichen Hand geprägt werden, geht auch die Entwicklung der Haut und der Fingernägel einher.

Besondere Beachtung verdienen die feineren und gröberen Reliefverhältnisse der Handinnenfläche. Nach den eingehenden Untersuchungen von Würth entstehen die sogenannten Beugefurchen nicht als Folge von Hand- und Fingerbewegungen, wie bislang angenommen wurde, sondern sie entwickeln sich im 2. und 3. Embryonalmonat, bevor die Hand regelmäßige Bewegungen ausführen kann.

Es besteht keine Abhängigkeit der embryonalen Beugefurchen von der Entwicklung der Knochen und Muskeln der Hand. Das zeitlich verschiedene Auftreten der Beugefurchen, vor allem der ‚M'-Figur, läßt sich histologisch (aus dem Gewebe) feststellen.

Die Beugefurchen werden als Abgrenzungen der Ballen gegeneinander und gegenüber der Hohlhand auf stammesgeschichtlich gegebenen Hautbezirken angelegt. Sie sind durch das verminderte Wachstum des Corium (Lederhaut) und des Epithels (Zellverband) der inneren und äußeren Oberfläche des Körpers gekennzeichnet. Die Beugefurchenentwicklung erfolgt in zwei Richtungen mit der Hautentwicklung übereinstimmend."

Alle Hauptfurchen entstehen also schon vor Einsetzen der Bewegungen, früh in der embryonalen Entwicklung, und sie bleiben unverändert während des ganzen Lebens bestehen. Neben der transversalen bilden sich auch vertikale Furchen aus, die jedoch erst später zur Entwicklung kommen. Daneben entstehen dann noch eine Menge kleinerer, meist weniger tief einschneidender Furchen, die jeweils sehr individuell ausfallen. Den Hauptfurchen (= Handlinien) ist Erblichkeit nachgewiesen worden, doch ist diese nicht so eindeutig bestimmend, daß sie zur Feststellung einer Verwandtschaft zwischen Eltern und Kindern dienen kann.

„Die Entwicklung des wachsenden Organismus hängt mit dem Wachstum seines Skelettsystems zusammen. Dieses Wachstum beginnt im 2. Fetalmonat (Fetus: Bezeichnung des Embryos ab 3. Monat) und endet nach der Pubertät. Der gesetzmäßige Ablauf – in der Entwicklung des Gesamtorganismus wie des Skeletts – ist in der Erbmasse verankert und wird nach dem 3. Monat (Fetalzustand) vom endokrinen System (Drüsen mit innerer Sekretion) gesteuert.

Die richtige Verteilung der aus beiden entwicklungsbestimmenden Faktoren resultierenden Entwicklungspotenzen ist bei normalem Ablauf qualitativ und quantitativ so aufeinander abgestimmt, daß dem jeweiligen Entwicklungszustand des Organismus ein eng umschriebener Knochenbildungszustand entspricht."

Harmonische und unharmonische Handfurchenbildungen

Prof. Dr. Max Bürger hat sorgfältig Material zusammengetragen über jene Abweichungen, die sich nicht nur im Gesamtkörperbau, sondern auch an und in den Händen psychisch abnormer Menschen zeigen.

Vorsichtig umgeht er die These, daß körperliche Abweichungen bei psychischen Anomalien nicht nur vererbt, sondern auch durch umweltbedingte Vorgänge beeinflußt werden können. Der Zusammenhang dieser Abweichungen mit der psychischen Abnormität wird teilweise auf Entwicklungsstörungen im Zentralnervensystem zurückgeführt, teils aber auch auf die mehr örtliche Wirkung veränderter Gene.

Derartige Degenerationsvorgänge sind zum großen Teil bis heute noch nicht erklärbar.

Grundsätzlich besteht die Auffassung, daß ein harmonisches Handbild mit schön geschwungenen Linien, die tief im Handteller eingegraben sind und eine ausreichende Länge aufweisen, nicht nur ein angenehmes Bild bieten, sondern auch – wie Prof. Dr. Bürger und Frau Dr. M. Schiller beobachtet haben – hauptsächlich bei gesunden und „gewissermaßen harmonischen Menschen" anzutreffen sind.

Die Dreifingerfurche darf dabei nicht zu flach,
die Fünffingerfurche nicht zu steil abwärts verlaufen;
die Mittelfingerfurche muß kräftig und glatt sein.

Frau Dr. M. Schiller betont außerdem, daß unharmonische Handbilder, bei denen einzelne Linien durch Querlinien unterbrochen werden, die an den Enden aufgesplittert sind, sehr oft „konstitutionell minderwertigen Personen" gehören.

Ferner erklärt Frau Dr. M. Schiller, daß man Hände, deren Handinnenflächen von unzähligen Linien durchzogen sind (so daß die „M"-Figur nicht mehr deutlich zutage tritt), meist bei stark nervösen Personen antrifft.

Damit nähern sich die wissenschaftlichen Beobachtungen von ärztlicher Seite erheblich den Diagnosen, die von Chirologen schon seit Jahrhunderten gestellt wurden, die aber von der sogenannten orthodoxen Wissenschaft lange Zeit hindurch nicht anerkannt wurden und heute nur zögernd bejaht werden.

II. Reaktionen des Kindes
vor und bei der Geburt

Das erste Greifen, schon wenn die Hand entsteht

Die Bedeutung der Hand – und damit auch ihrer Zeichnung – schon im frühesten Stadium der Entwicklung charakterisiert Prof. Dr. E. Blechschmidt (Göttingen) in seinem Werk *Vom Ei zum Embryo* folgendermaßen:

„Entwicklungsabläufe sehen verschieden aus, je nachdem in welchem Zusammenhang wir sie betrachten. Untersuchen wir einen sehr kleinen Teil der embryonalen Rumpfwand, so zeigt sich folgendes: Bei einem etwa 2,5 mm großen menschlichen Keim erhebt sich eine Extremitätenanlage seitlich an der Rumpfwand als winzige Falte kaum über das Niveau der angrenzenden Körperwand. Im Verlauf dieser Entwicklung schlängelt sich die Gliedmaßenkante durch verstärktes Längenwachstum des Epithels entlang dem Kantenrand. Die dabei einsinkenden Teile der Oberhaut werden durch Gefäßstränge verankert, wogegen die nichtverankerten Teile die Finger bilden. Schwimmhäute entstehen beim Menschen nicht.

Alle diese Entwicklungsabläufe stellen im Fall der oberen Extremitäten als Leistung des ganzen Embryos bereits ein frühes Greifen – ein Wachstumsgreifen – dar. An ihm sind schon zu Beginn des zweiten Embryonalmonats Muskeln und Gelenke sowie zahlreiche Leitungsbahnen (Gefäße und Nerven) und damit im besonderen auch das ganze frühe zentrale Nervensystem beteiligt. Der primäre Gestaltungsapparat dieser Greifbewegungen ist das Grenzgewebe.

Weil diese Schicht des Embryos früher nur als Schutzeinrichtung gedeutet wurde, blieb bisher unbemerkt, daß der ganze embryonale Bewegungsapparat in Wirklichkeit ein ‚bewegter Apparat' ist, nämlich ein Körperteil, dessen Leistungen von der Oberhaut gleichsam programmiert werden. Durch eine Arbeitsgruppe am Göttinger Anatomischen Institut konnte diese Regel experimentell bestätigt werden: Durch künstliche Steuerung des Flächenwachstums der embryonalen Haut ließen sich verschiedene Varianten von Extremitäten erzeugen, deren Wachstumsrichtung und Differenzierung willkürlich veränderlich waren.

Ähnlich wie ein Wachstumsgreifen gibt es auch ein Wachstumssitzen, Wachstumsstehen und Wachstumsgehen. Embryonale ‚Strampelbewegungen' sind Übergänge vom Sitzen zum Gehen. Sie nehmen die späteren Körperbewegungen in einer vorläufigen Weise voraus."

Fußtritte des Fetus im Mutterleib weisen auf den Charakter des werdenden Kindes

Auf der Suche nach Symptomen oder Indizien, die den Charakter des werdenden Kindes erkennen lassen können, stieß die australische Ärztin Dr. Margaret Liley auf einen Vorgang, der bisher als prognostisches Indiz vernachlässigt wurde. Sie schrieb in ihrem Buch *Modern Motherhood*, daß der spätere Charakter eines werdenden Kindes sich deutlich erkennen läßt aus der Zahl und der Stärke der „Fußtritte", die das Kind im Mutterleib austeilt. Es gibt allerdings werdende Babys, die durch nichts aus der Ruhe zu bringen sind und Störungen ohne allzu starke Reaktionen ertragen. Die größte Beunruhigung für den Fetus sind Geräusche. Bekannte Geräusche wie etwa der Herzschlag der Mutter oder das Rumoren der Eingeweide der Mutter werden ohne Zeichen einer Beunruhigung hingenommen. Aber starker, plötzlich auftretender Lärm, z. B. ein Schrei der Mutter – vielleicht verbunden mit psychischen Schocks –, eine zuschlagende Tür, ein auf der Straße mit Rattern und Geknatter vorüberfahrendes Auto, lösen meist Bewegungsreaktionen des Fetus aus.

Da das Kind im Mutterleib es offenbar nicht liebt, gestört zu werden, erfolgt vom vierten Monat der Schwangerschaft an eine Reaktion auf Störgeräusche, indem sich der Fetus in seiner Hülle hin und her wälzt. Später reagiert er auch durch Fußtritte.

Man kann sicher sein, daß ein Kind, das sich im Mutterleib durch heftige Fußbewegungen wehrt, auch im Leben den Willen zeigen wird, sich Achtung zu verschaffen, da es nicht leicht erträgt, daß man sich seinen Wünschen widersetzt.

Der ruhige Fetus, der kaum auf laute Geräusche reagiert, wird auch in seinem späteren Leben mehr Geduld und Gelassenheit aufbringen.

Das künftige Baby kann aber in seinem Charakter nicht nur durch Geräusche, sondern auch durch die Reaktion der Mutter beeinflußt werden.

In diesem Fall läßt sich im voraus feststellen, ob das Kind später das Leben von der guten oder der schlechten Seite nehmen wird.

Die Wirbelsäule als ein Sack voller Steine

Jedes Baby schläft 16 von 24 Stunden, solange es sich im Mutterleib aufhält. Für den Fetus ist dieser lange und tiefe Schlaf ein großes Bedürfnis. Ein Fetus, der in seinem schönen, langen Schlummer nicht gestört werden will, wird sich jedesmal mit Fußtritten wehren, wenn die Mutter die normale, rhythmische Gehbewegung durch eine wechselvolle, unruhige Arbeit im Haushalt oder in der Küche ablöst (Abb. 6).

Ein Fetus, der sich durch Fußbewegungen als Freund eines ruhigen Daseins erweist, wird im allgemeinen später ein Mensch sein, der nicht gestört werden will und der seinen Willen zur Bequemlichkeit gegenüber der Umwelt durchsetzen möchte. Der kritische Augenblick kommt für den Fetus, wenn die Mutter ins Bett geht und sich ausstreckt, um zu schlafen – dabei drücken die Knochen ihrer Wirbelsäule wie ein langer Sack voller Steine gegen das werdende Kind. Es gibt kaum einen Fetus, der hierauf nicht reagiert und die Mutter nicht zwingt, eine für ihn günstigere Lage einzunehmen.

Dennoch gibt es einige Fetusse, die ohne allzu große Gegenwehr sogar den Druck der mütterlichen Wirbelsäule ertragen. In diesen Fällen kann man vermuten, daß eventuelle Widerwärtigkeiten des späteren Lebens mit großer Gelassenheit hingenommen werden.

Eine weitere Gewißheit, die eine Mutter über ihr Kind vor seiner Geburt erlangen kann, betrifft die Frage, ob es eigensinnig werden wird oder nicht.

Auf der Suche nach Ruhe nimmt das Kind im Mutterleib stets die ihm zusagende Lage ein. Da der Fetus dann in dieser Lage verharrt, wird eine starke und unvorhergesehene Bewegung der Mutter für ihn stets zu einem Problem.

Ein eigenwilliger Fetus zwingt die Mutter, die für ihn angenehmste Lage einzunehmen; das ist in der Regel die Seitenlage.

Aber es gibt auch Babys, die sanfter sind und mehr Verständnis zeigen. Sie lassen sich in ihrer Haltung beeinflussen, kehren aber in vielen Fällen bald wieder in die frühere und für sie bequemere Lage zurück.

Auf Grund ihres Verhaltens lassen sich also bereits während ihrer Entwicklung im Mutterleib die eigensinnigen bzw. nachgiebigen Kinder erkennen. Das ist aber noch nicht alles.

Die Mutter kann bereits vor der Geburt ermitteln, ob das Kind später sehr empfindsam sein wird.

Manchmal sind die Ärzte gezwungen, einen Katheter zu benutzen, um (unter Beachtung strengster Hygiene) eine antibiotische Lösung in die Gebärmutter unmittelbar vor der Geburt einzuführen. Auf eine so plötzlich eindringende Flüssigkeit in seine wohlige Welt reagiert jeder Fetus auf seine Weise:

So erhöht sich bei einigen z. B. der Pulsschlag. Während einige Babys dabei aber ziemlich ruhig bleiben, zeigen andere eine beachtliche Unruhe.

Schon im Fetus ist die künftige Empfindsamkeit verankert. So kommt es, daß einige Babys sensibel, andere aber sozusagen hart im Nehmen sind.

Sportler sind schon an ihrem Verhalten im Mutterleib zu erkennen

In gleicher Weise kann die künftige Mutter feststellen, ob das Kind später einmal am Sport interessiert sein wird oder nicht. Das klingt unwahrscheinlich, entspricht aber den Tatsachen.

Ein Baby, das sich gleich nach der Geburt bewegungsfreudig und aktiv zeigt, hat schon im Mutterleib „Vorübungen" unternommen. Das kann bereits gegen Ende des zweiten Monats der Schwangerschaft der Fall gewesen sein, als der Embryo knapp sieben Zentimeter groß war.

„Das Ausmaß der Muskeltätigkeit des Babys nach der Geburt hängt von der Muskelkraft ab, die es durch seine Bewegungen bereits im Mutterleib entwickelt hat", schreibt Dr. Liley.

Mancher Fetus bewegt sich nun aber kaum oder gar nicht. Es gibt Mütter, die während der ganzen Zeit der Schwangerschaft nur eine geringe Bewegung ihres Kindes verspüren. Ein derartiges Verhalten läßt den Schluß zu, daß solche Kinder später wenig Sinn für körperliche Betätigung haben und wahrscheinlich stärker zu geistiger Arbeit neigen werden.

Wird das Kind ein starker Esser sein oder ein Feinschmecker?

Es gibt noch einen wichtigen Aspekt der Persönlichkeit des Kindes, über den die Mutter erst nach der Geburt Gewißheit erlangen kann. Durch nichts läßt sich nämlich vorhersehen, ob ein Kind ein Feinschmecker wird.

Dennoch deutet das Kind bereits im Mutterleib an, ob es begierig auf Nahrung ist oder nicht. Wenn, wie hinreichend bekannt ist, alle Babys bereits vor ihrer Geburt am Daumen lutschen, so zeigen einige diese Neigung stärker als andere (Abb. 6).

Hat der Fetus eine ausgesprochene Neigung zum Daumenlutschen, so beweist er damit großes Interesse für die Nahrungsaufnahme. Das läßt auf einen später gut entwickelten Appetit schließen. Das Kind wird ein starker Esser sein.

Alle Babys lernen bereits vor ihrer Geburt, die sie umgebende Flüssigkeit zu schlucken. Diese Tätigkeit beginnt, wie durch Röntgenuntersuchungen festgestellt werden konnte, bereits im Alter von etwa 14 Wochen.

Babys, die sich leicht „aus der Schlinge" ziehen

Aus dem Verhalten gegenüber der Nabelschnur läßt sich ermitteln, ob das Kind später intelligent sein wird.

Es kommt häufig vor, daß der Fetus sich in die Nabelschnur verwickelt, die ihn mit der Mutter verbindet (Abb. 6). Die geschickten und intelligenten Babys finden dann rasch eine Möglichkeit, sich aus den Schlingen der Schnur zu befreien.

Es kann angenommen werden, daß das diejenigen sind, die sich auch im späteren Leben in jeder Lage „aus der Schlinge" ziehen werden.

Der Trick der Arglistigen

Die vom Fetus jeweils aufgenommene Flüssigkeitsmenge kann sehr unterschiedlich sein. Die künftigen großen „Trinker" oder „Esser" können während der letzten Wochen vor der Geburt zwischen 3 bis 4 Liter am Tag durchschleusen, also stündlich etwa 140 Gramm aufnehmen. Diese Menge entspricht dem Kalorienwert von 100 Gramm Milch. Mancher Fetus trinkt jedoch weniger, ja sogar erheblich geringere Quantitäten.

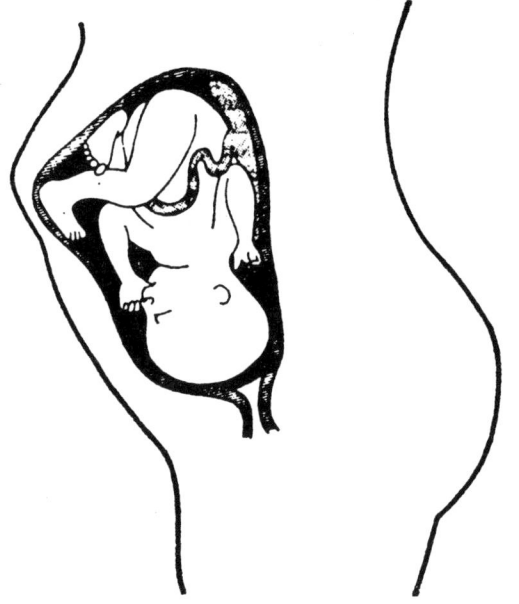

Abb. 6::
Verschlungene Position ei-
nes   daumenlutschenden
Fetus, der durch Fußtritte
seine gelegentliche Unzu-
friedenheit zu demonstrie-
ren vermag.

Die größten Schlemmer aber kann man daran erkennen, daß sie manchmal im Mutterleib einen Schluckauf bekommen. Das sind die gefräßigsten!

Die Ärztin Dr. Liley weiß darüber aus eigener Erfahrung zu berichten. Sie und ihr Mann, der gleichfalls Gynäkologe ist, haben mit dem Stethoskop den Schluckauf eines der eigenen Kinder vor der Geburt registriert. Der Fetus von damals wurde später ein großer Junge, der immer wieder durch seinen unersättlichen Appetit in Erstaunen versetzte.

Drei Monate vor der Geburt: empfindlich für alles, was ringsum geschieht

Niederschlag in den Handlinien – Erste Engramme des ungeborenen Kindes

Kinder sind nicht nur das Produkt ihrer Eltern; ihre Wesensart ist nicht nur das Produkt ihrer Erziehung und Umwelt. Es kommt noch ein anderer Einfluß hinzu, der nicht unterschätzt werden darf: Ungeborene Kinder sind in der Lage, Geräusche, Worte, Vorgänge, die sich direkt oder indirekt auf den Organismus der Mutter beziehen, zu fühlen, mitzuerleben und jeden Schreck, der die Mutter durchzuckt, als Engramm, als bleibendes Erinnerungsbild in der „unbeschriebenen" Psyche mit auf den Lebensweg zu nehmen. Bedenkt man außerdem die engen Bindungen, die gleichsam telepathisch zwischen Mutter und Kind bestehen, dann läßt sich durchaus behaupten, daß die Betreuung eines Kindes schon vor der Geburt beginnen muß.

Zahlreiche Anzeichen in den Babyhänden dürften aus dieser oft bewegten Zeit vor der Geburt stammen.

Nach der klassischen Auffassung setzt die geistige Entwicklung eines Kindes erst mit dem 7. oder 8. Monat nach seiner Geburt ein. Als die Dianetik (Lehre von der vorgeburtlichen Erziehung) entwickelt und damit die Psychoanalyse der Zukunft begründet wurde, als man zudem zu erkennen glaubte, daß der Mensch sich über den Zeitpunkt seiner Geburt hinaus zurückerinnern könne, da interessierte man sich auch für die Voraussetzungen, unter denen Engramme registriert werden konnten.

● Schon am 25. Tag nach der Zeugung beginnt die Leber des Embryos zu arbeiten, und das Herz wird vom mütterlichen Kreislauf zum Pulsieren gebracht.

● Im 4. Monat trägt das Gesicht schon Züge. Das Innere des Kopfes ist entwickelt; das Gehirn hat sich ausgebildet und nimmt anfangs mehr als die Hälfte der Gesamtlänge des Embryos ein. Auf diese Gehirnformung kommt es nun an.

● Im 6. Monat öffnen sich die Lider über vollausgebildeten Augen. In diesem vorgeburtlichen Stadium macht sich der kindliche vom mütterlichen Organismus mehr und mehr unabhängig. Das gilt vor allem für das noch primitive Nervensystem und für das Gehirn.

● Im 7. Monat vervollständigt sich das Nervensystem in den äußeren und inneren Zonen des Gehirns. Das Baby registriert schon den Geschmack der Nährmittel, die die Mutter zu sich nimmt. Die Nägel wachsen. Das noch Ungeborene ist höchst aktiv. Es schlägt mit Händen und Füßen um sich. Es lutscht am Daumen.

Vor allen Dingen aber registriert das Gehirn bereits alle Vorgänge außerhalb des Mutterleibs, und zwar in Form von Engrammen, die sich als Spannungsvorgänge in der Psyche bzw. in den Hirnzellen niederschlagen.

Jede Störung im Kreislauf, jede Unterbrechung der Drüsenfunktion, jeder Lärm, jeder Stoß, den die Mutter erleidet, jeder Kummer, den sie durchmacht – alles das wird zu einem direkten Erlebnis des ungeborenen Wesens.

Bei schweren Erschütterungen seelischer und körperlicher Art leidet das werdende Wesen mit. Hat die Mutter unter finanziellen Nöten zu leiden, wurde sie von einem Mann verlassen, quält sie sich in Gedanken um die Zukunft des zu erwartenden Kindes, dann wirken sich diese Sorgen, die organisch veränderte Drüsentätigkeiten zur Folge haben, unbedingt auch auf das Kind aus.

Man hat Hunderte von Menschen in einen hypnotischen Zustand versetzt und sie dabei veranlaßt, in die Zeit vor ihrer Geburt hineinzutauchen, um aus der unauslöschlichen Früh-Erinnerung das zu rekonstruieren, was sich in den letzten drei Monaten vor der Geburt abgespielt hat.

Eine Mutter muß vor der Niederkunft auf diese psychischen Vorgänge Rücksicht nehmen. Sie muß bedenken, daß ihr Kind „mithört", wenn sie weint und jammert, daß es lauscht, wenn man mit ihr schimpft, wenn man sie quält. Im Interesse des Kindes müssen Krisen in den letzten drei Monaten vor der

Geburt vermieden werden. Der heranwachsende Mensch muß sich sonst später mit einer kranken und nervösen Seele abquälen.

So werden analytische und prognostische Erläuterungen des erfahrenen Chirologen verständlich. Denn unmittelbar nach der Geburt sind die Zeichen schwerer Erlebnisse (aus der Zeit vor der Geburt) noch in aller Deutlichkeit in den Handlinien sichtbar.

Schluckauf im Mutterleib

Hochinteressante Feststellungen über das Rätsel des werdenden Lebens trifft Geraldine Lux Flanagan in ihrem Buch *Die ersten neun Monate des Lebens*. Vor allem die Angaben über den 5. und 6. Monat sind von erheblicher Wichtigkeit, weil hier auch auf Veränderungen der Hände Bezug genommen wird und die lebhaften Reaktionen des Kindes auf Außenweltstörungen erwähnt werden. Im einzelnen sagt Geraldine Lux Flanagan:

„Im fünften Monat wird der Herzschlag des Babys lauter. Wenn das Baby eine günstige Lage innehat, kann der Herzschlag am mütterlichen Abdomen gehört werden. Mit einem Stethoskop läßt er sich gut wahrnehmen. Die Muskulatur des Babys wird jetzt kräftiger, und weil es größer geworden ist, spürt die Mutter schließlich auch seine Bewegungen. Gewöhnlich bemerkt sie die erste Unruhe gegen Ende des vierten oder zu Anfang des fünften Monats.

Bald gehen die Bewegungen in deutliches Stoßen und Drehen über. Wenn die Mutter gut aufpaßt, kann sie die Hände von den Füßen und den Kopf vom Gesäß unterscheiden und zeitweilig auch eine Art Pochen wahrnehmen, etwa fünfzehn bis dreißig Stöße pro Minute. Das Baby hat dann einen Schluckauf. Babys können in der Gebärmutter einen Schluckauf haben, und dieser kann eine viertel oder gar eine halbe Stunde lang anhalten.

Der Fetus schläft und erwacht etwa so oft wie ein Neugeborenes. Wenn es schläft, geht es immer in seine Lieblingsstellung, die man seine ‚Lage‘ nennt.

Jedes Baby hat eine charakteristische Lage. Einige schlafen immer mit dem Kinn auf der Brust, während andere den Kopf zurückbeugen, bisweilen so weit wie nur irgend möglich.

Wenn das Baby wach wird, bewegt es sich frei in der Flüssigkeit umher, wobei es sich seitwärts und manchmal auch kopfüber dreht. In diesem Alter liegt sein Kopf manchmal oben und manchmal unten. Es behält diese Gewohnheit bis zum neunten Monat bei, in dem es dann nicht mehr soviel Ellbogenfreiheit hat. Manchmal wird das Baby durch äußere Erschütterungen aus dem Schlaf geweckt. Es kann zum Beispiel, wenn die Mutter ein Bad nimmt, durch einen kräftigen Stoß an die Badewanne aufgeweckt werden. Auch ein lautes Konzert oder eine vibrierende Waschmaschine kann es wecken.

Im sechsten Monat setzt es auch etwas Fett unter der Haut an und erreicht ein Gewicht von etwa achthundert Gramm. In diesem Monat entwickeln sich oben im Gaumen, hinter den Milchzähnen, die Zahnknospen des Dauergebisses.

Jetzt werden auch die Lider beweglich. Der Fetus kann die Augen öffnen und schließen und nach oben, unten und zur Seite sehen.

Er bekommt einen so festen Griff, daß er schon fast sein eigenes Gewicht zu heben vermag.

Im siebten, achten und neunten Monat erreicht das Baby sein Geburtsgewicht und entwächst seinem Heim in der Gebärmutter.

Im siebten Monat können die Haupthaare lang ausgewachsen und die flaumigen Lanugohaare größtenteils abgestoßen sein. Das Baby lernt jetzt das Saugen und kann auch schon am Daumen lutschen. Tatsächlich werden einige Babys mit einer Art Schwiele am Daumen geboren, die vom Daumenlutschen in der Gebärmutter herrührt.‘‘

Verzögerte Gehirnentwicklung bei Eiweißmangel

Wir wissen, daß eine verzögerte Gehirnentwicklung sich in den Handlinien niederschlägt. Das ist wichtig festzustellen, weil sorgfältig zwischen Erbanlagen und erworbenen Schädigungen unterschieden werden muß, obwohl das eine wie das andere nachträglich (nach dem jetzigen Stand der Wissenschaft) kaum mehr korrigiert werden kann.

Der Mensch bekommt eine ungeheure Menge von Erbanlagen mit. Dr. Wolfgang Schmidbauer hat sie mit einem Lexikon verglichen, das 46 Chromosomen-„Bände“ mit jeweils 20000 Seiten enthält. Eine solche Enzyklopädie würde eine ungeheure Menge an Stichworten, d. h. an Informationen enthalten; ebenso auch jene Erbanlagen, die bei jedem Kind stets neu kombiniert werden, so daß eine bisher nie dagewesene „Mischung“ entsteht.

Dazu kommen nun aber die erworbenen Schädigungen.

Wir erwähnen in diesem Zusammenhang – weil diese Vorgänge sich auch in den Handlinien niederschlagen – das niedrigere Geburtsgewicht von Kindern, deren Mütter während der Schwangerschaft in erheblichem Maß Zigaretten rauchten. Das Untergewicht bei der Geburt ist nicht allein mit einer reduzierten Nahrungsaufnahme zu erklären, die man häufig bei zigarettenrauchenden Müttern beobachtet, sondern auf die unmittelbaren Schädigungen, die durch das Zigarettenrauchen verursacht werden.

Die Neugeborenen von Raucherinnen wiegen in vielen Fällen bis zu 20 Prozent weniger. Die Nieren sind im Durchschnitt 25 Prozent, das Vorderhirn ist um 12 Prozent, der Hirnstamm um 10 Prozent leichter, und auch das Plazenta- und das Lebergewicht liegen eindeutig niedriger. In Tierversuchen konnte man zusätzlich feststellen, daß vor allem die Zellzahl des Hirnstamms deutlich reduziert ist.

Freilich wird auch durch große Unterernährung die Entwicklung eines Kindes in der Gehirnentwicklung erheblich beeinträchtigt.

Die Beobachtungen, die man in bezug auf die Handlinien bei einer verzögerten Gehirnentwicklung machen kann, sind eklatant, und sie lassen sich unmittelbar nach der Geburt machen.

Wichtig ist die Feststellung, daß die Beeinflussung der Gehirnentwicklung nicht nur durch absolute, sondern auch durch realtive Protein-Unterernährung verursacht werden kann.

Nicht nur extreme Mangelsituationen, sondern auch schon deutliche relative Eiweißunterernährung im letzten Viertel der Schwangerschaft und in den ersten beiden Lebensjahren des Kindes beeinflussen die körperliche und geistige Entwicklung nachhaltig.

Die Untersuchungen der Ärzte Dobbeng, Smart, Chase, Waisman und Winick ergaben, daß die Eiweißmangelzustände mit ihren hirnorganischen Teilleistungsstörungen unmittelbar in die aktuelle Problematik sozialer und emotioneller Störungen in den Umweltbeziehungen junger Menschen hineinstoßen, wie sie in verminderter Lernfähigkeit, Störungen in bezug auf die Wahrnehmungs- und Koordinationsfähigkeit, in Form von Frustration und Lebenskrisen in Erscheinung treten.

„Das Gehirn hat bei der Geburt des Menschen erst 25 Prozent seiner endgültigen Größe, nur 66 Prozent der endgültigen Zellen und lediglich 10 Prozent der letztlich benötigten Myelolipide.

Alles andere wird nach der Geburt gebildet. Die Struktur ist erst am Ende des zweiten Lebensjahres komplett angelegt. Mit anderen Worten: In dieser ganzen Zeitspanne werden Proteine in hohen Mengen benötigt, um den Bedürfnissen der zerebralen Strukturbildung gerecht zu werden."

Es gilt also, vor der Geburt des Kindes die Mutter mit entsprechenden Proteinen zu versorgen, und es gilt, nach der Geburt unverzüglich mit einer Protein-, Vitamin- und Eisensubstitution zu beginnen. Denn je weiter die Gehirnentwicklung fortschreitet, desto eher erwachsen Schäden, die nicht wieder gutgemacht werden können.

Die künftige Basis Intelligenz, das Verhalten und die Lernfähigkeit eines Kindes müssen also vor der Geburt eingeleitet und nach der Geburt des Kindes unbedingt in stärkstem Maß gefördert werden.

Bei Proteinmangel vor der Geburt und unmittelbar nach der Geburt ergeben sich funktionelle Defekte. Das Gehirngewicht, die Zellzahl sowie der Intelligenzquotient und die psychomotorischen Fähigkeiten bleiben unter der Norm. Verhaltens- und Lernstörungen werden deutlich vermehrt.

Wichtig ist auch eine weitere Feststellung, die von Ärzten der Harvard-Universität gemacht wurde: daß jedes gesunde Kind schon unmittelbar nach der Geburt zu gehen versucht, wenn man seine Füße z. B. mit einer Tischplatte in Berührung bringt. Diese angeborene Fähigkeit geht dann meist durch das untätige Liegen des Säuglings in den ersten sechs bis zehn Wochen nach der Geburt fast völlig verloren.

Das bleibt nicht ohne Rückwirkungen auf das Gehirn und auf die – Linien in den Fußsohlen, auf die wir bereits aufmerksam machten.

Nicht nur der Geh-Instinkt, sondern auch die Zeichnung in den Fußsohlen bleiben erhalten, wenn das Kind täglich wenigstens dreimal, unter den Armen gehalten, auf seine Füße gestellt wird. Die in Frage kommenden Gehirnzonen werden auf diese Weise so stark angekurbelt, daß das Kind dann fünf bis sechs Wochen früher laufen lernt als üblich und daß seine intellektuelle Entwicklung diejenige anderer Kinder, deren Lauf-Instinkt nicht gefördert wurde, überrundet.

Und auch hier machen wir aufmerksam auf die Tatsache, daß sich in den Linien der Fußsohlen genau wie in den Linien der Hände diese Vorgänge deutlich widerspiegeln.

Das gilt auch für Schädigungen, die z. B. im Laufe der letzten Wochen einer Schwangerschaft durch karzinogene (krebserregende) Substanzen eingetreten sind.

Hochwirksame krebserregende Stoffe treten nicht nur als industrielle Abfallprodukte auf, sondern kommen weit häufiger in unserer natürlichen Umwelt vor, als wir lange Zeit wußten.

Man hat z. B. festgestellt, daß bei Kindern Krebs erzeugt werden kann, wenn die Mütter während der Schwangerschaft – sei es mit der Nahrung oder durch bestimmte Medikamente – karzinogene Substanzen zu sich nehmen, da diese Stoffe auf dem Umweg über die Plazenta, den Mutterkuchen, dem Austauschorgan zwischen Mutter und Fetus, in den Organismus des Ungeborenen gelangen.

Man faßt heute diese Art Karzinogene unter dem Sammelbegriff Aflatoxine zusammen. Zu ihnen gehören z. B. alle verschimmelten Nahrungsmittel, aber auch u. a. Speck, Walnuß- und Haselnußkerne, Tomatenmark u. a.

Es muß, wie Professor Dr. D. Schmäbel berichtet, daran gedacht werden, daß die bei Kindern auftretenden Geschwülste bereits im Mutterleib erzeugt und angelegt wurden. „Neben diesen Tumoren, die relativ kurz nach der Geburt auftreten, gibt es aber auch Stoffe, die nach Gabe während der Schwangerschaft bei den Nachkommen erst in hohem Alter, an ihrem Lebensende, zu Krebs führen."

Dabei ist nun die Tatsache von besonderer Wichtigkeit, daß der Fetus gegen den Einfluß bestimmter karzinogener Noxen hundertfach empfindlicher reagiert als das mütterliche Gewebe; etwa ein Hundertstel derjenigen Dosis, die bei Erwachsenen Krebs erzeugen würde, verursacht bereits dieses Leiden im Mutterleib.

Den geringsten Anzeichen in den Handlinien, die auf eine ungünstige Beeinflussung aus der Zeit vor der Niederkunft der Mutter schließen lassen, sollte unbedingt durch Fachuntersuchungen nachgegangen werden, damit rechtzeitig vorbeugende Maßnahmen getroffen werden können.

Was geschah mit dem Kind, als es klein war?

Freilich können auch andere Faktoren aus der Zeit nach der Niederkunft als Belastungen für das heranwachsende Kind hinzukommen.

Prof. Dr. W. Catel (Kiel) führt die Zunahme der Jugendverbrechen und der Unerziehbarkeit in vielen Fällen zurück auf Schäden, die die Kinder zwischen den ersten Minuten des Lebens und ihrem 12. Lebensjahr erlitten:

Kinder, bei denen die Atmung nicht sofort nach der Geburt einsetzt, tragen Dauerschäden davon, die sich im Nervensystem bemerkbar machen;

Kinder, die in den ersten zwei Lebensjahren Gehirnerschütterungen durch Fall oder Stoß erlitten, überstehen dies nur in etwa zehn Prozent aller Fälle ohne Spätschäden;

Hirnverletzungen vor dem 3. Lebensjahr haben fast immer Erziehungsschwierigkeiten zur Folge;

Naschsucht ist bei Kindern unter 10 Jahren meistens auf eine Störung im Zuckerhaushalt zurückzuführen;

Häufige Entzündungen der Ohrspeicheldrüse („Ziegenpeter" u. a.) führen oft zu Verkrümmungen an Unterleibsorganen und zu Minderwertigkeitskomplexen.

Aus diesen Vorgängen resultiert ein fataler Kreislauf, der den heranwachsenden Menschen in Zwangslagen bringt, aus denen er nicht selten mit Gewalt (durch Verbrechen) zu entkommen sucht, wenn er nicht richtig gelenkt wird.

Hochsensibel für äußere Einflüsse während der Geburt

Nachdem wir bereits ausführten, daß der werdende Mensch durch die Vorgänge in den letzten drei Monaten vor der Geburt stark beeinflußt werden kann, da die Erlebnisse der Mutter bei ihm sogenannte Engramme hinterlassen, muß diese Feststellung um ein wichtiges Moment erweitert werden:

In zahlreichen Beobachtungen wurde festgestellt, daß der Augenblick der Geburt für das neue Lebewesen ein Zeitabschnitt ist, in dem es sich aus psychischen, biologischen und chemischen Gründen als besonders empfindlich erweist.

Die Engramm-Theorie von der Geburtsstunde (bzw. der Zeit vor der Geburt) hat die These erhärtet, daß u. a. das Atemzentrum und alle davon beeinflußten Nerven mit der ersten Lebensbekundung des Menschen engstens zusammenhängen.

Die Biologen führen diese Vorgänge darauf zurück, daß das Althirn ein Teil des Stammhirns ist, d. h. der ältesten Hirnregion, die das eigentliche Hirnorgan der Primitiv-Persönlichkeit ebenso enthält wie die rhythmischen Regulierungen, ohne die das Atemzentrum, das Herzzentrum, aber auch die obersten Drüsen der inneren Sekretion, Hypophyse und Epiphyse (Hirnanhangdrüse und Zirbeldrüse), nicht ordnungsgemäß funktionieren können.

Die Parapsychologie prüft die „magischen Angaben" über das sogenannte dritte Auge (Scheitelauge), das als Zentralorgan des magischen Geschehens

betrachtet wird, weil von dieser Zentrale die Regulierung der elektromagneti-
schen Spannung des Gehirns ausgeht.

Es kam an dieser Stelle darauf an, auf die unmittelbaren Einflüsse hinzuweisen, die sich vor der Geburt und auch im Augenblick der Geburt zeigen können, und dies immer im Hinblick auf das Handbild des neugeborenen Kindes;
denn starke Engramme schlagen sich stets im Handbild nieder. Der Weg über
das Gehirn zu den Händen ist unmittelbar. Warum sollten sich die Nieder-
schläge äußerer Vorgänge auf dem Wege über das Gehirn in den Händen also
nicht auch schon bei Neugeborenen zeigen?

Schon vor der Geburt: Anpassung an den Lärm der Umwelt

Die befürchteten psychischen und physiologischen Schädigungen und Gefahren durch den Lärm der Umwelt werden sehr unterschiedlich bewertet. Im
Rahmen der Untersuchungen einer Projektgruppe „Lärmbekämpfung", die
von der Regierung der Bundesrepublik Deutschland eingesetzt wurde, erwog
man Maßnahmen, um zu verhindern, daß bei vielen Kindern schon vor oder
kurz nach der Geburt etwa durch Umweltlärm ein Verlust oder eine Minde-
rung des Gehörs und damit der späteren sozialen Lern- und Kommunika-
tionsfähigkeit eintritt.

Andererseits aber haben die beiden japanischen Forscher Y. Ando und H.
Hattori von der Universität Kobe zufällig beobachtet, daß der Mensch sich
offenbar schon vor der Geburt an Lärm gewöhnen kann. Säuglinge reagierten
unterschiedlich – je nach der Länge des Aufenthalts ihrer Mütter in einem Ort
in der Nähe des internationalen Flughafens Osaka.

Die Kinder von Müttern, die bereits vor der Empfängnis in die Nähe des
Flughafens gezogen waren – Kinder also, die in ihrem gesamten embryonalen
und fetalen Leben in der Nähe des Flughafens gelebt hatten –, schliefen bei
Flugzeuglärm vollkommen ruhig. Nur wenige erwachten und weinten. Wenn
aber die Mütter erst während der ersten fünf Monate der Schwangerschaft zu-
gezogen waren, blieben ihre Kinder viel seltener bei Flugzeuglärm ruhig; die
Zahl der erwachenden und schreienden Kinder lag erheblich höher.

Man nimmt daher an, daß durch intensiven Lärm das noch nicht ausgereifte
Nervensystem beeinträchtigt wurde, was sich nach der Geburt als Lärman-
passung zeigte.

Die genannten Forscher vermeiden es, von einer negativen Entwicklung zu
sprechen. Sie geben der Hoffnung Ausdruck, daß die Söhne und Töchter der
jetzigen Menschen, auch wenn sie in starkem Lärm zu leben gezwungen sein
werden, diesen nicht mehr so stark und unangenehm empfinden müssen wie
wir.

III. Was man von den Händen der Neugeborenen weiß

Altes Erfahrungsgut um die Hände von Neugeborenen

Die Aufmerksamkeit der am Studium der Handlinien Interessierten wandte sich bereits frühzeitig den Händen der Neugeborenen zu. Freilich blieb es unserer Zeit vorbehalten, durch Ärzte und Psychologen das Problem auch von wissenschaftlicher Warte aus anzufassen.

Die Erkenntnisse, die man vor 70 bis 80 Jahren bei den ersten Untersuchungen zu diesem Thema gewann, sind erstaunlich überzeugend und lassen sich in erweiterter Form auch in unsere Zeit übernehmen.

Freilich müssen dabei veraltete Anschauungen über erotische Probleme ausgeklammert bzw. neu durchdacht werden, da seit Freud, Adler und anderen Psychoanalytikern und im Zuge einer neueren sittlichen Einstellung die Haltung gegenüber den „schlimmen Sünden" heute ein stark verändertes Gesicht zeigt.

Eine um die Jahrhundertwende erschienene Untersuchung zur Kinderhand von G. W. Gessmann, die wir nachstehend auszugsweise wiedergeben, wird aufmerksamer Lektüre empfohlen, da die dort festgehaltenen Beobachtungen empirische Einsichten vermitteln, die in ihren Konsequenzen auch für uns noch nicht überholt sind:

1. Die charakteristischen Hand- und Fußformen werden von dem neugeborenen Kinde bereits mit auf die Welt gebracht, sind demnach angeboren.
2. Diese Handformen erleiden im Verlauf der Entwicklung des menschlichen Körpers keine prinzipiellen Veränderungen mehr, sondern nur solche, die durch Fettabnahme oder -zunahme bedingt sind, oder solche, die zu gewissen Zeiten genereller geistiger Umstimmung eintreten.
3. Man kann aus bestimmten typischen Handformen gewisse Schlüsse auf bestimmte Geistes- und Gemütseigenschaften ziehen.
4. Die Linien der Hohlhand sind nicht nur physiologisch bedingt, sondern stehen auch mit Vorgängen im Gehirn in direktem Zusammenhang. Sie lassen daher ebenfalls Schlüsse auf geistige Vorgänge und Veranlagungen zu.
5. Grundsätzlich ist eine Prüfung der Handlinien berechtigt,
   - weil man aus bestimmten typischen Formen Schlüsse auf geistige Eigenschaften ziehen kann,
   - weil sich ferner aus dem Aussehen der Handlinien Rückschlüsse auf gewisse Veränderungen oder Vorgänge im Gehirn, im Gemüt und Charakter eines Menschen ziehen lassen,

● weil man nach dem Gesetz der Wahrscheinlichkeit und auf Grund ge-
machter Erfahrungen gewisse daraus ableitbare bzw. zukünftige Verhaltensweisen erkennen kann.

Weist eine Kinderhand geschmeidige und elastische Finger auf, die sich leicht
zurückbiegen lassen, so darf man bei dem betreffenden Kleinen Scharfsinn,
Wißbegierde und Geschicklichkeit erwarten. Es empfiehlt sich, solche Kinder
Berufszweigen zuzuteilen, die vor allem manuelle Fertigkeiten, aber auch
Verstand und Kombinationstalent erfordern.

Sind die Finger konisch und dabei glatt, so haben wir ein Kind vor uns, das
sich am besten dem feineren Kunstgewerbe, der Feinmechanik usw. widmet,
wenn es Gutes in seiner Art leisten soll.

Befinden sich an einer Hand Nagelglieder, die verschiedene Formen aufweisen, so darf dies als ein weniger vorteilhaftes Zeichen betrachtet werden, da
man hier auf Vielseitigkeit ohne Gründlichkeit, d. h. auf einen schwankenden
Charakter schließen kann.

Hält man eine Kinderhand mit geschlossenen Fingern gegen das Licht, ohne
daß sich eine Spur jenes rosig durchschimmernden Fleischtons einstellt, so
darf man bei dem Kind eine Anlage zum Geiz vermuten.

Ähnliches ist der Fall, wo die Finger fleischig und sehr gerade ausfallen. In
solchen Fällen haben die Erzieher die schwere Aufgabe, im Gemüt des Kindes
das natürliche Wohlwollen zu steigern, um dadurch Habsucht und Geiz auszuschalten.

Eine Kinderhand mit kurzen und dicken Fingern deutet auf eine grausame
Gemütsart hin. Man wird bei Kindern mit solchen Händen häufig die Neigung vorfinden, kleine Tiere, und seien es auch nur Fliegen oder sonstige
Insekten, zu quälen. Diese Neigung muß so bald als möglich unterdrückt
werden.

Lange und sehr bewegliche Finger an einer Kinderhand verraten diplomati-
schen Sinn, Schlauheit, aber auch Lügenhaftigkeit und Veranlagung zu Täu-
schungsmanövern. Kinder mit derartigen Händen sind äußerst schwer zu erziehen, weil sie sich in der Regel den Eltern und Erziehern gegenüber ganz
anders geben, als sie wirklich sind. Hier ist es nun Sache des Erziehenden
(sollte er diese Merkmale an den Händen vorfinden), die erwähnten Eigenschaften genau zu beobachten, um auf das Kind bessernd einzuwirken.

Sind an solchen Händen die Nagelglieder der Finger stumpf, so lassen sich
nicht selten auch Neigungen zur Kleptomanie feststellen.

Glatte, aber durchscheinende Finger sind Anzeichen einer wohlwollenden, oft
aber auch neugierigen und unbesonnenen Gemütsart. Bei Kindern äußern sich
die ersten Anzeichen eines neugierigen Naturells sehr bald, werden jedoch oft
verkannt und von den Eltern als Wißbegierde gelobt. Neugier und Wißbegierde sind hier noch nicht so scharf zu trennen, daß man dies sofort als solche
erkennen könnte.

Findet man an einer Kinderhand glatte und kegelförmige Finger, die einigermaßen an den künstlerischen Handtypus gemahnen, so kann man allgemein

Schwatzhaftigkeit, Flüchtigkeit des Geistes sowie Gedankenlosigkeit als hervortretende Charaktereigenschaften annehmen. Das sind Eigenschaften, die nur schwer durch Erziehung, am besten noch durch zweckmäßige Übungen in geistiger Tätigkeit, korrigiert werden können.

Starke und knotige Finger an einer Kinderhand werden immer als Anzeichen von Klugheit und klarem Auffassungsvermögen anzusehen sein. Kinder mit solchen Händen sind zum Studium geeignet, man sollte sie von wissenschaftlichen Berufen nicht fernhalten. Diese Kinder können andererseits aber zu sehr an Studium und Büchern hängen und ihre körperliche Entwicklung vernachlässigen; sie sollten sich in ihren Mußestunden nicht mit Unterhaltungslektüre, sondern nach Möglichkeit mit Bewegung in freier Luft bzw. mit Gymnastik befassen.

Als ein untrügliches Merkmal von Hast und Ungestüm ist das Schlenkern der Arme beim Gehen anzusehen, ebenso das häufige Öffnen und Schließen der Hände.

Anomalien der Hand verraten Herzstörungen, Frauenleiden, Schilddrüsendisfunktion

Der amerikanische Arzt Dr. Fred Frosner hat festgestellt, daß bemerkenswerte Anomalien physiologischer und psychischer Natur bereits an den Händen und Nägeln von Neugeborenen eindeutig erkannt werden können.

Nervöse Erschöpfung

Wenn der *Mittelfinger übermäßig lang, der kleine Finger aber zu kurz*, ist, liegt sehr häufig eine starke Neigung zu nervösen Depressionen und nervöser Erschöpfung vor, besonders bei Veranlagung zu kalten Händen und bei den Nägeln mit weißen Flecken. (Abb. 7)

Blutarmut

Die Nägel erscheinen in ihrem Mond, also am untersten Teil des aus dem Nagelbette herauswachsenden Nagels, blaß. Die Nägel zeigen außerdem die Tendenz, sich nach innen zu auszubuchten, ein Zeichen dafür, daß die Blutversorgung darunter nicht ausreicht bzw. der Kalkhaushalt gestört ist.

Meist erscheint auch die Hand zu blaß, verglichen mit der normalen Hautfarbe, die man vor allem im Handinneren beobachten müßte.

Krampfadern

Wenn der *Ringfinger besonders stark* entwickelt ist oder ein anderer Finger an Umfang erheblich über die anderen Finger hinausgeht, ist fast immer eine gewisse Neigung zur Venenerweiterung bzw. zu Krampfadern gegeben. (Abb. 8)

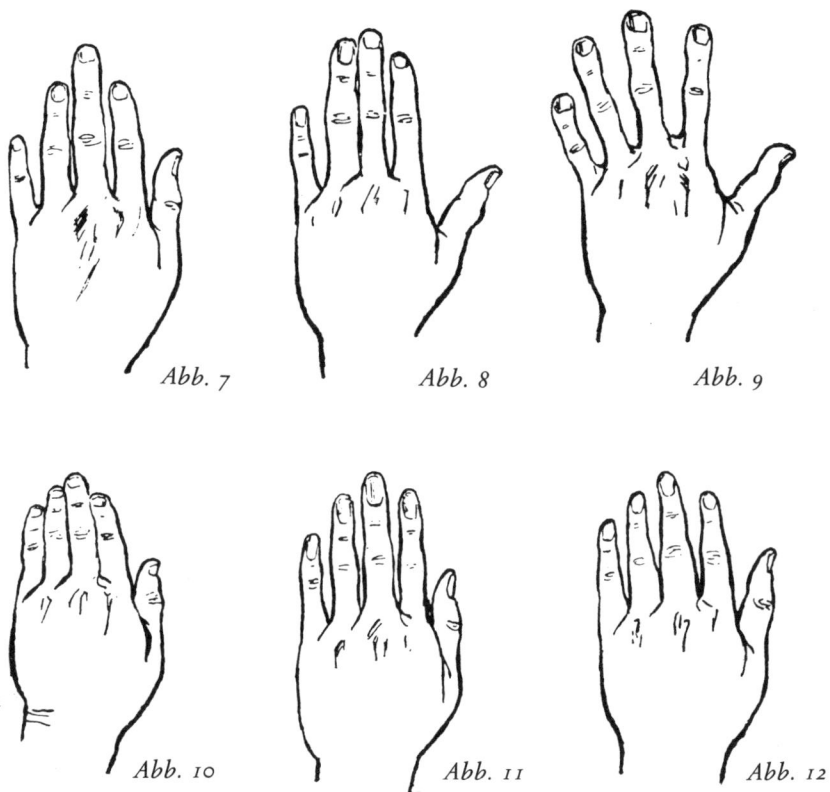

Abb. 7   Abb. 8   Abb. 9

Abb. 10   Abb. 11   Abb. 12

Herzstörungen

Wenn die Finger in ihrem *Endglied die sog. Trommelschlegelform* aufweisen und sehr breit erscheinen, ist dies häufig ein Zeichen von Herzstörungen. Das ist vor allem dann der Fall, wenn die Hände schlecht durchblutet, die Nägel bläulich sind und die Fingerabdrücke merkwürdige Dreiecksformen aufweisen. (Abb. 9)

Frauenleiden · Prostata-Veränderungen

Wenn die *Finger ungewöhnlich kurz sind (vor allem der kleine Finger)* und die Nägel in Fächerform wachsen, wobei der Nagelmond kaum in Erscheinung tritt, ist fast immer mit einer Störung im Bereich der weiblichen Geschlechtsorgane, beim Mann im Bereich von Hoden und Prostata, zu rechnen. (Abb. 10)

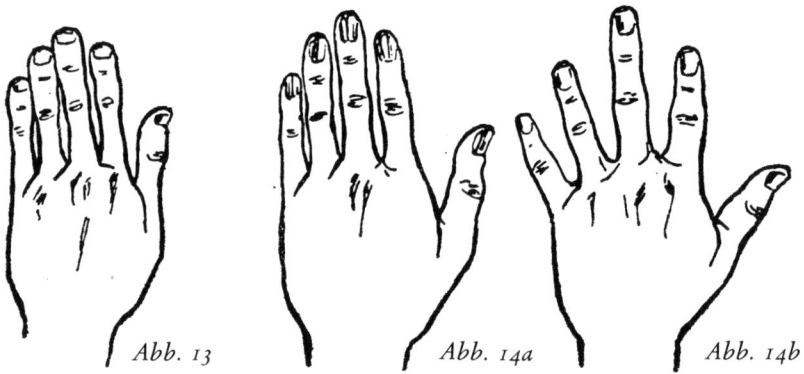

Abb. 13   *Abb. 14a*   *Abb. 14b*

Übermäßige Schilddrüsenfunktion

Wenn die *Nägel sehr lang*, gleichzeitig aber *sehr schmal* sind und der Mond
ungewöhnlich breit erscheint, dürfte die Schilddrüse zu stark funktionieren.
(Abb. 11)

Unterfunktion der Schilddrüse

Laufen die *Finger konisch zu* und zeigen sich auf den Nägeln bemerkenswert
starke Längslinien, machen die Finger ferner einen *aufgequollenen* Eindruck,
so kann man mit einer Disfunktion oder Unterfunktion der Schilddrüse rechnen. (Abb. 12)

Störungen im Bereich der Lungen

Wenn die Finger zur *Trommelschlegelform* neigen, *im zweiten Fingerglied
aber sehr schmal* werden, muß mit Störungen im Bereich der Lungen gerechnet werden. (Abb. 13)

Schwache Lungenfunktionen

Sind die Nägel gewölbt und erscheinen sie blau, dürfte eine Unterfunktion
im Bereich der Lungen vorliegen. Man beobachtet die Veranlagung zu solchen
Nägeln oder die sogar später noch mögliche Entwicklung derartiger Nagelformen meist bei Personen mit Emphysemen (Lungenblähung u. a.).

Rheumatismus

Sind die Hände sehr trocken und die Nägel gestreift, besteht latente Anfälligkeit für infektiösen Rheumatismus.

Gefährliche Neigung zum chronischen Rheumatismus

Wenn die Nägel in ihrer ganzen Länge mit Längsstrichen versehen sind und außerdem Neigung zeigen, sich hier und da zu spalten, als wollten sie aufbrechen, muß mit einer verstärkten Anfälligkeit für Rheumatismus, und zwar für chronischen Rheumatismus, gerechnet werden. (Abb. 14a)

Verdauungsstörungen

Wenn der Mittelfinger zu lang ist, liegen sehr häufig Verdauungsstörungen vor, die gelegentlich zu schweren Koliken führen, ebenso aber auch Gallensteinbildungen hervorrufen können. (Abb. 14b)

Stoffwechsel-Abweichungen vom Normalen

Folgt man den Untersuchungen von Henri Mangin, so müßten bereits in der Kleinkinderhand die Stoffwechsel-Abweichungen vom Normalen zu beobachten sein.

Diese treten, wenn es nicht gelingt, sie rechtzeitig zu bekämpfen, später in aller Deutlichkeit zutage.

Henri Mangin beschreibt die abweichenden Typen wie folgt:

Der Sauerstofftyp

Die Widerstandskraft des übersensiblen Menschen ist infolge der anomal gesteigerten Stoffwechseltätigkeit stark vermindert. Wegen der verstärkten Oxydation verbraucht er sich vorzeitig. Sein Organismus kommt nicht dazu, sich richtig zu assimilieren und die zum Unterhalt des Zellsystems notwendigen Aufbaustoffe zu gewinnen.

Seine Merkmale sind: eine leicht spindelförmige Hand, konische oder runde, ziemlich elegante Finger, längliche, leicht gewölbte Nägel (Mandelform).

Die Innenhand wirkt meist leicht fiebrig. Die organische Widerstandskraft ist stark herabgesetzt und bedarf dringend einer Stärkung.

Der Wasserstofftyp

Bei ihm ist die Stoffwechseltätigkeit meist ungenügend. Das wirkt sich auf alle Organe aus, vor allem auf Leber, Nieren, Eierstöcke, Schilddrüse und Hypophyse.

Der Mangel an Lebenswärme und Dynamik zeigt sich auch im Verhalten dieses Typus (Apathie, Langsamkeit, Schwerfälligkeit).

Er reagiert überempfindlich auf feuchtes, regnerisches oder nebliges Klima. Er leidet unter hohem Blutdruck und Verstopfungserscheinungen.

Merkmale sind: aufgedunsene, teigige, schlecht riechende und feuchte Hände.

Der Kohlenstickstofftyp

Für diesen Typus ist charakteristisch eine eigentümliche Art der Stickstoffassimilation. Infolge der ungenügenden Oxydation werden die nicht assimilierbaren Schlacken nicht verbrannt, so daß sie das Zellgewebe verstopfen. Die toxischen Stoffe werden nur in ungenügendem Ausmaß ausgeschieden. Daraus entstehen Verhärtungen und Gewebeverschmutzungen aller Art. Diese Giftstoffe wirken sich auf den psychischen Zustand aus und führen zu Veränderungen des Verhaltens. Darunter leiden vor allem Gemütsverfassung und Kontaktfähigkeit gegenüber den Mitmenschen. Die Reizbarkeit nimmt zu.

Merkmale: Die Hand ist pergamentartig trocken, mager und meist von dunkler Färbung. Die Innenhand ist eingedrückt. Die Fingerspitzen sind nach innen gebogen. Die Fingergelenke sind knotig, die Nägel trocken, spröde, verhältnismäßig lang und oft der Länge nach geriffelt.

Es geht also darum, frühzeitig zu erkennen, zu welchem Typ das neugeborene stoffwechselgestörte Kind gehört.

Krankheits-Frühdiagnose durch Baby-Handlinien

Tom Corbett, berühmter englischer Parapsychologe, erschien im britischen Fernsehen in der Sendung „Die Welt von morgen". Er diskutierte besonders über seine Erfahrungen mit der Chirologie.
Corbett trat, wie auch seine amerikanischen Kollegen, entschieden für die Herstellung und Analyse von Abdrücken oder Fotos von Handlinien Neugeborener, Babys und Kleinkinder ein. „Dadurch ist manche Früherkennung von Krankheiten möglich", sagte der Forscher.

IV. Das Baby und seine Hände im Entwicklungsrhythmus

Der Blick in die Hand des Neugeborenen

Grundsätzlich sei festgestellt, daß die Zeichnung der Handlinien ebenso wie die Beschaffenheit der Hand fortgesetzt unter der Einwirkung dreier Faktoren stehen: der Natur, der Erbmasse und des Milieus, in dem sich der Mensch jeweils entwickelt.

In welchem Zustand befinden sich nun die Linien in den ersten Lebensminuten?

Wer zum erstenmal in die Hände eines neugeborenen Kindes schaut, könnte meinen, in die verkleinerte Hand eines uralten Menschen zu blicken. Die Gesamtheit der Linien ist so vielgestaltig wie sonst nur bei Menschen mit hochgradiger Sensibilität am Ende eines langen und bewegten Lebens.

Diese Vielfalt der Linien muß nun aber sofort durch Abdrücke oder, noch besser, durch erstklassige, gut ausgeleuchtete Fotografien festgehalten werden, denn wir haben die Beobachtung gemacht, daß die feinsten Zeichnungen der ersten Stunde spätestens nach zehn oder zwölf Tagen zu verblassen beginnen oder sich ganz zu verlieren scheinen.

Der Beobachter gewinnt den Eindruck, daß das Kind bereits „gezeichnet" zur Welt kommt – stark beeinflußt durch mütterliches und väterliches Erbgut. Dann aber beginnt – unabhängig vom Kreislauf der Mutter, dem der Fetus angeschlossen war – sein eigenes Leben, wobei nun viele Markierungen in den Händen verblassen. Die psychische und physiologische Basis und erbmäßige Bindung bleibt aber selbstverständlich erhalten. Deshalb ist es so außerordentlich wichtig, die Hände von neugeborenen Kindern zu prüfen. Sie lassen tiefer und weiter in die Entwicklung und Zukunft schauen als irgendein anderer Körperteil.

Wichtige Richtigstellung häufiger Irrtümer

Manche Chirologen sind der Ansicht, daß das Fehlen einer der Hauptlinien in der Handfläche als Hinweis auf einen vorzeitigen Tod zu werten ist. Es gibt indessen gar keine Haupt-, Neben- oder Zuführungslinien. Jede Linie ist eine Hauptlinie mit einer besonderen Bedeutung.

Eine andere falsche Vorstellung hängt mit der Lebenslinie zusammen. Viele Chirologen neigen zu der Ansicht, daß zwar alle Linien in der Hand fehlen könnten, niemals aber die Lebenslinie. Die Lebenslinie müsse stets vorhanden sein.

Auch diese Meinung ist falsch! Man hat mehr als einmal das Fehlen der Lebenslinie in der Handfläche eines Menschen feststellen müssen, obwohl dieser Mensch erstaunlich kämpferisch und aktiv tätig war. Solche Menschen finden sogar Freude an Kampf und Auseinandersetzung. Und wenn sie etwas durchführen wollen, lassen sie sich durch nichts daran hindern.

Um aber in der Frage der fehlenden Linien nichts auszulassen, stellen wir fest:

1. Jede Handlinie muß klar, ausgeprägt, fehlerlos und von normaler Länge sein. Eine fehlerhafte oder gänzlich fehlende Linie ist auf keinen Fall ein günstiges Zeichen. Hier gibt es nur wenige Ausnahmen.

2. Bei fehlerhaften oder fehlenden Linien muß beachtet werden, daß eine oder mehrere andere Linien vorhanden sein können, die jeden Fehler wie auch das gänzliche Fehlen einer Linie auszugleichen vermögen. Im Falle eines völligen Fehlens der Lebenslinie können z. B. eine sehr schöne Saturn- oder Sonnen-Linie oder ähnliche Linien die fehlende Lebenslinie in vollem Umfang ersetzen.

Kurze Linien-Charakteristik

Wenn wir z. B. eine tiefausgeprägte, lange und fehlerlose Herzlinie entdecken, so erlaubt diese den Rückschluß auf einen empfindsamen und aufnahmefähigen Menschen.

Eine Kopflinie, die sich ungewöhnlich stark auf den Mondberg richtet, verrät einen von starker Phantasie geprägten Menschen.

Eine im Ausgangspunkt weit von der Lebenslinie entfernt liegende Kopflinie ist als Hinweis auf ein impulsives Wesen zu werten.

Oftmals ist die Kopflinie vollkommen gerade und auf den Marsberg hin ausgerichtet. Dieser Umstand weist auf einen Charakter mit viel Wirklichkeitssinn, ja auf eine materialistische Einstellung hin, die auch bereit ist, um die Erreichung des angestrebten Zieles zu kämpfen. Ein Kind mit dieser Linie wird auch ein ungewöhnlich großer Egoist sein.

Die Lebenslinie fehlt selten und ist oft, mit Ausnahme ihres Endes, sehr gut ausgeprägt. Sie läuft häufig in einer Vielfalt von Linien aus, die sich dann in die verschiedensten Richtungen verlieren.

Öfter fehlen dagegen die Saturn- und die Sonnen-Linie. Wenn diese beiden aber deutlich in die Hand eingegraben sind, müssen sie besonders beachtet werden.

Neben den vielen im Laufe der Zeit sich ändernden Handlinien gibt es auch einige, deren Lage von der Geburt an gleich bleibt. Aus diesem Grunde ist es nötig, so oft wie möglich Fotos oder Abdrucke der Handlinien vorzunehmen, d.h. Vergleichsmöglichkeiten zu schaffen, um die Richtung der Entwicklung des Kindes zu erkennen.

Entwicklungsübersicht für ein Normalbaby in wöchentlichen und monatlichen Abständen

Es ist kaum möglich, die Entwicklung eines Kleinkindes genau vorherzusagen, da sich jedes Kind vom anderen unterscheidet. Dennoch wurden von Ärzten Entwicklungstabellen zusammengestellt, nachdem diese Hunderte von Kindern in den verschiedenen Alters- und Entwicklungsstufen genau beobachtet hatten.

Die nachstehende Tabelle gibt die Hauptphasen einer durchschnittlichen Entwicklung wieder. Sie ist ein nützlicher Maßstab für die Beurteilung des psychologisch richtigen Fortschritts unserer Kinder.

Das Kleinkind	*Im Durchschnittsalter von*
1. beginnt zu lächeln	6 Wochen
2. lächelt und gibt Laute von sich	8 Wochen
3. hält eine Rassel fest	12 Wochen
4. behält die Mutter beim Fortgehen im Auge	12 Wochen
5. sieht sich nach der Herkunft eines Geräusches um	16 Wochen
6. gibt Laute, wenn ihm die Flasche gezeigt wird	16 Wochen
7. streckt die Hand nach einer vorgehaltenen Rassel aus	20 Wochen
8. rollt vom Bauch auf den Rücken	24 Wochen
9. nimmt die Rassel von einer Hand in die andere	26 Wochen
10. kaut feste Nahrungsmittel	26 Wochen
11. rollt vom Rücken auf den Bauch	26 Wochen
12. bleibt einige Sekunden lang, ohne gehalten zu werden, auf dem Fußboden sitzen	28 Wochen
13. beginnt Geräusche nachzuahmen	28 Wochen
14. bleibt stehen, wenn es sich am Laufgitter festhält	36 Wochen
15. krabbelt	40 Wochen
16. zieht sich am Laufgitter zum Stehen hoch	40 Wochen
17. kriecht	44 Wochen
18. spricht ein sinnvolles Wort	44 Wochen
19. spricht drei sinnvolle Wörter	12 Monaten
20. läuft ohne Hilfestellung	13 Monaten
21. nimmt ohne Hilfe eine Tasse und trinkt daraus	15 Monaten
22. meldet sich bei der Mutter wegen „Töpfchengehen"	15–18 Monaten
23. beginnt alles nachzuahmen, was es hört und sieht	18 Monaten

Finger bei Kleinstkindern

Zum Thema der – je nach Konstitutionstypen unterschiedlichen – Fingerform bei Kindern zitieren wir nochmals Prof. Dr. Max Bürger:

„Über die Handform und die Fingerform bei Kindern liegen größere Untersuchungen vor. Bereits nach dem ersten Gestaltswandel, in dem eine gewisse

Ausdifferenzierung zu der feineren Struktur stattfindet, fällt die eigenartige
konstitutionsgebundene Prägnanz auf:

Die lange und schmale Hand des Leptosomen (des Schlanken) mit zartgliedri-
gen Fingern, die auffallend gleich lange Phalangen mit sanduhrförmigen Ein-
ziehungen zwischen den einzelnen Gelenken aufweist. Die Nägel fallen durch
ihre schmale, länglich-ovale Form auf, so daß also im wesentlichen immer
wieder eine Tendenz zur Entwicklung von proximal nach distal gegeben ist
(Friedemann), entsprechend der Kretschmerschen Konstitutionsformel für
den leptosomen Habitus. Bei extrem langen Handformen fand sich eine
außerordentliche Hautleistenbildung besonders der volaren Fläche der Endphalangen.

Die kleine, weiche, rundliche Hand des Pyknikers (des Stämmigen) mit der
gleichmäßigen Fettumkleidung führt zu einem Verstreichen der Formen. Die
Strecksehnen treten nicht hervor, die Finger weisen meist eine Verjüngungs-
tendenz, besonders des Endgliedes, auf. Häufig ist eine volare Abflachung der
Fingerbeere mit geringer Hautleistenbildung zu finden. Auffallend ist die
Kürze der Endphalanx gegenüber der Mittelphalanx. Daumen und Kleinfin-
ger sind oft auffallend kurz. Die Mittelstellung des 3. Fingers ist durch das
geringfügige Zueinandergebogensein des 2, 4. und 5. Fingers besonders betont. Diese leichte Abbiegung, die meist vom Mittelgelenk, seltener erst vom
Endgelenk ab erfolgt, kommt besonders in der Umrißzeichnung bei geschlossenen Fingern als eine ovale bis runde Form zum Ausdruck. Die Nägel zeigen
eine querovale und kurze Form.

Als dritte Variation, allerdings recht selten, sah man bei Kindern eine athle-
tische Handform von ausgesprochen plump-knochigem Charakter, großen
und breiten, fast viereckigen, aufgetriebenen Endphalangen, gut konturiertem
Muskelbild, breiten und großen Nägeln, im ganzen nur geringfügig differenziert und mit einer ans Akromegale grenzenden Ausbildung der distalen
Enden. Daneben fand sich eine große Vielzahl von uncharakteristischen
Hand- und Fingerformen, die sich nicht immer in eine der oben beschriebenen
Typen einreihen ließen. Mit Beendigung des Wachstums hat der 3. Finger immer die größte Länge und ragt stets über die anderen Finger hinaus. Dagegen
unterliegen die Längen des 2. und 4. Fingers immer beträchtlichen Schwankungen. Hier zeigen sich auch geschlechtliche Unterschiede. Der 5. Finger ist,
mit ganz seltenen Ausnahmen, der kürzeste."

Was die Nägel des Kleinkindes verraten

Wir beginnen diese Ausführungen mit einer kurzen Feststellung, die von dem
im Rahmen dieses Buches bereits mehrfach zitierten Prof. Doktor Max Bürger
stammt:

„Viele Erkrankungen finden ihr Widerspiel in Um- und Fehlgestaltungen der
Hand. Sie können dem aufmerksamen Auge des Arztes wichtige Hinweise
und Symptome sein. Besonders fruchtbar zeigt sich die Betrachtung der
Anhangsgebilde der Hand – der Nägel.

Das gesunde Wachstum der Nägel ist weitgehend abhängig von ihrer Ernährung.
Einseitige Ernährungsstörungen finden in Nagel-Dystrophien ihren Ausdruck.
Auch überstandene schwere Erkrankungen hinterlassen ihre Spuren an den Nägeln. Für manche Vergiftungen sind Nagelveränderungen geradezu typisch."
Ausgehend von diesen Erkenntnissen zitieren wir nachstehend die in jüngster Zeit von Prof. Dr. med. R. Pfister (Karlsruhe) ermittelten diagnostischen Hinweise, die sich auf pathologische Veränderungen an der Nagelplatte beziehen. Bemerkenswert erscheinen uns folgende seiner Feststellungen:

„Im Krankheitsfall treten die Veränderungen schon im Nagelbett ein und sind dem Untersucher erst nach Wochen in Form eines veränderten Nagelwuchses sichtbar. Es handelt sich um Späterscheinungen, d.h. Auswirkungen von Krankheitsprozessen, die im Moment der Verhornung des Nagels sichtbar werden.

Parallel verlaufende Längsfurchen und Längsleisten der Nagelplatte sind bis zu einem gewissen Grad harmlos und dürfen nicht, wie dies mehrfach geschah, als Symptome schwerer Leiden aufgefaßt werden.

Viel schwerwiegender sind die Schädigungen des Nagelbettes, die Querfurchen verursachen. Es handelt sich um mehr oder weniger tiefe, querverlaufende Furchen, die bei völlig intaktem Nagel einige Zeit nach schweren Schädigungen des Organismus auftreten können. Das gilt vor allem für schwere Erkrankungen (Lungenentzündungen, Grippe, Halsentzündungen, Mandelentzündungen, Blinddarmentzündungen, Masern, Scharlach, Leberkrisen, Vergiftungen usw.). Sie können aber auch auftreten nach schweren Magen- und Eingeweidestörungen.

Die physiologische Nagelmarke, die Querfurchenbildung, tritt häufig bei Kleinkindern in der 4. Lebenswoche auf. Die Rille gilt als Folgeerscheinung der Ernährungsumstellung, die das neugeborene Lebewesen durchmachen muß, wenn es vom Organismus der Mutter getrennt wird und, wenn auch vom Menschen betreut, auf sich selbst gestellt bleibt.

Beobachtet man sehr früh Tüpfelbildung (kleine Dellen), dann muß mit Psoriasis (Schuppenflechte) gerechnet werden, unter Umständen aber auch mit einer Disposition zu fieberhaftem akutem Gelenkrheuma, das Menschen eines jeden Alters befallen kann.

Verfärbungen, vor allem Braunfärbungen der Nägel, sind fast immer ein Zeichen für hormonelle Störungen. Die Verfärbung kann aber auch bei Lebererkrankungen auftreten.

Jede tiefgreifende und bleibende Veränderung in der Farbe der Nägel muß unbedingt Anlaß sein, eine Untersuchung des Kindes vornehmen zu lassen, weil sich unter dieser Nagelverfärbung ernste Veränderungen verbergen können, die hier – wohlverstanden schon um drei bis vier Wochen verspätet – über das Nagelbett im Fingernagel einen Ausdruck suchen.

Typisch für Erregungszustände, die gleichfalls dringend einer Beobachtung und Behandlung bedürfen, sind triebartige mechanische Selbstverstümmelungen der Nagelplatte, die mitunter dadurch vorgenommen wird, daß mit dem Daumennagel der gleichen Hand an einem oder mehreren Nägeln so gekratzt wird, daß sich dadurch eine Zerstörung der Nagelplatte, mitunter in ganzer Ausdehnung, ergibt."

Aus diesen kurzen Andeutungen folgert die Notwendigkeit, auch schon beim neugeborenen Lebewesen die Fingernägel sehr sorgfältig zu beobachten, zu prüfen und vor allem auf alle Veränderungen in den Nagelplatten der einzelnen Finger zu achten.

Feststehende Regeln

Wir können von den Nägeln ablesen, *wann* ein Mensch von Krankheiten heimgesucht worden ist.

- Ein Daumennagel braucht genau 140 Tage, um sich vollkommen zu erneuern;
- der Zeigefinger-, der Mittel- und der Ringfingernagel wachsen in 124 Tagen nach;
- der Nagel des kleinen Fingers ist in 121 Tagen ergänzt.
- Eine Leberkrise veranlaßt einen Stillstand im Wachstum des Nagels am Zeigefinger;
- eine Erkrankung der Eingeweide spiegelt sich am Mittelfinger wider;
- eine Erkrankung, die den Brustraum betrifft, tritt am Ringfinger in Erscheinung, meist in Form einer leichten Deformation des Fingers.

Handfunktionen im Säuglingsalter

Aus dem, was von Prof. Dr. Max Bürger und Dr. Hans Knobloch in ihrem Standardwerk *Die Hand des Kranken* zur Frage der Handfunktionen im Säuglingsalter gesagt wird, lassen sich interessante Bestätigungen im Sinne der Chirologie entnehmen:

„Für den Säugling ist der Mund zunächst das wichtigste Sinneswerkzeug. Mit ihm wird gefühlt, geschmeckt, gegriffen und gesogen. Die Hände, welche die Gegenstände immer wieder betastend hin und her wenden, dienen gewissermaßen als Sinn und, indem sie dem Mund alles zur weiteren Prüfung zuführen, auch als Werkzeug. So sind für das Verhalten des Säuglings anfangs Mund und Hände von viel größerer Bedeutung als die Augen. Im Laufe der weiteren Entwicklung tritt aber allmählich der Gebrauch des Mundes als Werkzeug und der Hand als Sinn immer mehr in den Hintergrund.

Die Fähigkeit, einen erblickten Gegenstand mit der Hand zu ergreifen, ist dem Menschen mit vielen Tieren, z.B. den Affen, gemeinsam. Sie entwickelt sich erst im Laufe des ersten Lebensjahres. Die Hand des Neugeborenen greift bereits zu, wenn ihre Innenfläche von einem länglichen Gegenstand berührt wird. Bei diesem sogenannten tonischen Handgreifreflex handelt es sich nach

Peiper um eine stammesgeschichtliche Erinnerung; neugeborene Affen halten sich mit diesem Handgriff am Haarkleid der Mutter fest. Dieser Handgriff ist beim menschlichen Neugeborenen so fest, daß man das ganze Kind an dem umklammerten Gegenstand emporheben kann.

Ebenso wie die Gehirnentwicklung der Geschlechter miteinander nicht gleichen Schritt hält, so ist anzunehmen, daß auch das motorisch feinst differenzierte Organ, welches vom Gehirn seine Impulse erhält, bei der Frau einer früheren Vollendung entgegengeht als beim Mann. Wir haben in der systematischen Röntgenuntersuchung des Skeletts die Möglichkeit, die zeitliche Reihenfolge der Knochenkernanlagen und des Epiphysenschlusses bei beiden Geschlechtern vergleichend zu untersuchen. Dabei hat sich herausgestellt, daß den Erwartungen entsprechend die Knochenanlage der weiblichen Hand, gemäß dem früheren Abschluß der Gehirnentwicklung, einen früheren Abschluß findet.

Die Hand der Altersstufen

Die kindliche Hand ist im Vergleich zu der des Erwachsenen durch ihren Weichteilreichtum ausgezeichnet, der besonders in der Gegend der Grundphalangen stark ausgebildet ist, zum Teil so sehr, daß sich hier Stauungsfalten bilden. Das ist mit ein Grund, daß die Fingerform des jüngeren Kindes der sich distalwärts verjüngende Finger ist, dessen Gestalt sich mit dem Verschwinden des kindlichen Fettpolsters nach den höheren Altersklassen zu wandelt. Nach Bläse setzt diese Abnahme des Fettpolsters bei den Knaben eher ein als bei den Mädchen.

Bei 50 Prozent der 5- bis 6jährigen beider Geschlechter fand er noch die uncharakteristische Kleinkinderhand, selbst 20 Prozent der 7- und 8jährigen wiesen noch diese kleinkindlichen Merkmale auf, wenn auch in geringerem Umfang und meist nur mehr auf dem Handrücken im Bereich zwischen den distalen Enden der Mittelhandknochen oder auf dem Rücken der Grundphalangen in Form kleiner Pölsterchen lokalisiert. Findet sich diese Art der Fettpolsterung bei noch älteren Kindern in Verbindung mit anderen Retardierungsmerkmalen oder sonst auffallenden Merkmalen, dann muß sie wohl als Einzelsymptom einer Entwicklungshemmung oder abnormen Variantenbildung aufgefaßt werden.

Besonders bei älteren Kindern kann bereits die spezifisch-konstitutionsgebundene Eigenart der pyknischen Hand mit ihrer prallen Polsterung, ihren konisch sich verjüngenden Fingern, ihren wie Grübchen zwischen straffen Kissen sitzenden Gelenkfalten vorliegen und die sichere Differenzierung gegenüber erhalten gebliebenen kindlichen Fettpolstern sehr erschweren.

Bei genauer Untersuchung und vergleichender Palpation jedoch läßt sich die Unterscheidung am Merkmal der Fettkonsistenz und der Hautverschieblichkeit fast immer sicher treffen. Bei kleinkindlicher Fettpolsterung fühlt sich das subkutane Gewebe weicher und lockerer an. Man kann die Hautfalten auffallend leicht abheben. Demgegenüber fühlt sich die pyknische Hand fester an, und die Haut über dem subkutanen Gewebe ist wesentlich schwerer abzuheben.

Für die kleinkindliche Hand ist weiterhin charakteristisch, daß sie durchweg den Eindruck eines geschlossenen, eher lang-schmalen Typus macht. Dies muß wohl mit der relativen Länge des Mittelfingers im Gegensatz zur Handrückenlänge und den sich allgemein distalwärts verjüngenden Fingern in Zusammenhang gebracht werden. So lassen große Hände beim Kind im Verein mit großen Füßen und großem Kopf auf starkes späteres Wachstum schließen. In bezug auf die Fingerlänge gibt Wetzel an, daß bei Neugeborenen der Zeigefinger länger als der Ringfinger ist."

Die Bedeutung des Fingerspiels beim Baby

Die ersten Hirnreaktionen – Steuerung vom Zentralgehirn aus

Jede Mutter hat die Möglichkeit, aus der Beobachtung des Fingerspiels ihres Babys bereits in den ersten Wochen wichtige Schlüsse auf die körperliche und geistige Entwicklung sowie auf nervöse Störungen zu ziehen. Derartige Beobachtungen können von ihr, wenn sie weiß, worauf es ankommt, viel früher gemacht werden als durch den Spezialarzt, der nicht immer die Möglichkeit und die Zeit hat, auf die vielen Kleinigkeiten zu achten, die als Symptome für Konstitution und Entwicklung des Sprößlings von größter Bedeutung sein können.

Wir wollen von der Feststellung ausgehen, daß der Mensch viel zu früh geboren wird: Er müßte erst im 12. oder 15. Monat zur Welt kommen. Daher muß das kleine Menschengeschöpf während langer Monate, mindestens während der ersten sechs bis neun Monate, gehütet, verhätschelt und versorgt werden.

Aus den nachstehenden Ausführungen kann jede Mutter bei der Beobachtung der Entwicklung ihres Kindes Rückschlüsse ziehen:
ob das Kind bei der Geburt oder in den ersten Lebensmonaten eine Gehirnblutung durchmachte,
ob in der Entwicklung, im Ausreifen der Nervenzellen eine Verzögerung eingetreten ist,
ob die Sehfähigkeit, das Augenlicht des Kindes normal ist.

Allerdings darf eine Mutter bei einer einzigen Fehlleistung, die ein Kind begeht, nicht gleich in Panikstimmung geraten und zu falschen Schlüssen kommen. Erst wenn sich ein derartiger Fehler (z. B. die Unfähigkeit, gewisse Bewegungen auszuführen) regelmäßig wiederholt und auch nach einer für „Spätzünder" hinzugegebenen Karenzzeit von ein bis zwei Wochen eine Weiterentwicklung oder Besserung nicht eingetreten ist, muß man mit einem Arzt, am besten mit einem Kinderarzt, einem Spezialisten oder Kinderpsychologen, über den Fall sprechen.

Wichtige Feststellungen zwischen dem 1. und 300. Lebenstag

Wir benötigen für unsere Untersuchungen nichts weiter als ein kleines Stück Papier, das wir zu einer Kugel zusammenrollen, dazu zehn Holzklötzchen mit einer Kantenlänge von etwa 2,5 Zentimetern.

Legen wir Papierkugel und Klötzchen in Greifnähe vor das Kind, dann machen wir folgende Feststellungen:

Bis zum 70. Tag ist das Kind meist nicht in der Lage, die ihm vorgelegten Gegenstände zu ergreifen. Legt man dem Kind die Kugel oder die Klötzchen in die Hand, läßt es diese fallen. Meist ist ihm dieser Vorgang vollkommen gleichgültig. Nur bei sehr lebhaften, frühentwickelten Kindern beobachtet man in den Augen schon den Ausdruck der Enttäuschung, weil die Gegenstände auf einmal wieder verlorengehen.

Mit dem 90. Tag ist das Kind dann in der Lage, die Kugel oder eines der Klötzchen mit der Hand festzuhalten. Aber die Bewegung ist ungeschickt. Die Gegenstände werden zwischen den Fingern und der Handfläche eingeklemmt. Der Daumen spielt noch keine Rolle; er macht auch die Bewegungen der übrigen Finger nicht mit. Der Zeitpunkt, in dem der Daumen in Funktion tritt und seine Rolle gegenüber den Fingern zu spielen beginnt, tritt viel später ein.

Mit 180 Tagen beginnt das normal entwickelte Kind Gegenstände, die in greifbare Nähe gerückt werden, selbst zu ergreifen. Aber noch immer spielt der Daumen nicht mit: das Kind „arbeitet" nur mit den Fingern und der Innenhandfläche. Es zeigt in dieser Zeit übrigens die Neigung, alle Gegenstände, die es greifen kann, in den Mund zu stecken.

Nach 200 Tagen beobachtet man einen sehr wichtigen Vorgang, der bezeichnend ist für die geistige Entwicklung des Kindes:

Gibt man ihm zuerst eine Kugel in die Hand und legt ihm dann ein Klötzchen vor, läßt das Kind unverzüglich die Kugel fallen und greift nach dem Klötzchen. Auch umgekehrt ist das gleiche Spiel der Ablenkung, der Weckung des Interesses möglich.

Ist diese Neugier am 200. Lebenstag noch nicht festzustellen, sollte man daran denken, irgend etwas zur Hebung des Interesses des Kindes an seiner Umwelt zu unternehmen.

Nach 300 Tagen ist der Zeitpunkt gekommen, an dem der Daumen plötzlich in das Spiel der Finger mit eingeschaltet wird. In der Chirologie sagt man, daß der Daumen das Zeichen des Willens, des eigenen Entschlusses sei. Tatsache ist, daß das Kind sich vom 300. Tag an des Daumens, der offenbar vom Gehirn aus besonders gesteuert wird, systematisch bedient und von nun an viel weniger ungeschickt ist als noch wenige Tage bzw. zwei Wochen vorher.

Mit dem 320. Tag setzt meist das Zusammenspiel beider Hände ein: das Kind greift mit jeder Hand nach einem Klötzchen oder mit der einen Hand nach der Kugel, mit der anderen nach einem anderen Spielobjekt. An den Augen kann man beobachten, daß es am wechselseitigen Betrachten dieser Gegenstände sichtlich Freude hat.

Etwa vom 350. Tag an kann das Kind die beiden Hände gleichzeitig oder abwechselnd und in einem regelrecht abgestimmten Zusammenspiel verwenden, sie also gewissermaßen zu einer Arbeit einsetzen.

Beobachtet man, daß die beiden Hände nicht gleichmäßig verwendet werden, liegt meist eine Unterentwicklung bzw. eine Verzögerung im Ausreifen der Nervenzellen vor. Die Entscheidung zur Linkshändigkeit oder Rechtshändigkeit erfolgt viel später. Wenn ein Kind also nur mit einer Hand tätig ist und die andere nicht mit dem gleichen Eifer einsetzt, muß die Mutter darüber mit einem Spezialarzt sprechen.

Wie nahe wird ein Gegenstand an die Augen herangeführt?

Vom 90. Tag an kann man gleichzeitig mit dem Spiel der Finger und der Hände auch die Mimik, das Mienenspiel des Kindes beobachten.

Das Kind sieht die Gegenstände, die es vor Augen hat. Führt es aber die Dinge, die es betrachten will und die seine Neugierde erregen, sehr nahe an die Augen heran, dann dürfte mit großer Wahrscheinlichkeit eine Unterentwicklung oder ein Fehler im Bereich des Sehapparates vorliegen.

Es gibt heute zahlreiche Möglichkeiten, die Unterentwicklung der Vitalität eines Kindes, eine Verzögerung in der Reifung der Nervenzellen, aber auch sogenannte Verspätungen in der endgültigen Entwicklung des Gesichtssinnes zu beeinflussen, zu fördern und anzuregen.

Ist das Kind über das erste Lebensjahr hinaus, so spielen in der normalen Gehirnentwicklung andere Regeln mit, die nichts mehr zu schaffen haben mit den primitiven Anfängen des Greifens und Tastens mit Fingern und Handfläche und später auch mit dem Daumen.

Mit drei Jahren ist das Kind in der Lage, aus den Klötzchen, mit denen es einst kaum zu spielen vermochte, einen Zug zu bauen und sogar schon einen Schornstein auf die Lokomotive zu setzen. Die Gedanken haben sich in das Spiel der Hände eingeschaltet, ein Spiel, das längst zur Selbstverständlichkeit geworden ist.

Die Wichtigkeit des Daumens

Unter allen Fingern verdient der Daumen unsere größte Aufmerksamkeit; er ist der wichtigste aller Finger.

Der Daumen muß im Zustand völliger Ruhehaltung der Hand (Handrücken auf den Tisch gelegt) stets ein wenig von den übrigen Fingern entfernt bleiben. Ein Mensch, der in der Lage ist, den Daumen weit von der Handfläche zu entfernen, besitzt eine ausgeprägte Individualität und einen Geist der Unabhängigkeit, dessen Mächtigkeit der Größe des Winkels zwischen Daumen und Zeigefinger entspricht.

Eine in diesem Zusammenhang aufschlußreiche Geste besteht darin, den Daumen in die Handfläche zu legen und ihn durch die übrigen Finger einzuschließen. Kleine Kinder vollführen diese Geste sehr oft. Das Kind, das sie ausführt, offenbart aber weder genügend Persönlichkeit noch ausreichende Energie, um nach seinen Wünschen zu handeln: Es ist leicht zu beeindrucken und emotionell ansprechbar – ein Nichts ruft Furcht in ihm hervor, ein Nichts kann es zum Lächeln bringen.

Wenn Erwachsene diese Geste vollziehen, befinden sie sich in einem schwierigen Lebensabschnitt: Sie haben vorübergehend die Fähigkeit zu einer energischen Entscheidung, aber auch den rechten Überblick über die anstehenden Probleme verloren. Sobald dieser Zustand überwunden ist, verliert sich diese Geste wieder.

Eine andere, mit dem Daumen zusammenhängende Bewegung ist die Neigung gewisser Kinder, ihn zu lutschen. Bei sehr kleinen Kindern ist das gleichsam die Nachahmung der Saugbewegung an der mütterlichen Brustwarze. Allerdings hat das Kind oft auch schon vorher als Fetus am Daumen gelutscht. Der Chirologe sieht darüber hinaus das Daumenlutschen als eine Hinwendung des Kindes zu sich selbst, deutet es als eine natürliche Reaktion in einem bestimmten Alter und als Ausdruck sich steigernder egozentrischer Gefühle.

Richtige Deutung der Mimik des Säuglings

Der erfahrene Psychologe und Kinderarzt weiß:
Kinder und Unverstandene weinen;
Babys, die weinen, fühlen sich immer unverstanden.

Eltern und anderen Menschen, die mit Babys zu tun haben, sei dringend empfohlen, die Mimik der Kinder richtig zu deuten, um zu verhindern, daß Kinder unnütz Tränen vergießen.

Es wurde beobachtet, daß Säuglinge ihre Wünsche, ihre Sehnsüchte, ihre Bedürfnisse weinend – oder ohne zu weinen – mimisch klar ausdrücken können, und zwar durch Gesten oder eben durch die „Gesichter", die sie schneiden:
Wenn sie Hunger haben, lecken sie ihre Lippen,
wenn sie durstig sind, zeigen sie ihre Zunge,
wenn sie frieren, zittern sie ein wenig und fuchteln mit den Händen.

Wenn Kinder zu weinen beginnen, dann ist dieses Weinen eine Demonstration, weil sie von den Eltern oder von der Person, die sich um sie kümmern soll, nicht verstanden worden sind.

Wenn die Personen, die Kleinkinder zu umsorgen haben, deren Mimik zu deuten wissen und entsprechend reagieren, dann hört das Weinen auf. Das Kind ist zufrieden, entwickelt sich vorzüglich. Und im Haus ist es still, die Nächte sind friedlich. Verstandene Kinder weinen nicht!

Nach Henry Mangin stehen die Finger und ihre Nägel in Verbindung mit folgenden Organen oder organischen Systemen:
Zeigefinger: Brust und Leber;
Mittelfinger: Verdauungsapparat (vor allem zu Eingeweide, Milz und Bauchspeicheldrüse), Knochensystem und Gehörorgane;
Ringfinger: Herz-Nieren-System, Arterien und Sehorgane;
kleiner Finger: Nervensystem, Geschlechtsorgane, Gallenblase.

Diese Beziehungen zwischen Fingern und inneren Organen entstehen angeblich durch Vermittlung des Zentralnervensystems, vor allem des Nervenmarks im Gehirn, von dem die besondere Sensibilität der Finger ausgeht.

Bei ungünstiger Ausgangslage sehr gut ernähren

Lassen sich aus den Handlinien des Neugeborenen allgemeine Entwicklungs- und Konstitutionsschwächen herauslesen, so müssen folgende Erkenntnisse unbedingt mit in Betracht gezogen werden, um ernstere Entwicklungsschäden zu vermeiden:

Kinder, die in ihrem ersten Lebensjahr schlecht ernährt werden, bleiben in ihrer geistigen Entwicklung zurück. So wurden z. B. zehn Kinder in das Medical Center der University of Colorado in Denver eingeliefert, nachdem sie in den ersten vier Monaten ihres Lebens unter Nahrungsmangel zu leiden hatten. Sie konnten ihre Altersgenossen nicht mehr einholen. Nach dreieinhalb Jahren lag ihr Entwicklungsquotient bei 70; der Normalwert aber liegt bei 99.

Neun weitere Kinder wurden eingeliefert, bevor sie die Viermonatsgrenze erreicht hatten. Sie konnten den Rückstand aufholen. Nach dreieinhalb Jahren betrug ihr Entwicklungsquotient 95, war also normal. Auch in Größe, Gewicht und Kopfumfang kamen sie auf annähernd normale Maße. Als Kontrolle dienten gutgenährte Kinder aus derselben sozialen Schicht.

Nach der Studie von H. Peter Chase und Harold P. Martin sind also die ersten vier Lebensmonate vom Gesichtspunkt der Ernährung her die wichtigsten.

V. Prognosen aus Kinderhänden

Wo liegt das „Glück" in der Kinderhand?

Es gibt heute eine ganze Anzahl namhafter Ärzte, die, wenn sie einen Patienten zum erstenmal untersuchen, sich die Hände reichen lassen, um die Finger, die Handinnenflächen und die Nägel eingehend zu mustern. Fragt man einen solchen Arzt, weshalb er mit einer solchen Prüfung der Hände seine Untersuchung beginne, dann wird er sich gegen die Annahme wehren, daß er ein Chirologe, ein Fachmann in der Kunst des Handlesens, sei. Aber er wird erläutern, daß

wir die feinsten Kapillargefäße unseres Durchblutungsapparates in der Hand finden;

die Hände ferner mit so vielen feinsten Nervenenden ausgestattet sind, daß der Begriff der Feinfühligkeit sich in erster Linie auf sie bezieht;

der Zustand des Durchblutungsapparates sich nirgendwo beim Menschen deutlicher widerspiegelt als in der Farbe seiner Fingernägel.

Aber dem Arzt ist wohl auch noch ein anderer Umstand bekannt:

Die linke Hand gilt normalerweise als die Erbhand, das heißt, die Hand, in der sich die von den Eltern vererbten Anlagen am deutlichsten zeigen;

in der rechten Hand wird sichtbar, was der Mensch aus sich gemacht hat, was er unter Umständen aus sich machen kann oder machen wird. (Bei Linkshändern ist es umgekehrt.)

Tritt zum Beispiel ein Zeichen, eine Linie nur in einer Hand deutlich auf, dann handelt es sich um ein „Warnzeichen". Sehen wir das Zeichen in beiden Händen, dann ist unvermeidlich, was durch diese Linien angezeigt wird.

Die Linien und Berge

Die gemachten chirologischen Feststellungen sind, in Verbindung mit entsprechenden wissenschaftlichen Erkenntnissen, eine Grundvoraussetzung für unsere Beschäftigung mit Händen von Neugeborenen und Kleinkindern.

Wir geben nachstehend eine chirologische Übersicht zur Erläuterung der Handlinien, die auf der folgenden Zeichnung sichtbar sind (Abb. 15). Sie zeigt:

die Lebenslinie, die zwischen dem Zeigefinger und dem Daumen beginnt und in einem mehr oder weniger geschwungenen Bogen bis etwa unter den Daumenballen verläuft. Diese Lebenslinie zeigt aber keinesfalls für sich allein an, wie lange wir leben, sondern ist nur das Spiegelbild unserer Lebenskraft, die

wir mit auf den Weg bekamen oder durch mehr oder weniger vernünftige
Lebensführung entwickelten;
die Kopflinie, die fast an derselben Stelle, wo die Lebenslinie zwischen dem
Zeigefinger und dem Daumen beginnt, anläuft und sich von dort quer durch
die Hand zum äußersten Handrand hinüberzieht. Die Kopflinie verrät den
Zustand unseres Nervenhaushalts, unsere normalen geistigen Fähigkeiten
und unsere Widerstandskraft;
Die Herzlinie, die an der Außenseite der Hand unter dem kleinen Finger beginnt und sich dann meist schön geschwungen durch die obere Handhälfte
zieht, etwa bis zu einem Punkt zwischen dem Zeige- und dem Mittelfinger.
Die Leistungsfähigkeit unseres Herzens, aber auch nervliche Einwirkungen,
Herzstörungen, ungünstige Durchblutungsverhältnisse u. a. lassen sich aus
der Herzlinie ablesen;
die Schicksalslinie, die dort beginnt, wo die Herzlinie endet, und die sich dann
von einer theoretisch angenommenen Stelle zwischen dem Zeige- und dem
Mittelfinger quer durch die Hand bis zur Lebenslinie hinuntersenkt, um nach
Möglichkeit an dieser vorbei der Handwurzel zuzustreben.
Meist kreisen diese Linien Berge ein oder umgrenzen sie.
Ein Berg auf dem Handballen verrät viel Temperament, aber auch starke
Lebenskraft.
Ein Berg unter dem Zeigefinger ist ein Zeichen für Energie und Intensität in
der Lebensführung, vor allem auf geistigem Gebiet.
Berge oberhalb der Herzlinie lassen starken künstlerischen Geschmack, aber
auch schöpferische Eigenheiten erkennen.

Voraussetzungen des Glücks – aus der Hand gelesen

Von asiatischen Chirologen wird immer wieder behauptet, daß es in der Hand
des Menschen eine sogenannte absolute Glückslinie gebe. Sie soll sich vom
äußeren Handrand unter dem kleinen Finger, aber oberhalb der Herzlinie,
durch die Hand hinüberziehen zu dem Berg unter dem Zeigefinger. Es gibt
tatsächlich Menschen mit dieser Glückslinie. Aber wir Alltagsmenschen, die
mit normalen Händen und normalen Linien zu rechnen haben, müssen die
Glückslinien dort suchen, wo jeder sie finden kann.
Drei Faktoren bestimmen unser Glück auf Erden:
1. Erfolg in Beruf und Geschäften;
2. Gesundheit und Lebensdauer;
3. Liebe und Harmonie mit Menschen, die uns nahestehen bzw. sympathisch
   sind.

Erfolg in Beruf und Geschäften

Um Erfolg im Beruf und in den Geschäften zu haben, brauchen wir unbedingt:

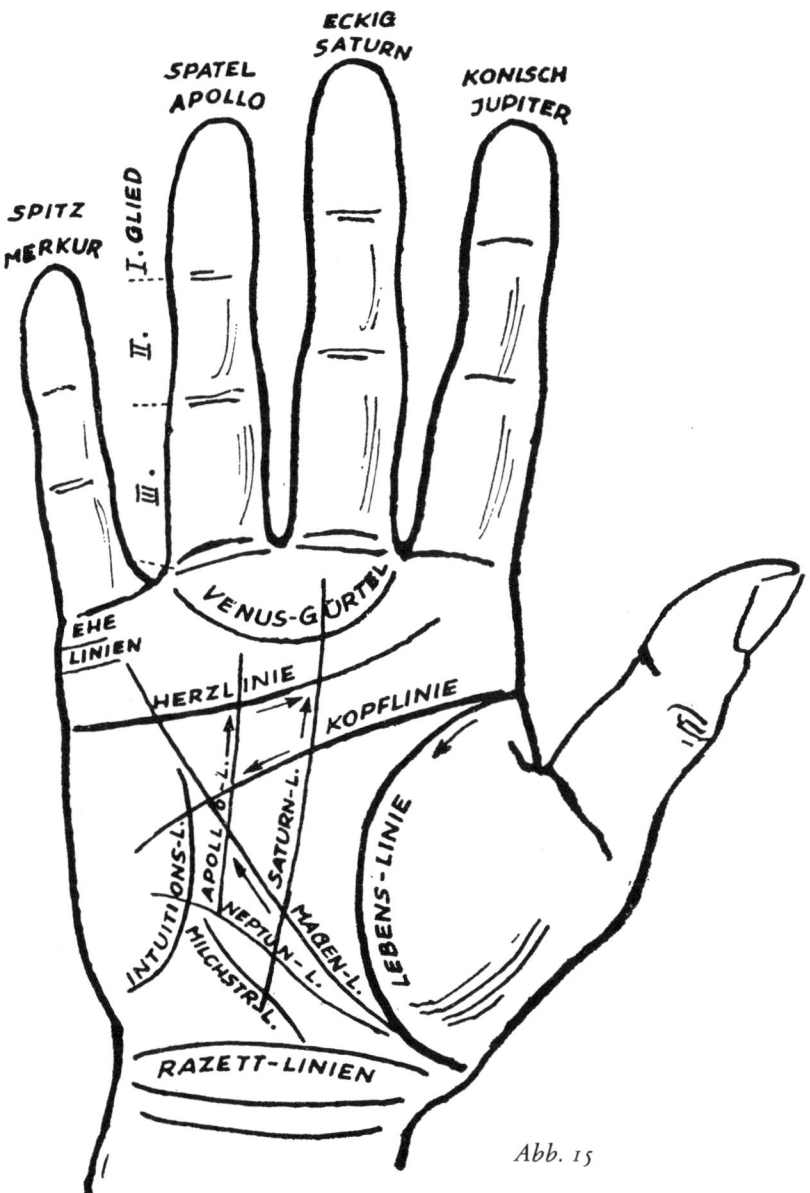

Abb. 15

a) eine kräftige Lebenslinie, die mindestens bis zum 45. Lebensjahr reicht. Aus dieser Lebenslinie aber muß ein Ast aufsteigen, zur Kopflinie streben. Er ist gewissermaßen das ursprünglichste Zeichen für Gelderwerb und plötzlichen oder erarbeiteten finanziellen Erfolg;

b) eine kräftige Kopflinie, die vor allem dort eindrucksvoll und gut durchblutet zutage tritt, wo sie sich mit der Schicksalslinie schneidet. Nach den Berechnungen der Chirologen erfolgt diese Überschneidung (altersmäßig gesehen) zwischen dem 19. und 22. Lebensjahr, wo meist die Grundlagen für die zukünftigen Erfolge gelegt werden;

c) eine gute Schicksalslinie, die zumindest an der Schnittstelle mit der Kopflinie und dort, wo die Schicksalslinie durch die Herzlinie hindurchstößt, kräftig ausgebildet ist. Wichtig ist auch, daß oberhalb der Herzlinie die Schicksalslinie gut ausgeprägt ist, da sonst der Erfolg des Menschen mit dem 40. Lebensjahr fraglich wird;

d) eine gute Zeichnung auf dem Handrand unter dem kleinen Finger mit möglichst nur einer sehr tiefen und deutlichen Linie, die eine entscheidende Lebensbindung auf dem Gebiet der Lebenslinie darstellt;

e) einige deutliche Zeichen unter dem Ringfinger, weil eine möglichst universale Begabung, mindestens eine gewisse Wendigkeit erforderlich ist, um Erfolg und Glück an sich zu binden und beides entsprechend auszuwerten.

Wohlverstanden: diese gute Zeichnung muß sich in der rechten Hand befinden. Ausnahme: Wenn der Besitzer der Hand ein Linkshänder ist, so daß sich alles entsprechend umlagert, ohne aber grundsätzlich verschoben zu sein.

Wir können also aus dem Zusammenspiel von Lebenslinie und aufstrebender Geldlinie, aus einem guten Schnitt zwischen Schicksalslinie und Kopflinie, und zwar einer Schicksalslinie, die über die Herzlinie hinausstrebt, unbedingt auf Glück und Erfolg schließen. Diese Schlüsse werden untermauert durch den Verzicht auf verwegene Liebesabenteuer und durch eine gute Ehe, die das Glück stützt.

Die wichtige Schicksalslinie

Wir müssen, wenn wir die Gefahren im Dasein eines Lebens einkalkulieren wollen, immer die Schicksalslinie mit in Betracht ziehen. Wir haben auf der Schicksalslinie eine ungefähre Einzeichnung der Jahre, des Lebensablaufs.

Die Schicksalslinie beginnt (theoretisch) an der Handwurzel und steigt von dort aus zum Mittelfinger empor. Erfahrungsgemäß können wir im Verlauf der Schicksalslinie folgende Punkte als Jahresindikatoren bestimmen:

Dort, wo die Schicksalslinie die Lebenslinie berührt und wo auf der Lebenslinie das 45. Lebensjahr zu finden ist, liegt auf der Schicksalslinie das 12. Lebensjahr. Berühren sich diese beiden Linien nicht, dann liegt das 12. Lebensjahr ungefähr in der Zone der größten Annäherung zwischen den beiden Linien.

Dort, wo die Schicksalslinie die Kopflinie schneidet, liegt das 20. Lebensjahr.

Halbieren wir den Abstand zwischen dem 20. und 40. Lebensjahr auf der

Schicksalslinie, dann ermitteln wir das 30. Lebensjahr. Manchmal ist dieser Abstand ziemlich weit, manchmal ist er überhaupt nicht vorhanden. Dann muß die Hand eines Menschen unter ganz besonderen Gesichtspunkten geprüft und das Leben entsprechend bemessen werden.

Nehmen wir den Abstand zwischen dem 30. und 40. Lebensjahr und tragen ihn auf die häufig sehr verworrene Fortsetzung der Schicksalslinie über das 40. Lebensjahr hinaus ab, dann finden wir das 50. Lebensjahr. Darüber hinaus wird das Linienbild unklar. Manchmal drängt sich der Ablauf der dann folgenden Jahre oder Jahrzehnte stark zusammen, so wie uns auch das Leben immer kürzer erscheint, je älter wir werden.

Finden wir nun in der Lebenslinie und in der Schicksalslinie an den gleichen korrespondierenden Stellen, d. h. in den gleichen Jahresabläufen Unterbrechungen oder andere Störungen und Zeichen, so dürfen wir annehmen, daß eine echte Gefahr im Anzug ist. Eine solche Gefahr kann später aber eingekreist oder abgekapselt werden.

Der englische Chirologe Winston Clark, der sich ursprünglich auf rein diagnostische Analysen von Händen und Handlinien beschränkte, kam auf Grund seiner Erfahrungen zu dem Schluß, daß aus den Linien, die die Vergangenheit in der Hand eines Menschen verraten, wichtigste Dispositionen, auch Erbanlagen, zu ersehen sind. Diese beeinflussen die Zukunft sehr weitgehend und müssen deshalb unter einem doppelten Gesichtspunkt – analytisch und prognostisch – geprüft werden.

Clark schenkt der Herzlinie allergrößte Aufmerksamkeit, da sie unter biologisch-physiologischen Gesichtspunkten, aber auch für die Beurteilung des Charakters von Bedeutung ist. Er vertritt die Überzeugung, daß man bereits aus der Hand eines neugeborenen Kindes mittels der Herzlinie nicht nur die gesundheitlichen Dispositionen (Herz und Kreislauf) ersehen kann, sondern darüber hinaus auch die charakterlichen Grundlagen.

Zu den beigefügten Handzeichnungen (Abb. 16) gibt er die nachstehenden Erläuterungen:

A Wenn die Herzlinie, die unter dem kleinen Finger beginnt, zwischen dem 1. und 2. Finger der Hand endet, handelt es sich um einen Menschen, mit dem man gut zurechtkommt, sofern man auf seine Eigenarten etwas Rücksicht nimmt.

B Wenn die Herzlinie früher endet, d. h. bevor der zweite Finger erreicht ist, darf man von einer sich selbst genau kontrollierenden Persönlichkeit sprechen, die kaum durch Gefühlsregungen erschüttert wird und scharf zu rechnen versteht, die begabt ist mit einer sehr lebhaften, bohrenden, neugierigen Intelligenz.

C Endet die Herzlinie unter dem 1. Finger der Hand mit einem eleganten Schlenker, dann handelt es sich um einen Menschen, der zwar starken Ehrgeiz besitzt, aber dennoch Güte und Wärme ausstrahlt. Endet die Linie in einer Gabel, dann darf man besondere Wendigkeit, um nicht zu sagen Gerissenheit in der Realisierung von Plänen und Geschäften voraussetzen.

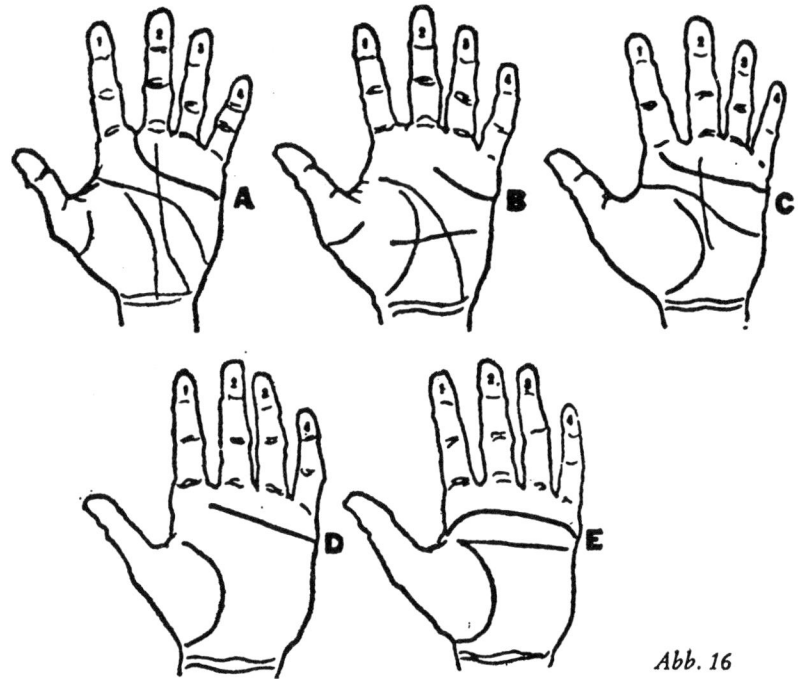

Abb. 16

D Verläuft die Herzlinie geradewegs zum 1. Finger und endet unter ihm, also ohne eine Kurve, dann muß angenommen werden, daß man es mit einem sehr ehrgeizigen (um jeden Preis) erfolgreichen Karrieremacher zu tun hat, der sich um die Gefühle der anderen kaum kümmert.

E Verläuft die Herzlinie über die Hand und neigt sie sich an ihrem Ende dem Daumen zu, dann haben wir es mit einer an sich gutmütigen, aber in ihren Gefühlen leicht erregbaren Natur zu tun. Manchmal beobachtet man, daß diese Linie Verbindungen zum 1. und zum kleinen Finger aufweist. In diesem Fall muß mit einer Überempfindlichkeit gerechnet werden, die manchmal auch auf Abwege gerät und sich in erotischen Anomalien verliert.

Bedeutung der kleineren Zeichen in der Hand

In T. Pakradunys interessantem Sammelwerk *Die Welt der geheimen Mächte* fanden wir folgende Zusammenstellung von kleineren Zeichen, die in und zwischen den Handlinien immer wieder sichtbar werden. Sie können überraschend auftreten, aber ebenso schnell auch wieder verschwinden:

= akute Krankheit; rot = entzündliche Krankheit.

= Querstrich = Hindernis, Hemmung, kleine Differenz.

= Anstrich = Erfolg, Aufstreben, Gewinn.

= Abstrich = Mißerfolg, Verlust.

= Kreis = medizinische Bedeutung je nach der Lage.

= Flachkreuz = Streit längerer Art, Prozeß, Enttäuschung.

= stehendes Kreuz = seelischer Verlust, Todesfall.

= Insel = Vererbung (Charakteranlage oder Krankheit).

= Ast = Schwäche, Spaltung.

= Kette = Unbeständigkeit, Unruhe.

= Zweig = Hemmungen in der Öffentlichkeit oder im Geschäftsleben.

= Stern = große Hemmungen, tiefes Karma, entscheidende Ereignisse.

= Quadrat oder Viereck anliegend oder für sich = Komplexe, Verlassenheit, Gefängnis, Not.

= eingebautes Quadrat = Schutzquadrat = wunderbare Hilfe und Errettung.

= Leerlauf oder Verneinung.

= Buchstaben = Anfangsbuchstaben des Partners = tiefe karmische Verbindung.

Die Vererbung in der wissenschaftlichen Handfurchen-Forschung

Die wissenschaftliche Handlinienforschung ist jungen Datums. Erst 1937 wurde von Würth eine wirklich tragfähige Grundlage geschaffen. Prof. Dr. Max Bürger, der mit seinen Untersuchungen an die Arbeiten von Pöch anschließt, konnte beweisen, daß die Beugefurchen der Hand in ihrer besonderen Gestalt und in ihrem Verlauf erbbedingt sind. In ihrer Prägung sind sie schon zu einem Zeitpunkt erkennbar, an dem äußerliche Einflüsse – wie Prof.

Dr. Bürger es ausdrückt – noch nicht auf die Gestaltung der Handinnenfläche wirken.

Die Wissenschaft will, wie schon betont, nichts von Handlinien wissen, sondern spricht von Handfurchen.

Ihre Bezeichnungen lauten:
Daumenfurche
Fünffingerfurche
Dreifingerfurche
Mittelfingerfurche
Goldfingerfurche
Kleinfingerfurche

Prof. Dr. Bürger charakterisiert die verschiedenen Furchen wie folgt (Abb. 17):

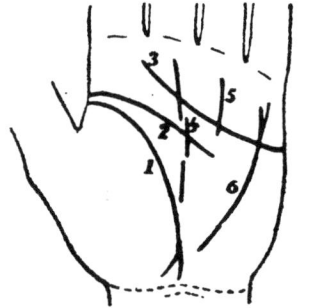

Abb. 17

1. Oppositionsfurche des Daumens (Lebenslinie der Chiromantie) = Daumenfurche = DF.
2. Furche, die meist in der Mitte der Hand, meist aber auch mehr oder weniger in der Nähe des lateralen Handrandes beginnt, zum inneren Handrand führt und an diesem zwischen Daumen und Zeigefinger endet. Sie kann annähernd horizontal, aber auch stark nach unten hin verlaufen (Kopflinie der Chiromantie) = Fünffingerfurche = FFF.
3. Furche, die unterhalb des Zeige- oder Mittelfingers beginnt und am lateralen Handrand endet (Herzlinie der Chiromantie) = Dreifingerfurche = DFF.
4. Furche von der Handwurzel zur Basis des 3. Fingers (Schicksalslinie der Chiromantie) = Mittelfingerfurche.
5. Furche von der Handwurzel zur Basis des 4. Fingers (Schicksalslinie der Chiromantie) = Goldfingerfurche.
6. Furche von der Handwurzel zur Basis des 5. Fingers (Leberlinie der Chiromantie) = Kleinfingerfurche.
7. Gehen die DFF und die FFF ineinander über und bilden nur eine einzige Furche, so sprechen wir von der Vierfingerfurche = VFF = Affenfurche (Abb. 18, bes. e).

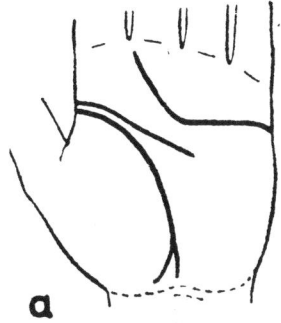

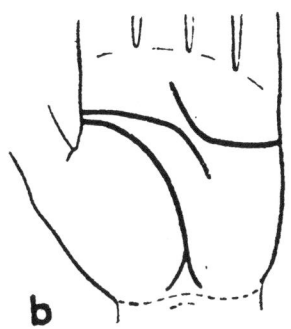

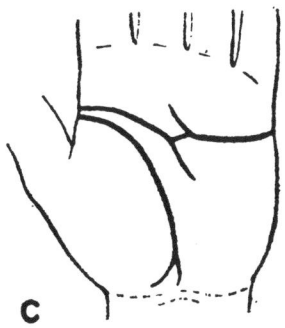

Abb. 18:

Verschiedene Möglichkei-
ten des Verlaufs der Dreifingerfurche und der Fünffingerfurche bis zu ihrer
Verschmelzung: der Vier-
fingerfurche (VFF) bzw.
Affenfurche.

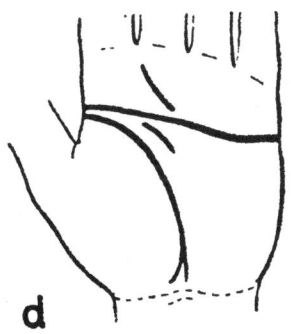

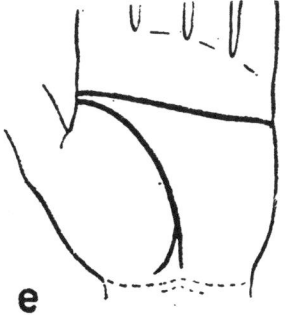

Zahlreiche kleine sekundäre Furchen bilden sich erst im Laufe des Lebens. „Hier dürfte erblich höchstens eine Neigung oder Nichtneigung zu starker oder schwacher, umfangreicher oder geringer Furchenbildung gegenüber gleichen bewegungsreichen bzw. mechanischen Fältelungen der Haut vorhanden sein."

Schon bei oberflächlicher Betrachtung der Handinnenfläche einer größeren Zahl von Menschen fällt auf, daß die Mehrzahl ähnliche Bilder zeigt. Die Zeichnung der drei Hauptlinien (DF, DFF, FFF) gleicht weitgehend einer liegenden „M"-Figur (Abb. 19).

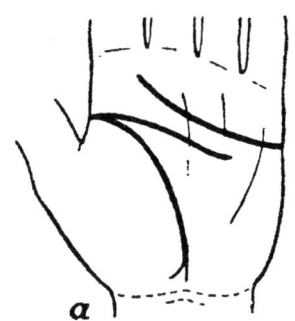 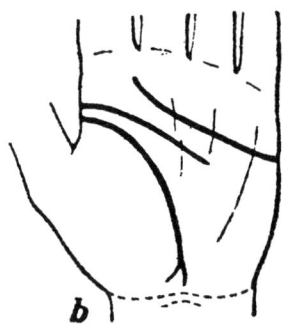

Abb. 19: Das geschlossene „M" und das offene „M" in der Handinnenfläche.

Zur Frage der Erbbedingtheit der Handfurchen stellt Prof. Dr. Bürger fest:

„Die Handfurchenbildung ist im wesentlichen erbbedingt und kann gewissermaßen als Stigma der Zugehörigkeit zu bestimmten Ahnenreihen gelten. Wie die Habsburger Unterlippe die Zugehörigkeit zu dieser Familie charakterisiert, so können bestimmte Handfurchen das gleiche tun. Wie wir oben gezeigt haben, gehört das geschlossene ‚M' bei der überwiegenden Mehrzahl der Menschen zur charakteristischen Zeichnung der Handinnenfläche. H. Pöch beobachtete, daß dieses geschlossene ‚M' bei Männern häufiger vorkommt als bei Frauen, was auch von M. Schiller bestätigt werden konnte. Pöch gibt weiter der Vermutung Ausdruck, daß die Kinder oft in einer Hand die Formel des Vaters, in der anderen die der Mutter haben, wobei die Seite nicht entscheidend ist. Die Prozentzahlen für das Vorkommen eines geschlossenen ‚M' werden für Männer mit 84 Prozent und für Frauen mit 74 Prozent angegeben.

An der Erblichkeit der ‚M'-Figur hatte schon Meyer-Heydenhagen keinen Zweifel mehr, und seit den Untersuchungen von Würth ist vollends die Gen-Bedingtheit der großen Handfurchen als sicher erwiesen. Die Ungarn Malán und Csik sprechen von Erbfaktoren, die den Verlauf der Hauptlinien bestimmen und die gemeinsames Eigentum des ganzen Hominiden-Stammes darstellen.

Die Differenzen im Vorkommen der einzelnen Linien und Mustertypen werden damit erklärt, daß der Wirkungsgrad und die Manifestationsschwankung der bestimmenden Erbfaktoren bei den einzelnen Rassen verschieden sind. Wie man sich nun im einzelnen die Manifestationsfaktoren als erbbedingt zu denken hat, dafür gibt es verschiedene Erklärungsmöglichkeiten, insbesondere die eines indirekt wirkenden Erbfaktors. So stellt es sich Cummins für die Leistenfiguren vor, und ebenso könnte es sich mit den Furchen, die im Zusammenhang mit diesen Figuren stehen, verhalten.

Pöch, Leven und Grünberg sprechen sich auf Grund ihrer Beobachtungen bei Zwillingen für die Erbbedingtheit der ‚M‘-Figur und der Handfurchen überhaupt aus. Eine absolute Gleichheit der Handabdrücke gibt es jedoch nicht, auch nicht bei eineiigen Zwillingen. Unterstrichen wird dies noch durch die von Locard veröffentlichten Handabdrücke der siamesischen Zwillingsbrüder. Leven erklärt diese Unterschiede mit Manifestationsschwankungen. M. Schiller fand bei ihren Untersuchungen in bezug auf ein offenes oder geschlossenes ‚M‘ eine auffallend häufige Übereinstimmung zwischen Eltern und Kindern. Diese Beobachtungen an Zwillingen sind in ihrer biologischen Dignität noch den Familienuntersuchungen über diese Frage voranzustellen.

Ferner können in bezug auf die Handfurchenzeichnung ähnliche Sippenangehörige auch in der Struktur ihrer gesamten Persönlichkeit auffallende Ähnlichkeit aufweisen.“

So registriert man Handformen und Handlinien

Mehrfach haben wir darauf hingewiesen, daß es unerläßlich ist, die sich verändernden und sich weiterentwickelnden Hände und Handlinien des heranwachsenden Kindes zu beobachten.

Wenn jeweils erstklassige Fotos hergestellt werden können, ist die Frage der Voraussetzungen dafür meist gut gelöst.

Wenn diese Möglichkeit nicht besteht und außerdem Maße festgehalten werden sollen, bedient man sich vorteilhafterweise eines Meß-Schemas, das von Dr. Schlaginhaufen entwickelt wurde.

Diese Messungen kann man vornehmen, indem man um die auf ein Blatt gelegte linke Hand mit einem Stift fährt. In die Umrisse der linken Hand können dann die Maße der rechten Hand eingetragen werden. Denn die Form entspricht ja (linke Hand mit der Handfläche nach unten auf das Blatt gelegt) dem Umriß der rechten Hand, wenn diese mit dem Rücken auf das Blatt gelegt worden wäre.

Nun werden folgende Maße festgehalten (Abb. 20):
a) Handbreite
b) Handlänge
c) Handgelenkbreite
d) Handgelenkumfang
e) Handumfang

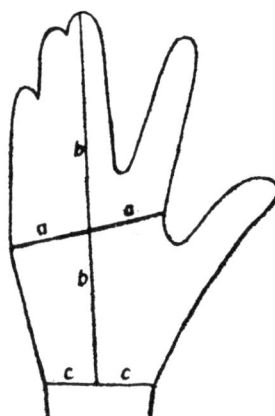

Abb. 20:
Handumrißzeichnung
(nach Schlaginhaufen).

Zusätzlich kann man dann auf dieser Vorlage oder in einer neuen Umrißzeichnung die Hautlinien so eintragen, wie sie sich in der zu beobachtenden
Hand zeigen.
Vor allem sollte man auf Absonderlichkeiten, plötzlich auftretende bzw. ver-
schwindende Linien oder Zeichen achten und diese Anomalien einzeichnen
und kommentieren.

Was für die Hände gilt, stimmt – abgewandelt – auch für die Füße

In Ostasien, wo man immer noch viel barfuß geht, gibt es Prognostiker, die
behaupten, nicht aus den Händen, sondern aus den Füßen und den Fußlinien
Charakter, Veranlagungen und Kommendes ablesen zu können.
Wir geben nachstehend eine Übersicht über die Fußlinien und ihre Bezeichnungen. Diese Linien verlaufen „ganz anders" als die Handlinien, aber sie haben – das gilt vor allem für die Feststellung geistiger Schäden – eine ähnlich
markante Bedeutung wie die Handlinien.
Das zeigt u. a. die „Sandalenfurche", über die Prof. Dr. med. W. Hirsch, Berlin, berichtet (Abb. 21).
Interessant ist in diesem Zusammenhang, daß von dem Nordamerikaner Dr.
Ingham eine Reflexzonen-Übersicht angefertigt wurde, die heute eine wichtige Hilfe für Fußmassagen ist, durch die fast jedes Körperorgan von der Fußsohle aus „erreicht" werden kann (Abb. 22).
Wenn wir die an anderer Stelle (10. Kap.) fotografisch wiedergegebenen Fußsohlen neugeborener Kinder in Augenschein nehmen, ergibt sich eine Fülle
interessanter Erkenntnisse, die bisher unbekannt waren.

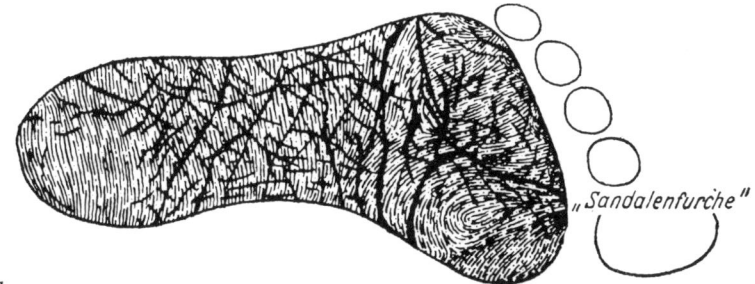

Abb. 21:
*Sandalenfurche (nach W. Hirsch) mit einer Tendenz zum horizontalen Furchen-
verlauf im proximalen Fußabschnitt; bei geistiger Fehlentwicklung.*

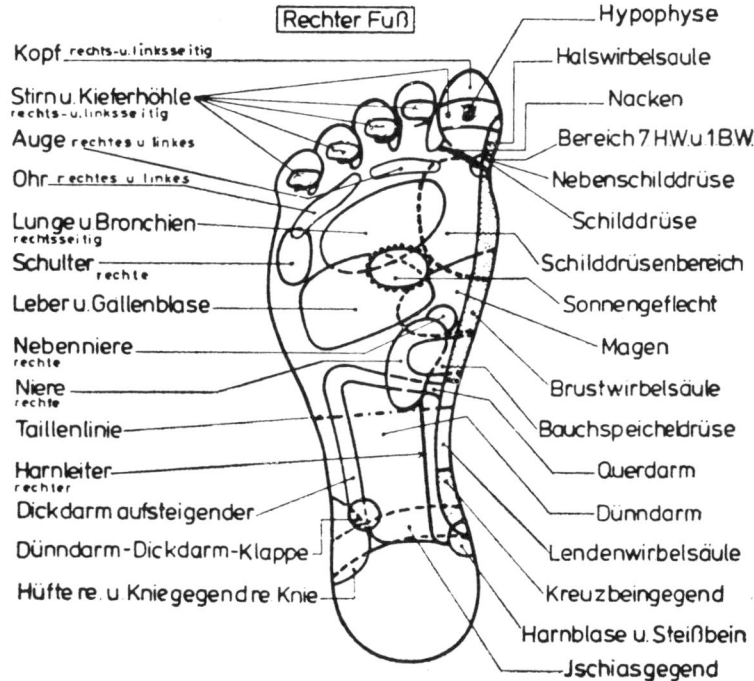

Abb. 22: *Fußsohlen-Reflexionen (nach Ingham).*

Die Zeichnung der Reflexzonen (die wir mit Erlaubnis des Haug-Verlags wiedergeben, der eine komplette Übersicht zum Thema der Reflexzonen heraus-
brachte), ist so hervorragend klar, daß sich jede Erläuterung erübrigt.

Bedeutung der Fußlinien

Lebenslinie (A), die sich unterhalb der zweiten großen Zehe entwickelt und die Fußlinie nach unten durchschneidet: Sie geht meist nicht bis in die zweite Zehe hinein, sondern verläuft mit einem kleinen Schwung in Richtung auf die große Zehe (Abb. 23).

Abb. 23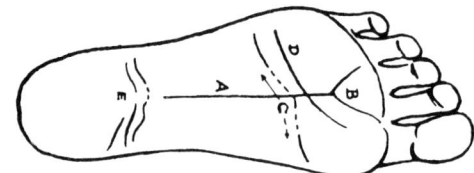

Schicksalslinie (B), ist meist sehr kurz und dreht an der Gabelung der Lebenslinie in Richtung auf die vierte Zehe seitlich ab. Unter der Fußsohle verlaufen Schicksalslinie und Lebenslinie viel enger zusammen oder parallel, als das in der Hand der Fall ist.

Kopflinie (C), entspringt am äußeren Fußrand unter dem Ballen, der zur großen Zehe gehört, und führt zur anderen Fußseite hinüber. Die Kopflinie ist fast immer unterbrochen. Sie ist immer lücken- oder fehlerhaft, so z. B. wenn nervöse Spannungen vorliegen, die sich auch auf den Gang des Betreffenden auswirken.

Herzlinie (D), beginnt unter der kleinen Zehe, und zwar unterhalb des Ballens, der zu dieser Zehe gehört. Sie führt von dort aus zum Ballen der großen Zehe hinüber. Die Herzlinie unter der Fußsohle kennzeichnet die einwandfreie Durchblutung der unteren Extremitäten.

Fersenband (E), das sich entsprechend dem Armband, den Razetten an der Hand, kurz vor der Ferse zeigt, zeugt – wie die Razette – von Arbeitswillen und Energie, aber, bei sehr starker Ausprägung, auch von Starrköpfigkeit.

Die Linien unter den Füßen deuten fast nie auf psychische, sondern meist auf psychologische Vorgänge hin, d. h. darauf, wie sich der Mensch auf bestimmte Lebenssituationen einstellt.

VI. Analyse von Babyhänden und -füßen
(Untersuchungen aus dem Jahre 1980)

Edith K., geb. 13. März 1970/23.30 Uhr
Chirologische Analyse

Physische Konstitution

Es handelt sich um ein prachtvolles Kind, das in anatomischer Hinsicht ohne irgendeinen Fehler zur Welt kam. Die physiologische Widerstandskraft im allgemeinen ist beachtlich.

Physiologie des Herzens (Herzmuskel): Das Herz ist normal in seinen Funktionen. Aus der Herzlinie ist keine Herzkrankheit zu ersehen. Man kann lediglich eine Neigung zur Endokarditis (Entzündung der Herzinnenhaut durch Keime, Toxine oder Pilze) feststellen. Aber diese Tendenz tritt nur ganz schwach in Erscheinung und dürfte lediglich eine Disposition in dieser Hinsicht darstellen.

Gehirn: Die Gehirnfunktionen scheinen sämtlich absolut normal zu sein, so daß man von einer ausgezeichneten Gehirnkonstitution sprechen kann.

Verdauungswege: Alle Organe, die mit dem Verdauungsweg verbunden sind, weisen keinerlei Fehlfunktionen auf. Die Leber wird lediglich im Laufe der Jahre (nach dem 20. Lebensjahr) empfindlich gegen Alkohol und eine unklug gewählte Diät.

Unterleibsorgane: Die Unterleibsorgane einschließlich der großen Eingeweide und der Geschlechtsorgane sind in einem ausgezeichneten Zustand. Die sexuelle Widerstandskraft ist erstaunlich und dürfte allen Strapazen gewachsen sein.

Muskulatur im allgemeinen: Die Körpermuskulatur ist perfekt, soweit man das bei der Geburt schon feststellen kann; sie läßt eine beachtliche physische Widerstandskraft und beste Entwicklungsmöglichkeiten erkennen.

Schwerpunkte im physiologischen Lebensablauf: Schwere Krankheiten sind mit Ausnahme einer Neigung zur Arthritis (Gelenkentzündung), die aber kaum vor dem 60. Lebensjahr in Erscheinung treten wird, nicht zu erwarten. Aber auch die rheumatisch bedingten Krisen können weitgehend abgeschwächt werden, wenn bereits die ersten Symptome ernstgenommen und in ihren Ursachen bekämpft werden, auch wenn diese sich nur in leichten Schmerzen in den Gelenken zeigen.

Lebensdauer: Dieses Kind wird nach den Handlinien ein sehr langes und in gesundheitlicher Hinsicht angenehmes Leben führen. Die Lebensgrenze liegt bei etwa 80 Jahren. Mögliche Erkrankungen, die auf äußere Einflüsse zurückzuführen sind (Bakterien, Erkältungen, Unfälle), werden den Lebensablauf nicht verkürzen können.

Psychische Konstitution

Dieses Kind wird später ein loyaler Lebensgefährte sein, mit dem man leicht zurechtkommt, sofern der Partner selbst moralisch gefestigt ist und die persönlichen Neigungen von Edith K. respektiert.

Psychische Herzdispositionen: Das psychische Herz ist außerordentlich sensibel, leicht verliebt, anhänglich, aber hochgradig empfindlich gegen jede Nörgelei, heuchlerische Verschleierung und unloyales Verhalten. Ein derartiges Verhalten kann später in Edith K. heftigste Gegnerschaft hervorrufen. Denn Edith K. wird ein beachtliches Gerechtigkeitsgefühl entwickeln und bis zum letzten dafür kämpfen.

Intellekt: Die Intelligenz ist außerordentlich lebhaft, nicht aber die intellektuelle Beweglichkeit. Mit Edith K. gibt es keine Alternative: Man respektiert die Spielregeln oder man gibt Edith K. auf. Edith K. wird Realistin sein, aber nicht Materialistin.

Charakter: Vom Charakter her ist diese Person außerordentlich kämpferisch veranlagt, und zwar im positiven Sinne des Wortes. Sie erfüllt mit absoluter Gewissenhaftigkeit ihre Pflichten. Wenn man ihr irgendeine Aufgabe anvertraut und sie diese annimmt, kann man im voraus sicher sein, daß diese Mission mit peinlicher Genauigkeit und Sorgfalt und so schnell wie möglich erfüllt wird. Keine unsachlichen Überlegungen oder Gefühle können von der beruflichen Gewissenhaftigkeit ablenken.

Schicksal und Chancen: Der Schicksalsablauf wird sich unter denkbar günstigen Voraussetzungen vollziehen, zumal er parallel zu einer Glückslinie verläuft.

Edith K. wird niemals irgendwelchen Mangel haben und vom Elend verschont bleiben. Das materielle Dasein wird bis an ihr Lebensende gesichert sein. Die Voraussetzung dafür ist allerdings, daß Edith K. sich einer Laufbahn zuwenden kann, die ihrem Charakter entspricht.

Andernfalls könnte es geschehen, daß Edith K., sofern sie einen Weg nur aus Pflichtgefühl oder Furcht einschlägt, in bloßer Mittelmäßigkeit verharrt, ohne daß sie ihre vielfältigen Talente entwickeln kann und ohne jene Befriedigung im Beruf zu finden, die sie sonst erwarten kann.

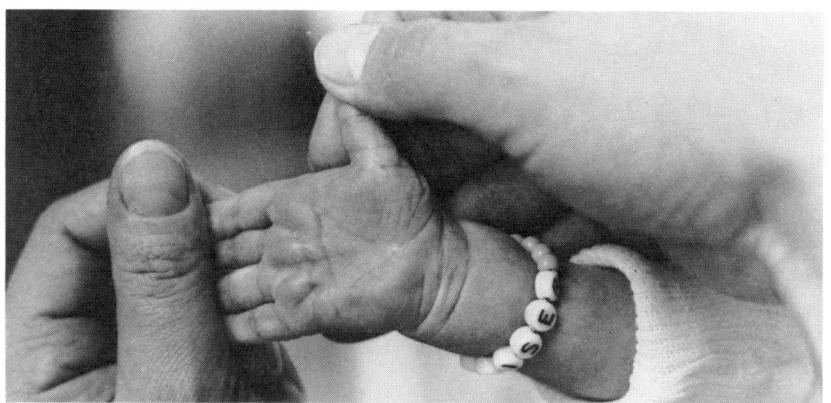

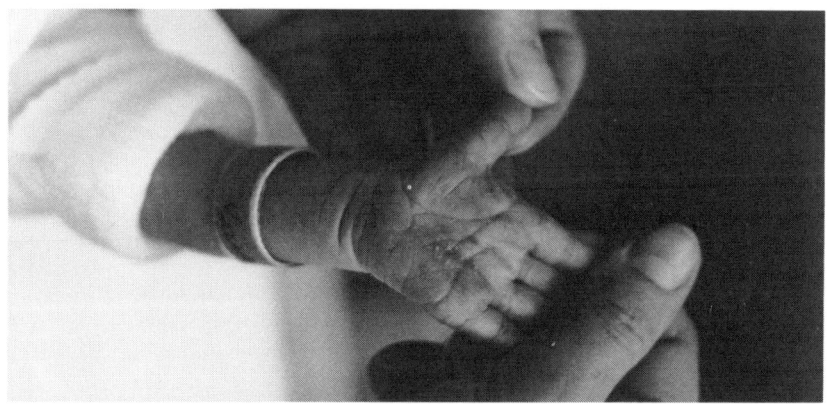

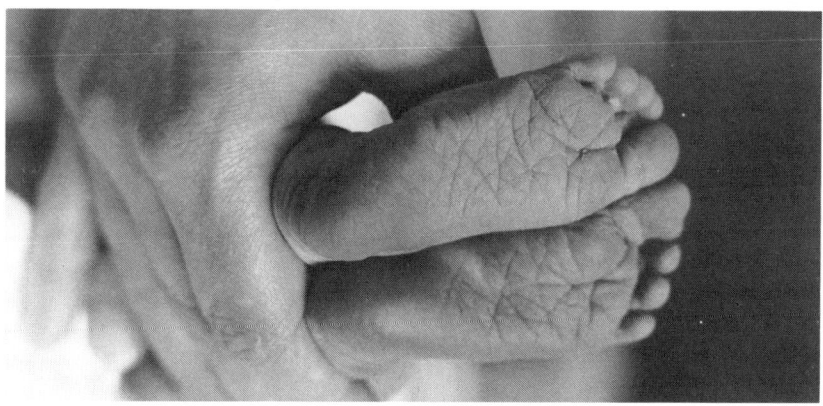

Berufe, in denen Edith K. erfolgreich sein würde: Die erwähnten Charakterzüge sind durch zwei psychologische Elemente bedingt:

1. Edith K. wird eine starke Neigung zur Kunst, zur Schönheit und zu allem,
was verfeinert ist, empfinden. Aber sie wird selbst keine ausübende Künstle-
rin sein, sondern eher ungewöhnliche Ideen entwickeln und in ihrer hohen
Sensibilität gelegentlich auch so weit gehen, utopische und nicht realisierbare
Pläne ernsthaft in Betracht zu ziehen.

2. Auch ohne eine ausgesprochen schöpferische Veranlagung ist die Gabe der
Verwirklichung und Organisation vorhanden, wobei sogar eine gewisse
Fähigkeit zum klugen und geplanten Vorgehen vorhanden ist. Edith K. wird
sich in jedem Beruf wohl fühlen, wo eine aktive, arbeitsame und völlig loyale
Persönlichkeit verlangt wird. Nur unter diesen Voraussetzungen wird sie die sehr großen Möglichkeiten erschließen können, die in ihr
schlummern und um die man sie später vielleicht beneiden wird.

Die Sterne der Edith K., geb. am 13. März 1970 um 23.30 Uhr MEZ in Düsseldorf
Kosmobiologische Analyse

Hochbegabt – im Leben freundlich und beliebt

Edith K. neigt mit Aszendent Skorpion und Sonne im Zeichen Fische und der
betonten Besetzung der Wasserzeichen zu einer vorwiegend pyknischen
Konstitution und zu einem zykloid-phlegmatischen Temperament. Sie ist von
hingebungsvoller Wesensart, verbunden mit starker Leidenschaft. Konflikte
in gefühlsbetonten Beziehungen, vor allem zu nahestehenden und geliebten
Personen, werden nur schwer ertragen (Abb. 31).

Wie aus den Verbindungen zwischen Venus und Neptun und Mond und Uranus ersichtlich, handelt es sich um ein begabtes, phantasiereiches und sympa-
thisches Mädchen, das über große Einbildungskraft verfügt und dem die
Begriffe Nächstenliebe und Opfersinn als ein Teil seines Lebens erscheinen.

Gute Intuition und leichte Auffassungsgabe sind vorhanden. Auch wird man
im Laufe der Zeit beachtliche Talente und Fähigkeiten feststellen können.

Das Verhältnis zu anderen Menschen dürfte sich durch ein höfliches und liebenswürdiges Wesen angenehm gestalten. Spätere Liebes- und Ehebeziehun-
gen versprechen glücklich und harmonisch zu verlaufen.

Mars und Saturn im sechsten Feld im Stier, angegriffen von Jupiter, haben
Beziehungen zu Gesundheitsstörungen, die vorwiegend mit Kopf, Hals und
Muskeln in Verbindung zu bringen sind. Vorbeugungsmaßnahmen und Vorsicht bei ungünstiger und kalter Witterung sind empfehlenswert. Auch darf
das Kind in keiner Weise Überanstrengungen ausgesetzt werden. Ebenso ist
auf eine richtige und gesunde Ernährung zu achten.

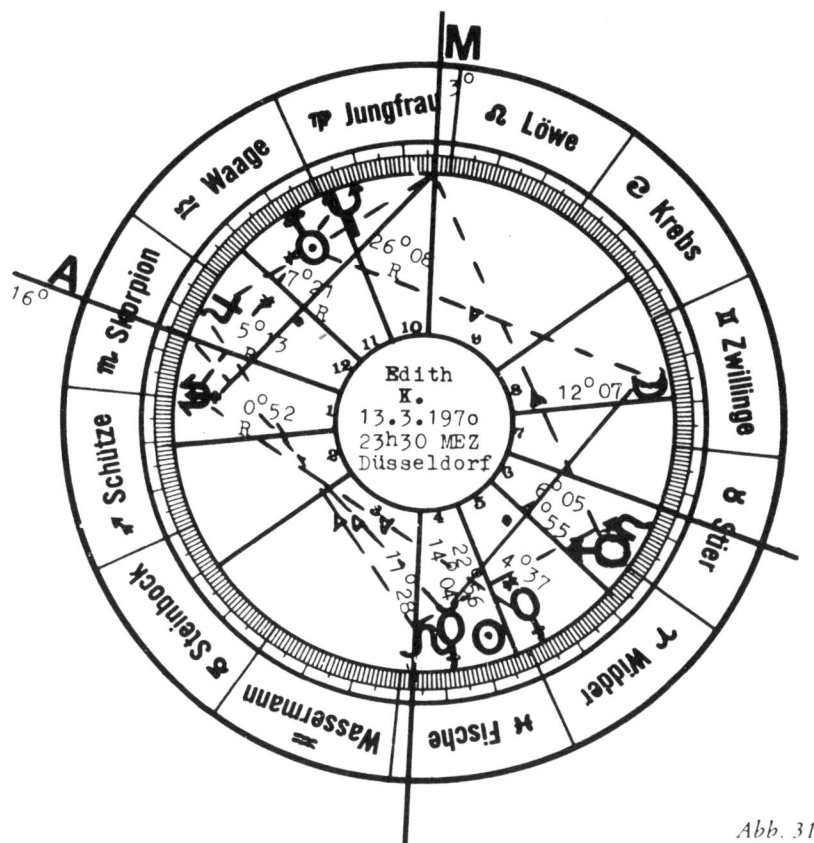

Abb. 31

Ansonsten wird Edith K. den Eltern keine Sorgen bereiten, zumal sie zu diesen ein inniges Verhältnis hat. Lediglich ihre medialen Fähigkeiten, die teilweise in Wahrträumen zur Wirkung kommen, mögen die Angehörigen leicht beunruhigen.

Die vielseitigen Begabungen erlauben es, einen Beruf zu wählen, der an Organisation, Fleiß, Ausdrucksfähigkeit und Anpassung erhebliche Forderungen stellt. Nach Überwindung einer gewissen Unsicherheit lassen sich gesteckte Ziele erreichen und Erfolge erzielen. Wechsel und Veränderung dürfte es im Berufsleben allerdings geben, was aber keinesfalls als ungünstig oder abträglich anzusehen ist.

Ramona Z., geb. 12. März 1970/13.15 Uhr
Chirologische Analyse
Abb. 52, 53, 54)
Physische Konstitution

Es handelt sich um ein interessantes Kind, das eine starke physische und intellektuelle Widerstandskraft besitzt. Anatomisch dürfte alles in Ordnung sein.

Physiologie des Herzens (Herzmuskel): Das Herz ist völlig normal ausgebildet und weist keinerlei Krankheitszeichen auf. Es besteht lediglich die Möglichkeit einer leichten Nervosität des Herzmuskels in jungen Jahren, die aber kaum Anlaß zur Besorgnis gibt.

Gehirn: Das Gehirn ist in den Anlagen ausgezeichnet entwickelt. Es weist eine bemerkenswerte Widerstandskraft selbst bei stärkster Belastung auf.

Verdauungsorgane: Alle Organe des Verdauungsweges sind zur Zeit der Geburt in einem gesunden Zustand. Sie weisen nicht den geringsten anatomischen oder physiologischen Defekt auf.

Unterleibsorgane: Die Organe des Unterleibs funktionieren gleichfalls normal. Dagegen weisen die Geschlechtsorgane auf überdurchschnittliche Sinnlichkeit hin, woraus sich aber keine Erkrankungen ergeben dürften.

Muskulatur im allgemeinen: Alle Körpermuskeln sind vollkommen ausgebildet und lassen eine gute Leistungsfähigkeit und physische Widerstandskraft erwarten.

Schwerpunkte im physiologischen Ablauf: Es läßt sich keine wirklich schwere Erkrankung voraussagen. Die ungebrochene Lebenskraft wird bis ans Lebensende dauern. Im Alter von 40 bis 45 Jahren kann ein Leiden der Harnorgane in Verbindung mit einer Funktionsstörung der Nieren und auch mit rheumatischen Schmerzen auftreten. Wenn diese Erkrankungen richtig behandelt werden, können sie, unterstützt durch die natürliche Widerstandskraft Ramonas, in relativ kurzer Zeit geheilt sein.

Lebensdauer: Das Kind wird ein langes Leben haben und mit Leichtigkeit mehr als 70 Jahre alt werden. Die genannten körperlichen Beschwerden bleiben also ohne Auswirkungen auf die Dauer des Lebens.

Psychische Konstitution

Dieses Kind wird aufrichtiger, ergebener und höherer Gefühle fähig sein. Gleichzeitig empfindsam und realistisch, bringt es alle notwendigen Voraussetzungen für eine respektable und respektierte Persönlichkeit mit. Die seelischen Reaktionen werden jedoch stets stark in Erscheinung treten.

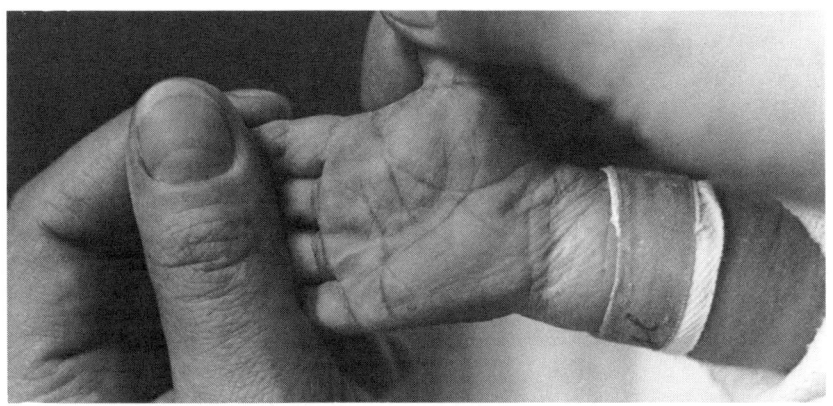

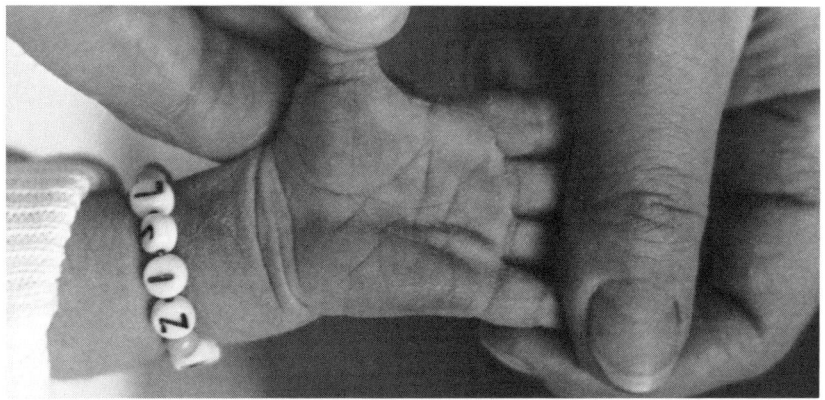

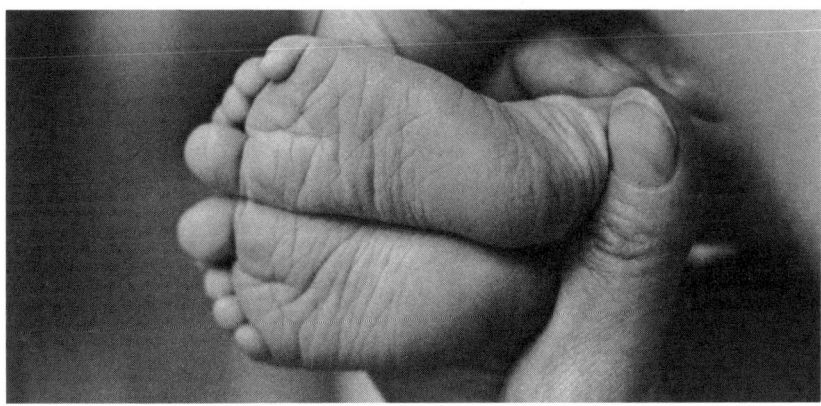

Psychische Herzdisposition: Da das Kind ein sensibles psychisches Herz besitzt, wird es ein treuer, ehrlicher und ergebener Freund sein, der sich nicht leicht täuschen läßt; denn die eigene Rechtschaffenheit und Ehrenhaftigkeit hindern Ramona Z. nicht, die feinen Spielarten der Falschheit zu erkennen. Im letzteren Falle ist mit keinerlei Barmherzigkeit von ihrer Seite zu rechnen und Vergebung nicht leicht zu erhalten. Es besteht bei ihr eher die Neigung, mit gleicher Münze zurückzuzahlen.

Intellekt: Das gut funktionierende Gehirn ermöglicht die Übernahme und Durchführung jeder beliebigen intellektuellen Aufgabe, wie schwer oder wie langwierig diese auch sein möge.

Charakter: Der Charakter zeigt kämpferische und ausdauernde Züge und folgt bestimmten Idealvorstellungen. Er reagiert jedoch bei Gefahr des Scheiterns recht geschmeidig und kann sich dank seiner Phantasie bald neuen Ideen zuwenden. Eine ähnlich geartete intellektuelle Elastizität ist jedoch nicht zu erwarten. Aus diesem Grunde lassen sich bestehende Ansichten nicht mehr leicht beeinflussen. Ramona Z. wird ein guter Kamerad und ein treuer Freund sein. Sie zeigt Loyalität in Gefühl und Zuneigung.

Ramona Z. wird ihr ganzes Leben lang sehr ehrgeizig sein. Dieser Charakterzug wird sich für sie als recht nützlich erweisen.

Schicksal und Chancen: Der vorhersehbare gute Lebensablauf, mit steilem Aufstieg nach dem 35. Lebensjahr, wird bestimmt durch die folgenden Faktoren:
1. Äußerer Charme und die Fähigkeit, überzeugend aufzutreten und sich auch im Falle einer Meinungsverschiedenheit freundlich zu verhalten;
2. die Gabe, hart und gut zu arbeiten;
3. eine Begabung für durchführbare und erfolgversprechende Ideen;
4. der starke Ehrgeiz als Ansporn zu hochgesteckten Zielen.

Berufe, in denen Ramona Z. erfolgreich sein könnte: Außer den vorerwähnten Charakterzügen und Eigenschaften wird Ramona Z. einen guten Geschmack besitzen, aber auch die „Kunst zu gefallen' beherrschen.

Wenn die Ausrichtung auf einen künstlerischen Beruf hin erfolgt, was gut möglich ist, wird dennoch das Schwergewicht mehr auf der praktischen und unternehmerischen Seite als auf dem rein finanziellen Gewinn liegen.

Alles, was dem Blick schön, fein und angenehm erscheint, wird Ramona lieben. Das Interesse an der Kunst entspricht dem einer vom methodischen Denken beherrschten Persönlichkeit, für die letzten Endes auch materielle Gesichtspunkte eine Rolle spielen.

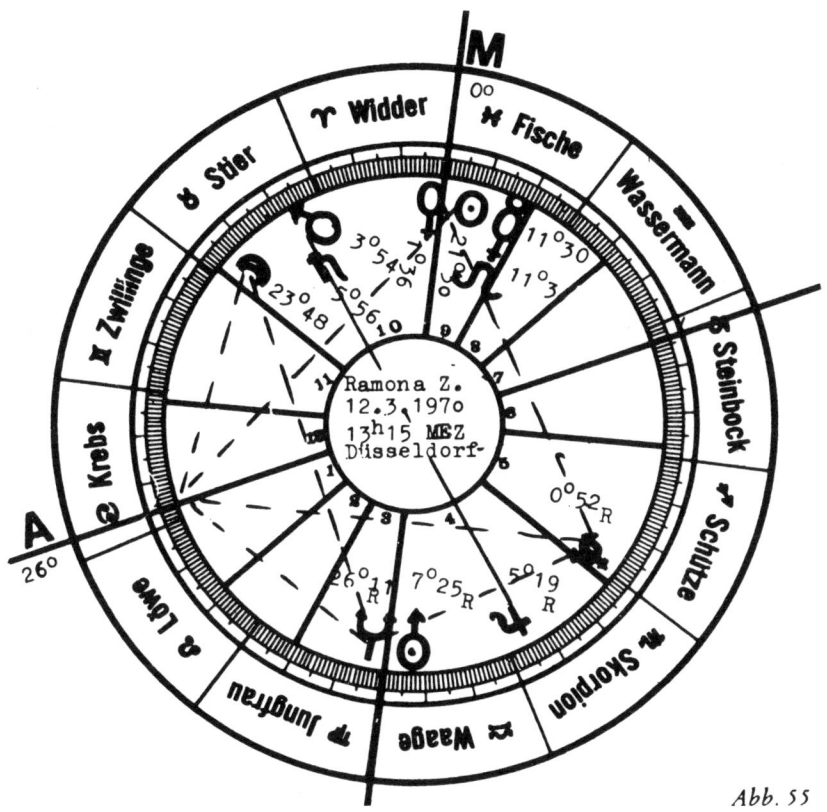

Abb. 55

Die Sterne der Ramona Z., geb. am 12. März 1970 um 13.15
Uhr MEZ in Düsseldorf
Kosmobiologische Analyse

Bei kluger Erziehung: guter Aufstieg

Ramona Z. ist bei Aszendent Krebs und Sonne im Zeichen Fische von pykni-
scher Konstitution und von phlegmatischem Temperament (Abb. 55). Sie besitzt eine sehr sensible Natur, ist stark beeinflußbar. Sie wird daher unter seelischer Angst und unter psychischen Konflikten zu leiden haben. Auch ein
etwas extremes Gefühlsleben macht ihr immer wieder zu schaffen.

Von Natur aus gutmütig, hilfsbereit und opferbereit, versucht sie sich dem
Leben und den Umständen anzupassen, was sie aber nicht daran hindert, zeitweilig trotzig, widerspenstig und eigensinnig zu reagieren.

Obwohl kein ausgeprägter „starker Wille" feststellbar ist, tragen innere Spannungen, wie sie sich aus den Oppositionsaspekten im Geburtsthema ergeben, doch immer wieder dazu bei, sehr heftig auf Umwelteinflüsse zu reagieren und die engere Umwelt durch impulsives Verhalten in Unruhe und Aufregung zu versetzen.

Eine träumerische Phantasie verführt sie dazu, vieles anders zu sehen, als das die Menschen ihrer Umgebung tun, und eigenartige Vorstellungen zu entwickeln. Eine sehr geschickte Führung ist notwendig, um das Kind vor falschem Denken, wie es sich aus den Verspannungen des Neptun mit Mond und Merkur erkennen läßt, zu bewahren und seinen verworrenen Vorstellungen keine Nahrung zu geben. Nicht alles ist Lüge, was das Kind von sich gibt; aber es flüchtet sich bei einer verfehlten Erziehung und bei Unverständnis seitens der Erziehungsberechtigten aus Angst in die Unwahrheit. Außerdem besteht die Neigung, eigenen Schwächen zu sehr nachzugeben sowie ein Hang zu Heimlichkeiten und Bequemlichkeiten.

Geweckt werden sollten vor allem Begabungen auf künstlerischem Gebiet: Musik, Malerei, Dichtung. Hier könnte sich die Phantasie am wirkungsvollsten ausleben, zumal ein Streben nach äußerer Wirkung vorhanden ist.

Das Selbstvertrauen des Kindes muß gestärkt werden, damit es sich nicht in Selbstquälerei verliert, seine Energie nicht am falschen Platz oder zum eigenen Schaden einsetzt und den Daseinsschwierigkeiten besser begegnen kann.

Die Sehnsucht nach Liebe ist sehr ausgeprägt vorhanden. Verbindungen werden frühzeitig und übereilt geschlossen, aber auch vorzeitig wieder gelöst.

VII. Zukunftsberechnungen nach den Handlinien der Neugeborenen

Zeitrechnung für die Berufswahl

Wenn wir für die Fragen der Erziehung und der Schule in den Handlinien des Neugeborenen und des Kleinkindes Erkenntnisse gewonnen haben, ergibt sich für die Berufswahl oft die Notwendigkeit der Zeitrechnung.

Mancher mag zwar die Auffassung vertreten, daß ein heute geborenes Kind erst gegen 1990, also in einer scheinbar in weiter Ferne liegenden Zeit, an den Beruf denken kann, den es erwählen will; und das mag dann eine Tätigkeit sein, die es heute noch gar nicht gibt. Aber die moderne Zeit mit ihren rapiden Ausbildungsmethoden gestattet so schnelle Fortschritte und eine so gezielte Spezialisierung, daß wir für ein Kind gar nicht früh genug die Zukunftsplanung umreißen können. Auch wird es für die Eltern immer häufiger zur Selbstverständlichkeit, den späteren Werdegang ihres Kindes durch Lebens- oder Erziehungspolicen soweit wie möglich abzusichern.

Räumen wir grundsätzlich die Möglichkeit ein, daß man aus den Handlinien Veranlagungen herauslesen kann, dann darf man auch mit dem Blick auf das Kommende einen Schritt weitergehen und Prognosen stellen. Prof. Isberner-Haldane war einer der ersten, der in dieser Hinsicht ein Schema entwickelte. Er ging dabei zwar noch von mittelalterlichen Vorlagen aus, baute auf diesen Erkenntnissen aber klug weiter.

Wir empfehlen deshalb die beigefügte Zeichnung aufmerksamer Beachtung, da sie für die Lebenslinie, die Kopflinie, die Schicksalslinie und die Herzlinie klare Markierungen bietet (Abb. 72). Man kann also für ein Kind den weiteren Weg vorausberechnen und sogar feststellen, wo sich u. U. schicksalhafte Klippen ergeben, die vorsorglich „umschifft" werden müssen.

Das klingt alles ein wenig nach „Wahrsagerei". Aber wer einmal erlebt hat, wie sich Linien in Händen von einer Woche zur anderen verändern, z. B. in der Lebenslinie Unterbrechungen eintreten oder vorhandene Brüche sich durch ein Viereck „reparieren", der wird nachdenklich und räumt der Möglichkeit, in die Zukunft hineinschauen zu können, gewisse Chancen ein.

Dabei gilt allerdings, was auch für andere zukunftsbezogene Disziplinen der Grenzwissenschaften betont werden muß: Alles, was sich für die Zukunft abzeichnet, ist zwar schicksalhaft bedingt, muß sich aber nicht so ereignen; abgesehen freilich von den ererbten Schäden oder genetischen Abweichungen (um deren Heilung bzw. Lenkung die Forschung heute aber sehr bemüht ist.).

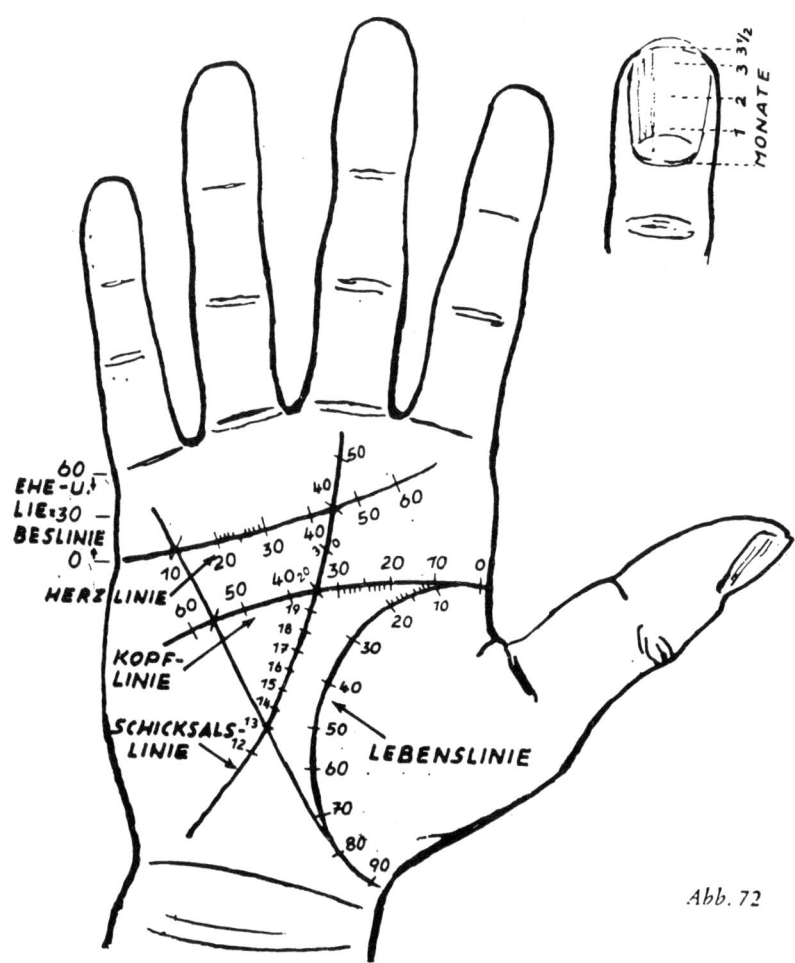

Abb. 72

Dem Baby nicht mehr zumuten, als es geben kann!

Klippen, die sich nicht überspringen lassen

Obwohl die Eltern, vor allem die Mütter, in der Entwicklung ihrer Kinder eine lebenswichtige Rolle spielen müssen, indem sie sie dazu anregen, in jeder Phase den besten Gebrauch von ihrer Geschicklichkeit und ihren Talenten zu machen, kann ein Kind nur in der ihm eigenen und angemessenen Zeit ausreifen. Keine zusätzlichen Anstrengungen und Bemühungen, keine Schmeichelei und kein Zureden kann es zum Sitzen, Stehen oder Laufen bringen, ehe es physiologisch dazu in der Lage ist. Die Entwicklung eines Kleinkindes steht in enger Beziehung zur Fortbildung eines Nervensystems. Auch müssen seine Knochen stärker werden und seine Muskeln zunehmen; der kontrollierende Faktor aber ist die Entwicklung seiner Nerven.

Durch Beobachtungen hat man versucht, das Geheimnis dieser Entwicklung zu enthüllen. Man hofft auf diese Weise auch Heilungsmöglichkeiten für nervenkranke und geistig zurückgebliebene Kinder zu finden.

Das Nervensystem des Kleinkindes beginnt erst nach dem neunten Monat nach der Geburt sich endgültig auszubilden. Während dieser Entwicklungsphase („Myelination" genannt) erlangt das Gehirn des Kindes die Kontrolle über die Körperbewegungen. Dabei werden Hunderte von Nerven aus den Hauptkontrollzentren des Gehirns mit einer dünnen Decke (einer fettähnlichen Substanz) überzogen, die als Myelin bekannt ist. Bevor die Nerven nicht mit Myelin bedeckt sind, können sie keine Befehle aus den höheren Gedanken-Kontrollzentren des Gehirns zu den Extremitäten übermitteln.

Vorher: Nur Reflexbewegungen

In den ersten Lebensmonaten wird ein großer Teil des kindlichen Körpers von einem noch einfachen Nervensystem kontrolliert. Die meisten Bewegungen sind Reflexbewegungen.

Die Ärzte sind davon überzeugt, daß das Kleinkind während seiner Entwicklung alle in der Urzeit verklungenen Evolutionsstadien wiederholt, durch die der Mensch hindurchgegangen ist, bis er das hochentwickelte Geschöpf wurde, das er heute darstellt.

Die primitiven Reflexbewegungen des neugeborenen Kindes, die zu einem späteren Zeitpunkt auftreten, stehen mit einer jüngeren evolutionären Entwicklung in Beziehung.

Zwei Reflexe sind von besonderem Interesse:
der Laufreflex und der Greifreflex.

Die Mediziner haben entdeckt, daß man neugeborene Kinder dazu bringen kann, ihre Beine so zu bewegen, als ob sie liefen, indem man während der ersten drei oder vier Lebenswochen den Laufreflex anregt:

Man hält das Baby so, daß die Sohle eines seiner Füße eine Tischplatte berühren kann. Dadurch wird ein Nervenreflex ausgelöst: der den Tisch berührende Fuß wird angehoben, der andere Fuß heruntergesenkt. Dann wird der gleiche Reflex beim anderen Fuß ausgelöst. Über den Ursprung dieses Phänomens werden viele Vermutungen angestellt. Manche Forscher behaupten, es sei die Wiederholung der ersten Reaktion, als der vierbeinige Ur-Mensch sich auf die „Hinterfüße" stellte und sich dann auf ihnen fortbewegte.

Viele Eltern sind besonders davon angetan, daß ihr neugeborenes Kind den dargebotenen Finger fest umfaßt und sich anklammert, wenn dieser fortgezogen wird. Sie sind davon überzeugt, daß sich das Kind dann stark zu ihnen hingezogen fühlt. Aber dieses Anklammern ist nur ein Reflex und stammt wahrscheinlich aus Zeiten, als Kleinkinder sich ständig an den Körper ihrer Mutter klammern konnten. (Ein ähnliches Verhalten kann man noch bei jungen Affen beobachten.) Ein entsprechender Greifreflex kann ausgelöst werden, wenn man die Fußsohle eines Neugeborenen hinter den Zehen leicht streichelt. Forscher haben festgestellt, daß man die Greifreflexe der Hände und Füße so anzuregen vermag, daß das Kind sich wie ein Klammeraffe oder ein Faultier anhängt.

Dieser Reflex verschwindet nach zwei oder drei Monaten, wenn das Greifen und Festhalten zu einem kontrollierten Vorgang wird.

Mit etwa zehn Monaten vermag das Kind sehr kleine Gegenstände aufzuheben und dabei seine Fingerspitzen zu benutzen.

Reflexe spielen auch beim Aufrechtsitzen des Kindes eine wichtige Rolle. In den ersten Lebensmonaten ziehen sich die Hauptmuskeln der Oberschenkel automatisch zusammen, wenn das Kind in eine sitzende Stellung gebracht wird. Diese Muskeln müssen sich aber entspannen, wenn es später in der Lage sein soll, seine Beine richtig auszustrecken und sich in sitzender Stellung auszubalancieren. Es muß daher den primitiven Reflex überwinden, ehe es zum bewußten Sitzen gelangt.

Förderung der Begabung: Frühschulung des Babys

In den letzten Jahren war häufig die Rede von der Frühschulung des Kleinkindes und seiner vorschulischen Erziehung.

Aus einem Bericht des Psychologen Prof. Dr. Omar K. Moore von der Yale-Universität (USA) geht hervor, daß es nach den neuesten Erkenntnissen über Lernfähigkeit und Aufnahmebereitschaft des menschlichen Gehirns sogar möglich ist, bereits Babys einer sogenannten Frühschulung zu unterziehen. Bei seinen Versuchen gelang es ihm, Babys und Kleinkindern zur selben Zeit das Sprechen und Schreiben beizubringen.

Bald nach der Geburt beginnt ja das Eigenleben des kleinen Menschen. Es hat „Erlebnisse", Empfindungen und Wahrnehmungen. All dies setzt sich sofort in seinem Gehirn fest. Kein neues Erlebnis, keine neue Wahrnehmung, nichts ist imstande, das bereits Aufgenommene auszulöschen. Es kann zwar vergessen werden, dem Gedächtnis zeitweilig entfallen, aber auflösen kann es sich nicht. Das beweisen immer wieder hypnotisierte Menschen, die sich an ganz frühe Kindheitseindrücke und -erlebnisse erinnern. Das beweist auch das nachlassende Gedächtnis im Alter: Siebzigjährige wissen noch genau, was vor sechzig Jahren geschah; sie haben jedoch vergessen, was vor drei Tagen gewesen ist.

Die Summe dieser Erfahrungen und die Tatsache, daß sich die Gehirnzellen (im Gegensatz zu den übrigen Zellen des menschlichen Körpers) nicht erneuern und vermehren, sondern höchstens vergrößern, waren Anlaß für Prof. Dr. Moore, ein Experiment zu wagen. Dabei widerlegte er die überlieferte These, daß Kinder erst heranreifen und sich entwickeln müssen, bevor man sie mit Wissensstoff belasten dürfe.

Er bediente sich folgender Methode:
Jungen und Mädchen, die gerade den Windeln entwachsen waren, setzte er vor eine Schreibmaschine. Sie konnten dort ganz nach ihren eigenen Wünschen beliebige Buchstaben anschlagen. Gleichzeitig rief ein Lehrer den geschriebenen Buchstaben oder die Ziffer mit lauter Stimme auf.

Bereits vierzehn Tage später waren fast alle „Schüler" fähig, sämtliche Zeichen, die sich auf der Tastatur der Schreibmaschine befinden, an der Tafel nachzumalen. Nach wenigen weiteren Wochen kannten sie das ABC, konnten lesen und schreiben!

Prof. Moore beklagt nur einen Nachteil dieser Lehrmethode: Für jeden Säugling braucht er einen Lehrer. Ein Klassenunterricht, wie man ihn von der Schule her kennt, ist also nicht möglich. Aber er hat schon einen Ausweg gefunden: Er will Roboter-Lehrer einsetzen.

So etwas mag unglaubhaft und phantastisch klingen. Das ist es aber nicht. Beispiele aus dem Alltagsleben, die durchaus nachprüfbar sind, bestätigen den amerikanischen Wissenschaftler.

Die Kinder des Ehepaares X zum Beispiel, etwa drei Jahre alt, sprechen genauso gut deutsch wie französisch. Und zwar deshalb, weil die Mutter Französin ist, der Vater Deutscher.

Die Tochter des Nachbarn Y, drei Jahre alt, ist vom Klavier nicht wegzubringen. Alle gehörten Melodien spielt sie aus dem Gedächtnis. Sie kann auch bereits Noten lesen.

Der kleine Sohn des Kollegen Z hat ein erstaunliches Gedächtnis für Zahlen, Märchen oder Geschichten.

Wunderkinder? Ausnahmen? Durchaus nicht!

Der amerikanische Erzieher und Psychologe Hughes Mearns faßte seine Erfahrungen auf diesem Gebiet folgendermaßen zusammen:

„Das sind die klügsten und weisesten Eltern, die die versteckten Talente ihrer Kinder zu ermutigen wissen. Jedes Kind hat eine Begabung, ein Talent. Wenn es gelingt, dieses Talent früh genug zu finden und immer wieder anzuregen, dann ist alles erreicht, dann kann dieses Kind niemals seinen Weg verfehlen!"
Aber gerade hier wird gesündigt!

Die Mehrzahl der Eltern behandelt Babys und kleine Kinder wie Schwachsinnige. Aus der Tatsache, daß Kleinkinder noch nicht die Sprechtechnik richtig beherrschen und ihr Wortschatz kleiner ist als der der Erwachsenen, glauben sie schließen zu müssen, daß ihr Kind „noch" dumm ist. So dumm, daß es nur „Kinderkauderwelsch" versteht. Das ist ein Trugschluß. Bewußt werden dann Babys verdummt; z.B. mit Fragen wie dieser:

„Ja, wo is' denn das Kleinchen? – Ja, wo hat es denn das Näschen?"
Wäre ein Kleinkind imstande, das auszudrücken, was es bei derart primitiven Fragen empfindet, die Antwort fiele für die Eltern wenig schmeichelhaft aus!

Es ist nicht Aufgabe der Eltern und Erzieher, sich selbst „zurückzubilden", sich in Babysprache mit dem Kinde zu unterhalten, sondern sie sollen es zu einem lebenstüchtigen und wissenden Menschen erziehen, der sich im Lebenskampf zu behaupten weiß!

Kleine Kinder haben einen Spürsinn, der den Großen meist längst abhanden gekommen ist. Sie fühlen genau, wann man sie gerecht behandelt und wann nicht. Sie wissen, ob sie Strafe verdient haben oder nicht. Sie spüren auch, ob sich die Erwachsenen „echt" verhalten oder nicht. Schade, daß dieser Sinn mit zunehmenden Jahren abflacht.

Ein besonderes Problem sind begabte Kinder, die frühzeitig Neigungen und Talente entwickeln, die nach Ansicht der Erwachsenen „unangebracht" und „unkindlich" sind. Mit drei, spätestens mit vier Jahren beginnen sie zu lesen und zu schreiben. Sie sondern sich ab von ihren Altersgenossen und Spielgefährten, weil ihre Interessen anders gelagert sind. Sofort spricht man von „Kontakt- und Anpassungsschwierigkeiten".

Diese Kinder werden dann in ihrer natürlichen Entwicklung gehemmt, indem man sie zunächst in einen Kindergarten steckt und zwingt, die von ihnen als albern empfundenen Spiele der anderen mitzumachen. Schließlich werden sie neurotisch, weil niemand sie versteht. Sie werden schwierig, Außenseiter. Weil sie nicht ganz so sind wie die Mehrzahl der Kinder, macht man sie unglücklich für ihr ganzes Leben. Ihre Begabung wird nicht gefördert, sondern mit Gewalt gehemmt!

Aber warum beeinträchtigen Väter und Mütter ihre Kinder in der Entwicklung? Sie lieben sie doch; sie wollen angeblich ihr Bestes!

Eine Antwort darauf ist nicht schwer zu finden: Es ist purer Egoismus, insbesondere Egoismus der Mütter! Sie wollen ihr Kind für sich behalten. Sie denken an sich, nicht an ihr Kind, das später eines Tages allein zurückbleiben muß.

Bereits wenn es eingeschult wird, scheint es den Müttern, als würde ihnen ein Stück ihres Lebens genommen. Wenn es anfängt, Geld zu verdienen und selbständig zu werden, kommt es zu harten Auseinandersetzungen. Und wenn es gar heiraten will, gibt es nicht selten Tragödien.

Sie nennen es Liebe. Aber es ist Egoismus.
Sie nennen es Liebe. Aber es ist Eigenliebe.
Sie nennen es auch Liebe, wenn sie ihr Kind verzärteln, ihm jeden Stein aus dem Wege räumen und es so formen wollen, daß es ihrem egozentrischen Ideal entspricht.

Daran, daß sie diesem hilflosen Wesen, dem sie das Leben schenkten, etwas schuldig sind, daß dieses Wesen Anspruch auf Eigenleben und auf Entwicklung seiner Persönlichkeit und seiner Begabungen hat, denken sie leider nicht.

Wenn der erfahrene Chirologe und die Mutter bei Einsicht in die Hand des Neugeborenen feststellen, daß normale und vielleicht sogar überdurchschnittliche Anlagen dort vorgezeichnet sind, muß die Förderung dieser Anlagen frühzeitig einsetzen.

Es sei dringend empfohlen, in den ersten sechs Tagen nach der Geburt sehr gute Aufnahmen von den Handinnenflächen des Babys und den Fußsohlen machen zu lassen. Es kommt dabei darauf an, die Hände bzw. Füße durch einen Fachfotografen richtig auszuleuchten, so daß jede Zeichnung im Handteller (bzw. auch auf der Fußsohle) deutlich hervortritt.

Wenn nach dem zwölften Tag die Linien verblaßt sind, hat man noch das „Urdokument" der ersten sechs Tage zur Hand,
a) um damit das vorübergehende Verblassen zu kontrollieren,
b) um die Uranlagen, die in den Frühaufnahmen noch deutlich sichtbar sind, später wieder anzuregen und eines Tages ihr Wiedererscheinen in der Hand (nach der Pubertät bzw. nach dem zwanzigsten Lebensjahr) zu erleben.

Rechts- und Linkshändigkeit

Da in der Chirologie der Rechts- und Linkshändigkeit bzw. der unterschiedlichen Bedeutung der Linien in der rechten oder der linken Hand (linke Hand = Erbhand – rechte Hand = Entwicklungshand) erhebliche Wichtigkeit zugeschrieben wird, ist von Interesse, was Prof. Dr. Max Bürger und Dr. Hans Knobloch darüber feststellen:

„Auf den ersten Blick scheint es eine ziemlich einfache Sache zu sagen, was mit ‚linkshändig' oder ‚rechtshändig' gemeint ist; aber bei näherer Betrachtung zeigt sich, daß dies scheinbar einfache Problem eine Quelle von Schwierigkeiten in sich birgt. Wir sagen, eine Person ist rechtshändig, wenn sie vorzugsweise ihre rechte Hand benutzt, um die gewohnten Handgriffe zu verrichten und hierbei mit der rechten Hand geschickter ist als mit der linken. Das Gegenteil trifft für den Linkshänder zu.

Der Frage der Rechtshändigkeit hat man schon am menschlichen Neugeborenen große Aufmerksamkeit gewidmet. Anatomische Messungen des Umfangs des rechten und linken Handgelenks, der Größe der Handfläche und der Länge des Unterarmes ergaben keine greifbaren Unterschiede zwischen rechts und links. Die bevorzugte Rechtshändigkeit scheint dem Menschen also nicht angeboren zu sein. Nach Untersuchungen von Völkel werden in den ersten sechs Lebensmonaten beim Zugreifen rechte und linke Hand vom Säugling gleich häufig benutzt. Eine Bevorzugung der rechten Hand ergibt sich erst vom 7. Lebensmonat an und nimmt dann von Monat zu Monat zu.

Sowohl ältere wie neuere Statistiken ergeben einwandfrei, daß unter den Linkshändern gewisse Defekte, Anomalien und Krankheiten häufiger zu beobachten sind als unter den Rechtshändern. Es gehören hierher Sprachstörungen, Epilepsie und Schielen, ferner körperliche Degenerationszeichen, moralische Minderwertigkeiten und schließlich einige Krankheiten, von denen die Linkser zwar noch schwach, aber gesichert öfter betroffen sind als die Rechtser. So fand Schäfer unter Rechtshändern in 0,7 Prozent Sprachstörungen, unter den Linkshändern jedoch in 2,3 Prozent. Nach Bauer sollen 45 Prozent der Epileptiker und Schwachsinnigen Linkshänder sein.

Quinan hebt hervor, daß Linkser musikalischer sind als Rechtser. Viele Künstler waren Linkshänder, so zum Beispiel Leonardo, Michelangelo, Holbein, Menzel, Begas, Schumann, F. v. Lenbach, Q. v. Schwanthaler.

Es ist einleuchtend, daß sich mit der Asymmetrie der Funktion auch eine morphologisch-anatomische einstellen muß, die sich in einer ungleichseitigen Ausbildung der Muskulatur oder des Skeletts ausprägt. So ist der rechte Arm durchschnittlich länger als der linke, und zwar in 75 Prozent der Fälle. Gleich lange Arme wurden bei 18 Prozent gemessen und nur in 7 Prozent ein längerer linker Arm. Die durchschnittliche Längendifferenz der oberen Extremitäten beträgt 8 mm.

Dieser physiologische Teil, dessen Inhalt wir als normale Chirologie beschreiben, zeigt also, wie viele menschliche Eigenheiten und Besonderheiten die Hand und ihre Organe aufweisen.

Manche Forscher glauben, daß gehäuftes Vorkommen von Linkshändigkeit in einem Volksstamm auf seinen baldigen Verfall hinweise; die Linkshändigkeit sei als anomal und pathologisch anzusehen. Wer sich über das Entstehen der Rechtshändigkeit Gedanken macht, wird sie auf die primitiven Triebe des Menschen zurückzuführen suchen; diese sind Hunger und Liebe. Die Nahrung mußte auf der Jagd erkämpft oder erstritten, das Weib verteidigt werden. Der Kampf gehört wahrscheinlich wie bei den Tieren so auch beim Menschen zu den Urerscheinungen des Struggle for live. Im Kampf mußten die empfindlichsten Körperteile, also das Herz, geschützt werden, was durch einen Schild oder durch Vorhalten des linken Armes vor das Herz geschah. Der rechte Arm dürfte dann dem Angriff und dem Tragen der Waffe, dem Schleudern der Steine oder des Speers gedient haben. Diese spekulative Annahme hat natürlich nur den Wert einer Hypothese für die Entstehung der für den Menschen charakteristischen Rechtshändigkeit.

Über die phylogenetische Herausbildung der vorwiegenden Rechtsbevorzugung sind die verschiedensten Theorien entwickelt worden. Sarasin glaubt auf Grund prähistorischer Funde aussagen zu können, daß während der Steinzeit ebenso viele Individuen Linkshänder wie Rechtshänder gewesen sein müssen; jedoch schon mit Beginn der Metallzeit trat eine Bevorzugung der rechten Hand auf. Sicher ist, wie in der Bibel und der griechischen Literatur belegt wird, daß in historischer Zeit die Rechtshändigkeit immer vorherrschend war. Letzten Endes läuft die Frage nach der Entstehung der Händigkeit im Verlauf der Entwicklung des Menschen auf die Frage nach der Entstehung der Sprache hinaus. Der Sitz des Sprachzentrums ist ja an eine Hirnhemisphäre gebunden.

Nach R. Keller kann heute nicht mehr bezweifelt werden, daß die Linkshändigkeit vererbbar ist, und zwar verhält sie sich wie ein rezessives Mendelsches Gen."

VIII. Kosmobiologische Ergänzungen

Ihr Kind – seine Begabungen, seine Talente, seine
Charakterzüge nach den Tierkreiszeichen

Widder	21. März bis 20. April
Stier	21. April bis 20. Mai
Zwillinge	21. Mai bis 21. Juni
Krebs	22. Juni bis 22. Juli
Löwe	23. Juli bis 23. August
Jungfrau	24. August bis 23. September
Waage	24. September bis 23. Oktober
Skorpion	24. Oktober bis 22. November
Schütze	23. November bis 21. Dezember
Steinbock	22. Dezember bis 20. Januar
Wassermann	21. Januar bis 19. Februar
Fische	20. Februar bis 20. März

Wir verweisen nochmals auf die schon in der Einleitung zu diesem Buch zitierten Ausführungen von Dr. Roderich Warkentin, der als Wissenschaftler
die kosmisch-physikalischen Einflüsse auf das wachsende Leben bestätigt. Er
sieht in den Tierkreiszeichen nur die Datierungen der Einflüsse jener Jahreszeit, in der das Ungeborene reift.

So kann – wenn wir diese kosmisch-physikalischen Einflüsse als Fakten annehmen – die Kosmobiologie für die Eltern, für die Erzieher überhaupt zu
einer wertvollen Möglichkeit werden, Begabungen, Talente, Wesensanlagen
und Charakterart eines Kindes, auch eines eben erst geborenen Babys, in den
Grundzügen zu erkennen. Dies um so mehr, als wir die Chirologie als Basis
nehmen und die Kosmobiologie gewissermaßen zur Abrundung heranziehen
– oder umgekehrt.

Das Zeichen, in dem sich die Sonne zur Zeit der Geburt befand, kann auch
beachtliche Hinweise auf die Erziehung eines Kindes geben.

Wir stützen uns also bei den nachstehenden Ausführungen auf die physiologisch und psychisch festgestellten und feststellbaren regelmäßigen oder spora-
dischen Einflüsse aus dem Kosmos. Sie stammen von den uns bekannten und
benachbarten Planeten oder haben ihren Ursprung in gewaltigen Energiequellen im All (Quasare), die erst in jüngster Zeit von der Forschung stärker
beachtet wurden.

Die sich aus den genannten kosmischen Ursachen ergebenden Auswirkungen
auf den werdenden, wachsenden, in der Entwicklung befindlichen Menschen

sind empirisch in etwa bekannt. Sie gestatten die Beurteilung eines Kindes und lassen eine vorsichtige Prognose in bezug auf die mögliche Entwicklung des Charakters, der vererbten Anlagen und der Berufsaussichten zu.

Die körperlichen Organe und die Tierkreiszeichen

Nachstehend werden die sich aus den Geburtsdaten der Kinder ergebenden Tierkreiszeichen jeweils mit den dazugehörigen bzw. davon abhängigen Körperorganen aufgeführt:

Widder (21.3.–20.4.)
Kopf, Gesicht, Augen, Kopfnerven, Gehirn

Stier (21.4.–20.5.)
Hals, Rachen, Kehlkopf, Mandeln, Nase, Stimmbänder

Zwillinge (22.5.–21.6.)
Lunge, Bronchien, Arme, Hände, Rippenfell

Krebs (22.6.–22.7.)
Magen, Schleimhäute, Brust, Brustfell

Löwe (23.7.–23.8.)
Herz, Arterien, Rücken, Rückenmark, Blutkreislauf

Jungfrau (24.8.–23.9.)
Bauchgegend, Eingeweide, Leber, Milz, Verdauung

Waage (24.9.–23.10.)
Nieren, Harnblase, Venen, Prostata, Lymphdrüsen

Skorpion (24.10.–22.11.)
Sexualsystem, Leisten, Ausscheidungsorgane

Schütze (23.11.–21.12.)
Hüften, Schenkel, Muskeln, in zweiter Linie Lungen

Steinbock (22.12.–20.1.)
Knie, Gelenke, Knochensystem, Haut, Galle

Wassermann (21.1.–19.2.)
Kreislauf, Unterschenkel, Herz, Venen

Fische (20.2.–20.3.)
Füße, Gedärme, Lymphdrüsen

Es handelt sich um sehr altes empirisches Wissen, dessen Kreis gleichsam geschlossen wird, wenn wir – ausgehend von der Hand und ihren Linien – auf einzelne Organe Rückschlüsse ziehen, die sich wiederum bestätigen müssen, wenn wir über Geburtsdatum und Tierkreiszeichen zu den anfälligen Organen zurückgelangen.

Allerdings ist immer das Erbgut der einzelnen mit in Betracht zu ziehen.

Der Charakter

Widder-Kinder (21.3.–20.4.)
Schwierig – aber vielversprechend

Gute geistige Anlagen – Wichtigstes Ziel: Siegen und Erfolg haben – Befehle, die kein Echo finden

Widder-Knabe
Ganz anders als die anderen Kinder

Kindheit: Umwelterfassung und Umweltbeherrschung sind die vordringlichsten Aufgaben des Widder-Knaben. Schon das Baby weiß recht lautstark die Aufmerksamkeit der Erwachsenen auf sich zu lenken. Sobald es auf allen vieren kriechen lernt, ist es wie kaum ein anderes Kind darauf versessen, Erfahrungen zu sammeln, um die ihm „feindliche" Umwelt frühzeitig zu überwinden und zu beherrschen. Es sind jene Kinder, die sich nicht gern an die Hand nehmen lassen, sondern allein laufen wollen.

In ihren Spielen lassen Widder-Knaben immer wieder erkennen, daß der Führungsanspruch bei ihnen ein wichtiges Charaktermerkmal ist. „Wenn ihr nicht so handelt, wie ich will, dann spiele ich nicht mehr mit euch" – das ist eine für Widder-Knaben geradezu typische Redensart.

Schule: Ebenso unterscheiden sie sich von anderen Kindern am Tag des ersten Schulganges. Die begleitende Mutter wird nur mehr geduldet, und auf die Fragen des Lehrers wissen sie aufgeweckt zu antworten. Zunächst bleiben die Abc-Schützen neutral, doch sehr bald merken die Lehrer, daß sie es hier mit Schülern zu tun haben, die sich keineswegs bereitwillig unterordnen. Die Kinder des „Widder-Zeichens" sind kleine Kampfhähne. Da fliegen oft die Schulranzen den Gegnern um die Ohren, da kommt es auf ein blaues Auge, auf ein Loch in der Hose nicht weiter an. Wichtig und entscheidend ist nur, daß die Widder-Knaben siegen, sei es auch unter erheblichen Verletzungen. So werden die Beschwerden über diese „unverträglichen" Schüler beizeiten ernsthafte Maßnahmen erfordern. Doch liegt hier schon die Gefahr, jenen rücksichtslosen und egoistischen „Menschenfeind" heranzuziehen, dem im späteren Leben nur der eigene Wille Gesetz ist. Die Schulzeit ist die erste wichtige Entwicklungsperiode im Leben der Widder-Knaben. Die üblichen Redewendungen der Erwachsenen „Du mußt!" oder „Du darfst nicht!" fallen bei diesem Typ auf denkbar schlechten Boden, denn dadurch wird erst recht sein Widerstand herausgefordert. Wird aber rechtzeitig an ihr Verantwortungsgefühl appelliert, so können diese „jungen Bäumchen" erfreulich wachsen. Was sie brauchen, sind Verständnis, Vorbilder und unbestechliche Gerechtigkeit. Im allgemeinen lernt der „Widder-Mann" sehr leicht, da er von rascher Auffassungsgabe ist und einen sehr zweckbetonten Erkenntnisdrang besitzt. Bringt man ihm nahe, daß er alles, was er zu erlernen hat, einmal im Leben vorteilhaft verwerten kann, dann dürfte er es an Fleiß und Aufmerksamkeit nicht fehlen lassen.

In den Entwicklungsjahren erleben Widder-Knaben häufig die erste Ungunst des Schicksals: sie werden mit harter Faust auf die wirtschaftlichen Schwierigkeiten im Elternhaus hingewiesen und vergessen diese Erfahrungen nie mehr, so alt sie auch werden mögen. Daher macht ihnen die Berufswahl viel Kopfzerbrechen, denn sie wollen möglichst rasch viel verdienen.

Lehr- und Reifezeit: Es ist wichtig, die Widder-Knaben schon frühzeitig mit den Licht- und Schattenseiten der Berufswahl bekannt zu machen. Gerade dieser Typ muß „hinaus ins feindliche Leben", um sich die Hörner abzustoßen. Die körperliche Reife, die zumeist schon in den letzten Schuljahren einzusetzen pflegt, führt den angehenden Lehrling, den Schüler der Oberschule in jene „Sturm- und Drangperiode", die der Volksmund kurz, aber treffend als „Flegeljahre" zu bezeichnen pflegt. Lehrmeister und Erzieher müssen nun mit fester, aber kluger Hand eingreifen und die Auswüchse zu drosseln versuchen. Die Wahl des Berufs kann von den Erwachsenen gefördert werden, wenn bedacht wird, daß Widder-Männer einen starken Tätigkeitsdrang besitzen. Die jungen Männer sind für alle Berufe geeignet, die Kraftaufwand erfordern. Darüber hinaus zeigen sie eine besondere Vorliebe für Tätigkeiten, die mit Eisen und Stahl, schneidenden Werkzeugen und Geräten zu tun haben. Der intelligente „Widder-Lehrling" mag von einem späteren Posten als Meister im Stahlwerk, in der Maschinenindustrie träumen, der Oberschüler denkt an das Ansehen, das ein guter Chirurg erwerben kann. Aber auch der Techniker, der Stahlbaufachmann, der Brückenbauer gehören in die Vorstellungswelt des Widder-Menschen; der einfache Metallwerker, der Kesselschmied oder der Mann an der Drehbank, Bohr- oder Fräsmaschine. Auch der Friseurberuf kann bei Widder-Männern mit etwas künstlerischer Neigung Anklang finden. Nicht zu vergessen sind die Schwächen, die dieser Typ für den Jäger, den Metzger und den Soldatenberuf besitzt.

Neben der Sorge um die richtige Berufswahl beginnen auch die Freuden und Leiden der ersten Liebe. Die frühreifen Widder-Männer machen in ihrer zupackenden Art auch vor diesem Problem nicht halt. So kommt es häufig genug vor, daß sie schon mit zwanzig Jahren eine erste Bindung eingehen, die aber bald wieder bereut wird. Nicht nur die Unausgeglichenheit der Charaktere, die überwiegend erotisch beeinflußte Partnerwahl, sondern auch die noch vorhandenen wirtschaftlichen Sorgen lassen ihn nicht zur Ruhe kommen. Die nach dem 25. Lebensjahr meist einsetzende Besserung der Verhältnisse darf nicht zu Illusionen verleiten. Die Hoffnung auf eine endgültige Stabilisierung wäre verfrüht, denn noch sind Rückschläge durch unvorherzusehende Zwischenfälle im Verhältnis zu Familienmitgliedern oder wichtigen Persönlichkeiten des beruflichen Bereiches nicht ausgeschlossen.

Beste Jahre: Die wohl interessantesten Jahre des Widder-Mannes liegen zwischen dem 35. und 50. Lebensjahr. Er ist gereift, hat sich zur Selbstbeherrschung und Geduld erzogen und erntet nun die Früchte seiner geleisteten Vorarbeit.

Widder-Mädchen
Trotzköpfe voller Überraschungen

Kindheit: Mütter dürften mit ihren Widder-Töchtern manche Überraschung erleben. Zunächst werden sie alle die Enttäuschung zu verdauen haben, daß dieses Mädchen offenbar ein Junge hätte werden müssen, denn so benimmt es sich. Zerrissene Kleider, Verletzungen und Beulen gehören schon im Kindesalter zu den üblichen Begleiterscheinungen. Unangenehm sind jene Szenen am Mittagstisch, wenn der kleine Trotzkopf nicht essen mag, was auf den Tisch kommt. Für die Mutter ergeben sich daraus schwierige erzieherische Probleme, und hier wird oft der Keim zu einer herrischen und damit unausstehlichen Persönlichkeitsentwicklung gelegt, weil man um des lieben Friedens willen leider allzuoft nachgibt.

Besonders deutlich macht sich der maskuline Einschlag im Spiel bemerkbar. Widder-Mädchen übernehmen mit Vorliebe die Rolle des Räuberhauptmanns, sind bei jedem Anlaß bereit, ihre Ansichten mit den Fäusten zu vertreten, und jagen rücksichtslos jede Spielgefährtin (zumeist spielen sie nicht mit ihren Freundinnen, wenn sie überhaupt welche besitzen), aber auch jeden Spielkameraden davon, der etwa zu sagen wagt, daß „kleine Mädchen überhaupt nichts zu befehlen" haben.

Schule: Sie zeigen absolut keine Besorgnis oder gar Angst, wenn der „Ernst des Lebens" an sie herantritt. Die Schule ist zunächst einmal Neuland, etwas Unbekanntes, und das interessiert ein Widder-Mädchen immer. Aber wehe dem Erzieher, der etwa seine Autorität am verkehrten Platz anwenden sollte, vielleicht auch noch wagt, ein Widder-Mädchen ungerecht zu behandeln! Diese kleinen starrsinnigen Dickköpfe sind kaum zu bändigen und werden immer wieder versuchen, sich aufzulehnen. Die Erzieher müssen sich damit abfinden, daß Widder-Mädchen nicht nach der gewohnten Norm, nach dem üblichen Schema erzogen werden können. Am besten werden sich diese Sorgenkinder erziehen lassen, wenn man sie ganz individuell behandelt. Ihre Auffassungsgabe ist im allgemeinen recht gut, so daß sie mit der Verarbeitung des Lehrstoffes kaum irgendwelche Schwierigkeiten haben werden. Nur ihre immer wieder aufkommende Herrschsucht, ihr unbekümmert-vorlautes Wesen mag manchen Lehrer, manche Erzieherin zur Verzweiflung treiben, sollte aber keinesfalls dazu führen, mit harten Strafen zu reagieren. Da bereits bei kleinen Widder-Mädchen ein ausgeprägtes Ehrgefühl vorhanden ist, lohnt sich der Versuch, auf diesem Wege Einfluß nehmen zu wollen. Wer es gut mit ihnen meint, wird auch nicht vergeblich an ihr großzügiges Herz appellieren.

Vielfach können plötzlich eintretende mißliche soziale Verhältnisse während der letzten Schuljahre Widder-Mädchen dazu veranlassen, sich für einen anderen Beruf zu entscheiden als den, mit dem sie ursprünglich liebäugelten. Sie finden sich verhältnismäßig schnell damit ab, daß sie auf einen schönen Traum verzichten müssen, doch werden derartige Wendepunkte fortan zu ihrem Erfahrungsschatz gehören, auf den sie immer wieder zurückgreifen können.

Die Berufswahl als solche wird den Widder-Mädchen keine großen Schwierigkeiten bereiten. Da sie mit beiden Beinen auf der Erde stehen, einen gesunden Blick für die Möglichkeiten und Chancen der beruflichen Entwicklung besitzen, wissen sie auch sehr bald, wofür sie sich entscheiden wollen. Erstaunlicherweise macht sich gerade bei den Widder-Mädchen eine gewisse Vorliebe für technische oder handwerkliche Berufe bemerkbar.

Lehr- und Reifezeit: Wenn man von den jungen Widder-Lehrlingen ziemlich häufig behaupten kann, daß sich bei ihnen die sogenannten Flegeljahre besonders ausgeprägt äußern, so gilt das, mit einer gewissen Milderung, auch für die Widder-Mädchen. Infolge ihrer guten körperlichen Konstitution kommen sie verhältnismäßig früh in jene Reifeperiode, die bei Mädchen im allgemeinen zumeist mit weltschmerzlichen Tendenzen, Depressionen und launenhaften Stimmungen einherzugehen pflegt. Bei den Widder-Mädchen sind diese Auswirkungen entsprechend ihrer überwiegenden maskulinen Verhaltensweise auch mit weitaus härteren Reaktionen versehen. Die weltschmerzliche Niedergeschlagenheit tarnt sich hier mit einer besonders kratzbürstigen Widerspenstigkeit.

So wird die Ausbildungszeit bereits manche unangenehme Erfahrungen bringen, die ausschließlich auf das für manchen Lehrherrn unverständliche Gebaren zurückzuführen ist. Vielfach versucht man sich mit der Ausrede zu helfen, daß diese jungen „Kindsköpfe" halt nichts anderes im Sinn haben, als mit jungen Männern zu flirten. Das ist aber nur bedingt zutreffend, wobei auch zu bedenken wäre, daß gerade Widder-Mädchen in ihrer kompromißlosen Art kein Talent zum Flirt besitzen. Indessen suchen sie vielfach unbewußt ihrem mit der körperlichen Reifeperiode stärker aufkommenden Temperament zumindest auf diese Weise ein Ausflußventil zu schaffen, obwohl dabei die hervorstechendste Verhaltensweise eher in ihrer Widerborstigkeit zu suchen ist.

Das Partnerproblem als solches hat natürlich für die Widder-Mädchen eine große Bedeutung. Da sie ihren Triebkräften leichter nachgeben, weil sie von Natur aus voreilig und unbeherrscht sein können, kommt es vielfach frühzeitig zu mehr oder weniger ernsthaften Bindungen, wobei häufig schon um das 21. Lebensjahr herum, teils aus freiem Entschluß, teils aus einer Zwangslage heraus, der Weg zum Standesamt angetreten wird. Wenige Jahre später müssen sich dann viele das Schiller-Wort vorhalten, daß der Wahn nur kurz, die Reue aber lang ist.

Beste Jahre: Vielleicht sind derartige Erfahrungen, die zumeist bis zum 25. Lebensjahr gemacht werden, notwendig, um die Widder-Frau endgültig zur Selbstbesinnung zu rufen. Sie entwickelt jetzt erst ihre eigentliche Persönlichkeit und zeigt, daß sie nicht nur hart im Nehmen, sondern auch im Geben ist. Jedenfalls setzt mit dem 25. Lebensjahr eine sehr selbständige Entwicklung ein, die im Berufsleben ganz beachtliche Auswirkungen hat. Zwischen dem 28. und 30. Lebensjahr kann vielfach die erste führende Position eingenommen werden. Bis zum 40. Lebensjahr ist dann der Höhepunkt erreicht, den manche Widder-Frau erstaunlich lange zu behaupten vermag.

Stier-Kinder (21.4.–20.5.)
Des eignen Glückes Schmied

Von allen Kinderkrankheiten heimgesucht – Überraschende Entwicklungserfolge, wenn richtig behandelt – Bis zum 40. Lebensjahr voll entfaltet

Stier-Knabe
Körperlich und geistig auf robusten Beinen

Kindheit: Oftmals sind die kleinen Stier-Knaben eine Quelle der Sorgen und
Kümmernisse. Obwohl körperlich keine Schwächlinge, bleibt ihnen fast keine
Kinderkrankheit erspart. Sie können von Glück sagen, wenn sie die ersten
Zähnchen ohne Krämpfe bekommen oder Masern und Scharlach halbwegs gut
überstehen.

Mögen andere Babys munter und quicklebendig herumspringen, das kleine
Stier-Kind kriecht möglichst lange auf dem Boden umher, denn das Laufen
strengt doch zu sehr an und stört die Bequemlichkeit.

Indessen entwickeln die kleinen Faulpelze einen bemerkenswerten Appetit,
und dieser pflegt sie zumeist bis an das Ende ihres Lebens getreulich zu beglei-
ten, falls der Magen nicht vorher wegen Überlastung streiken sollte. Doch
kann niemand so brav sein, wie ein gesättigtes Kind des Stier-Zeichens.

Schule: Bereits der erste Schulgang kann bei einem Stier-Knaben Probleme
von größter Tragweite auslösen: Neue Menschen treten in seinen Lebenskreis, die vertraute Umgebung von Eltern und Geschwistern wird teilweise
abgelöst durch Mitschüler und, was besonders wichtig ist, durch neue Autoritätspersonen.

Sie folgen dem Unterricht mit Bereitwilligkeit, aber ihre Verstandeskräfte sind
nicht so blitzgeschwind in Bewegung zu setzen. Sie brauchen Zeit, um das,
was der Lehrer erzählt oder erklärt, zu verarbeiten. Leider geraten sie zu
Unrecht in den Verdacht, faul oder träge zu sein, und müssen manchen unnö-
tigen Vorwurf einstecken.

So langsam sie begreifen, so gut wissen sie aber alles ihrem Gedächtnis einzu-
verleiben. Wer sich die Mühe macht, in dieser Zeit des Hineinwachsens in die
Umwelt einem Stier-Kind mit Güte und Verständnis zu begegnen, wird überraschende Entwicklungserfolge verbuchen können.

Vielleicht wird man feststellen, daß Stier-Kinder selten zu den besten Köpfen
zählen und sich nicht gerade mit vielen „Einsern" in ihrem Schulzeugnis brüsten können; dafür aber bewähren sie sich in praktischer Hinsicht. Sie verlieren sich nicht in uferlosen Phantasiegebilden, sondern halten sich an das, was
sie mit den Händen und Sinnen erfassen können.

Mit den Jahren machen sie ganz gute Fortschritte. Sie sind nicht nur körperlich
robust, sondern stehen auch geistig sozusagen auf bemerkenswert sicheren
Beinen, sind manchmal etwas einseitig, doch sehr zuverlässig und beständig.

Auch hinsichtlich der Berufswahl erleben sie, wie am ersten Schultag, eine innere Wende. Sie haben nunmehr bereits zwei Lebensabschnitte hinter sich;
beide wurden durchgestanden. Doch nach dem Grundsatz, daß aller guten
Dinge drei sein müssen, nimmt das Schicksal jetzt die entscheidende Richtung,
die für die meisten Stier-Männer bei ihrer konservativen Natur eine lebensbe-
stimmende Orientierung darstellt.

Lehr- und Reifezeit: An sich ist die Frage der Berufswahl für Stier-Knaben
kein Problem. Sie wissen ihre Möglichkeiten dank ihrer nüchternen Urteils-
gabe und ihres praktischen Instinkts genau zu erfassen und machen sich keine
Illusionen.

Da gerade das Stier-Zeichen als solches mit dem Prinzip der materiellen
Sicherheit gewisse Zusammenhänge aufzuweisen hat, werden Berufe bevorzugt, die einmal allen diesen Ansprüchen gerecht werden, dann aber auch dem
beschaulichen Element irgendwie Rechnung tragen können. Unter anderem
genießen bei Stier-Männern jene Branchen große Sympathie, die mit Ernährung zu tun haben: ob es sich um den Lebensmittelhändler, den Metzger oder
den Gastronomen handelt. Tüchtige Hotelköche werden oft unter dem Zeichen Stier geboren. Aber auch für Gärtnerei und Landwirtschaft sind viele
Stier-Geborene aufgeschlossen, denn letzten Endes stehen ja auch diese
Berufe unter dem Motto: „Essen und Trinken hält Leib und Seele zusammen."

Allerdings wird man den „Jung-Stieren" von Zeit zu Zeit auf taktvolle Weise
deutlich klarmachen müssen, daß jeder weitgehend selbst seines Glückes
Schmied ist.

Gerade in den schon frühzeitig einsetzenden „Sturm- und Drangjahren"
können die starken natürlichen Triebregungen dazu führen, daß die Beziehungen zum anderen Geschlecht alle anderen Interessen beiseite drängen. So
sind frühzeitige Bindungen nicht ausgeschlossen, und leider begreift der sonst
sehr klug rechnende Verstand des Stier-Mannes erst hinterher, daß sein mate-
rielles Sicherheitsbedürfnis durch das leidenschaftliche Herz hinters Licht geführt wurde.

Sein Schicksal gestaltet sich zudem auch in den ersten Jahren nach der Ausbildung reichlich turbulent. Selbst die tüchtigsten und zähesten Stier-Männer
dürfen nicht erwarten, die Freuden dieser Welt sämtlich erringen zu können.
Rückschläge machen zu schaffen, weil die Stier-Männer dort, wo man ihren
Wünschen nicht restlos Gehör schenkt, in eigensinniger Haltung beharren
und sich auf Widerstände versteifen, die ihr Leben nur komplizieren.

Beste Jahre: Die wachsamsten „Stiere" können zwar schon zwischen dem 25.
und 30. Lebensjahr etwas tiefer Luft holen. Sie beginnen die Arme tüchtiger
zu regen, den Geist mehr zu strapazieren, so daß auch die finanzielle Lage sich
erfreulich gestalten dürfte. Bis zum 40. Lebensjahr haben sie sich voll entfaltet,
die Geschäfte blühen und gedeihen, die Familie hat in puncto Kindersegen
vielfach einen kleinen Vorsprung vor anderen zu verzeichnen; das Geld rollt
ins Haus hinein.

Wieweit aber die „klingende Münze" auch wieder zum Haus hinausspaziert, hängt von der inzwischen erworbenen Lebensklugheit der „Stier-Geborenen" ab.

Stier-Mädchen
Den Kopf voller Sehnsüchte

Kindheit: Die Eltern werden ihr dralles, rundgesichtiges Stier-Mädchen, diesen kleinen Posaunenengel, niedlich finden; und das mit einem gewissen Recht.

Angenehm ist dieses unter dem Zeichen Stier geborene Kind schon wegen seiner Neigung zur Bequemlichkeit; es ist eigentlich zu faul, um anhaltend zu schreien. So freut man sich über das ruhige Baby, sorgt sich um seine Gesundheit, weil es gegen manche Krankheitseinflüsse besonders empfindlich ist, ärgert sich gelegentlich auch mal, weil es so wenig lebhaft und geistig rege ist in einem Alter, in dem heranwachsende Kinder ihre Eltern meist mit Fragen regelrecht bestürmen.

Daß der Appetit eine wichtige Rolle im Leben der Stier-Kinder spielt, wird den Eltern zumeist recht sein, denn Kinder sollen wachsen und gedeihen, damit sie kräftig genug für die Schulzeit mit all ihren Anforderungen werden.

Schule: Wenn der erste seelische Schock, der gerade bei Stier-Mädchen durch die völlig neue Umgebung ausgelöst wird, überwunden ist (was ihnen bei ihrer konservativen Natur nicht immer leichtfallen mag), zeigt sich bald eine Seite ihres Charakters, die die besondere Aufmerksamkeit der Erzieher verdient.

Obwohl diese Stier-Mädchen nach außen hin offensichtlich kaum auffallen wollen, möchten sie in kleinerem Rahmen durchaus gefallen. Sie werden dabei häufiger von der Vorstellung geleitet, sich auf diese Weise gewisse Annehmlichkeiten und Vorteile sichern zu können. Da sie sich für rein theoretische Fragen nur wenig interessieren, versuchen sie diesen Mangel durch andere Vorzüge auszugleichen. Je älter sie werden, um so stärker pflegt dieses Bestreben hervorzutreten.

In den letzten Schuljahren interessieren sie sich bereits für ihre Mitschüler und erregen durch ihre schon gut entwickelten Körperformen Aufmerksamkeit. Damit beginnt eine Reifeperiode, die zumindest auf seiten der Erzieher größere Sorgen auslöst und manchmal sogar zu unerwartet peinlichen Situationen führen kann.

Was an geistigen Qualitäten fehlt, wird durch Frühreife ersetzt und vielfach von Anwandlungen begleitet, die in einer eventuell zu erwartenden Strafe eine merkwürdige Befriedigung gewisser unbewußt vorhandener Sehnsüchte sehen.

Lehr- und Reifezeit: Sind die Klippen der ausgehenden Schulzeit glücklich umgangen, so tritt mit Beruf und Lehrzeit eine neue Entwicklungsphase heran. Die ersten Merkmale des sich bildenden Persönlichkeitsbewußtseins treten auf, das erste Ahnen um die Machtbefugnisse, die man sich erwerben kann, wenn man das stille Werben der männlichen Vertreter in Rechnung zu stellen weiß; aber sie schließt auch die Unannehmlichkeiten ein, die eine geregelte Berufsausbildung mit sich bringt, die dazu zwingt, viele sonstige Wünsche zurückzustellen.

Erstaunlicherweise wissen Stier-Mädchen sehr gut, welche Berufsarten ihnen liegen. Es gibt für sie viele Möglichkeiten: in Frage kommen u. a. Blumenbinderin, Kunstgewerblerin, Lebensmittelverkäuferin, Kosmetikerin, unter gewissen Voraussetzungen auch Sängerin und Tänzerin. Grundsätzlich werden sie für alle Berufszweige Neigung verspüren, die nicht gerade mit schwieriger Arbeit verbunden sind, darüber hinaus aber ihrem Sinn für Schönheit entgegenkommen und außerdem auch ihre körperlichen Bedürfnisse berücksichtigen.

Wenn sie in dieser Lehrzeit Schwierigkeiten erleben, so meist deshalb, weil sie nicht bei der Sache sind; und das nicht selten, weil das Herz irgendwo engagiert ist. Sie haben den Kopf voller Sehnsüchte, sind auch hinsichtlich bestimmter Erfahrungen bereits weiter, als es die bürgerliche Moral vorschreiben möchte, und können wegen einer vermeintlichen ernsten Neigung zu den unüberlegtesten Handlungen fähig sein. Daß sie ihre berufliche Ausbildung zumindest im Praktischen meist dennoch ausgezeichnet überstehen, gehört zu den unergründlichen Geheimnissen der Stier-Begabungen.

Soweit nicht schon nach vollendeter Lehrzeit feste Bindungen eingegangen werden – teils aus einem moralischen Zwang heraus, teils aus der Erkenntnis, daß gewisse Kräfte besser in gesetzlich geregelter Form ausgelebt werden –, richtet sich das Interesse des Stier-Mädchens trotz allen beruflichen Ehrgeizes mehr auf die Pflege des eigenen Äußeren und die Beziehungen zum anderen Geschlecht. Nebenher versteht die Stier-Frau es aber, auch beruflich etwas zu leisten und dadurch weiterzukommen.

Beste Jahre: Spätestens mit Erreichung der bürgerlichen Volljährigkeit sind die Grundlagen ausgebaut, auf denen Stier-Mädchen ihr weiteres Dasein entwickeln. Falls sie aus egoistisch-rechnerischen Erwägungen heraus vorerst auf eine offizielle Partnerschaft verzichten, suchen sie das Leben allein zu genießen. Das für diese Wünsche erforderliche Geld wird im Alter zwischen 20 und 30 Jahren verdient.

Zwillinge-Kinder (21.5.–21.6.)
Immer gut gelaunt – Das meiste auf die leichte Schulter

Rasche Auffassungsgabe – Ernst des Lebens beeindruckt wenig – Das vierte Lebensjahrzehnt entscheidet

Zwillinge-Knabe
Erfolgsstreben mit innerer Unrast

Kindheit: Zwillinge-Knaben gehören zu den munteren Kindern, die ihren Müttern bereits sehr früh mit dem ersten Lächeln Freude bereiten. Wenn sie auch nicht unbedingt nach allem greifen, so folgen ihre Augen um so aufmerksamer den unverständlichen Manipulationen der Erwachsenen.

Gesundheitlich sind sie allerdings nicht immer widerstandsfähig und haben sowohl unter den ersten Zähnen als z. B. auch unter Keuchhusten mehr zu leiden als andere Kinder. Wegen ihrer körperlichen Anfälligkeit, die sich besonders im Hinblick auf die Atmungsorgane, aber auch in den Verdauungsbereichen bemerkbar macht, verlangen sie in Krankheitsfällen große Sorgfalt, weil sie sonst leicht zu Schaden kommen, der ihr ganzes Leben belasten kann.

Unter normalen Umständen lernt der Zwillinge-Knabe schon frühzeitig, auf eigenen Beinchen zu stehen und zu laufen. Die Erwachsenen beschäftigen sich gern mit diesem munteren, aufgeweckten und fast immer gutgelaunten Kind. Allerdings macht sich seine Wißbegierde schon im Kindesalter auf eine manchmal recht unbequeme und lästige Art bemerkbar. Davon wissen die Eltern ein Lied zu singen, wenn sie mit allen möglichen Fragen so lange behelligt werden, bis sie zuletzt leider oft genug die Geduld und die Nerven verlieren.

Schule: Für den kleinen Zwillinge-Knaben hat der erste Schultag kaum etwas Beängstigendes. Er ist gleich mit jedermann vertraut; zudem ist er sehr neugierig, da ihm die Erwachsenen vorher schon erzählt haben, daß man in der Schule viele unbekannte Dinge erfahren kann. Da er eine verhältnismäßig gute Auffassungsgabe besitzt, lernt er leicht.

Die Kehrseite sieht allerdings weniger erfreulich aus, denn gerade der Zwillinge-Schüler neigt dazu, alles auf die leichte Schulter zu nehmen. So mag er nicht in den Lernstoff eindringen, sondern versucht, sich immer an der Oberfläche zu halten, damit er sich nicht allzusehr anzustrengen braucht. Er kann soeben Gehörtes schnell wieder vergessen, wenn neue Anregungen auftauchen. Es liegt daher nur im eigenen Interesse dieser trotz mancher kleiner Schwächen sympathischen Zwillinge, wenn die Erziehungsberechtigten darauf achten, daß sie sich mit dem gebotenen Lehrstoff intensiv und eingehend befassen. Man darf bei ihnen einfach keine Nachlässigkeit durchgehen lassen. Zwillinge-Schüler besitzen keinen ausgesprochenen Ehrgeiz, der sie etwa zwingen würde, unbedingt Klassenprimus zu sein. Sie begnügen sich zumeist mit einem guten Durchschnittsergebnis. Dafür wissen sie in den kleinen Alltagsgeschäften (wie sie u. a. im Zusammenhang mit Autogramm- und Bilderaustausch Gewohnheit geworden sind) erstaunlich händlerische Fähigkeiten zu entwickeln; es ist nicht leicht, einen kleinen „Zwillinge-Kaufmann" zu übervorteilen.

Wenn die Zwillinge-Schüler, nach Maßgabe ihrer intellektuellen Fähigkeiten, keine höhere Schulbildung genießen, geraten sie in Gewissensnöte, sobald die Frage der Berufswahl an sie herantritt. Sie glauben nämlich, für alle möglichen Berufe geeignet zu sein, soweit solche nicht mit schwerer körperlicher Arbeit verbunden sind. Daher können sie sich nur schlecht für einen bestimmten Beruf endgültig entscheiden. Hier müssen die Erzieher eingreifen, um die jungen Menschen entsprechend zu belehren und, falls notwendig, auch mit sanftem Nachdruck für eine zweckmäßige Berufswahl zu interessieren.

Lehr- und Reifezeit: Der sogenannte Ernst des Lebens dürfte den jungen
Zwillinge-Knaben vorerst noch nicht sonderlich beeindrucken. Ist das Kapitel
der Berufswahl aktuell geworden, so muß überlegt werden, welche Berufszweige einem Zwillinge-Mann besonders gut liegen. Wie die Erfahrung gezeigt hat, werden nach Möglichkeit solche Branchen bevorzugt, die der geistigen Regsamkeit sowie der Wißbegierde Spielraum gewähren. Tätigkeiten im
Zusammenhang mit Pressewesen oder Buchhandel dürften zuerst zu berücksichtigen sein. Darüber hinaus ist jeder Berufszweig zu empfehlen, der mit
dem Verkehrswesen zu tun hat. Auch der kaufmännischen Verwaltung oder
dem Beruf eines Dolmetschers sollte Aufmerksamkeit geschenkt werden.
Wort und Schrift liegen dem Zwillinge-Mann gewissermaßen ,mundgerecht';
ebensogut weiß er mit Zahlen und Bilanzen fertig zu werden. Vielfach kann
auch der Beruf eines Vertreters als ideales Betätigungsfeld angesehen werden,
weil Zwillinge nicht nur wortgewandt, sondern auch sehr beweglich, d. h. rei-
selustig, sind.

Leider wird es nicht ganz ohne Ermahnungen seitens der Lehrherren abgehen,
oft genug besteht berechtigter Anlaß zur Klage, da Sorgfalt und Gewissenhaftigkeit zuweilen ziemlich zu wünschen übriglassen. Auch das andere
Geschlecht nimmt zu dieser Zeit bereits einen Platz in der Vorstellungswelt
der Zwillinge ein. Immerhin kann es vorerst dank der etwas kühlen, mehr
geistigen Einstellung bei unverbindlichen Flirts bleiben.

Mancher Zwilling wird sich in seiner Lehrzeit ganz plötzlich zu einem Berufs-
wechsel entschließen, da Beständigkeit und Durchhaltekraft nur gering sind.
Dem Erfolgsstreben, das an sich durch die verbindliche Art der Zwillinge gefördert werden könnte, steht die innere Unrast im Wege, die häufig auftretende Unfähigkeit, das einmal gefaßte Ziel mit Konsequenz zu verfolgen.

Daher sind die Verhältnisse selbst in den Jahren, in denen andere Menschen
schon fest an Heim und Herd gebunden sind, noch reichlich unübersichtlich
und unsicher. Bei aller Intelligenz fehlt den Zwillinge-Männern in großem
Maße die Fähigkeit zum Beständigsein. Was sie heute erreichen, kann ihnen
bereits in wenigen Wochen wieder verlorengehen. Meistens werden sie erst
durch die sogenannten Nackenschläge des Lebens klug. Nur in Ausnahmefällen dürfte bereits um das 30. Lebensjahr herum eine sichere Grundlage zu verzeichnen sein. Allgemein haben Zwillinge-Männer erst im vierten Lebensjahrzehnt den gewünschten „Umschwung" erlangt.

Beste Jahre: Sie erreichen wohl erst mit etwa 40 Jahren die erforderliche
Lebensklugheit. Oft genug überraschen sie mit einer unerwarteten Kompro-
mißlosigkeit und Erfolgsbesessenheit, sobald sie sich der Lebensmitte nähern;
dann aber besinnen sie sich plötzlich auf die versäumten Chancen und wissen
eine unerwartete Regsamkeit zu entfalten.

Merkwürdigerweise sind ihnen die Umstände nunmehr entschieden günstiger
gesinnt als in den Jahren vorher. So können sie nachholen und in wenigen Jahren bereits viel erreichen. Obwohl sie in dieser Zeit nicht unbedingt auf
Freunde reflektieren müssen, kommt ihnen auch von dieser Seite her oftmals
Hilfe zu.

Zwillinge-Mädchen
Kluges Köpfchen ohne Interesse am Spielen mit Puppen

Kindheit: Je lebendiger und aufgeweckter ein Kind ist, um so größer dürften Stolz und Freude der Mutter sein. Darum wird sie ihr Zwillinge-Mädchen besonders ins Herz schließen, denn hier scheinen sich alle Hoffnungen und Wünsche zu erfüllen, die Mütter mit ihren Kindern zu verbinden pflegen.

Das grazile, fast zerbrechlich wirkende Körperchen wird ihre ganze Liebe und Sorgfalt wachrufen, obwohl dieses Baby nicht viel Sorge bereitet. Munter schaut es in die Welt und weiß seine Daseinsfreude herzhaft hinauszukrähen. Daß man bei der Ernährung dieses Kleinkindes mehr aufpassen muß als z.B. beim Stier-Kind, liegt in der Natur des Zwillings. Auch gegen Erkältungskrankheiten dürfte es empfindlicher sein. Immerhin, es wächst und gedeiht, lernt frühzeitig laufen, lacht gern und ist auch fremden Menschen gegenüber nicht ablehnend. Überhaupt kann man mit Befriedigung wahrnehmen, daß es gute Manieren zeigt.

Allerdings wird man kaum Gelegenheit haben, dieses Kind einmal für längere Zeit stillsitzen zu sehen. Es will ständig beschäftigt werden, möchte nach Möglichkeit immer von den Erwachsenen umgeben sein. Die Freude darüber, daß es so leicht und schnell sprechen lernt, vergeht bald, wenn der kleine Quälgeist mit den unmöglichsten Fragen ankommt. Manche Mutter wird sich verzweifelt den Kopf zerbrechen, woher ihr Zwillinge-Mädchen all die Wißbegier nur holen mag. Vielleicht ist sie auch enttäuscht, wenn sie so wenig mädchenhafte Eigenschaften vorfindet. Eigenartigerweise scheinen die Zwillinge-Mädchen wenig Interesse am Spielen mit Puppen oder an der Rolle eines Hausmütterchens zu haben. Viel lieber tollen sie mit den Buben auf der Straße herum, sind springlebendig und zu jedem Streich aufgelegt.

Schule: Das große und überwältigende Ereignis dieses kindlichen Daseins wird durch den ersten Schulgang eingeleitet. Gerade Zwillinge-Mädchen begreifen schnell, daß mit diesem Tag ein völlig neuer Lebensabschnitt begonnen hat.

Natürlich ist das Zwillinge-Mädchen neugierig auf all das, was nun in der Schule geboten wird. Es ist so aufregend, daß man mit vielen gleichaltrigen Kindern zusammensein kann. Noch interessanter sind die Dinge, die man von den Lehrpersonen zu hören bekommt. Dagegen ist das Gebot des Stillsitzens mehr als unangenehm. Leider darf man sich nicht nach Belieben während des Unterrichts unterhalten, sondern muß warten, bis man gefragt wird. Auch einfach in die Klasse hineinrufen darf man nicht; dabei wäre doch soviel zu erzählen, was sicherlich auch die anderen Kinder interessieren würde.

Die ersten Schularbeiten machen noch Spaß, doch dann wird es entschieden langweilig. Warum muß der Punkt immer genau über dem „i" sitzen. Die Erwachsenen haben ständig Vorschriften zur Hand, um einem die Freude am Spaß zu verderben!

Eigentlich ist eine Schule doch keine schöne Einrichtung. Von dem ganzen Betrieb hat man ja nichts, weil man nicht so darf, wie man gern möchte. Daß die Schulaufgaben immer pünktlich und sorgfältig gemacht werden müssen, während man viel lieber auf der Straße herumtollen möchte, das ist auch so ein unerfreulicher Einfall der Großen. Glücklicherweise lernt man leicht und braucht daher nur halb soviel Zeit wie die anderen Kinder. Wenn alle Stricke reißen, kann man ja schnell abschreiben oder läßt sich heimlich vorsagen; irgendwie wird die Sache schon „schiefgehen". Man darf sich nur nicht einschüchtern oder „bange machen" lassen.

Mit solchen Auffassungen versuchen die Zwillinge-Mädchen dieses notwendige Übel hinter sich zu bringen. So angetan sie davon sind, wenn sie wieder etwas Neues lernen, so schnell erlahmt ihr Interesse, wenn der Stoff wiederholt werden soll. Auch sonst gefällt ihnen noch lange nicht alles, was die Schule verlangt. Besonders verletzend sind die Behauptungen der Lehrer, daß man viel mehr leisten könne, weil man ein kluges Köpfchen besitze, aber sehr flüchtig und oberflächlich sei, wenn einem die Sache keinen Spaß mehr mache.

Die Frage der Berufswahl ist dann auch ein Kapitel für sich. Da sind so viele Berufszweige, für die Neigung und Interesse vorhanden wären, doch gerade bei Zwillinge-Mädchen heißt es, eine sorgfältige Entscheidung zu treffen, damit sie nicht schon während der Lehrzeit anderen Sinnes werden und eventuell sogar davonlaufen.

Lehr- und Reifezeit: Das unruhig-nervöse Naturell des Zwillinge-Mädchens verlangt nach einem Beruf, der seiner Neigung zur Beweglichkeit, aber auch seiner Wißbegierde entgegenkommt. In erster Linie wäre an praktisch vermittelnde oder rein intellektuelle Berufe zu denken. Ob im kaufmännischen oder verwaltungstechnischen Bereich, ob bei der Presse oder einer Verkehrsbehörde, ob im Reise- oder Hotelgewerbe, im Anwaltsbüro oder Chefsekretariat – überall wird sich das Zwillinge-Mädchen nützlich machen können. Immer ist daran zu denken, daß der Zwillinge-Typ unruhig und beweglich ist; und man darf nicht mit allzu strengen Vorschriften kommen, wenn die Beweglichkeit zeitweise überhandnimmt. Nur in einem Fall darf es keine Nachsicht geben, will man dieses junge Leben nicht in eine verkehrte Richtung steuern: Jede Flüchtigkeit, jede halbgeleistete Arbeit muß beanstandet werden. Wer hier etwa der Meinung sein sollte, daß solche Fehler einmal von selbst verschwinden, dürfte schlechte Erfahrungen machen.

Mit 20 Jahren sind Zwillinge innerlich schon ausgereift und verfallen dann auf seltsame Gedanken, die sehr nach Weltschmerz klingen, in Wirklichkeit aber lediglich das Interesse an ihrem Vorhandensein wachhalten sollen. Ihre Lebensgrundlage ist zwar sehr unsicher, vor allem fühlen sie sich noch zu jung, um entscheidende Maßnahmen für eine wirtschaftliche Sicherung zu treffen. Das hat noch Zeit, bis man älter geworden ist. Vorerst ist das Leben noch schön und interessant, und so muß man die Freuden mitnehmen, die es zu bieten hat. Wenn nicht bis zum 25. Jahre bereits eine Ehe geschlossen worden ist, läßt sich das Zwillinge-Mädchen auch damit reichlich Zeit. Manchmal sogar zu lange; dann kommt nach dem 35. Lebensjahr die Lebensangst, besser gesagt: die „Torschlußpanik", voll zum Durchbruch.

Beste Jahre: Zwischen 35 und 40 Jahren beginnt für die Zwillinge-Frau praktisch die zweite Jugend, ja für manche ganz Unentwegte sogar schon die dritte. Immerhin, das Leben kann nun noch einmal von der angenehmsten Seite her gesehen werden. Die Erfahrungen der Vergangenheit haben klug gemacht, so daß weitere Pläne sorgfältig vorbereitet werden.

Krebs-Kinder (22.6.–22.7.)
Gut geführt und beraten – immer erfolgreich

In der Jugend gesundheitlich gefährdet – Starke Phantasie lenkt in der Schule ab – Berufswahl als ernstes Problem

Krebs-Knabe
Seelisch empfindsam – leicht lenkbar

Kindheit: Die in den ersten Lebensjahren zarte Konstitution setzt die Krebs-Knaben manchen gesundheitlichen Störungen aus. Es sieht fast so aus, als wolle das Schicksal die Lebensfähigkeit einer ernsthaften Belastungsprobe unterziehen. Schon der kleine Junge ist durch mancherlei Unfälle gefährdet, zumal dann, wenn unverständige Erwachsene es an der nötigen Fürsorge fehlen lassen. Ernährungsfehler führen zu Verdauungskomplikationen, weil der Magen zu den empfindlichsten Organen gehört.

Unruhe im Elternhaus belastet die kindliche Seele ebenfalls sehr stark. Gegen Tadel ist der kleine Krebs-Junge sehr empfindlich und wird dadurch in eine Reserve gedrängt, die ihn verschlossen und bockbeinig erscheinen läßt.

Leider wird auch seine überquellende Phantasie von den Erwachsenen zumeist nicht gewürdigt und daher oft falsch verstanden. Da in seiner Vorstellungswelt Schein und Wirklichkeit noch bunt durcheinanderwirbeln, kann er leicht in den Verdacht geraten, es mit der Wahrheit nicht so genau zu nehmen. Das ist aber nicht der Fall, sondern das Kind lebt nur in der Welt, die von seiner Vorstellungskraft, von seiner Phantasie geschaffen wurde. Daher braucht dieser Junge keine Zerstreuung; er kann sich gut mit sich selbst beschäftigen.

Schule: Der Schulbeginn wird mit recht gemischten Gefühlen aufgenommen. Die Trennung vom Elternhaus, insbesondere die von der Mutter, führt bei dem kleinen Krebs-Jungen zu einer Art seelischer Erschütterung; in schwerwiegenden Fällen kann sogar schon in diesen Schuljahren der Grundstein zu einer seelischen Belastung gelegt werden, die sich im späteren Leben noch oft hemmend auszuwirken vermag, wenn nicht sogar körperliche Beschwerden auf diese Ereignisse der Jugend zurückzuführen sind.

Obwohl die Aufnahmefähigkeit der Krebs-Jungen recht gut ist, lassen die Leistungen vielfach zu wünschen übrig, weil ihre Phantasie sich gern mit anderen interessanten Dingen beschäftigt. Ihre Träumereien, die einen wesentlichen Bestandteil der Jugendjahre bilden, lassen sie oft unaufmerksam gegenüber den Erfordernissen der Schule sein. Nur mit viel Einfühlungsvermögen und geschickter Behandlung können Krebs-Jungen zu Leistungen angespornt werden.

Da sie glücklicherweise leicht lenkbar sind und auf jedes herzliche Wort dankbar reagieren, machen sie keine besonderen Schwierigkeiten. Diese entstehen erst, wenn sie sich bei Abschluß der Schulausbildung für einen Beruf zu entscheiden haben. Es liegt dabei nicht so sehr an ihren vielseitigen Wünschen, als vielmehr an ihrer etwas unselbständigen Art, die auf eine vernünftige Beratung kaum verzichten kann. Da sie indessen einen gewissen Wirklichkeitssinn besitzen und auch die finanziellen Möglichkeiten zu schätzen wissen, zeigen sie sich entsprechender Belehrung zugänglich.

Lehr- und Reifezeit: Beruflich liegen dem Krebs-Jungen jene Richtungen und Branchen, die sowohl mit seiner Bodenständigkeit als auch mit seiner Fernsehnsucht korrespondieren. Darüber hinaus sind künstlerisch betonte und geschichtliche Probleme für ihn interessant. Das Elternhaus ist beim Krebs-Jungen der Angelpunkt des jungen Daseins. Es ist daher beinahe Ehrensache, das elterliche Geschäft zu übernehmen. Im übrigen ist ein philosophisches Studium der Grundhaltung des Krebs-Charakters ebenso angemessen wie das der Naturwissenschaften oder der Psychologie.

Seine gute Kontaktfähigkeit läßt ihn andererseits auch für Berufe geeignet erscheinen, die sozusagen Dienst am Kunden verlangen, also solchen der Nahrungs- und Genußmittelbetriebe, des Hotel- oder Gaststättengewerbes. Auch Dienste im Interesse der menschlichen Gesundheitspflege liegen ihm.

Die Lehrzeit ist für ihn allerdings nicht immer leicht, denn jeder harte Tadel des Lehrherrn hinterläßt im Gemüt des Krebs-Geborenen eine tiefe Narbe. Er nimmt alles schwerer, als es den Umständen nach notwendig wäre. Aus diesem Grunde kann er allerdings auch in seinem eigenen Urteil sehr ungerecht werden, weil er leicht von verkehrten Voraussetzungen ausgeht. Das verleitet ihn oftmals dazu, seine Position ohne wirklich zwingenden Grund zu wechseln, nur weil ihm das Gesicht irgendeines Menschen seiner beruflichen Umwelt nicht mehr gefällt.

Obwohl der Krebs-Mann nichts so ersehnt, als sich frühzeitig stabile Verhältnisse zu sichern, gibt ihm das Schicksal in dieser Hinsicht manche harte Nuß zu knacken.

Der Drang nach möglichst schneller Partnerbindung erweist sich als einer der Umstände, die seine Lage und sein Vorwärtskommen erschweren, denn selten ist seine Lebensgrundlage vor dem 35. Jahre wirklich gefestigt. Immerhin, unter glücklichen Umständen, die meistens von außen her in das Leben des Krebs-Mannes eindringen, können auch schon mit Beginn des 30. Lebensjahres gewisse Chancen genutzt werden, wenn er die Situation rechtzeitig zu erkennen und entsprechend zuzugreifen weiß. Unter Umständen ist damit eine nochmalige Umstellung verbunden, doch dürfte ihn diese dann ans Ziel seiner Wünsche führen.

Beste Jahre: Soweit er nicht so klug war, schon etwa mit dem 30. Jahr seine Chancen zu nutzen, dürfte der Krebs-Mann die für ihn maßgebliche Orientierung um das 35. Lebensjahr herum vornehmen.

Krebs-Mädchen
Frühzeitig auf den Ernst des Lebens hinweisen

Kindheit: Die Mütter der Krebs-Mädchen haben ihre Sorgen, weil diese Kleinstkinder gesundheitlich ziemlich anfällig sind. Übertrieben ausgedrückt: jeder Luftzug kann dem Baby gefährlich werden. Auch gegen Flaschennahrung ist es, im Vergleich zu anderen Kindern, ungewöhnlich empfindlich und wird leicht von Verdauungsstörungen befallen. Hier ist wirklich liebevolle Fürsorge notwendig, wenn das Kleine richtig gedeihen soll.

Sobald es das Alter erreicht, in dem die ersten bewußten Willensäußerungen zu erfolgen pflegen, wird man feststellen können, daß es sehr leicht zu verstimmen ist, oftmals ohne äußerlich erkennbare Ursache. Es kann den Eltern ziemlich auf die Nerven gehen, weil es sehr weinerlich veranlagt ist. Unter keinen Umständen darf man dazu übergehen, die Ruhe durch einen derben Klaps auf die Kehrseite wiederherstellen zu wollen. Gerade körperliche Züchtigungen wirken sehr nachhaltig auf die Psyche des Kindes.

Daß sich das kleine Mädchen sehr gern mit Puppen beschäftigt, überhaupt eine starke Neigung hat, die Erwachsenen zu imitieren, sollte nicht gerügt werden. Hier macht sich schon die erste Regung mütterlicher Gefühle unbewußt bemerkbar und sollte von klugen Erziehern gefördert werden. Darüber hinaus ist allerdings auch Wert darauf zu legen, das Kind beizeiten auf die nüchternen und keineswegs immer angenehmen Tatsachen des Lebens vorzubereiten.

Ebenso muß an seine Wahrheitsliebe appelliert werden, denn oft genug (vielfach aus der Angst heraus, übersehen zu werden) wird es versuchen, seinen Willen durchzusetzen, auch mit einer Lüge oder, in milderen Fällen, durch schauspielerische Verstellung.

Auch die Bereitwilligkeit, sich anderen Kindern anzupassen, muß gefördert werden, damit sich keine übertriebene Zurückhaltung und Eigenbrötelei herauskristallisiert.

Schule: Die Trennung von der Mutter wird im allgemeinen keine großen Komplikationen auslösen, weil die kindliche Vorstellungswelt durch all das Neue, das mit dem ersten Schultag auf das Kind einstürmt, stark angeregt wird. Allerdings kann es vorkommen, daß ein Krebs-Mädchen nach der ersten Stunde ungeniert seinen neuen Schulranzen ergreift und dem Lehrer oder der Lehrerin naiv etwa erklärt: „So, jetzt habe ich gesehen, was hier passiert, jetzt muß ich aber schnell nach Hause zu meinen Kindern, die werden sicherlich schon großen Hunger haben."

Da bedarf es dann eines gut entwickelten Fingerspitzengefühls, um zu verhindern, daß man sich gleich am ersten Tage die Sympathie dieses etwas komplizierten Kindes verscherzt. Glücklicherweise ist das Krebs-Mädchen allgemein liebevollem und herzlich gemeintem Zuspruch gegenüber aufgeschlossen. Es begreift schnell, daß nunmehr sein eigener Wunsch und Wille nicht mehr nach Gutdünken durchgesetzt werden kann, und fügt sich daher, wenn auch in manchen Fällen unter Tränen.

Ist der Unterricht nicht lebendig und versäumt es der Erzieher, in erster Linie die Vorstellungsgabe des Kindes anzusprechen, dann wird er bald feststellen müssen, daß das Krebs-Mädchen sich zu einem kleinen Faulpelz entwickelt. Es muß immer wieder Gelegenheit bekommen, aus der eigenen Phantasie mitzuarbeiten, und darf auch im Falle sehr abwegiger Gedankengänge nicht ausgelacht oder gar getadelt werden, sonst zieht es sich in sein Schneckenhaus zurück und wird sich nur noch sehr selten zu Wort melden.

Die Auffassungsgabe ist gut, so daß man aus diesem nur äußerlich ruhigen Menschenkind gewisse Leistungen herausholen kann. In den letzten Schuljahren sollte es allerdings dazu angehalten werden, sich über das, was es einmal lernen will, allmählich Gedanken zu machen.

Lehr und Reifezeit: Es ist nicht weiter verwunderlich, wenn von den Krebs-Mädchen Berufe bevorzugt werden, die sich auf Haushalt, Kinder- und Sozialfürsorge, wie auch auf krankenpflegerische Tätigkeit beziehen. Sie brauchen Möglichkeiten, um ihre mehr und mehr durchbrechenden mütterlichen Neigungen ausleben zu können.

Allerdings muß ihnen zum Vorwurf gemacht werden, daß sie gerade während der Lehrjahre sehr häufig andere Gedanken im Kopf haben, die sich mit ihren beruflichen Anforderungen nicht vertragen. Da sie besonders dem Autoritätsprinzip vom Elternhaus her unterworfen sind, gehen sie gern eigene und oft recht krause Wege, wenn man sie nicht genügend beaufsichtigt. Sicherlich spielt hierbei vielfach nur das Bestreben mit, innere Unvollkommenheiten abzureagieren, sich selbst so bewegen zu wollen, daß man von den Erwachsenen ernstgenommen werden muß.

Darüber hinaus spielt das andere Geschlecht ebenfalls eine nicht zu unterschätzende Rolle. Gerade Krebs-Mädchen, obwohl nicht unbedingt erotisch stärker interessiert, suchen unbewußt nach frühzeitigen Bindungen, weil der sogenannte Mutterinstinkt dazu drängt. Nur unter diesen Impulsen können triebhafte Reaktionen aufkommen, die in manchen, vielleicht sogar in überraschend vielen Fällen zur Mutterschaft führen, bevor überhaupt an eine reelle Bindung gedacht werden kann. Dann verliert das Krebs-Mädchen vielfach Chancen, die sein Leben unter Umständen positiver oder erfreulicher beeinflussen würden, zumindest von der rein wirtschaftlichen Seite her.

Nach der Heirat pflegt das berufliche Interesse abzuflauen. Jene aber, denen das Schicksal aus irgendwelchen Gründen eine gewisse Wartezeit auferlegt, erweisen sich als bescheidene, dafür ungewöhnlich sparsame Geschöpfe, deren ganze Sorge darauf abgestellt ist, sich ein gemütliches Heim zu schaffen, falls nicht Gelegenheit vorhanden ist, möglichst lange im Elternhaus zu verweilen.

Zwischen 20 und 25 Jahren fallen jene Entscheidungen, die Ehe und Zukunft betreffen. Eine weitere Entwicklungsphase pflegt sich mit 30 bis 32 Jahren abzuzeichnen. Umstellungen sind nichts Außergewöhnliches. Positions- und Ortsveränderungen können dazu beitragen, daß sich die Gesamtlage nicht unwesentlich verbessert.

Beste Jahre: Durchschnittlich befinden sich Krebs-Frauen mit 32 bis 35 Jahren an einer Art Scheideweg. Entweder glaubt die Krebs-Frau nun, daß sie es endgültig geschafft habe und sich daher künftig gehenlassen kann; oder aber sie wird nun erst richtig ehrgeizig, gleichgültig, ob sie verheiratet und nicht mehr berufstätig ist oder unverheiratet und berufstätig.

Löwe-Kinder (23.7.–23.8.)
Eigenwillig – doch zum Gehorchen bereit

Viele berufliche Möglichkeiten – Der große Erfolg: nach dem 30. Lebensjahr – Für Lob und Anerkennung sehr empfänglich

Löwe-Knabe
Lebens- und tatkräftig – allen Anforderungen gewachsen

Kindheit: Nach Feststellung spezialisierter Wissenschaftler gehören die im August geborenen Löwe-Knaben zu den lebenskräftigsten Kindern. Diese Zähigkeit dürfte ihnen auch viele gesundheitliche Beschwerden ersparen, denen sonst andere Kinder ausgesetzt sind. Dennoch werden die Mütter der Löwe-Knaben darauf zu achten haben, daß sich ihr Kind nicht übernimmt. Die Verdauungskraft ist zwar sehr beachtlich, doch die Gier nach Speise und Trank meist größer, als der kleine Magen vertragen kann.

Gute Esser bleiben die Löwen ihr ganzes Leben lang. Sie bevorzugen mehr die verfeinerten Gaumengenüsse. Schon im Kind zeigt sich eine gewisse Empfindlichkeit gegen bestimmte Nahrungsmittel. Zwingt man ihnen diese mit Gewalt auf, dann kann es leicht zu allergischen Symptomen kommen.

Der Löwe-Knabe erobert sich seine Welt in ähnlicher Weise wie der Widder-Knabe: beide wollen die Umwelt beherrschen. Und doch zeigt sich ein grundlegender Unterschied: Das Widder-Kind macht sich wenig oder gar nichts aus Schmeicheleien, ist auch nicht unbedingt auf Lob angewiesen, wenn es nur seinen Willen durchsetzen kann. Der Löwe-Knabe dagegen wird geradezu stolz wie ein Pfau, wenn man ihm eine Belobigung zuteil werden läßt. Im übrigen scheint er solche Schmeicheleien als selbstverständlich anzusehen.

Daher müssen die Erzieher beizeiten darauf achten, daß die richtigen Wege eingeschlagen werden, um das Kind nicht egozentrisch werden zu lassen.

Schule: Tatkräftig und zupackend, wie es der Natur des Löwe-Kindes entspricht, wird die Umstellung gemeistert, die durch den Schulbesuch in das junge Leben hineingetragen wird. Die Lehrer merken bald, daß hier eine kleine Persönlichkeit ihrer Obhut anvertraut wurde, die die gebührende Beachtung erwartet. Die Intelligenz des Löwe-Kindes ist gut, doch zeigt sich keine gleichmäßige Aufnahmefähigkeit. Die Schwankungen können sich sowohl nach der positiven als auch nach der negativen Seite hin verlagern (ersteres ist aber häufiger).

Indessen beginnt sich der Wille mehr und mehr zu entfalten, und selbst der kleine Schüler weiß bereits, was er für erstrebenswert zu halten hat. Gehorchen fällt ihm nicht gerade leicht, doch wird er sich völlig dem Lehrer unterordnen, der sich auf seine Art einzustellen weiß und seinem Persönlichkeitsbewußtsein nicht „auf die Füße" tritt. Darüber hinaus erwartet er natürlich, daß seine Erzieher selbst Autorität genug besitzen, um eine Atmosphäre des Vertrauens schaffen zu können.

Lehr und Reifezeit: Die Frage, welcher Beruf gewählt werden soll, wird dem Löwe-Jungen keine besonderen Schwierigkeiten bereiten. Er steht bereits fest auf seinen jungen Beinen, weiß materielle Werte sehr zu schätzen und sucht sich daher einen Beruf aus, der im besten Sinne Vorwärtskommen sowie ein entsprechendes Einkommen garantiert.

Gern werden Berufe gewählt, die einer Neigung zur Repräsentation und Expansion entgegenkommen. So ist nicht etwa der Beruf des Gastwirts das Ideal, sondern die Stellung eines Hoteliers. Im kaufmännischen Bereich soll möglichst eine Position als Großkaufmann erreicht werden. Der Unternehmer wird ebenfalls mehr geschätzt als der kleine Angestellte. Es soll möglichst immer eine leitende Stellung sein.

Ebenso kann eine gewisse Neigung für den Regierungsdienst, für den Bankberuf (natürlich am liebsten als Bankdirektor) oder für den militärischen Dienst festgestellt werden. Für den Fall, daß der Beruf des Arztes gewählt werden sollte, verläuft die spätere Entwicklung nicht selten entweder in Richtung auf Kinderarzt oder Herzspezialist. Auch der Beruf eines Juweliers bietet dem Löwe-Mann einen gewissen Anreiz. Nicht zuletzt dürften Theater und Film große Anziehungskraft besitzen, wobei der Heldendarsteller bevorzugt wird.

Es zeigt sich stets, daß der Löwe durch würdevolles Auftreten zu imponieren sucht. In gewisser Hinsicht ist er ein Bluffer, der indessen genau weiß, daß sich Menschen gern etwas vormachen lassen. Da er immer wieder zur Macht drängt, schafft er sich leicht Gegner, neidische Rivalen. Daher hat er in den ersten zehn Jahren seiner beruflichen Tätigkeit zahlreiche Widerstände zu überwinden. Glücklicherweise ist sein Beharrungsvermögen recht gut entwickkelt, so daß er sich zu behaupten weiß.

Beste Jahre: Gewöhnlich setzt nach dem 30. Lebensjahr die eigentlich positive Entwicklung ein, während der der Löwe-Mann durch einen überraschenden Schwung seine Umwelt in kürzester Zeit zu überflügeln vermag. Indessen wartet auf ihn noch die eigentliche Bewährungsprobe. Um die Mitte der dreißiger Jahre erfolgt der entscheidende Anstoß, der Ruf der bis dahin noch ziemlich zugeknöpften Glücksgöttin.

Dann muß sich der Löwe-Mann mit Sinn und Verstand regen.

Löwe-Mädchen
„Heller Kopf" –
Aber die überschäumende Lebensfreude klug lenken!

Kindheit: Sind die Kleinst- und Kleinkinder, die im Zeichen Löwe geboren wurden, an sich schon von einer erstaunlichen Vitalität, so zeigt sich bei näherer Prüfung, daß insbesondere die Mädchen eine Lebenszähigkeit mitbekommen haben, die den Müttern manche Sorgen erspart. Grundsätzlich sind die „Löwe-Mädchen" von Natur aus vernünftiger als die Knaben des gleichen Zeichens. Sie halten z. B. instinktiv Maß bei der Nahrungsaufnahme. Dafür sind sie andererseits viel beweglicher und lebhafter, so daß sie, wenn sie erst einmal richtig auf ihren Füßen stehen können, eher den kleineren und größeren Gefahren des Alltags ausgesetzt sind. Daher scheint gerade bei den Löwe-Mädchen besondere Aufmerksamkeit angebracht zu sein, damit sie nicht im wilden Spiel zu Schaden kommen. Auch auf ihre persönliche Eitelkeit, die häufig genug zur Gefallsucht ausarten kann, ist sehr zu achten. Schon die Kleinkinder bekunden einen sehr eigenen Willen hinsichtlich dessen, was sie schön finden. Man kann ihnen noch lange nicht jedes Kleidchen aufschwatzen, muß ihnen aber beizeiten beibringen, daß es nicht angebracht ist, ständig vor dem Spiegel zu stehen und an sich herumzuputzen.

Schule: Die Schule bedeutet die erste einschneidende Wende in diesem jungen Leben. Sie wird keineswegs als ein drohendes Verhängnis empfunden, sondern überwiegend im Sinne eines Abenteuers betrachtet, von dem man sich Anregungen und Abwechslung versprechen darf. Daß bestimmte Spielregeln eingehalten werden müssen, wird den Mädchen nicht unbedingt gefallen, doch wissen sie sich durchaus anzupassen.

Ungünstig sieht es aus, wenn die Erzieher irgendwelche Mängel aufzuweisen haben oder sich offensichtliche Ungerechtigkeiten erlauben. Da das Löwe-Mädchen in erster Linie für den Erzieher lernt, um von ihm anerkannt und gelobt zu werden, sinkt dieses Bedürfnis im gleichen Maße wie die Achtung vor dem Erzieher. Mit anderen Worten: Die Leistungsspanne verringert sich, und das Resultat der geleisteten Arbeit verschlechtert sich augenfällig. Wer es aber versteht, hier eine vertrauensvolle Atmosphäre zu schaffen, wird erleben, daß Löwe-Mädchen einen erstaunlich „hellen Kopf" besitzen, den sie auch zu gebrauchen wissen. In den letzten Schuljahren bedarf es einer besonders klugen Hand, um die überschäumende Lebensfreude maßvoll lenken zu können, speziell im Hinblick auf das andere Geschlecht.

Lehr- und Reifezeit: Die Frage der Berufswahl ist bei Löwe-Mädchen mit mehr oder minder kleinen Schwierigkeiten verbunden. Vielfach meint man, etwas ganz Besonderes wählen zu müssen. Der Beruf soll vor allem die Möglichkeit bieten, sich einen gefälligen und Aufmerksamkeit erregenden Lebensrahmen schaffen zu können, denn auffallen möchten Löwinnen um jeden Preis. Natürlich muß er auch dem eigenen Schönheitsverlangen dienen können, daher wird oft die Schmuckwarenbranche gewählt. In der Modeindustrie werden jene Zweige bevorzugt, die stets aparte Neuheiten aufzuweisen haben. Falls der medizinische Beruf gewählt werden sollte, legt sich die Löwin gern auf Kinderärztin fest; wie sie überhaupt viel für Kinder übrig hat und daher auch als Säuglingsschwester geeignet ist.

Daß auch die Theaterluft gerade für Löwe-Mädchen eine unwiderstehliche Anziehungskraft besitzt, ist kein Geheimnis. Aber zumeist geht es doch im Grunde darum, sich ausdehnen zu können. Sie wollen etwas vorstellen; und so bemüht sich die junge Verkäuferin zielbewußt um die Stelle einer Abteilungsleiterin. Man möchte zur Chefsekretärin aufrücken, zur Direktrice – es muß immer eine führende Stellung sein, die gewisse repräsentative Fähigkeiten erfordert.

Da Löwinnen die nötigen Qualitäten mitbringen, erreichen sie verhältnismäßig früh eine Rangstufe, die den Männern allgemein erst um das 30. Lebensjahr zufällt. Erstaunlicherweise profitieren sie in reichem Ausmaß von der Gunst einflußreicher und sozial höherstehender Personen. Widerstände seitens neidischer Rivalinnen sind zu überwinden; doch die Freunde und Gönner besitzen einen mächtigen Arm, so daß der „Siegeszug" der Löwin kaum beeinträchtigt werden kann.

Die Löwin will sich nach dem 20. Lebensjahr erst einmal austoben, so daß in Liebesbeziehungen auch schmerzliche, eventuell sogar kostspielige Erfahrungen in Kauf genommen werden müssen.

Beste Jahre: Zumeist beginnt mit dem 25. Lebensjahr eine vielversprechende Entwicklungsphase, die beruflich durch eine beachtliche Positionsverbesserung, privat durch eine materiell gesicherte Verbindung eingeleitet werden kann. In jedem Fall bricht eine stark ehrgeizige Ader durch, die bis gegen Ende der dreißiger Jahre den Gang der Dinge zu bestimmen pflegt. Die Umstände sind den Bemühungen der Löwe-Frau zumeist sehr förderlich. Verbindungen spielen gegen Ende der zwanziger Jahre sowie um das 35. Lebensjahr herum eine wichtige Rolle. Es kann auch vorkommen, daß eine früh geschlossene Ehe um das 30. Jahr herum wieder aufgelöst wird und nach Ablauf von weiteren drei bis vier Jahren die entscheidende Partnerschaft angeknüpft werden kann.

Immerhin dürfte die Löwe-Frau so oder so bis zum 40. Lebensjahr den richtigen Rahmen gefunden haben. Belastungen und Schwierigkeiten der Vergangenheit sind überwunden. Sie vermag nun sich selbst und ihre Fähigkeiten richtig einzuschätzen.

Jungfrau-Kinder (24.8.–23.9.)
Gesundheitlich anfällig – geistig hochbegabt

Den kleinen Dingen zugewandt – Gesunder Wirklichkeitssinn – Gefährliche Kritiksucht

Jungfrau-Knabe
Rechtzeitig taktische Klugheit lehren

Kindheit: Der unter dem Zeichen „Jungfrau" geborene Knabe ist zumeist ein Sorgenkind. Nur wenige Kleinkinder sind so anfällig wie er. Sein Seelenleben ist ungemein empfindlich. Es muß sehr behutsam behandelt werden, d.h., ohne daß sein Eigenleben beeinträchtigt wird.

Ansonsten verläuft die Entwicklung in der Kindheit durchaus normal, abgesehen davon, daß die Erwachsenen oft genug durch die ungeheure Wißbegierde des Knaben aus der Ruhe gebracht werden. Kaum ein zweites Kind hat soviel zu fragen und will soviel wissen.

Schule: In den wenigsten Fällen haben die unter dem Zeichen Jungfrau geborenen Schüler in der Erfassung und Beherrschung des Lehrstoffes Schwierigkeiten zu verzeichnen. Was anderen Kindern Kopfweh macht, eventuell sogar schlaflose Nächte bereiten könnte, das geht gerade den Jungfrau-Knaben leicht von der Hand. Man könnte beinahe glauben, daß sie ihre Leistungen aus dem Ärmel schütteln.

Allgemein macht man die erstaunliche Feststellung, daß sie für rein rechnerische Aufgaben starkes Interesse und auch eine entsprechende Begabung mitbringen. Im Deutschunterricht besitzen sie für Grammatik eine besonders leichte Auffassungsgabe, dagegen hapert es manchmal mit der freien Rede. Sie verstehen es häufig auch nicht, aus bestimmten Vorstellungen die geeigneten Schlußfolgerungen zu ziehen, weil ihr Blick und ihre Vorstellungsgabe mehr auf Details als auf die großen Zusammenhänge gerichtet sind. Erklärungen müssen der Reihe nach gegeben werden. Versucht der Erzieher, bestimmte Zwischenglieder einer Lösung wegzulassen, damit der Jungfrau-Schüler allein dahinterkommen soll, dann wird er sich damit abzufinden haben, daß dieser sonst so begabte „Musterschüler" seine schwachen Seiten zeigt oder gänzlich versagt. Dagegen wird man ihn nicht mehr irritieren können, wenn man einmal eine Lösung in allen Einzelheiten mit ihm durchgearbeitet hat; denn was er lernt, das sitzt und steht jederzeit für ähnliche Fälle zur Verfügung.

Lehr und Reifezeit: Die Frage des zu wählenden Berufes wird zumeist richtig entschieden, denn der heranwachsende Jungfrau-Schüler verfügt über eine gute Portion gesunden Wirklichkeitssinns. Auch weiß er ungefähr, was er seinen Fähigkeiten zumuten kann. Überdies spielt der Gesichtspunkt der Nützlichkeit eine sehr wichtige Rolle.

Wissenschaftliche oder auch schöngeistige Berufe finden seinen Beifall, aber mehr als alles andere wird eine verdienstversprechende kaufmännische Tätigkeit vorgezogen. Nur dem reinen Vertreterberuf kann der Jungfrau-Mann keinen besonderen Geschmack abgewinnen; das überläßt er lieber dem beweglicheren Zwillinge-Typ.

Da dem Jungfrau-Mann die Gabe der Ellbogenfreiheit fehlt, wird er sich nur durch Sorgfalt und Gewissenhaftigkeit sowie durch seine organisatorischen Talente auszeichnen und hochdienen können. Oft wird er unschuldigerweise Verleumdungen ausgesetzt, hat durch Mitarbeiter, aber auch durch Vorgesetzte Unannehmlichkeiten zu erwarten. Leider wird er sich zu spät darüber klar, daß er dieses Verhalten der anderen oft genug durch seine eigene Kritiksucht herausfordert.

Beste Jahre: Etwa bis zum 30. Lebensjahr verläuft das Berufsleben des Jungfrau-Mannes in Bahnen, die von Sorgen wirtschaftlicher und persönlicher Art begleitet werden. Allerdings vermag sein ausgeprägter Sinn für Sparsamkeit in Verbindung mit der vielfach vorhandenen Bedürfnislosigkeit größere Tiefschläge zu verhüten. Dennoch könnte er sich im Leben vieles erleichtern, wenn er sich taktisch klüger verhalten würde.

Nach dem 30. Lebensjahr wird auch der Jungfrau-Mann endlich darauf aufmerksam, daß er einen grundsätzlichen Fehler übersehen haben dürfte. Sein kluger Verstand begreift nunmehr, daß es an der Zeit ist, sich umzustellen. Praktisch, wie er nun einmal veranlagt ist, wird diese Kursänderung in klarer Erkenntnis der Zusammenhänge möglichst schnell und umfassend vorgenommen.

Meist dürfte sich die Lebensperiode zwischen dem 40. und 55. Lebensjahr als die wirtschaftlich und auch menschlich erfolgreichste gestalten lassen.

Jungfrau-Mädchen
Musterkind – zuverlässig und fleißig

Kindheit: Obwohl die unter dem Zeichen Jungfrau geborenen Mädchen wesentlich widerstandsfähiger sind als die Knaben, muß auch bei ihnen darauf geachtet werden, daß die Ernährung einwandfrei ist und die Verdauung gut funktioniert.

Insbesondere spielen bei den Jungfrau-Mädchen seelische Erschütterungen eine größere Rolle, da das Gemüt überaus empfindlich reagiert und Belastungen zu einer starken Beeinträchtigung der Verdauungsvorgänge führen können. Verstopfung ist stets ein zuverlässiger Anzeiger dafür, daß entweder die Nahrung selbst nicht einwandfrei genug war oder daß sich die kindliche Seele mit irgendwelchen Problemen herumquält und damit nicht fertig werden kann.

Vom erzieherischen Standpunkt aus gesehen ist das Jungfrau-Mädchen geradezu ein Musterkind. Es zeigt sich in jeder Hinsicht gehorsam, dabei schon sehr früh dienstwillig und hilfsbereit. Bereits das noch nicht schulpflichtige Kind erwirbt sich die besondere Sympathie der Mutter, weil es an allen häuslichen Aufgaben interessiert ist und gern zur Hand geht. Anerkennungen wie etwa die Bemerkung: „Du bist mein tüchtiges Mädchen, auf dich kann man sich schon verlassen", können das Jungfrau-Kind zu erstaunlichen Leistungen anspornen.

Allerdings wird es sich nur schwer mit einfach hingeworfenen Erklärungen zufriedengeben. Man muß ihm sozusagen alles in voller Länge und Breite auseinandersetzen, damit der jugendliche Wissensdurst vollauf befriedigt wird.

Schule: Der erste Schulgang ist für das Jungfrau-Mädchen aufregend, weil die jugendliche Erwartung irgendwie auf die Folter gespannt wird. Was verspricht es sich nicht alles gerade von dieser Zeit! Es will ja viel lernen, weil man Kenntnisse im Leben stets verwerten kann (in diesem Alter ist das Nützlichkeitsprinzip noch nicht von so großer Bedeutung); vor allem: weil sein Wissensdurst einfach keine andere Wahl läßt.

Auch in der Schule gilt dieses Mädchen als Musterschülerin. Seine Aufmerksamkeit, sein Fleiß und sein Betragen sind geradezu vorbildlich. Leider kommt es häufig genug vor, daß es dann von den Erziehern gegen andere, weniger aufmerksame Kinder ausgespielt wird und sich damit ohne eigenes Verschulden Gegner unter den Gleichaltrigen zuzieht. Bekanntlich sind Kinder recht grausam und rücksichtslos, und daher erlebt das Jungfrau-Mädchen manche Belastungsprobe, die für seine Ausrichtung im späteren Leben nicht unterschätzt werden sollte.

Bereits von Natur aus irgendwie vorsichtig und zurückhaltend, ja manchmal direkt mißtrauisch veranlagt, wird es durch derartige Erfahrungen nur zu leicht in eine Abwehrstellung hineingedrängt, die seinem Selbstvertrauen nicht unbedingt gut bekommt und auch dem späteren Leben einen vielfach nachteiligen Stempel aufdrückt.

Lehr- und Reifezeit: Dank seiner sehr wirklichkeitsnahen Einstellung wird das Jungfrau-Mädchen beizeiten klar übersehen können, wo seine Chancen liegen.
So ist der Haushalt vielleicht nur noch im Unterbewußtsein das Ideal der beruflichen Entwicklung, denn der rechnerische Verstand legt größten Wert darauf, im Berufsleben auch finanziell gut abzuschneiden. Daher genießt die kaufmännische Ausbildung zumeist einen gewissen Vorrang. In Ausnahmefällen kann sich das Jungfrau-Mädchen auch für den Beruf der Krankenpflegerin, der Kranken- oder Säuglingsschwester entscheiden, doch wird, falls widersprechende Neigungen vorhanden sind, eher der Beruf einer medizinischen Assistentin gewählt.
Ein für Jungfrau-Mädchen interessanter Beruf liegt auf rein pädagogischem Gebiet. Kaum ein anderer Typ neigt so sehr dazu, andere Menschen belehren und erziehen zu wollen.
Wie schon in der Schule, verhält sich die Jungfrau auch im Berufsleben mustergültig. Ihre Zuverlässigkeit, ihr Fleiß und ihre Gewissenhaftigkeit in den kleinen und großen Dingen ziehen zwangsläufig die Aufmerksamkeit der Vorgesetzten auf sich. So kann sie sich schon nach wenigen Jahren auf einen größeren Verantwortungsbereich vorbereiten. Sie ist praktisch die ideale Chefsekretärin, die alles im Kopf behält, der „lebende Terminkalender", ohne den der leitende Geschäftsmann, der Betriebsführer einfach nicht mehr disponieren könnten. Da sie nur ihre Arbeit kennt und sich dem anderen Geschlecht gegenüber neutral, wenn nicht sogar kühl-ablehnend verhält, wird ihr Wert noch gesteigert.

Beste Jahre: Gewöhnlich tritt gegen Ende der zwanziger Jahre eine wichtige berufliche oder auch private Wende ein. Oft genug gibt gerade der Beruf den Anlaß zur privaten Veränderung, denn es bleibt ja nicht verborgen, daß die Jungfrau-Geborene in jeder Hinsicht, zumindest beruflich oder geschäftlich, eine wertvolle Partnerin darstellt.
Zwischen 25 und 45 Jahren spielt sich die Hauptphase dieser Entwicklung ab. Bis zu diesem Zeitpunkt hat sie zumindest materiell alles erreicht, was sie sich vorgenommen hatte und was ihr, falls sie ledig blieb, ersatzweise manchen anderen Wunsch für die Entbehrung der Zweisamkeit erfüllen kann.

Waage-Kinder (24.9.–23.10.)
Lebensklug, diplomatisch – fast immer beliebt

Rückschläge nach großen Erfolgen sind nicht ausgeschlossen – Freundschaften werden sorgsam gepflegt

Waage-Knabe
Fehler der Vergangenheit geschickt gutgemacht

Kindheit: Im Gegensatz zu vielen anderen Kleinkindern bleibt der kleine Waage-Knabe von Krankheiten ziemlich verschont. Man könnte glauben, daß eine gütige, unsichtbare Fee an der Wiege dieses Kindes wache. Dagegen gerät es schon frühzeitig unter andere und sehr wechselvolle Einflüsse, für die einzig und allein die Erwachsenen verantwortlich sind. Die Familienverhältnisse des Waage-Knaben sind zumeist starken Spannungen ausgesetzt, die sich auf die innere Entwicklung des Kindes oft genug recht nachteilig auswirken. Wegen dieser Einflüsse kristallisieren sich bereits in jungen Jahren gewisse Tendenzen heraus, die dem beim Waage-Knaben latent vorhandenen Egoismus Vorschub leisten können. Er wird förmlich dazu gedrängt, auf jede nur erdenkliche Weise seine Interessen zu wahren.

Schule: Schon der kleine Abc-Schütze beweist, daß er gewisse diplomatische Fähigkeiten besitzt, die seinem kindlichen Egoismus eine vorzügliche Tarnung verleihen. Man staunt manchmal, wenn man diese Schüler beobachtet und dabei feststellen muß, daß sie eine Lebensklugheit (im Volksmund pflegt man von „altklug" zu sprechen) besitzen, die manchen Erwachsenen beschämen könnte.
Da sich der kleine Waage-Knabe geschickt anzupassen weiß, macht er sich bei Lehrern und Mitschülern leicht beliebt und zieht aus dieser Tatsache gründlich seinen Nutzen.
Die geistige Regsamkeit in Verbindung mit der leichten Auffassungsgabe dürfte zusätzlich dazu beitragen, daß die Schuljahre ohne nennenswerte Störungen absolviert werden können.

Lehr- und Reifezeit: Die Berufswahl als solche verursacht den Eltern und Erziehern mehr als den Waage-Knaben Schwierigkeiten oder Sorgen. Trotzdem ist es nicht ausgeschlossen, daß diese für die zukünftige Ausrichtung so wichtigen Jahre starken Schwankungen unterliegen. Häufiger kommt es vor, daß die ursprünglich gewählte Berufsrichtung wieder geändert wird, vielfach im Zusammenhang mit familiären Vorkommnissen. Da der Waage-Typ allgemein zu den weniger entschlossenen Naturen zählt, überdies seine Neigung, plötzlich von einer Sache abzuspringen und sich anderweitig zu betätigen, stärker ausgeprägt ist, fehlt die Konsequenz, die bereits den jungen Menschen zu Erfolgen führen könnte.
Das unbewußte Streben, zunächst inneres Gleichgewicht zu erreichen, erfordert einen Großteil der Kräfte, die im anderen Falle dem zielbewußten Fortschritt dienen könnten. Dabei meint es das Schicksal keineswegs schlecht mit dem jungen Waage-Mann. Er findet so manche Chance vor, die ihm ganz beachtliche Erfolge verspricht. Wenn es trotzdem nicht gleich dazu kommt, so ist der Waage-Mann in erster Linie selbst dafür verantwortlich.
Dabei spielt eine entscheidende Rolle, daß er vielfach durch Freundschaften oder Liebesabenteuer, denen er zuviel Zeit und Interesse widmet, von seinen eigentlichen Zielen abgelenkt wird. Zumindest weiß er keine kluge Einteilung

vorzunehmen und verschiebt gern die beruflich wichtigen Entscheidungen auf einen späteren Termin. Gerade die Partnerschaftsfragen sind für den Waage-Mann oftmals wichtiger als alle seine beruflichen Probleme. Nicht selten werden sehr frühe Bindungen eingegangen, die das berufliche Fortkommen eher hemmen als fördern.

Ausweg aus fataler Lage: In diesem Zusammenhang wirkt sich die Sorglosigkeit der Waage-Männer oder, milder ausgedrückt, ihre Großzügigkeit in allen materiellen, insbesondere finanziellen Fragen alles andere als günstig aus. Sie disponieren nicht vorsichtig genug, so daß sie manchen Rückschlag erleiden. Glücklicherweise finden sie trotz dieser selbstverschuldeten Nachteile immer wieder fast unverdiente Möglichkeiten, die es ihnen leichtmachen, sich aus jeder Sackgasse herauszumanövrieren. Wenn sie sich bis zum 25. Lebensjahr noch nicht richtig zu orientieren wußten, so begreifen sie danach ziemlich deutlich, daß es auf diesem Weg nicht weitergehen kann. In den meisten Fällen vollzieht sich ein unmerklicher Wandel der Einstellung und macht sich gleichzeitig eine für den Waage-Mann geradezu erstaunliche Energiesteigerung bemerkbar. Er besinnt sich nunmehr darauf, daß ihm doch allerlei Fähigkeiten zur Verfügung stehen, die ihn im Daseinskampf erfreulich unterstützen können.
So zeichnen sich mit dem 28. Lebensjahr bereits sehr deutliche Erfolge ab, die er nur seinen eigenen Fähigkeiten zuzuschreiben hat.
Sein Vorgehen scheint zu größeren Hoffnungen zu berechtigen; und doch ist es, als habe er die letzten Hindernisse noch längst nicht überwunden. Zu Beginn der dreißiger Jahre überkommt ihn ein völlig unmotivierter Unternehmungsgeist, der weder den gegebenen Verhältnissen noch den eigenen Fähigkeiten gerecht wird.
Auch das Schicksal pflegt in diesem Zeitraum gewöhnlich mit einem empfindlichen Hinweis aufzuwarten. Es kann dem Waage-Mann einen derart starken Nackenhieb versetzen, daß er sich monatelang zu keiner rechten Handlung aufzuraffen vermag. Man bekommt den Eindruck, als sei der Waage-Mann nicht mehr er selbst, sondern ein fast lebloses, dahinvegetierendes Wesen. Merkwürdig genug: Auch in dieser Zeit der äußersten Härte kann der günstige Einfluß der Venus nicht geleugnet werden. Nun regen sich die Freunde, auf die er sich in jeder Lage verlassen kann; wie ihn überhaupt das Bewußtsein bzw. die Erkenntnis, daß er keineswegs allein steht, vor dem tiefsten Pessimismus bewahren dürfte.

Beste Jahre: Um die Mitte der dreißiger Jahre kommt der Waage-Mann endgültig zur Selbstbesinnung. Es ist, als würde er aus tiefem Schlaf erwachen und feststellen, daß er viel versäumt hat. Nun versucht er, mit erstaunlichem Schwung und großer Initiative die Fehler der Vergangenheit auszugleichen. Je mehr er sich der Schwelle des 40. Jahres nähert, um so beneidenswerter wird seine glückliche Hand, weil er alle seine Maßnahmen einer sorgfältigen Vorplanung unterstellt.
Immerhin wird der Waage-Mann schon nach dem 40. Lebensjahr auch seinen gesundheitlichen Belangen entsprechende Aufmerksamkeit und Fürsorge zu

widmen haben. Die Nieren spielen als wichtige Filterorgane des menschlichen Körpers gerade für den Waage-Mann eine überragende, leider von ihm oft genug übersehene Rolle.

Waage-Mädchen
Bewundert und verehrt – früh in „festen Händen"

Kindheit: Die unter dem Zeichen Waage geborenen Mädchen zeichnen sich durch gutes Aussehen, erstaunliche Lebendigkeit, zufriedenstellende Gesundheit und ihre leichte Erziehbarkeit aus. Sie erregen überall Bewunderung wegen ihrer rosigen und glatten Haut, gelten als angenehm, weil sie ruhig und verträglich sind, und machen durch ihre frohsinnige Art viel Freude. Doch kann man bereits bei den Vierzehnjährigen beobachten, daß eine gewisse Eitelkeit und kindliche Putzsucht vorhanden ist. Der Spiegel und schöne Kleidchen spielen eine nicht unwesentliche Rolle. Das ist eine der schwächsten Seiten des sonst so umgänglichen Waage-Mädchens. Hier gilt es, frühzeitig die ersten Maßnahmen zu treffen, damit sich diese Schwäche nicht weiter auswächst, denn leider wird bei einem hübschen Kind durch die Unüberlegtheit der Erwachsenen viel gesündigt, und die kindliche Gefallsucht erhält dadurch starken Auftrieb.

Schule: Zur allgemeinen Überraschung der Skeptiker, die gewöhnlich hinter einem hübschen Gesicht nicht allzuviel Intelligenz gelten lassen wollen, ist festzustellen, daß die Waage-Mädchen nicht nur mit den gleichaltrigen Buben Schritt halten, sondern diese sogar bald zu überrunden vermögen. Es wäre allerdings nicht gerade klug, davon Aufhebens zu machen; denn jede Anerkennung kann zu leicht als selbstverständliche Schmeichelei gewertet und später geradezu gefordert werden.

Wenn auch alle jene Fächer, die nur entfernt an Mathematik erinnern, nicht gerade beliebt sind, so zeigen sich Waage-Mädchen auf anderen Gebieten um so begabter. Allerdings sind sie oft sehr zurückhaltend und scheinen gar keinen großen Wert darauf zu legen, mit ihren Kenntnissen zu glänzen.

In den letzten Schuljahren gewinnt man sogar den Eindruck, daß das Waage-Mädchen faul geworden sei, weil es sich weniger für die Schule, dafür aber um so mehr für die Bewunderung interessiert, die ihm von seiten des anderen Geschlechts entgegengebracht wird.

Lehr- und Reifezeit: Im Grunde genommen ist das Waage-Mädchen zu dieser Zeit bereits eine abgerundete Persönlichkeit, die genau weiß, was sie will, und sich auch bewußt ist, mit welchen Mitteln sie ihren Willen durchsetzen kann. Indessen fehlt natürlich jegliche Erfahrung und damit auch die Möglichkeit, auf weitere Sicht hin vorauszuplanen.

Die Wahl des Berufs macht keine Schwierigkeiten. Gerade die Waage-Mädchen sind wegen ihrer großen Anpassungsfähigkeit wie auch ihrer Wendigkeit überall dort mit Erfolg einzusetzen, wo sie mit anderen Menschen zusammenkommen. Ihr persönlicher Charme, ihr liebenswürdiges Entgegenkommen läßt sie beispielsweise zu perfekten Verkäuferinnen werden, die vor allem bei männlicher Kundschaft sehr ansprechen; ihr können sie häufig fast alles verkaufen, selbst solche Dinge, die ursprünglich gar nicht gekauft werden sollten.

Etwas kritischer sieht es allerdings aus, wenn im kaufmännischen Verwaltungsbetrieb gearbeitet wird. Nicht daß die Waage-Sekretärin etwa unbegabter wäre als andere, aber sie nimmt es nicht so peinlich genau wie z. B. eine Jungfrau-Sekretärin. Dafür weiß indessen das Waage-Mädchen „schönere" Waffen ins Treffen zu führen: es sieht immer schick und anmutig aus und kann dem gestrengen Chef einen geplanten Vorwurf förmlich aus dem Munde nehmen, weil alles darauf schließen läßt, daß nur ein menschlich verständliches Versehen vorgelegen hat.

Früher Drang zum anderen Geschlecht: Das eigentliche Tätigkeitsgebiet der Waage-Vertreterin ist aber die Welt der Mode; auf diesem Gebiet entwickeln diese Frauen wahrhaft künstlerische Fähigkeiten. Ihr Geschmack, ihre sichere Urteilskraft und ihre geschickten Hände sind wertvolles Geschäftskapital. Man kann sicher sein, daß man von ihnen nicht schlecht beraten wird.
Daß auch die Schönheitspflege, der Kosmetik- oder Friseursalon zu den bevorzugten Bereichen der Waage-Frauen gehören, bedarf kaum einer besonderen Erwähnung. Daß sie sich aber besonders stark für den Künstlerberuf, insbesondere für Theater und Tanz (weniger Gesang) eignen, muß besonders hervorgehoben werden, denn eine ganze Reihe namhafter Künstlerinnen von Bühne und Film sind im Zeichen der Waage geboren.
Schon sehr früh macht sich der Drang zum anderen Geschlecht bemerkbar. Oft genug gibt es bereits in der Lehrzeit Schwierigkeiten, weil das Waage-Mädchen mehr an Vergnügen und an Zerstreuung denkt als an seine Pflichten.
Mit Beginn der zwanziger Jahre sind schon feste Bindungen möglich, wenn auch nicht unbedingt bis zur letzten Konsequenz: der Heirat. Mit 25 Jahren können die ersten Träume aber schon schal und bitter geworden sein, brechen die heftigsten Gewitter über junge Ehen herein und zerstören manches. Seltsamerweise entschädigt das Schicksal durch berufliche Chancen, besonders zwischen 26 und 28 Jahren, so daß um die 30 herum schon beachtliche Positionen gesichert sein können.
Danach schiebt sich das andere Geschlecht bei der Waage-Frau erneut in den Vordergrund, stößt jetzt aber auf eine eher skeptische Hinhaltetaktik. Die Waage-Frau weiß, daß sie nur noch ein zweites Mal eine Chance hat und nur noch ein Experiment riskieren darf. Daher ist sie sehr vorsichtig und prüft sehr sorgfältig. Meist hat sie ungewöhnlich viel Glück und findet nicht nur einen netten Partner, sondern auch einen Rahmen, der ihrem Schönheitsbedürfnis zusagt.

Beste Jahre: Sie beginnen gewöhnlich schon um die 30 herum, nachdem einige gute Ansätze bereits wertvolle Vorarbeit geleistet haben. Mit 37 bis 38 Jahren wird gründlich Zwischenbilanz gemacht, eventuell die eine oder andere Sache mehr vorgetrieben oder auch völlig aufgegeben. Mit etwa 40 Jahren ist dann ein gewisser Punkt erreicht, der ein natürliches Halt gebietet.

Skorpion-Kinder (24. 10.–22. 11.)
Selbstbewußt – Mittelpunkt der Welt

Begabungen einseitig – Entwicklung erst mit 35 Jahren abgeschlossen –
Starker Entdeckerdrang

Skorpion-Knabe
Abwarten, planen – mutig dem Erfolg entgegen

Kindheit: So eigenartig es klingen mag: Die Praxis bestätigt immer wieder,
daß der Skorpion-Knabe als Opponent des Stier-Typs (diese Zeichen liegen
sich genau gegenüber) unter nahezu den gleichen Krankheiten zu leiden hat.
Das Skorpion-Baby ist oft durch Halskrankheiten (Stier), noch mehr aber
durch Unterleibserkältungen (Bettnässer!) gefährdet. Die gesundheitlichen
Belastungen scheinen sogar noch erheblich zuzunehmen, sobald das Alter erreicht ist, in dem die „goldene Freiheit" der Straßen und Spielplätze winkt.
Dann macht sich die überschäumende Energie, in Verbindung mit dem gerade
für Skorpion-Kinder typischen Entdeckergeist auf höchst sonderbare Weise
bemerkbar. Zerrissene Hosen darf man noch als die erträglichste Seite dieser
aktiven Lebensgestaltung ansehen. Häufiger wird die Mutter Pflaster und
Binden bereithalten müssen. Nicht selten fällt das Wort vom Pechvogel, der
überall, wo er auch hintreten mag, vom Unglück verfolgt zu sein scheint.

Schule: Unter gewissen Gesichtspunkten gilt das noch mehr für die Schulzeit,
denn gerade hier macht der Skorpion-Junge viele Fehler, weil er seinen Entdeckerdrang und seinen grüblerischen Geist ebensowenig zu tarnen versteht
wie seinen manchmal reichlich aufsässigen Sinn. Die Schulzeit scheint die rein-
ste Probezeit des Schicksals zu sein. Es sieht fast so aus, als müßten Skorpion-
Kinder erst einige ordentliche Nasenstüber bekommen, ehe ihnen die Augen
richtig aufgehen, und die Erzieher wissen manches Klagelied über die Zäh-
mung dieser Widerspenstigen zu singen.

Lehr- und Reifezeit: Die Frage der Berufswahl ist für viele „Skorpione" die
Ursache großer Sorgen. Entgegen ihrer sonst energischen und zupackenden
Art treffen sie jetzt nur zögernd ihre Entscheidungen. Der Rat verständiger
und wohlwollender Erzieher wird vielfach aus falsch gelagertem Selbstgefühl
nicht richtig gewürdigt. So tragen die Skorpion-Jungen für ihr Schicksal weitgehend selbst die Verantwortung.

Dennoch dürften sie auf Grund ihrer Anlagen und Fähigkeiten für bestimmte
Berufsarten geradezu prädestiniert sein. Handwerkliche Berufe, die mit Feuer
und Eisen zusammenhängen, dürften ihnen gut liegen. Aber auch das „Waf-
fenhandwerk" (Militär, Polizei) wird bei den Skorpion-Jungen Interesse finden. Wer höher hinaus will, dürfte als Mediziner, mit Bevorzugung der Chirurgie, Befriedigung finden. Daneben bieten dem Ehrgeizigen vor allem die
naturwissenschaftlichen Fächer einen starken Anreiz.

Je nach der inneren Struktur des einzelnen verläuft die Reifezeit recht unterschiedlich. Gemeinsam ist dagegen allen Skorpion-Geborenen das ständige Ringen mit sich selbst, der ehrgeizige Drang nach der „Sonnenseite des Lebens".

Bis zum 20. Lebensjahr hat sich das Selbstbewußtsein so weit entwickelt, daß man sich als den Mittelpunkt der Welt empfindet. Fünf Jahre später lächelt man nur noch nachsichtig über diese hochtrabenden Jugendträume, denn nun tritt eine für das zukünftige Dasein bereits entscheidende Wende ein. Auch der vorläufige Höhepunkt in beruflicher Hinsicht, der etwa um das 30. Lebensjahr herum erreicht wird, ist, genaugenommen, nur ein vielversprechender Anfang, denn die eigentliche Entwicklungsphase erstreckt sich zunächst bis zum 35. Lebensjahr.

Beste Jahre: Wer die Zeit zwischen dem 25. und 35. Lebensjahr zu nutzen wußte, wird dann mit Riesenschritten dem eigentlichen Erfolg zustreben können. Die Positionskämpfe sind bereits so weit entschieden, daß sich auf einem guten Fundament alles weitere aufbauen läßt.

Auch die Herzensfragen haben bis dahin Beantwortung gefunden; das Problem der Lebensgefährtin konnte gelöst werden.

Allgemein können die Verhältnisse so stabilisiert werden, daß man nach dem 45. Lebensjahr das weitere Schicksal nur noch „mit weiser Hand" zu steuern braucht.

Allerdings darf der Skorpion-Mann einen wichtigen Punkt nicht übersehen: In den Jahren der Vergangenheit wurde auf die Gesundheit zu wenig Rücksicht genommen. Die Neigung zum Extremen, zu Exzessen wurde selten mit Erfolg bekämpft und gebändigt. Nun kann in den biologisch so wichtigen Jahren zwischen 50 und 60 eine neue, in vielen Fällen sogar kritische Entwicklung einsetzen.

Skorpion-Mädchen
Früh problematische Entscheidungen in der Liebe

Kindheit: Mag die Geburt möglicherweise unter schwierigen Begleitumständen vor sich gegangen sein: Das Skorpion-Mädchen hat eine erstaunliche Widerstandskraft mit auf den Lebensweg bekommen. Es zeigt allerdings eine gewisse Unersättlichkeit bei der Nahrungsaufnahme, und die entsprechenden Folgen machen den Eltern manche Sorgen, wenn sie sich nicht klar darüber werden, daß der Magen des Babys einfach überladen ist und deshalb durch Erbrechen für Abhilfe sorgt.

Die mütterliche Nahrungsquelle wird mit größter Hartnäckigkeit möglichst lange beansprucht, und der offensichtliche Widerwille gegen andere Nahrung bringt der jungen Mutter Aufregung genug. Alle diese Sorgen mit dem Kleinstkind sind schlagartig verschwunden, wenn erst einmal die Umstellung von der Muttermilch auf andere Ernährung erfolgt ist. Dann zeigt sich die zähe Konstitution, die dem Skorpion-Zeichen zu eigen ist. Die Entwicklung steuert mit Riesenschritten einer für das Kindesalter erstaunlichen Reife zu, die allerdings auch nachteilige Seiten besitzt. Doch diese können erst zu einem späteren Zeitpunkt genauer erkannt werden.

Schule: Die Schulzeit bringt dem Skorpion-Mädchen Freud und Leid in reichem Maße. Beides wird vor allem durch sein Gefühlsleben ausgelöst. Die kindliche Vorstellungskraft vermag zwar allen Anforderungen zu genügen, geht aber gern auf verschlungenen Wegen allen vermeintlichen oder wirklichen Geheimnissen nach. Sympathien oder Antipathien gewinnen das Übergewicht und bestimmen auch den Leistungsschnitt. Ein Erzieher, der sich das Vertrauen eines Skorpion-Mädchens zu erwerben weiß, kann es zu erheblichen Leistungen anspornen.

In den letzten Schuljahren entwickelt es sich allerdings in den weitaus meisten Fällen zu einem etwas problematischen und schwer erziehbaren Charakter, da bereits die Probleme der Sexualität in den Vordergrund treten.

Lehr- und Reifezeit: Oft genug versuchen die jungen Skorpion-Mädchen, für die Berufswahl Entscheidungen zu treffen, die vom Standpunkt erwachsener Menschen aus fragwürdig erscheinen. Daher muß hier mit größter Behutsamkeit ein vernünftiger Einfluß geltend gemacht werden, um Fehlentscheidungen, die bei gefühlsmäßigen Überlegungen nie ausgeschlossen werden können, in irgendeiner Weise umgehen zu helfen.

Bevorzugt werden Berufe, die mit dem Todesproblem und seiner Umkehrung zusammenhängen, etwa Hebamme oder Operationsschwester. Auch die Naturwissenschaften sind den Skorpion-Frauen zugänglich; zwei der bekanntesten Wissenschaftlerinnen der Neuzeit, die Mitentdeckerin des Radiums, Marie Curie, und die Atomphysikerin Lise Meitner, die Mitarbeiterin von Otto Hahn, sind Skorpion-Frauen (beide wurden an einem 7. November geboren).

Die frühzeitige körperliche Reife bringt gewisse Erschütterungen mit sich, da schon vor dem 20. Lebensjahr wegen bestimmter Erfahrungen eine skeptische Haltung durchzubrechen pflegt. In vielen Fällen ist die Mitte der zwanziger Jahre beruflich und privat entscheidend. Eine kurze Regenerationsperiode zieht sich etwa bis zum 28. Jahr hin; dann kommt der Wendepunkt, der für den weiteren Ablauf des Lebens entscheidend wird.

Beste Jahre: Soweit nicht durch Fehlmaßnahmen in Partnerfragen besondere Schwierigkeiten vorhanden sind, die der endgültigen Entwicklung hemmend im Wege stehen, haben Skorpion-Frauen zwischen 28 und 35 Jahren eine ungewöhnlich aktive und schöpferische Leistungsperiode zu erwarten. In dieser Zeit tragen ihre Bemühungen reiche Früchte. Glückliche Verbindungen können derart anspornend wirken, daß die materielle Situation restlos gesichert werden dürfte.

Diesem Höhepunkt folgt eine drei- bis fünfjährige Pause, die lediglich für den Gefühlsbereich eine Hoch-Zeit bedeutet. Die Triebkräfte sind nunmehr vergeistigter, und darum ist die Sympathie, die Skorpion-Frauen zu vergeben haben, nun entsprechend wertvoller und zuverlässiger. Erst mit dem 38. bis 40. Lebensjahr erfolgt ein weiterer Leistungsimpuls, der gewissermaßen ausgleichend, ausbauend und verfeinernd wirkt. Dessen Resultate kommen in erster Linie nicht der Skorpion-Frau selbst, sondern vielmehr den Menschen zugute, mit denen sie durch Liebe verbunden ist. Diese Entwicklungsperiode kann zehn bis zwölf Jahre anhalten.

Die Jahre nach dem Klimakterium (welches bei Skorpion-Frauen durchschnittlich sehr spät, in Sonderfällen erst nach dem 55. Lebensjahr einzusetzen pflegt) gehören weniger der beruflichen Sphäre als der letzten Reife des Ich-Bewußtseins. Nun lebt die Skorpion-Frau ganz bewußt, und das, was zuvor lediglich Rausch der Sinne war, wird zum Genuß des seelischen Erlebens. Der Körper reagiert auf diese weise Mäßigung mit erfreulicher Spannung und Frische. Wo allerdings die Vernunft nach wie vor dem blinden Trieb unterlag, hat sie eine plötzliche und fast völlige Erschöpfung zur Folge, ein vorzeitiges Altern, das zur Häßlichkeit führen kann.

Schütze-Kinder (23. 11.–21. 12.)
Empfindsame Seele – voller Eigenarten

Kampf gegen enttäuschende Illusionen – Herzensfragen, die Kummer bereiten – Guter Durchschnitt und darüber

Schütze-Knabe
Harte Auseinandersetzungen nicht zu vermeiden

Kindheit: Bei dem kleinen Schütze-Knaben wird man kaum vermuten, daß er im späteren Leben soviel Temperament entwickeln kann. Die hocherfreuten Eltern können ihr ruhiges Kind gar nicht genug bewundern und loben. Auch in gesundheitlicher Hinsicht gibt es kaum Anlaß zu irgendwelchen Befürchtungen. Ein derart vorbildliches Kind gilt geradezu als „ein Geschenk des Himmels".
Allerdings verbirgt sich unter dieser ruhigen Außenseite ein recht empfindsames und feinfühliges Seelchen, das schon durch ein liebloses Wort, vor allem aber durch ungerechten Tadel aus allen Wolken fallen kann.
Schule: Diese Eigenart macht sich besonders in der Schulzeit stärker bemerkbar. Der Sinn für Gerechtigkeit ist schon frühzeitig entwickelt, und so müssen die Eltern ganz besonders vorsichtig sein, denn eine ungerechte oder böse Äußerung kann dem Schütze-Knaben sein ganzes Leben lang nachgehen und ihm schaden. Die Schulzeit selbst wird als guter Durchschnitt, teilweise aber auch erheblich darüber liegend, absolviert. Nach dem zwölften Lebensjahr beginnt sich bereits das Persönlichkeitsgefühl, das „Ich-Bewußtsein" recht kräftig zu regen.
Die letzten Schuljahre verlangen erst recht größtes Verständnis und eine sehr kluge, behutsame Hand, denn die ersten leidenschaftlichen Herzensregungen breiten Glück oder Leid über den jungen Schütze-Menschen aus, so daß Mangel an Verständnis seiner offenen und aufrichtigen Natur, seiner von hohem Idealismus getragenen Einstellung recht schaden würde.

434 · Kosmobiologische Ergänzungen

Lehr- und Reifezeit: Da der Schütze-Knabe nach den ersten verheißungsvollen Ansätzen in der Entwicklung seines Persönlichkeitsbewußtseins mit etwa 14 bis 15 Jahren gerade einen seelischen Tiefpunkt zu überwinden hat, dürften sich auch im Hinblick auf die richtige Berufswahl manche Schwierigkeiten ergeben. Es ist nicht so sehr der innere Mangel an Entschlossenheit als vielmehr die Fülle seiner Interessen und Wünsche, die ihm dabei im Wege stehen. Aus den Kindheits- und Jugendtagen bringt er eine gewisse Portion Empfindlichkeit mit, die nun ebenfalls alles andere als nützlich sein dürfte. Er muß mit sich selbst und der lieblosen Umwelt eine harte Auseinandersetzung bestehen. Bis zum 20. Lebensjahr sind zwar die meisten Illusionen einem nüchternen Urteilsvermögen gewichen, doch beginnt dann das Herz seine Rechte mit allem Nachdruck anzumelden. Es scheint förmlich ausgehungert zu sein und sehnt sich nach einem liebevollen Wort und nach tiefem Verständnis. Erneut brechen die Sorgen über den jungen Schütze-Mann herein, und an eine beruflich vorteilhafte Ausrichtung ist noch lange nicht zu denken. Er quält sich mit seinen diversen Problemen mehr herum, als es eigentlich notwendig wäre.

Zwar drängt sich ihm gelegentlich ganz unbewußt die Erkenntnis auf, daß er wenig Lebensklugheit an den Tag legt, doch sind seine Herzensregungen vorerst zu stark, um sich Zügel anlegen zu lassen. So erreicht er das 25. Lebensjahr; dann fällt es ihm auf einmal wie Schuppen von den Augen. Er vollzieht spontan, wie es seiner rasch handelnden Natur entspricht, den schon lange notwendigen Kurswechsel, dem bis zum 30. Lebensjahr ein auch äußerlich erkennbarer und in erster Linie beruflich bedingter Wechsel folgt.

Die stärksten Interessen richten sich auf technische, sportliche oder rein wissenschaftliche Gebiete. Auch der kaufmännische Beruf wird nicht abgelehnt. Die Umwelt dürfte plötzlich manche Überraschung erleben, denn die bisher verlorene Zeit weiß der Schütze-Mann in einem rasanten Spurt wieder aufzuholen.

Beste Jahre: Vorausgesetzt, daß er keine weiteren Fehler begeht, die überwiegend auf seine Gutmütigkeit zurückzuführen wären, dürfte sich zwischen 40 und 42 Jahren die endgültige Erfolgslinie herauskristallisieren. Im allgemeinen kann den Schütze-Mann dann nichts mehr aufhalten.

Schütze-Mädchen
Kleines Herz voll Feuer und Temperament

Kindheit: Das Schütze-Mädchen zeigt bereits in der Wiege erstaunliche Anlagen. Ihr aufgewecktes Verhalten bereitet den Eltern viel Freude, zumal es körperlich durchaus auf der Höhe ist und schon beizeiten lernt, fest auf den strammen Beinchen zu stehen. Kommen aber die ersten Jahre, da man die neue und so unbekannte Welt entdecken möchte, dann gibt es manche Beule und manchen Riß im Kleidchen.

An Temperament nimmt es das Schütze-Mädchen mit jedem Buben auf, wie denn auch gerade die Buben die bevorzugten Spielgefährten sind. Oft fragt man sich, wo dieses kleine Mädchen all das Temperament hernimmt.

Gegen berechtigte Vorwürfe zeigt es wenig Empfindlichkeit, wohl aber, wenn es vor den Augen anderer offensichtlich benachteiligt wird, und noch mehr, wenn es zuwenig von der Fürsorge der Eltern bedacht wird. Es ist äußerst empfänglich für liebevolle und tröstende Mutterworte.

Schule: Natürlich ist die Schule eine hochinteressante Welt, aber kein Grund, sich in seiner jugendlichen Freiheit einschränken zu lassen. So zeigen sich die ersten kleinen Differenzen mit den Erziehern, weil recht wenig Neigung vorhanden ist, sich ernsthaft an die Schulaufgaben zu setzen. Die Straße, der Spielplatz üben eine Anziehungskraft aus, der man sich nur schwer widersetzen kann.

Glücklicherweise ist die Intelligenz meistens so gut, daß die Schütze-Mädchen sich einigermaßen durch die Schulzeit hindurchlavieren können. Das von ihnen am meisten bevorzugte Fach ist die Geographie, denn Reisen und Wandern sind nun einmal des Schützen Lust. Heimatkunde und fremde Länder bilden den Hauptgegenstand des Interesses.

Die körperliche Widerstandsfähigkeit kommt auch der Vorliebe für alle sportlichen Betätigungen zugute, doch wird der Sport oft als Vorwand genommen, um die ersten Lorbeeren bei den jugendlich-männlichen Bewunderern einzuheimsen.

Lehr- und Reifezeit: Mit dem Berufsproblem mag sich das Schütze-Mädchen nicht gern abgeben, obwohl es im Ernstfall durchaus weiß, was es will. Die stille Büroarbeit ist ihm weniger angenehm als eine Tätigkeit, die es mit vielen Menschen zusammenbringt. Das schließt aber nicht aus, daß es auch im Büro gute Leistungen vollbringen kann.

Jedenfalls sind ihm alle Berufe, die es mit vielen Menschen zusammenkommen lassen, sympathischer, und so wird die Branche der Verkäuferin in fast allen Zweigen der Industrie, des Einzelhandels, ja sogar der Vertreterberuf gern gewählt.

In unserer Zeit des Luftverkehrs stellt der Beruf der Stewardeß für gewisse Schütze-Mädchen geradezu die Erfüllung ihrer Träume dar, weil sie dabei zugleich ihrer stark ausgeprägten Reiselust frönen können.

Die Lehrzeit wird nur teilweise interessant gefunden, doch bietet das Leben anderweitig Abwechslung genug. Mit 18 Jahren ist meist ein fester Freund vorhanden, und nun wird eifrig gespart, um möglichst bald zum eigenen Heim zu kommen. Wenn die Volljährigkeit erreicht ist, fühlt sich das Schütze-Mädchen ganz erwachsen, denn jetzt kann es endlich nach eigenem Gutdünken handeln und seine Freiheit genießen.

Dabei begeht es meist schon den ersten Fehler, indem es aus jugendlichem Idealismus zu früh heiratet. Zunächst braucht die junge Ehe natürlich materielle Grundlagen, also muß auch die Schütze-Frau weiter mitarbeiten. Erst im Laufe der Zeit stellt sich dann heraus, daß nicht alles so verläuft, wie sie es erwartet hat. Zwischen 25 und 30 Jahren werden ihr die Augen geöffnet, und nicht selten kann nach dem kritischen siebten Ehejahr das Fazit einer verfehlten Ehe gezogen werden.

Sie sucht nach vollzogener Trennung zunächst in der Arbeit Vergessen. Dabei entwickelt sie ungeahnte Energie, so daß sie um die Mitte der dreißiger Jahre bereits eine sehr beachtliche Position bekleidet.

Beste Jahre: Die erfolgreichste Entwicklungsperiode liegt zwischen 35 und 40 Jahren. Es geht beruflich, aber auch privat weiter aufwärts. Bis zum 40. Lebensjahr bahnt sich zumeist eine neue Partnerschaft an, für die vieles spricht. Inzwischen nämlich hat die Schütze-Frau noch einige bedeutsame Erfahrungen gemacht.

Steinbock-Kinder (22.12.–20.1.)
Eigensinnig, praktisch, verschwiegen

Mit den Jahren wachsender Ehrgeiz – Einmal gelernt, immer gewußt – Hindernisse durch Ausdauer überwinden

Steinbock-Knabe
Zu großen Leistungen befähigt

Kindheit: Der Steinbock-Knabe bereitet den Eltern manche Sorge, weil er für Kinderkrankheiten sehr anfällig ist, besonders für Erkältungen und Zahnkrämpfe. Aber auch die Unfallneigung prägt sich mit den Jahren stärker aus; in erster Linie können die Knie – mehr als alle anderen Körperteile – in Mitleidenschaft gezogen werden.
Das Kleinkind zeichnet sich bereits durch ein gewisses Besitzstreben aus. Was ihm einmal gehört, wird hartnäckig gegen alle Ansprüche von Geschwistern oder Spielgefährten verteidigt. Im übrigen macht sich schon frühzeitig der Hang zum „Allein-sein-Wollen" bemerkbar: Das „Steinböckchen" ist sich selbst genug und nicht unbedingt auf die Gesellschaft anderer Kinder angewiesen. Die dem Charakter angeborene Zurückhaltung steht der Suche nach Spielgefährten hemmend im Wege.
In diesem kindlichen Alter ist allerdings der später so stark hervortretende Ehrgeiz noch nicht erkennbar. Daher beansprucht der Steinbock-Knabe auch nicht die Führung im Freundeskreis, sondern begnügt sich mit der passiven Rolle eines Zuschauers oder einer sonstigen Nebenfigur. Das unterscheidet ihn besonders stark vom Widder-Jungen.

Schule: Der erste Schulgang wird von einem Steinbock-Knaben mit innerer Erregung getan, auch wenn er sich nichts davon anmerken läßt. Aber seine konservative Art, die den Zustand der Geborgenheit im elterlichen Hause, die gewohnte Atmosphäre, unbedingt beibehalten möchte, kann sich nur schwer mit dieser Lebenswende abfinden. Er scheut die neuen Gesichter und vor allem die neuen Autoritäten.
Seine Leistungen sind guter Durchschnitt, obwohl in Einzelfällen, besonders dort, wo die Interessen des Steinbock-Knaben angesprochen werden, mit wachsendem Ehrgeiz Großes zu erwarten ist. Aber jene Talente und Fähigkeiten, die typisch für die Menschen dieses Zeichens sind, offenbaren sich erst im späteren Leben, nachdem er vom Schicksal hart angepackt wurde.
Der Steinbock-Knabe ist sehr empfindlich, wenn man seine allgemein nicht gerade überragenden Leistungen herabzusetzen sucht. Er bleibt ruhig, scheint

sogar sehr oft gar nicht bei der Sache zu sein, sondern zu träumen, doch der Lehrstoff, den er einmal seinem Gehirn einverleibt hat, liegt dort wohlverwahrt und kann je nach Bedarf im späteren Leben immer wieder hervorgeholt und genutzt werden.

Lehr- und Reifezeit: Schon während der letzten Schuljahre kann ein aufmerksamer Beobachter feststellen, daß in dem unbeholfenen, schüchternen und schlaksigen Steinbock-Knaben ein ganz beachtlicher Wille vorhanden ist. Der frühere Eigensinn wird mehr und mehr durch eine zähe Ausdauer ersetzt, die schroff ablehnende Haltung in diplomatische Verschwiegenheit umgewandelt. Sein praktischer Sinn und seine nüchterne Einstellung zum Leben bewirken, daß er in seiner Berufswahl keine besonderen Schwierigkeiten kennt. Er vermag überall seinen Mann zu stehen, ob er nun einen praktischen Beruf als Handwerker, Gärtner, Landwirt oder gar im Bergbau ausübt. Aber die meisten Steinbock-Knaben treibt der Ehrgeiz wesentlich höher hinaus: entweder in öffentliche oder politische Berufe oder in die wissenschaftliche Forschung. Die Lehrzeit ist nicht leicht, für manche kann sie sogar Ausgangspunkt schwieriger oder schwer zu enträtselnder organischer Leiden sein; Krankheiten, die erst nach Jahrzehnten zum Ausbruch kommen und daher so schwer zu heilen sind. Die größte moralische Niederlage aber kann man einem jungen Steinbock-Menschen zufügen, wenn man an seiner Zuverlässigkeit und seinem Verantwortungsbewußtsein zu zweifeln wagt.

Seine besten Qualitäten sind Zähigkeit, Ausdauer, Pflichtgefühl und Opferbereitschaft, eine Opferbereitschaft allerdings, die nicht anderen zugute kommt, sondern in erster Linie die Voraussetzung zu persönlichen Vorteilen auf weite Sicht schaffen soll.

Bis zum 25. Lebensjahr ist der Daseinsablauf mit der Überwindung der immer wieder auftretenden Hindernisse, mit mancherlei Sorgen, Ärger und Kummer ausgefüllt. Aber die Gesundheit wächst in gleichem Maße wie die Widerstandskraft, und energisch stößt der Steinbock-Mann dann in seine eigentliche Entwicklungsperiode vor.

Beste Jahre: Nach dem 25. Lebensjahr beginnt der Steinbock-Mann seine eigentliche „Klettertour": Er wagt den allmählichen Aufstieg. Um das 30. Jahr herum sucht er, falls es nicht schon kurz nach der Mitte der zwanziger Jahre geschehen sein sollte, intensiv nach der passenden Weggefährtin. Die Ansprüche, die er an eine Partnerin stellt, sind allerdings ziemlich hoch. Bis zum 40. Jahr, in besonders günstigen Fällen sogar bis zum 45., wird Sprosse um Sprosse der Erfolgsleiter genommen. Danach setzen gewisse Krisen ein, die gesundheitlich bedingt sind.

Steinbock-Mädchen
Pflichtbewußt – Bewährung im Alltag

Kindheit: Außer gegen Zahnschmerzen, die allem Anschein nach zur Wiegengabe des Steinbock-Kindes gehören, sind die kleinen Mädchen sehr widerstandsfähig. Allerdings kann man von ihnen weder behaupten, daß sie hübsch, noch daß sie besonders lebhaft seien. Der melancholische Grundeinschlag macht sich bemerkbar.

Im übrigen verursachen sie wenig Umstände, sind nicht allzu schwer an Reinlichkeit zu gewöhnen und werden daher von den Eltern trotz allem geschätzt. Daß sie mit ernsten und fast altklugen Augen in die Welt schauen, kann manchen Betrachter etwas unbehaglich stimmen, gehört aber zum Äußeren eines Steinbock-Mädchens.

Sie sind zur Freude der Mutter schon im Kindesalter merkwürdig häuslich und vor allem praktisch veranlagt. Sie helfen gern und machen sich überall nützlich. Nur mit den männlichen Autoritätspersonen kommen sie nicht besonders zurecht, als würden hier Hemmungen ganz besonderer Art vorliegen. Indessen ist die seelische Bindung an den Vater um so stärker. Sie kann im späteren Leben manche Fehlentscheidung bei Partnerschaften beeinflussen.

Schule: Die Schulausbildung ist nur teilweise ein notwendiges Übel, dem man sich zu unterwerfen hat. Bald nämlich merkt das Steinbock-Mädchen, daß man für seine Leistungen belohnt werden kann, gleichgültig, ob man ein billiges oder teures Kleidchen angezogen hat.

Damit erwacht zum ersten Male jene Anlage, die sich im späteren Leben so oft als der eigentliche Antriebsmotor erweisen dürfte: der Ehrgeiz. Zuerst noch ganz verhalten und schüchtern, wird er mit den Jahren immer kühner, vor allem dann, wenn das Steinbock-Mädchen begriffen hat, was es alles mit seinem Wissen anfangen kann; wenn es seiner Kenntnisse wegen von den anderen gesucht und gefragt werden muß und sich auf diese Weise für die sonstige Nichtbeachtung rächen kann.

Immerhin, auch dieses so tüchtige Steinbock-Mädchen muß auf der Hut sein. Wo man einer anderen eine Nachlässigkeit durchgehen ließe, wird sie nicht selten unbarmherzig gerügt. So wird alles getan, um aus ihr einen pflichtbewußten und sorgfältigen Menschen zu machen, der sich im späteren Leben überall bewährt, wo man ihn hinstellen mag.

Lehr- und Reifezeit: Hier gibt es kaum Sorgen, obwohl manches Steinbock-Mädchen nicht gerade ihren Lieblingswunsch verwirklichen kann. Aber im allgemeinen wissen sie recht gut, welchen Weg sie einzuschlagen haben, und noch besser, wie man möglichst bald möglichst viel verdient.

Sie wissen aber auch, daß man sich auf sie verlassen kann, und können sehr widerspenstig werden, wenn in dieser Hinsicht irgendein Zweifel geäußert wird. Meist genügt eine schwerwiegende und unberechtigte Rüge, um ihnen die Lust an ihrem Arbeitsplatz zu nehmen und, falls die eigenen Grundanlagen nicht so ausgeglichen sind, auch die negativen Seiten eines Charakters mehr zum Durchbruch zu bringen. Unter diesen Voraussetzungen kann auch ein Steinbock-Mädchen nachlässig und sogar verlogen werden. Ansonsten aber sind recht gute Eigenschaften vorhanden, die zu entwickeln sich für jeden Lehrherrn lohnen dürfte.

Mit dem anderen Geschlecht verbindet nicht allzu viel, weil der „Rohdiamant sein Feuer noch nicht preisgibt"; dafür müssen die Arbeitsleistung und die darauffolgende Anerkennung herhalten, um das Selbstgefühl zu steigern und zu festigen. An Jahren noch jung, aber an Einsicht und Vernunft schon auffallend gereift, können bereits mit etwa 22 bis 23 Jahren in entsprechendem Rahmen leitende Funktionen übernommen werden.

Es kann aber auch vorkommen, daß alles zugunsten eines Partners aufgegeben wird, und das schon vor der Volljährigkeit. Die besten Jahre dienen dann der Mutterschaft, während die übrigen Steinbock-Mädchen allmählich anspruchsvoller werden, da sie finanziell bereits bis zum 25. Jahr zur Unabhängigkeit gelangt sind.

Beste Jahre: Der erste Impuls zwischen etwa 22 und 25 Jahren bringt bereits ein gutes Stück vorwärts. Aber erst zwischen 27 und 35 Jahren vollzieht sich jene Entwicklung, die zur Direktrice, zur Abteilungsleiterin, zur Chefsekretärin mit einem „Bombengehalt" (da hier die Vertrauenswürdigkeit besonders anerkannt wird) führt. Zu diesem Zeitpunkt ist sich die Steinbock-Frau auch endgültig darüber klargeworden, ob sich das Leben zu zweit lohnt. Wer bis zu 30 Jahren nicht geheiratet hat, wird vorerst darauf verzichten.

Eine kleine Erholungspause, die bestenfalls zwei Jahre anhält, wird um die Mitte der dreißiger Jahre eingeschaltet. Danach aber kann es passieren, daß sich die Steinbock-Frau einfach nicht mehr bremsen läßt. Das Leben hat ihr alle Illusionen genommen, dafür muß die Befriedigung, die eine erfüllte Leistung, eine geachtete Position verleihen, restlos ausgekostet werden.

Wassermann-Kinder (21.1.–19.2.)
Kritisch, scharfsinnig, vielseitig interessiert

Starke Begabung für geistige Berufe – Vom Experiment zum ersten Einsatz – Der Kosmos lockt

Wassermann-Knabe
Mit jähem Eifer bei der Sache

Kindheit: In der frühesten Kindheit ist der Wassermann-Knabe zunächst allen möglichen Krankheitserscheinungen ausgesetzt, die oft kaum enträtselt werden können. Wahrscheinlich werden sich nur wenige Eltern Gedanken darüber machen, daß die seelische Empfindlichkeit dieses Kleinkindes die Ursache dafür ist und daß es eine unbedingt freundliche, harmonische Atmosphäre benötigt, weil es sonst, trotz der an sich gesunden Konstitution, mit körperlichen Beschwernissen reagiert.

Auch später haben Wassermann-Knaben oft unter Enttäuschungen zu leiden, weil sie nicht gerade anhänglich sind und sich schon sehr frühzeitig für ausgefallene Dinge interessieren. Obwohl sie mit ihrer Wißbegierde den Erwachsenen auf die Nerven gehen, können sie einfach nicht lockerlassen.

Kindliche Freundschaften halten sehr lange vor, denn der Wassermann fühlt sich in seiner selbstgewählten Einsamkeit genauso wohl wie im Kreise irgendwelcher Spielgefährten. Trotzdem ist er beliebt, weil er so viele gute und vor allem lustige Einfälle hervorzubringen weiß, daß es in seiner Gesellschaft keine Langeweile gibt.

Schule: In der Schule fällt der Wassermann-Knabe durch seine leichte Auffassungsgabe, aber auch durch sein eigenwilliges Köpfchen auf. Auch tritt dieser kleine Gernegroß oftmals mit seiner Besserwisserei unangenehm hervor. Kann er erst einmal einem seiner Erzieher eine verkehrte Antwort oder Auskunft nachweisen, dann sind die weiteren Erziehungsmethoden nur noch selten von Erfolg gekrönt. Der kritische und scharfsinnige Denker wird sehr skeptisch, so daß er allem, was die Erwachsenen vorbringen, nur noch mit großem Mißtrauen begegnet.

Lehr- und Reifezeit: Das Problem der Berufswahl ist für manchen Wassermann-Knaben nicht gerade einfach. Genau wie sein kosmischer Zwillinge-Vetter ist er ungewöhnlich vielseitig interessiert und würde am liebsten gleich zwei oder sogar drei Berufe nebeneinander erlernen. Es fällt ihm schwer, sich sofort und eindeutig zu entscheiden, welchen Weg er einzuschlagen hat. Andererseits ist es für die Eltern und Erzieher leicht, beratend einzugreifen, da Wassermann-Knaben allen logisch begründeten Argumenten zugänglich sind.
Starke Begabung bringt der Wassermann für die geistigen Berufe mit. Insbesondere haben es ihm die technischen und die naturwissenschaftlichen Fächer angetan. Doch die tiefste Neigung besitzen die Wassermänner vielfach für das ihnen kosmisch verwandte Element, die Luft.
So haben sie praktisch eine reiche Auswahl an Berufen vor sich: vom Archäologen zum Naturforscher, Physiker, Biologen oder Astronomen, vom Elektrotechniker und Funkspezialisten bis zum Radioingenieur, vom Verkehrswesen bis zur Fliegerei.
Wenn sie sich endgültig entschieden haben, dann sind sie mit einem erstaunlich verbissenen Eifer bei der Sache.
Die Entwicklung kann anfangs zu wünschen übrig lassen, weil zunächst beinahe ziellos gehandelt, probiert und experimentiert wird. Daher entsteht leicht der Eindruck, als fehle es an notwendiger Konzentration. Für die Wahrnehmung materieller Interessen besitzt der Wassermann zunächst überhaupt keinen Sinn, sondern sucht sich nur möglichst vielseitig zu informieren und zu orientieren. Aber nach und nach kommt auch er auf den Geschmack, wenn auch erst etwa vom 25. Lebensjahr an. Bis dahin schwankt er noch, so daß Schwierigkeiten und Hindernisse überall auftauchen und ihm das Leben schwermachen können.

Beste Jahre: Hat der Wassermann aber das 25. Lebensjahr erreicht oder schon hinter sich, dann kann sich plötzlich alles ändern und oft genug auch der Beruf. Jedenfalls kommt er unerwartet zur Besinnung und wirft blitzartig das Steuer herum.
Schien er vorher vielfach unentschlossen und ziellos zu sein, so vermag er jetzt mit einer beispiellosen Konzentration zu arbeiten. Was er in der Vergangenheit versäumt hat, wird jetzt in kürzester Frist nachgeholt.
Auch die privaten Verhältnisse werden nach den mannigfachen Enttäuschungen der Jugendzeit geklärt. Bis zum 28. oder 30. Lebensjahr ist der passende Partner gefunden. Eine gleichberechtigte Partnerschaft auf der Basis eines

mehr kameradschaftlichen Zusammenlebens entspricht am ehesten seinem Ehe-Ideal. Verheißungsvolle Ansätze leiten zum eigentlichen Aufstieg über, eine Periode, die sich vom 30. bis zum 50. Lebensjahr erstreckt. Die wichtigsten Fundamente werden aber schon bis zum 35. Lebensjahr gelegt.

Wassermann-Mädchen
Frühreif – intellektuell beweglich

Kindheit: Das Zeichen Wassermann ist ein sogenanntes fixes Zeichen, d. h. es entspricht der Festigkeit, die bei den Wassermann-Mädchen sowohl innerlich – im charakteristischen Gefüge – als auch äußerlich – in der körperlichen Konstitution – zur Geltung kommt. Daher sind die weiblichen Wassermann-Babys erstaunlich widerstandsfähig gegen Krankheiten. Abgesehen von kleineren Beschwerden, die mit den ersten Zähnchen aufkommen können, ist die Gesundheit, wenn auch nicht ausgesprochen robust, so doch zäh. Die ungeheure Lebendigkeit und der schon früh sehr rege Geist führen aber öfter dazu, daß der jugendlich kindliche Entdeckerdrang sich in irgendwelchen Untaten äußert. Dabei ist alles nicht so „bös" gemeint, sondern lediglich der unbezähmbaren Neugier zuzuschreiben.

Schule: Für ein Wassermann-Mädchen ist die Schule eine der interessantesten Phasen jugendlichen Lebens. Hier macht sich die geistige Frühreife so richtig bemerkbar. Allerdings darf nicht übersehen werden, daß gerade die geistige Beweglichkeit leicht mit mangelnder Konzentration erkauft werden kann. Es ist darauf zu achten, das kindliche Auffassungsvermögen nicht zu sehr zu belasten, da die Fülle des aufgenommenen Wissens ohne gründliche Vorbereitung nicht im Gedächtnis haften bleibt.

Lehr- und Reifezeit: Das Problem der Berufswahl bietet insofern einige Schwierigkeiten, als das Wassermann-Mädchen infolge seiner reichen Begabung unter vielen Berufszweigen auswählen könnte.
Die geistige Regsamkeit eignet sich u. a. für Tätigkeiten im Verlags- und Zeitungswesen. Es liegt auf der Hand, überhaupt an Berufe zu denken, die mit dem gedruckten Wort zusammenhängen, wobei der Buchhandel ebenfalls zu den bevorzugten Betätigungsfeldern gehört.
Die Textil- und Konfektionsbranche dürfte den Wassermann-Mädchen ebenfalls sehr gut liegen, weil sie wie die Waage-Kinder über einen instinktsicheren Geschmack verfügen, dabei allerdings oft eine ausgefallene, hypermoderne oder revolutionäre Note bevorzugen können.
Ganz besonders aber gilt das Interesse allen Berufen, die mit dem Hotel- und Gaststättengewerbe, mit Film, Theater und Varieté zusammenhängen. Ebenso werden Tätigkeiten in einem Reisebüro oder als Sozialreferentin geschätzt.
Im Gegensatz zu den „Wassermännern" ist bei den Mädchen dieses Sternbildes die Entwicklung stetiger und auch frühzeitiger abgeschlossen. Mit 20 Jahren können sie meistens die ersten Berufserfolge verbuchen.
Zwischen etwa 20 und 24 Jahren kann auch die entscheidende Verbindung mit

dem anderen Geschlecht angeknüpft werden, wobei sich diese Frühbindung in vielen Fällen als erstaunlich beständig erweist. Andernfalls entwickelt sich das Wassermann-Mädchen zu einer Frau, die man sehr schätzt und gerne sieht, zu der man auch Vertrauen hat, die man aber nicht heiratet, weil sie durch ihre eigene Überlegenheit zu starke Minderwertigkeitsgefühle bei männlichen Partnern auslösen könnte.

Beste Jahre: Die stärkste und aktivste Zeit beginnt bei Wassermann-Frauen bereits mit oder kurz nach dem 20. Lebensjahr. Wenn sie selbst nicht darart einem starken Veränderungsdrang unterliegen würde, könnte sie mit 30 Jahren schon den Höhepunkt ihres Lebens erreicht haben.

Die Experimentiersucht, die zwischen 25 und 30 Jahren besonders stark zutage tritt, ist rein wirtschaftlicher Natur und nicht immer erfolgreich. Der Wassermann-Frau macht es aber nichts aus, auch einmal einen materiellen Rückschlag in Kauf zu nehmen, wenn sie nur ihre Kenntnisse bereichern kann.

Fische-Kinder (20. 2.–20. 3.)
Bei Widerstand – Flucht in die Welt der Phantasie

Erziehung zum Kampf und zur Selbstverteidigung unerläßlich – Kampf gegen die eingebildete Lebensuntauglichkeit

Fische-Knabe
Immer auf der Suche nach mysteriösen Zusammenhängen

Kindheit: Die große Anfälligkeit der kleinen Fische-Knaben für Infektionskrankheiten oder bei Epidemien ist bekannt. Sie sind sowohl körperlich als auch seelisch nicht hart und widerstandsfähig genug, um alles ohne weiteres überstehen zu können. Diese kleinen oder großen physischen und psychischen Schwächen erfordern seitens der Eltern und später seitens der Erzieher liebevolle Aufmerksamkeit und Pflege, damit nicht völlige Lebensuntauglichkeit aufkommt.

Schon in frühester Jugend zeigt sich, daß Fische-Kinder immer nahe am Wasser bauen, d. h. ihre seelische Empfindsamkeit reagiert dergestalt, daß sie häufig weinen. Immerhin sind diese Knaben leicht erziehbar und vor allem jedem tröstlichen Zuspruch zugänglich.

Schule: Auch ihre Schulerziehung macht keine besonderen Schwierigkeiten, da sie allgemein anpassungsfähig, nachgiebig und gehorsam sind. Die Hauptgefahr ihrer Entwicklung liegt in ungünstigen Ereignissen und seelischen Belastungen, die Elternhaus und Schule hervorbringen. Unvernünftige Härte der Erzieher kann einen ursprünglich vielversprechenden Charakter derart verbiegen, daß er praktisch lebensuntauglich wird.

Die sehr geringe Durchsetzungskraft des Fische-Typs wird dadurch erst recht lahmgelegt, so daß der heranwachsende junge Mann überall dort, wo er auf Willenshärte und Überlegenheit trifft, instinktmäßig zurückschreckt und versagt. Um sich dennoch einen gewissen seelischen Ausgleich verschaffen zu können, vollzieht er die Flucht in das Reich der Phantasie. Was ihm die Härte des Alltags nicht gestattet: ein Held zu sein, das alles erlaubt ihm seine Vorstellungskraft.

Die Folgen dieser durch die Phantasie geschaffenen Rückzugsmöglichkeit, dieser Flucht vor dem eigenen Versagen, sind bereits in der Schulzeit erkennbar. Es zeigen sich bei ihm, dem Alltag gegenüber, Mangel an Zielbewußtsein und eine regelrechte Hemmung aller charakterlichen Qualitäten, die für eine erfolgreiche Laufbahn garantieren könnten.

Lehr- und Reifezeit: Die Frage der Berufswahl ist für Fische-Knaben fast immer ein Gegenstand großer Sorgen. Ihre mangelnde Entschlossenheit, ihre unbewußte Neigung, bei Schwierigkeiten gleich wieder in ihr Schneckenhaus zurückzukriechen, machen es ihnen nicht leicht, sich im Leben zurechtzufinden.

Ihre berufliche Begabung und Neigung liegt vornehmlich auf jenen Gebieten, die direkt oder indirekt ihre Fähigkeit des Miterlebens, Mitleidens, ihr Einführungsvermögen und die Kräfte ihrer Phantasie begünstigen. Darüber hinaus drängt auch die starke Reiselust bereits in bestimmte Richtungen. Es werden Berufe bevorzugt, die mit Musik, Psychologie, Medizin, Schriftstellerei, Unterrichtswesen, Seefahrt, Sozialdienst, Wohlfahrtsfürsorge, Krankenpflege und jeglicher Art Reisetätigkeit zusammenhängen.

Aus einer nicht zuletzt tiefreligiösen Einstellung heraus sind Fische-Männer sehr naturverbunden und daher an der Aufdeckung der großen geheimnisvollen Zusammenhänge des Universums stark interessiert, so daß ihnen Naturerforschung ebenfalls ein reiches Betätigungsfeld bietet.

Bis zum 20. Lebensjahr befindet sich das Dasein des Fische-Mannes in einem regelrechten Gärungsprozeß. Plötzliche Umstellungen, teilweise ganz unmotivierte Änderungen seiner Ziele sind gewissermaßen an der Tagesordnung. Bei vielen kann sich diese Entwicklungsperiode sogar noch weitere Jahre hindurch hinziehen.

Immer wieder muß der Fische-Mann Hindernissen ausweichen oder sich mißlichen Zuständen entgegenstellen. Auch behördliche Maßnahmen sowie Kontroversen mit Ämtern oder einflußreichen Personen können ihm viel zu schaffen machen. Erst der zweiten Hälfte der zwanziger Jahre bleibt eine relative Stabilisierung vorbehalten. Allmählich findet sich der Fische-Mann im Leben besser zurecht und dürfte dann bald die endgültige Richtung einschlagen.

Beste Jahre: Bis zum 35. Jahr dürfte die erste und schon recht beachtliche Erfolgshöhe erreicht sein. Dann aber mehren sich die Sorgen nicht zuletzt infolge des Kindersegens, der sich in der Familie der Fische-Männer vielfach früh einzustellen pflegt.

Anderseits treten bis zum 40. Lebensjahr auch finanzielle Verluste und Rückschläge auf, die durch Unachtsamkeit, zu große Vertrauensseligkeit und mangelnde Durchsetzungskraft bedingt sein dürften. Erst mit Beginn des fünften Jahrzehnts hat sich der Fische-Mann so weit wieder gefangen, daß dann die eigentliche Erfolgsperiode zu erwarten ist.

Fische-Mädchen
Junges Herz – frühzeitig in Aufruhr

Kindheit: Gesundheitlich wesentlich widerstandsfähiger als in seelischer Beziehung, wird das kleine Fische-Mädchen Sorgen bereiten, wenn man die Hintergründe seiner Reaktionen nicht kennt. Im anderen Falle zeichnet es sich durch seine Ruhe, sein stilles Verhalten aus.
Sobald die Sinnesorgane so weit entwickelt sind, daß die Gegenstände unterschieden werden können, wächst das Fische-Mädchen geradezu zum Musterkind heran. Es macht kein Aufhebens und keine Umstände, weil es sich bereits mit einem Holzstück und einem Stoffetzen stundenlang unterhalten kann. Der Spieltrieb ist nicht sehr stark, doch stellt er in Verbindung mit der großen Phantasie, die Einbildung und Wirklichkeit noch völlig durcheinanderwirft, einen für die Erzieher sehr wesentlichen Faktor dar. Man sollte diese Art des Spieltriebs daher nicht stören, sondern im Bedarfsfall nur ganz leicht korrigieren. Harte Worte oder Körperstrafen schrecken ab und verderben gute Entwicklungsmöglichkeiten der kindlichen Psyche.

Schule: Im allgemeinen verläuft die Entwicklung in der Schule durchaus zufriedenstellend, in vielen Fällen sogar mustergültig, zumindest in bezug auf Gehorsam und Verträglichkeit. Dagegen werden die Zensuren für Fleiß, Aufmerksamkeit und Ordnungsliebe bestenfalls das Durchschnittsniveau erreichen. Fische-Mädchen sind nicht unbedingt bei jener Sache, die gerade im Unterricht behandelt wird, sondern beschäftigen sich lieber mit den bunten Gestalten ihrer Phantasie.
So wird man z. B. feststellen können, daß Teilnahme und Interesse am Religionsunterricht sehr rege sind. Das gilt ebenso auch für die Geschichte der engeren und weiteren Heimat und speziell für das Märchen- und Sagengut der Völker. Nirgendwo können sich Fische-Mädchen so stark beteiligen wie gerade dabei.
Die letzten Schuljahre zeigen jene bekannten Symptome innerer Unruhe und albernen Verhaltens, die auf ein erstes Verliebtsein schließen lassen.

Lehr- und Reifezeit: Fische-Mädchen wissen fast immer, welchen Beruf sie einschlagen wollen, doch scheint es, daß bestimmte Richtungen ganz besonderen Vorzug genießen. Das sind jene Berufe, die sich mit Fürsorgetätigkeiten jeder Art befassen: der Sozialfürsorge, Wohlfahrtspflege, der Kranken- oder Säuglingspflege. Für diese Berufszweige scheint das Fische-Mädchen, die Fische-Frau aufgrund ihrer besonderen Charaktereigenschaften geradezu ideale Begabungen mitzubringen. Kaum ein anderer Mädchen- oder Frauentyp kann sich so selbstlos aufopfern wie jener im Zeichen der Fische geborene.
Daß aber auch Grenzgebiete des menschlichen Wissens (wie etwa die okkulten, spiritistischen, astrologischen und die wissenschaftlich anerkannten Gebiete der Psychologie) eine große Anziehungskraft auf die Fische-Menschen ausüben, bestätigen durch ihr Verhalten sowohl die Männer als auch die Frauen. Häufiger können Begabungen für Kunst, Musik, Malerei und speziell

Schauspielkunst auftreten. Nicht so starkes Interesse ruft hervor, was mit Journalismus und Schriftstellerei zusammenhängt.

Immerhin sind die Lebensaussichten der Fische-Frau bis zur Großjährigkeit weder ausgesprochen gut noch besonders schlecht. Das Mittelmaß wird nur selten nach oben oder unten verlassen.

Dann entscheidet sich die weitere Entwicklung durch einen raschen Sprung in die Ehe; rasch, weil die Verhältnisse meist als zwingender Impuls dahinterstanden. Damit beginnt ein ganz eigener Weg der Fische-Frau. Das berufliche Dasein wird ziemlich uninteressant; dafür fühlt sie sich als Königin in ihrem Reich. Ihr weiteres Schicksal hängt sehr stark von der beruflichen und menschlichen Entwicklung ihres Partners ab.

Die übrigen Fische-Mädchen träumen von dem Märchenprinzen (manche noch mit 70 Jahren); ansonsten verläuft das Leben fast erschütterungsfrei, abgesehen von den kleinen so beliebten Aufregungen, die alle Begegnungen mit dem anderen Geschlecht mit sich bringen.

Beste Jahre: Die besten Jahre zeichnen sich weniger durch überwältigende materielle Erfolge aus als vielmehr durch eine störungsfreie, gleichmäßig ruhige Entwicklung, die sich zwischen dem 28. und 42. Lebensjahr einzustellen pflegt.

Natürlich spielt die Frage der materiellen Versorgung, soweit sie nicht auf dem Wege der Heirat bis zum 30. Lebensjahr bequem geregelt werden konnte, eine große Rolle. Doch sind auch dabei Extreme kaum feststellbar. Vielmehr zeigt sich das Schicksal nur in einem menschlich überschaubaren, bescheideneren Rahmen erkennlich. Gelegentlich tragen verständnisvolle Freunde dazu bei, dem Leben der Fische-Frau etwas Farbe zu geben.

Nach dem 42. Lebensjahr macht sich dann aber eine erstaunliche und anscheinend völlig unmotivierte Unruhe bei Fische-Frauen bemerkbar.

IX. Babyhände in der Sicht der Wissenschaft

Das mongoloide Kind und seine Hände

Immer wieder fragen Mütter im Wochenbett verzweifelt den Arzt, warum ihr Kind „wie ein Chinese" aussehe, ob es am Leben bleiben und ob es je seinem Vater oder seiner Mutter ähnlich sehen werde. Die junge Mutter kann nicht begreifen, weshalb es sich vom Kind der Wöchnerin von nebenan so sehr unterscheidet.

Das langersehnte Kind sieht so ganz anders aus, als die Mutter es sich vorgestellt hatte. Die Kopfhaare sind nicht kraus wie bei anderen Neugeborenen, sondern glatt und strähnig. Deutlich sind „Schlitzaugen" zu erkennen (Was übrigens eine Täuschung ist, die durch eine Hautfalte verursacht wird, die sogenannte epikanthinische Falte, die den inneren Augenwinkel bedeckt). Außerdem ist das Kind nicht rosig oder krebsrot, sondern von gelblicher Hautfarbe.

Handelt es sich um das erste Kind einer Frau, die die Mitte der Dreißig überschritten hat, so besteht die Möglichkeit, daß es Schaden genommen hat in den ersten Monaten seiner Entstehung. Die Ursachen dafür können vielfältig sein.

Erschöpfung der Mutter, Blutungen während der Schwangerschaft, Erkrankungen weiblicher Organe, Viruserkrankungen, Hunger- und Röntgenschäden. Auch der vielbesprochene Rhesusfaktor, die Unverträglichkeit der Blutgruppen zwischen Erzeuger und Mutter, spielen eine Rolle, wenn ein Kind nicht „normal" aussieht.

Beeinflußbar ist diese Form des „Mongolismus" bis zu einem gewissen Grad nur durch eine sehr frühzeitige Bluttransfusion. In den meisten Fällen rettet diese zumindest dem Kind das Leben. Untersuchungen haben ergeben, daß mongoloide Kinder oft aus Ehen stammen, in denen die Eltern blutsverwandt sind. Dann verdoppeln sich alle erblichen Eigenschaften. Es kann sein, daß gute Erbanlagen zu besonderer Intelligenz, zu außerordentlichen Fähigkeiten führen; treffen sich jedoch schlechte, so entsteht ein kranker Mensch. Das Risiko für die Nachkommen ist in solchen Fällen jedenfalls größer als sonst.

Die Anpassung eines Neugeborenen an das Leben außerhalb des Körpers der Mutter bringt physiologische Veränderungen mit sich, die von großer Tragweite sind: Die Lungenatmung beginnt, der Kreislauf des Kindes wird völlig verändert. Es setzt auch die Nahrungsaufnahme durch den Mund ein; und die Funktion des Kreislaufs sowie des Verdauungsapparates beginnt.

Daß nicht jedes neugeborene Kind dies alles auf einmal verkraften kann, liegt auf der Hand. Es stellen sich Schwierigkeiten ein, die auf den ersten Blick besorgniserregend erscheinen, es aber nicht sind. Viele Säuglinge erbrechen sich. Andere bekommen Durchfall. Einige verlieren enorm an Gewicht oder bekommen Hautausschläge. Unmittelbar beunruhigend ist die gelbe Hautfarbe der Neugeborenen nicht, die ihnen das Aussehen eines kleinen Asiaten gibt. Es handelt sich auch hier um eine physiologische Erscheinung, die meist nach dem dritten Lebenstag ihren Höhepunkt erreicht, um danach wieder abzuklingen. Bei etwa 40 Prozent aller Säuglinge ist die Verfärbung der Haut so stark, daß es zu einer regelrechten Gelbsucht kommt. Bei Frühgeburten kann diese Gelbsucht bis zu sechs Wochen andauern. Der Allgemeinzustand des Kindes ist dadurch meist nicht beeinträchtigt; es schreit und macht sich bemerkbar wie alle anderen Babys.

Ernst zu nehmen ist aber der echte Mongolismus, wie er oben beschrieben wurde. Dazu sagt Prof. Dr. Chr. Wunderlich:

„Es wurde versucht, die Vielseitigkeit ätiologischer Faktoren des Mongolismus herauszustellen. Eine große Zahl äußerer Beeinflussungen der molekularbiologisch funktionierenden und zu verstehenden Zellvorgänge konnte aufgezeigt werden.

Nach unserem bisherigen Wissensstand sind nur drei bis höchstens fünf Prozent aller Fälle von Mongolismus erblich bedingt, wobei der Erbgang eindeutig zytologisch bestimmt werden kann.

Bei den übrigen 95 bis 97 Prozent wissen wir nach wie vor nicht, durch welche Faktoren das Auftreten des Mongolismus im Einzelfall bedingt ist.

Über allgemeine Beobachtungen und Feststellungen sind wir auch bei den endogenen (inneren) Faktoren, im Sinne eines psychosomatischen ‚So-Seins‘ der Eltern, speziell der Mutter, noch nicht hinausgekommen.

Als wirksames Prinzip beim Mongolismus haben wir neben äußeren Einwirkungen der verschiedensten Art individuell unterschiedliche Gegebenheiten herausgestellt, die in einem ständigen Wechselspiel gegenseitiger Beeinflussung stehen.“

Berichte aus Australien und Rapporte über ähnliche europäische Untersuchungen (über die Feststellung mongoloider Schäden aus Zeichen in der Hand) zeigen, wie wichtig es u. U. sein kann, Mongolismus sehr frühzeitig zu erkennen. Die Vererbbarkeit des Leidens bietet außerdem die Chance, drohenden Mongolismus prophylaktisch durch Vermeidung von Nachkommenschaft zu bekämpfen.

Rückschlüsse aus der Vierfingerfurche

Dr. E. S. Priester, München, schrieb eine Untersuchung über *Mongolismus – ein psychosomatisches Problem*. Er unterscheidet drei Arten von *Hautlinien:*
Die Spaltlinien. Das sind dünne Linien in der Hautoberfläche, in ihrem Verlauf den Hauptverlaufslinien der Lederhaut entsprechend;

Die Furchen. Sie bilden sich entsprechend den Bewegungen, die mit dem betreffenden Körperteil ausgeführt werden, entlang den primär vorhandenen Spaltlinien. Außer den regulären Furchen mit ihrem beständigen Muster gibt es irreguläre, zusätzliche Furchen, die feiner sind und sich im Laufe des Lebens verändern können – in Abhängigkeit von seelischen Vorgängen. Die Furchen können am besten an Handflächen und Fußsohlen sowie im Gesicht beobachtet werden;

Die Leistenlinien. Sie bilden sich im Laufe des Lebens in der Nähe der Gelenke, abhängig von den Bewegungen, daher ebenfalls parallel zur psychischen Entwicklung des Menschen, da ja die Bewegungen zentral gesteuert werden.

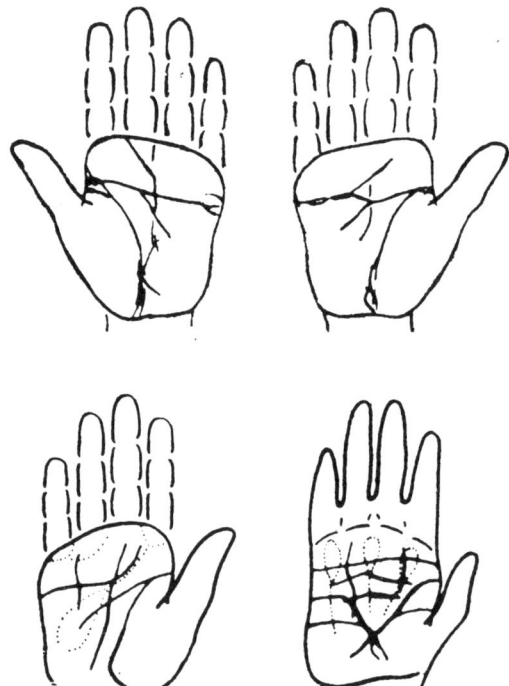

Abb. 73:
Links: Klassische Vierfingerfurche.
Rechts: Vierfingerfurche (Brücke).
Unten: Menschliche Hand und Gorillahand; der Verlauf der Hauptfurchen bei ersterer schräg, bei letzterer horizontal.

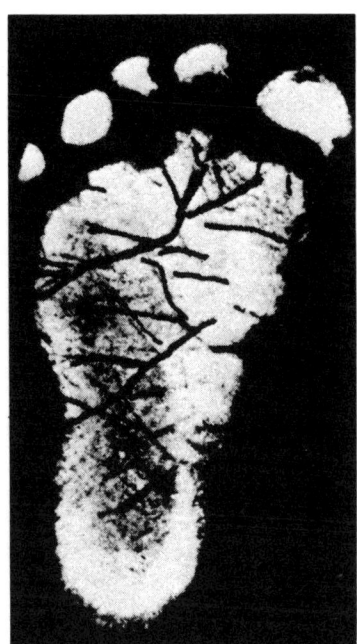

Abb. 74:
Dermatogramm der Sohle eines mongoloi-
den Kleinkindes (deutlich der große Abstand
zwischen 1. und 2. Zehe, dazwischen die
Vierfingerfurche, die dann parallel zu den
vier Zehen verläuft).

Priester behauptet, daß die Handlinien eines Menschen zwar keine Voraus-sage seiner Zukunft erlauben, aber doch – als Ausdrucksform psychosomati-scher Vorgänge – einen Hinweis auf seinen Charakter geben. Die Bezeich-nungen Lebenslinie, Herzlinie, Kopflinie, Schicksalslinie in der Handfläche können von da her verstanden werden.

Deutlich wird ein solcher Zusammenhang bei so schweren Anomalien der ge-samten psychophysischen Entwicklung, wie sie beim Mongolismus vorliegen. Zu beachten ist die Vierfingerfurche, die in 34 Prozent der Fälle gefunden wird. Sie entsteht durch Vereinigung der Kopflinie mit der Herzlinie. Außer der voll ausgeprägten Vierfingerfurche gibt es aber eine große Anzahl von Übergängen, die jeweils ein- oder beiderseitig vorkommen (Abb. 73).

Priester nennt noch weitere Anomalien, die man an der Haut der Handflächen und Fußsohlen von Mongoloiden findet. Er zitiert Cummins, der behauptet, daß man bei seinem Beobachtungsgut in 92 Prozent der Fälle die Diagnose des Mongolismus aus der Handfläche herauszulesen vermag (Abb. 74).

Mit dem Alter der Mutter: Anstieg der Gefahr des Mongolismus

Dr. E. S. Priester stellt zum Thema der dermatoglyphischen Zeichen des Mongolismus in der Handfläche fest:

Bei etwa 85 Prozent der Mongoloiden können dermatoglyphische Abnormitäten festgestellt werden, in der Handfläche sowohl wie in der Fußsohle. Das wichtigste und auffälligste Symptom in der Handfläche ist – auch nach Dr. E. S. Priester – die „Affenfurche" oder „Vierfingerfurche". Diese erscheint bereits beim Neugeborenen. Der Prozentsatz der Mongoloidgeborenen im Verhältnis zum Alter der Mutter ist von Breda zusammengestellt worden:

Alter der Mutter	Prozentsatz der Mongoloiden
20–24 Jahre alt	0,082 %
25–29 Jahre alt	0,152 %
30–34 Jahre alt	0,236 %
35–39 Jahre alt	0,857 %
40–44 Jahre alt	4,242 %
45–47 Jahre alt	12,5 %

Aus dieser Aufstellung geht ganz deutlich hervor, daß mit zunehmendem Alter der Mutter die Gefahr des Mongolismus steigt.

Dr. Schlegel (Schweiz) unterscheidet bei einer Vierfingerfurche drei Neigungsformen und drei Übergangsformen.

Neigungsformen:
1. Beide Linien sind stark verkürzt.
2. Die beiden Enden dieser Furchen sind stark verkürzt.
3. Beide Linien liegen noch näher beieinander, aber ihre Enden verlaufen in entgegengesetzter Richtung.

Übergangsformen
4. Die obere und die untere Querfurche sind durch eine Brücke miteinander verbunden.
5. Die Brücke ist ausgestreckt und die Affenfurche damit vollständig. Die „Verbindungsfurche" ist jedoch mit der Vierfingerfurche verbunden.
6. Die Enden der Verbindungsfurche sind von der Vierfingerfurche getrennt.

Aus Zeitungen und Fachblättern

In der Tages- und Fachpresse von 1967 bis 1970 fanden sich immer wieder Berichte zum Thema Analyse der Hand- und Fußlinien bei Neugeborenen.

a) Die Wissenschaft erforscht die Zukunft in der Babyhand

Sunday Mirror, 14. 12. 1969

Die Fingerabdrücke neugeborener Babys können einen Hinweis auf Krankheiten geben, von denen sie später befallen werden. Das wurde von italienischen Wissenschaftlern festgestellt.

Falls ihre Theorien stimmen, könnten die Ärzte bereits eine Heilung versuchen, noch ehe sich die Krankheit in anderer Weise manifestiert.

Die in Pisa tätigen Wissenschaftler glauben, daß Fingerabdrücke Aufschlüsse auf angeborene Herzfehler, gewisse Hirnleiden und mindestens auf 30 andere Krankheiten geben können, denen eine Veränderung der Zellen zugrunde liegt.

Wissenschaftler in England und den Vereinigten Staaten haben ebenfalls den Zusammenhang zwischen Vererbung sowie Finger-, Handflächen- und Fußabdrücken untersucht.

Noch bis vor zwei Jahren war eine Erforschung dieser Zusammenhänge dadurch behindert, daß es keine befriedigende Methode zur Unterscheidung solcher Abdrücke gab.

Nunmehr ist dieses Problem durch Professor Antonio Grasselli, einen Computer-Spezialisten der Universität Pisa, teilweise gelöst worden. Indem er einen Computer mit Fotos von Abdrücken programmierte, hat er eine neue Klassifizierung mit Tausenden von Variationen zustande gebracht. Eine der Anomalien, die sich in den Händen zeigt, ist der Mongolismus. Eine andere ist das XYY-Syndrom, das auf ausgesprochene kriminelle Neigungen hindeutet.

Der Kinderarzt Professor Piero Giorgio, der mit Professor Grasselli zusammenarbeitet, vermutet, daß Finger- und Handlinien vererblich sind. In diesem Falle wären sie auch ein Beweismittel bei umstrittener Vaterschaft. Auch könnte aus den Händen einer Mutter hervorgehen, ob ihr Kind mit irgendwelchen Mißbildungen zur Welt kommen wird.

b) Hautleisten und Handfurchen klinisch untersuchen!

Ärztliche Praxis, 16. 9. 1967

Prof. Dr. med. W. Hirsch (Berlin) kommt im Rahmen einer umfassenden Studie über das Hautleisten- und Furchensystem unter besonderer Berücksichtigung der diagnostischen Bedeutung bei verschiedenen Krankheiten und Mißbildungen zu folgenden beachtenswerten Feststellungen:

Ohne Zweifel stehen bei einer Übersicht vielfältiger Symptome, Merkmale, statistischer Signifikanzen und Interkorrelationen im Papillarleisten- und Furchensystem die Veränderungen bei chromosomalen Abweichungen im Vordergrund.

Auch bei nichtchromosomalen Störungen kann man einen Hinweis auf das

Vorhandensein oder Fehlen organisch-genetischer Faktoren erhalten. Das gilt vor allem für das große Gebiet der geistigen Retardation und Fehlentwicklung, aber auch für Mißbildungen, Stoffwechselerkrankungen, Wachstumsstörungen.

Bei nervösen Erkrankungen im Kindesalter können Abweichungen im Hautleisten- und Furchensystem als prognostische Ergänzung zur konstitutionell-biologischen Betrachtungsweise herangezogen werden.

An anatomischen Vergleichsbeispielen kann gezeigt werden, daß Korrelationen zwischen dem Entwicklungsgrad der Leistenmuster und der Form und der Funktion von Hand und Fuß bestehen. So zeigen die Dermatoglyphen eine höchst interessante Kombination von unendlicher Variabilität und strenger Gesetzmäßigkeit.

Man sollte diese Methode routinemäßig in der Klinik einführen mit der Bedingung, daß in jedem Falle Finger und Zehen, Hände und Füße untersucht werden, daß der Untersucher es versteht, Abdrücke und Analysen einwandfrei vorzunehmen und sich darüber im klaren ist, daß – wie bei jeder genetischen Information – Untersuchungen von Familien und Kontrollgruppen unentbehrlich sind.

Schwerverständliche Vorgänge, z. B. des Zentralnervensystems werden in den Dermatoglyphen und Furchen anschaulich und verständlich übertragen oder übersetzt.

Wir würden es für wahrscheinlich halten, daß die Veränderungen der Papillarleisten vor allem mit dem Mittelhirn, dem Thalamus und seinen Zentren, in Verbindung stehen.

Die klinische Diagnostik sollte nicht aus einem Befund des Hautleistensystems auf eine bestimmte Erkrankung schließen, sondern den umgekehrten Weg gehen und – auf der Grundlage eines pathologischen Befundes – das Hautleistensystem sekundär danach prüfen, ob eine Konstellation gegeben ist, die bei entsprechendem pathologischen Geschehen häufiger zur Beobachtung kommt.

Als Ausblick in die Zukunft der Hautleistenforschung ist festzuhalten, daß nach der biologischen Beobachtung und der statistischen Festlegung der Beobachtungen der nächste Schritt die Faktorenanalyse sein muß; diese kann dem Biologen über multiple genetische Gesetzmäßigkeiten, über Milieuzusammenhänge und wahrscheinlich über andere, noch unbekannte Einflüsse Auskunft geben.

c) Dermatoglyphische Defekte in Kinderhänden mit Leukämie

Nach Margaret A. Menser, Children's Medical Research Foundation, Institute of Pathology und S. G. Purvis-Smith, Royal Alexandra Hospital for Children, Camperdown, Sydney, N. S. W. 2050
Erschienen in „The Lancet"/London, 31. 5. 1969
(Mit geringfügigen Kürzungen)

Bei gewissen Chromosomenstörungen, von denen zumindest einige Handlinien-Anomalien erkennen lassen, ist ein häufigeres Auftreten von Leukämie festzustellen. Bei Patienten mit dem sogenannten Downs Syndrom (Mongolismus) ist Leukämie zwanzigmal häufiger als bei der Gesamtbevölkerung. Die häufigste Handlinien-Anomalie dieses Syndroms ist die der Handflächen-Querlinie (40 Prozent), die als sogenannte affenartige (Simian-)Linie bekannt ist.

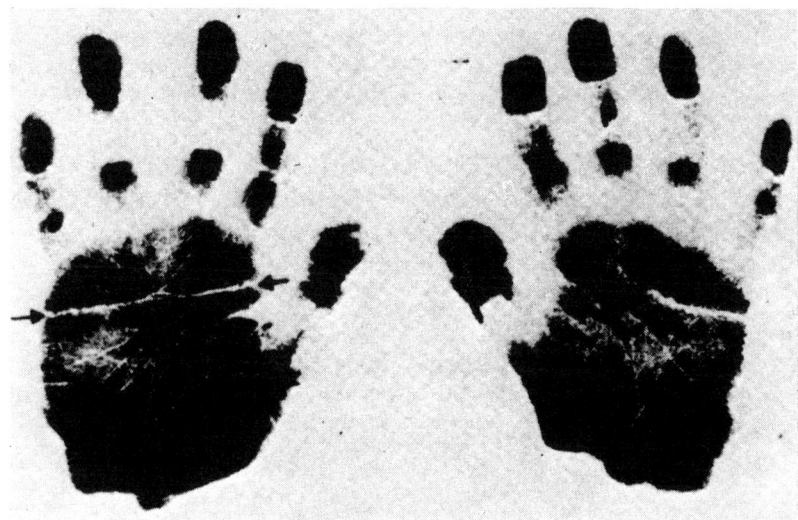

Abb. 75: Handabdrücke eines Kindes mit Leukämie, das links (Pfeil) die Simian-Linie aufweist, rechts aber normale Handlinien.

Obwohl Handlinien im wesentlichen genetisch bedingt sind, kommt es bei Patienten, die durch intrauterine teratogene (in der Gebärmutter beigebrachte, Mißbildungen verursachende) Substanzen und Röteln-Infektion beeinflußt sind, ebenfalls zu solchen Störungen. Unter den Handflächen-Anomalien bei Patienten mit ererbten Röteln-Infektionen findet sich vor allem eine größere Häufigkeit der „Simian"- und „Sydney"-Linie (siehe Abb. 75, 76).

Genetische und auf Infektionen zurückgehende Faktoren dürften bei der Entstehung der Leukämie eine Rolle spielen; das geht aus der gelegentlich festgestellten Häufung von Fällen in Familien, in bestimmten Gebieten oder bestimmten Perioden hervor. Wir haben die Handlinien von leukämischen Kindern untersucht, um Beweise für nachteilige genetische oder teratogene Einflüsse bei diesen Patienten zu finden.

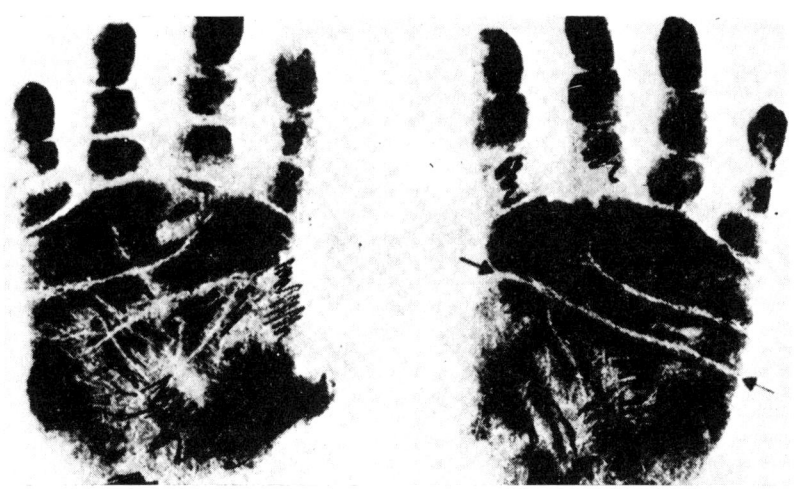

Abb. 76: Handabdrücke eines Kindes mit Leukämie, das links normale Linien aufweist, rechts (Pfeile) aber die Sydney-Linie.

Vom 1. September 1968 bis zum 1. April 1969 haben wir die Handlinien sämtlicher 25 Patienten im Royal Alexandra Hospital for Children (Sydney, Australien) mit gesicherter Knochenmark-Diagnose auf Leukämie untersucht, ebenso, als Kontrolle, 100 zwischen dem 1. Januar 1955 und 30. Dezember 1968 geborene, willkürlich ausgewählte Geschwister von Kindern, die in der ambulanten Abteilung des Krankenhauses behandelt wurden. Die Kinder beider Gruppen waren von kaukasischer (weißer) Abstammung und in New South Wales, einer der australischen Provinzen, geboren.

In der Testgruppe befanden sich 14 Knaben und 11 Mädchen. Die Fälle 7 und 12 hatten jeweils einen zweieiigen Zwilling. Fall 23 hatte ein normales Geschwisterpaar und eines mit Hurlers Syndrom. Bei den Fällen 16 und 18 war früher eine atypische Bazillen-Infektion der Hals-Lymphdrüsen festgestellt worden.

In der Testgruppe waren auch die anomalen Handflächenlinien vertreten. Vier Patienten hatten eine oder mehrere „Simian"-Linien (Abb. 75), und fünf Patienten hatten eine oder mehrere „Sydney"-Linien (Abb. 76). Von den 100 Kontroll-Kindern wurden nur sechs mit einer oder mehreren „Simian"-Linien und sieben mit einer oder mehreren „Sydney"-Linien festgestellt.

Es wurden auch Fingerspitzenmuster der Kontroll- und Testgruppen miteinander verglichen, wobei sich herausstellte, daß es keinerlei bezeichnende Unterschiede in dieser Beziehung gab.

Dies ist die erste ausführliche Arbeit über Handlinien bei leukämischen Kindern. Aleksandrowicz und seine Mitarbeiter berichteten ihrerseits über die

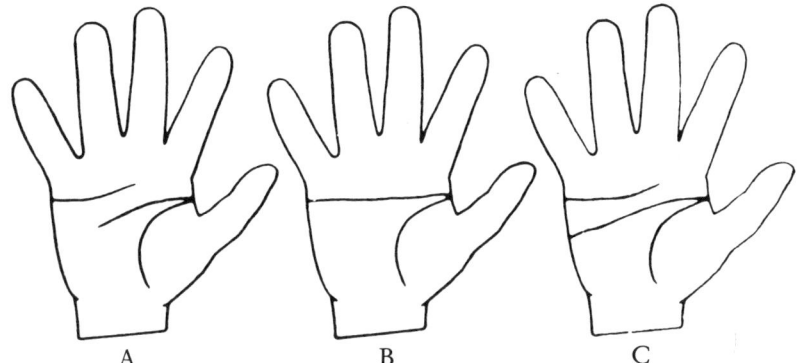

Abb. 77: A = normal, B = Simian-Linie, C = Sydney-Linie

Fingerabdrücke von 175 Patienten nicht näher bezeichneten Alters, die an verschiedenen Leukämieformen litten. Sie stellten eine Zunahme von Radialschleifen bei männlichen Patienten und von Wellen bei weiblichen Patienten fest, äußerten sich aber nicht über Unterschiede in den Handlinien dieser Menschen gegenüber denen normaler Menschen.

In unserer kleinen Serie lassen die Ergebnisse darauf schließen, daß „Sydney"- und „Simian"-Linien ein Kennzeichen für Leukämie sein können (Abb. 77).

Die hohe Inzidenz von Leukämie bei Downs Syndrom und von Downs Syndrom bei den Geschwistern leukämischer Kinder deutet auf eine genetische Beziehung dieser Gruppen hin. Daher ist es von Interesse, festzustellen, daß eine größere Häufigkeit derselben Handlinien-Anomalien („Sydney"- und „Simian"-Linien) sowohl bei Kindern mit Downs Syndrom wie auch mit Leukämie auftritt.

„Sydney"- und „Simian"-Linien finden sich mit zunehmender Häufigkeit bei scheinbar normalen Mitgliedern derselben Familien. Möglicherweise prädisponiert die genetische Veranlagung, die derartige Linien bestimmt, zur Onkogenese (Veranlagung für Geschwulstkrankheiten). Die Anzeichen maligner (bösartiger) Krankheiten, vor allem der Leukämie, sollten sowohl prospektiv wie retrospektiv bei solchen Familien untersucht werden, bei denen anomale Handlinien festzustellen sind.

Miller und Tedaro haben eine wachsende Häufigkeit onkogenetischer Veränderung von Haut-Fibroblasten bei Personen mit einem genetisch feststellbaren erhöhten Leukämie-Risiko (auch Downs Syndrom und Fanconis Anämie) vor allem dann beobachtet, wenn die Haut-Fibroblasten in vitro dem SV-40-Virus ausgesetzt wurden. Es ist wahrscheinlich, daß Personen mit erhöhter Anfälligkeit für SV-40-Viren auch eine größere Häufigkeit anomaler Handlinien aufweisen.

Die Tatsache, daß „Sydney"- und „Simian"-Linien häufig bei Patienten mit genetisch bedingter Röteln-Infektion anzutreffen sind, ist bisher auf eine teratogene mißbildende Einwirkung des Virus auf die sich entwickelnden Handlinien zurückgeführt worden. Wir haben alternativ darauf hingewiesen, daß anomale Handflächenfalten bei angeborener Röteln-Infektion eine genetische Veranlagung widerspiegeln, die zur Förderung der Teratogenese prädisponiert. Möglicherweise ist die Feststellung von anomalen Handflächenfalten wie auch von Leukämie bei einigen Personen auf eine pränatale Virusinfektion zurückzuführen, die entweder präzygotisch (d. h. in direkter genetischer Wirkung) oder postzygotisch (d. h. in teratogener Wirkung) auftritt.

Die Bedeutung unserer Handlinien-Beobachtung ist noch nicht ganz geklärt. Die Untersuchung einer größeren Zahl von Patienten ist zweifellos gerechtfertigt, ebenso wie eine Untersuchung von Erwachsenen und von Familiengruppen.

Eine sorgfältige klinische Bewertung von Handlinienmustern sollte zur Routine jeder Gesamtuntersuchung gehören.

d) Untersuchung von Händen und Füßen einfach und ohne Aufwand

Aus „Medical Tribune", Nr. 32, 7. 8. 1970

Wichtige Strukturen der Haut an Händen und Füßen stellen einen Indikator chromosomaler oder kongenitaler Abnormitäten dar, erklärte Dr. George F. Smith, Professor für Pädiatrie und Genetik an der Loyola University Stritch School of Medicine.

Wissenschaftlich seien die charakteristischen Muster 1892 von Sir Francis Galton klassifiziert worden, dessen Studien auf vererbte Hauteigenschaften hinwiesen.

Die Bedeutung der Dermatoglyphik für die Medizin habe zuerst der Anatom Harold Cummins 1936 demonstriert. Er habe gezeigt, daß bei Mongoloiden typische Muster vorhanden und bei den meisten Patienten diagnostisch wichtig seien.

Ein Grund dafür, daß das Hautrelief für die Stellung einer Diagnose wertvoll sei, bestehe in der einfachen Untersuchung ohne besonderen, teuren Aufwand.

Weitere klinische Syndrome, die ebenfalls mit Veränderungen des Hautreliefs einhergehen, seien das Turner-Syndrom, das Cri-duchat-Syndrom, das Rubinstein-Taybi-Syndrom (breite Daumen und Großzehen) und das De-Lange-Syndrom.

Ko-Autoren: Dr. Carol S. Shear, Joan D. Schindeler, University of Miami Child Development Center.

Das Dermatogramm, ein Hilfsmittel bei der Diagnostik von Hautkrankheiten

Viele Chirologen, aber auch Ärzte, die aus biologisch-physiologisch-pathologischen Gesichtspunkten sich um Handlinien Gedanken machen, geben Handabdrücken, also Dermatogrammen (gegenüber Handlinienfotos) den Vorzug (Abb. 78).

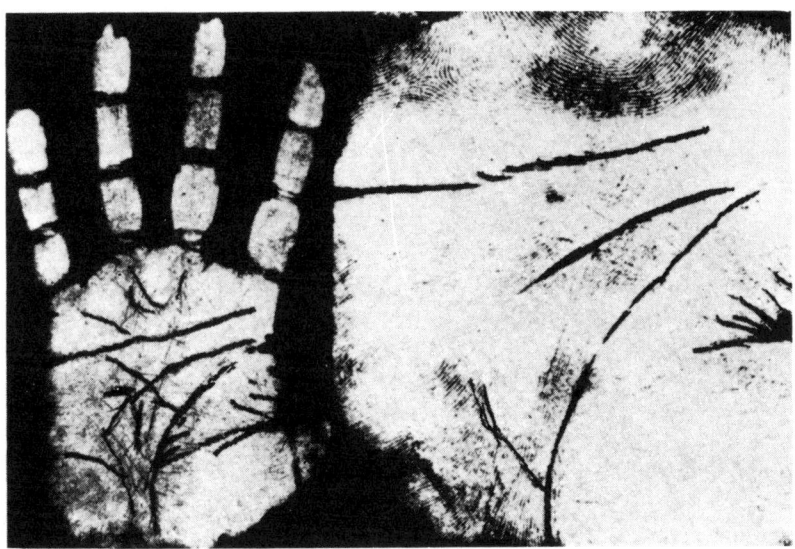

Abb. 78: Dermatogramm der Palma eines Offiziers. – Rechts: Verminderung der Furchen durch Bildvergrößerung. – Links: Vermehrung der Furchen durch nervöse Erregung (10 Jahre später).

Dr. med. E. S. Priester (München) betont den Nutzen eines Dermatogramms mit folgenden Feststellungen:

„Ein Dermatogramm stellt einen Abdruck von bestimmten Hautpartien auf speziell dafür ausgesuchtes Papier dar, nachdem die Teile der Haut mit einer sorgfältig verteilten Abdruckmasse bestrichen worden sind. Ein solches Dermatogramm hat viele Vorteile. Die Abdruckmasse ist leicht zu entfernen, und der Abdruck selbst, der die Hautsymptome in Lebensgröße wiedergibt, kann bequem in der Aktentasche transportiert werden. Mit Hilfe eines Epidiaskopes läßt sich solch ein Dermatogramm stark vergrößern (Abb. 78) und einer Versammlung von Kollegen demonstrieren. Bei serienweiser, zeitlich unterschiedlicher Anfertigung von Dermatogrammen läßt sich der Verlauf sowie das Abklingen einer Krankheit bequem verfolgen. Ein Patient steht dem Arzt nur kurze Zeit zur Verfügung, solche Abdrücke aber bieten die

Möglichkeit, die Zustände der Haut immer wieder und beliebig lange Zeit zu betrachten. Ein Dermatogramm hat eben dokumentarischen Wert, zumal man es in einer Kartothek, sachgemäß klassifiziert, aufbewahren kann. Dadurch bietet es die Möglichkeit, ähnliche Fälle miteinander zu vergleichen und wird so ein wertvolles Hilfsmittel bei der Differentialdiagnose.

Dermatoglyphische Anatomie der Haut

Die äußere Haut, Integumentum commune oder Cutis genannt, ist ein lebenswichtiges Organ des menschlichen Körpers, dem auch physiologisch eine große Bedeutung zukommt, da sie gleichzeitig als Saug- und als Ausscheidungsorgan funktioniert. Vom physiologischen Standpunkt aus ist die Haut ebenfalls ein wesentliches Organ, da sie nicht nur alle Reize der Außenwelt dem Gehirn übermittelt, sondern auch als Erfolgsorgan des seelischen Erlebens funktioniert.

Die Haut ist keineswegs eine glatte Fläche, sondern sie weist verschiedenartige Muster auf. Man findet Leistenlinien, Furchen, Spaltlinien, Poren, Haare. Die Leistenlinien sind besonders an Händen und Füßen sichtbar. Sie werden durch die Ausführungsgänge der in der Tela subcutanea liegenden Schweißdrüsen gebildet. Diese Ausführungsgänge sind im Vergleich zu den übrigen Teilen der Haut etwas erhaben, damit der dort austretende Schweiß leicht verdunsten und die Temperatur des Organismus herabsetzen kann. Sie bilden charakteristische Figurationen, deren individuelle Formen klassifiziert worden sind und für Identifizierungszwecke von Personen gebraucht werden. Aus ihnen sind nicht nur die seelischen Zustände wie auch die körperliche Gesundheit einer Person zu lesen, sondern auch ethnologische Daten. Zwischen den Leisten befinden sich die Zwischenleistenlinien (Sulci intercristales).

Die Hautfurchen sind tiefergehende Einsenkungen in der Haut, die nicht nur an Händen und Füßen, sondern auch an anderen Teilen des Körpers vorkommen, speziell im Gesicht. Sie bilden sich meist entlang den Spaltlinien der Haut und entstehen durch die verschiedenartigsten Bewegungen der betreffenden Körperorgane. Ob sie tief oder flach sind, richtet sich nach der Häufigkeit der Bewegungen einerseits und nach dem allgemeinen Gesundheitszustand des Organismus anderseits. Die Furchen sind flach, wenn das Fettgewebe unter der Haut dick ist. Sie werden tiefer und zahlreicher, wenn wegen seelischer und körperlicher Leiden dieses Fettgewebe schwindet. Infolgedessen sind sie speziell für den Psychologen wertvoll, der aus dem Zustand der Furchen Charakter und gewisse Lebensvorgänge deuten kann. Spaltlinien und Furchen sind aber ‚loci minoris resistentiae‘, denn sie bieten Mikroben die Möglichkeit, sich in ihnen anzusiedeln, zu vermehren und in der Haut auszubreiten. Die Spaltrichtungen entsprechen den Hauptverlaufsrichtungen der Bindegewebsbündel der Haut und sind dadurch für die Chirurgie von besonderer Bedeutung. Der Chirurg sollte sich stets bemühen, seine Schnitte möglichst in Richtung der Spaltlinien anzulegen, denn er spaltet auch das darunterliegende Bindegewebe in gleicher Weise.

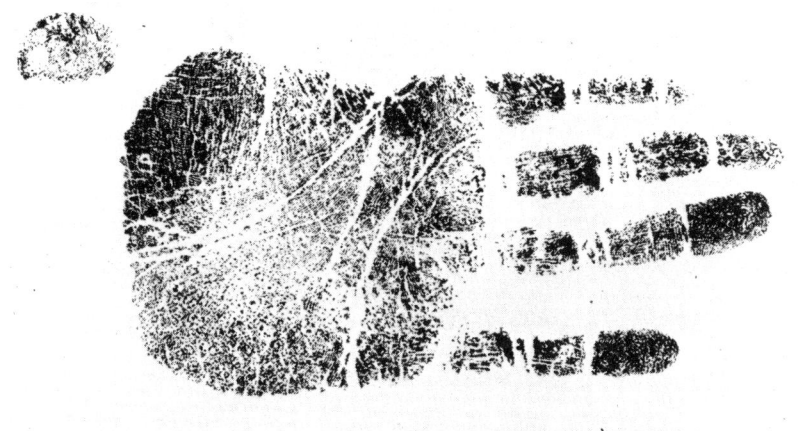

Abb. 79: Ichthyosis der Hand; Leistenlinien und Spaltlinien sind weitgehend zerstört.

Die Haut steht unter ständiger Spannung, die an einigen Stellen gleichmäßig, an verschiedenen anderen ungleichmäßig ist. Man mache den Versuch, an Orten mit gleichmäßiger Spannung ein kreisförmiges Stück Fleisch herauszuschneiden, und man wird finden, daß die Lochstelle und das Hautstück kreisförmig bleiben. Anders ist es an den Stellen mit ungleichmäßiger Spannung. Hier nehmen Lochstelle und Haut elliptische Formen an. Die langen Achsen beider Ellipsen aber stehen senkrecht zueinander.

Erfahrung hat gezeigt, daß, wenn der Chirurg seine Schnitte in Richtung der Spaltlinien anlegt, die Naht leichter zu legen ist und auch der Heilprozeß schneller vonstatten geht.

Wir müssen uns vor Augen halten, daß die Haut infolge ihrer dermatoglyphischen Morphologie zum Sitz vieler Erkrankungen werden kann. Bei einem Dermatogramm kann die Diagnose nicht aus den Farben, sondern lediglich aus den Formen hergeleitet werden. Ein großer Vorteil aber besteht darin, daß die Größe der Effloreszenzen mit der Natur völlig übereinstimmen.

Dermatogramme können zeigen, wie einzelne Hautkrankheiten auf die Morphologie der Haut einwirken und wie sie Leisten, Furchen und Spaltlinien verändern, beziehungsweise zerstören (Abb. 79).

Die dermatoglyphischen Abdrücke stammen von der dermatologischen Klinik der Universität Heidelberg." (Dr. med. E. S. Priester.)

Negative Erbanlagen rechtzeitig ermitteln!

Was vor wenigen Jahren von der orthodoxen Wissenschaft noch mitleidig als „unbewiesene Vermutung" abgetan wurde, ist z.T. heute wissenschaftliche Erkenntnis. So z.B., wenn Dr. Günther Clausner im Anschluß an einwandfreie Feststellungen, wonach das Kind schon im sechsten Monat hört und – schreit (jedenfalls zu schreien und zu lallen versucht und Schluckbewegungen durchführt) versichert:

● „Das neugeborene Lebewesen hat bereits monatelange Erlebnisse und Erfahrungen hinter sich, wenn es zur Welt kommt.

● Da das Kind im Körper der Mutter alle Geräusche, vor allem aber den Herzschlag fühlt, ist es unbedingt notwendig, die gesammelten Erfahrungen des Fetus nicht plötzlich zu unterbrechen.

● Es empfiehlt sich, das neugeborene Lebewesen im ganzen ersten Jahr möglichst oft und intensiv den Herzschlag der Mutter hören zu lassen.

Tatsache ist, daß Beobachtungen in Säuglingsstationen ergaben, daß die kleinen Lebewesen in tiefe Depressionen verfallen, wenn ihnen in den ersten Lebensmonaten der Kontakt zur Mutter und das Geräusch des Herzschlags fehlen."

Prof. Lenz (Münster) bestätigt amerikanische Forschungen, wonach es gelingt, bereits in der 14. bis 16. Woche der Schwangerschaft (also sehr frühzeitig) Fruchtwasser der werdenden Mutter, in welchem Zellen des Embryos enthalten sind, zu untersuchen und in diesem Fruchtwasser gewisse Erbschädigungen festzustellen. In der Bundesrepublik sind allerdings durch die bestehenden Vorschriften derartige Voruntersuchungen (noch) nicht gestattet.

In den gleichen Bereich gehören die wichtigen Feststellungen, die David Rorvik in seiner Untersuchung *Traum-Baby* zusammenfaßt in die Worte: „Medizinische Eingriffe und Operationen am menschlichen Fetus im Mutterleib sind schon durchgeführt worden und werden in naher Zukunft mehr und mehr Eingang in die klinische Praxis finden.

Zuverlässige Techniken, nach denen der Mensch selbst das Geschlecht seiner Nachkommen bei künstlicher und wahrscheinlich auch bei natürlicher Befruchtung bestimmen kann, werden mit großer Gewißheit schon in einigen Jahren zur Verfügung stehen.

Solche Perspektiven eröffnen die biologische Revolution für die nahe Zukunft. Im kommenden Jahrhundert wird man dann noch weitergehende, tiefe Eingriffe in die Natur erwarten können, wie die Manipulation der Erbanlagen, Babys aus der Retorte und ähnlich gewichtige Vorgänge."

Zur Zeit ist also eine gezielte Beeinflussung des Erbgangs ganzer Bevölkerungsschichten noch unvorstellbar. Eine ungezielte Beeinflussung allerdings liegt durchaus im Bereich der Möglichkeiten – nämlich z.B. durch die Einwirkungen von Strahlen und Chemikalien auf die Erbanlagen. Solche Beeinflussungen sind fast immer negativ und äußern sich meist in Mißbildungen. Mittel zur Bekämpfung von Insekten z.B. können schwere Mißbildungen herbeiführen.

Es gibt zahlreiche gefährliche Chemikalien in unserer Umwelt, gegen die wir uns absichern müssen. Schließlich ist einwandfrei festgestellt, daß Krebs schon im Mutterleib bei einem Wesen, das in der Entwicklung ist, auftreten kann. Prof. Dr. Hermann Druckrey (Freiburg) hat seit 1954, als er im größten Krebskrankenhaus der Welt in São Paulo Säuglinge sah, die an Brustkrebs, Gebärmutterkrebs, an Prostatageschwülsten litten, dem Geheimnis der Krebskrankheit auf die Spur zu kommen versucht.

Die Zeitbombe, die nicht einmal tickt, wird unter Umständen schon im Augenblick der Zeugung an das Kind weitergereicht, in dem sie dann in den ersten Lebenstagen, aber auch erst in fünfzig Jahren ihre verhängnisvolle Wirkung tun kann.

Aus all diesen Feststellungen ergibt sich, daß es von größter Bedeutung ist, alle vorhandenen negativen Erbanlagen und Schädigungen, die bereits vor der Geburt im Kind auftraten, die noch schlummern, aber eines Tages zu wirken beginnen können, rechtzeitig zu ermitteln, um sie durch entsprechende Maßnahmen und Medikamente zu bekämpfen und unter Kontrolle zu bringen.

X. Sich an die Tatsachen halten!

Dieser Teil des Buches bewegt sich zwischen Forschung und Chiromantik, zwischen Möglichkeiten und Spekulationen, am Rande des Ringens um ein besseres Wissen, für das immer wieder auch Grenzwissenschaften als Hilfsmittel zu Rate gezogen werden müssen.

Es wurde versucht zu zeigen, wie man aus den Händen von Neugeborenen und kleinen Kindern Erkenntnisse für deren Zukunft gewinnen kann. Denn diese „Voraussicht" ermöglicht es den Eltern, nicht nur die Fürsorge für das Kind (bei Erkrankungen und Anomalien), sondern auch seine Erziehung von der ersten Stunde an so zu steuern, daß der Lebensweg dieses Kindes im Sinn einer menschlichen und beruflichen Aufwärtsentwicklung möglichst erfolgreich wird.

Wir haben gesehen, daß die chiromantischen Bemühungen weit in die Jahrtausende, die hinter uns liegen, zurückzuverfolgen sind. Wir haben uns mit den Liniengebilden in den Händen beschäftigt, die früher einmal wie eine geheimnisvolle Schrift aus einer anderen Welt betrachtet wurden und die heute Rückschlüsse auf gewisse Gehirn- und Nervenvorgänge zulassen.

Wir haben die Grenzwissenschaften nur dort mit in den Rahmen unserer Ausführungen einbezogen, wo es uns notwendig erschien, die Linien und die Zeichengebilde auf der Innenfläche der Hand ganz systematisch zu ordnen und zu analysieren.

Dabei ließ sich ein Bezug zu wissenschaftlich nicht gesichertem Wissensgut bzw. überliefertem Geheimwissen nicht immer vermeiden.

Reine Voraussagen der Zukunft haben wir jedoch bewußt vermieden. Nur die Möglichkeiten, die sich kombinatorisch aus den Linien ergeben, wurden in diesem Rahmen erörtert. Der den prognostischen Auslegungen der Handlinien immer wieder zum Vorwurf gemachte suggestive Effekt dürfte in diesem Fall nicht wirksam sein, da die untersuchten Hände von Neugeborenen und von Kleinkindern stammen.

Vielleicht wäre sogar die suggestive Beeinflussung der Eltern ungünstig aufgenommen worden.

Unsere Hinweise auf gesundheitliche, physiologische Dispositionen oder mögliche Fehler organischer Art, unsere Ausführungen über spätere berufliche Eignungen basieren auf Erkenntnissen, die man im Lauf von Jahrzehnten in der Chirologie gewonnen hat.

Wir müssen uns also darauf beschränken, uns an das zu halten, was wir wirklich als Tatsachen bezeichnen können.

Zwischen Handfurchen und Psyche, Handlinien und Veranlagungen, zwischen Handform und Charakter bestehen gewisse Zusammenhänge, die man in sorgfältiger Untersuchung im Interesse des heranwachsenden Menschen auswerten kann.

Wir müssen immer wieder versuchen, die normale Wesensstruktur des Menschen „auszuloten" und ein abgerundetes Charakterbild zu gewinnen. Dabei können die Symptome der Hand wichtige Hilfsmittel sein. Freilich wird man beim heranwachsenden Kind auch Bewegungsmerkmale und Gebärden zur Abrundung der Eindrücke und für entsprechende Schlußfolgerungen hinzuziehen müssen.

Am deutlichsten lassen sich in diesem Zusammenhang die Krankheitssymptome auswerten, zumal diese von der Wissenschaft seit den Forschungen von Prof. Dr. Max Bürger weitgehend anerkannt sind. Aber auch da bleibt noch mancherlei zu tun. In einigen Jahren werden wir dieses Buch gewiß durch wichtige neue Erkenntnisse ergänzen können.

Im Augenblick haben wir wohl alles Wissenswerte zusammengetragen, was Eltern und Erzieher beachten sollten, um ihren Kindern den Weg in eine befriedigende und erfolgreiche Zukunft zu sichern.

Schlußwort

Weiter forschen und fragen

Wir sind am Ende, ohne daß hier je ein Ende erreicht werden könnte. Denn die Varianten, die die Menschen einander in ihrem Verhalten vorspielen, sind unbegrenzt. Die Frage wirft sich auf, ob es nicht übereilt sei, aus dem Wissen um die psychologischen Hintergründe einer Bewegung oder Reaktion „scharfe Schlüsse" zu ziehen.

Der Psychologe Hans Lungwitz erläutert das Thema so: „Ein Menschenkenner kann aus jeder noch so geringen Einzelheit die Eigenart des ganzen Menschen erfassen. Es genügt ihm ein kurzer Blick, um den Charakter in seiner Gesamtheit zu durchschauen. Wie ist das möglich? Wie ist es zu verstehen, daß sich in jeder kleinsten Bewegung der ganze Mensch offenbart?

Das liegt daran, daß der Organismus nicht eine mechanische Zusammensetzung von Teilen, sondern ein aus einer Zelle (der Keimzelle) gewachsenes biologisches Ganzes ist, dessen Teile also entwicklungsmäßig miteinander aufs engste verwandt sind. Die Psychologie hat festgestellt, daß der grundsätzliche Aufbau des Organismus aus den sogenannten Reflexsystemen besteht.

Das sind Nerven, die von den Oberflächen zum Rückenmark und Gehirn führen (zuleitende, sensible Nerven), und solche, die von da zu den Muskeln und Drüsen leiten (ableitende, motorische Nerven). In diesen Reflexsystemen fließt der Nervenstrom. Die Tätigkeit der Muskeln und Drüsen aber ist der Ausdruck des Nervenstroms. Indem nun die einen Organismus bildenden Reflexsysteme entwicklungsmäßig miteinander verwandt sind, ist auch jede Haltung und Bewegung Kennzeichen der Gesamtpersönlichkeit."

Wir haben diesen Ausführungen nur noch hinzuzufügen: Jede Anregung, jeder Hinweis, jede Deutung kann wichtig sein. Deshalb haben wir uns auch nicht gescheut, Sachgebiete und Themen anzuleuchten, die jenseits strenger Wissenschaftlichkeit liegen, aber Teil uralter Weisheit sind oder die – noch jenseits unserer Schulweisheit – als Erkenntnisse bzw. Deutungsmöglichkeiten vorwissenschaftlicher Strömungen zu werten sind. Es geschieht dies, wie gesagt, unter dem Gesichtspunkt: jeder Hinweis kann wichtig sein.

Wir können die Forschungsarbeit auf diesem Gebiet nie abschließen. Schließlich kreist sie um ein Thema, das unerschöpflich ist und jeden Tag neue Fragen aufwirft und in dessen Mittelpunkt das interessanteste Geschöpf zwischen Himmel und Erde steht: der Mensch.